Bodo Steinmann, Birgit Weber (Hrsg.)

Handlungsorientierte Methoden in der Ökonomie

Kieser Verlag GmbH, Neusäß

Bodo Steinmann
Birgit Weber

Handlungsorientierte Methoden in der Ökonomie

Bildquellenverzeichnis

Audi AG, S. 388
BMW, S. 390
CCC: Peter Leger, S. 213, Erik Liebermann, S. 214, 216, 218, 221; Candea, Luff, 274; Haitzinger, 275 (2); Schoenfeld, 275; Henn, 275; Mester, 402;
Deutscher Sparkassenverlag Stuttgart, S. 282, 283
DPA, S. 372
Fairkehr 7/92, S. 373, 374
Foto present, S. 11
Friedrich Verlag, S. 454, 173
Mercedes Benz, S. 390
MEV, S. 338
Rattelschneck, S. 387
Süddeutscher Verlag: S. 124 (2)
M. Seifert: Titelbild
Volkswagen, S. 389

Gedruckt auf Papier, das chlor- und säurefrei produziert wurde. Mit reduziertem Zellstoffeintrag. Holzschliffanteil aus Durchforstungsholz. Umweltschonend.

ISBN 3-8242-0010-4

1. Auflage 1995
© Kieser Verlag GmbH, Neusäß

Alle Rechte vorbehalten.
Dieses Werk, sowie einzelne Teile desselben, sind urheberrechtlich geschützt. Jede Veröffentlichung in anderen als den gesetzlich zugelassenen Fällen ist ohne vorherige schriftliche Einwilligung des Verlages nicht zulässig.

Satzherstellung: Satzpunkt Ewert
Druck: Plump

Inhaltsübersicht

Teil I: Didaktisch-Methodische Konzeption ... 9

Verankerung von Methoden in einem auf ökonomische Handlungskompetenz ausgerichteten Curriculum (Steinmann) ... 10

1. Handlungskompetenz in ökonomisch geprägten Lebensbereichen und Entwicklungen ... 10
2. Folgerungen für Inhalte und Methoden ökonomischer Bildung ... 12
3. Besondere Bedeutung Handlungsorientierter Methoden für die ökonomische Bildung ... 14

Handlungsorientierte Methoden (Weber) ... 17

1. Handlungsorientierte Methoden mit Initiierungsfunktion ... 18
   - 1.1 Brainstorming ... 18
   - 1.2 Diskussionsforen ... 19
2. Handlungsorientierte Methoden mit selbst- und mitbestimmter Planung von Lernprozessen unter Einbeziehung der außerschulischen Realität ... 23
   - 2.1 Erkundungen, Befragungen, Expertenhearings ... 24
   - 2.2 Fallstudien ... 25
   - 2.3 Zukunftswerkstätten ... 27
   - 2.4 Szenarien ... 28
   - 2.5 Projekte ... 29
3. Handlungsorientierte Methoden mit modellinitiierter Steuerung von Lernprozessen ... 30
   - 3.1 Regelspiele ... 32
   - 3.2 Rollenspiele ... 33
   - 3.3 Konferenzspiele ... 34
   - 3.4 Planspiele ... 36
4. Handlungsorientierte Methoden mit Ergebnissicherungsfunktion ... 38
   - 4.1 Produktion ... 38
   - 4.2 Wissensspiele ... 40
   - Exkurs: Selbstgeplante und modellinitiierte Lernprozesse ... 42
   - Reflexionen als unverzichtbare Elemente Handlungsorientierter Methoden ... 43

Teil II: Anwendung Handlungsorientierter Methoden auf ökonomisch geprägte Lebensbereiche und Entwicklungen ... 46

Wirtschaftsablauf / Wirtschaftsordnung ... 47

KLIPPERT:	Alles dreht sich ums Geld (Simulationsspiel)	47
STEINMANN:	Das Land Woauchimmer benötigt eine Wirtschaftsordnung (Konferenzspiel)	62

Arbeit

KAMMANN:	Streitfall: Arbeitszeit. Die Einigungsstelle entscheidet im Konflikt um die Wochenendarbeit (Konferenzspiel)	71
KAMMANN:	Entlassungsgrund: Betriebsänderung. Eine Fallstudie zum Problem der betrieblichen Mitbestimmung am Beispiel der Druckindustrie	81
KAHSNITZ/THIEL:	Erkundungen zu Berufsstrukturen und Dimensionen der Berufsarbeit	111
SCHMIDT:	Monotonie, Humanisierung, Freizeit (Rollenspiel)	129
SOMMER:	Panik in der Chefetage (Planspiel)	138
WEBER:	Konflikte in der Berufsausbildung (Wissensspiel mit Fallanalysen)	145

Konsum ... 157

BOHR/NIEBUHR/WARSITZ:	Ohne Moos nix los (Planspiel)	157
KAMMANN:	Auskommen mit dem Einkommen (Regelspiel)	173
WEBER/KROL:	Preisvergleiche bei Alltagskäufen (Projekt)	181

Wohlstandsgesellschaft ... 194

HENNING:	Strukturwandel im regionalen Wirtschaftsraum (Planspiel)	194
KLIPPERT:	Das Auf und Ab der Wirtschaft (Regelspiel)	225
STEINMANN:	Sozialprodukt und Wachstum (Simulation mit Spielelementen)	233
WEBER:	Die Wachstumskontroverse (Konferenzspiel)	240

Soziale Gesellschaft ... 249

KAMMANN:	Tarifkonflikt. Ein Planspiel über Tarifauseinandersetzungen in der gewerblichen Wirtschaft	249
KIRSCH:	Pflegekostenversicherung, ein kontroverses Problemfeld der Sozialpolitik. (Projekt)	260
KLIPPERT:	Tarifverhandlungen (Regelspiel)	276
KRUBER:	Solidarität und Eigenverantwortung in der Sozialen Marktwirtschaft. Konferenzspiel zur Bedeutung und Problematik der Sozialpolitik	284
STEINMANN:	Foldarb – Regelspiel zu den **Fol**gen der **Arb**eitslosigkeit	291
STEINMANN:	Spiel zur Einkommensverteilung	312
WEBER:	Leben ohne Arbeit. Befragung einer Arbeitsloseninitiative.	319

Ökologische Gesellschaft ... 325

BUDDENSIEK:	Wir nehmen unsere Schule unter die ökologische Lupe. Ein projektorientierter Beitrag zur selbstreflexiven Schule.	325
KLIPPERT:	Ein Betrieb will sich ansiedeln (Planspiel)	331
LACKMANN:	Das Auto als Projekt im Wirtschaftslehre-Unterricht	345
WEBER:	Verringerung des Energieverbrauchs (Fallstudie)	398
WEBER:	Dauerhaft Lebensqualität statt globaler Umweltzerstörung (Zukunftswerkstatt)	412
WEINBRENNER:	Auto 2010 – Ein Szenario zum Thema „Auto und Verkehr"	432

Internationale Gesellschaft ... 442

KAMMANN:	Internationale Arbeitsteilung und Außenhandel (Regelspiel)	442
WEBER:	Mensch-ärgert-Euch-nicht über Europa (Wissensspiel / Diskussionsforum)	456
WEINBRENNER:	Multikulturelle Gesellschaft – Einsatz der Szenario-Methode.	469

Handlungsorientierte Methoden in der Ökonomie

Autoren des Sammelbandes
Handlungsorientierte Methoden in der Ökonomie

Bohr, Lutz-Ekkardt — Dipl. Sozialarbeiter, Jugendreferent des Evangelischen Jugendreferates Köln-Mitte

Buddensiek, Dr. Wilfried — Universität-Gesamthochschule Paderborn Fachbereich 5 Wirtschaftswissenschaften – Wirtschaftspädagogik

Henning, Dr. Bernd — Professor für Politikwissenschaft und Politikdidaktik an der Pädagogischen Hochschule Schwäbisch Gmünd. Privatdozent am FB Gesellschaftswissenschaften der Justus-Liebig-Universität Gießen.

Kahsnitz, Dr. Dietmar — Professor an der Johann-Wolfgang-Goethe-Universität Frankfurt a. M. – Institut für Polytechnik-Arbeitslehre

Kammann, Bernd — Konrektor einer Orientierungsstufe in Braunschweig

Kirsch, Angela — Realschullehrerin in Elmshorn

Klippert, Dr. Heinz — Erziehungswissenschaftliches Fort- und Weiterbildungsinstitut der Evangelischen Kirchen in Rheinland-Pfalz mit Sitz in Landau

Krol, Dr. Gerd-Jan — Professor an der Westfälischen Wilhelms-Universität Münster, Institut für Wirtschaftswissenschaft und ihre Didaktik i.G.

Kruber, Dr. Klaus-Peter — Professor an der Universität Kiel, Lehrstuhl für Wirtschaft/ Politik und ihre Didaktik

Lackmann, Dr. Jürgen — Pädagogische Hochschule Weingarten, Forschungsbereich Arbeitslehre

Niebuhr, Dirk — Diplom-Sozialarbeiter, Schuldnerberatung, Amt für Diakonie Köln

Schmidt, Heike — Musikpädagogik Doktorandin an der Universität-GH Essen

Sommer, Jörg — Vorsitzender der Gesellschaft für Jugend- und Sozialforschung e. V., Abstatt

Thiel, Rolf — Lehrer in Bad Hersfeld

Warsitz, Thomas — Diplom-Sozialarbeiter, Jugendreferent der Evangelischen Kirschengemeinde Nippes

Weinbrenner, Dr. Peter — Professor an der Universität Bielefeld, Lehrstuhl für Didaktik der Wirtschafts- und Sozialwissenschaften

Autoren und Herausgeber:

Steinmann, Dr. Bodo — Professor an der Universität-Gesamthochschule Siegen, Wirtschaftswissenschaften und Didaktik der Wirtschaftslehre II

Weber, Birgit — Wiss. Mitarbeiterin an der Universität-Gesamthochschule Siegen, Wirtschaftswissenschaften und Didaktik der Wirtschaftslehre II

Vorwort

Mit diesem Sammelband machen Herausgeber, Autoren und Verlag allen Lehrenden und Lernenden im Bereich der ökonomischen Bildung das Angebot, bei der Auseinandersetzung mit lernbedeutsamen ökonomischen Inhalten vielfältige methodische Wege zu gehen.

Sie lassen sich dabei zum einen von der Überzeugung leiten, daß sich Lernen erleichtern und verbessern läßt, wenn es mit Methoden geschieht, die neben dem rein gedanklichen auch einen handelnden Zugang zu den Inhalten erlauben und zudem auch die Bereitschaft erhöhen, sich mit diesen Inhalten zu befassen.

Zum anderen gehen sie von der Annahme aus, daß Methoden, die selbständiges Handeln, Kommunikation und Kooperation fordern und fördern, hilfreich sind auf dem Weg, Befähigungen zu selbstbestimmter und verantwortungsbewußter Gestaltung des Lebens aufzubauen.

Aus diesen Überlegungen heraus sind für diesen Sammelband Methoden erarbeitet oder in ihn aufgenommen worden, bei denen sich einzelne Lernschritte planen, Probleme lösen, gewonnene Erkenntnisse in eigenverantwortliche Entscheidungen und Handlungen umsetzen und erproben sowie schließlich erarbeitete Lernergebnisse dokumentieren lassen. Das geschieht häufig gemeinsam nach Abstimmung in und zwischen Gruppen und setzt Diskussionen, Verhandlungen und Interessenvertretungen voraus.

Um den Lernenden diese Aktivitäten zu ermöglichen, haben die Autoren Handlungsorientierte Methoden für über 30 ökonomische Themenbereiche ausgearbeitet und so aufbereitet, daß sie direkt im Unterricht eingesetzt werden können: Die Lernenden finden Materialien, die sie mit einem bestimmten Ziel vor Augen zu Entscheidungen und Handlungen befähigen sollten. Die Lehrenden erhalten Hilfen, um diese Lernprozesse begleiten und reflektieren zu können.

Ein wichtiges Merkmal des Sammelbandes ist seine Breite, was Inhalte, Methoden und Autorenschaft angeht.

So sind die Methoden auf die wichtigsten ökonomischen Bereiche des gesellschaftlichen Zusammenlebens angewandt worden, auf die Einkommensentstehung durch Produktion und Arbeit sowie auf die Einkommensverwendung für Konsum und Vorsorge. Sie befassen sich aber auch mit Problemen der Wirtschaftsordnung und mit Entwicklungen der Gesellschaft in Hinblick auf Wohlstand, soziale und ökologische Gestaltung sowie internationale Beziehungen – Entwicklungen, die für das Leben der Menschen wichtig sind.

Die angewandten Methoden reichen dabei von Fallstudien, Erkundungen und Diskussionsforen über Simulations-, Wissens-, Regel-, Rollen-, Konferenz- und Planspiele bis hin zu Szenarien, Projekten und Zukunftswerkstätten.

Für die Anwendungen dieser Handlungsorientierten Methoden auf ökonomische Inhalte zeichnen achtzehn Wirtschaftsdidaktiker aus Universitäten, Pädagogischen Hochschulen, Schulen, Fort- und Weiterbildungsinstituten sowie Jugendbildungsreferaten verantwortlich. Sie sorgen dafür, daß trotz einer relativ einheitlichen Vorgehensweise (allgemeine Angaben zu Gegenstand und Lernzielen, Ablauf und Einsatzbedingungen, spezielle Angaben für die Lehrenden zur Unterstützung des Ablaufs, Materialien für die Teilnehmer) eine große Vielfalt methodischer Lösungen vorliegt.

Den Ausarbeitungen geht die Skizze einer didaktisch-methodischen Konzeption voraus, die die Methoden zum einen als Teil eines auf ökonomische Handlungskompetenz ausgerichteten Curriculums und zum anderen in ihrer allgemeinen, von Inhalten losgelösten Bedeutung (Kennzeichnung und Ablauf) vorstellt.

Die Herausgeber bedanken sich bei den Autoren für die gute Zusammenarbeit, bei Dr. H. Keim von der Bundesvereinigung der Arbeitgeber für die Unterstützung der Veröffentlichungsbemühungen, bei Dr. K. Stephan vom Kieser Verlag für die Bereitschaft, das Verlagsprogramm in dieser Richtung auszuweiten, sowie bei den Mitarbeitern des Verlags, insbesondere bei K. Kaz und P. Kleinhempel, für die nicht einfache Umsetzung unseres Vorhabens.

Bodo Steinmann

Birgit Weber

TEIL I: DIDAKTISCH-METHODISCHE KONZEPTION

Bodo Steinmann

Verankerung von Methoden in einem auf ökonomische Handlungskompetenz ausgerichteten Curriculum

Vielfältig sind die Vorstellungen in der pädagogischen Praxis, die sich mit dem Begriff der Handlungsorientierung verbinden. Sie reichen von der Orientierung der Lernprozesse auf das Verständnis und/oder die Einübung gegenwärtiger und zukünftiger Handlungen der Lernenden, über die Schülerselbsttätigkeit in der Informationsgewinnung und -verarbeitung, über eigenverantwortliche Entscheidungsfindung und -durchführung im Unterricht bis hin zu praktisch-manuellen Tätigkeiten.

Der schillernde Begriff der Handlungsorientierung macht es nötig, 'Handlungsorientierte Methoden in der Ökonomie' in eine didaktisch-methodische Konzeption einzubetten und ihre Merkmale näher zu bestimmen.

1. Handlungskompetenz in ökonomisch geprägten Lebensbereichen und Entwicklungen

Die Methoden, die in diesem Sammelband vorgestellt werden, sind keine Methoden, deren Ziel allein darin besteht, das Handeln zu fördern, ohne nach Zweck und Gegenstand des Handelns zu fragen. Sie werden vielmehr mit ökonomischen Inhalten in einen auf Mündigkeit ausgerichteten Handlungszusammenhang gebracht. Sowohl der Gegenstand, die ökonomischen Inhalte, als auch der Zweck, eine auf Mündigkeit ausgerichtete Handlungskompetenz, werden im folgenden näher bestimmt.

(1.1) Ausgangspunkt zur Gewinnung ökonomischer Inhalte, die auf Mündigkeit ausgerichtet Handlungskompetenz entstehen lassen, ist der wirtschaftliche Teilbereich der Gesellschaft in seiner Gesamtheit:

- **Wirtschaftsordnung und Wirtschaftsablauf.**

Um die als Hilfe zur Lebensgestaltung denkbaren Beiträge der Ökonomie, als Lehre von der Wirtschaft, näher bestimmen zu können, genügt es jedoch nicht, die Wirtschaft in ihren grundlegenden Zusammenhängen und ihrem Ordnungsgefüge zu betrachten, sondern es ist erforderlich, wichtige Bereiche des ökonomisch bestimmten gesellschaftlichen Zusammenlebens sowie zentrale, für das Leben der Menschen bedeutsame wirtschaftliche Entwicklungen auszuweisen.

Als **Bereiche** können dabei solche Lebenszusammenhänge gelten, die geprägt sind von sich wiederholenden Beziehungen zwischen Menschen, bestimmten Entscheidungssystemen wie Preis/Markt, Hierarchie, Verhandlungen, Demokratie, von Normen, Traditionen und anderen Verhaltensregeln sowie von bestimmten Organisationen wie Staat, Verbänden, Unternehmen, Haushalten und sonstigen Gruppen.[1]

Dabei ergeben sich aus dem ökonomischen Grundzusammenhang, den fundamentalen Prozessen der Produktion und der Verteilung von Gütern im Rahmen staatlicher Aktivitäten die folgenden umfassenden (zukünftigen) Lebensbereiche der Lernenden:

- **Einkommensentstehung durch Produktion und Arbeit sowie**

- **Einkommensverwendung zu Konsum und Vorsorge.**

Die in den Lebensbereichen ablaufenden Entscheidungs- und Handlungsprozesse haben positive und negative gesamtwirtschaftliche Auswirkungen, die sich zusammenfassen lassen, um **Entwicklungen**, die die Gesellschaft kennzeichnen, hervorzuheben und gesondert zu betrachten. Dabei ist es immer eine zeit-, gesellschafts- und wertabhängige Frage, welche Auswirkungen der Handlungsprozesse als gesellschaftsprägende, das Leben in besonderer Weise beeinflussende Entwicklungen verstanden und deshalb zur Basis unterrichtlicher Behandlung gemacht werden.

---

1 Frey, B. S., Ökonomie ist Sozialwissenschaft. Eine Anwendung der Ökonomie auf neue Gebiete. München 1990.

Zur Strukturierung der Methoden werden hier die folgenden Entwicklungen unterschieden:

- **Entwicklung zur Wohlstandsgesellschaft**
- **Entwicklung zur sozialen Gesellschaft**
- **Entwicklung zur ökologischen Gesellschaft**
- **Entwicklung zur internationalen Gesellschaft.**

Damit ist ein grober Rahmen abgesteckt, in dem sich die Inhalte finden, auf die die Handlungsorientierten Methoden angewendet werden sollen.

(1.2) Grundlegende Befähigungen, die geeignet sind, Wirtschaftsordnung und Wirtschaftsablauf, ökonomisch geprägte Bereiche des Zusammenlebens sowie für das Leben wichtige ökonomisch erklärbare Entwicklungen zu gestalten bzw. mitzugestalten, werden hier unter dem Begriff der **Ökonomischen Handlungskompetenz** zusammengefaßt.

Ökonomische Handlungskompetenz muß dabei an einem Leitziel ausgerichtet werden, um der Gefahr zu entgehen, daß die in der Realität vorgefundenen Entscheidungen und Handlungen als angemessen und damit als zu erlernende Entscheidungen und Handlungen interpretiert werden. Ein solches Leitziel könnte das allgemein akzeptierte Ziel der **Mündigkeit** sein, verstanden als selbstbestimmte und verantwortungsbewußte Gestaltung des Lebens in der Gesellschaft.

Durch die Leitzielorientierung von Befähigungen zur Durchführung ökonomischer Entscheidungen und Handlungen ergibt sich die folgende Vorstellung einer auf **Mündigkeit ausgerichteten ökonomischen Handlungskompetenz**:

Entscheidungen und Handlungen in ökonomischen Bereichen und Entwicklungen	Elemente der Mündigkeit
Vornahme individueller Entscheidungen und Handlungen (Wahl des Berufes, Kauf von Konsumgütern, Gestaltung der Freizeit etc.)	Individuelle Entfaltung (Entwicklung eines eigenen Standpunktes, emotionaler Stabilität und Verantwortungsbewußtsein für eigene Entscheidungen)
Mitwirken an Entscheidungen und Handlungen von Gruppen (Mitarbeit in Verbänden, Vereinen, Selbsthilfegruppen etc.)	Mitwirken an der Gestaltung toleranzbestimmter sozialer Beziehungen (Zusammenarbeit auf der Basis von Verständnis, Solidarität, Kompromißfähigkeit und -bereitschaft; Entwicklung von Verantwortung für gemeinsame Entscheidungen)
Einflußnahme auf staatliche Entscheidungen und Handlungen (Wahl, Bürgerinitiativen, Entscheidungen in der Gemeinde, Beurteilung von Parteiprogrammen etc.)	Teilhabe an der Schaffung einer lebenswerten Gesellschaft (Entwicklung von Verantwortungsbewußtsein für menschenwürdige gesellschaftliche Strukturen)

Auf Mündigkeit ausgerichtete ökonomische Handlungskompetenz
Befähigung zu (Mitwirkung und Teilhabe an) ökonomischen Entscheidungen und Handlungen mit dem Ziel der individuellen Entfaltung, der Gestaltung toleranzbestimmter sozialer Beziehungen sowie der Schaffung einer lebenswerten Gesellschaft

Eine so verstandene Handlungskompetenz hat – selbst wenn der Begriff der Kompetenz das nicht nahezulegen scheint – immer auch eine emanzipationsfördernde Dimension, weil es nicht nur darum geht, in die Gesellschaft hineinzuwachsen und in ihr und für sie Verantwortung zu übernehmen, sondern auch darum, sich gesellschaftlichen Behinderungen und Gefährdungen von Mündigkeit zu widersetzen und an ihrer Überwindung mitzuwirken.

(1.3) Ökonomische Handlungskompetenz setzt sich aus verschiedenen Teilkompetenzen zusammen: aus Sach- und Wertekompetenz sowie aus Individual- und Sozialkompetenz.

- **Sachkompetenz** umfaßt die Fähigkeit (und Bereitschaft), Strukturelemente und -zusammenhänge sowie Gestaltungsmöglichkeiten von Wirtschaftsordnung, -ablauf, -bereichen und -entwicklungen erkennen und erklären zu können.

  Das gelingt nur, wenn man sich die Erkenntnisse der Ökonomie, die die Realität in systematischer Weise mit wissenschaftlichen Methoden analysiert, zunutze macht.

- **Wertekompetenz** umfaßt die Fähigkeit (und Bereitschaft), die erkannten und erklärten Strukturelemente und -zusammenhänge sowie Gestaltungsmöglichkeiten im Hinblick auf Chancen und Gefährdungen selbstbestimmter und verantwortungsbewußter Lebensgestaltung beurteilen zu können.

  Dazu ist eine ethische Grundorientierung erforderlich, die Entscheidungen und Handlungen auf individuelle Entfaltung, Gestaltung toleranzbestimmter sozialer Beziehungen sowie auf Schaffung einer lebenswerten Gesellschaft ausrichtet.

- **Individual- und Sozialkompetenz** beinhalten die Fähigkeit (und Bereitschaft), den auf der Basis des Erkennens, Erklärens und Beurteilens gewonnenen eigenen Standpunkt umsetzen zu können in selbständige, eigenverantwortete Entscheidungen und Handlungen bzw. zusammen mit anderen in gemeinsame, mitverantwortete Entscheidungen und Handlungen.

  Notwendige Voraussetzung dafür ist das Erlernen von Selbsttätigkeit (Planen, Durchführen, Bewerten, Revidieren von Entscheidungen, Lösen von Problemen) sowie von Kommunikation (Diskutieren, Verhandeln, Interessen vertreten) und Kooperation (gemeinsame Bewältigung von Aufgaben sowie gemeinsame Lösung von Problemen).

2. Folgerungen für Inhalte und Methoden ökonomischer Bildung

(2.1) Die auf Mündigkeit ausgerichtete ökonomische Handlungskompetenz führt – zusammen mit Überlegungen zu Problemorientierung, Aktualität, Exemplarität, Erfahrungsorientierung und Herstellung von Betroffenheit – zu Antworten auf die grundlegenden Fragen der ökonomischen Bildung; sie gibt Antworten auf die Fragen nach dem *Was*, dem *Wozu* und dem *Wie* des zu Erlernenden.

(2.2) Mit der Orientierung von Lerninhalten und -methoden an Sachkompetenz wird erreicht, daß die ökonomische Bildung auf wissenschaftlichen Erkenntnisprozessen basiert; mit der Orientierung an Wertekompetenz, daß an die Lernenden von der Fachwissenschaft keine Ansprüche herangetragen werden, die mit ihrem Leben, mit Erlangung von Mündigkeit, nichts zu tun haben.

Die Ausrichtung auf Sach- und Wertekompetenz geschieht auf die Weise, daß die Stufen wissenschaftlicher Durchdringung mit den Elementen der Mündigkeit zu grundlegenden Befähigungen des Erkennens, Erklärens und Beurteilens als Voraussetzungen für Entscheidungen und Handlungen zusammengeführt werden:

Stufen wissenschaftlicher Durchdringung	Elemente der Mündigkeit
Beschreibung von Strukturelementen und -zusammenhängen	Individuelle Entfaltung
Erklärung (einschließlich Prognostizierung) auf der Basis der Beschreibung	Mitwirken an toleranzbestimmten sozialen Beziehungen
Zielorientierte Gestaltung (bzw. Fundierung möglicher Beeinflussung) auf der Basis von Beschreibung und Erklärung	Teilhabe an der Schaffung einer lebenswerten Gesellschaft

Befähigungen des Erkennens, Erklärens und Beurteilens als Voraussetzungen für Entscheidungen und Handlungen

Erkennen relevanter Strukturelemente und -zusammenhänge von Wirtschaftsordnung, -bereichen und -entwicklungen im Hinblick auf Möglichkeiten und Gefährdungen selbstbestimmter und verantwortungsbewußter Lebensgestaltung

Erklärung von Wirtschaftsordnung, -bereichen und -entwicklungen durch Aufdecken der ursächlichen Beziehungen zwischen den relevanten Strukturelementen und -zusammenhängen

Erkennen und Erklären ursachenbezogener Maßnahmen zur Gestaltung von Wirtschaftsordnung, -bereichen und -entwicklungen in ihren Wirkungszusammenhängen sowie Beurteilen der Auswirkungen dieser Maßnahmen im Hinblick auf die Chance selbstbestimmter und verantwortungsbewußter Lebensgestaltung (individueller Entfaltung, Gestaltung toleranzbestimmter sozialer Beziehungen sowie Schaffung einer lebenswerten Gesellschaft)

(2.3) Mit der Ausrichtung von Lerninhalten und -methoden an Individual- und Sozialkompetenz wird eine Umsetzung von Erkenntnissen in Entscheidungen und Handlungen angebahnt und die Verbindung zwischen Lernen und Leben gestärkt. Außerdem werden die Lernenden durch Befähigungen zur Selbsttätigkeit, zur Kommunikation und Kooperation mit Qualifikationen ausgestattet, die von konkreten Ausprägungen der Inhalte relativ unabhängig sind.

Methoden, die Selbsttätigkeit sowie Kommunikation und Kooperation fördern und somit zur Vermittlung ökonomischer Handlungskompetenz beitragen, werden hier als **Handlungsorientierte Methoden** bezeichnet.

Elemente der Selbsttätigkeit	Elemente der Kommunikation und Kooperation
– Planen von Lernschritten – Lösen von Problemen – Umsetzen und Erproben von Erkenntnissen in eigenverantwortlichen Entscheidungen und Handlungen – Produktion zur Dokumentation von Lernergebnissen	– Diskussionen, Verhandlungen, Interessenvertretungen – Mitarbeit bei Willensbildungsprozessen in Gruppen – Gemeinsame Handlungen

Selbständige, eigenverantwortliche bzw. gemeinsame, mitverantwortete Entscheidungen und Handlungen

(2.4) Handlungsorientierte Methoden in der hier beschriebenen Weise unterscheiden sich in zweifacher Hinsicht von Methoden im Rahmen eines Konzepts des handlungsorientierten Unterrichts, wie es besonders eindrucksvoll bei Jank/Meyer [2] dargestellt und in Form von sieben Merkmalen [3] zusammengefaßt wird: Handlungsorientierter Unterricht ist danach ganzheitlich, schüleraktiv, auf Handlungsprodukte ausgerichtet, von subjektiven Schülerinteressen geleitet, gemeinsam mit Lernenden geplant, zur Realität hin geöffnet und auf ein ausgewogenes Verhältnis von Kopf- und Handarbeit bedacht.

Zum **einen** erfolgt eine **Erweiterung** durch die Einbindung der Methoden in ein Curriculum, das auf Mündigkeit ausgerichtete Handlungskompetenz in ökonomisch bestimmten Bereichen und Entwicklungen anstrebt.

Damit soll dem von Jank/Meyer konstatierten Mangel des Konzepts der Handlungsorientierung, dem Fehlen von „Kriterien und Argumente(n), um konkrete Themen- und Inhaltsentscheidungen theoretisch zu untermauern" [4], Rechnung getragen und der diesem Konzept innewohnenden Gefahr, Handeln zu fördern, ohne nach Zweck und Inhalt zu fragen, entgegengearbeitet werden.

Zum **anderen** erfolgt eine **Verengung**, indem nicht verlangt wird, daß die im Unterricht eingesetzten Methoden alle Merkmale der Handlungsorientierung erfüllen müssen.

Beispielsweise gehören zu den Handlungsorientierten Methoden in der hier beschriebenen Weise auch Modelle der Realität – insbesondere Lernspiele –, in denen das Lernen durch selbsttätige, kommunikative und kooperative Handlungen stattfindet und die Umsetzung von Entscheidungen in Handlungen erprobt werden kann.

In diesen Modellen bezieht sich selbst- oder mitbestimmte Planung jedoch nicht auf vereinbarte Handlungsprodukte oder den Lernprozeß selbst, sondern lediglich auf eine gemeinsame Strategie zur Verfolgung vorgegebener Spielziele. Auch ist keine Öffnung der Schule nach außen vorgesehen, sondern nur eine Simulation der Realität.

Die subjektiven Interessen der Lernenden werden nicht zum Ausgangspunkt genommen; sondern allenfalls werden sie durch den Anreizcharakter eines Spielmodells und die Übernahme fremder Rollen angeregt.

Schließlich führt die berechtigte Forderung nach einem ausgewogeneren Verhältnis von Kopf- und Handarbeit, um ein Übergewicht der Verbalität abzubauen, in dem hier vorgestellten Konzept nicht dazu, nur den Methoden, die auf physische Bewegung und handwerkliche Gestaltung abstellen, Raum zu geben, sondern auch solchen, in denen Entscheidungen in irgendeiner Form deutlich gemacht werden, sei es durch Spielzüge, Diskussionen oder Dokumentationen.

Durch die Einengung der Handlungsorientierten Methoden auf Elemente der Selbsttätigkeit zur Förderung der Eigenverantwortung (meine Sache) und der Kommunikation und Kooperation zur Förderung des Gemeinsinns (unsere Sache) [5] soll vermieden werden, daß zu hohe Ansprüche an den Einsatz jene Methoden verhindern, die nicht alle Merkmale von Handlungsorientierung im Sinne von Jank/Meyer enthalten, obwohl sie im Hinblick auf die oben genannten Ziele geeignet erscheinen.

3. Besondere Bedeutung Handlungsorientierter Methoden für die ökonomische Bildung

Die ökonomische Bildung kann die Befähigungen der Individual- und Sozialkompetenz nur in Ausnahmefällen durch Handeln in der ökonomischen Realität selbst (Nachbarschaftsschule, Praktika, Erkundungen) vermitteln, da sie zum einen weitgehend auf Lebensbereiche ausgerichtet ist, die für die Lernenden in der Zukunft liegen (Arbeit, Konsum), und da sie zum anderen auf ökonomisch erklärbare **gesamt**gesellschaftliche Entwicklungen abzielt.

Daraus erwächst die besondere Bedeutung der Methoden für die ökonomische Bildung.

(3.1) Das an Handlungskompetenz orientierte Konzept ökonomischer Bildung verlangt nach Methoden, die zum einen Inhalte transportieren, die auf Sach- und Wertekompetenz ausgerichtet sind, die zum anderen aber auch die Bereitschaft und die Fähigkeiten, die hier mit Individual- und Sozialkompetenz umschrieben sind, zum Ziel haben, um Wissen, das zur (zukünftigen) Le-

---

[2] Jank, W./Meyer, H., Didaktische Modelle, Frankfurt 1991, S. 337 ff.

[3] Ebenda, S. 355 ff.

[4] Ebenda, S. 373.

[5] vgl. Hentig, H. v., Die Flucht aus dem Denken ins Wissen, Frankfurter Allgemeine Zeitung, 16.08.1993

bensgestaltung geeignet ist, auch anwenden zu können. Im Lernprozeß eingesetzte Methoden, die von ihrer Gestaltung her die notwendigen individuellen und sozialen Fähigkeiten der Lernenden fordern und fördern, unterstützen die auf Handlungskompetenz abzielenden Inhalte; und zwar um so besser, je mehr ihre Erarbeitung selbstbestimmt und selbsttätig geschehen kann und je mehr die für alle Lebensbereiche wichtige Kommunikation und Kooperation Bestandteile der Erarbeitungsprozesse sind, wie z. B. arbeitsteilige Tätigkeiten im Rahmen von Projekten.

Dabei ist hervorzuheben, daß methodische Modelle, die wiederkehrende und aufeinander aufbauende Handlungen zulassen, wie etwa Planspiele, besonders geeignet sind, die gewünschten individuellen und sozialen Fähigkeiten *einzuüben*.

(3.2) Die meisten Handlungsorientierten Methoden, so z. B. Fallstudien und Spiele, fördern durch die Notwendigkeit und Möglichkeit, sich auf die für alle geltende Ausgangslage eines Modells, in dem Lernende handeln sollen, einzulassen, die Entwicklung einer gemeinsamen Lernbasis. Daß dies für wenig zu differenzierende Lernprozesse von großer Bedeutung sein muß, liegt auf der Hand; denn kaum jemals bestehen in einer Lerngruppe *von vornherein gleiche Voraussetzungen* für einen neuen Lernprozeß. Das wird deutlich, wenn man sich vor Augen führt, daß Modelle, an denen oder in denen gelernt werden soll, aufgrund unterschiedlicher erkenntnis- und abbildungsleitender Faktoren (Fähigkeiten und Interessen der Modellbildner) in ganz unterschiedlicher Weise die Realität widerspiegeln und daß diese Modelle demzufolge und darüber hinaus von den Lernenden aufgrund voneinander abweichender Vorinformationen, differierender Wahrnehmungs- und Erkenntnisfähigkeit und -bereitschaft ganz unterschiedlich wahrgenommen werden.

Der Vorteil der meisten Handlungsorientierten Methoden besteht nun darin, daß sie der Notwendigkeit zur Schaffung einer gemeinsamen Lernbasis explizit Rechnung tragen, indem sie eingangs Zeit lassen, sich mit einer allgemeinen Ausgangslage und mit rollenspezifischen Ausgangspositionen vertraut zu machen.

Diesen Vorteil unterstützend weisen einige Handlungsorientierte Methoden als Besonderheit die Möglichkeit eines Lernens auf verschiedenen Ebenen auf, wodurch eine gewisse Differenzierung des Lernprozesses, eine Individualisierung des Lernens, stattfindet, so daß der Lernprozeß auch mit unterschiedlichen Kenntnissen und Erfahrungen der Lernenden erfolgreich sein kann. Das wird z. B. deutlich bei der Übernahme von Rollen in einem Konferenzspiel: Die Auseinandersetzung mit den Rollen der an Entscheidungs- und Handlungsprozessen der Realität Beteiligten wird von den Rollenspielern von ihren jeweiligen Vorkenntnissen und Vorerfahrungen abhängig gemacht, wodurch die Komplexität des Lernzusammenhanges von ihnen selbst bestimmt wird.

(3.3) Bei Handlungsorientierten Methoden hat das zu vermittelnde Wissen einen anderen Stellenwert als bei nicht-handlungsorientierten Methoden. Es wird gewissermaßen instrumentalisiert für das selbsttätige individuelle oder gemeinsame Lösen von Aufgaben und Problemen. Die Lernenden haben einen Anreiz – vorausgesetzt sie können sich die Problemstellung zu eigen machen oder selbst ein zu lösendes Problem entdecken –, das Wissen aufzufinden, das ihnen beim Erkennen von Ursachen sowie beim Lösen der Probleme hilft.

Außerdem eröffnet die Gestaltung des Ablaufs von Handlungsorientierten Methoden die Chance, Inhalte in ihren Entstehungsprozessen und -zusammenhängen wiederaufleben zu lassen. Handlungsorientierte Methoden ermöglichen entdeckendes und genetisches Lernen und eignen sich besonders für das Lernen aus Fehlern; denn immer dann, wenn das erzielte Ergebnis in Frage gestellt wird, muß der Prozeß seines Zustandekommens neu durchdacht werden. Außerdem können Methoden, die auf das Lösen von Problemen abstellen, für sich in Anspruch nehmen, daß sie Kreativität im Umgang mit Problemen und ihrer Lösung zulassen, eventuell sogar fördern.

(3.4) Immer wenn der Lerngegenstand nicht der Inhalt eines Modells, sondern das Handeln der Lernenden in der Auseinandersetzung mit einem solchen Modell ist – wie es für die meisten Handlungsorientierten Methoden gilt –, entstehen neue gemeinsame Erfahrungszusammenhänge in einer gewissen Integration von Denken und Handeln: Wenn es richtig ist, daß Handeln und Denken zusammengehören, um die Persönlichkeit zu entwickeln, wie es Anthropologie, westliche Lernpsychologie und östliche Tätigkeitstheorie sowie Untersuchungen zur Lerneffizienz nahelegen [6], dann sind alle Methoden, die im Prozeß der Wissensaneignung auf Handeln aufbauen, oder – weniger streng – neben Denken ein Handeln erlauben, von Vorteil gegenüber solchen Methoden,

---

6 vgl. z. B. Klippert, H., Handlungsorientierter Politikunterricht, in: Bundeszentrale für politische Bildung (Hg), Methoden in der politischen Bildung – Handlungsorientierung, Schriftenreihe Bd. 304, 1991, S. 20 ff.

die sich mit einer gedanklichen Auseinandersetzung von Modellen begnügen [7].

„Handlungsorientierter Unterricht (und auch Handlungsorientierte Methoden im vorgestellten Konzept, d. V.) geht von der theoretischen Prämisse aus, daß es *keine* aufsteigende Linie von der Hand- zur Kopfarbeit, sondern eine den gesamten Lernprozeß begleitende dynamische Wechselwirkung zwischen beiden Komponenten gibt." [8]

(3.5) Einige handlungsorientierte Modelle, wie etwa Projekte und Zukunftswerkstätten, aber auch Fallstudien und Realbegegnungen, erlauben – in Abhängigkeit von ihrer jeweiligen Organisation – ein gewisses Ausmaß an Selbst- und Mitbestimmung über den Prozeß der Wissensaneignung selbst. Sie tragen damit in besonderer Weise zur Selbsttätigkeit bei, indem sie nicht nur zulassen, daß im Rahmen eines vorgegebenen Lernmodells einzeln oder gemeinsam Entscheidungen getroffen und Problemlösungen gefunden werden können, sondern indem sie vorsehen, daß darüber hinaus *Entscheidungen über den Lernprozeß selbst* diese Fähigkeiten bei den Lernenden fordern und fördern.

Methoden, die so ausgestaltet sind, eignen sich besonders, den Interessen der Lernenden Rechnung zu tragen und damit die Lernbereitschaft zu erhöhen.

(3.6) Die bisher genannten Elemente Handlungsorientierter Methoden tragen – je nach Modell in unterschiedlicher Weise – dazu bei, neben Denken und Handeln auch das Fühlen in den Lernprozeß einzubinden, indem sie die Motivation, sich mit Wissensgegenständen auseinanderzusetzen, erhöhen. Das läßt sich vermuten für die Elemente der Selbsttätigkeit, Kommunikation und Kooperation, für die Elemente der Schaffung einer gemeinsamen Lernbasis sowie der Ermöglichung differenzierter Lernprozesse, für die Elemente des Handelns, des selbst- und mitbestimmten Lernens, des Erlebens von Auswirkungen von und auf Rollenpositionen sowie des Zulassens von Ängsten und Hoffnungen z. B. in Zukunftswerkstätten. Modelle mit Spielcharakter verstärken den Spaß am Lernen durch spielerische Tätigkeiten, unvorhersehbare Abläufe und zu erfüllende Spielziele.

Legt man die Prinzipien der Förderung der Selbsttätigkeit einerseits und der Kommunikations- und Kooperationsfähigkeit und -bereitschaft andererseits an den Bestand an Unterrichtsmethoden an [9], so können eine ganze Reihe von Methoden – wenn auch in unterschiedlicher Weise – diese Prinzipien erfüllen. Diese Methoden, die von Erkundungen über Spiele bis hin zu Zukunftswerkstätten reichen, werden im folgenden beschrieben und im Teil II auf ökonomische Inhalte angewandt.

---

[7] vgl. z. B. Vester, F., Denken, Lernen, Vergessen, München 1980^5, S. 35 ff; Abt C.C., Ernste Spiele, Köln 1971, S.17 ff.

[8] Jank, W./Meyer, H., a. a. O., S. 358

[9] Meyer, H., Unterrichtsmethoden I: Theorieband, Frankfurt 1988^2, Unterrichtsmethoden II: Praxisband, Frankfurt 1987^2

Birgit Weber
Handlungsorientierte Methoden

Handlungsorientierte Methoden im Rahmen eines auf Handlungskompetenz ausgerichteten Curriculums werden im folgenden unterschieden nach ihrer Funktion beim Ablauf eines handlungsorientierten Lernprozesses sowie nach der Art des Lernprozesses und der Einbeziehung der Realität.

Handlungsorientierte Methoden können eine Funktion entfalten bei der

- **Initiierung von Planungsprozessen**, dies insbesondere in Form von Brainstorming und Diskussionsforen, und
- **Sicherung von Lernergebnissen**, indem sie als reflexive Formen Planung, Durchführung und Ergebnisse handlungsorientierter Lernprozesse in ihren kognitiven, affektiven und sozialen Komponenten auswerten, indem sie als eigenständige Handlungsorientierte Methoden gestalterisch als Produktionen die Ergebnisse dokumentieren, schließlich indem sie als Wissensspiele der Wiederholung und Sicherung der kognitiven Erkenntnisse dienen.

Der Schwerpunkt der handlungsorientierten Methoden liegt jedoch bei der **Gestaltung des Lernprozesses** selbst. Dabei lassen sich zwei Methodengruppen unterscheiden:

- Zum einen Methoden, die eine **selbst- und mitbestimmte Planung** der Lernprozesse und der Lernschritte unter Einbeziehung der außerschulischen Realität bzw. Einwirkung auf die Realität zulassen. Dies ist mit wachsender Komplexität bei Erkundungen, Fallstudien, Zukunftswerkstätten, Szenarien und Projekten der Fall.
- Zum anderen Methoden, deren **Handlungen** in den Lernprozessen – bei aller denkbaren Offenheit der Ausgestaltung – **initiiert** werden von **Modellen** der Realität, die den Lernenden bestimmte Rollen, Ziele und Aufgaben während spezieller Phasen eines Prozeßablaufes zuweisen. Dies erfolgt – wiederum in zunehmend komplexer werdenden Handlungen und Modellen – bei Simulationen und Regelspielen, bei Entscheidungs-, Rollen- und Konferenzspielen und schließlich bei Planspielen.*

Diese Methodengruppierung erfolgt nicht nach der geläufigen Einteilung in der Fachdidaktik. Dort werden z. B. Fallstudien den simulativen Methoden, Zukunftswerkstätten spielerischen Methoden zugeordnet. Die an einer näheren Erläuterung der hier erfolgten Strukturierung interessierten Leser seien auf den „Exkurs: Selbstgeplante und modellinitiierte Methoden" verwiesen.

Zudem erfolgt eine Beschränkung auf Methoden,

- die ohne grundsätzliche institutionelle und organisatorische Umstellungen in den alltäglichen Unterricht einbindbar sind – selbst wenn eine solche Umstellung für manche Methoden sehr sinnvoll wäre –,
- auf vielfältige Inhalte anwendbar erscheinen und
- in allen Schulformen Anwendung finden können.

Somit erfolgt z. B. ein Verzicht auf die Darstellung von Lernbüros und Praktika.

Bei diesen Methoden sind, wie im folgenden zu zeigen sein wird, die Merkmale der Handlungsorientierung in unterschiedlicher Weise enthalten. Teilweise umfassen die Methoden der selbst- und mitbestimmten Planung der Lernprozesse auch solche zur Initiierung der Planung sowie zur Ergebnissicherung. Letzteres kann auch für Methoden der modellinitiierten Handlungen gelten. Auch ist denkbar, daß die zentralen, hier für die Gestaltung der Lernprozesse ausgewiesenen Handlungsorientierten Methoden im Rahmen der Wirtschafts- und Arbeitslehre sowie des sozialwissenschaftlichen Unterrichts der Initiierung (z. B. Regel- und Rollenspiele) oder der Ergebnissicherung (z. B. Konferenzspiele, Entscheidungsspiele und Fallstudien) dienen.

Bezugnehmend auf die Unterschiede zu „traditionellem" rezeptivem Lernen werden bei den Methodengruppen ihre spezifischen Funktionen erläutert sowie die unterschiedlichen Möglichkeiten der Selbststeuerung und der Modellinitiierung gegenübergestellt. Im Anschluß daran werden die einzelnen Handlungsorientierten Methoden bezüglich ihrer Ziele und spezifischen Vorteile diskutiert, um daraufhin die jeweils klassische Ablaufgestaltung darzustellen und schließlich allgemeine Hinweise über spezielle Durchführungsprobleme, alternative Gestaltungs- und Verknüpfungsmöglichkeiten zu geben.

1. Handlungsorientierte Methoden mit Initiierungsfunktion

Methoden, die eine selbst- und mitbestimmte Planung von Lernprozessen ermöglichen, werden im Unterricht häufig deswegen nicht angewendet, weil den Lernenden die Planungskompetenz als Wissen über mögliche Themenbreite und Exemplarität lernbedeutsamer Gegenstände abgesprochen wird. Solche Annahmen bedingen ein künstliches Auseinanderreißen von Lerngegenständen, die Vorwegbestimmung exemplarischer Themen durch die Lehrenden, ohne die Möglichkeit, Erfahrungen und „Vor"Urteile, Wissen und Interessen der Lernenden als Ausgangspunkt potentieller Lernprozesse zu nutzen und auf diese Weise Motivation und Planungskompetenz im Sinne eines Lernens des Lernens zu erhöhen.

Umso notwendiger erscheinen Handlungsorientierte Methoden bzw. Verfahren, die einen Beitrag zur Initiierung sachgerechter Planung von Lernprozesse leisten. Das Ziel gegenwärtiger und zukünftiger auf Mündigkeit ausgerichtete Handlungskompetenz darf dabei weder den subjektiven Augenblicksinteressen noch der kommunikativen Durchsetzungskraft der redegewandteren Lernenden geopfert werden. Auch sollte verhindert werden, daß den Lernenden durch den Wissens- und Erfahrungsvorsprung die Einübung einer wichtigen Teilkomponente von Handlungskompetenz, der Planung des eigenen Lernprozesses, vorenthalten wird.

Die Beteiligung der Lernenden an der Planung nimmt den Lehrenden keineswegs die Verantwortung für das Gelingen der Lernprozesse ab, sondern verlangt von ihnen ein hohes Maß an didaktischer Kreativität und Phantasie bei der Aufbereitung von Ausgangssituationen. Sie müssen Impulse geben, die

- die Thematisierung von Erfahrungen und Interessen erlauben,
- mit Problemen, Konflikten und Widersprüchen des Gegenstandes konfrontieren,
- die mögliche Breite eines Themas deutlich werden lassen sowie
- eine sachimmanente Planung des Lernprozesses geradezu provozieren.

Damit kann vorhandenen Defiziten in der Planungskompetenz der Lernenden Rechnung getragen werden.

Handlungsorientierte Methoden mit Initiierungsfunktion können ihre Kraft insbesondere im Zusammenhang mit den selbst- und mitbestimmten Handlungsorientierten Methoden entfalten. Bei Erkundungen, Projekten, Zukunftswerkstätten dienen sie der Ermittlung der Erfahrungen und Interessen der Lernenden. Sie erlauben aber auch einen Überblick über die Breite des Themas, über Struktur und potentielle Bearbeitungsgegenstände zu gewinnen, so daß die Lernenden einen differenzierten Arbeitsplan zur Informationsbeschaffung entwickeln können.

1.1 Brainstorming

Das Verfahren des Brainstorming ist eine sehr offene Methode zur Planung des Lernprozesses, bei dem lediglich ein Oberbegriff oder eine grob strukturierende Leitfrage vorgegeben wird, um auf diese Weise die Erkenntnisinteressen und Handlungswünsche, Erfahrungen, Vorlieben und Abneigungen zu ermitteln. Durch eine dem Brainstorming gemäße breite Ideensammlung aller Lernenden wird die Dominanz der verbal stärksten Schüler reduziert und ein vielfältiges Spektrum erzielt. Der Ablauf ermöglicht eine von den Lernenden getragene Schwerpunktbildung sowie eine darauf aufbauende Planung und Strukturierung des Lernprozesses.

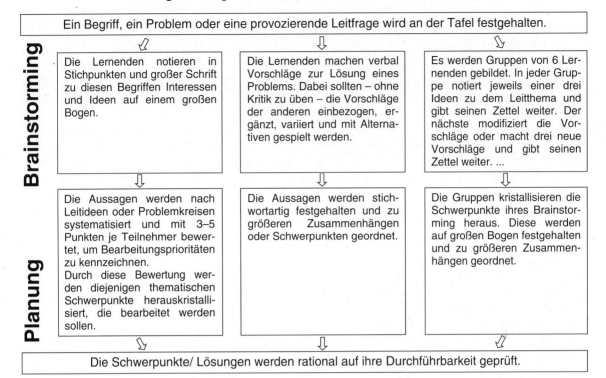

Bei einem Brainstorming gelten folgende Regeln:
- Diskussionsverzicht: Die Teilnehmer verzichten auf eine Kritik von Äußerungen anderer und stellen lediglich b. B. Verständnisfragen.
- Visualisierung aller Äußerungen: Alle Aussagen werden in Stichpunkten dokumentiert.
- Ausnahmsweise gilt: Quantität vor Qualität: Um originelle, vielseitige Einfälle zu sammeln und Denkschablonen aufzuheben, kommt es auf die Erfassung aller Beiträge an.

Allgemeine Hinweise

Eine gewisse Lenkung eines Brainstorming ist dadurch möglich, daß es angeschlossen wird an
- Fälle, Probleme, Konflikte;
- Diskussionsforen, die neben den Diskussionsanreizen einen Überblick über alternative Problembereiche, die thematische Struktur und Breite geben (siehe unten);
- oder auch an die Vorstellung der in einem Halbjahr zu behandelnden Lehrplaninhalte.

Insofern verlangt auch ein Brainstorming eine gute Vorbereitung der Lehrenden, die sich möglicher Alternativen und der Struktur eines Gegenstandes ebenso bewußt sein müssen wie verschiedener Bearbeitungsmöglichkeiten und verfügbarer Medien. Sie müssen für sich eine begründete Vorstrukturierung der zur Erzielung ökonomischer Handlungskompetenz notwendigen Bereiche vorgenommen haben, die es ihnen erlauben, eine problemorientierte Ausgangssituation zu schaffen und Hilfen bei der Strukturierung von Plänen aus den Ideen und Gedanken zu geben.

Die Wahl der Art des Brainstorming erfolgt in Abhängigkeit von der gewünschten Spontaneität und Originalität, von den Gegenständen als alternativen Lerngegenständen oder aber geeigneten Problemlösungen.

1.2 Diskussionsforen

Die Beteiligung der Lernenden an der Planung von Lernprozessen ist oft mit einigen Problemen verbunden:
- Den Lernenden mangelt es an **Überblick** über die Themenvielfalt, -breite und -struktur sowie über Kontroversen der Problemdeutung, -erklärung und -beeinflussung.
- In der gemeinsamen Vereinbarung zwischen Lehrenden und Lernenden werden nicht die Interessen und Erfahrungen **aller** Lernenden berücksichtigt. Häufig werden die aktivsten Schüler ungewollt bevorzugt.
- Eventuell fehlt den Lernenden die **Motivation** zur eigenständigen Planung eines Themas.

Mit Diskussionsforen können diese Probleme reduziert werden. Sie ermöglichen den Lernenden je nach Verfahren einen stichpunktartigen **Überblick** über

- potentielle Lerngegenstände zu einem Themenbereich,
- die Struktur eines Lerngegenstandes,
- konträre wissenschaftliche und politische Positionen zu einem Lerngegenstand,
- die Breite von Deutungen, Erklärungen und Beeinflussungsmöglichkeiten.

Mittels unterschiedlicher Techniken erlauben sie **allen** Lernenden die Mitteilung ihrer Interessen, Erkenntnis- und Handlungswünsche, Erfahrungen, Vorkenntnisse und „Vor"urteile zum Thema. Spielerische Elemente können zusätzlich Anreize bieten und Spannung erhöhen.

Die Impulse zum Nachdenken aktivieren und provozieren eigene Meinungen sowie Auseinandersetzung mit den eigenen Vorstellungen. Durch die Verbindung von Information und Aktivierung von Interessen und Erfahrungen der Lernenden schaffen Diskussionsforen ein erweitertes Wissen über das Thema und eine umfassende Planungsgrundlage. [1]

Der folgende Überblick stellt Diskussionsforen dar, die an unterschiedlichen Ebenen des Lerngegenstandes anknüpfen:

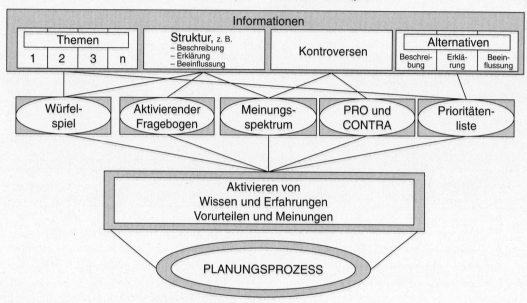

Ablaufgestaltung unterschiedlicher Diskussionsforen

Würfelspiel

1. Vorbereitend ermitteln die Lehrenden (oder die Lernenden) 6 potentielle Problembereiche und 6 Fragen, die unterschiedliche Vorkenntnisse und Vorurteile zu jedem Problem aktivieren können. Aus Problemen und Fragen wird eine zweispaltige Tabelle erstellt.

2. Nacheinander erwürfeln die Lernenden mit einem ersten Würfel den Problembereich und mit einem zweiten Würfel die dazugehörige Frage.

3. Sie stellen ihre Vorkenntnisse und Meinungen zu der Frage dar, notieren sie und ordnen es dem Problembereich auf einem vorbereiteten Plakat zu.

4. Nach einer vereinbarten Zeit wird dieser Aktivierungsprozeß abgebrochen und der Problembereich ermittelt, den die Lernenden vorrangig bearbeiten wollen. [2]

Beispiel

Problembereiche			Fragen
1	Müll	1	Was weißt Du darüber?
2	Autoverkehr	2	Welche Auswirkungen hat das Problem?
3	Energieverbrauch	3	Wer/Was ist Deiner Meinung nach dafür verantwortlich?
4	Wasserknappheit und -verschmutzung	4	Kennst Du Organisationen, die sich damit beschäftigen?
5	Chemisierung der Umwelt	5	Was kannst Du persönlich zur Verringerung des Problems tun?
6	Luftverschmutzung	6	Was müßten Politiker Deiner Meinung nach zur Minderung des Problems tun?

---

[2] Die Darstellung dieser Methode erfolgt in Anlehnung an die Idee „Zweimal würfeln" in: Dritte-Welt-Haus Bielefeld (1990): Von Ampelspiel bis Zukunftswerkstatt. Ein Dritte-Welt-Werkbuch für Unterricht, Jugend und Bildungsarbeit. Wuppertal.

[1] weitere Beispiele für Diskussionsforen finden sich in Baer, U. (1990), Remscheider Diskussionsspiele. Remscheid.

Beispiel

Wir gründen einen Betrieb

1. Unser Betrieb muß allein am Gewinn orientiert sein!
2. Wir brauchen unbedingt einen alleine entscheidenden Chef!
3. Welches Produkt wir verkaufen ist egal – Hauptsache, es verkauft sich gut!
4. Jeder sollte alles machen können!
5. Mit den Gewinnen kaufen wir uns ein Haus in der Schweiz!

Aktivierender Fragebogen

1. Die Lehrenden bereiten Fragebögen vor, indem sie – je nach Initiierungsziel – Satzanfänge, (provozierende) Aussagen oder Fragen zu einem bestimmten Themenbereich und seinen Einzelthemen oder zu verschiedenen möglichen Themenbereichen auflisten.

2. Die Lernenden äußern sich schriftlich in Stillarbeit zu den im Fragebogen aufgeführten Aussagen und Fragen.

3. Die Lehrenden rufen die behandelten Aspekte einzeln auf und lassen die Lernenden Position beziehen.

4. Die Aussagen werden stichpunktartig für alle festgehalten (auf Folien, Tafel oder Wandzeitung).

5. Sie ermöglichen die Schwerpunktbildung oder Positionsfindung der ganzen Gruppe durch Abstimmungsprozesse.

Meinungsspektrum

1. Vorbereitend werden Statements zu unterschiedlichen Aspekten eines Problembereichs notiert, die die Möglichkeit einer persönlichen Zustimmung oder Ablehnung beinhalten. Alle Lernenden erhalten einen Satz mit 7 Karten – 5 Stimmkarten und 2 Einschätzungskarten.

Stimmkarten	
++	Volle Zustimmung
+	Zustimmung mit Vorbehalt
0	Keine Entscheidung
–	Ablehnung mit Vorbehalt
—	Völlige Ablehnung
Einschätzungskarten	
+	Die Gruppe stimmt eher zu!
–	Die Gruppe lehnt eher ab!

2. Ein Statement wird laut vorgelesen. Alle überlegen nun eine Stellungnahme und wählen eine ihrer Stimmkarten aus. Danach schätzen sie ein, ob die Gruppe eher zustimmt oder eher ablehnt (Einschätzungskarte).

Beispiel

Die Marktwirtschaft ist die beste aller denkbaren Wirtschaftsordnungen.

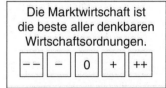

Die Karten werden von allen gleichzeitig aufgedeckt, die Anzahl der Wertungen auf der Fünfer-Skala festgehalten. Die Lernenden, die das Stimmverhalten der Gruppe richtig eingeschätzt haben, erhalten einen Punkt.

3. Nun werden die Lernenden aufgefordert, ihre Abstimmung zu begründen. Gegensätzliche Positionen liefern Anregungen zur Diskussion.

4. Dieser Diskussion spezieller Probleme, die einen Einblick in die Kontroversen von Themen ermöglicht, kann ein Brainstorming zur Planung folgen. ³

Beispiel

Pro- und Contra-Debatte

1. Zur Vorbereitung werden zwei gegensätzliche Positionen mit klarer alternativer Fragestellung ohne Begünstigung einer Meinung auf leere Plakate notiert.

2. Die Lernenden werden aufgefordert, darüber abzustimmen, welcher Position sie am ehesten zuneigen. Denkbar ist auch eine Abstimmung mit den Füßen – durch die Zuordnung zu einem Plakat. Auch Unentschiedene können in dieser Debatte eine wichtige Rolle übernehmen. Sie ordnen sich zwischen den Plakaten ein.

---

3 Die Darstellung des Meinungsspektrums erfolgt in Anlehnung an das von Baer, U. (1985) entwickelte Meinungsspektrum in: gruppe & spiel 4/1985.

3. Die Stellungnahme durch Abstimmung ermöglicht eine Gruppenbildung, in der Argumente zur Stärkung der eigenen Position gesucht werden. Die Unentschiedenen sammeln sowohl Pro- als auch Contra-Argumente und notieren sich Fragen zum Thema.

4. Durch eine kurze Diskussion zwischen Pro- und Contra-Gruppe soll versucht werden, die Gegenseite und die Unentschiedenen durch Argumente von der jeweiligen Position zu überzeugen.

Die Unentschiedenen verfolgen die Diskussion, stellen Fragen und bewerten die Aussagekraft der verwendeten Argumente.

5. Abschließend findet eine neue Abstimmung statt, die mit dem Ergebnis der Eingangsabstimmung verglichen wird.

6. Da die Unentschiedenen nicht nur die Überzeugungskraft, sondern auch das Versagen von Argumenten konstatieren, ermöglichen sie die Feststellung weiteren Untersuchungsbedarfs und regen zur weiteren Auseinandersetzung an.

Prioritätenliste

Beispiel

Stell Dir vor, Du wärst der Umweltminister! Auf welche Maßnahmen würdest Du bauen zur Reduktion der Umweltbelastung?	Einzel-vorschlag	Gruppen-vorschlag
Verschärfung der Emissions-Grenzwerte		
Einführung von CO_2-Abgaben		
Einführung von Energie-Steuern		
Verbot gefährlicher Stoffe		
Subvention umweltfreundlicher Alternativen		
Kennzeichnungspflicht für umweltbelastende Produktionen		
Umwelterziehung		
Forschungsförderung für umweltentlastende Technologien		
Selbstverpflichtung zur freiwilligen Einschränkung der Umweltbelastung		

1. Zur Vorbereitung notieren die Lehrenden unterschiedliche Probleme, Ursachen eines Problems **oder** Instrumente seiner wirtschaftspolitischen Behandlung.

2. Jeder Lernende ordnet die Aussagen nach Wichtigkeit auf einer Punkteskala. Dabei darf keine Zahl zweimal vergeben werden, denn es sollen Prioritäten gesetzt werden.

3. Danach setzen sich die Lernenden in Gruppen zusammen und versuchen, gemeinsame Prioritäten zu entwickeln.

4. Im Plenum begründen die Gruppen ihren Vorschlag.

5. Unterschiedliche Positionen fordern zur weiteren Auseinandersetzung mit den Problemen, Ursachen und Instrumenten heraus bzw. zum Vergleich der in Wissenschaft, Politik oder Wirtschaft getroffenen Prioritäten.

6. Wenn statt der Angabe eigener Prioritäten ein Vergleich mit Prioritäten in der Realität intendiert war, kann das Verfahren einen spielerischen Charakter erlangen, indem Einzelgewinner und Gruppengewinner im Hinblick auf ihre Übereinstimmung mit der Realität ermittelt werden. [4]

Allgemeine Hinweise

Die dargestellten Methoden ermöglichen auch ohne die Initiierung von Planungsprozessen motivierende Einstiege in neue Lerngegenstände und die Beteiligung ansonsten eher stillerer Lernender. Die ihnen immanente Chance zur Planung des Lernprozesses kann jedoch zur Stärkung der Handlungskompetenz und Erhöhung der Eigenverantwortlichkeit der Lernenden beitragen.

Dazu ist es sinnvoll, wenn die skizzierten Diskussionsmethoden neben einem inhaltlichen Bezug auch mögliche Aktivitäten der Lernenden verdeutlichen.

Die Zweiteilung mancher Diskussionsspiele in Einzel- und Gruppenarbeit erscheint auf den ersten Blick zeitraubend. Die Überlegungen der Einzelnen vor der Gruppenarbeit dienen jedoch der Aktivierung aller und erleichtern das Einbringen eigener Positionen in den Gruppenprozeß.

---

[4] Die Prioritätenliste geht zurück auf das NASA-Weltraum-Spiel. Vgl. Werneck, T./Grasse, R. (1976): Planspiele, München, S. 119 ff.

2. Handlungsorientierte Methoden mit selbst- und mitbestimmter Planung von Lernprozessen unter Einbeziehung der außerschulischen Realität

Eine Beschränkung auf Vermittlung und Reproduktion in der Schule, die eine Konsumhaltung ohne eigenes Denken begünstigt, die Reduktion der Eigentätigkeit der Lernenden und die Ferne der schulischen Lerngegenstände zur außerschulischen Realität werden schon seit Beginn einer eigenständigen pädagogischen Disziplin beklagt. Demgegenüber forderten Reformpädagogen, daß die Lernenden selbst erkunden, entdecken, Probleme lösen und planen sollten. Schüler sollen fertiges Wissen nicht konsumieren, weil Selbsttätigkeit unverzichtbare Voraussetzung für Selbständigkeit ist. Diese zu fördern, ist wesentliches pädagogisches Ziel der Schule. Lernende von der Lenkung zu befreien oder positiv formuliert zur Selbständigkeit zu führen und Eigenverantwortung für den eigenen Lernprozeß zu übertragen, muß schon in der Schule angebahnt und geübt werden.

Der Schwerpunkt bei Methoden, die die **selbst- und mitbestimmte Planung** von Lernprozessen zulassen, liegt eindeutig auf der eigenständig geplanten, selbsttätigen Erarbeitung von Informationen, die benötigt werden, um eigene Entscheidungen zu treffen und Probleme und Konflikte zu lösen. Dabei wird – je nach Planung – die Schule durch Einbeziehung der gesellschaftlichen außerschulischen Realität (z. B. bei Erkundungen, Fallstudien mit zu erkundender Informationsbeschaffung) und evt. sogar durch Einwirkung auf dieselbe (z. B. bei Projekten, Zukunftswerkstätten, Szenarien) nach außen geöffnet.

Diesen Methoden liegt in der Regel eine problem- oder konflikthaltige Ausgangssituation sowie ein Ablaufschema zugrunde, innerhalb dessen die Lernenden planend den Lernprozeß vorbereiten. Die Ausgangssituationen geben ebenso wie die bereits beschriebenen Initiierungsverfahren Hilfestellung zur sachgerechten Planung. In der Regel

Selbst- und mitbestimmte Planung von Lernprozessen

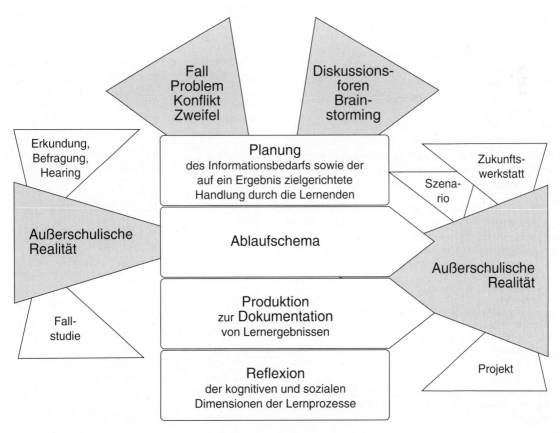

werden die selbsttätig kooperativ erarbeiteten Ergebnisse in Produktionen dokumentiert, die anderen zugänglich gemacht werden können, aber auch den Vergleich des Planungsziels mit dem erreichten Ergebnis, die Auswertung des Gruppenprozesses und die Überprüfung der Ergebnisse auf Verallgemeinerbarkeit und wissenschaftlichen Erkenntnisstand zulassen.

2.1 Erkundungen, Befragungen, Expertenhearings

Erkundungen, Befragungen [5], Expertenhearings sind Begegnungen mit der außerschulischen Realität. Während zu Erkundungen und Befragungen die Schule kurzzeitig verlassen wird, werden bei Expertenhearings außerschulisch wirkende Personen in die Schule hineingeholt. Diese Methoden ermöglichen die Beobachtung von Prozeßabläufen und -ergebnissen außerschulischer Entscheidungs- und Handlungsprozesse und die Befragung dort handelnder und interpretativ tätiger Personen. In ihnen gewinnen die Lernenden authentische Erfahrungen. Der Trennung von Schule und dem übrigen gesellschaftlichen Leben wird entgegengewirkt. Hypothesen können überprüft und Informationen gewonnen werden. Damit unterstützen Erkundungen erforschendes und entdeckendes Lernen. Direkte Begegnungen mindern auch Unsicherheit und Angst gegenüber fremden Institutionen und (Autoritäts-)Personen. Hemmungen werden abgebaut, das Handeln in fremden Einrichtungen und im Umgang mit fremden Personen geübt. Erkundungen und Befragungen sollen auch einen Beitrag zur Kompensation des von Sozialisationsforschern beschriebenen Verlusts an unmittelbaren Erfahrungen in einer mediatisierten Lebenswelt leisten, in der Informationen vorstrukturiert werden, deren Entstehung verheimlicht wird und ihre Adressaten mit den vermittelten Informationen und ihren Trägern nicht in Wechselwirkung treten können [6].

Durch Erkundungen werden Lebensbereiche – z. B. die Arbeitswelt – erfahrbar, die Kindern und Jugendlichen sonst aufgrund der Entmischung der Lebensbereiche verborgen bleiben. Erkundungen ermöglichen Sensibilisierung für die Auswirkungen von Arbeitsbedingungen, Beeinflussung durch Absatzstrategien, spezifische Umweltbelastungen u. v. m., sie eröffnen Erfahrungsmöglichkeiten durch Beobachten.

Befragungen, möglicherweise gepaart mit beobachtenden Erkundungen, verdeutlichen Erfahrungen anderer Menschen bezüglich der Deutungen und Auswirkungen von Problemen sowie hinsichtlich Ursachenanalysen und Handlungsstrategien. Dadurch lassen sich sowohl theoretische Erkenntnisse im Zusammenhang mit beliebigen Personengruppen überprüfen als auch Erfahrungen und Interpretationen von Menschen, die in speziellen Institutionen tätig sind, erschließen.

Diese Möglichkeit bieten auch Expertenhearings, in denen außerschulisch tätige Personen in die Schule hineingeholt werden. Im Gegensatz zu medial vermittelten Podiumsdiskussionen treten die Lernenden direkt mit den Experten in Verbindung, stellen eigene Fragen und vertreten eigene Positionen zu bestimmten Themenbereichen. Sie können auch die Struktur der Expertendarstellungen durch eine gezielte Vorbereitung beeinflussen.

Die drei Arten der Realbegegnung ermöglichen die Erschließung neuer Informationen und Erfahrungen sowie die Überprüfung vorher erarbeiteter Gegenstände, dienen ihrer Verfestigung, aber eventuell auch der Relativierung.

Ablaufgestaltung [7]

1. Die wesentlichen Grobziele von Erkundungen teilen die Lehrenden den zu erkundenden Institutionen mit und klären mit ihnen organisatorische Fragen zu Zeitpunkt, Teilnehmerzahl, Sicherheit, Betreuung und Gesprächspartnern sowie Anwendung technischer Hilfsmittel zur Beobachtung. Vorerkundungen durch die Lehrenden sind häufig erforderlich um festzustellen, ob Institutionen geeignet, Erkundungsziele erfahrbar, Adressatenorientierung und Bereitschaft für konflikthafte Fragen gewährleistet sind.

2. Die Lernenden erarbeiten, kooperativ planend, konkrete inhaltliche Erkundungsaufträge. Dies kann unterstützt werden durch problemorientierte Ausgangssituationen, einleitende Texte oder gelenkte Unterrichtsgespräche sowie durch Gedankenanregung mittels Diskussionsforen. Dabei stellen die Lernenden auch Vermutungen auf über die erwartete zu erkundende Realität. Sie verteilen Verantwortlichkeiten für Befragung, organisatorische und technische

---

5   vgl. weiterführende Literatur zu Erkundungen, Befragungen bei Becker, F. J. E. (1988): Erkundung und Befragung als Methode der politischen Bildung. In: Bundeszentrale für politische Bildung: Erfahrungsorientierte Methoden in der politischen Bildung. Bonn;
Steinmann, B. (1982): Erkundungen ökonomischer Realität. Essen.

6   vgl. die Forschungen zu Auswirkungen der mediatisierten Lebenswelt bei Rolff, H.-G., Zimmermann, P.: Kindheit im Wandel. Weinheim und Basel 1990 insb. S. 126 ff.

7   vgl. insb. Steinmann, B. (1982), S. 69.

Durchführung und unterschiedliche Dokumentationsarten. Eventuell sind in der Vorbereitung bestimmte Arbeitstechniken zur Beobachtung, Erstellung von Fragebögen, Protokollen und Skizzen zu erarbeiten.

3. Wenn sich gravierende Änderungen ergeben haben, teilen die Lehrenden den Institutionen grob die durch die Lernenden modifizierten Schwerpunkte mit.
4. Die eigentliche Erkundung wird eigenaktiv von den Lernenden nach selbsterarbeiteten Aufträgen durchgeführt.
5. Zur Ergebnissicherung werden Erkundungsmaterial, Verlaufsskizzen, Befragungs- und Beobachtungsergebnisse diskutiert, aufbereitet und mit den eigentlichen Erkundungszielen verglichen.
6. Transfermöglichkeiten bestehen durch Ergebnisverallgemeinerung, Übertragung auf andere Lebensbereiche, Problemgegenstände und/oder durch Dokumentationen für die Öffentlichkeit, aber auch für die erkundeten Institutionen.

Dieser Ablauf trifft in ähnlicher Form auch für Befragungen und Hearings zu.

Allgemeine Hinweise

Erkundungen, Befragungen und Hearings gewinnen ihren didaktischen Wert aus der direkten Erfahrung realitätsechter Handlungs- und Entscheidungsprozesse nur, wenn bestimmte Bedingungen erfüllt sind:

1. Eine lernzielorientierte Planung, geleitet durch angemessene Ausgangssituationen, Konflikte oder Probleme, ermöglicht die Berücksichtigung gegenwärtiger und zukünftiger Interessen der Lernenden und verhindert eine Orientierung an den Interessen der Institution, die sich mit den Interessen der Lernenden und auch des Lehrers nicht unbedingt decken. Sie mindert aber auch die Gefahren der Berücksichtigung bloßer Augenblicksinteressen der Lernenden.
2. Erkundungsziele müssen der Erfahrung zugänglich sein. Nicht wahrnehmbare gefährliche Arbeitsstoffe mit pathologischer Wirkung können ebensowenig erkundet werden wie Hierarchie und Macht.
3. Die Institution muß für die Beobachtungsaufgaben nach ihrer Struktur, der Erkennbarkeit des Ablaufs, der Verfügbarkeit von Gesprächspartnern zur Erkundung geeignet sein.
4. Damit die Erkundung adressatenorientiert und nicht vorrangig institutionenorientiert verläuft, ist eine Vorbereitung der Institution auf die Lernziele der Erkundenden notwendig.

Eine Vorbereitung von Erkundung, Befragung und Expertenhearing durch die Lernenden ist nicht allein wegen der Berücksichtigung ihrer Interessen von Bedeutung. Um der Erfahrung zugänglich zu sein, bedarf es insbesondere der Schärfung der Wahrnehmung und ihrer Lenkung auf die zu erkundenden Gegenstände und Inhalte.

Realbegegnungen können gleichermaßen neben ihrer Funktion als eigenständige Handlungsorientierte Methoden im Unterricht auch im Rahmen der im folgenden zu beschreibenden Fallstudien, Zukunftswerkstätten und Projekte ihren Platz haben.

2.2 Fallstudien

Fallstudien sind „methodische Entscheidungsübungen auf Grund selbständiger Gruppendiskussion am realen Beispiel einer konkreten Situation" [8].

Im Gegensatz zur Erarbeitung und Reproduktion von Problemlösungen, Ursachenanalysen, Handlungsstrategien mittels Texten ermöglichen Fallstudien durch die situative Einbettung eines Problems Identifikation und reizen zur Problemlösung an. Die Lernenden analysieren, sensibilisiert durch ein Problem oder einen konflikthaften Fall, Entscheidungssituation, Lösungsalternativen und Auswirkungen. Sie wägen nach begründeten Entscheidungskriterien verschiedene Möglichkeiten ab, um eine geeignete problemlösende Entscheidung zu treffen. Je nach Planung geht diesem Entscheidungsprozeß eine selbsttätige Informationsbeschaffung in der außerschulischen Realität, in der Schulbibliothek oder in den Medien bzw. durch Aufarbeitung sachgerecht bereitgestellten Informationsmaterials voraus.

Die Lebenswelt mit ihren vielfältigen Entscheidungsvorgängen von unterschiedlicher Tragweite zwingt Individuen zu immer neuen Entscheidungen, während die Informationsmöglichkeiten gleichzeitig ein kaum zu bewältigendes Ausmaß annehmen. Diese Bedingungen erfordern, daß selbständiges begründetes Entscheiden geübt und die Fähigkeit zur eigenständigen Informationsbeschaffung und -verarbeitung gestärkt wird, um wichtige Entscheidungen nicht Zufall oder Fremdbestimmung zu überlassen. In Fallstudien sollten die Lernenden selbständig ermitteln, welche Kenntnisse sie zur Problemlösung brauchen und welche Informationen sie beschaffen müssen. Weiterhin können sie feststellen, daß es nicht

---

[8] so die Definition von Kaiser, F. J. (1973): Entscheidungstraining. Die Methoden der Entscheidungsfindung: Fallstudie – Simulation – Planspiel. Bad Heilbrunn, S. 39; nach einer begrifflichen Fassung von Kosiol.

immer eindeutige Lösungen für bestimmte Situationen gibt, wodurch sich die Notwendigkeit des Abwägens stellt. Fallstudien sollen also den Grundstein zu einem begründeten, selbständigen Entscheidungsverhalten legen. [9]

Ein diskutierter Fall ist ein einzigartiges Ereignis der Realität, der die Lernenden anknüpfend an ihre Erfahrungen durch situative Einbettung, Konflikthaltigkeit und unterschiedlichen Lösungsmöglichkeiten zu eigenen Entscheidungen provoziert und Identifikation ermöglicht. Er gewinnt darüber hinaus didaktische Relevanz, wenn er exemplarisch für andere Ereignisse steht und deshalb **allgemeine** Probleme, Ursachen und Lösungsmöglichkeiten erkennen läßt und herauszuarbeiten erlaubt.

Ablaufgestaltung [10]

1. **Konfrontation:** Die Lernenden werden mit dem Fall zur Erfassung der Problem- und Entscheidungssituation konfrontiert. Sie stellen die Faktoren, Interdependenzen und funktionellen Zusammenhänge sowie die Symptome des Problems heraus, ermitteln Ursachen und formulieren eine bessere Situation als Ziel. Um diese zu erreichen, müssen sie Leitfragen auf der Suche nach Informationen und Lösungsmöglichkeiten und Hypothesen über mögliche Hindernisse auf diesem Weg bilden.

2. **Information:** Sie informieren sich über das selbständig zu beschaffende oder bereitgestellte Fallmaterial und erschließen diese Informationsquellen selbständig. Die Auswahl- und Verarbeitungskriterien, die sie anhand der Leitfragen in der Konfrontationsphase ermittelt haben, dienen der Bewältigung der Informationsfülle.

3. **Exploration:** In dieser Phase diskutieren sie alternative Lösungsmöglichkeiten und untersuchen möglichst viele verschiedene Lösungswege und -varianten.

4. **Resolution:** Die Beurteilung aller Argumente für oder gegen unterschiedliche Lösungswege, ihre Vorteile, Nachteile und Konsequenzen, führen zur Entscheidung für eine Lösungsalternative. Die so getroffene Entscheidung wird festgehalten mitsamt den Tatsachen und Faktoren, die die Entscheidung herbeigeführt haben.

5. **Disputation:** Die Lernenden stellen ihre Entscheidungen im Plenum vor. Sie berücksichtigen dabei möglichst alle Argumente, die dafür oder dagegen sprechen. Die anderen Gruppen prüfen die vorgetragenen Argumente auf ihre Stichhaltigkeit. Die Disputationsphase eröffnet neue Perspektiven und läßt erkennen, wie begründet die Entscheidungen getroffen worden sind. Eventuell werden Entscheidungen im gemeinsamen Prozeß verbessert.

6. **Kollation:** Abschließend sind Vergleiche der Gruppenlösungen mit den in der Wirklichkeit getroffenen Entscheidungen, z. B. zur Abklärung von Interessenzusammenhängen, in denen die Einzellösungen stehen, möglich. Solche Vergleiche können zudem deutlich machen, daß im täglichen Leben wichtige Entscheidungen nicht immer auf der Basis rationaler Kriterien getroffen werden. Weiterhin können die realen Voraussetzungen der Entscheidungsfindung, wie sie sich in ihrer spezifischen Ausprägung aus der bestehenden Wirtschafts- und Sozialordnung ergeben, auf ihre Aktualität hin hinterfragt werden. Selbst wenn es sich um einen erdachten Fall handelt, bei dem Entscheidungen aus der Realität nicht herangezogen werden können, sollten die exemplarisch erarbeiteten Fallösungen einer Verallgemeinerung zugänglich gemacht werden – anhand von Vergleichen mit empirischem Material, durch Befragungen u. ä.

Allgemeine Hinweise

Insbesondere zu Beginn der Arbeit mit Fallstudien müssen einzelne Phasen verstärkt beachtet, eventuell manche Arbeitstechniken vorher erarbeitet oder einer Reflexion zur Verbesserung zugänglich gemacht werden. Dies trifft vor allem auf die Situationsanalyse, die Informationser- und -verarbeitung, auf Beurteilungskriterien, den Umgang mit Daten, die Abwägung unterschiedlicher Lösungsmöglichkeiten sowie den diskursiven Prozeß zu.

Es existieren mehrere Arten von Fallstudien, die an unterschiedlichen Stufen eines Entscheidungsprozesses ansetzen und mit denen verschiedene Ebenen eines Problemlösungsprozesses besonders gewichtet werden können: Bei der **Case-Incident-Methode** steht die selbständige Beschaffung von Informationen zur Ermittlung von Lösungsvarianten für einen lückenhaften Fall im Vordergrund, bei der **Case-Study-Methode** die Analyse verborgener Probleme, bei der **Case-Problem-Methode** die Ermittlung von Lösungsstrategien und das Treffen von Entscheidungen und bei der **Stated-Problem-Methode** findet eine Beschränkung auf eine Kritik vorgegebener Lösungen statt.

---

9 weiterführende Literatur zur Fallstudie
Kaiser, F. J. (1973): Entscheidungstraining. Die Methoden der Entscheidungsfindung: Fallstudie – Simulation – Planspiel. Bad Heilbrunn;
Buddensiek, W. (1992): Entscheidungstraining im Methodenverbund – Didaktische Begründung für die Verbindung von Fallstudie und Simulationsspiel. In: Keim, H. (Hg.): Planspiel, Rollenspiel, Fallstudie: zur Praxis und Theorie lernaktiver Methoden. Köln.

10 vgl. Kaiser, F. J. (1973), S. 43.

Fallstudien bieten unterschiedliche Ansatzpunkte für weitere Handlungsorientierte Methoden. So kann z. B. die Planung des Informationsbedarfs durch Initiierungsmethoden angeregt werden, die Beschaffung von Informationen ist denkbar über Erkundungen, Befragungen und Expertenhearings. Zum Abschluß der Resolutionsphase eignen sich Produktionen zur Ergebnisdokumentation. In der Diskussionsphase bieten sich unterschiedliche Formen von Konferenzspielen an. Denkbar ist auch die Weiterführung der Fallstudie in Planspielen, um langfristige dynamische Zeitabläufe zu konstruieren, um Entscheidungsauswirkungen, unterschiedliche Interessenlage und die Notwendigkeit, Entscheidungen unter Zeitdruck zu fällen, zu erkennen.

2.3 Zukunftswerkstätten

Zukunftswerkstätten ermöglichen Entscheidungs- und Diskussionsprozesse über bedrohliche, unerwünschte Entwicklungen und kreative Lösungen als erwünschte Zukünfte. Lösungen werden in Auseinandersetzung mit der aktuellen Politik auf ihre Durchsetzungsmöglichkeiten geprüft und Vorhaben zur Realisierung von Schritten in die gewünschte Richtung entwickelt. Ziel von Zukunftswerkstätten ist die Erkenntnis, daß die Zukunft prinzipiell offen und gestaltbar ist und keineswegs die schicksalhafte Fortschreibung gegenwärtiger gefährdender Entwicklungen unter dem Diktat von Sachzwängen. Darüber hinaus soll die Bereitschaft zur Übernahme von Verantwortung unter Thematisierung eigener wünschenswerter Zukunftsvorstellungen gefördert werden. Dabei werden aber auch reale mögliche Gefährdungen und Probleme offen diskutiert.

Die Auseinandersetzung mit selbstgewählten Schwerpunkten im Rahmen der einzelnen Phasen zum Zwecke einer Dokumentation bedrohlicher Entwicklungen und positiver Zukünfte bedingt auch eine eigenständige Informationser- und -verarbeitung. So verbindet sie intuitiv-emotionales mit rational-analysierendem Lernen, schult Kritikfähigkeit und setzt Kreativität frei, ohne die Grenzen konstruktiver Gestaltung in der gegebenen Realität zu vernachlässigen. In gewisser Weise werden dabei auch wissenschaftliche, wirtschaftliche und politische Experten ihrer alleinigen Deutungsmacht enthoben und den Individuen eine wachsende Gestaltungskraft und Verantwortung übertragen. [11]

---

11 weiterführende Literatur zu Zukunftswerkstätten Weinbrenner, P./Häcker, W. (1991): Zur Theorie und Praxis von Zukunftswerkstätten. Ein neuer Methodenansatz zur Verknüpfung von ökonomischem, ökologischem und politischem Lernen. In: Bundeszentrale für Politische Bildung: Methoden in der politischen Bildung – Handlungsorientierung. Bonn. S. 115.

Ablaufgestaltung [12]

1. In der **Kritikphase** wird in einem Brainstorming Kritik an gegenwärtigen Mißständen und sozialen Verhältnissen gesammelt. Nach den Verfahren des Brainstorming werden die Aussagen systematisiert und bewertet sowie thematische Schwerpunkte gebildet. Die sich entsprechend solcher Schwerpunkte konstituierenden Gruppen konkretisieren einen oder mehrere Kritikpunkte in einer von ihnen ausgewählten Dokumentationsform.

2. In der **Phantasiephase** wird die Kritik positiv umformuliert in phantasievolle, frei von Sachzwängen und Knappheiten entwickelten Utopien, die im Anschluß an Systematisierung, Bewertung und Schwerpunktbildung wiederum von den Gruppen in ausgewählten Dokumentationsformen konkretisiert werden.

3. In der **Realisierungsphase** werden diese utopischen Entwürfe mit den Zwängen der realen Verhältnisse konfrontiert, Durchsetzungsstrategien und gemeinsame Vorhaben zur Realisierung entwickelt.

Allgemeine Hinweise

Wenn Zukunftswerkstätten alleine von den Erfahrungen der Lernenden leben, entsteht die Gefahr, daß kritische Entwicklungen nicht deutlich werden, keine Befreiung vom Sachzwangdenken in vorgegebenen Schablonen stattfindet oder auch Resignation vorprogrammiert bzw. verstärkt wird.

Um diesem Defizit von Zukunftswerkstätten, die lediglich auf der Erfahrung der Lernenden basieren, entgegenzuwirken, sind **Eingaben** notwendig, die inhaltlich beitragen zur Erkenntnis bedrohlicher Entwicklungen, zur Befreiung vom Sachzwangdenken durch die Vermittlung positiver Zukünfte und zur Feststellung von Ansatzpunkten in der gegebenen Realität.

Diese Eingaben können in unterschiedlichen Formen und Funktionen vorliegen:

- als Einstieg zur Aktivierung der Ideen durch Diskussionsspiele oder traditionelle Medien,
- zur Unterstützung der Ausarbeitung von konkreten Dokumentationen durch Informationsmaterial,
- zur Ergänzung der Gruppenentwürfe als Abschluß durch Referate oder Filme etc.

Eine solche Initiierung und Aktivierung durch Eingaben ist auch deshalb nötig, weil Zukunftswerk-

---

12 vgl. den Ablauf im Kernbereich von Zukunftswerkstätten bei Weinbrenner, P./Häcker, W. (1991), S. 117 ff.

stätten Elemente enthalten, die im traditionellen Schulunterricht kaum vorkommen: Ängste und Sorgen von Lernenden werden in der Regel privat verarbeitet und für Träume von einer positiven Zukunft gibt es normalerweise keinen Raum. Ein Verfahren, das dies zum Thema macht, hat somit sicherlich mit Startschwierigkeiten zu rechnen.

Zukunftswerkstätten ermöglichen wahrscheinlich das größte Maß an Planungsfreiheit für die Lernenden. Sie sind somit nur zu einem geringen Grad durch die Lehrenden planbar. Die Lehrenden werden dadurch allerdings nicht von ihrer Verantwortung entbunden. Sie fungieren als Moderatoren, achten auf notwendige Eingaben, sorgen für Informationsmaterial zur Erarbeitung fundierter Dokumentationen und geben Hinweise für mögliche Dokumentationsarten. Besondere Verantwortung tragen sie in der Realisierungsphase, in der die Strategien auf ihre Durchsetzungsmöglichkeiten zu prüfen sind, da gerade hier die Gefahr der Resignation sehr groß ist, so daß Zukunftswerkstätten ihr Ziel vollkommen verfehlen können.

Während Zukunftswerkstätten einerseits von Handlungsorientierten Methoden mit Initiierungsfunktion angeregt werden können und ihren Abschluß in Produktionen zur Ergebnissicherung finden, können Rollenspiele und Konferenzspiele von den Lernenden zur Dokumentation selbst entwickelt werden. Die Auseinandersetzung in der Realisierungsphase ermöglicht die Überleitung zu Erkundungen, Befragungen, Expertenhearings und Projekten.

2.4 Szenarien

„Szenario-Technik ist eine Methode, mit deren Hilfe isolierte Vorstellungen über positive und negative Veränderungen einzelner Entwicklungsfaktoren in der Zukunft zu umfassenden Bildern und Modellen, d. h. möglichen und wahrscheinlichen „Zukünften", zusammengefaßt werden und die sowohl sinnlich als auch intellektuell nachvollziehbar, d. h. „kommunikabel" sind." (Peter Weinbrenner) [13]

Szenarien dienen der Auseinandersetzung mit gesellschaftlichen Problemen und Risiken sowie mit ihrer zukünftigen Entwicklung unter Analyse ihrer Einflußbereiche und Einflußfaktoren. Im Gegensatz zu reinen Prognosen kommen bei der Szenario-Methode zu den quantitativen Daten auch qualitative Informationen, Einschätzungen und Meinungen hinzu, wodurch ausgehend von einer ganzheitlichen Betrachtung gegebener Probleme der Gegenwart, deren wesentliche Determinanten analysiert und deren zukünftige Entwicklung prognostiziert werden, um mögliche unterschiedliche und gegensätzliche Entwicklungspfade diskutieren zu können. Dabei geht es nicht darum, gewünschte oder befürchtete utopische Entwicklungen wie bei den Zukunftswerkstätten zu bestimmen, sondern um eine Fortschreibung von Problemlagen unter Berücksichtigung der Entwicklung unterschiedlicher Einflußfaktoren und Störereignisse.

Mit dieser Analyse sowie der Entwicklung von ganzheitlichen Szenarien vereint diese Methode empirisch-analytische mit kreativ-intuitiven Elementen. Insbesondere folgende Fähigkeiten und Bereitschaften sollen durch die Szenario-Methode gefördert werden:

- Denken in Zusammenhängen, Systemen und Alternativen,
- fundiertes Analysieren bei aktivem Informationsverhalten,
- Entscheidungsfähigkeit,
- Sensibilisierung für Gegenwartsprobleme und die Vielfalt möglicher Zukünfte,
- verständigungsorientierte Kommunikationsfähigkeit sowie
- Bereitschaft zur Mitwirkung an der aktiven Gestaltung einer sicheren menschenwürdigen, umwelt- und sozialverträglichen Zukunft.

Ablaufgestaltung

1. **Aufgaben- und Problemanalyse:** In der ersten Phase wird das Problemfeld definiert, indem Erscheinungen, Betroffenheiten, Zusammenhänge, Ursachen und die Bedeutung des Problemfeldes ermittelt werden. Das Problem wird sachlich, räumlich und zeitlich eingegrenzt. Niederzulegen ist diese Analyse in einer Problembeschreibung.

2. **Umwelt- und Deskriptorenbestimmung:**

- Durch ein Brainwriting werden zunächst die Bereiche bestimmt, die das Problem beeinflussen. Daraus werden dann unterschiedliche, operationalisierbare Einflußfaktoren (Deskriptoren) ermittelt.

- Diese Einflußfaktoren werden in eine Vernetzungsmatrix eingebracht. Inwiefern und in welchem Ausmaß sich diese Einflußfaktoren gegenseitig fördern, hemmen oder auch keinen Einfluß aufeinander haben, ist Gegenstand der darauffolgenden Analyse.

---

[13] vgl. die Darstellung der Szenario-Methode und ihre Anwendung auf die Themenbereiche „Auto und Verkehr" sowie „Multikulturelle Gesellschaft" in den beiden Beiträgen von Weinbrenner, P. in diesem Band.

- Die Ergebnisse bilden die Grundlage für ganzheitliche Entwürfe von worst-case, best-case und Trend-Szenarien.
3. **Strategien und Maßnahmen zur Problemlösung:** In der letzten Phase werden mögliche Störereignisse ermittelt, um Präventivmaßnahmen theoretisch zu entwickeln. Deren Auswirkungen werden durchdacht als Grundlage für die Bestimmung von Strategien und Maßnahmen zu Problemlösungen, die eine gewünschte Entwicklung unterstützen und einer unerwünschten entgegensteuern. Dabei wird ein Handlungskatalog nach einer Prioritätenliste für alle gesellschaftlichen Akteure aufgestellt und deren Beitrag zur Unterstützung der gewünschten Entwicklung geprüft.

Allgemeine Hinweise

Für die Szenario-Methode eignen sich insbesondere solche Methoden, bei denen zwei prinzipiell gegenläufige Entwicklungspfade denkbar sind. Dabei ist zu bedenken, daß zunehmende Globalität der Problemdefinition die Zahl der Einflußfaktoren ins Unermeßliche steigen läßt. Bei der Bestimmung der gegenseitigen Beeinflußung durch die Einflußfaktoren kann es nur um grobe Tendenzen gehen, nicht um exakte Festlegungen.

Zwangsläufig verbunden mit der Szenario-Methode sind einerseits Handlungsorientierte Methoden mit Initiierungsfunktion (insbesondere Brainstorming), durch die die Lernenden an der Planung des Unterrichts beteiligt werden, sowie andererseits Produktionen zur Entwicklung der Szenarien, durch die Kopf- und Handarbeit durch visuelle, plastische und szenische Darstellungen integriert werden. Szenarien schaffen zusätzlich einen immensen Informationsbedarf, der zu Expertenbefragungen und Erkundungen führen kann und so die Schule nach außen öffnet.

2.5 Projekte

Projekte sind gekennzeichnet durch ein hohes Maß an selbstbestimmter Planung sowohl von Zielen und Inhalten als auch von Aktivitäten in der Auseinandersetzung mit dringenden gesellschaftlichen Problemen. In Projekten werden unterschiedliche Formen von Problemlösung, Realitätsbegegnung und Diskussionsgestaltung vereinigt. Sie lassen den Lernenden Raum für die Gestaltung eines entdeckenden und erforschenden Lernprozesses, dem mehr Bedeutung zugemessen wird als dem Ergebnis, wenngleich das vereinbarte Ergebnis letztlich Erkenntnisinteressen und Aktivitäten leitet.

Merkmale von Projekten sind deren Orientierung an der Lebenswelt und den Interessen der Lernenden. Sie sind gekennzeichnet durch eine hohe Selbstorganisation und Selbstverantwortung der Lernenden, die den Lernprozeß zielgerichtet auf ein gemeinsames Produkt hin planen. Dabei wird soziales Lernen insbesondere auch durch die Arbeitsteiligkeit des Prozesses ebenso impliziert wie Ganzheitlichkeit als Einbeziehung aller Sinne. Zwangsläufig lassen sich Projekte mit gesellschaftlicher Praxisrelevanz nicht auf einzelne Disziplinen begrenzen, sondern sie haben notwendigerweise interdisziplinären Charakter. [14]

Ablaufgestaltung [15]

1. In der **Projektinitiative** wird ein gesellschaftliches, Lehrende und Lernende bewegendes Problem als Anlaß für ein Projekt diskutiert.

2. Die **Projektskizze** gibt Raum für die Diskussion von Ideen und Meinungen, Chancen und Grenzen, Zielen und eventuell auftretenden Problemen eines möglichen Projektes. Sie dient dazu, die Initiative anzunehmen und zu verfeinern oder zu verwerfen.

3. Während der Phase des **Projektplans** strukturieren die Lernenden ihre Arbeit, sie entwickeln ein Konzept, daß die kommenden zielgerichteten Aktivitäten enthält und Verantwortlichkeiten festlegt.

Infolge der Vereinbarung eines gemeinsamen Ziels müssen die Lernenden

- nach dem zur Realisierung notwendigen Wissen fragen,
- Vorstellungen entwickeln, auf welche Weise sie dieses erwerben wollen,
- die (sachimmanent begründbare) Reihenfolge der Aktivitäten festlegen,
- die Art und Weise der Arbeitsteilung vereinbaren sowie
- den Zeitpunkt der Ergebnisdarstellung für andere Gruppen bestimmen.

4. In der **Projektdurchführung** kommen unterschiedliche handlungsorientierte Aktivitäten zum Zuge: selbständige Informationsbeschaffung, Erkundungen, Expertenbefragung, Experimente sowie Erstellung von Handlungsprodukten.

---

14 weiterführende Literatur zur Projektmethode:
Frey, K. (1982): Die Projektmethode. Weinheim;
Gudjons, H. (1989^2): Handlungsorientiert lehren und lernen. Projektunterricht und Schüleraktivität. Bad Heilbrunn;
Jostes, M./Weber, R. (1992): Projektlernen. Handbuch zum Lernen von Veränderungen in Schule Jugendgruppen & Basisinitiativen. Rheinmünster.

15 vgl. den Ablauf bei Frey, K. (1982).

Arbeitsteilige Gruppenarbeit benötigt organisatorische Schaltstellen (**Fixpunkte**), an denen sich die Gruppen über Ergebnisse informieren, Plankorrekturen vornehmen und die weitere Arbeit abstimmen.

5. Zum Abschluß werden die **Ergebnisse** der Öffentlichkeit zugänglich gemacht. In einer gemeinsamen **Auswertung** ist Raum für Überlegungen zu Zielen und ihrer Verwirklichung, zum Lernerfolg, zur Zusammenarbeit, zu eventuell aufgetretenen Fehlern und Mängeln sowie zu einer möglichen Weiterarbeit.

Eventuell innerhalb der Gruppen auftretende Konflikte bei der Durchführung des Projektes sowie bei der Interaktion werden in zwischengeschalteten **Metainteraktionen** zu lösen versucht.

Allgemeine Hinweise

Projektinitiativen können sowohl von Lehrenden als auch von Lernenden stammen. Möchten Lehrende Projekte initiieren, müssen sie sich fragen, an welchen Erfahrungen und Wünschen, Zweifeln und Konflikten der Lernenden oder von ihnen erkannten gesellschaftlichen Problemen sie anknüpfen, welche Ausgangssituationen die Lernenden dazu führen können, sachgerechte Erkenntnis- und entsprechende Aktivitätswünsche zu äußern.

Damit die Lehrenden eine solche sach- und problemgerechte, Erkenntniswünsche und Aktivitäten anregende Initiative entwickeln können, ist es notwendig, daß sie vorab für sich die Struktur eines möglichen Projektes planen. Sie denken nach über erkenntnisleitende Fragen und Handlungsmöglichkeiten innerhalb des möglichen Projektplanes, über Hinweise auf Materialien, über mögliche Teilaspekte von Ursachen oder Strategien und ihre Einbettung in einen Ablaufplan mit einer logischen Reihenfolge der zu bearbeitenden Themen und Aktivitäten, einschließlich der Art und Weise der Arbeitsteilung.

In einer Gratwanderung zwischen Selbststeuerung der Lernenden und Lenkung der Lehrenden können die Lehrenden durch antizipative Überlegungen bei der Strukturierung des Projektplanes, bei der Bereitstellung von Materialien und der Prognose eventuell auftretender Schwierigkeiten bei der Durchführung helfen.

3. Handlungsorientierte Methoden mit modellinitiierter Steuerung von Lernprozessen

An der Art der Wissensvermittlung in der Schule werden oft mangelnde Praxisrelevanz bzw. die Schwierigkeiten bei der Entwicklung von Verständnis für den Bezug zur Realität beklagt. Theorien werden oft formal und abstrakt vermittelt. Eine Veranschaulichung durch Experimente, die in den Naturwissenschaften im Sinne eines genetischen Lernens durchaus üblich ist, spielt in den Sozialwissenschaften aufgrund der hohen Komplexität der Systeme, der Unkontrollierbarkeit äußerer Einflüsse sowie aus ethischen, praktischen und finanziellen Gründen kaum eine Rolle. Handlungen in der Realität sind mit Gefährdungen verbunden, ihre langandauernden Wirkungen und hohe Komplexität sind kaum erfaßbar, entfernte räumliche und zeitliche Entwicklungen entziehen sich der Teilnahme.

Trotz aller Vorteile der oben beschriebenen Methoden, die die außerschulische Realität einbeziehen, lassen sich nicht alle Lernziele auf diese Weise realisieren, auch sind so nicht alle Inhalte gegenstandsadäquat zu erarbeiten. Durch Handlungen in der außerschulischen Realität werden häufig nur zeitpunktbezogene Realitätsausschnitte erfahrbar, komplexe Zusammenhänge, langfristige Auswirkungen bleiben den Lernenden hingegen verschlossen. Im Mittelpunkt steht die zur Entscheidungsvorbereitung notwendige selbstgesteuerte Informationsbeschaffung, die getroffenen Entscheidungen selbst hingegen werden selten durchgeführt und in ihren Auswirkungen erprobt. Auch wenn Durchführung von Entscheidungen mit den gewählten Methoden möglich ist – wie bei Projekten – unterbleiben Handlungen häufig, weil sie mit den möglichen realen Konsequenzen – sozusagen dem Ernst des Lebens – belastet sind. Zwar können die Lernenden in den selbstgeplanten Methoden die Realitätsdeutung anderer Personen erfragen, sie erleben sie aber quasi nicht am eigenen Leib. So ist es für sie schwierig, Verständnis und Toleranz für die jeweils Handelnden zu entwickeln, wenn sie sich nicht in die Situation als Betroffene hineinversetzen, wie dies in den modellinitiierten Lernprozessen möglich ist.

In diesen Methoden finden die Handlungen der Lernenden in didaktisch transformierten und Komplexität reduzierenden **Modellen der Realität** statt. In überschaubaren Zusammenhängen, abgestimmt auf angestrebte Lernziele und bestimmte Zielgruppen, erfolgt handelnd eine Auseinandersetzung mit einer wahrgenommenen oder erdachten Realität. [16]

Zu unterscheiden sind **Simulationen** und **Simulationsspiele**. In **Simulationen** werden einfache Entscheidungsprozesse und Zusammenhänge der Realität durch die Lernenden nach Anweisung im Modell durchgeführt. Sie stellen lediglich eine Vorform Handlungsorientierter Methoden dar. In der Regel wird die Simulation von Abläufen durch symbolische Materialien wie Geld, Güter, Kreisläufe oder Konten gestützt. Die Lernenden können dabei gleichzeitig unterschiedliche Teilnehmer(-gruppen) simulieren oder nacheinander mehrere Teilnehmer(-gruppen).

Simulationen bieten insbesondere die Möglichkeit, schwer verständliche quantitative Vorgänge nachzuvollziehen, indem z. B. die Entstehung gesamtwirtschaftlicher Kennziffern oder die Auswirkung gesamtwirtschaftlicher Änderungen – z. B. der Nachfrage, der Preise, des Arbeitsangebots etc. – in einem (Rechen)-Modell nachvollzogen wird. Ihren besonderen didaktischen Wert gewinnen sie insbesondere gegenüber der kognitiven Übernahme von Definitionen, die „man kennen muß", ohne ihre Entstehung, geschweige denn ihre Bedeutung zu erfahren. Ebenfalls stellen sie eine Veranschaulichung ansonsten rein gedanklich nachzuvollziehender Vorgänge, wie z. B. der Auswirkungen von Inflationen oder von Veränderungen der Arbeitsproduktivität, dar.

Simulationen, bei denen die Lernenden die Ausgangssituation erarbeiten, auf Anweisung der Lehrenden oder des Mediums (in Phasen) handeln und in der Reflexion das Geschehen erkennen, können durch kleine Spielelemente, die Entscheidungsmöglichkeiten und Vergleiche der Teilnehmer unter Wettbewerb zulassen und so Spannung und Motivation erhöhen, ausgebaut werden.

Im Gegensatz dazu weisen **Simulationsspiele** strategisch-taktische Alternativen auf, in denen die Lernenden Handlungsspielräume haben, um eine Vielzahl von Möglichkeiten ausprobieren zu können, um sich wachsende Erfolgserlebnisse durch zunehmende Handlungssicherheit als Verfügbarkeit über ein flexibles innovatives Handlungsrepertoire zu verschaffen. Simulationsspiele erlauben die Einübung von Konfliktverhalten, die Übertragung von Entscheidungen in Handlungen ohne die erkenntnisbehindernden Komplikationen der Realität. Der Wechsel von Spannung und Lösung kann zu anhaltender Konzentration beitragen.

---

[16] weiterführende Literatur zu Simulationsspielen:
Keim, H. (Hg.) (1992): Planspiel, Rollenspiel, Fallstudie: zur Praxis und Theorie lernaktiver Methoden. Köln.
Klippert, H. (1990): Spielen und Lernen – Zur Didaktik fachspezifischer Lernspiele –. In: a+l Nr. 67.

Denkbar und erhofft ist der Verlust von Hemmungen vor schwierigen Situationen der Realität durch die Erfolgserlebnisse in Simulationsspielen, die solche Situationen vorwegnehmen. Spielmodelle ermöglichen aber auch die Überprüfung von Wissen im Modell sowie das Aufzeigen von Lücken, die Vermittlung und Problematisierung von Einsichten.

Das **Spielerische** solcher Simulationen kann durch vielfältige Merkmale gegeben sein:

- die Übernahme fremder Rollen und die Identifikation mit diesen Rollen;
- die Durchführung von Entscheidungen als Probehandlung und die Erfahrung der Auswirkungen in einer simulierten Realität, ohne mit den Risiken des gesellschaftlichen Ernstfalls konfrontiert zu sein;
- die Offenheit von Spielergebnissen bei einer Richtungsvorgabe durch das Spielziel, einer gemeinsam zu lösenden Aufgabe oder das Gewinnen im Wettbewerb;
- die Bandbreite der strategisch-taktischen Entscheidungs- und Handlungsalternativen im Ablauf wie auch
- Unwägbarkeiten des Spielablaufs durch unvoraussehbare Aktionen der anderen Teilnehmer, Interventionen der Spielleitung oder Ereigniskarten.

In Simulationsspielen agieren Entscheidungs- und Handlungsträger, die ihre durch **Spielregeln** oder **Rollenbeschreibungen** vorgegebenen **Spielziele** (nicht zu verwechseln mit Lernzielen), durch Informationsaufbereitung zur Planung von Strategien und deren Durchführung sowie durch Interessenvertretung und Verhandlungen verfolgen. Auf diese Weise wird eine bestimmte Ausgangssituation – ein Fall, Konflikt oder Problem – dynamisiert.

Da in Simulationsspielen Freiräume zum Probehandeln bestehen, ist eine **Analyse des Verlaufs und der Ergebnisse**, eine **Beurteilung der Lernzielrealisierung** und eine **Überprüfung der Realitätsbezugs** notwendig. Letztere ergibt sich insbesondere dadurch, daß Spielmodelle nie gleichbedeutend sind mit einer realitätsgerechten Abbildung, denn es werden Abläufe reduziert, bestimmte Akzente gesetzt, unterschiedliche Perspektiven betont, Elemente vernachlässigt.

Die modellinitiierten Methoden (Simulationsspiele) unterscheiden sich insbesondere nach dem Freiheitsgrad des Entscheidungsbereichs und dem Grad ihrer Regelhaftigkeit, nach der Abhängigkeit der Entscheidung von Zufallselementen oder von den Entscheidungen der anderen Teilnehmer, vom Grad der Interaktion und der Komplexität des

Modellinitiierte Handlungsorientierte Methoden [17]

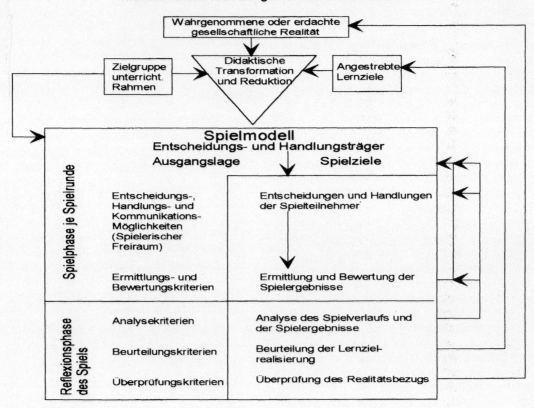

Spielmodells, aber auch nach den mit ihnen verbundenen Inhalten und Intentionen. Unterschieden wird im folgenden zwischen Regel-, Rollen-, Konferenz- und Planspielen.

3.1 Regelspiele

Regelspiele finden häufig als Gewinn- und Verlustspiele auf einem Spielbrett mit Würfel und Ereigniskarten statt. Sie sind meist auf eine Spielgruppe beschränkt, die nicht mit anderen Entscheidungs- und Handlungsträgern in Kontakt tritt. Fast alle Aktionsmöglichkeiten der Teilnehmer sind in Spielregeln festgelegt, so daß die eigenen Entscheidungsmöglichkeiten reduziert sind auf die Wahl von Alternativen bei speziellen Entscheidungsfeldern, aber eventuell auch auf die Wahl von Strategien und Mitteln nach streng festgelegten Regeln. Ausgehend von einer allgemeinen Situation werden die erzielten Ergebnisse fortlaufend in die Nachfolgeentscheidungen einbezogen, wobei das Spielergebnis über spezielle Auszahlungsregeln ermittelt wird.

Regelspiele entfalten ihre besondere Funktion insbesondere in einem Problemaufriß als Sensibilisierung für Probleme, Ursachen und Handlungsmöglichkeiten. Ohne großen Aufwand an Informationsmaterial werden die Lernenden mit Interdependenzen und Auswirkungen ihrer Entscheidungen konfrontiert, erleben die Unsicherheiten der Entscheidungsfindung durch spezielle zufällige Ereignisse und die zeitlich gerafte, systemisch komprimierten Zusammenhänge eines Problems im Modell. In der spielerischen Gewinnung und Bewältigung von Erfahrungen durch die beständige Spannung über den Ausgang durch Zufallskomponenten und eigene Entscheidungen, über Auswirkungen und Rückwirkungen von Handlungen kann andauernde Konzentration und Motivation erzeugt werden. Regelspiele mit einer angemessenen Komplexität können so einen Beitrag zur Förderung systemischen Denkens, der Antizipation von Neben- und Fernwirkungen, der Unterscheidung von Wesentlichem und Unwesentlichem, der Situationsanalyse und Strategieplanung leisten. In Regelspielen wird somit eher durch Vollzug von Handlungen und eingebaute Modellimplikationen gelernt, denn durch mitgelieferte Informationen.

---

[17] Steinmann, B. (1992): Konstruktion und Bedeutung gesellschaftsbezogener Unterrichtsspiele. In: Keim, H. (Hg.): Planspiel, Rollenspiel, Fallstudie: zur Praxis und Theorie lernaktiver Methoden. Köln.

Ablaufgestaltung

1. Die Lernenden arbeiten sich in die Spielregeln ein und ermitteln evtl. ihre persönliche Ausgangssituation.
2. Das eigentliche Spiel wird durchgeführt und das Spielergebnis festgehalten.
3. Anschließend werden Verlauf und Ergebnis analysiert, Strategien ausgewertet sowie ein Vergleich mit der Realität gezogen.

Allgemeine Hinweise

Bei der Durchführung von Regelspielen können sich gewisse Probleme ergeben:

- Die hohe Bedeutung des Zufallsprinzips durch Würfel oder Ereigniskarten kann die Verantwortlichkeit der eigenen Handlung reduzieren.
- Die Lernenden durchschauen vielleicht zu schnell das Modell und seine Berechnung (sicherlich auch ein – wenn auch unbeabsichtigter – Lernerfolg) und schematisieren ihre Handlungen im Hinblick auf das Gewinnen, ohne die eigentliche hintergründige Bedeutung, den tieferliegenden Sinn des Regelspiels, wahrzunehmen oder sich damit auseinanderzusetzen.
- Die symbolisch erfahrenen Konsequenzen werden u. U. wenig ernstgenommen.
- Erfordert das Regelspiel Kommunikation und Kooperation, können technisierte, schnelle, aber unbegründete Entscheidungen Wettbewerbsvorteile gegenüber länger dauernden, aber begründeten Entscheidungen bedingen. Der Vergleich zwischen den Spielgruppen wird verzerrt.

Diese Momente, die die Bearbeitung des eigentlichen Problems mindern können, sind entweder bei der Auswahl von Regelspielen zu bedenken oder in der Reflexion zu thematisieren.

3.2 Rollenspiele

Rollenspiele sind Spiele zur Auseinandersetzung mit den Rollen der an Entscheidungs- und Handlungsprozessen Beteiligten. Dabei dient in der Regel ein konkreter Fall als Ausgangspunkt. Der Spielablauf ist einstufig, d. h. möglicherweise erzielte Ergebnisse (z. B. gemeinsam erarbeitete Kompromißvorschläge zur Lösung einer Krise) sind nicht die Prämissen weiterer Entscheidungen. Das schließt nicht aus, daß in alternativen Spielabläufen (mit gleichen oder anderen Spielgruppen) weitere denkbare Lösungen erarbeitet werden. Aufgrund der unterschiedlichen Ausgangsposition der Beteiligten kann die Zielsetzung für die Teilnehmer nicht sein, errechenbare Gewinne oder Verluste zu erzielen, sondern es geht darum, die Interessen der Beteiligten zu wahren. [18]

Rollenspiele veranschaulichen also, wie sich Personen in bestimmten Situationen verhalten, welche Möglichkeiten existieren, sich in Konflikten auf Argumentationen einzustellen. Sie sind somit Übungen zur wirkungsvollen Vertretung von Interessen, zur überzeugenden Darstellung von Meinungen, zum Austragen von Konflikten, zur Suche nach Konfliktlösungen sowie zum Einfühlen in die Meinungen anderer. Das Erleben einer in der Wirklichkeit nicht eingenommenen Rolle kann die Bereitschaft steigern, sich in andere hineinzuversetzen. Die Lernenden können ihr Verhaltensrepertoire für kritische Situationen erweitern und ihr Selbstvertrauen steigern, sie lernen Widersprüche eher auszuhalten und verbessern ihre Kommunikationstechniken. In der Reflexion können sie eine Distanz zu der vorherigen Identifikation aufbauen und das Verhalten kritisch reflektieren. Hierbei kommt den Beobachtern eine besondere Rolle zu.

Allgemeine Hinweise

Die Unvorhersehbarkeit des Spielablaufs kommt in Rollenspielen primär durch die Ausgestaltung der Rollen, durch die vorgetragenen Argumente und ihre unterschiedliche Überzeugungskraft zum Ausdruck, wodurch schließlich die – möglicherweise erzielten – Ergebnisse entscheidend mitbestimmt werden. Dabei ist der Freiheitsspielraum der argumentativen Gestaltung in aller Regel formal sehr groß, seine Ausnutzung hängt aber wesentlich vom Wissenstand und Argumentationsvermögen der Adressaten ab. Je niedriger diese sind, desto stärker wird der Rahmen, in dem sich das Spiel bewegt, von den vorgegebenen Argumentationshilfen geprägt. Um die Imitation vorgegebener Argumente möglichst gering zu halten, ist eine ausreichende Vorbereitung ebenso wichtig wie eine Vorgabe **auswertbarer** Informationen zur Ausgestaltung der Rollen anstelle von wörtlich übernehmbaren Argumenten.

---

[18] weiterführende Literatur zu Rollenspielen:
Kaiser, F. J. (1973): Entscheidungstraining. Die Methoden der Entscheidungsfindung: Fallstudie – Simulation – Planspiel. Bad Heilbrunn;
Ments, M. v. (1985): Rollenspiel effektiv. München.

Ablaufgestaltung [19]

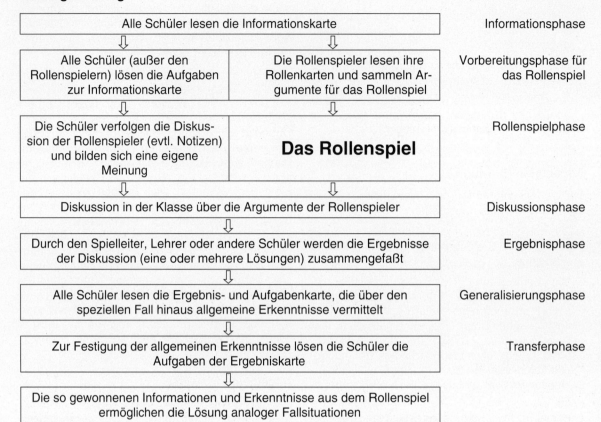

Die Rollenspieler werden in der Regel die ihnen vorgegebenen Interessen nicht voll durchsetzen können, weil auch die anderen Teilnehmer Interessen verfolgen. Dieser Tatbestand ist bei der Auswertung zu berücksichtigen, damit die Mißerfolgserlebnisse nicht überwiegen. Auswertungskriterien sind der Realitätsbezug, die Art der Rollenausübung und die ausgehandelten Lösungen.

Eventuell wird die Realität starr und konventionell dargestellt, Lösungen bewegen sich in dem Rahmen wie Rollen in der Realität erlebt werden und dann im Rollenspiel dramaturgisch inszeniert werden. In der Reflexion sind solche starren Muster aufzubrechen und neue kreative Konfliktlösungen zu finden.

Alternativen bei der Durchführung des Rollenspiels ergeben sich durch mehrfache Besetzung und Vorbereitung aller Rollen und Wiederholung der Rollenspielphase nach Diskussion und Rollenänderung sowie durch Abstimmung der Beobachter über die präferierte Lösung.

3.3 Konferenzspiele

In Konferenzspielen werden Rollen zur Auseinandersetzung mit Problemen und Konflikten übernommen, die im Rahmen besonderer Organisationsformen gelöst werden sollen. In der Realität gibt es unterschiedliche Organisationsformen, von der Gemeinderatsitzung über die Parlamentsdebatte bis hin zur Gerichtsverhandlung.

Konferenzspiele befassen sich weniger mit personenbezogenen Problemen, sondern mit gesellschaftsbezogenen Sachverhalten, Problemen und den dahinterliegenden Interessen. Ihre besondere Bedeutung entfalten sie dadurch, daß eine große Menge von Informationen durch die Lernenden selbst erarbeitet wird, weil sie diese benötigen, um in der Auseinandersetzung mit anderen (und durch deren Widerspruch) argumentativ bestehen zu können. Die Teilnehmer lernen, Tatbestände klar darzustellen und üben in der Konfrontation mit anderen Standpunkten ihre eigene Urteilsfähigkeit. Sie erleben zudem die Probleme der in solchen Institutionen handelnden Personen.

---

19 Kaiser, F. J. (1973), S. 73, Abb. 9.

Ablaufgestaltung unterschiedlicher Konferenzspiele

Tribunal

Im Mittelpunkt des Tribunals stehen eingetretene Entwicklungen, die in einer Art Gerichtsverhandlung aus der Perspektive der Ankläger, der Angeklagten, der Verteidiger, der Richter und der Zeugen aufgearbeitet werden. Ziel ist es, die eingetretenen Zustände und ihre Auswirkungen, die dahinterstehenden Entscheidungen und Handlungen sowie die sie auslösenden Vorstellungen und Ideen zu erkennen und zu beurteilen.

Gruppen	Gericht / Richter	Ankläger	Verteidiger
Vorbereitung	Erarbeitung des Problems und Überlegungen zu den Ursachen des Problems	• Erarbeitung rollengerechter Standpunkte (evtl. Dokumentation des eigenen Standpunktes) • Votenübergabe an den Richter und die gegnerischen Parteien	
Tribunal	1. Darstellung des Problems (Verhandlungsführung)	2. Begründung der Anklage	3. Widerspruch gegen die Anklage und Verteidigung
	5. Verkündung des Urteilsspruchs	4. Beweisführung (evt. Zeugen, Sachverständige)	
Reflexion	Diskussion und Reflexion auf der Grundlage der eigenen persönlichen Überzeugungen unter Dokumentation der unterschiedlichen Standpunkte		

Parlamentsdebatte

Im Mittelpunkt einer Parlamentsdebatte stehen ungelöste gesamtgesellschaftliche Probleme. Eine oder mehrere Oppositionsparteien stellen das Problem zur Diskussion und erwarten eine Stellungnahme der Regierung, ob sie das Problem erkannt hat und welche Schritte sie zur Lösung unternehmen will. Erreicht werden soll ein Bewußtsein für die aufgeworfenen Probleme und mögliche Lösungen.

Gruppen	Oppositionspartei	Regierungspartei	Reporter/innen
Vorbereitung	Erfassung des Problems		
	Entwicklung von Lösungsansätzen	Auseinandersetzung mit der gegenwärtigen Regierungspolitik zum jeweiligen Problem	Auseinandersetzung mit Lösungsansätzen und der Regierungspolitik
1. Debatte	1. Anfrage an die Regierungspartei zu ihrem Umgang mit einem speziellen Problem	2. Darstellung der Problemlösungsansätze der Regierung	Bewertung der Argumente von Regierung und Opposition
2. Debatte evtl. nach einer Fraktionspause	3. Analyse/Kritik der Regierungspolitik und ihrer wirkungen sowie Darstellung eigener Vorstellungen	4. Analyse/Kritik der Oppositionsvorschläge und ihrer Auswirkungen	
Reflexion			Beurteilung der Argumentation

Hearing

Im Mittelpunkt eines Hearings können sowohl unterschiedliche Beschreibungen als auch Ursachenanalysen und darauf aufbauende Strategien stehen. Ziel ist es, sowohl neue Informationen zu erarbeiten und durch die Lernenden als Experten zu vermitteln als auch zu versuchen, eine (oder mehrere) gemeinsame Strategien abzuleiten.

	Experten A	Experten B	Experten C	Experten D
Vorbereitung	Erarbeitung des Problems / der Ursachen / der Strategien			
Statements	Vorstellung der Expertise/Analyse und Ableitung von Forderungen			
Diskussion	Diskussion und Kritik der Analysen und Forderungen			
Kompromiß	Entwicklung eines gemeinsamen Vorschlags			
Reflexion	Diskussion und Reflexion auf der Grundlage der eigenen persönlichen Überzeugungen unter Dokumentation der unterschiedlichen Standpunkte			

Allgemeine Hinweise

Bei der **Einteilung** der Gruppen ist zu berücksichtigen, daß eine gleichmäßige Verteilung der redegewandteren Lernenden erreicht wird, damit die unterschiedlichen Fähigkeiten nicht dazu führen, daß Positionen von vornehrein unterschiedliches Gewicht und Überzeugungskraft gewinnen. Auch abgestufte Redezeitbegrenzungen für die Darstellung der Positionen einerseits und die Diskussionsbeiträge andererseits können eine gleichmäßigere Kommunikationsdichte zwischen den Gruppen erreichen. Darüber hinaus sollte auf **Arbeitsteilung** in den Gruppen geachtet werden. Damit nicht Einzelne die Diskussion dominieren, können sich die Lernenden für unterschiedliche Argumente verantwortlich erklären.

Werden in der **Vorbereitungszeit** Positions- und Thesenpapiere oder Plakate durch die Gruppen erarbeitet, erleichtert dies die Orientierung in der Diskussion und macht den Ablauf kontrollierbarer. Die Beobachter, die in der Reflexionsphase einen wertvollen Beitrag zur Bewertung von Darstellung und Überzeugungskraft der Argumente leisten, müssen sich in der Vorbereitungszeit einen Überblick über den Gegenstand verschaffen und einen Beobachtungsbogen entwickeln.

Die **Darstellung der Positionen** in Konferenzspielen, die im allgemeinen wesentlich differenzierter und reichhaltiger sind als in Rollenspielen, bergen Probleme in sich, die auf der einen Seite in der möglichen oberflächlichen Darstellung und auf der anderen Seite in der Vernachlässigung von Zusammenhängen aufgrund eines hohen Maßes an Differenzierung liegen. Kommunikationsungeübte Lernende sind evtl. so sehr mit der eigenen Position beschäftigt, daß sie der Darstellung durch die anderen Gruppen kaum folgen. Diskussionsphasen und anschließende Suche nach Kompromissen, die in den meisten Konferenzspielen vorgesehen sind und Handlungsnotwendigkeiten in den Institutionen symbolisieren, steigern die Notwendigkeit, sich mit den Argumenten der anderen Gruppen auseinanderzusetzen.

Erreicht die Diskussion einen Stand, an dem sich die Argumente wiederholen, keine neuen Aspekte mehr zu erwarten sind, sollte die Konferenz abgebrochen werden (evtl. können auch Anfragen durch Neutrale und Beobachter getätigt werden).

Erforderlich ist auch eine Gegenüberstellung der gegensätzlichen Positionen in der **Reflexionsphase**, um die unterschiedlichen Lernzuwächse zu generalisieren. Schließlich sollte darauf geachtet werden, daß sich das Kommunikationsverhalten nicht an Negativ-Beispielen etwaiger TV-Talkshows orientiert, in denen Lautstärke, unfaires Verhalten, Nicht-ausreden-lassen und Nicht-aufeinander-eingehen dominieren.

Die Teilnehmer vertreten in Konferenzspielen Positionen, die in der Wirklichkeit nicht ihre eigenen sind, da die Gruppeneinteilung nicht nur nach Interessen, sondern auch nach Gleichverteilung, Redegewandtheit etc. erfolgt. Eine geheime **Abstimmung** zum Konfliktbereich vorher und nachher mit den Abstimmungsmöglichkeiten Pro/Contra/Unentschieden bietet zusätzliche Diskussionsanreize, wenn sich in der zweiten Abstimmung gegenüber der ersten Änderungen ergeben haben.

3.4 Planspiele

Planspiele stellen im Modell Entscheidungs- und Handlungsprozesse gesellschaftlicher und wirtschaftlicher Bereiche und Entwicklungen mit ihren Voraussetzungen, Abläufen, Konsequenzen und Interdependenzen dar. Diese werden von den Lernenden aktiv durchdrungen, indem von ihnen Entscheidungen verlangt werden, die in Handlungen umzusetzen sind. Dabei müssen die Lernenden sich das Problem bewußt machen, ihren eigenen Zielen entsprechend Lösungsmöglichkeiten erarbeiten und in ihren Konsequenzen abwägen, entscheiden, welche Informationen sie benötigen, evtl. Kooperationspartner suchen und Kompromisse bilden und schließlich die Entscheidungen durchführen. Die Spielabläufe sind mehrstufig, so daß die erzielten Ergebnisse permanent die Ausgangssituation der jeweils neuen Spielrunde verändern und damit auch die Entscheidungsvoraussetzungen variieren. Planspiele ermöglichen so die Anwendung und (gefahrlose) Überprüfung von Wissen in größeren Zusammenhängen. In Abhängigkeit von den verfügbaren bzw. erarbeiteten Informationen und der Transparenz des Geschehens erwerben die Lernenden auch neues Wissen und Einsichten über Zusammenhänge, Entscheidungs- und Handlungsprozesse. Gemäß ihrer (Miß-)Erfolgserlebnisse entwickeln sie ein Gefühl für die Wirksamkeit eigenen Handelns und entwickeln Flexibilität und alternative Handlungsstrategien in komplexen und ungewissen Situationen. So sind Planspiele auch geeignet zur Einführung in systemisches Denken: Strategien sind aufgrund von Konsequenzanalysen zu planen, die Handlungen anderer Entscheidungsträger müssen berücksichtigt werden, die eigenen Handlungen bringen (evtl. irreversible) Veränderungen mit sich. Planspiele entfalten ihre besondere Funktion insbesondere bei Lerngegenständen, bei denen Dauer und Komplexität von Prozessen in der Realität nicht erfahrbar sind und die Lernenden Handlungsstrategien erproben können, ohne die (teilweise gefährlichen) Konsequenzen der Realität tragen zu müssen. In Planspielen erfahren Lernende die Bedeutung wirtschaftlicher Zusammenhänge als Betroffene in bestimmten Rollen. [20]

Ablaufgestaltung

1. In der **Vorbereitungsphase** bereiten sich die Lernenden auf die Spielsituation vor. Sie machen sich mit Spielanlaß, Spielziel, Spielregeln und Spielidee vertraut. Die vorgesehenen Rollen werden verteilt. Nach der Ausgabe der Spielmaterialien erhalten die Lernenden eine längere Zeit der Einarbeitung.

2. In den **Spielphasen** werden Entscheidungen in Handlungen umgesetzt und aus den sich einstellenden Ergebnissen Konsequenzen gezogen. Hier wechseln Gruppenarbeitsphasen,

    - in denen Strategien entworfen werden,
    - neue Informationen erarbeitet werden,
    - (schriftlich) mit anderen Gruppen interagiert wird,
    - mit Rollenspielen und Konferenzen ab.

3. Die **Reflexionsphase** enthält mehrere Aspekte:

    - Das Geschehen, von dem die Lernenden in aller Regel nur Ausschnitte wahrnehmen, muß in seiner Gesamtheit verdeutlicht werden.
    - Spielergebnisse müssen reflektiert, der Spielverlauf analysiert, Handlungsalternativen hinterfragt werden.
    - Die Lernzielrealisierung und deren Probleme sind zu ermitteln.
    - Die Wirklichkeitsnähe des Spiels ist zu überprüfen im Hinblick auf die Relevanz gewonnener Kenntnisse, Fähigkeiten und Bereitschaft zum Handeln für die gesellschaftliche Realität.
    - Weiterhin sollten Vorzüge, Fehler und Schwächen des Planspiels thematisiert werden.

Allgemeine Hinweise

Die Lernenden sollten zur Orientierung und Verringerung von Hemmschwellen eine ungefähre Vorstellung vom Problemkreis und den zu übernehmenden Rollen haben und genügend Zeit für die Erarbeitung der Informationen, damit eine Strategiebildung tatsächlich erfolgt und nicht reiner Aktionismus um sich greift.

Bei der **Gruppeneinteilung** muß darauf geachtet werden, daß die in den einzelnen Gruppen zu bewältigenden Aufgaben häufig unterschiedlich anspruchsvoll sind und besonders schwierige Rollen deshalb mit hierfür geeigneten Lernenden zu besetzen sind.

Planspiele können **schriftlich** und **mündlich** erfolgen. Schriftliche Planspiele haben den Vorteil der genauen Dokumentation und Protokollierbarkeit des Ablaufs, sie können andererseits aber unnötige Ängste wegen der Verschriftlichung schüren

---

[20] weiterführende Literatur zu Planspielen:
Geuting, M. (1992): Planspiel und soziale Simulation im Bildungsbereich. Frankfurt/Main;
Kaiser, F. J. (1973): Entscheidungstraining. Die Methoden der Entscheidungsfindung: Fallstudie – Simulation – Planspiel. Bad Heilbrunn.
Klippert, H. (1984): Wirtschaft und Politik erleben. Planspiele für Schule und Lehrerbildung. Weinheim und Basel.
Lehmann, J. (Hg.) (1977): Simulations- und Planspiele in der Schule. Bad Heilbrunn/Obb.
Vagt, R. (1978): Planspiel, Konfliktsimulation und soziales Lernen: e. Einführung in die Planspielmethode. Rheinstetten.

und evt. Spontaneität bremsen. Zweifellos sind sie raum-, zeit- und materialaufwendiger.

Planspiele können **quantitative** und **qualitative** Ergebnisse haben. Während bei Planspielen mit quantitativer Ausrichtung die Abläufe in der Regel klarer bestimmt sind, stellt sich bei Planspielen, die rein qualitativ bestimmt sind, das Problem der Beendigung eines Planspiels. Dies kann durch einen gebildeten Kompromiß von selbst geschehen, bei entsprechend festgefahrener Diskussion und Unmöglichkeit neuer Impulse durch die Planspielleitung.

Die Planspielteilnehmer entwickeln aufgrund von Rollenanforderungen und rollenspezifischen Informationen unterschiedliche Lernzuwächse, so daß Verallgemeinerungen in der **Nachbereitung** notwendig werden. Es hat sich gezeigt, daß das Handeln unter Ungewißheit, dies ist konstitutiver Bestandteil von Planspielen und symbolisiert Informationsunvollständigkeit der Realität, Planspielunerfahrenen Teilnehmern zu Beginn große Probleme bereitet. Deshalb sollte dieser Tatbestand in der Reflexion ebenso thematisiert werden wie eine unkritische Übernahme von Rollen, die aus mangelnder Distanz resultiert, die Hinnahme von Sachzwangdenken, die Unterschätzung der realen Bedeutung symbolisch erfahrener Konsequenzen, das Lernen durch Fehler und der Modellgehalt des Planspiels. Sind die Modelle einfach und transparent, sind sie häufig unrealistisch und führen zu unverantwortlichen Verkürzungen, sind sie jedoch einigermaßen realitätsadäquat, sind sie sehr komplex und undurchschaubar. Somit bergen Planspiele, die sich zwischen diesen beiden Polen bewegen, vielfältige Reflexionsnotwendigkeiten, der Bezug zum Spiel muß aber in der Reflexion immer erhalten bleiben.

4. Handlungsorientierte Methoden mit Ergebnissicherungsfunktion

Empirische Studien über die Schulpraxis zeigen, daß Handlungsorientierte Methoden in einem geringeren Maß Eingang finden als es aufgrund der erziehungswissenschaftlichen und fachdidaktischen Diskussion sowie den Erfordernissen an Schlüsselqualifikationen zu erwarten wäre. Lassen wir einige Durchsetzungshindernisse außer acht, wie Stoffülle bei knappen Fachstunden, Unüberschaubarkeit bei hoher Kursfrequenz, mangelnde Ausbildung der Lehrenden, hoher Vorbereitungs- und Durchführungsaufwand, und richten unser Augenmerk auf eine spezielle Problematik von Handlungsorientierten Methoden: In unterschiedlichem Ausmaß leisten sie alle über Mitbestimmung der Lernenden bei Lernprozessen und einzelnen Lernschritten einen Beitrag zur Demokratisierung der Schule, sie nehmen die Rolle der Lehrenden als Vermittler zugunsten eigenständiger Erarbeitung durch die Lernenden zurück, sie erlauben eine größere Offenheit durch ihre Spielräume zum Ausprobieren von Handlungsalternativen und auch über das Zulassen von Fehlern. Sie rücken somit die pädagogische Funktion der Schule stärker in den Vordergrund gegenüber ihrer Selektionsfunktion, die aber trotzdem unangetastet bleibt. Vermutlich liegt hier ein wichtiges Hemmnis für den Einsatz Handlungsorientierter Methoden, denn der Erwerb von Schlüsselqualifikationen ist nicht kurzfristig operationalisierbar, der erhöhte Vorbereitungs- und Durchführungsaufwand steht scheinbar nicht in einem angemessenen Verhältnis zum erreichten Nutzen fachlichen Lernens. Eine oft gestellte Frage lautet: „Was lernen die Schüler denn eigentlich?"

Handlungsorientierte Methoden zur Ergebnissicherung können hier einen wichtigen Beitrag leisten und haben darüber hinaus weitere wichtige Funktionen:

Produktionen zur Dokumentation von Lernergebnissen zwingen die Lernenden zur Zielgerichtetheit und Vollendung des Lernprozesses. Durch die Dokumentation werden diese Ergebnisse öffentlich und können auf die Realität einwirken.

Wissenspiele – teilweise selbst von den Lernenden erarbeitet – verschaffen den Lernenden einen Überblick über ihren fachlichen Kenntnisstand, aber auch über ihre Defizite und sie zeigen den Grad der Übermittlung der von ihnen erarbeiteten Kenntnisse an andere.

4.1 Produktionen

In Produktionen werden Ergebnisse von Lernprozessen bildlich und begrifflich aufgearbeitet. Indem Produktionen als angestrebte Handlungsprodukte in die Planung von Lernprozessen eingehen, geben sie der Planung und Erarbeitung eine Richtung und dienen der Vertiefung des Erkenntnisprozesses durch Orientierung, Veranschaulichung sowie Notwendigkeit zur Strukturierung und adressatenbezogener Mitteilung. Eine Produktion zur Dokumentation von Lernergebnissen erfordert eine kommunikative und kooperative Auseinandersetzung sowohl in der Erstellung als auch in der Beurteilung. Neben den Lernmöglichkeiten bei der Erstellung erzielen Produktionen auch Ein- und Auswirkungen auf andere. Sie können durch „Gebrauchswertorientierung" einen gesellschaftlichen Bezug herstellen: Die Lernenden erwerben durch die Produktion von Kommunikationsmitteln Kenntnisse über die Bedingungen technischer Kommunikation, über Rezeptionsweisen und die Aussagemöglichkeiten unterschiedlicher Medien.[21]

Auf unterschiedlichen Trägern der Dokumentation können vielfältige Produktionsformen mit abwechslungsreichen Stilmitteln vielfältige Ziele und Wirkungen anstreben, die auf mannigfache Arten die Öffentlichkeit erreichen können.

Träger der Dokumentation	Formen der Produktion	Ziele der Produktion	Stilmittel Produktion	Art der Veröffentlichung
– Flugblatt Offener Brief Leserbrief – Anfrage Eingabe Petition Gesuch – Zeitung Broschüre – Foto, Collage – Diagramm Schaubild – Karikatur Zeichnung – Plakat Wandzeitung – Theater – Hörspiel – Ton-Dia-Show – Video	– Nachrichten Reportage Bericht – Kommentar Erörterung – Interview Expertenbefragung Meinungsumfrage – Diskussion – Rollenspiel Tribunal – Kurzgeschichte Gedicht Lied – Bildergeschichte – Comic	– Information – Sensibilisierung – Aufforderung – Provokation – Erlebnisdarstellung – Anregung zum Nachdenken – Gegenöffentlichkeit	– Kontrast – Widerspruch – Verfremdung – Provokation – Utopie – Satire – Wahl der Perspektive	– Informationsveranstaltung – Pausenausstellung – Elternabend – Lokaler Rundfunk Fernsehen Zeitung – Ausstellung in öffentlichen Institutionen – Plakatwände – Broschüre im „Eigenverlag"

---

21 Übersichten zu Produktionsmöglichkeiten finden sich insbesondere bei Ackermann, P./Gaßmann, R. (1991): Arbeitstechniken politischen Lernens kurzgefaßt. Stuttgart.
Ackermann, P./Gaßmann, R. (1991): Arbeitstechniken in der politischen Bildung. In: Bundeszentrale für politische Bildung (1991). Methoden in der politischen Bildung – Handlungsorientierung. Bonn.
Dieckmann, E.-G. (1988): Kreative Medienarbeit im politischen Unterricht. In: Bundeszentrale für politische Bildung (1988): Erfahrungsorientierte Methoden der politischen Bildung. Bonn.
Dieckmann, E.-G. (1991): Kreative Medienarbeit am Beispiel Umwelt. Themenzentrierte Fotografie und Fotoreportage. In: Bundeszentrale für politische Bildung (1991).
Schröder, P. (1988): Wandzeitung, Flugblatt, Plakat. In: Bundeszentrale für politische Bildung (1988).

Ablaufgestaltung

1. Die Lernenden diskutieren das als „richtig erkannte" Arbeitsergebnis und einigen sich auf die zu vermittelnde „Botschaft".

2. Sie planen die Form der Vermittlung unter Gesichtspunkten der Wirksamkeit. Hierzu müssen sie sich fragen, was vermittelt werden soll, welches Medium dafür geeignet ist, was die Adressaten interessiert und wie sie diese erreichen können.

3. Es folgt die arbeitsteilige Konkretisierung und gemeinsame Schlußbearbeitung.

4. Die Produktionen werden der Öffentlichkeit präsentiert (Klasse, Schule, Eltern usw.) und mit dieser diskutiert.

Allgemeine Hinweise

Bei Produktionen, die gestalterische Ausdrucksformen nutzen, existieren bei manchen Lernenden Hemmschwellen, deshalb ist darauf hinzuweisen, daß das Produktionsziel nicht in der Erstellung künstlerisch hochwertiger oder professioneller Produktionen liegt. Um Frustrationen vorzubeugen und unnötigen Ehrgeiz, der mit dem Inhalt nicht mehr viel zu tun hat, zu verhindern, müssen die Lernenden sich von hohen gestalterischen Qualitätsansprüchen lösen.

Die einzelnen Medien haben unterschiedliche Möglichkeiten von Informationsverarbeitung, Ausdruck und Wirkung, so daß sich teilweise auch Kombinationen anbieten. Zu Produktionen sind neben den erarbeiteten Ergebnissen vielfältige Materialien wie Bilder, Nachschlagewerke, technische Geräte (Fotoapparat, Cassettenrecorder, Videocamera, Schreibmaschinen, Computer) erforderlich. Eventuell ist es auch notwendig, die Lernenden mit gewissen Hilfestellungen vertraut zu machen wie z. B. der AIDA-Formel (Adressat, Information, Daten, Appell bei Flugblättern), den W-Fragen (Wer sagt was zu wem mit welcher Wirkung?).

Produktionen können ihre Funktion in Konferenz- und Planspielen sowie in Erkundungen, Fallstudien, Zukunftswerkstätten, Szenarien und Projekten entfalten, besitzen aber auch eigenständige Bedeutung als Handlungsprodukte im Rahmen zielgerichteter Informationsverarbeitung.

4.2 Wissensspiele

Spiele, die der Wiederholung kognitiv erworbener Kenntnisse dienen, werden hier Wissensspiele genannt. Sie können der Übertragung und Verallgemeinerung der unterschiedlichen Lernzuwächse dienen und den Lernenden eine von den Lehrenden unabhängige Feststellung ihrer Defizite und Stärken ermöglichen.

Als isolierte spielerische Kenntnisabfragung lassen sich Wissensspiele kaum als Handlungsorientierte Methoden charakterisieren. Aber im Rahmen Handlungsorientierter Methoden als selbsttätige Überprüfung durch die Lernenden können sie einen wichtigen Beitrag zur Ergebnissicherung leisten.

Der Handlungsorientierung kann insofern in besonderer Weise Rechnung getragen werden, indem die Lernenden Fragen, Antworten, Transferaufgaben zur Überprüfung ihres Lernzuwachses und zur Beseitigung von Lücken eigenständig entwickeln. [22]

Ablaufgestaltung

1. Die Gruppen erarbeiten Fragen, Antworten, Transferaufgaben für ihren Kenntnisbereich und übertragen sie auf Karteikarten.

2. Diese Fragen und Aufgaben werden eingebracht in unterschiedliche Regelspiele als Ausgangspunkt für eine spielerische Kenntnisüberprüfung.

3. Zum Schluß werden die Gewinner ermittelt und festgestellt, ob manche Bereiche einer gesonderten Wiederholung oder Erarbeitung bedürfen.

---

[22] Die Ideen für die Wissensspiele gehen zurück auf Mensch ärger Dich nicht: Pallasch, W./Zopf, D. (1983³): Methodix. Bausteine für den Unterricht. Weinheim Basel. S. 296;
Wissensspektrum: Altenburg-Stralsunder-Spielkarten Fabriken AG: „Wissens-Spektrum" Leinfelden
Ampelspiel: Dritte-Welt-Haus Bielefeld (1990): Von Ampelspiel bis Zukunftswerkstatt. Ein Dritte-Welt-Werkbuch für Unterricht, Jugend und Bildungsarbeit. Wuppertal. S. 38.

Beispiele spielerischer Kenntnisüberprüfung [23]

Mensch ärger Dich nicht

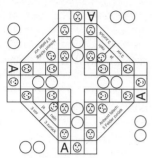

Die Teilnehmer müssen zwei Spielsteine ins Ziel bringen, dabei gelangen sie auf Ereignisfelder, auf denen sie ihre Kenntnisse darstellen müssen. Nach der Beantwortung wird die richtige Antwort vorgelesen, und die Mitspieler entscheiden, ob die Antwort sinngemäß richtig beantwortet wurde. Eine richtige Antwort bringt die Lernenden schneller voran, eine falsche Antwort wirft sie zurück.

Wissensspektrum

Den unterschiedlich schraffierten Feldern werden Fragen unterschiedlicher Wissensgebiete zugeordnet. Alle Teilnehmer müssen nun versuchen, aus den einzelnen Wissensgebieten der verschiedenen Gruppen je zwei Fragen zu beantworten und dadurch je zwei Punkte zu erhalten. Wer zuerst alle Ringe hat, hat gewonnen. Die jeweiligen Gruppenmitglieder klären bestehende Lücken.

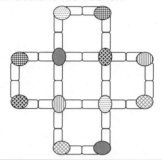

Ampelspiel

Eine Aufgabe wird verlesen, die mit ja/nein beantwortet werden kann. Bei diesem Spiel können sowohl Sachverhalte als auch Bewertungen abgefragt werden. Die Teilnehmer entscheiden mit Karteikarten in zwei Farben

– Grün für „Stimme der Aussage zu/ Halte sie für richtig" –

– Rot für „Stimme der Aussage nicht zu/ Halte sie für falsch".

Sie begründen ihre Entscheidung schriftlich. Richtige Antworten und Begründungen ergeben Bonuspunkte.

Stationsspiel

Das Stationsspiel wird an Gruppentischen gespielt. Jede Gruppe bildet eine Rate- und eine Lösungsgruppe. Die Lösungsteams bleiben an den Gruppentischen. Die Rategruppen ziehen von Tisch zu Tisch, um Aufgaben zu lösen. Bestehende Defizite werden von den Lösungsteams korrigiert. Die Lösungsteams erhalten je nach Ausmaß und Schnelligkeit Punkte. Nachdem das letzte Team durchs Ziel gegangen ist, tauschen Rate- und Lösungsteams ihre Rollen.

Quiz

Zwei Teams befragen sich gegenseitig. Für richtige Lösungen gibt es Punkte. Können die Frageteams falsche Antworten selbst nicht angemessen korrigieren, gibt es Punkteabzug. Gewonnen haben die Gruppen mit den meisten Punkten.

Neben den genannten Beispielen sind noch weitere Formen denkbar z. B. Spiele zum **Beruferaten** nach dem Motto: „Was bin ich?" zur Ermittlung von Kenntnissen über Berufe oder **Kreuzworträtsel** zur Festigung von Definitionen und Begriffen.

Die Wissensspiele können mit **Diskussionsmöglichkeiten** in Form von Fragen zur persönlichen Entscheidung angereichert werden, bei denen die Teilnehmer für die Antizipation der Entscheidung der Einzelnen oder der Gruppe Punkte erhalten wie z. B. im „Meinungsspektrum" oder bei dem Gesellschaftsspiel „Therapie".

Kommerzielle Spiele oder TV-Quiz bieten vielfältige Anregungen zur Übertragung auf Lerninhalte. Bei allen Formen besteht die Freiheit zur Entwicklung neuer Regeln.

Allgemeine Hinweise

Zur eigenständigen Überprüfung des Lernzuwachses und zur Auflockerung dienen Wissensspiele auch, wenn sie vom Lehrer entwickelt werden. Die Entwicklung durch die Lernenden ermöglicht demgegenüber die zunehmende Eigenverantwortung für den eigenen Lernprozeß und führt auch zur Wiederholung des Stoffes. Dabei ist je nach Themengebiet zu entscheiden, ob Wissensfragen, Entscheidungsfragen mit Begründung oder Transferaufgaben für spezifische Probleme, Konflikte und Fallsituationen zu erarbeiten sind.

---

23 Weitere Handlungsmuster zur Wiederholung (Frage und Antwort, Quiz, Team gegen Team, Ralley, Fragen zuwerfen, Stuhlschieben, Rätsel, Aufgaben per Post, Circle-Aufgaben) finden sich in

Pallasch, W./ Zopf, D. (1983[3]): Methodix. Bausteine für den Unterricht. Weinheim Basel.
Pallasch, W./ Zopf, D. (1981): Praktix. Bausteine für den Unterricht II. Weinheim Basel.

Exkurs: Selbstgeplante und modellinitiierte Lernprozesse

Auswirkungen unterschiedlicher Handlungen und Zusammenhänge von wirtschaftlichen Interaktionsprozessen können in Methoden mit modellinitiierten Lernprozessen experimentell erfahren werden, da die getroffenen Entscheidungen auch zu Probehandlungen führen. Solche gesellschaftlichen Experimente sind in der Realität aufgrund der wenig kalkulierbaren Bedingungen sowie der sich einstellenden Risiken nicht realisierbar. Auch die Dauer von wirtschaftlichen Abläufen und die Komplexität von Vorgängen, Entscheidungs- und Handlungsvoraussetzungen sind in der Realität kaum erfahrbar, können aber im Modell verringert und zusammengefaßt werden.

Gerade in diesen Bereichen erfahren Spiele bzw. **modellinitiierte Handlungen** ihre besondere didaktische Bedeutung.

- Sie können insbesondere bei komplexen, schwer durchschaubaren Zusammenhängen und langandauernden Entwicklungen mit stark divergierenden Interessenlagen Lernzuwächse durch die Präsentation in einem überschaubaren Modell erzielen.

- Nahezu alle gesellschaftlichen Prozesse und sogar Utopien sind simulierbar, mit ihnen kann experimentiert und Neues erprobt werden.

- Trotz der Reduktionen im Modell kann das Erkennen von Realität und das Vertrauen in die eigene Handlungskompetenz gesteigert werden.

Andererseits gibt es **Gefahren**:

- Die Wettbewerbselemente der Spiele stellen einerseits einen gewissen (unpädagogischen) extrinsischen Antrieb dar, andererseits können sie dazu führen, daß nicht die Problemlösung selbst im Mittelpunkt steht, sondern das Gewinnenwollen und die Erzielung eines persönlichen Nutzen, evtl. besteht eher der Anreiz, Fehler zu vermeiden, als aus ihnen zu lernen.

- Die Identifikation mit bestimmten Rollen kann auch kritische Einsichten durch die Erfahrung von scheinbaren Sachzwängen verhindern und lediglich Nachahmung der Realität ohne Erprobung kreativer neuer Handlungsmöglichkeiten bedingen.

- Da die Konsequenzen von Handlungen nur symbolisch erfahren werden, wird ihre reale Bedeutung den Lernenden nicht zwangsläufig bewußt.

- Die dem Spiel zugrundeliegenden Modelle bewegen sich in einem Spannungsfeld zwischen Einfachheit und damit geringer Realitätsnähe oder aber Komplexität und damit Unspielbarkeit oder Unüberschaubarkeit.

Diese Anmerkungen machen deutlich, daß in den modellgeleiteten Lernprozessen, in denen die Lernenden Entscheidungen in Handlungen umsetzen, kommunikativ und kooperativ tätig werden und Interessen vertreten, Reflexions- und Auswertungsphasen von grundlegender Bedeutung sind.

Demgegenüber können Lernende in **Erkundungen** authentische Erfahrungen machen. Sie erleben aber nur zeitpunktbezogene Zustände und müssen sich auf erfahrbare Gegenstände beschränken, während in Modellen starke Interessengegensätze, kurzfristig nicht Erfahrbares in zeitlich geraffter Form deutlich werden können.

In **Fallstudien** werden die Konsequenzen von Entscheidungen zwar durchdacht und Entscheidungsverhalten geübt, die Entscheidungen werden aber nicht durchgeführt. Der Vorteil von Fallstudien andererseits liegt in der Qualitätssteigerung des Entscheidungsverhaltens, daß bei Spielen aufgrund der Handlungsnotwendigkeiten und der Verfolgung der eigenen Spielziele nicht in gleichem Maße möglich ist (mit Ausnahme der Konferenzspiele, bei denen die Informationsverarbeitung – allerdings zur rollenspezifischen Entscheidungsfindung – einen ähnlichen Stellenwert einnimmt wie bei den Fallstudien).

In **Projekten**, **Szenarien** und **Zukunftswerkstätten** ist die Umsetzung von Entscheidungen in Handlungen zwar vorgesehen, nach den Absichten dieser Methoden sind sie aber keine Probehandlungen mit experimentellem Charakter, sondern direkte Eingriffe in die gesellschaftliche Realität mit den möglichen Risiken und Komplikationen der Ernstsituation, die aber den realen Umgang mit fremden Menschen und Institutionen üben und Hemmungen abbauen können. Weiterhin kann das Hineinversetzen in andere Rollen in den Simulationsspielen mit unterschiedlichen, stark divergierenden Interessenlagen eventuell eher Verständnis für unterschiedliche Interessenlagen und die Notwendigkeit zu Kompromißbereitschaft und Toleranz bedingen als deren Erfahrung durch Informationsaufnahme in Erkundungen oder Projekten, die persönliche Betroffenheit nicht zwangsläufig wecken muß.

Dem steht gegenüber, daß es in **Spielmodellen** notwendig ist, größere Reduktionen vorzunehmen als bei den selbst- und mitbestimmten Methoden. Zudem steht bei Spielmodellen häufig ein Konkurrenzverhalten und evt. die Überbetonung der eigenen Interessen im Vordergrund, die u. U. auch im Sinne des heimlichen Lehrplans wirken können, während die selbst- und mitbestimmten Methoden in der Regel eine gemeinsame Aufgabe zum Gegenstand haben, die auch bei arbeitsteiliger Gruppenarbeit Kooperation erfordert, da die Gruppen untereinander auf die Ergebnisse angewiesen sind.

Die Methoden können also danach unterschieden werden, ob sie eher

- entdeckendes und erforschendes Lernen als Handeln in der außerschulischen Realität ermöglichen und als Erkundungen und Fallstudien eher der Entscheidungsfindung dienen oder als Projekte, Szenarien und Zukunftswerkstätten sowohl Entscheidungsfindung als auch Umsetzung von begründeten Entscheidungen verlangen

oder ob sie

- experimentierendes Lernen als simuliertes Handeln in Modellen der Realität sowie insbesondere die Umsetzung von Entscheidungen in Probehandlungen ermöglichen, während der Prozeß der Entscheidungsfindung in den Modellen selbst eine geringere Bedeutung hat.

Die Stärken der modellinitiierten Lernprozesse sind die Schwächen der die Realität miteinbeziehenden selbst- und mitbestimmten Planungsprozesse und umgekehrt.

Angesichts der unterschiedlichen Funktionen und Möglichkeiten, der Vorzüge und Grenzen hinsichtlich der Entwicklung ökonomischer Handlungskompetenz, die den verschiedenen Methoden innewohnen, sind die angestrebten Kompetenzen nicht mit einer Methode allein zu erreichen. Lerngegenstände und angestrebte Ziele sind immer daraufhin zu befragen, mit welchen Methoden sie am ehesten gefördert, selbsttätig und kooperativ erarbeitet werden können.

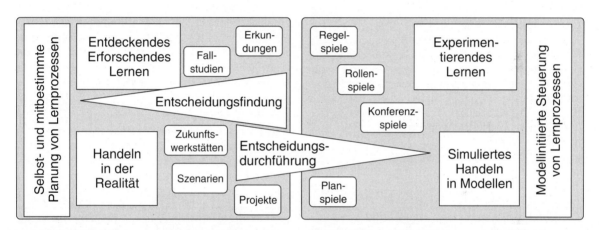

Reflexionen als unverzichtbare Elemente Handlungsorientierter Methoden

Reflexionen in Form von Auswertungen der Lern-, Spiel- und Gruppenprozesse ermöglichen beim experimentierenden Lernen in Modellen den Rückbezug zur Realität und eine kritische Rollendistanz, bei erforschenden Lernprozessen eine Verallgemeinerung der Ergebnisse und eine kritische Betrachtung möglicher Einseitigkeiten. Die Lernenden überdenken ihre Entscheidungen, vergleichen die Planungen mit den erzielten Ergebnissen, sie lernen aus den Fehlern, reflektieren aus kritischer Distanz alternative Handlungsmöglichkeiten und das eigene Lern- und Arbeitsverhalten während des Prozesses. Auswertungen ermöglichen den Lernenden auch Erfolgserlebnisse, die über ein bloßes Gewinnen hinausgehen. Sie ermitteln, welche Lernergebnisse erzielt wurden, welche Lücken noch bestehen und Weiterarbeit notwendig machen. [24]

Durch Reflexionen werden arbeitsteilig erarbeitete Ergebnisse allen Lernenden zugänglich gemacht und sichern so einen gemeinsamen Lernzuwachs.

---

24 Funktion, Kriterien, Gestaltungsmöglichkeiten von und für Reflexion finden sich bei:

Becker, F. J. (1991): Selbstevaluation in der politischen Bildung. Zustimmungsentwicklung und Wissenserwerb in Lernprozessen. Bundeszentrale für politische Bildung (1991): Methoden in der politischen Bildung – Handlungsorientierung. Bonn.
Geise, W. (1992): Möglichkeiten der Evaluation von Rollenspielen. In: Keim, H. (Hg.) (1992): Planspiel. Rollenspiel. Fallstudie. Zur Praxis und Theorie lernaktiver Methoden. Köln
Jostes, M. – Weber, R. (1992): Projektlernen. Handbuch zum Lernen von Veränderungen in Schule, Jugendgruppen & Basisinitiativen. Rheinmünster.
Rabenstein, R.: (1992) Lernen kann auch Spaß machen! Einstieg, Aktivierung, Reflexion: Themen bearbeiten in Gruppen. Münster.
Steffens, H. (1992): Ebenen der Evaluation bei Simulationsspielen. In: Keim, H. (Hg.) (1992).

Dies ist unbedingt erforderlich, da in nahezu allen dargestellten Handlungsorientierten Methoden arbeitsteilig handelnde Gruppen wirken, die die Ergebnisse, Planungen, Strategien der anderen Gruppen in unterschiedlichem Ausmaß erfahren, so daß die Lernzuwächse bedingt durch die Rollenidentifikation und Arbeitsbereiche äußerst unterschiedlich sind. Schon während der Durchführung der Handlungsorientierten Methoden sollten Verlaufsprotokolle, Ergebnisdarstellungen, Wandzeitungen, Gruppenbücher, Arbeitspläne und Verlaufsrückmeldungen einen gemeinsamen Überblick ermöglichen; sie können in der Reflexionsphase wertvolle Hilfestellung geben.

Durchführung von Handlungen unter Zeitdruck sowie Rollenidentifikation können in den modellinitiierten Lernprozessen verbunden sein mit unkritischer Übernahme von Sachzwängen und Ideologien. In den selbstgesteuerten Lernprozessen sind in gewissen Problembereichen bei Überengagement einseitige Betrachtungen möglich, die der Auseinandersetzung mit Gegenpositionen evt. nicht standhalten. Solche Ergebnisse müssen in der Reflexion kritischer Auseinandersetzung zugänglich gemacht werden. Reflexionen sind somit zwingend erforderlich für das emanzipatorische Potential der Handlungsorientierten Methoden; sie können aber auch selbst handlungsorientiert ausgestaltet werden.

Reflexionen haben im allgemeinen folgenden Ablauf:

1. Zu Beginn wird als gemeinsame Diskussionsgrundlage eine allgemeine Übersicht über den Spiel-/Lernprozess und seine Ergebnisse gegeben.
2. Die Ziele, Strategien, Handlungen und ihre Wirkungen werden analysiert, Ergebnisse bewertet, alternative Handlungsmöglichkeiten abgewogen. Die Vorzüge und Schwächen des Gruppenprozesses sowie der individuellen Beiträge werden herausgestellt.
3. Die Entscheidungen, Handlungen und Modelle werden auf ihren Realitätsgehalt, die Ergebnisse der selbstgesteuerten Methoden unter Berücksichtigung wissenschaftlicher Ergebnisse auf ihre Verallgemeinerbarkeit hin untersucht.
4. Die erzielten Lernzuwächse werden ermittelt und evtl. vorhandene Wissens- und Informationsdefizite aufgedeckt.
5. Letztendlich können die Ergebnisse beurteilt werden hinsichtlich ihrer Konsequenzen für die zukünftige Verbesserung des Handlungsrepertoires in Bezug auf die individuelle, soziale und politische Praxis sowie die Anwendung von Denk- und Arbeitstechniken.

Die Reflexionen müssen auf die unterschiedlichen Lerngegenstände der handlungsorientierten Methoden hin konkretisiert werden. Allgemeine, auf die unterschiedlichen Lerngegenstände weiter zu konkretisierende Auswertungskriterien von Reflexionen finden sich in der folgenden Tabelle.

Gruppenprozeß (Lernmilieu)	Spiel- und Arbeitsprozeß (Lernprozeß)	Realitäts- und Wissenschaftsbezug	Allgemeine Auswertung
– Selbstbewertung des Einzelnen im Gruppenprozeß – Gleichmäßige Beteiligung der Lernenden am Gruppenprozeß – Art der Beteiligung der Individuen – Sachbezogenheit und Konstruktivität der Auseinandersetzung – Existenz kritischer Situationen und Spannungen – Problemlösung in kritischen Situationen	– Analyse der – Ziele – Strategien – Handlungen – Konsequenzen – Wirkungen – Ergebnisse – Arbeitstechniken – Prüfung von Alternativen – Bewertung der Ergebnisse	– Realitätsbezug der Entscheidungen, Handlungen, Modelle – Wissenschaftlichkeit und Verallgemeinerbarkeit der Erkenntnisse	– Spaß – Über- oder Unterforderung – Lernzuwächse – Bedeutung der Erfahrungen für die Lernenden – Informationsdefizite, Lücken, Schwerpunkte zur Weiterarbeit – Konsequenzen für Lernen und Handeln aus den neu erworbenen Kenntnissen und Fertigkeiten, Fehlern und Irrtümern – Verbesserungs- und Vermeidungsvorschläge für künftige Aktivitäten

Auf den einzelnen Reflexionsstufen können unterschiedliche initiierende Handlungsorientierte Methoden eingesetzt werden:

Brainstorming,	Aktivierende Fragebögen	Freudenturm und Klagemauer	Meinungsecken
in dem an der Tafel persönliche Lernergebnisse gesammelt werden und alle für sich notieren bzw. auf einem daraus abgeleiteten Fragebogen ankreuzen, welchen Lernerfolg sie für sich persönlich verbuchen.	(mit offenen Fragen, Antworten zum Ankreuzen, Auswählen, mit Einschätzungs- oder Zustimmungsprofilen), die von den Lernenden persönlich, durch Paarinterviews, Reporterbefragungen beantwortet werden.	als dramaturgische Inszenierung, bei der positive Ergebnisse in Karteikarten in einem „Turm" und negative Ergebnisse an einer „Mauer" deutlich gemacht werden.	mit großen Plakaten, auf denen die Lernenden zu einzelnen Schwerpunkten schriftlich Stellungnahmen abgeben.

Zur Ermittlung der Gruppenprozesse können schon während des Verlaufs bestimmte Symbole, z. B. Beteiligungs-/Wohlgefühl-Thermometer mit daraus zu entwickelnder Fieberkurve, Smilies und Schmollies im Gradmesser, die von den Lernenden nach jeder Stufe ausgefüllt werden, deutlich machen, wann eine Metainteraktion, also eine Reflexion über den Gruppenprozeß, nötig wird, weil es Einzel- oder Gruppenstörungen gibt.

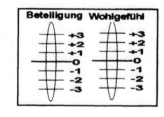
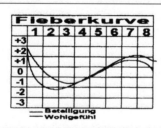

TEIL II: ANWENDUNG HANDLUNGSORIENTIERTER METHODEN AUF ÖKONOMISCH GEPRÄGTE LEBENSBEREICHE UND ENTWICKLUNGEN

Wirtschaftsablauf/Wirtschaftsordnung

Heinz Klippert
Simulationsspiel: Alles dreht sich ums Geld

I. Allgemeine Angaben

Der Geld- und Wirtschaftskreislauf ist eines der Standardthemen des Wirtschaftsunterrichts. Präsentiert wird er den Schülern üblicherweise als ebenso abstraktes wie statisches Schema mit den Sektoren „Haushalte", „Unternehmen", „Staat" und dem „Bankenpool", zu denen gelegentlich noch das „Ausland" als außenwirtschaftliche Instanz kommt. Zwischen diesen ökonomischen Subsystemen existieren vielfältige monetäre und güterwirtschaftliche Beziehungen und Transaktionen. Diese nationalen wie internationalen Interdependenzen werden im gängigen Unterricht mehr oder weniger abstrakt benannt, erläutert und/oder analysiert. Lebendige, spielerische Zugänge sind demhingegen eher die Ausnahme, obwohl gerade diese unter Motivations- und Effektivitätsgesichtspunkten ausgesprochen positiv einzuschätzen sind. Hinzu kommt: Der Geldkreislauf ist ein sehr dynamisches und lebendiges Geschehen. Es liegt nahe, den Schülern einen entsprechend lebendigen Zugang zu eröffnen, wie er mit dem vorliegenden Simulationsspiel versucht wird.

II. Spezielle Angaben zur Unterstützung des Ablaufs

1. Spielaufbau

Das dokumentierte Simulations- und Entscheidungsspiel gibt den Schülern Gelegenheit, einige exemplarische Einblicke in das monetäre Wechselspiel innerhalb der Wirtschaft zu gewinnen. Zwar ist das Spielarrangement aufgrund der ausgeprägten Vereinfachungen, die vorgenommen wurden, weit davon entfernt, den volkswirtschaftlichen Geldkreislauf hinreichend widerzuspiegeln. Es bahnt jedoch wichtige Einsichten auf Schülerseite an, die das Verständnis des makroökonomischen Kreislaufgeschehens fördern und konkretisieren. Dreh- und Angelpunkt des Simulationsspiels sind Geldgeschäfte und -transaktionen, die zwischen ausgewählten wirtschaftlichen Akteuren zu vereinbaren und abzuwickeln sind. Diese Akteure sind (a) die Familie Schuster, (b) die Schuhfabrik Schlappner und (c) das Bankhaus Goldmann – allesamt in dem Stadtteil Hohenbergen im fiktiven Kleinstaat „Monetarien" angesiedelt. Hinzu kommt als vierte übergeordnete wirtschaftliche Organisation der Staat in Gestalt des Finanzministeriums, bei dem in Monetarien alle wirtschaftlich relevanten Fäden zusammenlaufen (vgl. die Spielübersicht in Abb. 1).

Der Spiel- und Modellcharakter der Lernsequenz wird durch die erwähnte Verlagerung des Spielgeschehens nach Monetarien unterstrichen, wo die Geldbeziehungen noch sehr einfach und direkt geregelt sind und abgewickelt werden. Gezahlt wird ausschließlich mit Schecks, die von den Spielgruppen auszustellen sind. Die fälligen Geldbeträge werden zudem persönlich abgeholt oder abgeliefert. Gleichwohl entsprechen die wirtschaftlichen Probleme und Transaktionen, vor denen die genannten Akteure in Hohenbergen bzw. Monetarien stehen, der ökonomischen Wirklichkeit. Jede Gruppe steht vor spezifischen Entscheidungs- und Geldproblemen, die auf den vorliegenden Rollenkarten R 1 bis R 4 ausgeführt sind. Diese Probleme sind in aller Regel nur zu lösen, wenn mit anderen Gruppen gezielte Verhandlungen geführt und bestimmte Geldgeschäfte und -transfers abgewickelt werden. So gesehen lernen die Schüler/innen den Geldkreislauf nicht als ein fertiges Schema kennen, sondern sie entwickeln einen zwar stark vereinfachten, aber ausgesprochen anschaulichen und lebendigen Zugang zur alltäglichen Geldzirkulation. Zu den anfallenden Aktivitäten der Spielgruppen gehört, daß Löhne gezahlt und eingenommen werden, daß Kindergeld, Rentenleistungen und Sparzinsen abgeholt, Steuern berechnet und gezahlt, Kreditverhandlungen geführt und ggf. Kredite aufgenommen werden etc. (vgl. Abb. 1). Durch diese und andere Operationen wird das monetäre Wechselspiel innerhalb der Wirtschaft ansatzweise veranschaulicht und konkretisiert. Die Rolleninformationen und -aufgaben der genannten Spielgruppen (vgl. R 1–R 4) sind dabei bewußt so gewählt worden, daß sich die einzelnen Akteure ganz gezielt auf die anstehenden Anfragen und Geldgeschäfte vorbereiten können. Zur Abwicklung der anstehenden Geldtransaktionen stehen den Spielgruppen Scheckfomulare zur Verfügung, die bei Bedarf ausgefüllt werden müssen. Am Ende des Simulationsspiels wird zur Vertiefung und Erweiterung der gewonnenen Erkenntnisse das angefügte Arbeitsblatt eingesetzt, das sowohl den erweiterten Geldkreislauf (inclusive Ausland) als auch die geldwirtschaftliche Fachterminologie näher vor Augen führt.

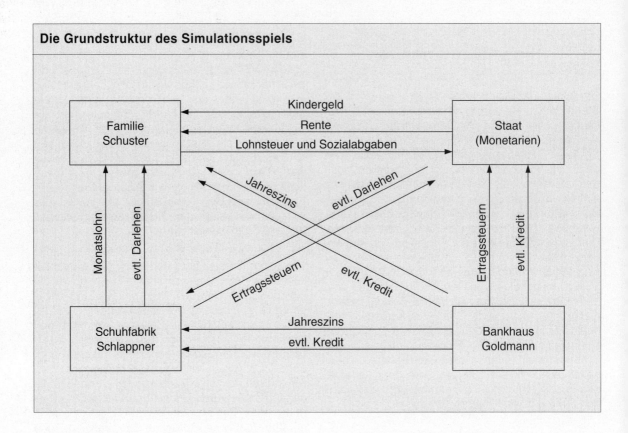

2. Spielablauf

Das Simulationsspiel i. e. S. dauert etwa eine Unterrichtsstunde. Für die Auswertungsphase ist eine weitere Unterrichtsstunde zu veranschlagen (vgl. den nachfolgenden Abschnitt) – beide Stunden sollten im Block aufeinander folgen! Diese Zeitangaben sind nur Richtwerte, da der Spielverlauf zeitlich recht variabel und ausdehnbar ist. Das gilt insbesondere für die Interaktions- und Verhandlungsphase (c), die vom Lehrer in der Regel abgebrochen werden muß, da allseits befriedigende Verhandlungsergebnisse nur schwer zu erzielen sind. Letztlich geht es ja auch weniger um das Erreichen optimaler Entscheidungen, sondern vorrangig darum, monetäre Zusammenhänge und Transaktionen ansatzweise erfahrbar zu machen und die Schüler für die inhärente Dynamik des ökonomischen Systems zu sensibilisieren.

▷ (a) Einführungsphase: Der Lehrer kündigt an: „Wir wollen heute ein Wirtschaftsspiel durchführen, bei dem sich nahezu alles ums Geld dreht. Ihr habt die Aufgabe, Entscheidungen zu treffen, diverse Geldgeschäfte zu erledigen sowie Einnahmen und Ausgaben zu verbuchen. Das Ganze spielt in Monetarien, einem fiktiven Kleinstaat – oder noch präziser: in dem zugehörigen Städtchen Hohenbergen. Dort gibt es u. a. die Familie Schuster, die Schuhfabrik Schlappner und das Bankhaus Goldmann, die sowohl untereinander Geldbeziehungen unterhalten, als auch zum Staat, d. h. zum Finanzministerium des Landes Monetarien. Ihr werdet als Familie Schuster, als Geschäftsführung der Schuhfabrik Schlappner, als Vorstand des Bankhauses Goldmann oder als Finanzexperten des Staates vielfältige Geldgeschäfte zu planen und abzuwickeln haben. Näheres dazu findet Ihr in den Rolleninformationen, die Euch gleich ausgeteilt werden." Nach dieser Einstimmung werden die vier Spielgruppen gebildet (am besten nach dem Zufallsprinzip). Ferner werden auf den vier Gruppentischen großformatige Pappschilder mit den betreffenden Rollenbezeichnungen aufgestellt, damit die Gruppen wissen, wer wo zu finden ist. Außerdem erhalten die einzelnen Spielgruppen ihre spezifischen Rolleninformationen R1–R4 sowie die Protokollformulare T1 und T2 und die Scheck-Vordrucke für den späteren Zahlungsverkehr.

▷ (b) Gruppenarbeit: Die Gruppenmitglieder lesen ihre jeweiligen Rolleninformationen. Sie rechnen die angegebenen Aufgaben durch, klären fremde Fachbegriffe und diskutieren ihre Situation, ihre Probleme und ihre Problemlösungsmöglichkeiten. Sie entwickeln Strategien und planen ihr konkretes Vorgehen. Zu dieser Strategieplanung gehört auch und nicht zuletzt die Überlegung, ob und inwieweit bei der Abwicklung der Geldgeschäfte arbeitsteiliges Vorgehen möglich und angebracht ist. Sollten die Gruppen den Gesichtspunkt der Arbeitsteilung außer acht lassen, so muß der Lehrer als Spielleiter gegebenenfalls daran erinnern und auf einem entsprechenden Vorgehen insistieren. Wichtig ist ferner, daß die jeweiligen Gruppenmitglieder intensiv zusammenarbeiten (auch bei den Rechenaufgaben), um sich über gewisse individuelle Schwierigkeiten hinwegzuhelfen.

▷ (c) Interaktionsphase: Die einzelnen Spielgruppen nehmen untereinander Kontakt auf, wickeln Geldtransfers ab und führen die anstehenden Verhandlungen in Sachen Kredit- und/oder Darlehensgewährung. Im Vordergrund steht dabei die mündliche Interaktion. Schriftliche Anfragen und Mitteilungen sind ebenfalls möglich. Der Lehrer ist bei alledem vorrangig Berater. Zusätzlich muß er im Bedarfsfall als Sachverständiger bzw. Notar tätig werden, um zur Einkommens-/Vermögenslage bestimmter Gruppen Stellung zu nehmen, sofern er angefragt wird. Die erforderlichen Informationen ergeben sich aus den Rollenkarten. Darüber hinaus hat der Lehrer als Spielleiter aufzupassen, daß sich die Schüler/innen bei ihren Verhandlungen an die Informationsvorlagen halten und nicht etwa ins Unrealistische abgleiten. Für einen ordnungsgemäßen Spielablauf sorgen überdies die Protokoll-Vordrucke T1 und T2, in die die betreffenden Geldzuflüsse und -abflüsse einzutragen sind.

3. Spielauswertung

Die Auswertung der Spielerfahrungen gliedert sich in drei Etappen: Erstens einen überblickshaften Arbeitsbericht der einzelnen Gruppen; zweitens die Dokumentation der realisierten Geldtransfers in Form eines Tafelbildes, sowie drittens die Bearbeitung des vorliegenden Arbeitsblattes zum erweiterten Geldkreislauf, die als Vertiefung und Erweiterung gedacht ist.

▷ (a) Arbeitsberichte: Die Sprecher der einzelnen Spielgruppen geben dem Plenum einen kurzen Überblick über ihre jeweilige Rolle, ihre Aufgaben, ihr Vorgehen und ihre (Miß)Erfolge. Diese Arbeitsberichte sollten möglichst nicht länger als 2–3 Minuten je Gruppe sein; sie haben vorrangig die Funktion, dem Plenum einen Gesamteindruck vom Spielarrangement zu vermitteln, nicht aber in die Details der einzelnen Gruppenarbeiten hineinzuführen. Solche Details sind nämlich den anderen Spielgruppen, deren Arbeit deutlich anders akzentuiert war, nur schwer verständlich zu machen. Sie führen eher dazu, daß die Zuhörer abschalten. Zur Überprüfung der Rechenergebnisse: Die Rechenoperationen, die die Gruppen im Spielverlauf ausführen, werden einmal innerhalb der Gruppen kontrolliert, zum anderen durch den Spielleiter/Lehrer stichprobenartig überprüft.

▷ (b) Tafelanschrift: In einem zweiten Auswertungsschritt werden die Geldtransaktionen, die zwischen den Spielakteuren vereinbart oder abgewickelt wurden, an der Tafel systematisch veranschaulicht. Ausgangspunkt dieser Rekonstruktionsarbeit ist das 4-polige Grundschema mit den Eckpfeilern „priv. Haushalt", „Unternehmen", „Bank" und „Staat". Außerdem wird in dieses Grundschema eine passende Verbindungslinie mit Pfeilspitze als Denkanstoß und Arbeitsimpuls eingezeichnet. Die Schüler rekapitulieren daraufhin das Spielgeschehen; sie nennen die einzelnen Geldströme (Lohn, Rente, Kindergeld, Zinsen etc.) und tragen diese nach und nach in das Tafelschema ein, so daß sich am Ende ein Zahlungsnetzwerk – ähnlich wie in Abb. 1 – ergibt. Der besseren Übersichtlichkeit halber werden Zahlungsströme zwischen den einzelnen Akteuren mit verschiedenfarbiger Kreide markiert.

▷ (c) Generalisierung: Generalisiert und vertieft werden die gewonnenen Erkenntnisse durch die Bearbeitung des vorliegenden Arbeitsblattes. Darauf sind sowohl die vier binnenwirtschaftlichen Sektoren „Haushalte", „Unternehmen", „Banken" und „Staat" als auch das „Ausland" als externer

Pol angeführt. Außerdem sind insgesamt sechzehn monetäre Ströme vorgegeben, die passend in das vorgegebene Schema eingetragen werden müssen. Hierbei sollte Partnerarbeit oder Gruppenarbeit angesetzt werden, damit sich die Schüler nötigenfalls wechselseitig helfen können. Die Geldströme werden mit Lineal und Farbstiften übersichtlich eingetragen, durch Pfeilspitzen kenntlich gemacht und entsprechend beschriftet. Die Ergebnisse werden von den Partnern bzw. Gruppenmitgliedern wechselseitig kontrolliert. Darüber hinaus können die ausgefüllten Arbeitsblätter zwischen den Kleingruppen ausgetauscht und nochmals gegengecheckt werden. Terminologische und sonstige Fragen werden nötigenfalls vom Lehrer geklärt – allerdings sehr defensiv.

4. Lernchancen

Das dokumentierte Simulationsspiel eröffnet den Schülern erste Einblicke in das monetäre Wechselspiel innerhalb der Wirtschaft. In ebenso lebendiger wie anschaulicher Weise werden ihnen elementare Geldgrößen und -beziehungen vor Augen geführt. Konkret geht es dabei um Einnahmen und Ausgaben, um Löhne und Gewinne, um Kindergeld und Renten, um Darlehen und Kredite, um Steuern und Sozialabgaben, um Ersparnisbildung und Investitionen, um Bedürfnisse und Knappheit.

Die Schüler/innen lernen im Rahmen des Simulationspiels sowohl auf der fachlichen Ebene als auch in methodisch-strategischer und in sozialkommunikativer Hinsicht. Das Lernspektrum ist also recht weit gefaßt. Sie lesen und rechnen, sie diskutieren und verhandeln, sie planen und entscheiden, sie argumentieren und disponieren, sie verbuchen und protokollieren, sie lösen Probleme und wickeln anstehende Geldtransfers ab. Diese aktive, handlungsbetonte Lernweise fördert nicht nur die Motivation der Schüler; sie begünstigt auch das längerfristige Behalten des Lernstoffes. Der Lehrer ist während des Spielablaufs vor allem Organisator und Berater. Darüber hinaus betätigt er sich gelegentlich auch als Impulsgeber, wenn er die vorliegenden Ereigniskarten wahlweise an die Spielgruppen vergibt. Im übrigen stehen den Schülern fachspezifische Nachschlagewerke (Lexika) zur Verfügung, mit deren Hilfe sie im Bedarfsfall unklare Fachbegriffe klären können. Letzteres gilt vornehmlich für die Bearbeitung des anliegenden Arbeitsblattes.

Zahlungs-Formular

(Beispiel)

GUTSCHRIFT

DM

über folgenden Betrag in DM

zugunsten von: _

ausgestellt von: _

Ausstellungsort und Datum   *Unterschrift des Ausstellers*

III. Materialien für die Teilnehmer

Zahlungs-Formulare

GUTSCHRIFT

DM

über folgenden Betrag in DM

zugunsten von: _____

ausgestellt von: _____

Ausstellungsort und Datum   Unterschrift des Ausstellers

GUTSCHRIFT

DM

über folgenden Betrag in DM

zugunsten von: _____

ausgestellt von: _____

Ausstellungsort und Datum   Unterschrift des Ausstellers

GUTSCHRIFT

DM

über folgenden Betrag in DM

zugunsten von: _____

ausgestellt von: _____

Ausstellungsort und Datum   Unterschrift des Ausstellers

EREIGNISKARTEN

AN: SCHUHFABRIK SCHLAPPNER

Die Kredit-AG in Heldenbergen wäre bereit, Euch 3–4 Millionen DM zum Jahreszins von 9 % als Kredit zu geben!

AN: STAAT (FINANZMINISTERIUM)

Die Regierung hat angesichts der knapp gewordenen Finanzmittel entschieden, daß die Darlehen zur Wirtschaftsförderung generell um 20 % gekürzt werden!

AN: BANKHAUS GOLDMANN

Die Bundesbank hat die Leitzinsen (Diskontsatz) gesenkt. Deshalb könnt Ihr Eure Kreditzinsen um bis zu 1 % herabsetzen, sofern Ihr einen Kunden unbedingt halten wollt. Natürlich zahlt Ihr auch den Geldanlegern/Sparern ca. 1 % weniger!

AN: FAMILIE SCHUSTER

Das von Euch gewünschte Haus wird teurer. Ein weiterer Interessent hat 90 000 DM geboten. Wenn Ihr bereit seid, den gleichen Preis zu zahlen, gibt Euch der Eigentümer des Hauses den Zuschlag.

AN: FAMILIE SCHUSTER

Der Staat stellt neuerdings Familien mit mindestens 3 Kindern bis zu 10 000 DM als zinsloses Darlehen zur Verfügung, sofern dieses Geld zum Erwerb von Wohnungseigentum verwandt wird.

AN: STAAT (FINANZMINISTERIUM)

Die Regierung hat entschieden, daß Familien mit mindestens 3 Kindern bis zu 10 000 DM als zinsloses Darlehen gezahlt werden kann, sofern dieses Geld zum Erwerb von Wohnungseigentum verwandt wird.

„ALLES DREHT SICH UMS GELD"

SITUATIONSBESCHREIBUNG

Ihr müßt Euch vorstellen: Ihr lebt im Land MONETARIEN, einem kleinen Industriestaat mit rund 2 Millionen Einwohnern. Die Wirtschaft dieses Landes floriert einigermaßen gut; die Beschäftigungslage ist relativ günstig. Nur in den Regionen „Hohenbergen" und „Heldenbergen" ist die Arbeitslosigkeit mit 15 % bedrückend hoch, d. h., 15 % der arbeitswilligen Bewohner finden keine Arbeitsstelle.

In der Stadt Hohenbergen lebt **Familie Schuster**. Vater Schuster ist Verkaufsleiter bei der Schuhfabrik Schlappner, Mutter Schuster arbeitet einige Stunden wöchentlich als Haushaltshilfe. Die drei Kinder von Familie Schuster gehen noch zur Schule. Finanziell kommt Familie Schuster ganz gut über die Runden. Allerdings stehen verschiedene größere Ausgaben an, für die die vorhandenen Ersparnisse nicht ausreichen. Dieses und andere Probleme müssen von Familie Schuster gelöst werden.

Einen finanziellen Engpaß gibt es auch bei der **Schuhfabrik Schlappner**, bei der Herr Schuster arbeitet. Die Firma Schlappner ist ein alteingesessener Betrieb in Hohenbergen mit gegenwärtig rund 300 Beschäftigten. Schuhe von Schlappner bürgen für Qualität und stehen in einem guten Ruf. Da der Absatz in den letzten Jahren stark zugenommen hat, plant die Geschäftsleitung einen Erweiterungsbau, in dem 60 zusätzliche Arbeitskräfte Beschäftigung finden sollen. Dieser Erweiterungsbau soll rund 6 Millionen DM kosten. Dafür fehlt bislang allerdings noch das nötige Geld. Die Firma Schlappner hat zwar einige Geldreserven auf der Bank, aber für die geplante Investition reichen diese nicht aus.

Für Abhilfe können möglicherweise zwei Stellen sorgen: Zum einen das **Finanzministerium** des Landes MONETARIEN. Dieses hat unter anderem die Aufgabe, Unternehmen in Krisenregionen mit hoher Arbeitslosigkeit zu fördern, sofern diese neue Arbeitsplätze schaffen wollen. Hierzu stehen dem Ministerium (Staat) beträchtliche Finanzmittel zur Verfügung, die allerdings nur nach bestimmten Richtlinien vergeben werden dürfen.

Als zweite Finanzierungsquelle bietet sich das **Bankhaus Goldmann** an, das die führende Geschäftsbank in Hohenbergen ist. Beim Bankhaus Goldmann können Kredite aufgenommen und Spargelder angelegt werden. Für die Kredite müssen allerdings erhebliche Zinsen gezahlt werden. Außerdem gibts Kredite nur, wenn der Kreditnehmer über entsprechende Sicherheiten (Vermögenswerte) verfügt.

Die angesprochenen und einige weitere Probleme sollt Ihr im Rahmen des Wirtschaftsspiels angehen und soweit wie möglich lösen. Dazu werden 4 Spielgruppen gebildet (s. nachfolgendes Schema), die verschiedene Geldgeschäfte miteinander regeln müssen. Was Ihr als Mitglieder der jeweiligen Spielgruppe machen müßt bzw. dürft, steht auf gesonderten Rollenkarten. Lest diese bitte genau durch. Ansonsten viel Spaß bei Euren Geldgeschäften!

ABLAUF DES WIRTSCHAFTSSPIELS

1. Lest Euch Eure Rollenkarte genau durch, markiert wichtige Stellen und klärt auftretende Fragen! (zieht nötigenfalls Euren Lehrer heran)
2. Besprecht Eure Situation und überlegt, wie Ihr Eure Geldprobleme lösen könnt!
3. Erledigt Eure Geldgeschäfte und setzt Euch dazu in Verbindung mit den anderen Spielgruppen! (beachtet die Regeln auf den Rollenkarten)
4. Führt die erforderlichen Berechnungen durch und paßt auf, daß Ihr bei Euren Geldgeschäften keine Verluste macht!

R 1   **FAMILIE SCHUSTER**   R 1

Ihr seid Familie Schuster. Versetzt Euch bitte in deren Lage und versucht, die anstehenden Probleme zu lösen. Die einzelnen Personen: Vater Schuster ist als Verkaufsleiter bei der Schuhfabrik Schlappner beschäftigt. Mutter Schuster arbeitet einige Stunden pro Woche als Haushaltshilfe bei einer Tante in der Nachbarschaft. Oma Schuster lebt als Rentnerin ebenfalls im Haushalt; die Kinder Tina, Norbert und Andreas gehen noch zur Schule (siehe die Fotos).

(Mutter)

(Vater)

(Tina)

(Oma) (Norbert) (Andreas)

ZU EURER FINANZLAGE

Vater Schuster verdient monatlich 4 000 DM brutto (ohne Abzüge). Davon muß er 18 % Lohnsteuer und 15 % Sozialabgaben (Renten-, Kranken-, Arbeitslosenversicherung) an den Staat abführen. Mutter Schuster erhält für ihre Hilfsdienste von Tante Wilhelmine monatlich 150 DM. Für die 3 Kinder zahlt der Staat ein monatliches Kindergeld von 370 DM. Außerdem gibt Oma Schuster die Hälfte ihrer monatlichen Rente in die gemeinsame Haushaltskasse (die Rente beträgt zur Zeit 1 000 DM pro Monat). Außerdem habt Ihr 60 000 DM beim Bankhaus Goldmann angelegt, die Euch monatlich 300 DM bringen (Zinssatz: 6 %). Diese 60 000 DM sind noch für ein Jahr festgelegt, d. h., sie stehen Euch für vorherige Anschaffungen nicht zur Verfügung. Auf der AUSGABENSEITE habt Ihr folgende monatliche Durchschnittswerte: Für Versicherungen fallen monatlich 300 DM an, für Euer Auto und die Kfz-Steuer 700 DM, für Miete, Heizung und Strom 1 000 DM, für Freizeit, Bildung und Unterhaltung 300 DM, für Möbel, Hausrat und Bekleidung 400 DM, für Körperpflege und Gesundheit 100 DM, für Nahrungs- und Genußmittel 650 DM sowie für „sonstige Ausgaben" 150 DM.

ARBEITSAUFGABEN

1. Tragt die einzelnen Einnahmen und Ausgaben in Tabelle „T 1" ein und errechnet Eure monatliche Ersparnis!
2. Führt folgende Geldgeschäfte aus und tragt die entsprechenden Angaben in Tabelle „T 2" ein!
   - Bei der Schuhfabrik Schlappner ist Zahltag. Holt Euch Euren fälligen Monatslohn von 4 000 DM ab!
   - Errechnet die darauf entfallenden Lohnsteuern und Sozialabgaben (18 % Steuern, 15 % Sozialabgaben) und bringt dem Staat einen entsprechenden Scheck! Holt Euch im Gegenzug Euer Kindergeld ab!
   - Berechnet den fälligen Jahreszins auf Euer Sparguthaben von 60 000 DM (6 % Zinsen) und holt Euch den entsprechenden Betrag beim Bankhaus Goldmann ab!
   - Die Monatsrente von Oma Schuster ist fällig. Holt Euch die 1 000 DM beim Staat ab!
3. Überlegt im Familienrat, ob Ihr Euch die folgenden Ausgaben leisten könnt!
   - *Wegen der hohen Miete möchtet Ihr Euch ein älteres Einfamilienhaus für 80 000 DM in einem Vorort von Hohenbergen kaufen, das Euch bei der Besichtigung gut gefallen hat (der Eigentümer hat Euch das Haus versprochen);*
   - *Außerdem braucht Ihr dringend ein neues Auto, da das alte wohl nicht mehr durch den TÜV kommt. Euer Wunschauto ist ein Kombi für 30 000 DM.*
4. Informiert Euch beim Bankhaus Goldmann, was ein Kredit zur Finanzierung des gewünschten Hauses und des Autos kosten würde! Gebt die nötigen Auskünfte! Verhandelt mit den Bankvertretern über die Höhe des Zinssatzes und versucht, ihn möglichst weit zu drücken (zur Zeit schwankt der Zinssatz für Kreditbeträge unter einer Million DM zwischen 9 % und 12 %)!
5. Beantragt bei der Geschäftsleitung der Schuhfabrik Schlappner ein zinsloses Darlehen von 10 000 DM für die Anschaffung eines neuen PKW, da Vater Schuster als Verkaufsleiter häufig mit seinem Privatauto für die Firma unterwegs ist (z. B. um mit guten Kunden zu verhandeln oder Ausstellungen zu besuchen).
6. Tragt die Kredite und Darlehen in Tabelle „T 2" ein!

| R 2 | **SCHUHFABRIK SCHLAPPNER** | R 2 |

Ihr seid Mitglieder der Geschäftsführung der Firma Schlappner. Eure Firma hat zur Zeit 300 Beschäftigte und besitzt als Hersteller hochwertiger Qualitätsschuhe einen guten Ruf. Euer Ziel ist es, die Schuhfabrik weiter zu modernisieren, um mit der Konkurrenz mithalten und die Gewinnchancen verbessern zu können. Deshalb plant Ihr die Anschaffung neuer Maschinen und den Bau einer zusätzlichen Produktionshalle. Dafür braucht Ihr insgesamt 10 Millionen DM.
Diese Investitionssumme müßt Ihr Euch größtenteils als Kredit beschaffen: entweder beim Bank-

Das ist Euer Betrieb!

haus Goldmann oder beim Finanzministerium (Staat). Dazu müßt Ihr wissen, daß der Staat für die Schaffung von Arbeitsplätzen in Regionen mit hoher Arbeitslosigkeit zinslose Darlehen gewährt. Da die Region Hohenbergen mit einer Arbeitslosenquote von 15 % zu den „Notstandsgebieten" zählt, und da Ihr durch den Bau der neuen Produktionshalle ca. 80 zusätzliche Arbeitsplätze schaffen würdet, könnt Ihr vom Staat/Finanzministerium einiges erwarten.

ZU EURER FINANZLAGE

Der Wert Eurer Firma (Gebäude, Grundstücke usw.) wird auf rund 20 Millionen DM geschätzt. Außerdem habt Ihr beim Bankhaus Goldmann 2 Millionen DM in Wertpapieren angelegt, für die Ihr 8 % Zinsen pro Jahr erhaltet. Über dieses Geld könnt Ihr kurzfristig verfügen, da sich die Wertpapiere jederzeit verkaufen lassen. Eure laufenden EINNAHMEN und AUSGABEN sahen letztes Jahr wie folgt aus: Der Verkauf von Schuhen hat 35 Millionen DM eingebracht. Hinzu kommen weitere 3 Millionen DM an sonstigen Einnahmen (Grundstücksverkauf, Zinsen, Steuerrückerstattung usw.). Auf der Ausgabenseite ergibt sich folgendes Bild: An Personalkosten habt Ihr 18 Millionen DM aufgewandt. Die Materialkosten beliefen sich auf 12 Millionen DM, die Maschinen- und Gebäudekosten auf 6 Millionen DM sowie die an das Finanzamt zu zahlenden Steuern auf 1 Million DM.

ARBEITSAUFGABEN

1. Tragt die einzelnen Einnahmen und Ausgaben in Tabelle „T 1" ein und errechnet den letztjährigen Gewinn!

2. Führt folgende Geldgeschäfte aus und tragt die entsprechenden Angaben in Tabelle „T 2" ein!
   - Zahlt Herrn Schuster seinen Monatslohn von 4 000 DM aus, sobald dieser zu Euch kommt, um seinen Lohn abzuholen!
   - Rechnet aus, wieviel Zinsen Ihr für Eure Spareinlage von 2 Millionen DM pro Jahr erhaltet, wenn der Zinssatz 8 % beträgt. Holt Euch den entsprechenden Betrag beim Bankhaus Goldmann ab!
   - Zahlt dem Finanzamt die fälligen Steuern für das letzte Jahr (1 Million DM), sobald Ihr dazu aufgefordert werdet!

3. Überlegt gemeinsam, wie Ihr die 10 Millionen DM für die neue Produktionshalle aufbringen wollt (vom Staat/Finanzministerium könnt Ihr eventuell bis zu 5 Millionen DM als zinsloses Darlehen erhalten!)

4. Informiert Euch beim Staat und beim Bankhaus Goldmann, in welchem Umfang und zu welchen Zinssätzen Ihr Kredite (Darlehen) bekommen könnt. Verhandelt hart und versucht, möglichst niedrige Zinssätze zu erreichen (die Privatbanken verlangen für größere Kredite über 1 Million DM gegenwärtig 8 % bis 11 % Zinsen pro Jahr!)

5. Falls Herr Schuster bei Euch ein zinsloses Darlehen für die Anschaffung eines neuen PKW beantragt, so gewährt ihm maximal 5 000 DM, da er mit seinem Privatauto oft dienstlich unterwegs ist.

6. Tragt die Kredite und Darlehen in Tabelle „T 2" ein!

BANKHAUS GOLDMANN

Ihr seid die Geschäftsführer des Bankhauses Goldmann. Ihr vergebt Kredite, nehmt Spareinlagen entgegen und versucht, bei alledem günstige Gewinne zu erzielen. Das geht natürlich nur dann, wenn Ihr den Sparern möglichst niedrige Zinsen zahlt und den Kreditnehmern möglichst hohe Zinsen abverlangt. Dementsprechend müßt Ihr verhandeln. Außerdem müßt Ihr bei der Kreditvergabe aufpassen, daß Eure Kunden die nötigen Sicherheiten (Vermögen, regelmäßiges Einkommen usw.) bieten, damit Ihr am Ende nicht Euren ganzen Kreditbetrag verspielt (vergleicht die Richtlinien im Kasten auf der nächsten Seite).

ZU EURER FINANZLAGE

Im letzten Jahr habt Ihr durch den Geldverleih (Kreditvergabe, Wertpapierkauf) insgesamt 9 Millionen DM eingenommen. An Gebühren und Provisionen habt Ihr Euren Kunden 1 Million DM abverlangt. Auf der Ausgabenseite haben die Zinszahlungen an Sparer mit insgesamt 6 Millionen DM das größte Gewicht. Hinzu kommen 2 Millionen DM an Personalkosten sowie 1,2 Millionen DM an Sachaufwand für Gebäude, Computer usw.

ARBEITSAUFGABEN

1. Tragt die einzelnen Einnahmen und Ausgaben in Tabelle „T 1" ein und errechnet den letztjährigen Gewinn!

2. Führt folgende Geldgeschäfte aus und tragt die entsprechenden Angaben in Tabelle „T 2" ein!
   – Berechnet die Steuern, die Ihr auf Euren letztjährigen Gewinn bezahlen müßt und bringt den entsprechenden Scheck zur Spielgruppe „Staat"!
   – Zahlt an Familie Schuster und an die Schuhfabrik Schlappner die fälligen Zinsen für deren Spareinlagen (die beiden Gruppen kennen die Zahlen!). Laßt Euch die Zinsberechnung von den beiden Gruppen erläutern!

3. Sprecht mit den Kunden, die zu Euch kommen, um Kredite aufzunehmen. Informiert Sie über Eure Bedingungen und erkundigt Euch genau, wie es um deren finanzielle Situation bestellt ist! (beachtet dabei die Richtlinien im nachfolgenden Kasten!)

4. Laßt Euch gegebenenfalls die von Euren Kunden angegebenen Vermögens- bzw. Einkommenswerte durch einen amtlichen Sachverständigen/Notar bestätigen (diese Aufgabe übernimmt Euer Lehrer).

5. Verhandelt mit Euren Kunden über die Zinshöhe und seht zu, daß Ihr den Kredit-Interessenten nicht gleich den niedrigstmöglichen Zinssatz anbietet; Pokern ist erlaubt. Beachtet dabei allerdings die nachfolgenden „Richtlinien"!

6. Falls Ihr Kredite vergebt, tragt die entsprechenden Angaben bitte in Tabelle „T 2" ein!

RICHTLINIEN FÜR DIE GELDGESCHÄFTE DES BANKHAUSES GOLDMANN

(a) Wieviel Kredit ein Kunde erhält, richtet sich danach, wieviel er verdient und welche Vermögenswerte er besitzt ...

- *Privatleute ohne Vermögen erhalten maximal das Fünffache ihres Monatseinkommens als Kredit!*
- *Ist Geldvermögen vorhanden, so kann auf dieses in gleicher Höhe Kredit gewährt werden!*
- *Wer außerdem ein Haus besitzt, kann zusätzlich bis zu 50 % des Schätzwertes dieses Hauses als Kredit bekommen (Schätzer ist Euer Lehrer)!*
- *Bei Unternehmen beträgt die maximale Kredithöhe 30 % des Schätzwertes sämtlicher Betriebsanlagen (Schätzer ist Euer Lehrer)!*
- *Der Staat ist nahezu unbegrenzt kreditwürdig. In Zweifelsfällen ist eine Bestätigung des Wirtschaftsministers einzuholen (auch das ist Euer Lehrer)!*

(b) Der Zinssatz für Bankkredite bis 100 000 DM liegt derzeit zwischen 9 % und 12 % pro Jahr – je nach Kredithöhe. Bei Krediten von mehr als 1 Million DM verlangen die Geschäftsbanken gegenwärtig 8 % bis 10 % pro Jahr.

(c) Für Spareinlagen, die der Bank für mindestens ein halbes Jahr übertragen werden, zahlt das Bankhaus Goldmann zur Zeit einen Jahreszins zwischen 6 % und 7 %.

R 4

FINANZMINISTERIUM (STAAT)

R 4

Ihr seid die verantwortlichen Leute im Finanzministerium (Staat). Eure Aufgabe ist es, das wirtschaftliche und soziale Wohlergehen im Lande Monetarien zu fördern und entprechende Maßnahmen zu ergreifen. Dazu stehen Euch beträchtliche Finanzmittel zur Verfügung, die Ihr zur Wirtschaftsförderung, für Sozialleistungen (Renten, Kindergeld usw.) und für andere Zwecke einsetzen könnt. Dabei müßt Ihr Euch allerdings an die bestehenden Gesetze und Vorschriften der Regierung halten (siehe die Richtlinien auf der nächsten Seite im Kasten).

ZU EURER FINANZLAGE

Im letzten Jahr sind folgende Einnahmen angefallen: Von den Bürgern habt Ihr an Lohn- und Einkommenssteuer insgesamt 8 Milliarden DM (8 000 000 000 DM) erhalten. Die Umsatzsteuer der Unternehmen belief sich auf 6 Milliarden DM; Eure Einnahmen aus der Mineralölsteuer betrugen 2 Milliarden DM. Weitere 2 Milliarden DM habt Ihr an „sonstigen Steuern" (Tabaksteuer usw.) eingenommen. Außerdem habt Ihr bei den Banken und den Bürgern Eures Landes 2 Milliarden DM an Krediten aufgenommen (durch Ausgabe entsprechender Schuldverschreibungen).

Auf der Ausgabenseite ergibt sich folgendes Bild: Die höchsten Ausgaben entfielen auf die Sozialleistungen an Arbeitnehmer, Rentner, Familien und sonstige bedürftige Gruppen mit insgesamt 9 Milliarden DM. Für Verteidigung habt Ihr 4 Milliarden DM ausgegeben; der Ausbau und die Modernisierung des Verkehrswesens haben Euch 2 Milliarden DM gekostet; für die Wirtschaftsförderung (Landwirtschaft, Forschungsförderung, Zuschüsse an Unternehmen usw.) habt Ihr 3 Milliarden DM ausgegeben. Weitere 2 Milliarden DM entfielen auf „sonstige Ausgaben", die hier nicht näher angegeben werden können.

ARBEITSAUFGABEN

1. Tragt die einzelnen Einnahmen und Ausgaben in Tabelle „T 1" ein und ermittelt die Gesamtsumme (Euren Gesamt-Etat)!

2. Führt folgende Geldgeschäfte aus und tragt die entsprechenden Angaben in Tabelle „T 2" ein!
   - Zahlt an Oma Schuster die monatliche Rente von 1 000 DM aus, sobald diese zu Euch kommt!
   - Zahlt an Familie Schuster das Kindergeld für die 3 Kinder, sobald dies verlangt wird (zur Ermittlung des Kindergeldes siehe Punkt (a) der nachfolgenden „Richtlinien")
   - Folgende Steuerzahlungen müssen bei Euch eingehen: Familie Schuster = 1 320 DM; Schuhfabrik Schlappner = 1 Million DM; Bankhaus Goldmann = 320 000 DM. Falls die Zahlungen ausbleiben, schreibt den Gruppen entsprechende Zahlungsbescheide und seht zu, daß Ihr Euer Geld bekommt!

3. Verhandelt mit dem Bankhaus Goldmann über einen Kredit in Höhe von 10 Millionen DM, den Ihr für Straßenbaumaßnahmen in der Region Hohenbergen dringend braucht. Beachtet dabei, daß der Zinssatz nicht höher als 8,5 % sein sollte (Anweisung des Finanzministers).

4. Verhandelt mit den Geschäftsführern der Schuhfabrik Schlappner, sofern diese bei Euch ein zinsloses Darlehen für den Bau einer neuen Produktionshalle beantragen (Richtlinien beachten!). Laßt Euch über die vorgesehenen Investitionen und die dadurch entstehenden Arbeitsplätze genau informieren! Falls Ihr Zweifel habt, schaltet den amtlichen Sachverständigen (Euren Lehrer) ein! Außerdem: Seid mit der Darlehensvergabe nicht gleich so großzügig, da Eure Geldmittel inzwischen knapp geworden sind!

5. Falls Ihr Kredite aufnehmt oder Darlehen vergebt, tragt die entsprechenden Angaben in Tabelle „T 2" ein!

RICHTLINIEN FÜR DIE VERGABE VON STAATSGELDERN

(a) Kindergeld: Für das 1. Kind zahlt der Staat 50 DM, für das zweite Kind 100 DM und für das dritte Kind 220 DM.

(b) Förderung neuer Arbeitsplätze: In Regionen mit mehr als 10 % Arbeitslosigkeit können Unternehmen staatliche Darlehen erhalten, sofern sie ihren Betrieb erweitern und mindestens 20 neue Arbeitsplätze schaffen. Diese Darlehen sind zinsfrei!

  - Allerdings dürfen diese zinslosen Darlehen des Staates 50 % der geplanten Baukosten/Investitionen nicht überschreiten!

  - *Die Angaben des jeweiligen Betriebes zum geplanten Bauvorhaben und zur Zahl der neuen Arbeitsplätze sind von einem amtlichen Prüfer (das ist Euer Lehrer) zu bestätigen!*

  - *Außerdem Vorsicht! Da Eure Geldmittel allmählich knapp werden, solltet Ihr nur in ganz dringenden Fällen das höchstmögliche Darlehen vergeben!*

T 1   EINNAHMEN-AUSGABEN-TABELLE

EINNAHMEN		AUSGABEN	
Art (Kurzbezeichnung)	DM	Art (Kurzbezeichnung)	DM

T 2   TABELLE ZUR ERFASSUNG EURER GELDGESCHÄFTE

	ART DES GELDGESCHÄFTES (z. B. Kredit aufgenommen bei …)	GELDBETRAG	FALLS ZINSEN ANFALLEN	
			Kredit-Zinssatz	Spar-Zinssatz
1				
2				
3				
4				
5				
6				
7				

GELD-KREISLAUF
(ARBEITSBLATT)

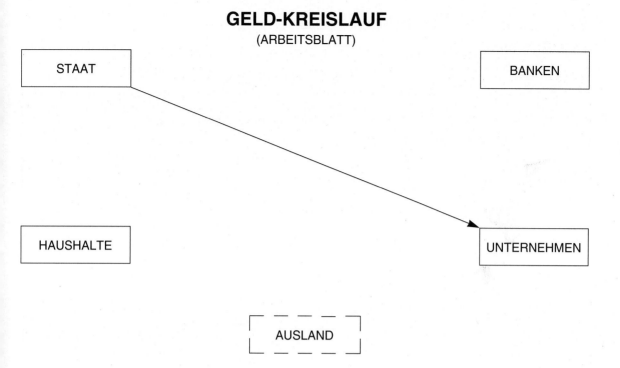

Arbeitsaufgabe: Überlegt Euch, wer Absender und wer Empfänger der nachfolgend genannten Zahlungen ist. Zeichnet die entsprechende Verbindungslinie mit Pfeilspitze in das obige Kästchen-Schema ein! Kennzeichnet die jeweilige Linie mit der betreffenden Zahlungsart oder mit der angegebenen Nummer!

(1) Lohn- und Einkommenssteuer
(2) Umsatzsteuer
(3) Dividende (Gewinnausschüttung)
(4) Konsumausgaben
(5) Konsumentenkredite
(6) Staatliche Investitionen
(7) Exporterlöse
(8) Spareinlagen (private Ersparnis)
(9) Sozialleistungen (Wohngeld ...)
(10) Importaufwendungen
(11) Staatliche Investitionen
(12) Konsumentenkredite
(13) Entwicklungshilfe-Gelder
(14) Subventionen für Betriebe
(15) Kreditnahme von Betrieben
(16) Gewinn der Bundesbank

Bodo Steinmann

Das Land WOAUCHIMMER benötigt eine Wirtschaftsordnung

I. Allgemeine Angaben

1. Gegenstand/Lernziele

Gegenstand dieses Konferenzspiels ist die Ordnung der wirtschaftlichen Abläufe in einem Land.

Es soll erkannt werden,

- daß aufgrund von Arbeitsteilung eine über den Bereich einzelner Wirtschaftseinheiten hinausgehende Ordnung erforderlich ist,
- welches die notwendigen Organisationsaufgaben und die mit ihnen jeweils angestrebten Ziele sind.

Auf der Basis dieser Erkenntnisse sollen die Erfordernisse einer Wirtschaftsordnung (Entscheidungsträger, Koordination von Entscheidungen, Eigentumsverhältnisse) von den Lernenden entwickelt und mit den Ordnungsvorstellungen der Sozialen Marktwirtschaft verglichen werden.

Auf diese Weise soll nicht nur das Verständnis für die Wirtschaftsordnung vertieft, sondern auch erkannt werden, daß diese im Hinblick auf angestrebte Ziele veränderbar ist.

2. Ablauf

(a) Konfrontation mit der Ausgangssituation: ein Land ohne Wirtschaftsordnung

Bildung von ökonomischen Planungsräten zur Entwicklung einer solchen Ordnung

(b) Einarbeitung der Planungsräte: Kennenlernen der Aufgaben und Ziele einer Wirtschaftsordnung

(c) Sitzung der Planungsräte: Festlegung der Erfordernisse zur Erfüllung der zielbezogenen Aufgaben einer Wirtschaftsordnung

(d) Zusammentreffen aller Planungsräte in einer Planungskonferenz: Diskussion der Ergebnisse und Entwicklung einer gemeinsamen Wirtschaftsordnung

(e) Vergleich der Wirtschaftsordnung des Landes WOAUCHIMMER mit der Sozialen Marktwirtschaft in Deutschland

3. Einsatzmöglichkeiten

Das im Ablauf skizzierte Spiel ist einsetzbar in allen Klassen, in denen die Grundzüge einer Wirtschaftsordnung erarbeitet werden sollen. Es kann bei entsprechender Ausgestaltung des Punktes (e) den gesamten Themenbereich abdecken. Bis zum Punkt (e) sind 3 Unterrichtsstunden nötig; der Punkt (e) ist beliebig umfangreich zu gestalten, wohl aber nicht mit weniger als 2 Unterrichtsstunden durchführbar.

II. Spezielle Angaben zur Unterstützung des Ablaufs

1. Vorbereitung

Die Vorgaben für die Teilnehmer(innen) müssen als Spielmaterialien den Lernenden zur Verfügung gestellt werden.

Dabei sollte vorab über den Umfang der in der Wirtschaftsordnung zu lösenden Aufgaben in Abhängigkeit vom Grad der gewünschten Differenzierung und der zur Verfügung stehenden Zeit entschieden werden. So ist denkbar, daß im Sinne einer Schwerpunktbildung entweder auf Standorte und Umfang der Produktion (Aufgaben 2, 3 und/oder 4) oder auf die Gestaltung der Produktions- und Arbeitsprozesse (Aufgaben 7 und/oder 8) verzichtet wird.

Die Lehrenden verteilen als Spielleiter die (korrigierten) Spielmaterialien, sorgen dafür, daß die Darstellung der Ausgangssituation gelesen und verstanden und daß Planungsräte mit 4 bis 5 Mitgliedern gebildet werden, die sich anschließend mit den für alle gleichen Aufgaben befassen.

2. Durchführung

Die Lehrenden legen die Zeiten für die Vorbereitung und für die Sitzung der Planungsräte fest. Während dieser Zeit fungieren sie als **wissenschaftliche Berater**, d. h., sie können von jedem Planungsrat insgesamt zweimal **schriftlich** um Rat gefragt werden.

Nach Abschluß der Sitzung der Planungsräte laden die Lehrenden als **Konferenzleiter** zur Planungskonferenz ein. Sie geben zunächst einer

TAFELBILD

VORSCHLÄGE DER PLANUNGSRÄTE

	ENTSCHEIDUNGSTRÄGER	KOORDINATION VON ENTSCHEIDUNGEN		ABSTIMMUNGSERGEBNIS
		ABSTIMMUNGEN	BELOHNUNGEN/STRAFEN	
JEWEILIGES AUFGABENGEBIET				
EIGENTUMS-VERHÄLTNISSE	LANDWIRTSCHAFT-LICHE FLÄCHEN / FABRIKEN	INFRASTRUKTUR	WOHNGEBÄUDE	

Vertreterin/einem Vertreter eines jeden Planungsrats die Möglichkeit, das erzielte Ergebnis zur Ausgestaltung der Wirtschaftsordnung nach Entscheidungsprozessen (Entscheidungsträgern, Abstimmungen, Belohnungen/Strafen) sowie nach Eigentumsverhältnissen vorzustellen.

Dann kommt es zur Diskussion der Lösungsvorschläge für die **einzelnen** Aufgabengebiete und zur Abstimmung darüber.

Die Ergebnisse von Diskussion und Abstimmung können in einer Tafelübersicht (S. 63) mit den Kategorien des Planungsbogens sowie einer zusätzlichen Spalte für das Abstimmungsergebnis festgehalten werden.

Planungsräte sollten zunächst Gelegenheit haben – *wenn der Wunsch besteht* –, in einem kurzen Statement ihre Entscheidung für die Ausgestaltung der Wirtschaftsordnung im Zusammenhang darzustellen.

Danach werden die Spalten für die einzelnen Aufgabengebiete und Eigentumsverhältnisse einzeln diskutiert; es ist der folgende Diskussionsablauf denkbar:

Der Vorschlag eines Planungsrats wird in die Übersicht eingetragen. Weitere Ergebnisse werden von den anderen Planungsräten erfragt. **Inhaltlich** (nicht sprachlich) **abweichende** Vorschläge werden als Alternativen aufgenommen.

Dann wird nacheinander über die notierten Vorschläge abgestimmt und das Ergebnis in die letzte Spalte eingetragen. Der Vorschlag mit den meisten Stimmen ergibt das für die diskutierte Aufgabe vorgesehene Wirtschaftsordnungselement.

Nach der Diskussion aller Aufgaben und der Abstimmung über die geplante Lösung ist die Wirtschaftsordnung des Landes WOAUCHIMMER entworfen und das Spiel beendet.

3. NACHBEREITUNG

Zur Erleichterung der Gegenüberstellung der Wirtschaftsordnung des Landes WOAUCHIMMER mit der Wirtschaftsordnung der Sozialen Marktwirtschaft in Deutschland dient die folgende Übersicht:

Realisierung der Organisationsaufgaben in der Sozialen Marktwirtschaft in Deutschland

Ordnungs-Typen Organisations- aufgaben	Marktwirtschaft (Grundideen)	Soziale Marktwirtschaft (Realisierte Ordnung)
Festlegung von Produktionsrichtungen, -standorten und -umfang	Lenkung der Entscheidungen von Anbietern und Nachfragern durch den Marktmechanismus über Preise (Gewinne und Verluste)	Lenkung durch den Marktmechanismus über Preise auf der Basis eines funktionierenden Wettbewerbs. Erforderlich: – Rahmenplanung z. B. GWB – Staatliche Lenkung (z. B. Wohnungsbau, Agrar, Verkehr, Energie, Strukturpolitik) oder Durchführung (Bildung, Sicherheit) eines Teils der Produktion – Staatliche Globalsteuerung zur Sicherung des Produktionsumfangs
Verteilung der Einkommen und damit der produzierten Güter	Verteilung der Einkommen über den Markt	Kollektive Lohnverhandlungen zur Realisierung von Mindeststandards der Marktkoordination vorgeschaltet Daneben: – Einkommens*um*verteilung (Steuern, Transfers) – Vermögensbildung in Arbeitnehmerhand – Sozialversicherung

Ordnungs-Typen Organisations-aufgaben	Marktwirtschaft (Grundideen)	Soziale Marktwirtschaft (Realisierte Ordnung)
Gestaltung der Produktions- und Arbeitsprozesse einschl. Nutzung und Belastung der Umwelt	Autonome Privatunternehmen entscheiden über Gestaltung der Produktionsprozesse sowie Beanspruchung der Umwelt	Eingeschränkte Herrschaftsbefugnisse durch Regeln der Sozialpflichtigkeit des Eigentums (Kündigungsschutz, Arbeitsschutz), Mitbestimmung der Arbeitnehmer und Umweltverträglichkeit der Produktion (Umweltplanung, -recht, -auflagen und -abgaben)
Bereitstellung von Geld	Zentrale Versorgung Zentrale Kontrolle	Geldpolitische Kompetenz bei der von der Regierung unabhängigen Bundesbank
Eigentumsverhältnisse	Privateigentum, auch an Produktionsmitteln	Privateigentum, auch an Produktionsmitteln Daneben: Staatliches Eigentum, insbesondere an Infrastruktureinrichtungen, aber auch an Produktions- und Dienstleistungsunternehmen

Für die inhaltliche Vertiefung der Übersicht eignen sich z. B.

Hardes, H.-D. u. a., Volkswirtschaftslehre. Eine problemorientierte Einführung, Tübingen 1990[17], Kap. Wirtschaftsordnung

Baßeler, U. u. a., Grundlagen und Probleme der Volkswirtschaft, Köln 1991[12], Kap. Funktionsweise der Marktwirtschaft

Thieme, H. J., Soziale Marktwirtschaft, dtv 5817, 1991

Lampert, H., Die Wirtschafts- und Sozialordnung der Bundesrepublik Deutschland, München-Wien 1990[9]

Gemeinsamkeiten und Abweichungen zwischen der Wirtschaftsordnung des Landes WOAUCHIMMER und der Wirtschaftsordnung der Sozialen Marktwirtschaft in Deutschland bieten die Basis, um die Sinnhaftigkeit der verschiedenen Regelungen zu diskutieren.

III. Materialien für die Teilnehmer

1. Ausgangssituation und Bildung von Planungsräten

Stell Dir vor, Du gehörst zu etwa einer Million Menschen, die ihre Heimat verloren haben und denen ein ausreichend großes Land WOAUCHIMMER überlassen wird. Das Klima ist ähnlich wie bei uns. Feste Häuser werden benötigt und auch – abhängig von den Jahreszeiten – unterschiedliche Kleider. Es gibt weder Infrastruktur (Straßen, Elektrizität, Wasserleitungen, Schulen, Kindergärten, Krankenhäuser, Universitäten etc.), noch landwirtschaftliche und industrielle Güter. Alles muß erst produziert werden.

Neben Arbeitskräften – ungefähr die Hälfte der Bevölkerung ist im arbeitsfähigen Alter, die andere Hälfte sind Kinder und alte Menschen – verfügt das Land über landwirtschaftlich nutzbare Flächen sowie auch über einige Bodenschätze (Öl, Kohle, Erz etc.) zum Aufbau von Energieversorgung und Industrie.

Damit der Aufbau des Landes WOAUCHIMMER begonnen werden kann, fehlt eigentlich nur ein Konzept für den Aufbau – eine WIRTSCHAFTSORDNUNG.

Damit diese entwickelt werden kann, wirst Du mit einigen anderen von der Spielleitung in einen ökonomischen Planungsrat berufen, der über die Ordnung der Wirtschaft in WOAUCHIMMER nachdenken soll.

2. Hintergrundinformationen für die Arbeit der Planungsräte

Um für die Gestaltung der Wirtschaftsordnung von WOAUCHIMMER Vorschläge machen zu können, müßt Ihr wissen, was eine Wirtschaftsordnung zu leisten hat. Sie muß unter Beachtung der jeweils genannten Zielsetzungen folgende Aufgaben erfüllen:

I FESTLEGUNG DER RICHTUNGEN, DER STANDORTE UND DES UMFANGS VON PRODUKTIONEN (WAS, WO UND WIEVIEL SOLL PRODUZIERT WERDEN?)

(1) PRODUKTIONSRICHTUNGEN: SEKTOREN/GÜTER

Zunächst geht es um die Zuteilung der vorhandenen Rohstoffe und Produktionsflächen sowie der vorhandenen Arbeitskräfte auf die unterschiedlichen Produktionssektoren, auf Infrastruktur, Landwirtschaft, Industrie und Dienstleistungen. Dann geht es innerhalb der Sektoren um die Aufteilung auf die unterschiedlichen Produktionen, z. B. für Straßenbau und Schulen (Infrastruktur), z. B. für Getreide und Kartoffeln (Landwirtschaft), z. B. für Kleidung und Wohnung (Industrie), z. B. für Ärzte und Versicherungen (Dienstleistungen), aber auch um die Aufteilung für den in- und ausländischen Markt.

Zielsetzung: bestmögliche Versorgung der 1 Mio Menschen mit Gütern

(2) PRODUKTIONSSTANDORTE: ARBEITSTEILUNG ZWISCHEN DEN PRODUKTIONSSTÄTTEN

Neben der Festlegung der Produktionsrichtungen müssen auch die Standorte der Produktion in Abhängigkeit von Bestimmungsgrößen wie Rohstoffreservoirs, Anbauflächen, vorhandene Arbeitskräfte, Absatzmöglichkeiten und Verkehrsanbindungen und damit die Arbeitsstätten für die Menschen gewählt werden. Dabei wird auch bestimmt, ob die Güter in mehrstufigen Produktionsprozessen, z. B. auf den Stufen der Erzgewinnung, der Stahlerzeugung, der Waschmaschinenherstellung, des Elektrogroß- und -einzelhandels produziert werden oder ob einzelne oder alle Stufen zusammengefaßt werden sollen.

Zielsetzung: bestmögliche Güterversorgung in allen Regionen (Einheitlichkeit der Lebensbedingungen)

(3) PRODUKTIONSUMFANG: BESCHÄFTIGUNG

Die Zuteilung der Produktionsfaktoren (Rohstoffe, Produktionsflächen und Arbeit) auf einzelne Produkte sollte in der Weise erfolgen, daß alle Menschen, die arbeiten wollen und können, auch in den Produktionsprozessen des Landes WOAUCHIMMER Arbeit finden.

Zielsetzung: Vollbeschäftigung

(4) PRODUKTIONSUMFANG: WACHSTUM

Die Zuteilung der Produktionsfaktoren auf die Produkte sollte darüber hinaus in der Weise vor sich gehen, daß ein Teil der Rohstoffe, Produktionsflächen sowie Arbeitsleistungen für die Herstellung von Investitionsgütern, insbesondere Maschinen, anstelle von Konsumgütern verwendet wird. Dafür muß vorübergehend auf Konsum verzichtet werden.

Zielsetzung: Wachstum der Produktion von Jahr zu Jahr

II VERTEILUNG DER PRODUZIERTEN GÜTER AUF EINZELNE MENSCHEN (ODER GRUPPEN) IN DER GESELLSCHAFT (FÜR WEN WIRD PRODUZIERT?)

(5) VERTEILUNG AUFGRUND DER TEILNAHME AN PRODUKTIONSPROZESSEN

Hier geht es um die Frage, wie die hergestellten Produkte und Leistungen bzw. die Einkommen als Anrechte zum Kauf von Produkten und Leistungen auf die Menschen, die an der Produktion beteiligt sind, verteilt werden sollen.

Zielsetzung: Verteilung entsprechend der erbrachten Leistung

(6) VERTEILUNG UNABHÄNGIG VON DER TEILNAHME AN PRODUKTIONSPROZESSEN

Auch die Menschen, die nicht arbeiten können (Kinder, Alte, Kranke), müssen an den erstellten Produkten und Leistungen beteiligt werden.

Zielsetzung: Grundversorgung/Absicherung gegen Lebensrisiken

III GESTALTUNG DER PRODUKTIONS- UND ARBEITSPROZESSE (WIE SOLL PRODUZIERT WERDEN?)

(7) AUSMASS DER ARBEITSTEILUNG INNERHALB DER PRODUKTIONSSTÄTTEN

Sollen die Arbeitsprozesse eher in Form von Fließbandfertigung mit einzelnen wiederkehrenden Handgriffen oder in Form von Einzelfertigungen, bei der ein Arbeiter ein ganzes Produkt erstellt, organisiert werden oder sollen dazwischen liegende Organisationsformen gewählt werden, etwa die Herstellung eines Produktes in Gruppenarbeit durch teilautonome Arbeitsgruppen, die die Arbeitsabläufe weitgehend selbst bestimmen?

Zielsetzung: Hohe Produktivität und Selbstverwirklichung in der Arbeit

(8) AUSMASS DER UMWELTNUTZUNG UND -BELASTUNG

Wie soll der Tatsache Rechnung getragen werden, daß die Wirtschaftsprozesse in einem geschlossenen Kreislauf mit der Natur stehen, daß einerseits die Rohstoffe und Produktionsflächen nicht unerschöpflich sind und daß andererseits die Abfallstoffe von Produktion und Konsum nicht ohne schädigende Wirkung auf Natur und Menschen bleiben?

Zielsetzung: Güterversorgung in einer auch für zukünftige Generationen lebenswerten Umwelt

IV BEREITSTELLUNG VON GELD FÜR DIE WIRTSCHAFT ZUR DURCHFÜHRUNG DES TAUSCHVERKEHRS (WIEVIEL GELD SOLL PRODUZIERT WERDEN UND WIE SOLL ES IN UMLAUF GEBRACHT WERDEN?)

(9) GELDSCHAFFUNG/GELDUMLAUF

Es geht um die Höhe der Geldmenge, die in die Wirtschaft fließen soll und um ihre Regulierung. Auf der einen Seite muß genug Geld bereitgestellt werden, um eine reibungslose Abwicklung des Gütertausches zu gewährleisten. Auf der anderen Seite darf nicht zu viel Geld in Umlauf sein, um nicht eine ständige Erhöhung der Preise (Inflation) auszulösen. Das Geld muß nicht nur geschaffen, sondern es müssen die Wege festgelegt werden, auf denen es in Umlauf gebracht werden kann.

Zielsetzung: ausreichende, aber nicht übermäßige (Inflation auslösende) Geldversorgung

WICHTIGER HINWEIS: Während dieser Vorbereitungsphase und der nachfolgenden Sitzung der Planungsräte hat die Lehrerin/der Lehrer die Aufgabe der wissenschaftlichen Beratung. Ihr dürft sie/ihn *schriftlich* in dieser und in der nächsten Phase – insgesamt zweimal – um Rat fragen.

3. Sitzung der Planungsräte

Nachdem Ihr nun wißt, welche Aufgaben von einer Wirtschaftsordnung erfüllt werden müssen, könnt Ihr jetzt gemeinsam überlegen, wie diese Aufgaben in Eurem Land WOAUCHIMMER gelöst werden sollen. Um die Ergebnisse festhalten zu können, habt Ihr einen PLANUNGSBOGEN, auf dem in der ersten Spalte die Aufgabengebiete stehen.

Als **erstes** müßt Ihr darüber nachdenken, wer die Entscheidungen bei der Lösung dieser Aufgaben treffen soll: einzelne, Teile der Gemeinschaft, gewählte Vertreter (von Teilen) der Gemeinschaft oder die Gemeinschaft insgesamt.

Haltet die Ergebnisse für jedes Aufgabengebiet in der Spalte 2 des Planungsbogens fest. Gebt den von Euch vorgesehenen Entscheidungsträgern Namen, die ihre Tätigkeit umschreiben.

Zum **zweiten** müßt Ihr bedenken, daß ja die Entscheidungen im Hinblick auf angestrebte Ziele erfolgen sollen. Wie kann die Ausrichtung in den einzelnen Aufgabengebieten auf die Ziele vorgenommen werden? Mit anderen Worten: Welche Möglichkeiten der Abstimmung *zwischen* den Beteiligten wollt Ihr im Hinblick auf die angestrebten Ziele vorsehen (Anweisungen, Verhandlungen, Befragungen, sonstige Abstimmungen)?

Wichtiger Hinweis: Falls die Beteiligten nicht einzelne, sondern Gremien sind, müssen auch *innerhalb* dieser Gremien Abstimmungen stattfinden. Wie diese Abstimmungen innerhalb der Gremien zustandekommen, ist hier nicht von Belang.

Schreibt Eure Ideen jeweils für das entsprechende Aufgabengebiet in die 3. Spalte des Planungsbogens.

Ihr müßt **drittens** überlegen, wie sichergestellt wird, daß diese Abstimmungen auch erfolgreich sind, z. B. daß Anweisungen befolgt werden oder daß Interesse an Verhandlungen, Befragungen oder sonstigen Abstimmungen besteht.

Schreibt in der 4. Spalte des Planungsbogens die Belohnungen und Strafen auf, mit denen die

PLANUNGSBOGEN

AUFGABENGEBIETE	ENTSCHEIDUNGSTRÄGER	KOORDINATION VON ENTSCHEIDUNGEN	
		ABSTIMMUNGEN	BELOHNUNGEN/STRAFEN
(1) PRODUKTIONSRICHTUNGEN: SEKTOREN/GÜTER			
(2) PRODUKTIONSSTANDORTE: ARBEITSTEILUNG ZWISCHEN DEN PRODUKTIONSSTÄTTEN			
(3) PRODUKTIONSUMFANG: BESCHÄFTIGUNG			
(4) PRODUKTIONSUMFANG: WACHSTUM			
(5) VERTEILUNG AUFGRUND DER TEILNAHME AN PRODUKTIONSPROZESSEN			
(6) VERTEILUNG UNABHÄNGIG VON DER TEILNAHME AN PRODUKTIONSPROZESSEN			

PLANUNGSBOGEN (Fortsetzung)

AUFGABENGEBIETE	ENTSCHEIDUNGSTRÄGER	KOORDINATION VON ENTSCHEIDUNGEN	
		ABSTIMMUNGEN	BELOHNUNGEN/STRAFEN
(7) AUSMASS DER ARBEITSTEILUNG INNERHALB DER PRODUKTIONSSTÄTTEN			
(8) AUSMASS DER UMWELTNUTZUNG UND -BELASTUNG			
(9) GELDSCHAFFUNG/GELDUMLAUF			

EIGENTUMS-VERHÄLTNISSE	LANDWIRTSCHAFTLICHE FLÄCHEN	FABRIKEN	INFRASTRUKTUR	WOHNGEBÄUDE

Abstimmungen in der gewünschten Weise erreicht werden können.

Macht Euch **viertens** Gedanken über die Eigentumsverhältnisse im Lande WOAUCHIMMER. Wem sollen landwirtschaftlich genutzte Flächen gehören, wem die Fabriken, wem die Infrastruktureinrichtungen (Straßen, Wasser- und Energieleitungen etc.) und wem die Wohngebäude?

Haltet die Ergebnisse am Ende des Planungsbogens fest.

Wichtiger Hinweis: Obwohl Ihr jetzt Planungsräte seid, wißt Ihr nicht, welche Stellung Ihr in der von Euch entworfenen Wirtschaftsordnung einnehmen werdet. Ihr tut deshalb gut daran, Euch vorzustellen, daß Ihr ganz unten in der gesellschaftlichen Hierarchie stehen könntet. Entwerft die Wirtschaftsordnung deshalb so, daß sie für Euch akzeptabel wäre.

4. Zusammentreffen aller Planungsräte in einer Planungskonferenz

In einer von der Konferenzleitung einberufenen Planungskonferenz legt Ihr zunächst als Planungsrat dar, wie Ihr Euch die Ausgestaltung der Wirtschaftsordnung in den einzelnen Aufgabengebieten denkt und wie Ihr Euch die Eigentumsverhältnisse vorstellt.

Im Anschluß daran wird über die Vorschläge aller Planungsräte für die Ordnung der einzelnen Aufgabengebiete abgestimmt und auf diese Weise eine gemeinsame Wirtschaftsordnung für das Land WOAUCHIMMER geschaffen.

5. Vergleich der Wirtschaftsordnung des Landes WOAUCHIMMER mit der Sozialen Marktwirtschaft in Deutschland

Die Lehrerin/der Lehrer stellt die Elemente der von Euch entwickelten Wirtschaftsordnung den Elementen der Sozialen Marktwirtschaft in Deutschland gegenüber. Wenn Gemeinsamkeiten und Abweichungen zwischen den beiden Wirtschaftsordnungen diskutiert werden, besteht Gelegenheit, die von Euch getroffenen Entscheidungen zu begründen.

Bernd Kammann

Streitfall: Arbeitszeit*
Die Einigungsstelle entscheidet im Konflikt um die Wochenendarbeit (Konferenzspiel)

I. Allgemeine Angaben

1. Gegenstand/Lernziele

Das Konferenzspiel „Streitfall: Arbeitszeit" hat den institutionalisierten Interessenausgleich durch eine paritätisch besetzte Einigungsstelle zum Gegenstand.

Die Lernenden erfahren in diesem Sonderfall des Betriebsverfassungsrechts, daß der Arbeitgeber nicht ohne Zustimmung des Betriebsrates die Verteilung der individuellen Arbeitszeit auf die Wochentage verändern kann. Fehlt es an dieser Zustimmung, kann die paritätisch besetzte Einigungsstelle angerufen werden, die in diesem Falle abschließend entscheidet. Ferner lernen die Lernenden ein Konfliktlösungsschema kennen, das nach dem Verhandlungsprinzip eine kompromißhafte Annäherung der Standpunkte ermöglicht.

2. Ablauf

Am Konferenzspiel nehmen teil:
- die Gruppe „Unternehmensleitung"
- die Gruppe „Betriebsrat"
- die Gruppe „(Vorsitzender der) Einigungsstelle"
- die Gruppe „Belegschaftsmitglieder"

Der Spielablauf gliedert sich in drei Phasen.

1) Die Gruppen setzen sich mit den bereitgestellten Informationen auseinander und stellen Argumente für ihr Vorgehen in der Einigungsstelle zusammen.
2) Die Verhandlung vor der Einigungsstelle dient der Austragung der Argumente und der Konfliktlösung.
3) In der Auswertung werden die möglichen wirtschaftlichen und sozialen Folgen der erzielten Einigung erörtert.

* Fassung nach arbeiten + lernen 3/91

3. Einsatzmöglichkeiten

Das Konferenzspiel ist geeignet für Schüler der Jahrgangsstufen 9 und 10 und einsetzbar im Rahmen der Behandlung der Mitbestimmungsthematik. Die Grundzüge der betrieblichen Mitbestimmung nach dem Betriebsverfassungsgesetz sollten bereits bekannt sein (z. B. Aufgaben und Stellung des Betriebsrates, Mitbestimmungsbereiche und -intensität).

II. Spezielle Angaben zur Unterstützung des Ablaufs

Zur **Vorbereitung** müssen Gruppen gebildet werden und die Teilnehmervorlagen in ausreichender Zahl bereitgestellt werden.

Während der **Durchführung** müssen die Lehrenden aufgrund der Vorkenntnisse der Schüler entscheiden, ob nach der Erstinformation durch die Teilnehmerunterlagen eine zusammenfassende Situationsbeschreibung entsprechend der Abbildung 1 für alle Gruppen hilfreich oder entbehrlich ist. Ansonsten leisten die Lehrenden während der Gruppensitzung bei Unklarheiten Hilfestellung (insbes. der Tarifvertrag wird erklärungsbedürftig sein) und achten bei der Verhandlungsphase auf die Einhaltung der Redezeit.

In der **Auswertungphase** übernehmen die Lehrenden die Diskussionsleitung und regen die Reflexion über mögliche Folgen der Entscheidung, insbesondere durch Einbeziehung der Beobachtungsergebnisse der Gruppe „Belegschaftsmitglieder" an. Für eine mögliche Weiterführung dieser Phase steht den Lehrenden die tatsächliche Einigungsstellenentscheidung als Vergleichsmaterial zur Verfügung.

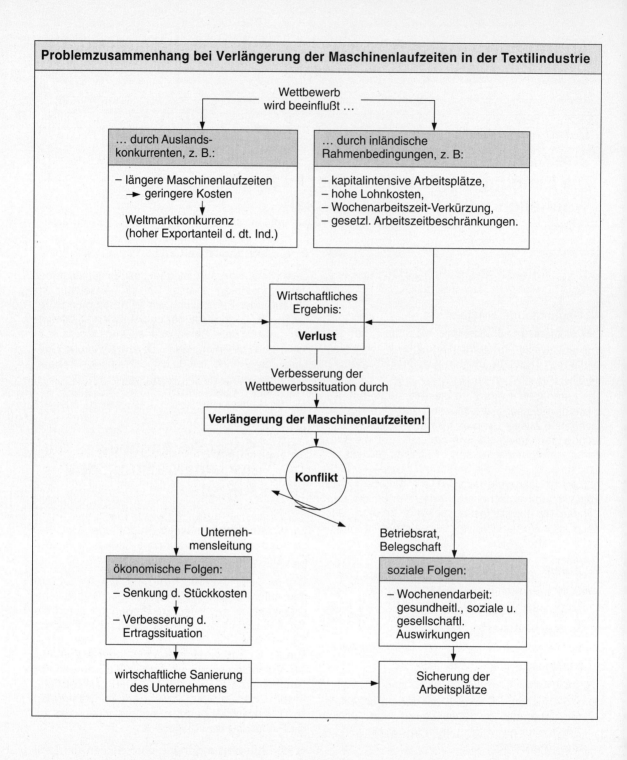

Spielleiter/in

Zum Vergleich: Die Entscheidung der Einigungsstelle

Auszug:

Einigungsstellenspruch

In dem Einigungsstellenverfahren nach dem Betriebsverfassungsgesetz

A
Abteilung Spinnerei, Saal 3

1. Zur Erhaltung der Wettbewerbsfähigkeit und damit zur Schaffung neuer bzw. zur Sicherung bestehender Arbeitsplätze wird ab dem 01.12.1989 in der Abteilung Spinnerei, Saal 3, im Rahmen eines optimierten Schichtensystems (144 Stunden pro Woche) gearbeitet.

B
Abteilung Strangfärberei

1. Zur Erhaltung der Wettbewerbsfähigkeit und damit zur Schaffung neuer bzw. zur Sicherung bestehender Arbeitsplätze wird ab dem 01.01.1990 in der Abteilung Strangfärberei einschließlich der Trockenkapazität im Rahmen eines optimierten Schichtensystems (144 Stunden pro Woche) gearbeitet.

C
Gleichlautend für die beiden vorgenannten Abteilungen:

2. Die durchschnittliche wöchentliche Arbeitszeit beträgt 38 Stunden in der Woche.

Gearbeitet wird grundsätzlich in 8-Stunden-Schichten an 6 Tagen. Die erste Wochen-Arbeitsschicht beginnt am Sonntagabend um 22.00 Uhr und dauert bis Montagmorgen 6.00 Uhr. Dann wird alle 8 Stunden gewechselt (14.00 Uhr, 22.00 Uhr, 6.00 Uhr). Die letzte Schicht der Woche endet am Samstagabend um 22.00 Uhr.

Insoweit wird der Sonn- bzw. Feiertagszeitraum gem. § 5 MTV sowie § 105 GewO für die Zeit von 22.00 Uhr am Vorabend bis 22.00 Uhr am Sonn- bzw. Feiertag festgelegt.

Die durchschnittliche 38-Stunden-Woche wird erreicht durch verplante Urlaubstage oder entsprechende Arbeit an Freischichten. Die näheren Einzelheiten regelt ein Schichtenplan, der noch zu vereinbaren ist.

Wochen-Schichtplan

entsprechend dem Einigungsstellen-Spruch für eine 144-Stunden-Woche im 4-schichtigen Betrieb

Schicht \ Tag	Nr. 1 Art	Nr. 1 Std.	Nr. 2 Art	Nr. 2 Std.	Nr. 3 Art	Nr. 3 Std.	Nr. 4 Art	Nr. 4 Std.
Sonntag	N	8						
Montag	N	8	S	8	F	8	U/FS	0
Dienstag	N	8	S	8	F	8	U/FS	0
Mittwoch	N	8	S	8	F	8	U/FS	0
Donnerstag	N	8	S	8	F	8	U/FS	0
Freitag	N	8	S	8	F	8	U/FS	0
Samstag			S	8	F	8		
WStd. je Schicht	48		48		48		0	
Maschinenlaufzeit	144 Stunden							

Erläuterungen:

- N = Nachtschicht;
  1. Schicht: Sonntagabend, 22.00 Uhr, letzte Schicht: Samstagmorgen 06.00 Uhr
- F = Frühschicht;
  1. Schicht: Montagmorgen, 06.00 Uhr, letzte Schicht: Samstagmittag, 14.00 Uhr
- S = Spätschicht;
  1. Schicht: Montagmittag, 14.00 Uhr, letzte Schicht: Samstagabend, 22.00 Uhr
- FS = Freischicht
- U = verplante Urlaubstage

Arbeitszeit:

38 Wochen Schichtarbeit à 48 WStd. = 1824 Std./ Jahresarbeitszeit
10 Wochen Freischicht
48 Arbeitswochen

3 Wochen zusammenhängender Erholungsurlaub
1 Woche verplante Urlaubstage
52 Wochen

Durchschnittliche Wochenarbeitszeit = 38 Std./Woche
(1824 Stunden : 48 Wochen)

1. **Vergleicht eure Entscheidung mit der der Einigungsstelle.**
2. **Der Einigungsstellenspruch bezieht sich auf eine bestimmte Formulierung aus dem Tarifvertrag. Findet sie heraus und diskutiert, ob ihr euch dieser Begründung anschließen könnt!**
3. **Die tatsächlich geleistete Arbeitszeit pro Schicht (pro Woche) entspricht nicht der sog. „durchschnittlichen wöchentlichen Arbeitszeit". Erklärt diesen Sachverhalt!**
4. **Diskutiert die möglichen Folgen dieser Entscheidung z. B. im Hinblick auf**
   - **die wirtschaftliche Lage des Textilunternehmens.**
   - **die soziale Situation der Beschäftigten (Familienleben, Kinobesuche, Sportverein usw.).**

III. Materialien für die Teilnehmer

Streitfall: Arbeitszeit

1. Ausgangssituation

Ein norddeutscher Textilhersteller macht mit dem Verkauf seiner Produkte erhebliche Verluste. Damit dem Unternehmen eine wirtschaftliche Zukunft eröffnet werden kann, müssen angesichts kostengünstiger produzierender Auslandskonkurrenz die Herstellungskosten gesenkt werden. Dies wäre durch die Anschaffung moderner Spinn- und Webmaschinen auch möglich, wenn gleichzeitig ein höherer Nutzungsgrad der teuren Maschinen durch längere Laufzeiten erreicht werden könnte. Die Unternehmensleitung möchte deshalb die Maschinenlaufzeiten von bislang 134 Stunden auf 144 Stunden pro Woche ausweiten. Sie verspricht sich davon insbesondere

- eine bessere Ausnutzung der teuren Maschinen
- die Senkung der Stückkosten
- eine Verbesserung der Ertragssituation
- die wirtschaftliche Sanierung des Unternehmens

Da die Verteilung der individuellen Arbeitszeit auf die einzelnen Wochentage der Mitbestimmung des Betriebsrates unterliegt (§ 87 BetrVG), strebt die Unternehmensleitung eine entsprechende Betriebsvereinbarung an. Der Betriebsrat verweigerte jedoch seine Zustimmung zur Einführung der 144-Stunden-Woche, da damit die betriebliche Arbeitszeit regelmäßig bis in den Samstagabend hinein ausgedehnt worden wäre.

Nach dem Scheitern der unmittelbaren Verhandlungen zwischen der Unternehmensleitung und dem Betriebsrat mußte dieser Konflikt von der Einigungsstelle entschieden werden.

2. Spielablauf
Vorbereitung der Verhandlungsparteien

Aufgaben der Verhandlungsparteien	Aufgaben der Belegschaftsmitglieder
– Die Mitglieder der „Unternehmensleitung" lesen die Information „Eine niedersächsische Textilfabrik kämpft ums Überleben" und werten die Grafik „Wie lange die Maschinen laufen dürfen" aus. Sie klären Verständnisfragen mit dem/der Spielleiter/in. Sie erwägen einen Antrag an die Einigungsstelle und ggf. auch einen Kompromißantrag. Dabei beachten sie den Tarifvertrag (Anlage).	– Die Mitglieder dieser „beobachtenden" Gruppe lesen die Information „Streitfall: Arbeitszeit" Sie erwägen, welche Regelungen für die Belegschaft tragbar wären. Während der „Verhandlung" notieren sie die vorgebrachten Anträge und deren Begründungen in Stichworten (Arbeitsblatt). Anlage: Tarifvertrag.
– Die Mitglieder des „Betriebsrates" lesen die Informationen „Streitfall: Arbeitszeit" und „Wochen-Schichtplan". Sie klären Verständnisfragen mit dem/der Spielleiter/in. Sie erwägen einen Antrag an die Einigungsstelle. Dabei beachten sie den Tarifvertrag (Anlage).	
– Die Mitglieder der „Einigungsstelle" lesen die Information „Die Einigungsstelle entscheidet". Sie klären Verständnisfragen mit dem/der Spielleiter/in. Sie bereiten sich auf die Verhandlungsführung vor und erwägen evtl. einen eigenen Vermittlungsvorschlag anhand des Tarifvertrages (Anlage).	

Alle Gruppen benennen einen/eine Verhandlungsführer/in. Die Argumente jeder Verhandlungspartei werden vorgetragen. Redezeit ca. 2 Minuten.

Verhandlung der Einigungsstelle

In der Verhandlung werden die Anträge der Betriebsparteien und die begründeten Argumente vorgetragen, und zwar in der folgenden Reihenfolge:
- Antrag mit Begründung der Unternehmensleitung
- Erwiderung des Betriebsrates mit eigenem Antrag

Der weitere Ablauf wird durch die Verhandlungsführung des/der Vorsitzenden der Einigungsstelle bestimmt. Die Verhandlung endet in jedem Falle mit der förmlichen Abstimmung über einen Antrag.

Auswertung

In einem Kreisgespräch werden mit der beobachtenden „Belegschaftsgruppe" die möglichen wirtschaftlichen und sozialen Folgen des Einigungsspruchs erörtert. Dabei kann der/die Spielleiter/in den realen Einigungsstellenspruch zum Vergleich vorstellen.

Unternehmensleitung

Eine niedersächsische Textilfabrik kämpft ums Überleben

Stoffe und Garne werden überall in der Welt und im Überfluß hergestellt. Wer sie verkaufen will, muß nicht nur die modisch aktuellen Stoffe im Angebot haben, er muß vor allem preisgünstig verkaufen können.

Aber nicht in allen Ländern sind die Bedingungen gleich, unter denen die Textilhersteller arbeiten. In Italien und Spanien beispielsweise laufen die Webstühle viel länger als in Deutschland, weil dort auch am Sonntag gearbeitet werden darf. Deutschland ist zudem ein sog. „Hochlohnland", d. h. die Arbeiterinnen und Arbeiter erhalten hier höhere Löhne als ihre Kolleginnen und Kollegen anderswo.

In dieser Situation ist es nicht verwunderlich, daß auch die wirtschaftliche Lage einer Textilfabrik in Niedersachsen nicht rosig ist. In den vergangenen Jahren wurde kein Gewinn mehr erwirtschaftet, und im letzten Geschäftsjahr ist sogar ein Verlust von 17 Millionen entstanden. Wenn die Firma überleben will, reicht es nicht, Mitarbeiter zu entlassen wie die 700, die es in den letzten zwei Jahren schon getroffen hat. Um die Firma zu retten, müssen modernere und schnellere Maschinen her, damit sich die Garne und Stoffe kostengünstiger herstellen und somit billiger verkaufen lassen.

Neue Maschinen sind jedoch sehr teuer. Ein neuer Arbeitsplatz in der Textilindustrie kostet ca. 1,9 Millionen DM. Dies lohnt sich nur, wenn die neuen Maschinen mehr Stunden pro Woche laufen dürfen als bisher. Zur Zeit wird zwar schon in drei Schichten rund um die Uhr gearbeitet, aber wegen der Wochenendruhe werden die Maschinen nur an 134 Stunden pro Woche genutzt. Wenn die Maschinen jedoch an 144 Stunden pro Woche laufen würden, wäre das Kilogramm Garn um 0,50 DM billiger herzustellen. Und auf diese Kostenersparnis baut der wirtschaftliche Überlebensplan der Firma auf. Ohne Kostenersparnis und damit ohne Ausdehnung der Maschinenlaufzeiten, hat die Firma keine Zukunft.

1. **Beschreibe die unterschiedlichen Produktionsbedingungen im In- und Ausland.**
2. **Nenne den Vorteil einer längeren Maschinenlaufzeit.**
3. **Fasse zusammen: Aus welchen Gründen will der Betrieb die 144-Stunden-Woche einführen?**

Auftrag: Erwägt einen Antrag an die Einigungsstelle. Dazu könnt ihr die folgenden Vorschläge übernehmen oder eigene Anträge entwerfen. In jedem Fall sind die Begründungen dazu noch zu formulieren.

Der Antrag des Arbeitgebers könnte in Stichworten lauten:
- Einführung der 144-Stunden-Woche ab 01.01. nächsten Jahres in Spinnerei (nur Saal 3) und Strangfärberei
- durchschnittliche Wochenarbeitszeit: 39 Stunden
- Optimierungsausgleich gemäß Tarifvertrag

Denkbar wäre auch folgender **Kompromißvorschlag**:
- Zurückstellen der 144-Stunden-Woche in der Spinnerei bis zum 01.05. übernächsten Jahres
- unbefristeter Verzicht auf 144-Stunden-Woche in der Strangfärberei, stattdessen dort ab 01.10. diesen Jahres eine 138- oder 140-Stunden-Woche

Wie lange die Maschinen laufen dürfen

Höchstmögliche Jahres-Betriebsstunden in weitgehend automatisierten Betrieben der Textilindustrie

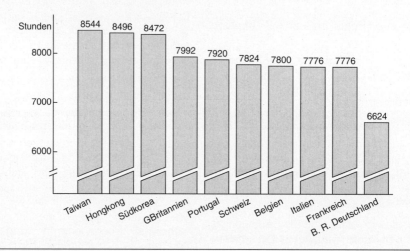

Am längsten dürfen die Maschinen in Taiwan laufen. In Frankreich und Deutschland stehen die Maschinen am längsten still.

Betriebsrat

Streitfall: Arbeitszeit

In der Belegschaft rumort es: Die Unternehmensleitung will die Maschinenlaufzeiten in der Färberei und Spinnerei ausdehnen. Und das bedeutet Arbeit auch an den Wochenenden!

Natürlich kann die Unternehmensleitung nicht allein und von sich aus die Arbeitszeiten verändern, da muß der Betriebsrat mitmachen. Der Betriebsrat aber lehnt die geplante Einführung der 144-Stunden-Woche ab. Deshalb muß jetzt die Einigungsstelle entscheiden.

Zwar wird auch heute schon in drei Schichten rund um die Uhr gearbeitet. Gearbeitet wird bis Samstagnachmittag, und am Sonntagabend beginnt schon wieder die erste Schicht für die folgende Woche. Aber durch die Schichteinteilung muß der einzelne nur alle drei Wochen einmal am Samstag arbeiten. Im Kern ist also das Wochenende bislang arbeitsfrei!

Diese Schichteinteilung für eine 134-Stunden-Woche haben die Arbeiterinnen und Arbeiter schweren Herzens akzeptieren müssen. Sie wissen, die Situation in ihrer Branche ist schwierig, und ihr Unternehmen kämpft ums wirtschaftliche Überleben. Deshalb haben sie auch in der Vergangenheit zu Sonderschichten, Überstunden und finanziellen Opfern nicht grundsätzlich „Nein" gesagt. Sie wollen ihre Arbeitsplätze doch erhalten! Aber nun auch noch den freien Samstag hergeben – das ist zuviel! Aber wie wird die Einigungsstelle in dieser für alle wichtigen Frage entscheiden? Die Erwartungen der Belegschaft sind jedenfalls klar: Mehr als 1.300 Unterschriften stehen unter der Forderung, die ihre gewerkschaftlichen Vertrauensleute bei dem Vorsitzenden der Einigungsstelle abgegeben haben:

„Wir fordern die Mitglieder der Einigungsstelle auf, keine Maschinenlaufzeiten von 144 Stunden in der Woche festzulegen. Der Samstag-Nachmittag und der Sonntag müssen arbeitsfrei bleiben!"

1. **Warum wehren sich die Beschäftigten gegen die Einführung der 144-Stunden-Woche?**
2. **Bislang wurde in einer 134-Stunden-Woche gearbeitet. Informiert euch über dieses Schichtmodell!**
3. **Sammelt Argumente, die gegen die Ausweitung der Maschinenlaufzeiten sprechen.**

Wochen-Schichtplan

4-schichtiger Betrieb, 134-Stunden-Woche

Schicht / Tag	1. Schicht	2. Schicht	3. Schicht	4. Schicht
Sonntag	N	–	–	Freischicht bzw. Urlaub oder Personalreserve für Krankheitsvertretung usw. gem. besonderem Plan.
Montag	N	S	F	
Dienstag	N	S	F	
Mittwoch	N	S	F	
Donnerstag	N	S	F	
Freitag	N	S	F	
Samstag	–	–	F	
WStd. je Schicht	48	40	46	0
Maschinenlaufzeit	134 Stunden			

Erläuterungen:

N = Nachtschicht (22.00 – 06.00 Uhr), erste Schicht beginnt sonntags um 22.00 Uhr, letzte Schicht endet samstags um 06.00 Uhr.

F = Frühschicht (06.00 – 14.00 Uhr), erste Schicht beginnt montags um 06.00 Uhr, letzte Schicht endet samstags um 12.00 Uhr.

S = Spätschicht (14.00 – 22.00 Uhr), erste Schicht beginnt montags um 14.00 Uhr, letzte Schicht endet freitags um 22.00 Uhr.

Die 4. Schicht wird geteilt; die eine Hälfte hat frei (Freischicht) bzw. Urlaub, die andere Hälfte bildet die Personalreserve für Krankheitsvertretungen usw.

Auszug aus dem Schichtplan für die 134-Stunden-Woche (ohne Jahresurlaubsphase und ohne zusätzliche Freischichten aufgrund eines Optimierungsausgleichs)

Woche / Schicht	1	2	3	4	5	6	7	8	9	10	11	12
1.	N	S	F	FS	R	S	F	N	S	F	N	
2.	F	N	S	F	N	S	F	N	S	FS	R	
3.	FS	R	N	S	F	N	S	F	N	S	F	
4.	S	F	N	S	F	N	FS	R	F	N	S	

Erläuterungen:

N = Nachtschicht   F = Frühschicht

S = Spätschicht

Die jeweils 4. Schicht wird geteilt:

die eine Hälfte hat frei bzw. eingeplante Urlaubstage, (FS = Freischicht) die andere Hälfte bildet die Personalreserve für Vertretungen usw. (R = Personalreserve)

Im nachfolgenden zwölfwöchigen Schichtzyklus wird getauscht, so daß auf 24 Wochen bezogen jede Schichtbelegschaft einmal einen 3-Wochen-Block frei hat.

1. Vergegenwärtigt euch dieses Schichtmodell. Welche Folgen sind eurer Meinung nach mit dieser Schichteinteilung verbunden?

Betriebsrat

Auftrag: Erwägt einen Antrag an die Einigungsstelle. Dazu könnt ihr den folgenden Vorschlag übernehmen oder einen eigenen Antrag entwerfen. In jedem Fall ist die Begründung noch zu formulieren.

Der Antrag des Betriebsrates könnte lauten:

- Einführung der 140-Stunden-Woche ab 01.10. dieses Jahres in Spinnerei (nur Saal 3) und Strangfärberei

- durchschnittliche Wochenarbeitszeit: 38 Stunden

- Optimierungsausgleich mit einem Zuschlag von 1,3 % über die Mindestnormen des Tarifvertrages

Einigungsstelle

Die Einigungsstelle entscheidet

Über die Einführung der 144-Stunden-Woche kann die Unternehmensleitung der Textilfabrik nicht allein befinden. Da es sich hier um eine neue Verteilung der wöchentlichen Arbeitszeit handelt, muß nach dem Betriebsverfassungsgesetz der Betriebsrat mitbestimmen.

Betriebsrat und Unternehmensleitung konnten sich in diesem Fall nicht einigen, deshalb mußte eine Einigungsstelle gebildet werden, die diese Streitfrage entscheiden sollte.

1. **Informiert euch anhand der folgenden Abbildungen über die Bildung und über die Arbeitsweise einer Einigungsstelle.**

Kommt es zu Meinungsverschiedenheiten zwischen Arbeitgeber und Betriebsrat, kann eine Einigungsstelle gebildet werden, die paritätisch von Arbeitgeber und Betriebsrat zusammengesetzt ist und deren Vorsitzender, auf dessen Person sich beide Seiten einigen müssen, unparteiisch zu sein hat.

Diese Einigungsstelle faßt ihre Beschlüsse nach mündlicher Beratung mit Stimmenmehrheit, wobei sich ihr Vorsitzender zunächst der Stimme zu enthalten hat. Kommt jedoch eine Stimmenmehrheit nicht zustande, nimmt der Vorsitzende nach einer weiteren Beratung an der erneuten Beschlußfassung teil. Die Einigungsstelle wird allerdings nur dann tätig, wenn beide Seiten es beantragen oder mit ihrem Tätigwerden einverstanden sind. In diesen Fällen ersetzt ihr Spruch die Einigung zwischen Arbeitgeber und Betriebsrat nur, wenn beide Seiten sich dem Spruch im voraus unterwerfen oder ihn nachträglich angenommen haben.

Anders ist es bei Mitbestimmungsrechten, bei denen im Gesetz vorgeschrieben ist, daß die Einigungsstelle bei Nichteinigung entscheidet. Dort wird sie tätig und entscheidet, auch wenn nur eine Seite das beantragt.

Das Arbeitsgericht kann bei Ermessensfehlern der Einigungsstelle angerufen werden.

(Quelle: Wirtschaft und Unterricht, 1990)

Bei der Entscheidungsfindung berücksichtigt die Einigungsstelle natürlich die Vorschriften von Gesetzen und Tarifverträgen sowie die Anträge, welche Betriebsrat und Arbeitgeber stellen.

Bevor der Vorsitzende eine Entscheidung trifft, will er die Argumente der beiden Parteien hören und bewerten sowie die Vor- und Nachteile der gestellten Anträge für Unternehmen und Belegschaft abwägen.

Belegschaftsmitglieder | **Arbeitsblatt**

1. Lest die Information „Streitfall: Arbeitszeit"!
2. Notiert während der **Verhandlung** die Anträge und deren Begründung!

Verhandlungsprotokoll

Argumente des Arbeitgebers	Argumente des Betriebsrates

alle Verhandlungsparteien

Auszug:

Tarifvertrag zur Optimierung der Maschinenlaufzeiten in der Nord-Westdeutschen Textilindustrie vom 8./10. Juni 1988

Präambel

Die Ausschöpfung der Maschinenlaufzeiten ist ein wichtiger Beitrag zur Erhaltung der Wettbewerbsfähigkeit und damit zur Schaffung neuer sowie zur Sicherung bestehender Arbeitsplätze. Zur Erreichung dieses Zieles und zur Regelung der Arbeitsbedingungen schließen die Tarifvertragsparteien folgenden Tarifvertrag als Grundlage für optimierte Schichtsysteme, die zwischen den Betriebsparteien schriftlich zu vereinbaren sind.

§ 2
Verteilung der Arbeitszeit

Die regelmäßige tarifliche Wochenarbeitszeit kann anderweitig verteilt werden. Sie muß grundsätzlich innerhalb eines Ausgleichszeitraumes bis 13 Wochen im Durchschnitt erreicht werden; dieser Zeitraum kann überschritten werden, wenn zur Vermeidung von Produktions- oder Arbeitsausfall Jahresurlaub in den Schichtenplan einbezogen wird; die wöchentliche Arbeitszeit des einzelnen Arbeitnehmers darf jedoch 48 Stunden/Woche nicht überschreiten.

Einzelheiten regelt der Schichtenplan, der mit dem Betriebsrat zu vereinbaren ist. Dabei kann im Rahmen des nachfolgenden Optimierungsausgleichs eine kürzere als die tarifliche Wochenarbeitszeit vereinbart werden.

§ 3
Optimierungsausgleich

Die in einem optimierten Schichtsystem regelmäßig samstags arbeitenden Arbeitnehmer erhalten einen Optimierungsausgleich. Dieser ist vorrangig in Form einer Arbeitszeitverkürzung zu gewähren, soweit nicht durchschnittlich 36 Stunden/Woche effektiver Arbeitszeit des Arbeitnehmers unterschritten werden. Mit dem Betriebsrat kann auch vereinbart werden, daß dieser Anspruch teilweise in Geld gewährt wird. In jedem Fall sind die betrieblichen und personellen Gegebenheiten zu beachten. Sobald diese es ermöglichen, ist dem Optimierungsausgleich in Zeit Vorrang einzuräumen.

Bei Wirksamwerden der zweiten Stufe der Arbeitszeitverkürzung bleiben Schichtsysteme mit Arbeitszeiten von 36 Stunden bzw. durchschnittlich 36 Stunden/Woche im Zusammenhang mit dem Optimierungsausgleich in Zeit unberührt; unter Berücksichtigung der persönlichen und betrieblichen Gegebenheiten kann jedoch dieser Optimierungsausgleich, soweit er zu einem Unterschreiten der 36-Stundengrenze führt, ganz oder teilweise zu Freischichten oder Freistunden zusammengefaßt werden.

Der Optimierungsausgleich beträgt bei einer Maschinenlaufzeit/Betriebsnutzungszeit

ab 121 Std./Woche = 2,6 %

ab 132 Std./Woche = 5,2 %

über 140 Std./Woche = 7,6 %

der Arbeitszeit des Arbeitnehmers.

Der höhere Optimierungsausgleich von 7,6 % in der Stufe „über 140 Std./Woche" setzt voraus, daß der Betriebsrat seine Zustimmung zu einer vom Betrieb geforderten Maschinenlaufzeit bzw. Betriebsnutzungszeit von 144 Std./Woche erteilt.

Der Arbeitnehmer erhält keinen Optimierungsausgleich, wenn die vorstehenden Zeiten bzw. die Samstagsarbeit auf der Einhaltung der AZO-Pausen im Mehrschichtbetrieb, auf Mehrarbeit oder Teilzeitarbeit (durchschnittliche wöchentliche Arbeitszeit des einzelnen Arbeitnehmers unter 20 Stunden) beruhen.

Bernd Kammann

Entlassungsgrund: Betriebsänderung
Eine Fallstudie zum Problem der betrieblichen Mitbestimmung am Beispiel der Druckindustrie

I. Allgemeine Angaben

1. Gegenstand/Lernziele

Die Fallstudie „Entlassungsgrund: Betriebsänderung" hat im wesentlichen einen durch die Betriebsparteien autonom vereinbarten Sozialplan zum Gegenstand, der für die durch den technischen Wandel vom Arbeitsplatzverlust betroffenen Arbeitnehmer Ausgleichsleistungen bewirken soll.

Die Lernenden erfahren an diesem Sonderfall der betrieblichen Normensetzung, daß sich die Regelungen vorwiegend auf materielle Entschädigungsleistungen für die direkt von der Betriebsänderung negativ Betroffenen beschränken, und sie lernen einige Entschädigungsgesichtspunkte, die bei den Sozialplanverhandlungen eine Rolle spielen können, beispielhaft kennen.

2. Ablauf

Die Erarbeitung der Fallstudie erfolgt wechselweise in Plenums- und Arbeitsgruppensitzungen und gliedert sich in 6 Phasen:

1. Phase im Plenum (Konfrontation): Präsentation und Problemstellung des Falles.
2. Phase in Arbeitsgruppen (Information): Information über die konkrete Arbeitsorganisation und den geplanten technischen Wandel.
3. Phase in Arbeitsgruppen (Exploration): Erarbeiten der Handlungsmöglichkeiten des Betriebsrates.
4. Phase in Arbeitsgruppen (Resolution): Entscheidungsfindung und Konsequenzenanalyse.
5. Phase im Plenum (Disputation): Vortrag und Begründung der Entscheidungen, Diskussion der alternativen Lösungen.
6. Phase im Plenum oder in den Arbeitsgruppen (Kollation): Vergleich mit der realen Entscheidung.

Die Arbeit mit diesem Thema läßt sich anhand des Materials noch mit einer Erörterung der sozial- und arbeitsmarktpolitischen Implikationen des Sozialplaninstruments und damit der Reichweite der betrieblichen Mitbestimmung weiterführen.

3. Einsatzmöglichkeiten

Die Fallstudie ist geeignet für Schüler der 10. Jahrgangsstufe und einsetzbar im Rahmen der Behandlung der betrieblichen Mitbestimmung. Die Grundzüge des Betriebsverfassungsrechts sollten bereits bekannt sein (z. B. Aufgaben und Stellung des Betriebsrates, Mitbestimmungsbereiche und -intensität). Die Vertrautheit der Schüler mit der Fallmethode wäre hilfreich, ist aber nicht Voraussetzung für die Erarbeitung dieser Fallstudie.

II. Spezielle Angaben zur Unterstützung des Ablaufs

Zur **Vorbereitung** müssen die Teilnehmervorlagen **ohne** das Vergleichsmaterial in ausreichender Zahl bereitgestellt werden.

Während der **Durchführung** werden die Aktivitäten der Schüler im wesentlichen durch die prozeß- und ergebnisorientierten Leitfragen in den Teilnehmerunterlagen gesteuert. Die Lehrenden sollten jedoch entsprechend dem Leistungsstand und den Vorkenntnissen der Schüler entscheiden, ob sie die Gruppenbildung beeinflussen und/oder die Erarbeitung durch gemeinsame Zusammenfassungen bzw. Fixpunkte steuern wollen. Ansonsten leisten die Lehrenden während der Gruppensitzungen bei Unklarheiten Hilfestellung und achten bei der Disputationsphase auf die Einhaltung der Redezeit.

Für die **Auswertungsphase** (Kollation) muß das Vergleichsmaterial in ausreichender Zahl bereitgestellt werden. Der angestrebte Vergleich sollte sich nicht in der bloßen Feststellung der Übereinstimmung bzw. Nichtübereinstimmung des eigenen

Arbeitsergebnisses mit der realen Lösung erschöpfen, sondern darüber hinaus die materiellen und sozialen Folgen des Sozialplans für die Betroffenen zu reflektieren versuchen.

Anmerkung:

Die Daten zu der Fallstudie wurden vom Autor bei einem norddeutschen Zeitungsverlag erhoben. Die Personalliste ist fiktiv erstellt worden; sie entspricht jedoch in Zusammensetzung und Struktur der realen Belegschaft.

III. Materialien für die Teilnehmer

EINLEITUNG

In diesen Arbeitsunterlagen wird euch ein Fall aus der Arbeitswelt vorgestellt, der sich tatsächlich ereignet hat.*) Ihr sollt anhand des Informationsmaterials diese Situation durchdenken, die darin verborgenen Probleme erkennen und schließlich darlegen, in welcher Weise ihr anstelle des Betriebsrates gehandelt hättet.

Mit dem Vergleichsmaterial könnt ihr anschließend die von euch erkannten Probleme und die erarbeiteten Handlungsmöglichkeiten überprüfen sowie erfahren, nach welchen Grundsätzen dieser Fall tatsächlich in der Praxis geregelt worden ist.

Viel Erfolg!

*) **Anmerkung:** Personennamen, Ortsangaben sowie andere Daten sind vom Verfasser geändert worden.

1. Der Fall
Was ist passiert?

I. KONFRONTATION

(1) Ihr lest den Bericht „**Entlassungsgrund: Betriebsänderung**" (S. 91).

(2) Ihr diskutiert die dargestellte Lage und überlegt, welche Handlungsalternativen dem Betriebsrat in dieser Situation offenstehen könnten. Bedenkt dabei auch die Reichweite der dem Betriebsrat eingeräumten Mitbestimmungsrechte.

(3) Ihr notiert die wichtigsten Ergebnisse der Diskussion.

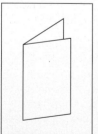

2. Welche Informationen brauchen wir? Wo und wie bekommen wir sie?

II. INFORMATION

Auf Seite 92 findet ihr Information über die Arbeitsorganisation und über den technischen Wandel im Versandbereich einer Zeitungsdruckerei (Text 2 und Text 3).

(4) Welche Auswirkungen hätte vermutlich die geplante Betriebsänderung für die Arbeitnehmer der Versandabteilung des Osnabrücker Tageblattes?

→ Wertet dazu auch die Informationen des Textes 4 aus.

Lest noch einmal im Text 4 nach, wie die dort angesprochenen Kündigungen begründet werden. Wären die Kündigungen gesetzlich zugelassen?

Wertet hierzu die folgende Graphik aus!

(5) Notiert eure Antworten.

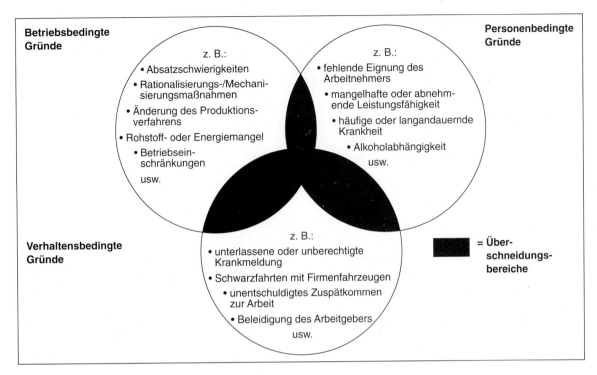

Aus: Adamy/Steffen: Handbuch der Arbeitsbeziehungen, Bonn 1985, S. 76

Auf den folgenden Seiten lernt ihr die Handlungsmöglichkeiten des Betriebsrates kennen.

Die Handlungsmöglichkeiten des Betriebsrates

Zunächst muß sich der Betriebsrat einmal Klarheit über die möglichen Auswirkungen der geplanten Maßnahme auf die Beschäftigten verschaffen, um dann zu klären, welche Gegenmaßnahmen möglich sind und welche Mittel zu deren Durchsetzung zur Verfügung stehen.

Welche Maßnahmen der Betriebsrat auch immer beschließen wird, zunächst wird er mit der Geschäftsleitung in Verhandlungen eintreten. Je besser er dabei seine Argumente begründen kann, um so günstiger sind die Aussichten für einen Kompromiß zugunsten der betroffenen Arbeitnehmer.

3. Welche Lösungen sind denkbar?

Welche möglichen Alternativen sind für einen derartigen Kompromiß denkbar?

(1) Die Maßnahme wird überhaupt nicht durchgeführt.

(2) Die Maßnahme wird nicht in der geplanten Form verwirklicht.

(3) Die Maßnahme wird in der geplanten Weise durchgeführt, und die betroffenen Arbeiter werden durch einen Sozialplan vor allzu großen Nachteilen bewahrt.

Aus: J. Friedrich u. a.: Computereinsatz: Auswirkungen auf die Arbeit, Reinbek b. Hamburg 1982, S. 74

Die Beteiligungsrechte des Betriebsrates sind bei wirtschaftlichen Entscheidungen des Unternehmens sehr schwach ausgebildet. Das Betriebsverfassungsgesetz kennt hier im wesentlichen nur Anhörungs- und Informationsrechte (siehe Schaubild).

Schaubild

Die Beteiligungsrechte des Betriebsrats in ihrer Mitbestimmungsintensität

Abgestufte Beteiligungsrechte in sozialen, personellen u. wirtschaftlichen Angelegenheiten

---

Beteiligung als gleichberechtigte Mitentscheidung. Arbeitgeber darf von vornherein nicht ohne Betriebsrat handeln. Bei Nichteinigung verbindliche Entscheidung durch die Einigungsstelle. Diese Beteiligungsform findet z. B. in folgenden Angelegenheiten Anwendung:

Lage der Arbeitszeit u. der Pausen; Fragen der Ordnung im Betrieb; Festsetzung von Kurz- u. Mehrarbeit; Aufstellung der Urlaubsgrundsätze u. des Urlaubsplans; Festsetzung der Akkord- u. Prämiensätze (Tarifvorrang!); Durchführung von Maßnahmen der betrieblichen Berufsbildung; Sozialplan (bei Betriebsänderungen).

Beteiligung als Zustimmungs-, verweigerungs- oder Widerspruchsrecht. Bei Ausübung des entsprechenden Rechts durch Betriebsrat kann Arbeitgeber zur endgültigen Entscheidung – je nach Art der Maßnahme – das Arbeitsgericht oder die Einigungsstelle anrufen. In bestimmten Fällen auch Anrufung durch Betriebsrat. Diese Beteiligungsform findet z. B. in folgenden Angelegenheiten Anwendung:

Beurteilungsgrundsätze; Personalfragebogen; Versetzungen; Umgruppierungen; nicht menschengerechte Gestaltung der Arbeitsplätze; Abberufung ungeeigneter Ausbilder.

Beteiligung als Informations-, Unterrichtungs- oder Beratungsrecht. Ein Widerspruch des Betriebsrats bleibt ohne Rechtsfolgen. Arbeitgeber kann letztlich allein entscheiden. Diese Beteiligungsform findet z. B. in folgenden Angelegenheiten Anwendung:

allgemeine wirtschaftliche Angelegenheiten des Unternehmens (Unterrichtung über Wirtschaftsausschuß); Betriebsänderungen (wirtschaftliche Seite); Personalplanung; Planung betrieblicher Räume und Arbeitsplätze; personelle Maßnahmen bei leitenden Angestellten.

Aus: Seidel/Schneider: Der Betrieb u. seine Verfassung, Wiesbaden 1976, S. 97

Mit diesen Rechten kann ein Betriebsrat jedoch weder die geplante Maßnahme noch betriebsbedingte Kündigungen von Mitarbeitern verhindern.

Ob in diesem Fall überhaupt weitere rechtliche oder politische Schritte hätten erwogen werden können, soll im Rahmen dieser Fallstudie nicht weiter untersucht werden. Die oben mit Nr. 1 und 2 bezeichneten Handlungsalternativen sollen deshalb von euch nicht weiter erörtert werden.

Handlungsmöglichkeit: Die Maßnahme wird in der geplanten Form durchgeführt, und die betroffenen Arbeiter werden durch einen Sozialplan vor allzu großen Nachteilen bewahrt.

Erarbeitet mit Hilfe der folgenden Fragen und anhand des Informationsmaterials nur noch die vorstehend genannte Handlungsmöglichkeit!

Bevor sich der Betriebsrat mit der Ausgestaltung eines Sozialplanes befassen kann, müssen noch wichtige Fragen geklärt werden.

(6) Liegen alle Voraussetzungen für die Beteiligung des Betriebsrates vor?

Beantwortet dazu unter Zuhilfenahme der folgenden Übersicht die folgenden Teilfragen:

(a) Liegt überhaupt eine „Betriebsänderung" vor?

(b) Entstehen für die Arbeitnehmer „wesentliche Nachteile"?

(c) Ist die geplante Maßnahme „erheblich"?

Nur wenn alle 3 Teilfragen mit „Ja" beantwortet werden können, wird ein Beteiligungsrecht des Betriebsrates begründet.

Voraussetzungen für Beteiligungsrechte des Betriebsrats bei Betriebsänderungen

Betriebsänderung
1. Einschränkung und Stillegung des ganzen Betriebs oder von wesentlichen Betriebsteilen
2. Verlegung des ganzen Betriebs oder von wesentlichen Betriebsteilen
3. Zusammenschluß mit anderen Betrieben
4. grundlegende Änderung der Betriebsorganisation, des Betriebszwecks oder der Betriebsanlagen
5. Einführung grundlegend neuer Arbeitsmethoden oder Fertigungsverfahren
6. bloße Personalreduzierung bei Beibehaltung der sächlichen Betriebsmittel

mögliche Gefährdungen für Arbeitnehmer: „wesentliche Nachteile"

Bei der Beurteilung möglicher Nachteile müssen der *gesamte Bereich der Arbeitsbedingungen* und nicht etwa nur die wirtschaftlichen Nachteile, die sich aus der Betriebsänderung für die Arbeitnehmer ergeben können, berücksichtigt werden.

Erheblichkeitsgrenze: Mindestzahl der betroffenen Arbeitnehmer

Gesamtbelegtschaft	Zahl der betroffenen Arbeitnehmer
20– 59	6
60–499	25 oder 10 v. H.
500 u. m.	30
mehr als 1000 (bei bloßem Personalabbau)	5 v. H.

Beteiligungsrechte des Betriebsrats
- Unterrichtungs- und Beratungsrecht
- Recht auf Interessenausgleichsverhandlungen
- Aufstellung und Ausgestaltung eines Sozialplans

Aus: Adamy/Steffen: Handbuch der Arbeitsbeziehungen, Bonn 1985, S. 172

Verfahrensablauf bei Interessenausgleichs-Verhandlungen

1. Rechtzeitige und umfassende Unterrichtung des Betriebsrats durch den Arbeitgeber, evtl. Hinzuziehung eines Sachverständigen durch den Betriebsrat

   → Wird über die Notwendigkeit der Hinzuziehung eines *Sachverständigen* bzw. über dessen Person keine Einigung zwischen Betriebsrat und Arbeitgeber erzielt, so kann über das Arbeitsgericht ein Sachverständiger bestellt werden

2. Beratung zwischen Arbeitgeber und Betriebsrat über die geplante Betriebsänderung

3. Verhandlungen über das Ob, Wann und Wie der Betriebsänderung

4. Einschaltung des Landesarbeitsamts-Präsidenten zwecks Vermittlungsversuch

   → Wird über den *Vorsitzenden der Einigungsstelle* und/oder die Zahl der Beisitzer zwischen Arbeitgeber und Betriebsrat keine Einigung erzielt, so entscheidet das Arbeitsgericht

5. Einigungsstellen-Verfahren/ Vermittlungsvorschlag/Hinzuziehung eines Sachverständigen

   → Wird über die Notwendigkeit der Hinzuziehung eines Sachverständigen bzw. über dessen Person keine Einigung zwischen Betriebsrat und Arbeitgeber erzielt, so kann über das Arbeitsgericht ein Sachverständiger bestellt werden

6. Bei Nicht-Zustandekommen eines Interessenausgleichs kann der Arbeitgeber die Betriebsänderung wie geplant durchführen

Aus: Adamy/Steffen: Handbuch der Arbeitsbeziehungen, Bonn 1985, S. 174

In dieser Fallstudie soll eine Interessenausgleichsverhandlung **nicht** erörtert werden. Welche Verhandlungsschritte dazu erforderlich wären, zeigt euch die obenstehende Abbildung.

Ihr sollt euch – wie bereits angedeutet – in dieser Fallstudie mit der Ausgestaltung und den Problemen eines Sozialplanes befassen.

Bei der Ausarbeitung eines Sozialplanes müssen schwerwiegende Entscheidungen getroffen werden.

Ziel eines Sozialplanes ist es, die erkennbaren Nachteile für die betroffenen Arbeitnehmer auszugleichen.

Mögliche Auswirkungen der geplanten Betriebsänderung habt ihr bereits bei der Bearbeitung der Frage 4 bedacht.

(7) Entwerft einen Sozialplan und bedenkt dabei mindestens die folgenden Punkte:
- Wer wird durch die Betriebsänderung „freigesetzt"?
- Wie kann eine Abfindung berechnet werden?
- Wie können entstehende Nachteile ausgeglichen werden?

Arbeitshinweis: Bearbeitet dazu die folgenden Teilfragen 7.1 bis 7.3.

Notiert eure Ergebnisse! Einen Teil der Arbeitsergebnisse könnt ihr direkt in die Personalliste (Seite 95–96) oder in die Tabelle auf Seite 90 eintragen. Alle anderen Ergebnisse notiert bitte auf einem Extrablatt.

(7.1) Wer hat den größten sozialen Schutz erlangt?

Welche Kriterien sollten dabei eine Rolle spielen (z. B. Betriebszugehörigkeit, Familienstand …)?

Berücksichtigt dabei mindestens die Angaben der folgenden Tabelle (Ihr könnt auch andere Punktwerte zugrunde legen!).

Lebensalter:	bis zu 20 Jahren	0	Punkte
	bis zu 30 Jahren	1	Punkte
	bis zu 40 Jahren	3	Punkte
	bis zu 50 Jahren	6	Punkte
	bis zu 57 Jahren	8	Punkte
	über 57 Jahre	10	Punkte
Dauer der Betriebszugehörigkeit:			
je volles Beschäftigungsjahr		0,5	Punkte
ab 11. Beschäftigungsjahr		1	Punkt
Unterhaltspflichten:			
Ehegatte		5	Punkte
je Kind		3	Punkte
Schwerbehinderung		3	Punkte

Arbeitshinweis: Berechnet den sozialen Schutz mit Hilfe der Personalliste. Arbeitnehmer mit den niedrigsten Punktzahlen kommen eher für die „Freisetzung" in Frage als solche mit höheren Punktzahlen.

(7.2) Wie soll die Abfindung der Ausscheidenden geregelt werden?

Ihr könnt hierzu auf den Tarifvertrag (Text 8) oder auf das Kündigungsschutzgesetz (Text 7) zurückgreifen.

In der Praxis wird die Höhe der Abfindung häufig auch mit einer Formel errechnet.

$$\frac{\text{Alter} \times \text{Betriebsjahre} \times \text{Monatsverdienst *)}}{80 \text{ bis } 120}$$

Der Teiler hat eine Größenordnung von 80 bis 120. Die Größe hängt vom Verhandlungsergebnis über den Sozialplan ab.

---

*) Monatsverdienst = Stundenlohn × 166

(7.2) Überprüft die Auswirkungen dieser Berechnungsmethode an einem Beispiel:

Nr. 1, Andres, Klaus	a) bei Teiler 80?
	b) bei Teiler 120?
	c) nach Rationalisierungsschutzabkommen (Text 8)?
Nr. 2, Apel, Irmgard	a) bei Teiler 80?
	b) nach § 10 KSchG (Text 7)?

(7.3) Welche Nachteile sollen weiter durch den Sozialplan ausgeglichen werden?

Benennt mögliche Nachteile und macht einen Vorschlag, wie diese ausgeglichen werden können.

Unterschiede und Gemeinsamkeiten von Interessenausgleich und Sozialplan

Kriterium	Interessenausgleich	Sozialplan
Beteiligungsrecht	Information, Beratung, Verhandlung	erzwingbare Mitbestimmung
Konfliktregelung	kein Einigungszwang	Spruch der Einigungsstelle ist verbindlich
Regelungsinhalt	Verhinderung, Verzögerung u./o. andere Ausgestaltung der Betriebsänderung	materielle Entschädigungsleistungen an direkt von der Betriebsänderung negativ betroffene Arbeitnehmer
Einflußebene	wirtschaftliche Entscheidung des Unternehmers	soziale Auswirkungen auf Arbeitnehmer
Rechtswirkung	kollektive Sonderregelung ohne individuelle Ansprüche; Nachteilsausgleich bei unterlassenem Versuch eines Interessenausgleichs oder bei Abweichung vom Interessenausgleich ohne wichtigen Grund	unmittelbare zwingende Wirkung; Individualanspruch des Arbeitnehmers

Aus: Adamy/Steffen: Handbuch der Arbeitsbeziehungen, Bonn 1985, Seite 177

4. Wir treffen eine Entscheidung. Welche Folgen hat sie?

III. TREFFEN DER ENTSCHEIDUNG

(8) Welche Arbeitnehmer sollen im Betrieb verbleiben, welche ausscheiden? Begründet eure Entscheidung!

Arbeitshinweis: Streicht in der Personalliste alle Arbeitnehmer, die ausscheiden sollen!

(9) Bedenkt die Folgen dieser Auswahl!

Tragt in die Tabelle auf Seite 90

- jeweils die 3 Arbeitnehmer mit dem geringsten *) und höchsten sozialen Schutz ein.

Überdenkt die Folgen anhand der in der Tabelle gestellten Fragen!

IV. VERTEIDIGUNG DER ENTSCHEIDUNG

Tragt eure Entscheidung und eure Ausgestaltung des Sozialplanes in der Klasse vor.

Vergleicht euer Ergebnis mit anderen Lösungen.

Versucht euer Ergebnis gegenüber anderen Lösungen zu begründen und zu verteidigen.

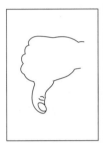

5. Unsere Entscheidung: Pro und Contra

V. VERGLEICH

Die wesentlichen Punkte, die bei der Ausgestaltung des Sozialplanes im tatsächlichen Fall eine Rolle gespielt haben, könnt ihr einem Protokoll entnehmen, daß von einer Diskussion mit dem Personalleiter und einem Betriebsratsmitglied der betroffenen Firma stammt.

Im Vergleichsmaterial findet ihr ferner:

- die Personalliste
- ein Beispiel für einen Sozialplan
- Angaben über Abfindungszahlungen

6. Vergleich: Unsere Entscheidung – tatsächliche Entscheidung

---

*) Anmerkung: Ohne Berücksichtigung der befristet beschäftigten Arbeitnehmer.

Arbeitnehmer (Name)	Begründung für die Auswahl: (Warum kommt der Arbeitnehmer für eine „Freisetzung" in Frage bzw. nicht in Frage?)	Welche Nachteile könnten durch die Betriebsänderung für den Arbeitnehmer entstehen?	Wie könnten mögliche Nachteile ausgeglichen werden?	Wie hoch wäre eine mögliche Abfindungszahlung?

Text 1

Entlassungsgrund: Betriebsänderung

Die Stimmung war gedrückt, als der Vorsitzende des Betriebsrates die Sitzung eröffnete. Den Mitgliedern lag ein Schreiben der Geschäftsleitung des Osnabrücker Tageblattes vor, das nun offiziell bestätigte, was schon seit geraumer Zeit befürchtet worden war: die Versandabteilung sollte total umgekrempelt werden. Und das bedeutete das „Aus" für viele Kolleginnen und Kollegen.

Hatte man in den vergangenen Jahren die Rationalisierungswellen in der Satzherstellung und im Druck noch ohne große Freisetzungsmaßnahmen bewältigen können, so waren jetzt die Kolleginnen und Kollegen im Versand ärger dran. Das neue automatisierte Ferag-Versandsystem würde über die Hälfte der Arbeitsplätze wegrationalisieren.

Die Nachricht, die den Betriebsratsmitgliedern vor Augen lag, kam allerdings nicht unverhofft. Schon vor vier Wochen hatten sie aus dem Wirtschaftsausschuß erfahren, daß etwas im Busche ist. Die Versandabteilung, hieß es, sei nicht in der Lage, die vielfältigen Werbebeilagen in der gewünschten Anzahl und in der zur Verfügung stehenden Zeit in die Zeitungen ‚einzuschießen'. Der Verlag habe bereits Beilagenaufträge ablehnen müssen, weil die Kapazität des Versandsystems erschöpft gewesen wäre. Es bestünde daher die Gefahr, daß die Zeitung Werbekunden an konkurrierende Werbeträger verlöre und dadurch erhebliche wirtschaftliche Einbußen erlitte.

Das gegenwärtige System, bei dem durch Einlegerinnen die Beilagen manuell eingelegt werden, sei nicht mehr ausbaubar. Während die Einlegerinnen maximal 3 verschiedene Beilagen mit einer Stundenleistung von 1000 Stück einschießen könnten, erlaube das Ferag-System die Verarbeitung von bis zu 6 Beilagen bei einer synchron zur Rotation zu steuernden Einlegegeschwindigkeit, also von ca. 40.000 Stück pro Stunde. Der werbenden Wirtschaft könne man unter diesen Voraussetzungen attraktive Angebote machen, und damit verbessere sich die Wettbewerbssituation der Zeitung als regionaler Werbeträger.

Die Geschäftsleitung hatte ihre wirtschaftliche Entscheidung getroffen; dem Betriebsrat blieb nichts anderes übrig, als aus der Situation das beste für die betroffenen Kolleginnen und Kollegen herauszuholen.

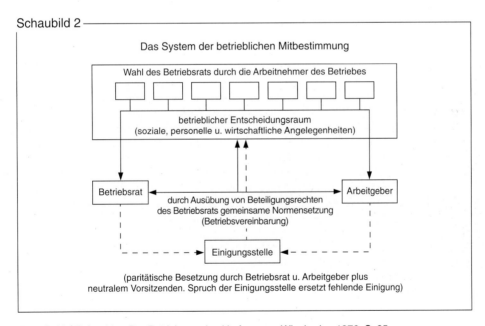

Schaubild 2 — Das System der betrieblichen Mitbestimmung

Aus: Seidel/Schneider: Der Betrieb u. seine Verfassung. Wiesbaden 1976, S. 85

Text 2

Zählen, Verpacken und Versenden

Die letzte Station, die die Zeitung in unserer Druckerei durchläuft, ist die sogenannte Nachtexpedition. Hier werden die Voraussetzungen geschaffen, daß die Zeitungen frühmorgens pünktlich zum Leser kommen. Etwa 90 % aller bei uns gedruckten Zeitungen werden über die Zustellung im Abonnement durch eigene Zeitungsverteiler zum Leser gebracht, 2 % gehen per Post hinaus und 8 % im freien Verkauf am Kiosk. Bis jedoch ein fertiges Zeitungspaket in den Lastwagen gelangt, sind eine Reihe von Arbeitsgängen notwendig, die hohe Konzentration und flinkes Zupacken erfordern. Wäre das nicht der Fall, so würde man im Versand förmlich in Zeitungen ersticken. Die Rotationsmaschinen spucken die fertigen Zeitungsteile nur so aus, und der Versand hat eine fließende Verarbeitung zu garantieren. Etwa 40.000 Zeitungen müssen pro Stunde versandfertig gemacht werden. Der Wettlauf um die kostbare Zeit, dem vorher schon Redakteure, Setzer und Drucker nicht entrinnen konnten, setzt sich auch beim Versand fort. Auch hier gibt es keine Zeitreserven, denn Bundesbahn-Fahrpläne und andere Vertriebswege erfordern pünktliche Anlieferungszeiten. Von den Förderbändern aus den Rotationsmaschinen gelangen die Zeitungen in den Packsaal, wo ein Heer von Mitarbeitern allabendlich die nicht enden wollende Flut von Zeitungen wegschaffen muß. Oft genug sind die Zeitungen auch noch nicht komplett. Sie müssen noch mit Zeitungsbeilagen (Prospekte usw.) oder auch mit vorproduzierten Zeitungsteilen ergänzt werden. Das geschieht mit Einlegemaschinen und auch von Hand. Da die Zeitungsumfänge allabendlich verschieden sind, ist auch auch die Mitarbeiterzahl flexibel und wird den jeweiligen Erfordernissen angepaßt. Nach sich täglich verändernden Zahlen (Ab- und Zugänge) werden bei der Vertriebsabteilung bei der EDV über eintausend Packzettel abgerufen. Hierauf stehen Angaben wie Adresse der Trägerin, der Ablegplatz des Zeitungspaketes, die Inhaltsstückzahl, Ab- und Zugänge sowie Unterbrechungen und sonstige wichtige Vermerke. Nach diesen Angaben werden dann von flinken Frauenhänden die Zeitungspakete gepackt und maschinell verschnürt und nach Zeitungstouren geordnet auf Paletten abgesetzt. Die Zeitungsfahrer holen sich dann diese Paletten zu ihren Fahrzeugen und beginnen mit dem Verladen.

(Quelle: Eckensberger GmbH & Co. KG (Hg.), Ein Blick hinter die Kulissen Ihrer Zeitung, Braunschweig, 2. Aufl. 6.80)

Text 3

Ein Labyrinth von Förderbändern, Trommeln und Paletten

Bis ein fertiges Zeitungspaket in den Zeitungswagen gelangt, sind umfangreiche Arbeitsvorgänge notwendig, die von Außenstehenden nicht einmal erahnt werden können. Zwei der wesentlichen sind das Einstecken von Zeitungsteilen, die bereits vorher produziert wurden, und von angelieferten Prospekten sowie das Zählen und Verpacken der vollständigen Zeitung. Die über die Falzausgänge der Rotation laufenden Zeitungen werden von Förderbändern des Ferag-Versandsystems übernommen. Die Geschwindigkeit wird dabei synchron der Rotation angepaßt. Die Bänder transportieren die Exemplare zu den einzelnen Stationen im Versandbereich. Von jedem Rotationsausgang können die Zeitungen auf Rotapal-Türme abgestapelt werden. In Spiralform werden hier die Produkte abgelegt. Spezielle Entstapeleinheiten ermöglichen ein Abtragen dieser Türme zur Weiterverarbeitung. An die drei Hauptausgänge der Rotation ist je eine komplette Versandanlage angeschlossen. Hier können in einer Einstecktrommel dem laufenden Produkt weitere Vordrucke oder Beilagen – bis zu sechs Teilen – zugeführt werden. Die Palette der Möglichkeiten reicht von einem 32seitigen Vordruck bis zu einer Beilage in Postkartengröße. Über ein Ablagesystem werden Exemplare automatisch gesammelt und über Förderbänder zur Folier- und Schnürmaschine geführt. Über ein Vario-Data-Terminal kann durch EDVmäßig aufgearbeitete Zahlen die Steuerung der Paketbildung übernommen werden. Es lassen sich so Pakete entsprechend vorgegebener Auslieferungslisten erstellen. Die gewünschte Reihenfolge und die einzelnen Paketgrößen können so gesteuert werden, wie sie in das bereitstehende Fahrzeug laufen sollen.

(Quelle: Das Pressehaus, Verlagsbroschüre der Braunschweiger Zeitung, 10/85, Hamburger Str. 277, 38114 Braunschweig)

Text 4

Osnabrück, 27.02.85

OSNABRÜCKER TAGEBLATT

An

den Vorsitzenden

des Betriebsrates

im Hause

Sehr geehrter Herr Vorsitzender!

Wir bestätigen Ihnen wunschgemäß, was wir mit Ihnen anläßlich der letzten Sitzung des Wirtschaftsausschusses bereits mündlich erörtert haben.

Die Geschäftsleitung sieht im Einvernehmen mit dem Betriebsleiter Technik vor, die Versandabteilung mit dem Ferag-Versandsystem auszustatten. Hinsichtlich der technischen Auswirkungen und der wirtschaftlichen Erfordernisse der geplanten Maßnahme verweisen wir Sie auf die im Wirtschaftsausschuß vorgetragenen Erläuterungen.

Der Zielpunkt für die Betriebsbereitschaft des Systems ist der 30.09. dieses Jahres.

Betroffen von dieser Maßnahme ist ausschließlich die Abteilung Versand mit z. Z. 40 Mitarbeitern. Eine Personalliste der Abteilung ist diesem Schreiben beigefügt. Nach Einführung des Ferag-Systems werden in dieser Abteilung ca. 15 Arbeitsplätze zur Verfügung stehen.

In den anderen Abteilungen unseres Betriebes stehen freie Arbeitsplätze nur im begrenzten Umfange zur Verfügung. In der Buchbinderei werden zum 1.10. voraussichtlich 3 Arbeitsplätze zu besetzen sein. Diese Arbeitsplätze sind jedoch nicht – wie im Versand – nach Lohngruppe I, sondern höherwertig nach Gruppe II bewertet. Die für eine evtl. Umsetzung in Frage kommenden Mitarbeiter müßten daher die dafür erforderlichen Qualifikationen besitzen und überdies bereit sein, einen Vollarbeitsplatz in Wechselschicht anzunehmen.

Weitere vergleichbare Arbeitsplätze sind in unserem Unternehmen nicht vorhanden.

Mitarbeitern, denen eine Weiterbeschäftigung nicht angeboten werden kann und deren Arbeitsplätze entfallen, müssen wir zu unserem Bedauern aus betriebsbedingten Gründen zum 30.09. dieses Jahres die Kündigung aussprechen.

Eine Auswahl unter den in Frage kommenden Mitarbeitern wird z. Z. von unserer Personalabteilung vorbereitet; eine Entscheidung darüber ist seitens der Geschäftsleitung noch nicht getroffen worden. Die dabei zur Anwendung kommenden Kriterien werden in Ermangelung von Auswahlrichtlinien gem. § 95 BetrVerfG von der Personalabteilung in Einvernehmen mit dem Abteilungsleiter und der Geschäftsleitung erarbeitet werden.

Vorab dürfen wir Ihnen aber schon zur Information mitteilen, daß aus betrieblichen Erwägungen die folgen Mitarbeiter nicht in das Auswahlverfahren einbezogen werden:

Herr Gert Blume	vorgesehen als	Anlagenführer
Frau Gisela Enge		Datenerfasserin
Herr Egon Fricke	wie bisher	Schichtleiter
Frau Gundrun Kruse	vorgesehen als	Anlagenführerin
Herr Werner Lindau	wie bisher	Fahrer

Die genannten Mitarbeiter verbleiben auf ihren Arbeitsplätzen bzw. werden auf ihre neuen Arbeitsplätze eingearbeitet. Nach erfolgter Einarbeitung erfolgt die Eingruppierung nach Lohngruppe III.

Die o.g. Angaben entsprechen dem derzeitigen Stand der Planung. Für weitere Informationen bzw. Beratungen gem. § 111 ff BetrVerfG steht Ihnen die Geschäftsleitung nach vorheriger Terminabsprache zur Verfügung.

Mit freundlichem Gruß

OSNABRÜCKER TAGEBLATT
— Geschäftsleitung —

Anlagen: Personalliste der Versandabteilung
Anzeige gem. § 17 KSchG*)

Auszug aus: Nds. Minister für Wirtschaft und Verkehr (Hg.): **Jahreswirtschaftsbericht 1986**, Niedersachsen, Hannover 1986, S. 29–30.

Arbeitslosigkeit in Niedersachsen 1980–1985

Arbeitsamtsbezirk		1980	1981	1982	1983	1984	1985
Osnabrück	a)	5 869	9 104	13 367	17 042	17 773	18 552
	b)	+9,8	+55,1	+ 46,8	+ 27,5	+ 4,3	+ 4,4
	c)	3,9	6,1	8,9	11,3	11,8	12,4

a) Arbeitslosenzahl
b) Veränderung gegenüber dem Vorjahr
c) Arbeitslosenquote in %

Quelle: Landesarbeitsamt Niedersachsen-Bremen, Bundesanstalt für Arbeit

*) **Anmerkung:** Nach dem KSchG (§ 17) und dem AFG (§ 8) ist der Betriebsinhaber in bestimmten Fällen verpflichtet, dem Präsidenten des Landesarbeitsamtes geplante ‚Massenentlassungen' unter Beifügung der Stellungnahme des Betriebsrates schriftlich anzuzeigen.

Auf einen Abdruck dieser Anzeige wird in diesem Material verzichtet, da sie inhaltlich nicht über das Schreiben an den Betriebsratsvorsitzenden hinausgeht.

Für die Bearbeitung des Falles wird vorausgesetzt, daß die erforderliche Anzeige ohne die Stellungnahme des BR zeitgleich mit diesem Schreiben dem Arbeitsamt zugegangen ist. Die Stellungnahme des BR kann nachgereicht werden.

Text 5

Lfd. Nr.	Name, Vorname	Alter	Familien- stand	Unterhaltspflichtig für		Schwerbe- hinderter	Betriebszu- gehörigkeit	Bemerk.
				Kinder	Ehe- gatten			
1	Andres, Klaus	27	verh.	1	ja	nein	8	
2	Apel, Irmgard	58	verh.	0	nein	nein	31	Teilzeit 20/40
3	Baldauf, Carola	19	led.	0	nein	nein	1	
4	Becker, Gaby	22	led.	0	nein	nein	1	befristet bis 1.10
5	Bleskin, Erna	46	verh.	3	nein	nein	5	
6	Blume, Gert	37	verh.	2	ja	nein	20	Masch.- einricht.
7	Breuer, Eva	32	verh.	1	nein	nein	9	
8	Celik, Helena	29	verh.	3	nein	nein	1	befristet bis 1.10
9	Dahm, Ilse	41	verh.	0	nein	nein	20	
10	Dormeier, Olga	52	led.	0	nein	ja	32	
11	Enge, Gisela	21	led.	0	nein	nein	1	Büro- gehilfin
12	Evers, Kurt	43	verh.	1	nein	nein	13	
13	Fischer, Gunda	38	led.	0	nein	nein	17	
14	Flatow, Lisa	47	verh.	2	nein	nein	24	
15	Fricke, Egon	54	verh.	1	ja	nein	30	Schicht- leiter
16	Gander, Helga	25	verh.	0	nein	nein	4	
17	Gutacker, Sabine	28	led.	0	nein	nein	7	
18	Heiser, Irma	31	verh.	1	nein	nein	2	Teilzeit 20/40
19	Henrich, Monika	25	led.	0	nein	nein	5	
20	Herholz, Birgit	18	led.	0	nein	nein	1	
21	Irrgang, Grete	51	verh.	2	nein	nein	24	Teilzeit 20/40
22	Junge, Hedwig	43	led.	0	nein	nein	15	
23	Käferhaus, Peter	39	verh.	2	ja	nein	7	Vorarbei- ter
24	Kettler, Carmen	37	verh.	1	nein	nein	21	
25	Koppe, Ulrike	24	verh.	1	nein	nein	3	Teilzeit 20/40
26	Kruse, Gudrun	48	led.	0	nein	nein	27	Masch.- einricht.

Lfd. Nr.	Name, Vorname	Alter	Familien- stand	Unterhaltspflichtig für			Shwerbe- hinderter	Betriebszu- gehörigkeit	Bemerk.
				Kinder	Ehe- gatten				
27	Lindau, Werner	31	verh.	2	nein	nein		12	Gabelst.- fahrer
28	Lührs, Margarete	45	verh.	4	nein	nein		8	Teilzeit 20/40
29	Minnerup, Christa	42	verh.	0	nein	ja		15	
30	Molle, Dörte	23	verh.	0	nein	nein		2	
31	Neuhaus, Hanna	54	verh.	1	nein	nein		33	
32	Odewald, Wolfram	19	led.	0	nein	nein		1	befristet bis 1.10.
33	Pergelt, Marie	56	verh.	0	nein	nein		37	
34	Reisch, Wilma	44	verh.	1	nein	nein		13	
35	Ritter, Hildegard	59	verh.	3	nein	nein		21	Teilzeit 20/40
36	Ruschke, Erna	62	verh.	0	ja	nein		41	
37	Schiller, Evelin	35	verh.	1	nein	nein		3	
38	Schulz, Astrid	27	verh.	0	nein	nein		6	
39	Thamsen, Franziska	34	verh.	1	nein	nein		9	Teilzeit 20/40
40	Zeipelt, Angela	32	verh.	2	nein	nein		4	Teilzeit 20/40

Technischer Hinweis: Die Leerspalten können zur Gewichtung und Berechnung des sozialen Schutzes benutzt werden.

Text 6

Auszug aus: Betriebsverfassungsgesetz vom 15.01.1972 (BGBl. I, S. 13)

§ 80. Allgemeine Aufgaben. (1) Der Betriebsrat hat folgende allgemeine Aufgaben:

1. darüber zu wachen, daß die zugunsten der Arbeitnehmer geltenden Gesetze, Verordnungen, Unfallverhütungsvorschriften, Tarifverträge und Betriebsvereinbarungen durchgeführt werden;
2. Maßnahmen, die dem Betrieb und der Belegschaft dienen, beim Arbeitgeber zu beantragen;
3. Anregungen von Arbeitnehmern und der Jugendvertretung entgegenzunehmen und, falls sie berechtigt erscheinen, durch Verhandlungen mit dem Arbeitgeber auf eine Erledigung hinzuwirken; er hat die betreffenden Arbeitnehmer über den Stand und das Ergebnis der Verhandlungen zu unterrichten;
4. die Eingliederung Schwerbeschädigter und sonstiger besonders schutzbedürftiger Personen zu fördern;
5. die Wahl einer Jugendvertretung vorzubereiten und durchzuführen und mit dieser zur Förderung der Belange der jugendlichen Arbeitnehmer eng zusammenzuarbeiten; er kann von der Jugendvertretung Vorschläge und Stellungnahmen anfordern;
6. die Beschäftigung älterer Arbeitnehmer im Betrieb zu fördern;
7. die Eingliederung ausländischer Arbeitnehmer im Betrieb und das Verständnis zwischen ihnen und den deutschen Arbeitnehmern zu fördern.

(2) Zur Durchführung seiner Aufgaben nach diesem Gesetz ist der Betriebsrat rechtzeitig und umfassend vom Arbeitgeber zu unterrichten. Ihm sind auf Verlangen jederzeit die zur Durchführung seiner Aufgaben erforderlichen Unterlagen zur Verfügung zu stellen; in diesem Rahmen ist der Betriebsausschuß oder ein nach § 28 gebildeter Ausschuß berechtigt, in die

Listen über die Bruttolöhne und -gehälter Einblick zu nehmen.

(3) Der Betriebsrat kann bei der Durchführung seiner Aufgaben nach näherer Vereinbarung mit dem Arbeitgeber Sachverständige hinzuziehen, soweit dies zur ordnungsgemäßen Erfüllung seiner Aufgaben erforderlich ist. Für die Geheimhaltungspflicht der Sachverständigen gilt § 79 entsprechend.

Fünfter Abschnitt. Personelle Angelegenheiten

Erster Unterabschnitt. Allgemeine personelle Angelegenheiten

§ 92. Personalplanung. (1) Der Arbeitgeber hat den Betriebsrat über die Personalplanung, insbesondere über den gegenwärtigen und künftigen Personalbedarf sowie über die sich daraus ergebenden personellen Maßnahmen der Berufsbildung anhand von Unterlagen rechtzeitig und umfassend zu unterrichten. Er hat mit dem Betriebsrat über Art und Umfang der erforderlichen Maßnahmen und über die Vermeidung von Härten zu beraten.

(2) Der Betriebsrat kann dem Arbeitgeber Vorschläge für die Einführung einer Personalplanung und ihre Durchführung machen.

§ 93. Ausschreibung von Arbeitsplätzen. Der Betriebsrat kann verlangen, daß Arbeitsplätze, die besetzt werden sollen, allgemein oder für bestimmte Arten von Tätigkeiten vor ihrer Besetzung innerhalb des Betriebs ausgeschrieben werden.

§ 94. Personalfragebogen, Beurteilungsgrundsätze. (1) Personalfragebogen bedürfen der Zustimmung des Betriebsrats. Kommt eine Einigung über ihren Inhalt nicht zustande, so entscheidet die Einigungsstelle. Der Spruch der Einigungsstelle ersetzt die Einigung zwischen Arbeitgeber und Betriebsrat.

(2) Absatz 1 gilt entsprechend für persönliche Angaben in schriftlichen Arbeitsverträgen, die allgemein für den Betrieb verwendet werden sollen, sowie für die Aufstellung allgemeiner Beurteilungsgrundsätze.

§ 95. Auswahlrichtlinien. (1) Richtlinien über die personelle Auswahl bei Einstellungen, Versetzungen, Umgruppierungen und Kündigungen bedürfen der Zustimmung des Betriebsrates. Kommt eine Einigung über die Richtlinien oder ihren Inhalt nicht zustande, so entscheidet auf Antrag des Arbeitgebers die Einigungsstelle. Der Spruch der Einigungsstelle ersetzt die Einigung zwischen Arbeitgeber und Betriebsrat.

(2) In Betrieben mit mehr als 1000 Arbeitnehmern kann der Betriebsrat die Aufstellung von Richtlinien über die bei Maßnahmen des Absatzes 1 Satz 1 zu beachtenden fachlichen und persönlichen Voraussetzungen und sozialen Gesichtspunkte verlangen. Kommt eine Einigung über die Richtlinien oder ihren Inhalt nicht zustande, so entscheidet die Einigungsstelle. Der Spruch der Einigungsstelle ersetzt die Einigung zwischen Arbeitgeber und Betriebsrat.

(3) Versetzung im Sinne dieses Gesetzes ist die Zuweisung eines anderen Arbeitsbereichs, die voraussichtlich die Dauer von einem Monat überschreitet, oder mit einer erheblichen Änderung der Umstände verbunden ist, unter denen die Arbeit zu leisten ist. Werden Arbeitnehmer nach der Eigenart ihres Arbeitsverhältnisses üblicherweise nicht ständig an einem bestimmten Arbeitsplatz beschäftigt, so gilt die Bestimmung des jeweiligen Arbeitsplatzes nicht als Versetzung.

Aus: DGB (Hg.): Krise u. Arbeitnehmerinteressen – umfassende Mitbestimmung, gerade jetzt. Düsseldorf 1983, S. 4/96

Dritter Unterabschnitt. Personelle Einzelmaßnahmen

§ 99. Mitbestimmung bei personellen Einzelmaßnahmen. (1) In Betrieben mit in der Regel mehr als zwanzig wahlberechtigten Arbeitnehmern hat der Arbeitgeber den Betriebsrat vor jeder Einstellung, Eingruppierung, Umgruppierung und Versetzung zu unterrichten, ihm die erforderlichen Bewerbungsunterlagen vorzulegen und Auskunft über die Person der Beteiligten zu geben; er hat dem Betriebsrat unter Vorlage der erforderlichen Unterlagen Auskunft über die Auswirkungen der geplanten Maßnahme zu geben und die Zustimmung des Betriebsrates zu der geplanten Maßnahme einzuholen. Bei Einstellung und Versetzungen hat der Arbeitgeber insbesondere den in Aussicht genommenen Arbeitsplatz und die vorgesehene Eingruppierung mitzuteilen. Die Mitglieder des Betriebsrates sind verpflichtet, über die ihnen im Rahmen der personellen Maßnahmen nach den Sätzen 1 und 2 bekanntgewordenen persönlichen Verhältnisse und Angelegenheiten der

Arbeitnehmer, die ihrer Bedeutung oder ihrem Inhalt nach einer vertraulichen Behandlung bedürfen, Stillschweigen zu bewahren; § 79 Abs. 1 Satz 2 bis 4 gilt entsprechend.

(2) Der Betriebsrat kann die Zustimmung verweigern, wenn

1. die personelle Maßnahme gegen ein Gesetz, eine Verordnung, eine Unfallverhütungsvorschrift oder gegen eine Bestimmung in einem Tarifvertrag oder in einer Betriebsvereinbarung oder gegen eine gerichtliche Entscheidung oder eine behördliche Anordnung verstoßen würde,
2. die personelle Maßnahme gegen eine Richtlinie nach § 95 verstoßen würde,
3. die durch Tatsachen begründete Besorgnis besteht, daß infolge der personellen Maßnahme im Betrieb beschäftigte Arbeitnehmer gekündigt werden oder sonstige Nachteile erleiden, ohne daß dies aus betrieblichen oder persönlichen Gründen gerechtfertigt ist,
4. der betroffene Arbeitnehmer durch die personelle Maßnahme benachteiligt wird, ohne daß dies aus betrieblichen Gründen gerechtfertigt ist,
5. eine nach § 93 erforderliche Ausschreibung im Betrieb unterblieben ist oder
6. die durch Tatsachen begründete Besorgnis besteht, daß der für die personelle Maßnahme in Aussicht genommene Bewerber oder Arbeitnehmer den Betriebsfrieden durch gesetzwidriges Verhalten oder durch grobe Verletzung der in § 75 Abs. 1 enthaltenen Grundsätze stören werde.

(3) Verweigert der Betriebsrat seine Zustimmung, so hat er dies unter Angabe von Gründen innerhalb einer Woche nach Unterrichtung durch den Arbeitgeber diesem schriftlich mitzuteilen. Teilt der Betriebsrat dem Arbeitgeber die Verweigerung seiner Zustimmung nicht innerhalb der Frist schriftlich mit, gilt die Zustimmung als erteilt.

(4) Verweigert der Betriebsrat seine Zustimmung, so kann der Arbeitgeber beim Arbeitsgericht beantragen, die Zustimmung zu ersetzen.

§ 102. Mitbestimmung bei Kündigungen.

(1) Der Betriebsrat ist vor jeder Kündigung zu hören. Der Arbeitgeber hat ihm die Gründe für die Kündigung mitzuteilen. Eine ohne Anhörung des Betriebsrates ausgesprochene Kündigung ist unwirksam.

(2) Hat der Betriebsrat gegen eine ordentliche Kündigung Bedenken, so hat er diese unter Angabe der Gründe dem Arbeitgeber spätestens innerhalb einer Woche schriftlich mitzuteilen. Äußert er sich innerhalb dieser Frist nicht, gilt seine Zustimmung zur Kündigung als erteilt. Hat der Betriebsrat gegen eine außerordentliche Kündigung Bedenken, so hat er diese unter Angabe der Gründe dem Arbeitgeber unverzüglich, spätestens jedoch innerhalb von drei Tagen, schriftlich mitzuteilen. Der Betriebsrat soll, soweit dies erforderlich erscheint, vor seiner Stellungnahme den betroffenen Arbeitnehmer hören. § 99 Abs 1 Satz 3 gilt entsprechend.

(3) Der Betriebsrat kann innerhalb der Frist des Absatzes 2 Satz 1 der ordentlichen Kündigung widersprechen, wenn

1. der Arbeitgeber bei der Auswahl des zu kündigenden Arbeitnehmers soziale Gesichtspunkte nicht oder nicht ausreichend berücksichtigt hat,
2. die Kündigung gegen eine Richtlinie nach § 95 verstößt,
3. der zu kündigende Arbeitnehmer an einem anderen Arbeitsplatz im selben Betrieb oder in einem anderen Betrieb des Unternehmens weiterbeschäftigt werden kann,
4. die Weiterbeschäftigung des Arbeitnehmers nach zumutbaren Umschulungs- oder Fortbildungsmaßnahmen möglich ist oder
5. eine Weiterbeschäftigung des Arbeitnehmers unter geänderten Vertragsbedingungen möglich ist und der Arbeitnehmer sein Einverständnis hiermit erklärt hat.

(4) Kündigt der Arbeitgeber, obwohl der Betriebsrat nach Absatz 3 der Kündigung widersprochen hat, so hat er dem Arbeitnehmer mit der Kündigung eine Abschrift der Stellungnahme des Betriebsrats zuzuleiten.

(5) Hat der Betriebsrat einer ordentlichen Kündigung frist- und ordnungsgemäß widersprochen, und hat der Arbeitnehmer nach dem Kündigungsschutzgesetz Klage auf Feststellung erhoben, daß das Arbeitsverhältnis durch die Kündigung nicht aufgelöst ist, so muß der Arbeitgeber auf Verlangen des Arbeitnehmers diesen nach Ablauf der Kündigungsfrist bis zum rechtskräftigen Abschluß des Rechtsstreits bei unveränderten Arbeitsbedingungen weiterbeschäftigen. Auf Antrag des Arbeitgebers kann das Gericht ihn durch einstweilige Verfügung von der Verpflichtung zur Weiterbeschäftigung nach Satz 1 entbinden, wenn

1. die Klage des Arbeitnehmers keine hinreichende Aussicht auf Erfolg bietet oder mutwillig erscheint oder
2. die Weiterbeschäftigung des Arbeitnehmers zu einer unzumutbaren wirtschaftlichen Belastung des Arbeitgebers führen würde oder
3. der Widerspruch des Betriebsrats offensichtlich unbegründet war.

(6) Arbeitgeber und Betriebsrat können vereinbaren, daß Kündigungen der Zustimmung des Betriebsrats bedürfen und daß bei Meinungsverschiedenheiten über die Berechtigung der Nichterteilung der Zustimmung die Einigungsstelle entscheidet.

(7) Die Vorschriften über die Beteiligung des Betriebsrates nach dem Kündigungsschutzgesetz und nach § 8 Abs. 1 des Arbeitsförderungsgesetzes bleiben unberührt.

Sechster Abschnitt. Wirtschaftliche Angelegenheiten
Erster Unterabschnitt. Unterrichtung in wirtschaftlichen Angelegenheiten

§ 106. Wirtschaftsausschuß. (1) In allen Unternehmen mit in der Regel mehr als einhundert ständig beschäftigten Arbeitnehmern ist ein Wirtschaftsausschuß zu bilden. Der Wirtschaftsausschuß hat die Aufgabe, wirtschaftliche Angelegenheiten mit dem Unternehmer zu beraten und den Betriebsrat zu unterrichten.

(2) Der Unternehmer hat den Wirtschaftsausschuß rechtzeitig und umfassend über die wirtschaftlichen Angelegenheiten des Unternehmens unter Vorlage der erforderlichen Unterlagen zu unterrichten, soweit dadurch nicht die Betriebs- und Geschäftsgeheimnisse des Unternehmens gefährdet werden, sowie die sich daraus ergebenden Auswirkungen auf die Personalplanung darzustellen.

(3) Zu den wirtschaftlichen Angelegenheiten im Sinne dieser Vorschrift gehören insbesondere
1. die wirtschaftliche und finanzielle Lage des Unternehmens;
2. die Produktions- und Absatzlage;
3. das Produktions- und Investitionsprogramm;
4. Rationalisierungsvorhaben;
5. Fabrikations- und Arbeitsmethoden, insbesondere die Einführung neuer Arbeitsmethoden;
6. die Einschränkung oder Stillegung von Betrieben oder von Betriebsteilen;
7. die Verlegung von Betrieben oder Betriebsteilen,
8. der Zusammenschluß von Betrieben;
9. die Änderung der Betriebsorganisation oder des Betriebszwecks sowie
10. sonstige Vorgänge und Vorhaben, welche die Interessen der Arbeitnehmer des Unternehmens wesentlich berühren können.

Zweiter Unterabschnitt. Betriebsänderungen

§ 111. Betriebsänderungen. Der Unternehmer hat in Betrieben mit in der Regel mehr als zwanzig wahlberechtigten Arbeitnehmern den Betriebsrat über geplante Betriebsänderungen, die wesentliche Nachteile für die Belegschaft oder erhebliche Teile der Belegschaft zur Folge haben können, rechtzeitig und umfassend zu unterrichten und die geplanten Betriebsänderungen mit dem Betriebsrat zu beraten. Als Betriebsänderungen im Sinne des Satzes 1 gelten

1. Einschränkung und Stillegung des ganzen Betriebs oder von wesentlichen Betriebsteilen,
2. Verlegung des ganzen Betriebs oder von wesentlichen Betriebsteilen,
3. Zusammenschluß mit anderen Betrieben,
4. grundlegende Änderungen der Betriebsorganisation, des Betriebszwecks oder der Betriebsanlagen,
5. Einführung grundlegend neuer Arbeitsmethoden und Fertigungsverfahren.

§ 112. Interessenausgleich über die Betriebsänderung, Sozialplan. (1) Kommt zwischen Unternehmer und Betriebsrat ein Interessenausgleich über die geplante Betriebsänderung zustande, so ist dieser schriftlich niederzulegen und vom Unternehmer und Betriebsrat zu unterschreiben. Das gleiche gilt für eine Einigung über den Ausgleich oder die Milderung der wirtschaftlichen Nachteile, die den Arbeitnehmern infolge der geplanten Betriebsänderung entstehen (Sozialplan). Der Sozialplan hat die Wirkung einer Betriebsvereinbarung. § 77 Abs. 3 ist auf den Sozialplan nicht anzuwenden.

(2) Kommt ein Interessenausgleich über die geplante Betriebsänderung oder eine Einigung über den Sozialplan nicht zustande, so können der Unternehmer oder der Betriebsrat den Präsidenten des Landesarbeitsamtes um Vermittlung ersuchen. Geschieht dies nicht oder bleibt der Vermittlungsversuch ergebnislos, so können der Unternehmer oder der Betriebsrat die Einigungsstelle anrufen. Auf Ersuchen des Vorsitzenden der Einigungsstelle nimmt der Präsident des Landesarbeitsamtes an der Verhandlung teil.

(3) Unternehmer und Betriebsrat sollen der Einigungsstelle Vorschläge zur Beilegung der Meinungsverschiedenheiten über den Interessenausgleich und den Sozialplan machen. Die Einigungsstelle hat eine Einigung der Parteien zu versuchen. Kommt eine Einigung zustande, so ist sie schriftlich niederzulegen und von den Parteien und vom Vorsitzenden zu unterschreiben.

(4) Kommt eine Einigung über den Sozialplan nicht zustande, so entscheidet die Einigungsstelle über die Aufstellung eines Sozialplans. Die Einigungsstelle hat dabei sowohl die sozialen Belange der betroffenen Arbeitnehmer zu berücksichtigen als auch auf die wirtschaftliche Vertretbarkeit ihrer Entscheidung für das Unternehmen zu achten. Der Spruch der Einigungsstelle ersetzt die Einigung zwischen Arbeitgeber und Betriebsrat.

§ 113. Nachteilausgleich. (1) Weicht der Unternehmer von einem Interessenausgleich über die geplante Betriebsänderung ohne zwingenden Grund ab, so können Arbeitnehmer, die infolge dieser Abweichung entlassen werden, beim

Arbeitsgericht Klage erheben mit dem Antrag, den Arbeitgeber zur Zahlung von Abfindungen zu verurteilen; § 10 des Kündigungsschutzgesetzes gilt entsprechend.

(2) Erleiden Arbeitnehmer infolge einer Abweichung nach Absatz 1 andere wirtschaftliche Nachteile, so hat der Unternehmer diese Nachteile bis zu einem Zeitraum von zwölf Monaten auszugleichen.

(3) Die Absätze 1 und 2 gelten entsprechend, wenn der Unternehmer eine geplante Betriebsänderung nach § 111 durchführt, ohne über sie einen Interessenausgleich mit dem Betriebsrat versucht zu haben, und infolge der Maßnahme Arbeitnehmer entlassen werden oder andere wirtschaftliche Nachteile erleiden.

Text 7

– Auszug –
Kündigungsschutzgesetz (KSchG)

In der Fassung der Bekanntmachung vom
25. August 1969
(BGBl. I S. 1317)

Zuletzt geändert durch Gesetz vom 5. Juli 1976
(BGBl I S. 1769)

(BGBl. III 800-2)

Erster Abschnitt. Allgemeiner Kündigungsschutz

§ 1. Sozial ungerechtfertigte Kündigungen.
(1) Die Kündigung des Arbeitsverhältnisses gegenüber einem Arbeitnehmer, dessen Arbeitsverhältnis in demselben Betrieb oder Unternehmen ohne Unterbrechung länger als sechs Monate bestanden hat, ist rechtsunwirksam, wenn sie sozial ungerechtfertigt ist.

(2) Sozial ungerechtfertigt ist die Kündigung, wenn sie nicht durch Gründe, die in der Person oder in dem Verhalten des Arbeitnehmers liegen, oder durch dringende betriebliche Erfordernisse, die einer Weiterbeschäftigung des Arbeitnehmers in diesem Betrieb entgegenstehen, bedingt ist. Die Kündigung ist auch sozial ungerechtfertigt, wenn
1. in Betrieben des privaten Rechts
   a) die Kündigung gegen eine Richtlinie nach § 95 des Betriebsverfassungsgesetzes verstößt,
   b) der Arbeitnehmer an einem anderen Arbeitsplatz in demselben Betrieb oder in einem anderen Betrieb des Unternehmens weiterbeschäftigt werden kann

und der Betriebsrat oder eine andere nach dem Betriebsverfassungsgesetz insoweit zuständige Vertretung der Arbeitnehmer aus einem dieser Gründe der Kündigung innerhalb der Frist des § 102 Abs. 2 Satz 1 des Betriebsverfassungsgesetzes schriftlich widersprochen hat,
2. in Betrieben und Verwaltungen des öffentlichen Rechts
   a) die Kündigungen gegen eine Richtlinie über die personelle Auswahl bei Kündigungen verstößt,
   b) der Arbeitnehmer an einem anderen Arbeitsplatz in derselben Dienststelle oder in einer anderen Dienststelle desselben Verwaltungszweiges an demselben Dienstort einschließlich seines Einzugsgebietes weiterbeschäftigt werden kann

und die zuständige Personalvertretung aus einem dieser Gründe fristgerecht gegen die Kündigung Einwendungen erhoben hat, es sei denn, daß die Stufenvertretung in der Verhandlung mit der übergeordneten Dienststelle die Einwendungen nicht aufrechterhalten hat.

Satz 2 gilt entsprechend, wenn die Weiterbeschäftigung des Arbeitnehmers nach zumutbaren Umschulungs- oder Fortbildungsmaßnahmen oder eine Weiterbeschäftigung des Arbeitnehmers unter geänderten Arbeitsbedingungen möglich ist und der Arbeitnehmer sein Einverständnis hiermit erklärt hat. Der Arbeitgeber hat die Tatsachen zu beweisen, die die Kündigung bedingen.

(3) Ist einem Arbeitnehmer aus dringenden betrieblichen Erfordernissen im Sinne des Absatzes 2 gekündigt worden, so ist die Kündigung trotzdem sozial ungerechtfertigt, wenn der Arbeitgeber bei der Auswahl des Arbeitnehmers soziale Gesichtspunkte nicht oder nicht ausreichend berücksichtigt hat; auf Verlangen des Arbeitnehmers hat der Arbeitgeber dem Arbeitnehmer die Gründe anzugeben, die zu der getroffenen sozialen Auswahl geführt haben. Satz 1 gilt nicht, wenn betriebstechnische, wirtschaftliche oder sonstige berechtigte betriebliche Bedürfnisse die Weiterbeschäftigung eines oder mehrerer bestimmter Arbeitnehmer bedingen und damit der Auswahl nach sozialen Gesichtspunkten entgegenstehen. Der Arbeitnehmer hat die Tatsachen zu beweisen, die die Kündigung als sozial ungerechtfertigt im Sinne des Satzes 1 erscheinen lassen.

§ 2. Änderungskündigung. Kündigt der Arbeitgeber das Arbeitsverhältnis und bietet er dem Arbeitnehmer im Zusammenhang mit der Kündigung die Fortsetzung des Arbeitsverhältnisses zu geänderten Arbeitsbedingungen an, so kann der Arbeitnehmer dieses Angebot unter dem Vorbehalt annehmen, daß die Änderung der Arbeitsbedingungen nicht sozial ungerechtfertigt ist (§ 1 Abs. 2 Satz 1 bis 3, Abs. 3 Satz 1 und 2). Diesen Vorbehalt muß der Arbeitnehmer dem Arbeitgeber innerhalb der Kündigungsfrist, spätestens jedoch innerhalb von drei Wochen nach Zugang der Kündigung erklären.

§ 10. Höhe der Abfindung. (1) Als Abfindung ist ein Betrag bis zu zwölf Monatsverdiensten festzusetzen.

(2) Hat der Arbeitnehmer das fünfzigste Lebensjahr vollendet und hat das Arbeitsverhältnis mindestens 15 Jahre bestanden, so ist ein Betrag bis zu fünfzehn Monatsverdiensten, hat der Arbeitnehmer das fünfundfünfzigste Lebensjahr vollendet und hat das Arbeitsverhältnis mindestens zwanzig Jahre bestanden, so ist ein Betrag bis zu achtzehn Monatsverdiensten festzusetzen. Dies gilt nicht, wenn der Arbeitnehmer in dem Zeitpunkt, den das Gericht nach § 9 Abs. 2 für die Auflösung des Arbeitsverhältnisses festsetzt, das in § 1248 Abs. 5 der Reichsversicherungsordnung, § 25 Abs. 5 des Angestelltenversicherungsgesetzes oder § 48 Abs. 5 des Reichsknappschaftsgesetzes bezeichnete Lebensalter erreicht hat.

(3) Als Monatsverdienst gilt, was dem Arbeitnehmer bei der für ihn maßgebenden regelmäßigen Arbeitszeit in dem Monat, in dem das Arbeitsverhältnis endet (§ 9 Abs. 2), an Geld und Sachbezügen zusteht.

Dritter Abschnitt. Anzeigepflichtige Entlassungen

§ 17. Anzeigepflicht. (1) Der Arbeitgeber ist verpflichtet, dem Arbeitsamt unter Beifügung der Stellungnahme des Betriebsrates schriftlich Anzeige zu erstatten, bevor er
1. in Betrieben mit in der Regel mehr als 20 und weniger als 50 Arbeitnehmern mehr als 5 Arbeitnehmer,
2. in Betrieben mit in der Regel mindestens 50 und weniger als 500 Arbeitnehmern 10 vom Hundert der im Betrieb regelmäßig beschäftigten Arbeitnehmer oder aber mehr als 25 Arbeitnehmer,
3. in Betrieben mit in der Regel mindestens 500 Arbeitnehmern mindestens 50 Arbeitnehmer

innerhalb von vier Wochen entläßt.

(2) Das Recht zur fristlosen Entlassung bleibt unberührt. Fristlose Entlassungen werden bei Berechnung der Mindestzahl der Entlassungen nach Absatz 1 nicht mitgerechnet.

(3) Als Arbeitnehmer im Sinne dieser Vorschrift gelten nicht
1. in Betrieben einer juristischen Person die Mitglieder des Organs, da zur gesetzlichen Vertretung der juristischen Person berufen ist,
2. in Betrieben einer Personengesamtheit die durch Gesetz, Satzung oder Gesellschaftsvertrag zur Vertretung der Personengesamtheit berufenen Personen,
3. Geschäftsführer, Betriebsleiter und ähnliche leitende Personen, soweit diese zur selbständigen Einstellung oder Entlassung von Arbeitnehmern berechtigt sind.

§ 18. Entlassungssperre. (1) Entlassungen, die nach § 17 anzuzeigen sind, werden vor Ablauf eines Monats nach Eingang der Anzeige beim Arbeitsamt nur mit Zustimmung des Landesarbeitsamtes wirksam; die Zustimmung kann auch rückwirkend bis zum Tage der Antragstellung erteilt werden.

(2) Das Landesarbeitsamt kann im Einzelfall bestimmen, daß die Entlassungen nicht vor Ablauf von längstens zwei Monaten nach Eingang der Anzeige beim Arbeitsamt wirksam werden.

(3) Das Landesarbeitsamt hat vor seinen Entscheidungen nach den Absätzen 1 und 2 zu prüfen, ob der Arbeitgeber die Entlassungen rechtzeitig nach § 8 des Arbeitsförderungsgesetzes angezeigt oder aus welchen Gründen er die Anzeige unterlassen hatte. Das Landesarbeitsamt soll das Ergebnis dieser Prüfung bei seinen Entscheidungen berücksichtigen.

(4) Soweit die Entlassungen nicht innerhalb eines Monats nach dem Zeitpunkt, zu dem sie nach den Absätzen 1 und 2 zulässig sind, durchgeführt werden, bedarf es unter den Voraussetzungen des § 17 Abs. 1 einer erneuten Anzeige.

Text 8

Tarifvertrag zur Abwendung sozialer Härten bei Rationalisierungsmaßnahmen (Rationalisierungsschutzvertrag)

Die Nutzung der technischen Entwicklung und der Rationalisierung dient der Wirtschaftlichkeit der Betriebe und der Steigerung der Produktivität der Volkswirtschaft. Sie ist deshalb unter anderem in der Lage, den erreichten Lebensstandard zu sichern und zu verbessern.

Um jedoch soziale Härten zu vermeiden oder zu mildern, die im Zuge von Rationalisierungsmaßnahmen eintreten können, haben die Tarifvertragsparteien die folgenden Bestimmungen vereinbart:

§ 1 Geltungsbereich

Dieser Tarifvertrag hat den gleichen Geltungsbereich wie der Manteltarifvertrag; ausgenommen sind Arbeitnehmer nach Vollendung des 65. Lebensjahres, Auszubildende und Arbeitnehmer, die nicht im Betriebe tätig sind (z. B. Heimarbeiter).

§ 2 Grundsatz

Technische Entwicklung und Rationalisierung sollen in ihrer Auswirkung neben den wirtschaftlichen auch sozialen Gesichtspunkten Rechnung tragen.

§ 3 Begriffsbestimmung

Maßnahmen im Sinne dieses Abkommens sind Änderungen von Arbeitstechniken, Arbeits- und Produktionsabläufen, auch durch organisatorische Maßnahmen, die mit technischer Entwicklung und Rationalisierung zu begründen sind, sofern sie zur Freisetzung, Lohnminderung oder Umsetzung, verbunden mit Lohnminderung, führen.

§ 4 Planungen

Bei Maßnahmen im Sinne des § 3 ist der Betriebsrat so früh wie möglich einzuschalten, um die Auswirkungen zu beraten mit dem Ziel, gemeinsam einen Plan zu erarbeiten, nach dem soziale Härten vermieden werden können.

§ 5 Arbeitsplatzerhaltung

Werden infolge von Maßnahmen im Sinne des § 3 Freisetzungen unvermeidbar, ist vor Kündigung zu prüfen,

a) ob die Arbeitsplätze nach Zahl, Qualifikation und Arbeitsbereich der Arbeitskräfte entsprechend den tarifvertraglichen Regelvorschriften besetzt sind;

b) ob diese durch Umsetzung, Berufswechsel, Anwendung der Ziffer 1 unter III Sonstige Bestimmungen A) Allgemeiner Anhang oder sonstige geeignete Maßnahmen vermieden werden können.

§ 6 Kündigung

Soweit wegen Fortfalls des bisherigen Arbeitsplatzes infolge von Maßnahmen im Sinne § 3 die Umsetzung eines Arbeitnehmers auf einen niedriger eingestuften Arbeitsplatz oder seine Entlassung unumgänglich ist, gelten für Kündigungen, auch in der Form einer Änderungskündigung, folgende Mindestkündigungsfristen in Monaten jeweils zum Quartalsende:

nach vollendetem	vollendete Jahre der Betriebszugehörigkeit			
	10	15	20	25
30. Lebensjahr	1	2	–	–
35. Lebensjahr	2	3	4	–
40. Lebensjahr	3	4	5	6
45. Lebensjahr	4	5	6	6

Stichtag für das Lebensjahr und die Betriebszugehörigkeit ist jeweils der 1. Januar. Die Betriebszugehörigkeit bemißt sich nach der Dauer der ununterbrochenen Tätigkeit im gleichen Betrieb, frühestens vom vollendeten 18. Lebensjahr ab. Wird im gleichen Kalenderjahr die Gehilfenprüfung bestanden und das 18. Lebensjahr vollendet, zählt dieses Jahr als Betriebszugehörigkeit mit.

Das Arbeitsverhältnis gilt nicht als unterbrochen, wenn dem Arbeitnehmer wegen Arbeitsmangel gekündigt, er jedoch innerhalb eines Vierteljahres im gleichen Betrieb wieder eingestellt wurde.

Kriegsdienst oder Arbeitsplatzwechsel durch Kriegsereignisse gegen eigenen Willen gelten nicht als Unterbrechung der Betriebszugehörigkeit, sofern der Arbeitnehmer unverzüglich seine Arbeitskraft im gleichen Betrieb wieder angeboten hat.

Der 1. Januar gilt auch dann als Stichtag für die Berechnung der Betriebszugehörigkeit, wenn der Arbeitnehmer wegen der am Jahresanfang liegenden Feiertage die Arbeit im Betrieb am erstmöglichen Tag später aufgenommen hat.

Ab Vollendung des 60. Lebensjahres und 25jähriger Betriebszugehörigkeit soll nur dann gekündigt werden, wenn anderweitige Beschäftigung im Betrieb nicht möglich ist.

Wird die Kündigung trotzdem erforderlich, gilt eine Kündigungsfrist von 12 Monaten mit Zahlung der Abfindung gemäß § 8.

§ 7 Änderungskündigung

Bei Änderungskündigungen infolge von Maßnahmen im Sinne des § 3 bleibt während der Kündigungsfrist (§ 6) der bisherige vereinbarte Lohn unverändert. Der Arbeitnehmer ist jedoch verpflichtet, nach Ablauf der für ihn geltenden ordentlichen Kündigungsfrist (in der Regel 14 Tage) zumutbare andere Tätigkeiten als bisher zu verrichten; im Weigerungsfall erlöschen die Rechte aus diesem Tarifvertrag.

Der Arbeitnehmer muß sich innerhalb von 14 Tagen nach Zugehen der schriftlichen Änderungskündigung erklären, ob er sich für die Fortsetzung des Arbeitsverhältnisses zu den geänderten Bedingungen oder für die Beendigung des Arbeitsverhältnisses entscheidet. Gibt der Arbeitnehmer diese Erklärung innerhalb von 14 Tagen nach Zugehen der Änderungskündigung nicht ab, gilt sein Arbeitsverhältnis als gekündigt, bei Vorliegen der in § 6 festgelegten Voraussetzungen mit den dort bestimmten Kündigungsfristen.

§ 8 Entschädigung

Als Entschädigung für die Aufgabe des sozialen Besitzstandes bei Entlassungen infolge von Maßnahmen im Sinne des § 3 erhalten Arbeitnehmer:

nach vollendetem	vollendete Jahre der Betriebszugehörigkeit			
	10	15	20	25
40. Lebensjahr	5	6	7	8
50. Lebensjahr	6	7	8	9
55. Lebensjahr	7	8	9	10
58. Lebensjahr	8	9	10	12
	Monatslöhne			

Für die Feststellung des Lebensalters und der Betriebszugehörigkeit gelten die Bestimmungen in § 6. Berechnungsgrundlage ist der vereinbarte Lohn [vgl. § 8 Ziffer 2 des Manteltarifvertrages].

Die Entschädigung wird mit Beendigung des Arbeitsverhältnisses fällig. Die Entschädigung gilt als Abfindung im Sinne der §§ 9 und 10 des Kündigungsschutzgesetzes. Der Anspruch entfällt, wenn der Arbeitnehmer Kündigungsschutzklage erhebt.

§ 9 Rechtserhaltung

Günstigere Vorschriften oder Abmachungen gehen diesem Tarifvertrag insoweit vor.

§ 10 Laufdauer

Dieser Tarifvertrag ist Bestandteil des Manteltarifvertrages für die Druckindustrie und tritt am 1. Januar 1984 in Kraft. Er kann mit sechsmonatiger Frist zum Quartalsschluß gekündigt werden, erstmals zum 31. Dezember 1988.

Bei Nichtaufkündigung bzw. Neuabschluß wird dieser Vertrag auch hinsichtlich der Laufdauer Bestandteil des laufenden Manteltarifvertrages.

Düsseldorf, den 6. Juli 1984

Bundesverband Druck E. V.	Industriegewerkschaft Druck und Papier
– Sozialpolitischer Ausschuß –	– Hauptvorstand –
Sitz Wiesbaden	Sitz Stuttgart
(gez.) Dr. Manfred Beltz-Rübelmann	(gez.) Erwin Ferlemann
(gez.) Dr. Klaus Beichel	(gez.) Detlef Hensche

Text 9

§ 3 Lohngruppen

1. Zur Eingruppierung der Arbeitnehmer werden nachstehende Lohngruppen vereinbart. Die Vergütungssätze der einzelnen Lohngruppen werden in einem gesonderten Lohntarifvertrag geregelt.

Lohngruppe I	80,0%	des Facharbeiter-Wochenecklohnes
Lohngruppe II	83,5%	des Facharbeiter-Wochenecklohnes
Lohngruppe III	87,0%	des Facharbeiter-Wochenecklohnes
Lohngruppe IV	90,0%	des Facharbeiter-Wochenecklohnes
Lohngruppe V	100,0%	des Facharbeiter-Wochenecklohnes
Lohngruppe VI	110,0%	des Facharbeiter-Wochenecklohnes
Lohngruppe VII	120,0%	des Facharbeiter-Wochenecklohnes

2. Lohngruppen-Beschreibungen

Lohngruppe I

Tätigkeiten,

– die ohne Vorkenntnisse nach Anweisung oder kurzer Einweisung unmittelbar ausgeführt werden können

– und die mit einer geringen Verantwortung für Betriebsmittel und/oder für die eigene Arbeit verbunden sind.

Lohngruppe II

Tätigkeiten,

– die mit geringen Vorkenntnissen und einer kurzen aufgabenbezogenen Unterweisung oder Einarbeitung ausgeführt werden können,

– die geringe Anforderungen an Aufmerksamkeit wie Genauigkeit/Konzentration erfordern,

– die einer geringen bis erhöhten muskelmäßigen Beanspruchung unterliegen,

– die mit einer geringen, fallweise erhöhten Verantwortung für Betriebsmittel und/oder für die eigene Arbeit verbunden sind.

Lohngruppe III

Tätigkeiten,

– die mit erhöhten Vorkenntnissen und einer aufgabenbezogenen Unterweisung oder Einarbeitung ausgeführt werden können,

– die erhöhte Anforderungen an Genauigkeit oder Gewissenhaftigkeit voraussetzen,

– die einer erhöhten, fallweise großen muskelmäßigen Belastung unterliegen,

– die mit geringer, fallweise erhöhter Verantwortung für Betriebsmittel und/oder für die eigene Arbeit verbunden sind.

Auszug aus: LOHNRAHMENTARIFVERTRAG für die gewerblichen Arbeitnehmer der Druckindustrie im Gebiet der Bundesrepublik Deutschland und Berlin-West, gültig ab 1.10.84

Bundesverband Druck E. V.   IG Druck und Papier

Text 10

IG Druck und Papier

Lohnabkommen für die Druckindustrie gültig ab 1. April 1986

Zwischen dem

Bundesverband Druck E. V., Wiesbaden
einerseits

und der

Industriegewerkschaft Druck und Papier, Hauptvorstand, Stuttgart
andererseits

wird gemäß § 3 Ziff. 1 Satz 2 Lohnrahmentarifvertrag folgender Lohntarifvertrag vereinbart:

1. Mit Wirkung vom 1. April 1986 wird der tarifliche Wochenlohn (Lohngruppe V 100%) um 4,5% auf 592,73 DM (Stundenlohn 15,40) erhöht.

2. Die Löhne und Ausbildungsvergütungen werden wie folgt neu festgesetzt:

a) Löhne

Lohn-gruppe	Lohn-schlüssel	Tariflohn pro Woche	pro Stunde
Eingangsstufe	74,0%	438,62 DM	(11,39 DM)
I	80,0%	474,19 DM	(12,32 DM)
II	83,5%	494,93 DM	(12,86 DM)
III	87,0%	515,68 DM	(13,39 DM)
IV	90,0%	533,46 DM	(13,86 DM)
V	100,0%	592,73 DM	(15,40 DM)
VI	110,0%	652,01 DM	(16,94 DM)
VII	120,0%	711,28 DM	(18,47 DM)
1. Gehilfenjahr*)	95,0%	563,10 DM	(14,63 DM)

*) sowie Rotationshelfer und Rolleure (s. Lohnrahmentarifvertrag § 3 Ziffer 5)

Die in Klammern angeführten Stundenlöhne dienen nicht zur Errechnung der Wochenlöhne, sondern nur zur Errechnung der Aufschläge, wenn es sich um Tariflohnempfänger handelt.

b) Ausbildungsvergütungen

im 1. Ausbildungsjahr	771,– DM
im 2. Ausbildungsjahr	871,– DM
im 3. Ausbildungsjahr	971,– DM
nach Vollendung des 3. Ausbildungsjahres	1 071,– DM

3 Einzelvertraglich vereinbarte Leistungszulagen werden durch dieses Abkommen nicht berührt.

4 Dieses Lohnabkommen kann mit monatlicher Frist gekündigt werden, erstmals zum 31. März 1987.

Vergleichsmaterial 1 zur Fallstudie „Entlassungsgrund: Betriebsänderung"

Protokoll

einer Diskussion zwischen dem Personalleiter und einem Betriebsratsmitglied der betroffenen Firma sowie AWT-Lehrerinnen und -Lehrern am 6.11.1986 in Lingen/Holthausen

1. Sozialplanerstellung

Die Geschäftsleitung hat den Betriebsrat über die geplante Neuerrichtung eines Druckzentrums und die damit verbundenen Entlassungen rechtzeitig informiert. Von der Mitteilung bis zur Vorlage des Sozialplanes sind 6 Monate vergangen. Von einer Einschaltung der Einigungsstelle und des Arbeitsgerichtes wurde abgesehen, da für die Arbeitnehmerseite der zu erstellende Sozialplan zu einem besseren Ergebnis führen sollte.

2. Kriterien für die Erstellung des Sozialplanes

Nach bisherigen Urteilen des Bundesarbeitsgerichtes haben allenfalls die Kriterien Alter, Betriebszugehörigkeit, Familienstand und Behinderung Aussicht, vor Gerichten anerkannt zu werden. Alle anderen Kriterien sind nur schwer feststellbar (z. B. Auskünfte über das Einkommen des Ehegatten sind nicht erzwingbar).

Die „Hammer Tabelle" ist vom Obersten Bundesgericht verworfen worden als pauschale Regelung. Jeder Betrieb muß zu einer individuellen Lösung kommen, darf dabei aber durchaus die in der „Hammer Tabelle" verwendeten Maßgaben für sich in Anspruch nehmen. Ebenso ist auch das Kriterium „Leistungsfähigkeit" nicht justiabel.

3. Der Sozialplan

Zur Erstellung des Sozialplanes wurden Muster von anderen Firmen herangezogen. Sowohl Geschäftsleitung wie auch Betriebsrat bedienten sich des Rechtsbeistandes der entsprechenden Verbände. Der Sozialplan wurde in Anlehnung an die „Hammer Tabelle" erstellt, wobei die individuellen Gegebenheiten berücksichtigt werden konnten, eine Möglichkeit, die die Einigungsstelle nicht hat, da sie betriebsfremd ist.

a) Eckdaten des Sozialplanes:

– Feststellung des Interessenausgleiches

  dazu gehört auch, daß die neue Firma zur Übernahme der verbleibenden Arbeitnehmer bereit ist und der Kreis der insgesamt Betroffenen auch über diesen Sozialplan genannten Personen hinaus erweitert wurde

– Benennung des konkreten betroffenen Personenkreises

– Grundformel:

$$\frac{\text{Lebensalter} \times \text{Betriebszugehörigkeit} \times \text{Monatslohn}}{80}$$

– Festlegung von Steuerfreibeträgen und Kinderfreibeträgen bei Abfindungen

– Festlegung von tariflichen Urlaubs- und Urlaubsgeldregelungen

– Regelung weiterer Zuwendungen

– Übernahme der Betriebszugehörigkeitsdaten in den neuen Arbeitsvertrag

– Laufdauer des Sozialplanes

– Verzicht auf Kündigungsfristen seitens des Arbeitgebers

– Stellung von Freizeit zur Stellensuche

– Ermöglichung von Inseraten in der entsprechenden Zeitung

4. Probleme bei der Erstellung des Sozialplanes

– Berechnung des Monatslohnes (Grundlohn, Zuschläge)

– Festlegung des Teilers (80 bis 160)

– Nachprüfbarkeit weiterer Härten

5. Sonstiges

Der erstellte Sozialplan fand durchaus die Akzeptanz der Arbeitnehmer, wenn man von der hohen Betroffenheit über die Gesamtmaßnahme absieht. Abfindungen wurden eher in Anspruch genommen als das Angebot von Teilzeitarbeit bei gleichzeitiger Teilabfindung. Ein Teil der Arbeitnehmer wurde trotz Abfindung wieder eingestellt, da sie im Betrieb aufgrund einer anderen Kalkulation gebraucht wurden.

Mit den Arbeitnehmern wurde ein Aufhebungsvertrag vereinbart. Die sonst übliche Sperrfrist für die Arbeitslosenunterstützung entfiel durch eine Klärung des Arbeitgebers, da ansonsten eine Kündigung nötig gewesen wäre.

Nachtrag des Verfassers:

* Der gesamte Sozialplan kostete die Firma ca. 500.000,– DM bis 750.000,– DM (1985).

* Eine Vorruhestandsregelung wurde nicht in Anspruch genommen.

Nach diesen Grundsätzen und nach der Punktwertermittlung nach der „Hammer Tabelle" (S. 87) ergibt sich die folgende „Sozialauswahl" unter den (fiktiven) Belegschaftsmitgliedern der Personalliste: Vgl. die Seiten 106 bis 107.

Diskutiert auch die Folgen dieser Sozialauswahl anhand der Mitarbeiterstruktur (S. 107).

VERGLEICHSMATERIAL 2 zur Fallstudie „Entlassungsgrund: Betriebsänderung"

Berechnung des erworbenen sozialen Schutzes:

- Freisetzung der befristet beschäftigten Arbeitnehmer (Rangplatz 1 bis 3)
- Aufstellung einer Rangfolge: niedrigster sozialer Schutz = vordere Rangplätze (4 bis 25)
- Streichung der freizusetzenden Arbeitskräfte (Rg. 1–25); davon kommen jedoch noch 3 Arbeitskräfte für die Umsetzung in andere Abteilungen in Frage

Personalliste – Versandabteilung –

Lfd. Nr.	Name, Vorname	Alter	Familienstand	Pkte.	Unterhaltspflichtig für Kinder	Pkte.	Ehegatten	Pkte.	Schwerbehinderter	Pkte.	Betriebszugehörigkeit	Pkte.	Bemerk.	Summe d. Punkte	Rangplatz	Bemerkungen
1	~~Andres, Klaus~~	27	verh.	1	1	–	ja	3	nein	5	8	nein	–	4	13	17	
2	Apel, Irmgard	58	verh.	10	0	–	nein	–	nein	–	31	26	Teilzeit 20/40	36		
3	~~Baldauf, Carola~~	19	led.	–	0	–	nein	–	nein	–	1	0,5		0,5	4	
4	~~Becker, Gaby~~	22	led.	1	0	–	nein	–	nein	–	1	0,5	befristet bis 1.10.	1,5	1	
5	~~Bleskin, Erna~~	46	verh.	6	3	9	nein	–	nein	–	5	2,5		17,5	22	
6	Blume, Gert	37	verh.	3	2	6	ja	5	nein	–	20	20	Masch.-einricht.	34		betriebl. Gründe
7	~~Breuer, Eva~~	32	verh.	3	1	3	nein	–	nein	–	9	4,5		10,5	14	
8	~~Gelik, Helena~~	29	verh.	1	3	9	nein	–	nein	–	1	0,5	befristet bis 1.10.	10,5	2	
9	~~Dahm, Ilse~~	41	verh.	6	0	–	nein	–	nein	–	20	15		21	25	
10	Dormeier, Olga	52	led.	8	0	–	nein	–	ja	–	32	27		38		
11	Enge, Gisela	21	led.	1	0	–	nein	–	nein	–	1	0,5	Bürogehilfin	1,5		betriebl. Gründe
12	~~Evers, Kurt~~	43	verh.	6	1	3	nein	–	nein	–	13	8		17	21	
13	~~Fischer, Gunda~~	38	led.	3	0	–	nein	–	nein	–	17	12		15	18	
14	Flatow, Lisa	47	verh.	6	2	6	nein	–	nein	–	24	19		31		
15	Fricke, Egon	54	verh.	8	1	3	ja	5	nein	–	30	25	Schichtleiter	41		betriebl. Gründe
16	~~Gander, Helga~~	25	verh.	1	0	–	nein	–	nein	–	4	2		3	7	
17	~~Gutacker, Sabine~~	28	led.	1	0	–	nein	–	nein	–	7	3,5		4,5	10	
18	~~Heiser, Irma~~	31	verh.	3	1	3	nein	–	nein	–	2	2	Teilzeit 20/40	8	13	
19	~~Henrich, Monika~~	25	led.	1	0	–	nein	–	nein	–	5	2,5		3,5	8	
20	~~Herholz, Birgit~~	18	led.	–	0	–	nein	–	nein	–	1	0,5		0,5	5	
21	Irrgang, Grete	51	verh.	8	2	6	nein	–	nein	–	24	19	Teilzeit 20/40	33		
22	~~Junge, Hedwig~~	43	led.	6	0	–	nein	–	nein	–	15	10		16	19	

Lfd. Nr.	Name, Vorname	Alter	Pkte.	Familienstand	Pkte.	Unterhaltspflichtig für Kinder	Pkte.	Ehegatten	Pkte.	Schwerbehinderter	Pkte.	Betriebszugehörigkeit	Pkte.	Bemerk.	Summe d. Punkte	Rangplatz	Bemerkungen
23	~~Käferhaus, Peter~~	39	3	verh.	–	2	6	ja	5	nein	–	7	3,5	Vorarbeiter	17,5	23	
24	Kettler, Carmen	37	3	verh.	–	1	3	nein	–	nein	–	21	16		22		
25	~~Koppe, Ulrike~~	24	1	verh.	–	1	3	nein	–	nein	–	3	1,5	Teilzeit 20/40	5,5	11	
26	Kruse, Gudrun	48	6	led.	–	0	–	nein	–	nein	–	27	22	Masch.-einricht.	28		betriebl. Gründe
27	Lindau, Werner	31	3	verh.	–	2	6	nein	–	nein	–	12	7	Gabelst.-fahrer	16		
28	Lührs, Margarete	45	6	verh.	–	4	12	nein	–	nein	–	8	4	Teilzeit 20/40	22		
29	~~Minnerup, Christa~~	42	6	verh.	–	0	–	nein	–	ja	3	15	10		19	24	
30	~~Molle, Dörte~~	23	1	verh.	–	0	–	nein	–	nein	–	2	1		2	6	
31	Neuhaus, Hanna	54	8	verh.	–	1	3	nein	–	nein	–	33	28		39		
32	~~Odewald, Wolfram~~	19	–	led.	–	0	–	nein	–	nein	–	1	0,5	befristet bis 1.10	0,5	3	
33	Pergelt, Marie	56	8	verh.	–	0	–	nein	–	nein	–	37	32		40		
34	~~Reisch, Wilma~~	44	6	verh.	–	1	3	nein	–	nein	–	13	8		17	20	
35	Ritter, Hildegard	59	10	verh.	–	3	9	nein	–	nein	–	21	16	Teilzeit 20/40	35		
36	Ruschke, Erna	62	10	verh.	–	0	–	ja	5	nein	–	41	36		51		
37	~~Schiller, Evelin~~	35	3	verh.	–	1	3	nein	–	nein	–	3	1,5		7,5	12	
38	~~Schulz, Astrid~~	27	1	verh.	–	0	–	nein	–	nein	–	6	3		4	9	
39	~~Thamsen, Franziska~~	34	3	verh.	–	1	3	nein	–	nein	–	9	4,5	Teilzeit 20/40	10,5	15	
40	~~Zeipelt, Angela~~	32	3	verh.	–	2	6	nein	–	nein	–	4	2	Teilzeit 20/40	11	16	

		vorher		nachher		Veränderung		Bemerkung
Vergleich der Mitarbeiterstruktur	Merkmal	absolut	in %	absolut	in %	absolut	in %	
	Beschäftigte,	40	100	15	37,5	– 25	– 62,5	
	– davon männlich	7	17,5	3	20	– 4	+ 2,5	Veränderung der Quote
	– davon weiblich	33	82,5	12	80	– 21	– 2,5	
	– davon befristet beschäftigt	3	7,5	0	0	– 3	– 100	
	Teilzeitbeschäftigt	8	20	4	26,6	– 4	+ 6,6	Veränderung der Quote
		Jahre		Jahre		Jahre		
	Durchschnittsalter	37,4		47,4		+ 10		
	durchschnittliche Betriebszugehörigkeit	12,8		24		+ 11,2		

Vergleichsmaterial 3

Beispiel für einen Sozialplan

Übersicht 37: Auszüge aus einem Sozialplan gem. § 112 BetrVG

„Um trotz erheblichen Rückganges der Aufträge die Existenz der Firma und eines Teils der Arbeitsplätze zu sichern, wird der Personalstand in dem Umfang gemäß dem Interessenausgleich vom heutigen Tage reduziert.

...

3. Für den Verlust des Arbeitsplatzes, gemäß Interessenausgleich vom heutigen Tage, werden Abfindungen nach Maßgabe folgender Bestimmungen gewährt:

    a) Abfindungen für Mitarbeiter, die normal gekündigt werden müssen und nicht die Möglichkeit haben, nach 12monatiger ununterbrochener Arbeitslosigkeit das vorgezogene Altersruhegeld zu beziehen:

    pro vollem Dienstjahr 30% des individuellen Brutto-Monatsgehaltes.

    Stichtag für die anrechnungsfähigen Dienstjahre und die Gehaltshöhe ist der 31. Dezember 198_.

    b) Für Mitarbeiter, die nach 12monatiger ununterbrochener Arbeitslosigkeit und Vollendung des 60. Lebensjahres vorgezogenes Altersruhegeld beziehen können:

    12 × 40% des individuellen Netto-Monatsgehaltes.

    Diese Abfindung dient dazu, das Arbeitslosengeld bis auf 100% des individuellen Netto-Einkommens zu bezuschussen. Soweit im Einzelfall erforderlich, wird der Betrag erhöht. Die Abfindung wird bei Ausscheiden zur Zahlung fällig und erfolgt im Rahmen der steuerlichen Vorschriften brutto für netto.

4. Urlaubsansprüche sind bis zum 31.12.198_ zu realisieren. Eine Barabgeltung ist nicht möglich.

5. Alle von den personellen Maßnahmen betroffenen Mitarbeiter erhalten für 198_ das volle Weihnachtsgeld.

6. Die von den Maßnahmen betroffenen Arbeitnehmer erhalten, soweit sie nach dem Tarifvertrag vom ... Anspruch auf vermögenswirksame Leistungen haben, zur Überbrückung der Wartezeit von 6 Monaten in einem neuen Arbeitsverhältnis eine einmalige Ausgleichszahlung in Höhe von DM 624,–, entsprechend den steuerlichen Bestimmungen bei Ausscheiden.

7. Etwa gewährte Arbeitnehmer-Darlehen an betroffene Mitarbeiter bleiben nach Ausscheiden zu gleichen Bedingungen bestehen.

8. Tritt innerhalb eines Jahres nach Ausscheiden für einen betroffenen Arbeitnehmer ein Notfall oder eine besondere Härte aufgrund des Arbeitsplatzverlusts ein, so kann er einen Antrag auf einmalige Beihilfe an die Geschäftsleitung stellen.

9. Nach heutiger Planung in der Firma verbleibende Mitarbeiter, die im Zusammenhang mit etwaigen späteren Rationalisierungsmaßnahmen innerhalb der Laufzeit des Sozialplanes freigestellt werden, erhalten ebenfalls Leistungen entsprechend diesem Sozialplan.

10. Dieser Sozialplan tritt mit sofortiger Wirkung in Kraft und gilt bis zum 31. Dezember 198_."

....
(Geschäftsführung)   (Betriebsrat)

Aus: Adam/Steffen: Handbuch der Arbeitsbeziehungen, Bonn 1985, S. 178

Aufgaben:

1. Welche Nachteile sollen mit diesem Sozialplan ausgeglichen werden? Findet Überschriften für die einzelnen Punkte!

2. Ziel eines Sozialplanes ist es, entstehende wirtschaftliche Nachteile zu mildern oder auszugleichen. Entlassungen sollen dabei nach Möglichkeit vermieden werden. Erst wenn Entlassungen nicht mehr vermeidbar sind, setzt die Überlegung ein, wie die zu Entlassenen finanziell zu entschädigen wären.

Diskutiert: Sozialplan = Abfindungsplan?

Wertet hierzu auch die Informationen von **Vergleichsmaterial 4** aus.

Vergleichsmaterial 4

Sozialpläne

Die Abfindungs-Praxis

Die Aufwendungen der Betriebe und Unternehmen für Sozialpläne sind in der zweiten Hälfte der siebziger Jahre von 4,5 auf 6,7 Millionen DM je betroffenes Unternehmen gestiegen. Maßgeblich bestimmt wurde diese Entwicklung von der Steuergesetzgebung in den siebziger Jahren.*)

Die sprunghaft angewachsene Zahl von Unternehmenszusammenbrüchen in den vergangenen Jahren hat zu einer hohen Zahl von Massenentlassungen geführt. Zwar springt in solchen Fällen in erster Linie die Arbeitslosenversicherung ein. Aber auch die in Schwierigkeiten geratenen Betriebe versuchen, die sozialen Härten durch den Einsatz von finanziellen Mitteln im Rahmen sogenannter Sozialpläne zu mildern.

Die gesetzliche Grundlage für die Festlegung eines Sozialplanes zwischen Geschäftsleitung und Betriebsrat ist das Betriebsverfassungsgesetz von 1972. Als wichtigste Leistungsarten von Sozialplänen gelten: ☐ Abfindung bei Verlust des Arbeitsplatzes, ☐ Garantie für die Zahlung von Gratifikationen u. ä., ☐ Härtefonds zur Unterstützung in besonderen und akuten Notfällen und ☐ Wiedereinstellungsklausel; sie stellt die Rückkehr des entlassenen Mitarbeiters sicher, sofern die Produktion im Unternehmen wieder anläuft.

Kaum bekannt war bisher, welchen Umfang die finanzielle Ausstattung der Sozialpläne erreicht. Grund: Die Unternehmen behandeln ihre mit dem Betriebsrat ausgehandelten Sozialpläne in den meisten Fällen vertraulich. Eine aussagefähige Statistik besteht bisher nicht.

Einen ersten Versuch, statistisches Licht in das Dunkel der Sozialplan-Praxis zu bringen, hat jetzt der ehemalige Geschäftsführer des Arbeitgeberverbandes Chemie, Bezirk Köln, Aloys Vogt, unternommen. Auf der Grundlage von 46 ausgewählten Fällen – das Datenmaterial stammt im wesentlichen aus Presseberichten und Erklärungen von Betriebsräten – sowie aufgrund von Schätzungen kommt Vogt u. a. zu diesen Ergebnissen:

▷ **Der Pro-Kopf-Aufwand je Sozialplan betrug 1970–79 im Durchschnitt 8881 DM, das entspricht etwa drei Bruttomonatseinkommen eines Arbeitnehmers.**

In der zweiten Hälfte der siebziger Jahre lag der Pro-Kopf-Aufwand bereits erheblich höher:

▷ **Während im Zeitraum 1970/74 die Pro-Kopf-Aufwendungen je Arbeitnehmer 7997 DM betrugen, erreichten sie in der Zeit von 1975 bis 1980 den Betrag von 12456 DM.**

Für diese beträchtliche Aufstockung der Sozialplan-Aufwendungen gibt es einen wichtigen Grund: Mit Beginn des Jahres 1975 wurden die für einen Sozialplan vorgesehenen Rückstellungen durch die Festsetzung steuerfreier Mindestsätze begünstigt. Diese Steuervergünstigung hat es vielen Unternehmern erleichtert, unabhängig von wirtschaftlichen Schwierigkeiten Sozialpläne einzurichten.

Bereits Ende der sechziger Jahre war im Zuge des Arbeitsrechtsbereinigungs-Gesetzes die bis dahin auf ein Jahreseinkommen begrenzte Abfindungsregelung auf eineinhalb Jahreseinkommen ausgedehnt worden.

Beide Regelungen haben nichts daran ändern können, daß die Spanne des Pro-Kopf-Aufwands für Sozialpläne weiterhin beträchtlich ist:

▷ **Lag das Leistungs-Minimum je Arbeitnehmer in der Zeit von 1970 bis 1974 bei 1700 DM und das Maximum bei 26600 DM, so waren es 1975 bis 1980 rund 4170 DM bzw. 25000 DM.**

Die Erklärung für diese Leistungsunterschiede liegt nicht nur in der Lohnentwicklung und der unterschiedlichen Finanzkraft der einzelnen Betriebe, sondern auch in der unterschiedlich langen Betriebszugehörigkeit der Arbeitnehmer.

---

*) Vgl. Aloys Vogt: Sozialpläne in der betrieblichen Praxis. 2. Auflage, Verlag Dr. Otto Schmidt KG. Köln 1981

Insgesamt zeigt die Vogt-Untersuchung, daß der durchschnittliche Pro-Kopf-Aufwand der Betriebe für Sozialpläne kräftig steigt. Angesichts der nicht selten erheblichen Abfindungssummen werden auch kritische Stimmen laut, die auf eine mögliche Fehlentwicklung in der Sozialplan-Praxis hinweisen: Nach ihrer Ansicht besteht die Gefahr, daß die Höhe der Abfindungen in manchen Fällen deutlich über dem tatsächlichen Einkommensverlust liegt, der als Differenz zwischen Arbeitseinkommen und Arbeitslosenunterstützung zu bestimmen wäre.

Aus: Informationsdienst des Institutes der deutschen Wirtschaft, Nr. 14/1982

Dietmar Kahsnitz/Rolf Thiel

Erkundungen zu Berufsstrukturen und Dimensionen der Berufsarbeit

I. Allgemeine Angaben[1]

1. Gegenstand/Lernziele

1.1. Anthropologisch-philosophische Reflexionen heben hervor und empirische sozialwissenschaftliche Untersuchungen belegen (vgl. z. B. Baethge u. a. 1988), daß Arbeit, insbesondere die Berufs- und Erwerbsarbeit als wesentlicher Handlungsbereich für Persönlichkeitsentfaltung angesehen wird. Kinder wollen i. d. R. erwachsen werden. Als ein zentraler Ausdruck von Erwachsensein wird von ihnen ihre zukünftige Berufstätigkeit angesehen. Das gilt heute in Deutschland gleichermaßen für Jungen wie für Mädchen. Beruf ist für sie überwiegend nicht nur Basis materieller Autonomie, sondern auch ein Handlungsfeld, in dem sie die Realisierung ihrer persönlichen Fähigkeiten und Interessen anstreben, sowie Mittel und Ausdruck ihrer sozialen Verortung, ihrer sozialen Integration und ihres sozialen Selbstverständnisses in der Gesellschaft (Kuhlwein 1991, S. 55 ff.; Baethge u. a. 1988, S. 166 ff.).

Da Allgemeinbildung persönlichkeitsbildend ist, kommt der Schule aus diesen Gründen die Aufgabe zu, das Wirtschafts- und Beschäftigungssystem systematisch unter der Fragestellung der Persönlichkeitsentfaltungsmöglichkeiten in diesen gesellschaftlichen Handlungssystemen zu thematisieren und entsprechende individuelle, kollektive und politische Handlungsmöglichkeiten und -restriktionen zu reflektieren.

1.2. Eine der ersten und folgenreichsten individuellen Handlungsentscheidungen für die zukünftigen Persönlichkeitsentfaltungsmöglichkeiten ist die Berufs- und berufliche Ausbildungswahl. Der Unterricht kann sich aber nicht auf Berufswahlfragen beschränken, sondern hat das berufliche Handeln im allgemeinen, das differenzierte und facettenreiche Spannungsverhältnis zwischen Zielen der Persönlichkeitsentfaltung und den primär auf Wirtschaftlichkeits- und Gewinnerzielung ausgerichteten Wirtschafts- und Beschäftigungssystemen und die gesellschaftliche Regelung dieses Spannungsverhältnisses zu behandeln.

Dabei ist zu beachten, daß eine auch zu Lasten der Persönlichkeitsentfaltung im Wirtschaftssystem und im Beschäftigungssystem gehende Steigerung der Leistungsfähigkeit des Wirtschaftssystems positive Effekte für die Persönlichkeitsentfaltung außerhalb des Wirtschafts- und Beschäftigungssystems haben kann bzw. gehabt hat: z. B. Ausbau des allgemeinbildenden Schulsystems, vermehrte Freizeit, individueller und gesellschaftlicher materieller Wohlstand und die damit verbundenen Befreiungen von Restriktionen für die Persönlichkeitsentfaltung. Insofern ist auch die Bewertung der produktivitätssteigernden marktwirtschaftlichen Mechanismen Gegenstand des Unterrichts.

Dennoch liegt es nahe, den Unterricht mit Berufen und Berufsstrukturen und deren Wandel zu beginnen. Dies kommt den primären Interessen der Schüler entgegen. Auch lassen sich hieran die Wirkungen allgemeiner Strukturen und Prozesse des Wirtschafts- und Beschäftigungssystems verdeutlichen und damit das Interesse an der Behandlung der allgemeineren Strukturen des Wirtschafts- und Beschäftigungssystems für die späteren Unterrichtseinheiten verstärken.

1.3. Wirtschafts- und Beschäftigungssysteme sind Teilsysteme des gesellschaftlichen Gesamtsystems. Ihre Strukturen und Veränderungen sind außer durch technische und im engeren Sinne ökonomische Faktoren maßgeblich auch durch gesellschaftliche Strukturen und gesellschaftliche Veränderungen (Wertvorstellungen, Interessenlagen und Machtkonstellationen) bestimmt. Die Behandlung der Handlungsbedingungen für Persönlichkeitsentfaltung im Wirtschafts- und Beschäftigungssystem muß deshalb notwendig auch diese gesellschaftlichen Aspekte (von arbeits- und betriebsverfassungsrechtlichen Regelungen bis zu Umweltschutzmaßnahmen im Wirtschafts- und

---

[1] unter Mitarbeit von Doris Fertig, Michael Gutacker, Elisabeth Höler, Barbare Knoll, Douglas Reinsel, Claudia Weigt

Beschäftigungssystem) umfassen. Zu vermitteln sind also neben ökonomischen auch im weitesten Sinne wirtschaftssoziologische (z. B. arbeitsrechtliche) Kenntnisse und Einsichten. Technologische Kenntnisse sind dagegen nicht erforderlich. Denn um die Folgen von technischen Neuerungen für Wirtschafts- und Beschäftigungssystem und Berufsstrukturen sowie deren gesellschaftliche Steuerung zu behandeln, bedarf es nur der Kenntnis, welche (Arbeits)Funktionen die technischen Neuerungen übernehmen, nicht aber der Kenntnis der technologischen Grundlagen (so können z. B. die Folgen der Einführung neuer Informations- und Kommunikationstechnologien besprochen werden, ohne daß dazu Kenntnisse über den Aufbau und die Herstellung von Microchips notwendig sind).

Der Terminus ökonomische Bildung oder Wirtschaftslehre bringt diesen Sachverhalt nicht hinreichend zum Ausdruck. Sozialökonomische Bildung erscheint als eine angemessenere Bezeichnung dieses Unterrichts.

1.4. Berufliche Orientierungen, Berufswünsche und Vorstellungen über das Wirtschafts- und Beschäftigungssystem werden schon von früher Kindheit im Sozialisationsprozeß gebildet. Interviews im Rahmen eines Forschungsprojekts zu „Arbeit und Beruf in den sozialen Deutungsmustern von Heranwachsenden" Mitte der achtziger Jahre (Kahsnitz u. Brand, 1987 u. 1988) ergaben z. B., daß bereits Zehn- und Elfjährige den Wert von Schulnoten und Schulabschlüssen weitgehend darin sehen, welche Berufschancen sie eröffnen. Ihre Berufswünsche und beruflichen Orientierungen nahmen in erstaunlichem Umfang auf Arbeitslosigkeit und Lehrstellenmangel Bezug. Deutsche Schüler in 5. Klassen waren häufig hinsichtlich der allgemeinen Situation pessimistischer, als der objektiven Situation ihres Wirtschaftsraums angemessen war. Für sich selbst waren die meisten dagegen relativ zukunftsoptimistisch. Ein Teil der Hauptschüler sah allerdings auch keinen Sinn mehr in besonderen schulischen Leistungsanstrengungen. Ihrer Meinung nach verbliebe für sie ohnehin nur „der Rest" an Arbeits- und Ausbildungsmöglichkeiten, der nicht mit Absolventen von Gymnasien und Realschulen besetzt würde. Ausländische Hauptschüler des gleichen Alters sahen dagegen öfter keinen sachlichen Grund zu schulischen Anstrengungen, weil sie noch nicht die Bedeutung von Schulabschlüssen für ihre Berufschancen erkannt hatten. Selbst schlechte ausländische Hauptschüler bezweifelten nicht, Arzt, Ingenieur, Apotheker etc. werden zu können.

Um möglichst früh falschen, d. h. zu pessimistischen oder illusionären Vorstellungen über Zugangschancen zu Berufen und über Anforderungen von Berufen, sowie eingeschränkten beruflichen Orientierungen, die z. B. geschlechts- oder herkunftsspezifisch wirken, und Ängsten, Ohnmachtsgefühlen und Abwehrreaktionen gegenüber dem komplexen, zum Teil als undurchschaubar empfundenen und eigenen Entscheidungs- und Gestaltungsmöglichkeiten entzogenen Wirtschafts- und Beschäftigungssystem abzubauen, sollte die sozialökonomische Bildung möglichst früh beginnen. Dafür spricht auch, daß die Hilfen des Arbeitsamts zur Berufsfindung und -entscheidung und das Betriebspraktikum in den 8. bzw. 9. Klassen ihre Wirkungen nur dann voll entfalten können, wenn die Schüler dann bereits über genügend Problembewußtsein, grundlegende Kenntnisse über Berufe, Dimensionen beruflichen Arbeitens, Berufsstrukturen, Betriebsstrukturen und das Wirtschafts- und Beschäftigungssystem im allgemeinen, über Berufswahlfragen und angemessene Kommunikations- und Interaktionsfähigkeiten verfügen, um diese Informationsmöglichkeiten hinreichend ausschöpfen zu können.

2.1. Die Schüler sollen befähigt werden, (konkrete) Handlungssituationen im Wirtschafts- und Beschäftigungssystem daraufhin zu beurteilen, welche Handlungsbeschränkungen und Handlungsmöglichkeiten sie für Persönlichkeitsentfaltung bieten und ggfs. welche strukturellen Veränderungen dieser Situationen anzustreben sind. Eine der ersten und wichtigsten individuellen Handlungsmöglichkeiten ist dabei die selbstverantwortliche Berufswahl.

Angesichts der Komplexität und Differenziertheit des Wirtschafts- und Beschäftigungssystems, insbesondere der Vielzahl konkreter Handlungssituationen, angesichts der Vielzahl von Berufsbildern und der noch größeren Zahl der darunter fallenden konkreten Berufstätigkeiten in den Betrieben und des ständigen Wandels infolge technischer, ökonomischer und sozialer Veränderungen kann das nur heißen, daß die Schüler befähigt werden müssen, sich selbständig zu informieren und selbständig Urteile zu bilden. Die Schule behandelt zwar konkrete Handlungssituationen und vermittelt dabei auch Detailkenntnisse (die allerdings auch einem (schnellen) Wandel unterliegen können). Ihre primäre Aufgabe liegt aber mehr darin, auf diese Weise den Schülern exemplarisch allgemeinere Deutungsmuster, allgemeinere Interpretationsansätze (durchaus auch konkurrierende) von längerer Gültigkeitsdauer zu vermitteln. Diese haben die Schüler dann zur Strukturierung und zum Verständnis von Handlungssituationen selbständig heranzuziehen und anzuwenden. Sie müssen selbständig Hypothesen aufstellen und überprüfen können und ggfs. ihre Deutungsmuster differenzieren oder revidieren.

Zur Vermittlung dieser Fähigkeiten ist besonders die Unterrichtsmethode des entdeckenden bzw. forschenden Lernens geeignet. Sie stärkt die angestrebte Selbständigkeit bei Situationsbeurteilungen, die geistige Autonomie und das Selbstbewußtsein der Schüler/innen. Bei dieser Unterrichtsmethode lernen sie, selbständig erklärende Hypothesen aufzustellen und zu überprüfen (u. a. durch die selbständige Beschaffung und Bewertung von Informationen). Die Auseinandersetzung mit konkurrierenden Hypothesen erweitert den Problem- und Argumentationshorizont und führt zu tieferen Einsichten in die zu untersuchenden Sachverhalte. Schließlich stärkt ein derartiger Unterricht erfahrungsgemäß die Lernmotivation der Schüler. 2

2.2. Ein zweiter methodischer Pfeiler der Unterrichtseinheiten ist die Einbeziehung von außerschulischen Lernorten, insbesondere von Betrieben, in den Unterricht. Betriebserkundungen haben den Vorteil größerer Anschaulichkeit, bieten die Möglichkeit, sich in Gesprächen mit Erwerbstätigen über deren Arbeit und deren Veränderungen in der Vergangenheit und Zukunft und die Gründe dafür, über betriebliche Strukturen und deren Wandel, über die wirtschaftliche Lage des Betriebs, über die Auswirkungen wirtschaftlicher, gesellschaftlicher und technischer Veränderungen auf den Betrieb und die Arbeit zu informieren. Mit den Experten vor Ort kann besprochen werden, was nur betriebsspezifisch und was verallgemeinerbar ist, d. h. inwieweit die Erkundungsergebnisse exemplarisch sind etc. In Betriebserkundungen können ferner Kommunikations- und Interaktionsfähigkeiten geübt werden, die für eine selbständige Informationsbeschaffung in Gesprächen mit Experten aus dem Wirtschafts- und Beschäftigungssystem notwendig sind.

Bei Betriebserkundungen ist auch der Lehrer in der Position des entdeckenden und forschenden Lernenden. Auch der bestausgebildete Lehrer für sozialökonomische Bildung verfügt nur über Kenntnisse der allgemeinen Strukturen und Prozesse des Beschäftigungssystems und nur in kleinen Bereichen, wenn überhaupt, über ausreichende Kenntnisse von konkreten Erscheinungsformen. Die Komplexität und der ständige Wandel des Gegenstandsbereichs machen es deshalb auch aus der Sicht des Lehrers notwendig, die Schule zu verlassen und konkrete Handlungsbereiche des Wirtschafts- und Beschäftigungssystems aufzusuchen und exemplarisch zu analysieren. Ergänzt wird dieses Vorgehen u. a. durch Einladungen von Experten in die Schule.

Mit der folgenden Unterrichtseinheit werden als wesentliche Lernziele angestrebt: 3

Die Schüler und Schülerinnen

- erwerben und üben Kommunikations- und Interaktionsfähigkeiten, die für eine selbständige Informationsbeschaffung über Strukturen und Prozesse des Wirtschafts- und Beschäftigungssystems erforderlich sind.

- lernen wesentliche Strukturen beruflicher Arbeit kennen:
  - Sie lernen, Dimensionen beruflicher Arbeit zu unterscheiden.
  - Sie lernen, (ausgewählte) Berufe mit Hilfe dieser Dimensionen differenziert zu beschreiben und zu analysieren und werden sich der Subjektivität der Bewertung beruflicher Merkmale bewußt.
  - Sie lernen technische, ökonomische und organisatorische Unterschiede zwischen einer Bäckerei und einer Brotfabrik kennen und erfahren deren Auswirkungen auf Berufsstrukturen und die konkrete berufliche Arbeit.

- Sie lernen, über technische, ökonomische und soziale Faktoren, die zu Veränderungen von Berufsstrukturen und in den Dimensionen beruflichen Arbeitens führen können, Hypothesen zu bilden, sie zu begründen und zu überprüfen und

- erwerben Kenntnisse über solche Faktoren bei der Durchführung und Nachbereitung von Betriebserkundungen.

2. Ablauf

Es können beim Unterrichtsablauf 9 Unterrichtsteileinheiten unterschieden werden. Die ersten 6 Teileinheiten werden detailliert im Kapitel II dargestellt.

---

2 Wegen der häufig zu beobachtenden und konzeptionell angelegten unzureichenden Strukturierung des Unterrichts durch die zu vermittelnden Lerninhalte, die Überbetonung von äußeren Schüleraktivitäten, von action und Spaß, im sogenannten handlungsorientierten Unterricht wird dieser Terminus hier vermieden, auch wenn die folgenden Unterrichtsversuche als gelungene Beispiele für einen handlungsorientierten Unterricht verstanden werden könn(t)en. Zur Kritik der Konzeption des handlungsorientierten Unterrichts vgl. Dietmar Kahsnitz: Handlungsorientierter Unterricht. Lernen oder action? In: Bundesfachgruppe für ökonomische Bildung (Hrsg.): Handlungsorientierung in der ökonomischen Bildung i. E.

3 Eine weitere Differenzierung und Spezifizierung der Lernziele erfolgt in Kapitel II, Detaillierte Unterrichtsplanung und praktische Hinweise zum Ablauf.

1. Die Schüler und Schülerinnen vergleichen Bilder von handwerklicher und industrieller Produktion.

   Hierbei arbeiten sie wesentliche Unterschiede dieser Produktionsformen, einige ihrer Auswirkungen auf Berufsstrukturen und erste Erklärungen für den Bedeutungsgewinn industrieller gegenüber handwerklicher Produktion heraus. Die Schüler werden dazu motiviert, diese Zusammenhänge am Beispiel vergleichender Erkundungen in einer Bäckerei und einer Brotfabrik zu untersuchen.

2. Die Schüler und Schülerinnen fertigen Collagen zu (ihrer Meinung nach) attraktiven und unattraktiven Berufen an.

   Sie unterscheiden dabei erste (i. d. R. ihnen geläufige) Dimensionen beruflichen Arbeitens und erarbeiten damit auch wichtige Grundlagen zur differenzierteren Beschreibung und Analyse von Berufen und des Wandels von Berufsstrukturen. Dabei wird ihnen auch die Subjektivität von Berufsbeurteilungen deutlich.

3. In der Schulküche backen die Schüler und Schülerinnen Brötchen.

   Bei dieser praktischen Tätigkeit lernen die Schüler Arbeitsschritte kennen und machen Erfahrungen, die ihnen Differenzen zwischen Eigenarbeit und beruflicher Arbeit exemplarisch verdeutlichen und ihnen die Vorbereitung der Betriebserkundung in der Bäckerei und das Verständnis für entsprechende Tätigkeiten in der Bäckerei und in der Brotfabrik erleichtern.

4. Auf der Grundlage der vorangegangenen Teileinheiten entwickeln die Schüler und Schülerinnen Fragen und Hypothesen für die Erkundung der Bäckerei. Ferner werden Interviewverhalten und das Dokumentieren von Arbeitsergebnissen besprochen und geübt.

5. Die Schüler und Schülerinnen erkunden eine Bäckerei.

   Hier werden die Fragen der Schüler beantwortet, und sie haben Gelegenheit, ihre Hypothesen zu überprüfen. Sie erfahren durch die Ausführungen der dort Beschäftigten (ggf. durch zusätzliche Fragen, durch Nachfragen oder Lehrerimpuls thematisiert) Unterschiede zwischen Bäckereien und Brotfabriken aus der Sicht des Bäckers.

6. Die Ergebnisse der Erkundung werden ausgewertet und in einer „Foto-Broschüre" dokumentiert.

   Hierzu werden die Beobachtungen, Auskünfte, Fotos und Grundrisse von der Erkundung analysiert. Zusätzlich werden Berufsinformationen u. a. der Bundesanstalt für Arbeit und der Bäckerinnung herangezogen und beurteilt.

7. Vorbereitung der Erkundung in der Backwarenfabrik.

8. Erkundung der Backwarenfabrik.

9. Auswertung und Dokumentation der Erkundung.

3. Einsatzbedingungen

Die Planung ist auf die 5. Jahrgangsstufe der Hauptschule bezogen. In höheren Jahrgangsstufen und anderen Schularten sind entsprechende Modifikationen vorzunehmen. Thematik und Struktur des Unterrichtsverlaufs behalten aber ihre Relevanz. Die Unterrichtsversuche wurden in 5. und 6. Jahrgangsstufen (von Hauptschulen) durchgeführt. Den häufiger zu hörenden Einwänden, die Schüler seien in diesem Alter noch nicht an derartigen Themen interessiert und sie würden ihr kognitives Leistungsvermögen überschreiten, sei ohne weitere Diskussion das empirische Ergebnis der Unterrichtseinheit entgegen gehalten: Die Schüler waren an den Themen der Unterrichtseinheit interessiert, sie waren leistungsmotiviert und machten bemerkenswerte Lernfortschritte (vgl. auch weiter unten).

II. Detaillierte Unterrichtsplanung und praktische Hinweise zum Ablauf

1. Einführung in die Unterrichtseinheit

Lernziele

- Schüler sollen Thematik und Zielsetzung der Unterrichtseinheit in Umrissen kennenlernen.

- Schüler sollen erkennen, daß für die Beurteilung von Berufen unterschiedliche Dimensionen der Berufsarbeit zu unterscheiden sind und werden sich einiger bewußt.

- Schüler sollen erkennen, daß die gleichen beruflichen Sachverhalte je nach Neigungen, Interessen, eigenen Fähigkeiten und Kenntnisstand unterschiedlich bewertet werden können.

- Schüler sollen wissen, daß Kenntnisse über diese Dimensionen für Berufsentscheidungen bzw. -bewertungen und das Verständnis von Berufsveränderungen wichtig sind.

- Schüler lernen Faktoren kennen, die zu Veränderungen von Berufsstrukturen und in den beruflichen Dimensionen führen können.
- u. U. wird auch der Unterschied zwischen Eigenarbeit und Erwerbsarbeit (z. B. Backen und Kochen im Privathaushalt und als Berufsarbeit) erkannt.

Unterrichtsverlauf und Unterrichtsaktivitäten

- Information der Schüler über die Ziele der Unterrichtseinheit und die beabsichtigten Aktivitäten.
- Mittels Bildern aus/von einem Handwerksbetrieb und einem Industriebetrieb (vgl. z. B. Anlagen...) wird herausgearbeitet,
  - daß eine Reihe von Produkten im Handwerk (in relativ kleinen Betrieben, mit Handwerkszeug, mit begrenztem Maschineneinsatz, und in relativ geringen Mengen) und in der Industrie (in größeren Betrieben, mit relativ viel Maschineneinsatz und in größeren Mengen) hergestellt werden (Beispiel: Bäckerei und Brotfabrik, Töpferei und Keramikfabrik, Tischlerei und Möbelfabrik, Schuhmacherei und Schuhfabrik).
  - daß sich die Berufsstrukturen bei handwerklicher und industrieller Produktion wesentlich unterscheiden und dies auch an den Veränderungen innerhalb der Dimensionen beruflicher Arbeit (zunächst offenkundig an den Arbeitsinhalten, -gegenständen und -mitteln, Qualifikationsanforderungen und Arbeitsbedingungen) abzulesen ist (z. B. neue Berufe in kaufmännisch-verwaltenden Bereichen, in der Produktion, in der Produktentwicklung und Fertigungsvorbereitung, im Absatz; z. B. geringerer Anteil von Handarbeit durch Einsatz von Maschinen, veränderte Qualifikationsanforderungen durch Mechanisierung und Automatisierung der Arbeit).
  - daß technische, ökonomische und gesellschaftliche Veränderungen zu dem Wandel der Berufsstrukturen geführt haben und dies auch zukünftig bewirken und daß das z. B. bei Berufsbeurteilungen und der Berufswahl zu berücksichtigen ist.
  - daß Betriebserkundungen es ermöglichen, diese allgemeinen Zusammenhänge an einem Beispiel genauer kennenzulernen.
- Anfertigen einer Collage

  Aus Zeitschriften wird eine bestimmte Anzahl von Bildern herausgeschnitten, die einen Beruf darstellen oder mit einem Beruf zusammenhängen, den die Schüler besonders interessant finden bzw. den sie für sich strikt ablehnen. Die Bilder werden auf eine Wandzeitung geklebt. Die Schüler sollen sich dabei überlegen, warum diese Berufe für sie besonders attraktiv oder unattraktiv sind.

  Unterrichtspraktische Hinweise: Da viele Berufe, die den Schülern in den Sinn kommen, nicht in den Zeitschriften abgebildet sind, können z. B. auch Produkte, Werkzeuge, Räumlichkeiten etc., die mit diesen Berufen in einem Zusammenhang stehen, zur Symbolisierung des Berufs ausgeschnitten werden.

  Beispiel:

  Impuls/Frage: Welche Berufe können mit diesen Schuhen zu tun haben?
  (z. B. Werbeprospekt für Schuhe, Schuhe des Lehrers)

  Mögliche Antworten: Schuhmacher, Schuhverkäufer/in, Schuhputzer

  Beim Anfertigen der Collage hat sich herausgestellt, daß jedem Schüler lediglich eine bis zwei Zeitschriften zur Verfügung stehen sollten. Besonders brauchbare Bilder findet man in Illustrierten wie „Stern" und „Spiegel". Fernsehzeitschriften haben sich für die Aufgabenstellung als ungeeignet erwiesen.

- Auswertung der Collage
  - Schüler/innen stellen ihre Arbeitsergebnisse vor. Fragen zur Präsentation:

    Welche Berufe sind dargestellt, sind gemeint?
    Woran kann, soll man das erkennen?

    Am Beispiel ausgewählter (z. B. häufig genannter) Berufe:

    Warum ist dieser Beruf für dich attraktiv bzw. unattraktiv?
    Beurteilen die anderen Schüler den Beruf ähnlich?

  Die Antworten bzw. Begründungen werden zunächst ungeordnet in Tafelnotizen festgehalten.

  - Zu den Tafelnotizen werden allgemeine übergeordnete/zusammenfassende Begriffe entwickelt. Es sollte ein Tafelbild/Übersicht „Dimensionen beruflicher Arbeit" entstehen (s. Tafelbild I, ANHANG)

    Unterrichtspraktischer Hinweis: Wenn das Tafelbild auf Overhead-Folie erarbeitet wird, kann es kopiert und als weitere Arbeitsunterlage verwendet werden.

- Falls der Bäcker im Tafelbild enthalten ist:

    Frage: Was müßte man alles/noch wissen, wenn man beurteilen will, ob dieser Beruf für einen attraktiv oder unattraktiv ist?

    Oder

    Was müßte jemand, der noch unentschlossen ist, ob er Bäcker/in werden will, noch über den Beruf wissen?

    u. U. Erweiterung des Tafelbildes (z. B. Ausbildungsvoraussetzungen, Ausbildungsdauer, Erwerbschancen)

    Ergebnis u. a.: Offen gebliebene zu klärende Fragen über den Bäckerberuf; wo und wie könnte man darauf Antworten erhalten?

- Falls Bäckerberuf nicht in dem Tafelbild enthalten, zunächst Kenntnisse der Schüler zum Bäckerberuf gemäß den Dimensionen des Tafelbildes zusammentragen

    weiter wie oben

- Ausblick

    Lehrer verweist auf die Betriebserkundungen: Die Erkundungen in der Bäckerei und in der Brotfabrik werden zeigen, ob das Schema des Tafelbildes ausreicht oder erweitert werden muß, um Berufe umfassend kennenlernen, bewerten und vergleichen zu können, und zu verstehen, welche Veränderungen sich in den Berufsstrukturen ergeben, wenn die Produkte nicht mehr im Handwerksbetrieb, sondern im Industriebetrieb (Fabrik) hergestellt werden.

2. Brötchen backen

In dieser Teileinheit sollen Schüler am Beispiel eines Produkts einer Bäckerei Arbeitstätigkeiten kennenlernen und Erfahrungen machen, die ihnen das Verständnis für entsprechende berufliche Tätigkeiten und damit für die Erkundung in der Bäckerei und in der Brotfabrik erleichtern.

Lernziele

- Die Schüler lernen die Abfolge wesentlicher Arbeitsschritte beim Herstellen von Brötchen kennen, benennen und ausführen und erfahren dabei den Schwierigkeitsgrad einiger Tätigkeiten.

- Die Schüler lernen ein Rezept in Arbeitsschritte umzusetzen.

Unterrichtsverlauf und Unterrichtsaktivitäten:

- Der Lehrer teilt den Schülern mit, welche Funktion das Backen in der Schulküche für das Verständnis der Arbeitsprozesse in einer Bäckerei und des Berufs des Bäckers und damit für die Betriebserkundung hat.

- Gespräch über das Vorwissen der Schüler/innen

- Besprechung des Rezepts (vgl. Schülermaterial 1)

    - Erarbeitung der Abfolge der einzelnen Arbeitsschritte (vgl. Schülermaterial 2/1 u. 2/2)
    - Die benötigten Geräte werden gezeigt und ihre Funktion kurz erklärt
    - u. U. pantomimische Darstellung der Verwendung der Geräte;
    - Verhaltensregeln in der Schulküche.
    - Die Arbeitsschritte werden auf ein Plakat geschrieben, das für alle sichtbar an der Küchenwand befestigt werden kann.
    - Gruppenbildung für Schulküche (maximal 5 Schüler je Gruppe).
    - Hinweis auf anschließenden Verzehr der Brötchen (Zweitfrühstück). Schüler sollen u. a. Getränke und Aufschnitt bzw. Aufstrich mitbringen.

- Herstellung der Brötchen (ca. 4–5 Unterrichtsstunden)

    - Vorbereitende Tätigkeiten des Lehrers: Zutaten kaufen, Mehl und Hefe abwiegen und verteilen.
    - Arbeitsschritte ausführen.

        Die während des Herstellungsprozesses entstehenden Pausen (wenn der Teig und die Brötchen gehen) lassen sich gut zur Besprechung von entstandenen Problemen, Schwierigkeiten und Eindrücken nutzen.

    - Tisch decken.
    - Gemeinsames Essen
        Während der abschließenden gemeinsamen Mahlzeit sollten wichtige, d. h. besonders gut gelungene oder weniger gut geglückte Phasen des Backens nochmals besprochen werden.

        Impuls: Stellt Euch vor, Ihr wollt jemandem erklären, wie man Brötchen backt. Worauf würdet Ihr ihn besonders hinweisen?

    - Aufräumen
        Unterrichtspraktische Hinweise: Die Ereignisse und Tätigkeiten der Schüler können durch Fotos in einer Broschüre dokumentiert werden. Die Broschüre kann als Vorbereitung und Motivation für die anschließende Doku-

mentation der Erkundung der Bäckerei und der Brotfabrik dienen. Die Fotos in der Küche sollte jedoch der Lehrer machen, da die Schüler mit der Brötchenherstellung hinreichend beschäftigt sind.

- Erstellen der Fotobroschüre
  Schüler sortieren bzw. wählen Bilder aus, kleben sie ein, verfassen schriftliche Kommentare dazu.
  Von der Broschüre können Kopien gemacht werden, die die Schüler in ihre Arbeitsmappe übernehmen.

3. Vorbereitung der Erkundung in der Bäckerei

Lernziele

Die Schüler lernen

- Hypothesen zu bilden und zu begründen:
  - zum Produktionsprozeß in einer Bäckerei;
  - zu Berufen und Arbeitssituationen in einer Bäckerei;
  - zu Kostenstruktur (Kostenarten und -höhe), Preisbildung, Sortiment und Produktionsmenge des Bäckers; zu seiner Konkurrenzfähigkeit mit Brotfabriken.
- Interviewverhalten.
- u. U. Grundrisse anzufertigen.
- relevante Fotomotive in der Bäckerei zu erkennen.

Unterrichtsverlauf und Unterrichtsaktivitäten

- Bezug nehmend auf Erfahrungen in der Schulküche und den Erfahrungsbericht in der Broschüre werden vermutete Unterschiede zwischen dem Brötchenbacken in der Schulküche und dem beruflichen Backen in einer Bäckerei herausgearbeitet.
  Impuls: Wir haben Brötchen gebacken, sind wir nun alle Bäcker?
- Schüler äußern, was sie bei der Erkundung der Bäckerei besonders interessiert und überlegen, worauf besonders zu achten ist für die Erstellung einer Fotobroschüre über die Ergebnisse der Betriebserkundung.
- Schüler entwickeln Fragen (u. a. Bezug nehmend auf die Dimensionen beruflicher Arbeiten, ihre Backerfahrungen, ihre Vermutungen zur Bäckerei) an den Bäcker, Vermutungen über mögliche Antworten des Bäckers und begründen ihre Vermutungen (Hypothesenbildung).

Dazu sollte/kann das Tafelbild über berufliche Dimensionen herangezogen werden.

Wichtiger Hinweis: Schüler sollen Hypothesen über mögliche bzw. wahrscheinliche Antworten in der Bäckerei aufstellen, damit ihr Sinn für mögliche Zusammenhänge und ihr Verständnis für die Antworten in der Bäckerei gefördert wird. Darüber hinaus steigert dies bei konkurrierenden Hypothesen die Neugier und Spannung der Schüler auf die Antworten in der Bäckerei.

- Fragen und Hypothesen für die Betriebserkundung und für die Auswertung schriftlich festhalten (z. B. Overhead-Folie).

- Sofern (vermutlich) in den Fragen der Schüler nicht enthalten, sollten auch Fragen zu und Hypothesenbildungen über Kostenstruktur und Preise einer Bäckerei und die Konkurrenzfähigkeit einer Bäckerei gegenüber einer Brotfabrik angeregt werden.

  Impuls/Frage: Schüler berechnen Herstellungskosten ihrer Brötchen (Materialkosten)

  Frage: Was kosten Brötchen im Geschäft? Warum sind sie so viel teurer?

  Unter Umständen: Warum sind Brötchen im Supermarkt billiger als beim Bäcker?

- Schüler üben Interviewverhalten (u. a. Rollenspiel), Grundrißzeichnen, machen sich mit der Technik des Fotografierens und der Bedienung des Kassettenrecorders vertraut.

- Bildung von Gruppen für das Fotografieren in der Bäckerei, das Interviewen des Bäckermeisters, das Zeichnen eines Grundrisses der Bäckerei.

4. Durchführung der Betriebserkundung

Unterrichtspraktische Hinweise

- Fragen und Hypothesen der Schüler und Schülerinnen vor der Erkundung dem Bäcker vorlegen und vorbesprechen.

- Mit dem Bäcker Vereinbarungen vor der Betriebserkundung treffen:
  - Der Bäcker sollte zu Beginn des Besuchs noch keinen längeren Vortrag halten.
  - Der Ablauf der Erkundung sollte nach Möglichkeit die Abfolge der Arbeitsschritte deutlich machen.
  - Besonders eindrucksvoll wäre es, wenn einzelne Arbeitsvorgänge den Schülern vorgeführt würden.

- Die Schüler sollten während der Führung durch den Betrieb die Möglichkeit haben, weitere Fragen zu stellen (u. U. kurze Pausen des Bäckers nach seinen jeweiligen Ausführungen oder Verständnisfragen bzw. Rückfragen des Bäckers).

- Am Ende der Betriebserkundung werden die Interviewfragen gestellt. Dabei werden auch die über den unmittelbaren Produktionsprozeß hinausgehenden allgemeineren beruflichen, betrieblichen und wirtschaftlichen Fragen thematisiert. Soweit dies nicht von den Schülern geschieht, ist das Aufgabe des Lehrers bzw. des Bäckers.

- Dabei sollte der Besitzer der Bäckerei seine umfassendere Funktion (von Materialdisposition bis zur Sortimentsbestimmung und Absatzstrategie) gegenüber seinen angestellten Bäckern herausstellen (wichtig zum Verständnis der Ausdifferenzierung dieser Funktionen in der Fabrik).

- Lehrer sollten sich auch nicht scheuen, selbst strukturell wichtige Fragen zu stellen, die wegen der Gesamtzielsetzung der Unterrichtseinheit bereits beim Bäcker geklärt werden sollten oder die u. U. erst durch die Ausführungen des Bäckers aufkommen.

- Bei größeren Lerngruppen: entweder mit halber Gruppengröße zwei Betriebserkundungen durchführen oder Aufteilung in zwei Gruppen, die von zwei Betriebsangehörigen (z. B. 2 Bäckern oder ein Bäcker in der Backstube und eine Fachverkäuferin im Laden) geführt werden.

- Der Lehrer muß verhindern, daß der Bäcker während der Erkundung überwiegend zu ihm und nicht zu den Schülern spricht (große Gefahr!) Lösung: Darauf achten, daß die Schüler immer zwischen Bäcker und Lehrer stehen.

5. Auswertung der Betriebserkundung

Lernziele

Schüler sollen

- Arbeitsinhalte und wichtige Arbeitsmittel in einer Bäckerei beschreiben können,

- die Organisationsstruktur der Bäckerei erkennen (u. U. Produktion, Ladenverkauf, Verwaltung),

- wesentliche betriebliche Funktionen den in der Bäckerei arbeitenden Personen zuordnen können,

- die hierarchischen Strukturen in einem Bäckereibetrieb erkennen (z. B. Auszubildender, Geselle, Meister, Besitzer/Eigentümer),

- die Berufe des Bäckers und ggfs. der Bäckerei-Fachverkäuferin gemäß den bereits erarbeiteten und ggfs. nach der Erkundung zu ergänzenden bzw. differenzierenden Dimensionen beruflichen Arbeitens beschreiben können,

- weitere Informationen für diese Berufsbeschreibungen (z. B. Beruf aktuell, berufskundliche Filme (im BIZ), Informationsschriften der Bäckerinnung) vor dem Hintergrund ihrer eigenen Erkundungsergebnisse beurteilen können (z. B. höherer Allgemeinheitsgrad der Aussagen (sie gelten für alle Bäckereien), Interessengebundenheit der Informationen),

- neben den Materialkosten wesentliche Kostenarten in der Bäckerei kennenlernen (u. a. Personalkosten, Mieten, Energiekosten, Abschreibung, Steuern) und

- wesentliche Faktoren der Wettbewerbsfähigkeit der Bäckerei gegenüber Brotfabriken aus der Sicht einer Bäckerei kennenlernen (z. B. Kosten, Sortiment, Absatzmenge, Abnehmerkreis, Qualität, Flexibilität, Preise).

Unterrichtsverlauf und Unterrichtsaktivitäten

- Schüler geben ihre Eindrücke aus der Betriebserkundung wieder. Fotos werden herumgereicht bzw. vorgezeigt und besprochen.

- Erste Besprechung, wie die Ergebnisse der Betriebserkundung in der Broschüre/Zeitung dokumentiert werden sollen.

- Besprechung des aufgenommenen Interviews.

- Besprechung zusätzlich erhaltener Informationen und offener oder neu aufgetauchter Fragen.

- Ergänzung bzw. Korrektur der bisherigen Beschreibung des Bäckerberufs (vgl. Tafelbild I), u. U. Erweiterung und/oder Differenzierung des Schemas der Berufsdimensionen. Ggfs. eine Berufsbeschreibung für die angestellten Bäcker und eine für den Besitzer der Bäckerei wegen dessen umfassenderen Funktionen (Arbeitsinhalte).

- Erstellung einer entsprechenden Berufsbeschreibung für die Bäckerei-Fachverkäuferin.

- Ergänzung der Berufsbeschreibungen durch Informationen der Bundesanstalt für Arbeit wie z. B. Beruf aktuell, Informationen im BIZ und durch Informationen von der Bäckerinnung. Diskussion und Erklärung der Differenz zwischen selbstgewonnenen, z. T. erheblich differenzierteren und umfangreicheren Informationen und den offiziellen Informationsschriften.

- Klärung der Marktposition von Bäckereien im Vergleich zu Brotfabriken.

    Impuls/Frage: Heute gibt es viel weniger Bäckereien als früher. Warum?

    Wird es in Zukunft keine Bäckerei mehr geben?

- Vor- und Nachteile von Bäckereien gegenüber Brotfabriken im Tafelbild systematisieren (vgl. Tafelbild II).

6. Weiterer Verlauf der Unterrichtseinheit

Auf den Ergebnissen der Bäckereierkundung aufbauend, können Fragen und Hypothesen zu den Unterschieden zwischen einer Bäckerei und einer Brotfabrik entwickelt werden.

Der Schwerpunkt sollte auf

- dem Themenkomplex Produktivitätssteigerung durch Massenproduktion, höheren Mechanisierungsgrad, geringeren Anteil von Handarbeit sowie auf Arbeits- und Berufssituationen der in der Produktion Arbeitenden liegen (Veränderung der Arbeitsinhalte und -bedingungen (z. B. Arbeitszeit, körperliche Belastung, Temperaturen), Einkommenshöhe, Karrierechancen, Bedarf an gelernten Bäckern, Einsatz von Anlernkräften und u. U. Bedarf an Betriebsschlossern und Elektrikern etc.).

- dem Themenkomplex Produktivitätssteigerung durch Arbeitsteilung und Spezialisierung (im Vergleich zur Bäckerei weitergehende Arbeitsteilung: z. B. Ausdifferenzierung von kaufmännisch-verwaltenden und einer Vertriebsabteilung mit kaufmännischen Berufen etc.) und den damit zusammenhängenden veränderten Berufsstrukturen in einer Brotfabrik gegenüber einer Bäckerei (welche Berufe sind vorhanden, für welche wird ausgebildet?) und

- dem Themenkomplex Wettbewerbsfähigkeit und Wettbewerbsfaktoren einer Brotfabrik (u. a. Kostenstruktur: u. U. geringere Herstellungskosten, höhere Vertriebs- und Verwaltungskosten) liegen.

Für die Vorbereitung empfiehlt sich die Vorführung und Besprechung des Unterrichtsfilms „Arbeitsteilung" (8 Min; FUW Nr. 322042). Die Erkundung wird dann zeigen, daß der Schluß des Films (zunehmende betriebliche Arbeitsteilung in Verbindung mit zunehmender Mechanisierung führen zur Auflösung von Facharbeiterberufen und Bedienung der Maschinen durch Anlernkräfte, die wiederkehrende mechanische Tätigkeiten ausführen) nicht generalisierbar (in der Brotfabrik werden z. B. weiterhin ausgebildete Bäcker benötigt) und einseitig ist (da die Entstehung und der Bedarf neuer und anders qualifizierter Arbeitskräfte z. B. Industriekaufleute, Bürokaufleute, Ingenieure etc. nicht benannt wird).

Nach der Auswertung der Erkundung der Brotfabrik bieten sich verschiedene Fortsetzungsmöglichkeiten an:

- z. B. systematische Behandlung vom Handwerk (u. a. auch Dienstleistungshandwerk, Berufe im Handwerk, volkswirtschaftliche Bedeutung des Handwerks)

- Erneuter Vergleich von Handwerksbetrieb und Industriebetrieb in einem anderen Bereich mit anderen Unterschieden (vgl. unten)

- Weiterverfolgung des Arbeitsteilungsthemas durch die Behandlung von weiterer funktionaler Ausdifferenzierung wie Handel, Transport und Finanzierung bzw. Zahlungsverkehr und damit verbundenen Berufen bzw. Erwerbstätigkeiten im Anschluß an die Ergebnisse der Erkundung in der Brotfabrik (volkswirtschaftliche Arbeitsteilung).

Hinweise zum Vergleich Bäckerei – Brotfabrik

Wenn verdeutlicht werden soll, daß durch die industrielle Produktion der Bedarf an den entsprechenden handwerklichen Qualifikationen ganz entfallen kann, ist der Vergleich Bäckerei – Brotfabrik nicht geeignet, da in der Brotfabrik weiterhin Bäcker benötigt und häufig auch ausgebildet werden. Bei dieser Zielsetzung bietet sich z. B. der Vergleich von Tischlerei und Möbelfabrik an. Für diesen Vergleich entfällt allerdings die Möglichkeit, die Erkundungen durch eigene Arbeitspraxis in schulischen Fachräumen, bei der dasselbe oder ein vergleichbares Produkt wie im Handwerk und im Industriebetrieb hergestellt wird, vorzubereiten. Je nach Lernvoraussetzungen der Schüler brauchen aus diesem Wegfall aber keine Verständnisschwierigkeiten zu erwachsen. Das Interesse der Schüler an den Unterrichtsinhalten und den Erkundungen wird dadurch in keinem Fall beeinträchtigt.

Letztlich kommt es stets auf die jeweiligen örtlichen Wirtschaftsstrukturen an, welche Betriebe erkundet werden können, und auf das Wissen des Lehrers, falsche Verallgemeinerungen zu verhindern, indem er zusätzliche Informationen u. a. durch Experten in den Unterricht einbringt.

III. Erfahrungsberichte über Erkundungen von Berufen und Berufsstrukturen

Die Erfahrungsberichte über zwei Unterrichtseinheiten basieren auf den didaktischen und methodischen Überlegungen zum eingangs beschriebenen Problembereich. Sie wurden in Verbindung mit dem Institut für Polytechnik/Arbeitslehre an der Johann Wolfgang Goethe-Universität in Frankfurt durchgeführt. Auf den hier gemachten Erfahrungen basiert die vorab beschriebene Unterrichtsplanung.

Die erste Unterrichtseinheit: **„Berufe in der handwerklichen und industriellen Produktion"** wurde konzipiert für eine 5. Hauptschulklasse in einer ländlichen Region mit hoher Jugendarbeitslosigkeit.

Zentrale Unterrichtsgegenstände waren bzw. sollten sein:

- Funktion von Berufs- und Erwerbsarbeit für den einzelnen;
- Verhältnis von Bildungs-, Ausbildungs- und Beschäftigungssystem;
- Beurteilungskriterien für Berufe und Berufsvergleiche;
- Veränderungen von Berufsinhalten und -strukturen sowie berufliche Entwicklungstendenzen und ihre Bedeutung für Berufs- und Erwerbschancen;
- Berufs- und Ausbildungschancen von Frauen;
- Aufbau und Funktionen von Unternehmungen;
- Wirtschaftsstruktur der Region;
- Interessen und Interessenorganisation;
- Informationsquellen und Materialien zu Berufen und Erwerbsarbeit und Wege ihrer Erschließung und Bewertung.

Zum besseren Verständnis der unterschiedlichen Berufsstrukturen in den Betrieben und der Berufsentwicklungstendenzen sollten von Anfang an grundlegende Erklärungsmuster wie Arbeitsteilung, technische Rationalisierung, privat- und marktwirtschaftliche Organisation der Wirtschaft, Konjunktur-, Wachstums- und Strukturverlauf, Rolle des Staates etc. herangezogen werden. Dabei ging es weniger um die Erarbeitung umfassender und differenzierter Inhalte einzelner Fachdisziplinen, als vielmehr um das Erfassen wesentlicher funktionaler Zusammenhänge und das Wecken von Problembewußtsein.

Als Lernaktivitäten standen gemäß den vorangegangenen Überlegungen Kooperationen mit außerschulischen Institutionen wie Betriebserkundungen und Gespräche bzw. Diskussionen mit Experten aus Betrieben, Interessenorganisationen und der Arbeitsverwaltung im Vordergrund. Zu deren Vorbereitung, Durchführung und Auswertung dienten bevorzugt Unterrichtsverfahren, die die aktive Erarbeitung der Unterrichtsinhalte durch die Schüler fördern, insbesondere das entdeckende und forschende Lernen.

Die Thematik der Unterrichtseinheit wurde den Schülern mit Hilfe eines kurzen Films über Arbeitsteilung vorgestellt. Der Film zeigte am Beispiel eines idealtypischen Übergangs von der Selbstversorgung zur beruflichen Arbeitsteilung in der vorindustriellen Wirtschaft, vor allem aber beim Vergleich der handwerklichen mit der industriellen Produktion ökonomische Gründe für Arbeitsteilung, Mechanisierung und Automatisierung und deren Folgen für Berufe und Berufsstrukturen. Diese Zusammenhänge wurden im anschließenden Unterricht verdeutlicht, aber auch differenzierter erschlossen. Falsche Verallgemeinerungen des Films zur Arbeit in der industriellen Produktion wurden korrigiert.

Durch Erkundungen bei einem Keramikmeister und in einer Keramikfabrik, die in der Schule mit einfachen Töpferarbeiten sowie durch Gießkeramikproduktionen vorbereitet wurden, erfuhren die Schüler u. a.

- daß bei industrieller Massenproduktion infolge weitgehender Arbeitsteilung und Mechanisierung wesentliche Teile der ganzheitlichen Tätigkeit des Keramikers/der Keramikerin von Maschinen und Anlernkräften – im vorliegenden Fall waren es relativ häufig Frauen – übernommen werden; in der Keramikfabrik somit der Bedarf an den handwerklichen Qualifikationen eines(r) Keramikers/in entfällt.
- daß andererseits aber auch neue Facharbeiterberufe wie der des/der Kerammodelleurs/in entstehen.
- daß außerdem Facharbeiter/innen für die Wartung und Instandhaltung der maschinellen Anlagen erforderlich sind.
- daß die Massenfertigung zu einer Ausdifferenzierung von kaufmännisch-verwaltenden Funktionen und entsprechenden Ausbildungs- und Anlernberufen führt.

Vertieft wurden diese Einsichten durch vergleichende Erkundungen im Tischlerhandwerk und in einer Möbelfabrik. Zusätzlich thematisiert wurden hier die Probleme der Übernahme ins Beschäftigungverhältnis nach einer Ausbildung im Handwerk, die begrenzten Verwendungsmöglichkeiten handwerklicher Qualifikationen in der Industrie, aber auch die prinzipielle Verbesserung der Einstellungschancen in der Industrie durch eine (handwerkliche) Ausbildung wegen der damit verbundenen beruflichen Sozialisation. Außerdem wurde von den Unternehmungen der holzverarbeitenden Branche die Bedeutung der Absatzlage, der allgemeinen Wirtschaftslage und der zunehmenden Rationalisierung für die Erwerbschancen hervorgehoben.

In der Schule wurden die Erkundungen durch das gemeinsame Anfertigen von Collagen und das Erstellen von Dokumentationen – u. a. für einen Elternabend – ausgewertet. Durchgängig wurde bei allen Erkundungen und deren Auswertung in der Schule nach den Ausbildungsvoraussetzungen und nach den Ausbildungs- und Berufschancen, speziell von Mädchen bzw. Frauen, gefragt. Am Beispiel der erkundeten Berufe und einer Gliederung der handwerklichen Berufe übten die Schüler den Umgang mit Informationsschriften der Bundesanstalt für Arbeit und erkannten, daß ihre Fragen darin nur teilweise beantwortet werden, daß also weitere Informationen und zusätzliche Erkundungen notwendig sind.

Die gestiegene Fähigkeit, sich Informationen selbständig zu beschaffen, kam überzeugend darin zum Ausdruck, daß die Schüler die Erkundungen in mehreren Betrieben des Tischlereihandwerks nach unterrichtlicher Vorbereitung selbständig in kleinen Gruppen organisierten und durchführten.

Weiterhin wurde zum Thema: „**Wir erkunden Berufe**" eine Unterrichtseinheit in zwei Frankfurter Hauptschulen in der 5. und zu Beginn der 6. Klasse durchgeführt. Beide Klassen hatten einen hohen bzw. einen extrem hohen Ausländeranteil. Da viele ausländische Schüler keine Vorstellungen über die Bedeutung von Schulabschlüssen und Schulnoten für ihre Berufchancen und über das Berufsausbildungs- und Beschäftigungssystem in der BRD hatten und auch die Vorstellungen der deutschen Hauptschüler im großstädtischen Bereich über ihre Berufswahlchancen und Berufsausbildungswege erheblicher diffuser waren als die von Hauptschülern im ländlichen Bereich, wurden die Lernziele für den die Arbeitslehre betreffenden Teil der fächerübergreifenden Unterrichtseinheit präzisiert und teilweise modifiziert:

Die Schüler sollten

- Berufe kennenlernen, für die man auch mit dem Hauptschulabschluß einen Ausbildungsplatz erhalten kann,

- die Bedeutung einer Berufsausbildung erkennen,

- erkennen, daß Berufe und Berufsausbildung bestimmte Schulabschlüsse und Schulnoten voraussetzen,

- einen Einblick in das duale berufliche Ausbildungssystem gewinnen,

- Beurteilungskriterien für Berufe und Berufsvergleiche herausarbeiten,

- Informationsschriften der Bundesanstalt für Arbeit zu Berufen und deren Informationsgehalt bewerten lernen und

- Kommunikations- und Interaktionsfähigkeiten und -techniken entfalten, um sich selbständig, selbstbewußt und differenziert bei Berufstätigen und Betrieben zu informieren.

In die Thematik der Unterrichtseinheit wurde eingeführt, indem die Schüler Collagen zu Berufen anfertigten und diese besprachen. Die Schüler

- lernten, zwischen Hobby und Erwerbsarbeit, Anlerntätigkeiten und gelernter Berufsarbeit zu unterscheiden,

- erfuhren, daß Berufe unter verschiedenen Aspekten betrachtet und beurteilt werden können und

- erkannten, daß Kenntnisse über Zugangsmöglichkeiten und Zugangsvoraussetzungen zu bestimmten Berufen, über Arbeitsinhalte, Arbeitsbedingungen, Bezahlungen etc. für die eigene Berufswahl von großer Bedeutung sind.

Diese Einsichten sollten in Erkundungen zu den Berufen des **Bäckers** und **Kochs** vertieft, differenziert und erweitert werden.

Als Vorbereitung auf die Betriebserkundung in einer Bäckerei wurden in der Schulküche Brötchen gebacken. Hierbei lernten die Schüler die einzelnen Arbeitsschritte zur Herstellung von Brötchen kennen und beurteilen (einfach, anstrengend, welche Kenntnisse müssen erworben werden, Planung und Organisation der Arbeit, was besonders Spaß gemacht hat, welche Geräte die Arbeit erleichtern usw.). Das ermöglichte ihnen, gezielter und differenzierter zu erkennen, auf welche Weise diese Arbeitsschritte in der Bäckerei vollführt werden.

Zur Vorbereitung auf die Betriebserkundung stellten die Schüler ferner Vermutungen über den Unterschied zwischen ihrem Backen und dem Backen in einer Bäckerei an, formulierten sie ihre Fragen an den Bäcker zur Herstellung von Brötchen, Brot, Kuchen etc., zum Beruf des Bäckers und zur Bäckerei und äußerten und begründeten hierzu ihre Vermutungen und Hypothesen.

An Erkundungstechniken übten sie das Interviewen, Fotografieren und Grundrißzeichnen.

Die Betriebserkundungen und die anschließende Auswertung ergaben als Lernerfolge u. a.

Die Schüler

- erkannten, daß in der Bäckerei ein Großteil der Arbeitsschritte, die sie in der Küche manuell durchführten, von Maschinen übernommen werden. Das erleichtert die Arbeit und erlaubt eine größere Produktionsbreite und Produktionsmenge.
- bekamen erste Einsichten in eine mögliche Organisationsstruktur eines Handwerksbetriebs (Produktion, Ladenverkauf, Auslieferung an Großabnehmer, Verwaltung) und in die Sozialstruktur des Betriebes (Meister, Geselle, Lehrling; erste Verkäuferin und nachgeordnete Verkäuferinnen).
- lernten, daß die Bezahlung der angestellten Bäcker und Verkäuferinnen von deren Funktion und Berufserfahrung bzw. Dauer der Betriebszugehörigkeit abhängt.
- bekamen einen Einblick in die Arbeitsbedingungen in der Backstube und im Laden (Hitze, früher Arbeitsbeginn der Bäcker, Samstagsarbeit, Schichtarbeit im Verkauf etc.).
- erfuhren, daß alle Beschäftigten in der Backstube und im Ladenverkauf eine betriebliche Ausbildung (Lehre) als Bäcker bzw. Verkäuferin absolviert hatten.
- hörten, welche Bedeutung der Bäckermeister Schulabschlüssen und Schulnoten in einzelnen Fächern für die Auswahl seiner Lehrlinge beimißt und daß er auch Hauptschülern einen Ausbildungsvertrag gibt, wenn sie entsprechende Zeugnisnoten aufweisen.
- erfuhren, daß der Betrieb erheblich mehr Lehrlinge ausbildet, als er nachher übernehmen kann.

Die Kenntnisse über Ausbildungsvoraussetzungen, -inhalte und -verlauf wurden in einem Unterrichtsgespräch mit je einem Auszubildenden für den Beruf des Bäckers und Konditors bzw. einer Bäckerei-Fachverkäuferin erweitert.

Die Unterrichtssequenz über den Beruf des Kochs stellte den Schülern einen weiteren, Hauptschülern zugänglichen Beruf vor, vertiefte die Kenntnisse über Ausbildungsberufe, berufliche Ausbildung und den Zusammenhang zwischen Schulabschluß, Schulnoten, Berufsausbildung und Berufschancen.

Die Erkundung wurde ebenfalls in der Schulküche vorbereitet. Dabei entwickelten die Schüler ein erstes Verständnis für die Planungs- und Organisationsaufgaben, die vor der Erstellung einer Speisekarte für ein Essen à la carte zu lösen sind.

Bei der Erkundung in der Küche eines Altersheimes und in dem anschließenden Gespräch mit dem Koch erkannten bzw. erfuhren die Schüler, daß

- nur der Leiter und die Leiterin der Küche eine Berufsausbildung als Koch und eine Meisterprüfung absolviert hatten. Die Mehrzahl der Mitarbeiter waren Hilfskräfte, die entsprechend geringer bezahlt wurden.
- der Koch neben der Herstellung von Speisen weitere wesentliche Funktionen wahrnimmt: Erstellung des Speiseplans unter Berücksichtigung der Wünsche der Bewohner und der Kosten der Zutaten; Wareneinkauf; Organisation des Ablaufs in der Küche, Personleinteilung und -überwachung.
- Arbeitsplätze, -inhalte, -bedingungen und -entgelte von gelernten Köchen sich erheblich unterscheiden können, je nachdem, wo sie arbeiten (z. B. in einer Kantine oder in einem Restaurant).
- der Kochlehrling in der Kantine nach Abschluß der Ausbildung nicht übernommen wird.

Das Gespräch mit dem Koch zeigte, daß die Schüler durch ihre Erfahrungen bei der Erkundung in der Bäckerei ihre Gehemmtheit im Gespräch mit dem Betriebsleiter weitgehend abgelegt hatten und z. B. in der Lage waren, gezielt nachzufragen, wenn sie eine Antwort nicht verstanden hatten oder sie ihnen nicht genügte.

Die Berufserkundung wurde durch den Besuch des Kochlehrlings in der Schule abgeschlossen. Die Schüler erfuhren dabei detaillierter, was der Auszubildende in der Berufsschule und im Betrieb lernt und welches die wesentlichen Ausbildungsvoraussetzungen sind, um erfolgreich eine Ausbildung abzuschließen.

Nach den beiden Berufserkundungen waren die Schüler in der Lage, wichtige Kriterien für Berufserkundungen, Berufsbeurteilungen, Berufsvergleiche und die eigene Berufswahl zusammenzustellen. In diesem Zusammenhang wurde die Informationsschrift des Arbeitsamts „Beruf aktuell" eingeführt, und die Schüler erkannten, welche Informationen sie diesem Buch entnehmen können und welche sie sich anderweitig, z. B. bei Betriebserkundungen oder Interviews mit Berufstätigen beschaffen müssen.

Die Unterrichtsergebnisse wurden u. a. auf Arbeitsblättern, Wandzeitungen, in einer illustrierten Zeitung, einer Tonbildschau und einem Hörspiel dokumentiert.

Bei den ausländischen Schülern bewirkte der Unterricht, daß insbesondere ihre Wissensdefizite hinsichtlich der Bedeutung von Schulabschlüssen für berufliche Ausbildung und Berufsaussichten sowie von der Funktion und Struktur einer beruflichen Ausbildung verringert und ihr diesbezügliches Problembewußtsein erhöht wurde.

Auf der Grundlage ihrer Erfahrungen beim praktischen Arbeiten und der konkreten Anschauungen bei den Betriebserkundungen konnten sie ihre Deutschkenntnisse bemerkenswert erweitern. Darüber hinaus führte die Anwendung deutschsprachlicher Kenntnisse in lebenspraktischen Situationen bei ihnen zu einer erheblich höheren Lernmotivation im Lernbereich Deutsch, so daß es im anschließenden Unterricht möglich war, sie zum Lesen ausgewählter Schriften der Bundesanstalt für Arbeit zu bewegen und sich mit den Texten auseinanderzusetzen.

Inhalte des nachfolgenden Unterrichts waren der Vergleich handwerklicher und industrieller Produktion und die Folgen industrieller Produktion für Berufe.

Als Beleg für die Nachhaltigkeit des Lernerfolgs sei eine Episode berichtet: Die Schüler einer Klasse wurden nachmittags von Studentinnen der Sonderpädagogik betreut. Eine Studentin lud die Kinder zum Kaffee ein. Auf dem Weg zu ihr kauften sie ihr Blumen. Anderntags berichtete die begleitende Studentin der Lehrerin von dem für sie überraschenden Verlauf des Blumenkaufs (sie wußte nichts von der Unterrichtseinheit): Die Schüler/innen beließen es nämlich nicht bei dem Kauf der Blumen. Sie befragten die Verkäuferin, ob sie eine Ausbildung habe, welchen Schulabschluß sie habe, welche Schulfächer für die Ausbildung wichtig wären, was sie verdiene, ob und was ihr am Beruf Spaß mache etc.

Literatur:

Baethge, Martin; Hantsch, Brigitte; Pelull, Wolfgang; Voskamp, Ulrich 1988: Jugendarbeit: Arbeit und Identität. Lebensperspektiven und Interessenorientierung von Jugendlichen, Opladen.

Kahsnitz, Dietmar 1987: Arbeit und Beruf in den sozialen Deutungsmustern von Heranwachsenden. Forschungsbericht DFG, Bonn.

Kahsnitz, Dietmar/Brand, Dietmar 1988: Kenntnisse, Erwartungen und Handlungsorientierungen von Haupt- und Realschülern in Bezug auf das Berufs- und Wirtschaftssystem – Ergebnisse einer empirischen Studie. In: Bundesfachgruppe für ökonomische Bildung (Hrsg.), Ökonomische Bildung – Aufgabe für die Zukunft, Bergisch Gladbach, S. 182–404.

Kuhlwein, Eckart (Hrsg.) 1991: Lebensentwürfe von Jugendlichen: Motivation und Berufsorientierung, Pläne und ihre Realisierung. Gutachten für die Enquete-Kommission „Zukünftige Bildungspolitik – Bildung 2000" des 11. Deutschen Bundestages, Bonn.

Anhang:

Beispiele für handwerkliche und industrielle Arbeit

Handwerkliche Arbeit

Industrielle Arbeit

Mögliches Tafelbild (I)

Dimensionen von berufl. Arbeit / Berufe	Arbeitsgegenstände, Arbeitsinhalte Arbeitsmittel Was macht man? Womit arbeitet man?	Arbeitsanforderungen Arbeitsqualifikationen Was muß man (besonders) können?	Arbeitsbedingungen (z.B. Lärm, Staub, im Stehen, Sitzen, Freien arbeiten) Arbeitszeiten (z. B. Schicht-, Samstagsarbeit)	Ansehen des Berufes (Gründe?)	Einkommen	Karrierechancen
Kfz-Mechaniker/in						
Friseur/in						
Bäcker/in						
Verkäufer/in						
...						

Je nach Antworten der Schüler sind weitere Differenzierungen (z. B. Ausbildungsvoraussetzungen) oder Zusammenfassungen (z. B. Einkommen und Karrierechancen zu Einkommen(schancen) möglich.

(Mögliches) Tafelbild (II): Die Bäckerei im Wettbewerb mit der Brotfabrik

Wettbewerbsfaktoren (Was ist für Kunden wichtig?)	Wettbewerbsvorteile einer Bäckerei gegenüber einer Brotfabrik (Worin ist die Bäckerei besser als die Brotfabrik?)	Wettbewerbsnachteile (Worin ist die Bäckerei schlechter als die Brotfabrik?)	Gründe B: Vom Bäcker genannte S: Von Schülern vermutete
Preise		Höhere Preise (?)	S: Weil höhere Kosten? Weil höhere Gewinnspanne?
Qualität/Frische der Produkte			
Vielfalt des Angebots (Sortiment)			
...			

IV. Materialien für die Teilnehmer

Anlage 1 Grundrezept für Weizenfeingebäck (für etwa 30 Stück)

Rezept aus dem Fischer Taschenbuch „Knuspriges Brot", Nr. 1879, S. 112

60 g Hefe	1–2 EL Salz
1 TL Zucker	Mehl zum Bestäuben,
1/2 Tasse lauwarmes Wasser (30°)	Fett für das Backblech, Wasser zum Bestreichen
1000 g Weizenmehl Typ 550	1 Tasse heißes Wasser
ca. 1/2 l lauwarmes Wasser (30°)	

Die Hefe zerbröckeln und mit dem Zucker in der halben Tasse Wasser auflösen. Das Mehl in eine Schüssel sieben, in der Mitte eine Vertiefung eindrücken, die aufgelöste Hefe hineinschütten und von der Mitte aus mit dem Mehl vermengen. Nach und nach das Wasser und das Salz zugeben und den Teig kräftig durchkneten. Wenn er Blasen wirft und sich leicht von der Schüssel löst, mit etwas Mehl bestäuben, mit einem Tuch zudecken und an einem warmen Ort 30–40 Min. gehen lassen.

Hat sich das Teigvolumen verdoppelt, wird der Teig auf eine mit Mehl bestäubte Arbeitsplatte gehoben, kräftig durchgeknetet, rund gewirkt und zu einer langen Rolle ausgerollt. In ca. 30 ungefähr 50 g schwere Stücke teilen. Die Teiglinge rund wirken und wahlweise nach den untenstehenden Formen ausformen.

Die Teiglinge auf ein bemehltes Brett legen, zudecken, warm stellen und 10–15 Minuten ruhen lassen.

Auf das heiße, gefettete Backblech legen, mit Wasser abstreichen, in den vorgeheizten Ofen – mittlere Schiene – schieben, die Tasse Wasser vorsichtig auf die Bodenplatte schütten und die Ofenklappe sofort schließen.

Nach 10–15 Minuten sind die Brötchen gar. Herausziehen und mit etwas Wasser abstreichen, so erhalten sie eine glänzende Oberfläche. Backtemperatur: E: 250°, G: 6.

Kaisersemmel
Rund wirken, mit dem Schluß nach unten hinlegen, nach 5 Miuten mit einem Messerrücken von der Mitte her sternförmig eindrücken.

Sternsemmel
Rund wirken, mit dem Schluß nach unten hinlegen, nach 5 Minuten mit einem Messerrücken einmal über Kreuz eindrücken.

Schnittbrötchen
Lang wirken (ungefähr eine Handbreit), mit dem Schluß nach unten hinlegen, nach etwa 5 Minuten mit einem scharfen Messer der Länge nach einschneiden.

Rezept für einen Bäcker: Milchbrötchen

 2 % Salz
 1 % Vulkan
10 % Milchpulver

Anlage 2/1

Die Texte sind in die richtige Reihenfolge zu bringen

Zubereitung

Den Teig mit einem Handtuch zudecken und an einem warmen Ort 30–40 Min. gehen lassen	Nach und nach 1/4 l Wasser und das Salz zugeben und den Teig kräftig kneten. Wenn er Blasen wirft und sich leicht von der Schüssel löst, mit etwas Mehl bestäuben.	Wenn sich die Größe des Teiges verdoppelt hat, wird der Teig auf eine mit Mehl bestäubte Arbeitsplatte gelegt, durchgeknetet und zu einer langen Rolle geformt.
Die Rolle wird in 15 gleich große Teile geteilt. Die Teile werden zu Brötchen geformt, auf ein bemehltes Brett gelegt, zugedeckt, warm gestellt 10–15 Min. stehen lassen.	Die Brötchen werden auf das heiße, gefettete Backblech gelegt, mit Wasser bestrichen … … und in den vorgeheizten Ofen – mittlere Schiene – geschoben. Die Tasse Wasser wird vorsichtig auf das Bodenblech geschüttet. Jetzt die Ofenklappe ganz schnell schließen!	Die Hefe zerbröckeln und mit dem Zucker in einer 1/4 Tasse Wasser auflösen.
Das Mehl in eine Schüssel sieben, in der Mitte eine Vertiefung drücken, die aufgelöste Hefe hineinschütten und mit dem Mehl vermengen.	Nach 10–15 Min. sind die Brötchen bestimmt wunderbar!	Backtemperatur: 225 Grad.

Anlage 2/2

Merkblatt für das Backen

Die Bilder sind in die richtige Reihenfolgen zu bringen

① Das Wasser **ganz langsam** zum Teig zugießen!

② Beim Teigkneten die Hände **nicht** mit Wasser in Berührung bringen!

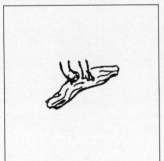

Heike Schmidt
Monotonie, Humanisierung, Freizeit (Rollenspiel)

I. Allgemeine Angaben

1. Gegenstand/Lernziele

Der folgende Simulationsspielezyklus behandelt den Bereich „Arbeit und Freizeit" unter dem Aspekt der „Humanisierung". Für die Lernenden werden im Verlauf der ersten Spielsequenz vier Wege zur Humanisierung von Arbeitsplätzen erfahrbar.

- die Arbeitsplatzerweiterung,
- die Arbeitsplatzbereicherung,
- der Arbeitsplatzwechsel,
- die Gruppenarbeit.

Die SchülerInnen erhalten weiterhin die Möglichkeit

- zu erkennen, daß auch die Freizeit von außen organisiert und dadurch fremdbestimmt sein kann. Sie erleben – quasi „am eigenen Leibe" – die Gefahr, daß die während der Freizeit ausgeführten Tätigkeiten zu einseitig sein können und so den Erholungswert der Freizeit in Frage stellen.
- ihr eigenes Freizeitverhalten zu reflektieren,
- die „bewußte" Gestaltung ihrer Freizeit zu üben.

2. Ablauf

Einer Aufwärmphase durch den „Erfinderboogie" und einem „Müllspiel" zur „Herstellung von Fabriklärm" als Geräuschkulisse für die folgenden Spiele schließen sich Fabrikspiele an.

Fabrikspiele

In den vier Hauptphasen der Spielsequenz wird Arbeit in einer Fabrik simuliert, in der die Lernenden die Aufgabe haben, Becher zu falten. Dabei ändert sich in jeder Phase die Arbeitsorganisation bzw. der Arbeitsinhalt dergestalt, daß eine Veränderung von der Fließbandarbeit zur Arbeitserweiterung, darauf folgend zur Arbeitsbereicherung, anschließend zum Arbeitsplatzwechsel und schließlich zur Gruppenarbeit erlebbar wird. Danach findet ein Reflexionsgespräch statt.

Arbeits- und Freizeitspiele

Der Klassenraum wird in zwei Hälften unterteilt, in denen sich die SchülerInnen je nach Spielregeln bewegen. Durch die Bewegungen werden – zur Musik als bewegungsunterstützendes Element – Tätigkeiten simuliert. Diese entstammen in der ersten Spielphase in der einen Raumhälfte der Arbeitswelt und in der anderen Raumhälfte der Freizeitwelt, wobei sie aber starke Ähnlichkeiten aufweisen können. In der zweiten Phase werden dann zwei mit unterschiedlichen Möglichkeiten ausgestattete selbstbestimmte Freizeitwelten simuliert. Während im ersten Ablauf die Bewegungen aller SchülerInnen von denen einer LeaderIn abhängig sind, können die SchülerInnen in der zweiten Phase selbst bestimmen, ob sie sich führungsfrei bewegen wollen, die Freizeitangebote einer MitschülerIn wahrnehmen oder aber selbst eine Freizeittätigkeit für andere anbieten wollen.

Reflexion

Eine an die Spiele anschließende Gesprächsrunde ist unbedingt erforderlich, bedarf aber aufgrund der eventuell persönlichen Themen der SchülerInnen einen dementsprechend einfühlsamen Rahmen, wie z. B. sitzen in Kreisform, kein Berichtzwang, ausreden lassen und gegenseitige Akzeptanz.

3. Einsatzmöglichkeiten

Die Simulationsspiele wurden für die Sekundarstufe I konzipiert, sie sind jedoch ebenso im Primarstufenbereich durchführbar. Die beiden Spielsequenzen sind so angelegt, daß sie auch einzeln im Unterricht eingesetzt werden können. Für die Fabrikspiele sollte eine Doppelstunde angesetzt werden. Bei jüngeren SchülerInnen, die z. B. noch mehr Zeit in Experimentierphasen, bei Gruppengesprächen und beim Vorgehen nach Arbeitspapieren benötigen, kann für diese erste Spielsequenz eine Unterrichtsstunde mehr notwendig sein. Für die Arbeits- und Freizeitspiele ist eine Unterrichtsstunde erforderlich. Ferner sollte bei beiden Einheiten berücksichtigt werden, daß für die „Umgestaltung des Klassenraumes" Zeit benötigt wird.

II. Spezielle Angaben zur Unterstützung des Ablaufs

Vorbereitung: Zusammenstellung der Materialien

Erfinder-Boogie	Materialien für das Müllspiel	
– Kassettenrecorder mit Musik, die zur Bewegung anregt, z. B. Boogie oder Popmusik	– Dosen aus unterschiedlichen Materialien (Metall, Plastik, Pappe) – Flaschen (Glas oder Plastik wie z. B. von Weichspülmitteln) – Zeitungspapier – Steine, Holzstücke, Plastikkugeln – Metall-, Plastik- oder Holzlöffel – alte Schuhe	– weitere Gefäße jeglicher Art (z. B. Gläser, Kochtöpfe etc. – Gießkannen, alte Rohre, Fahrradspeichen, Herdabdeckungen – Holz- oder Plastikstäbe – Kassettenrecorder mit unbespielten Kassetten
	Weiterhin sind der Fantasie keine Grenzen gesetzt, denn viele Materialien, die üblicherweise als Müll bezeichnet werden, eignen sich hervorragend als Klangmaterialien. Der für das Spiel eingesetzte Müll kann entweder von der Lehrkraft gestellt oder von den SchülerInnen zu Hause gesammelt werden.	

Fabrikspiel		Arbeit- und Freizeitspiel
Materialien – allgemein	Materialien je Gruppe	Materialien – allgemein
– 2 Kassettenrecorder mit dem Fabriklärm aus dem Müllspiel – ein akustisches Signal (Cymbal) – Stoppuhr	– Produktionsschema – 1 Karton – Lose mit den Nummern 1–6 – Weißes quadratisches Papier (z. B. aus Zettelboxen) für die Produktion der Becher in großer Zahl. **In den späteren Phasen:** – Buntes quadratisches Papier (z. B. aus Zettelboxen) – Fäden in ca. 15 cm Länge – Perlen, – Nadeln.	– Seil oder Kreide zur Unterteilung des Raumes – Schutzhelm oder Schirmmütze – Sonnen- oder Golfhut – Werbeplakat – akustisches Signal (Cymbal) – Lose mit Freizeit- und Arbeitstätigkeiten (siehe unten) – Kassettenrecorder mit Popmusik – Stoppuhr – Pappe mit Band zum Umhängen – Stifte – Stuhl

Arbeits- und Freizeitspiele	
Lose für Arbeitstätigkeiten	Lose für Freizeittätigkeiten
Briefe austragen (zu Fuß)	*Spazieren gehen*
Essen austragen (in einem gut besuchten Restaurant)	*joggen*
Kontrollgang über das Firmengelände	*Schaufensterbummel*
nach dem Wechsel	
Monitor betrachten	*fernsehen*
Maschinen überwachen	*Computerspiele machen*
Akten sichten	*lesen*

Warming up (Erfinder-Boogie)

Phase	Lernziele	Material	Spielschritte
Aufwärm-phase		Kassettenrecorder mit Bewegungsmusik	**Die SchülerInnen** sitzen im Kreis. Sie stellen zur Musik Arbeitstätigkeiten dar. Eine Person macht eine Tätigkeit vor, die anderen machen diese nach. Zeigt die erste Person auf eine andere, so muß diese eine Tätigkeit erfinden etc. **Die LehrerIn** spielt mit.

Von der Müllmusik zum Fabriklärm

Phase	Lernziele	Material	Spielschritte
1. Kennenlernen des Materials		Müll, der in der Mitte des Stuhlkreises ausgelegt wird	**Die SchülerInnen** – gehen in den Kreis, probieren die verschiedenen Klänge der Materialien aus, kombinieren eventuell welche etc. – setzen sich mit den gefundenen Klangerzeugern in den Kreis und stellen diesen dort kurz vor, indem sie ihn „anspielen"
2. Darstellung von Fabriklärm	Dieses Spielsequenz dient dazu, erste Erfahrungen mit einer Form der Streßbelastung am Arbeitsplatz (mit Lärm) zu machen. Weiterhin schafft sie eine akustische Grundlage für die folgenden Spiele.	siehe 1.	Die Spielregel ist mit der des Erfinder-Boogies zu vergleichen: 1. Eine Schülerin stellt sich in die Mitte des Kreises und führt mit einem Klangerzeuger vor, wie sie sich Fabriklärm vorstellt, die anderen SchülerInnen holen sich einen Klangerzeuger auf ihren Sitzplatz und versuchen diese Klänge nachzuahmen (z. B. anschlagen, schütteln, fallen lassen etc.) 2. Nach einiger Zeit zeigt die SchülerIn auf eine andere SchülerIn, die dann eine neue Möglichkeit der Lärmerzeugung vorstellt. Die gesamte Klasse imitiert diese Bewegung etc. **Die LehrerIn** nimmt diesen Lärm mit zwei Kassettenrecordern auf und spielt weiterhin mit.

Fabrikspiele

Phase	Lernziele	Material	Spielschritte
1. Fließbandarbeit	Die SchülerInnen sollen selbst erfahren, wie monoton und anstrengend diese einseitige Belastung sein kann. Auf der einen Seite können sie durchleben, wie durch die Einseitigkeit und Reizarmut Gefühle von Müdigkeit und Unterforderung entstehen, obwohl auf der anderen Seite körperliche Verspannung und Streß durch Leistungsdruck und Lärm etc. vorhanden sind. Es soll ein Bedürfnis zur Änderung und zum Ausgleich aufgebaut werden.	– 2 Kassettenrecorder mit Fabriklärm – Tabelle mit Arbeitseinteilung an der Tafel – Cymbal Je Gruppe – weißes Papier – Lose (1–6) – Karton – Produktionsschema mit den Schritten 1–6	**Die LehrerIn als Aufseherin** 1. stellt den SchülerInnen das **Material** zur Verfügung. 2. sorgt für die Einhaltung des Ablaufs und gibt **Beginn und Ende der Produktionszeit** durch ein akustisches Signal bekannt. 3. schafft die **Arbeitsbedingungen** mit dem vorher produzierten Fabriklärm. Sie startet dafür im Wechsel die Kassettenrecorder (während der eine läuft, kann in dem anderen das Band eventuell noch einmal zurückgespult werden). Weiterhin schreibt sie die Tabelle mit der Arbeitseinteilung an die Tafel. 4. **überprüft** während der Arbeitszeit die Becher im Karton auf ihre **Qualität** und gibt sie evtl. an Arbeitsplatz 1 zurück. 5. vergleicht nach Ablauf der Arbeitszeit, welche Gruppe die meisten Becher korrekt gefaltet und damit **gewonnen** hat. **Die SchülerInnen** 1. sammeln sich zu je 6 an den Produktionstischen, ziehen Lose, die ihren Aufgabenbereich an den einzelnen Produktionsschritten kennzeichnen und setzen sich entsprechend der Nummern an ihren Arbeitsplatz. | Arbeitsplatz | 1 | 2 | 3 | 4 | 5 | 6 | | Produktionsschritt | 1 | 2 | 3 | 4 | 5 | 6 | 2. erarbeiten gemeinsam den Produktionsverlauf der Papierbecher und ihre spezielle Aufgabe (anhand des Produktionsschemas mit den Arbeitsschritten 1–6). 3. falten **15 Minuten** lang arbeitsteilig Papierbecher nach den Produktionsschritten 1–6. Dazu läuft der **Fabriklärm**.

Phase	Lernziele	Material	Spielschritte
2. Arbeitser-weiterung	Die SchülerInnen sollen erleben, daß diese Arbeitsform zwar zunächst durch die Übernahme weiterer Aufgaben höhere Anforderungen stellt und damit scheinbar anspruchsvoller wird, doch das nach kurzer Einarbeitung kaum Unterschied zum ersten Spiel zu finden ist. Die geringere Lärmbelästigung vermag zwar den Arbeitsplatz zu humanisieren, doch werden die ArbeiterInnen auch durch geringeren Lärm weiterhin physisch und psychisch belastet.	s. o. Tabelle mit neuer Arbeitseinteilung	**Die SchülerInnen** erstellen immer zu je 2 SchülerInnen mit 3 Handgriffen einen Becher. Die Produktionsdauer beträgt 5 Minuten. Der Fabriklärm ist geringer. | Arbeitsplatz	1	2	3	4	5	6
---	---	---	---	---	---	---
Produktionsschritt	1–3	4–6	1–3	4–6	1–3	4–6	 **Die LehrerIn** hat dieselben Aufgaben wie in der Runde zuvor. (**Achtung:** Zeit- und Lautstärkenveränderung! Neue Arbeitseinteilung!)
3. Arbeits-bereiche-rung	Die SchülerInnen werden erleben, daß die Arbeit durch die weiteren Arbeitsschritte anspruchsvoller sowie durch die Herstellung von Spielmaterialien motivierender wird. Die Vermeidung des Lärms und die damit einhergehende Möglichkeit zur Wiederherstellung der Kommunikation stellt eine weitere Humanisierungsmöglichkeit am Arbeitsplatz dar.	s. o. – Fäden in ca. 15 cm Länge – Perlen – je 4 Nadeln pro Gruppe – Produktionsschema mit den Schritten 7–10	**Die SchülerInnen** 1. erarbeiten gemeinsam den **erweiterten Produktionsverlauf** (Schritte 7–10) der Fangbecher und ihre spezielle Aufgabe nach dem festgelegten Produktionsschema. 2. fertigen **10** Minuten lang Fangbecher. Der Fakbrik**lärm** ist **abgestellt**. | Arbeitsplatz	1	2	3	4	5	6
---	---	---	---	---	---	---
Produktionsschritt	1–3	4–6	1–3	4–6	1–3	4–6
	7–8	9–10	7–8	9–10	7–8	9–10	 **Die LehrerIn** als Aufseherin hat die gleichen Aufgaben wie in Phase 1. (**Achtung:** Zeit- und Lautstärkenveränderung! Neue Arbeitseinteilung)
4. Arbeits-platz-wechsel	Die Schülerinnen können erleben, daß der ständige Wechsel der Tätigkeiten zwar zunächst verwirrend und streßerhöhend sein kann, aber sie mehr Abwechslung erhalten. Als weiterer „Abwechslungsfaktor" ist das bunte Papier anzusehen.	s. o. – Stoppuhr – buntes Papier	Dieses Spiel verläuft wie in Phase 3. **Die SchülerInnen** dürfen jedoch nach **3 Minuten** Arbeitszeit einen Arbeitsplatz weiterrücken. Hierzu rückt die SchülerIn vom 1. Arbeitsplatz auf den 2. etc. Die Gesamtdauer beträgt **12** Minuten. **Die LehrerIn** als Aufseherin hat die gleichen Aufgaben wie in Phase 1. (**Achtung:** Bekanntgabe des Arbeitsplatzwechsels alle 3 Minuten durch ein akustisches Signal).

Phase	Lernziele	Material	Spielschritte
5. Gruppen-arbeit	Die SchülerInnen können so im Rahmen der Kleingruppe schon einmal Vor- und Nachteile einzelner Arbeitsformen reflektieren. Sie können dabei erfahren, daß es zwar nicht einfach ist, einen Produktionsablauf selbst zu organisieren, daß es aber so möglich wird, die eigenen Bedürfnisse besser zu berücksichtigen und sich weniger fremdbestimmt zu fühlen.	s. o.	**Die SchülerInnen** 1. erhalten die Aufgabe, in Gruppen **5 Minuten** lang Fangbecher zu produzieren. 2. diskutieren vor dem Spielablauf, wie sie ihren Produktionsablauf selbst organisieren wollen. Dabei dürfen sie sich an eine der vorherigen Arbeitsformen halten, können aber auch Erweiterungs- und Änderungsvorschläge aus der Gruppe berücksichtigen. Zudem können sie darüber entscheiden, ob die LehrerIn ihre Kontrollfunktion während der Produktion wahrnimmt. Nimmt sie sie nicht wahr, kann dies einerseits das Wegfallen des Streßfaktors „Beobachtung" bedeuten, andererseits fällt aber auch die Unterstützung durch die frühzeitige Aussortierung der „Mängelexemplare" weg. 3. produzieren nach den von ihnen festgelegten Bedingungen. **Die LehrerIn** als Aufseherin hat dieselben Aufgaben wie in Phase 1. (**Achtung:** Qualitätskontrolle?)
6. Reflexion	Die SchülerInnen haben einzelne Möglichkeiten der Humanisierung durchlebt und können sie benennen sowie deren Probleme reflektieren. Die hierbei erlebten Gefühle zu äußern ist sehr wichtig und bildet die Grundlage zum Verständnis der Vor- und Nachteile einzelner Organisationsformen.	s. o.	**Anregungen zur Plenumsdiskussion:** 1. Wer hat welche Arbeitsform gewählt? 2. Warum wurde so gewählt? Welche Vor- und Nachteile wurden dabei berücksichtigt? 3. Welche Ergänzungen wurden eventuell angefügt und welche Konsequenzen (Gefühle/Effizienz) hatten diese? 4. Wie wurde die Realisation der gewünschten Form, wie die einzelnen Teilschritte der gesamten Spielsequenz erlebt? 5. Welche Gefühle und Empfindungen waren während der einzelnen Spielphasen und während des gesamten Spielablaufs vorhanden? Wie könnten dabei erfahrene Probleme gelöst werden? 6. Welche Probleme bestehen auch noch in den letzten beiden Arbeitsformen und welche Lösungsmöglichkeiten sehen die SchülerInnen? 7. Welche weiteren Vorschläge zur Humanisierung würden sie machen wollen?

Arbeits- und Freizeitspiele

Phase	Lernziele	Material	Spielschritte
1. Verhältnis Arbeit – Freizeit	Sowohl bei der Arbeit als auch bei der Freizeit kann es „AnführerInnen" geben. Diese bieten Orientierungsmöglichkeiten, können aber auch einengend wirken und im Freizeitbereich sogar manipulierend sein. Die SchülerInnen sollen erkennen, daß in diesem Spiel Arbeitsbereich und Freizeitbereich parallel gestaltet sind und in dieser Art der Freizeitorganisation die Gefahr der Einseitigkeit und damit die des Ausgleichsverlustes gegeben ist, denn nicht nur die starke Organisiertheit und Strukturiertheit, sondern auch einige Bewegungen und Tätigkeiten der einzelnen Bereiche sind sich sehr ähnlich (Die Lose zeigen in beiden Bereichen ähnliche Bewegungsmuster). Die SchülerInnen erfahren, daß Arbeit und Freizeit nicht beliebig sind, sondern eingeteilt werden. .	– Schutzhelm/ Schirmmütze für ArbeiterInnen – Sonnenhut/ Golfhut für FreizeitlerInnen – Werbeplakat für die Freizeitagentur der AnimateurIn – Cymbal als akustisches Signal – Popmusik – Stoppuhr – Lose mit Freizeit- und Arbeitstätigkeiten	**Die LehrerIn** als „Meisterin" sorgt für die Verteilung der Materialien und die Einhaltung des Ablaufs. Sie unterteilt die Klasse in zwei Hälften, den Arbeits- und Freizeitbereich und erinnert mit einem akustischen Signal an den Wechsel der Tätigkeit. **Die SchülerInnen** teilen sich in die zwei Gruppen Arbeit und Freizeit auf und begeben sich in die entprechende Raumhälfte. **Jede Gruppe** bestimmt eine LeaderIn, die mit der Kopfbedeckung der jeweiligen Gruppe gekennzeichnet wird. **Beide LeaderInnen** ziehen ein Los, führen die darauf benannte Tätigkeit aus und alle anderen SchülerInnen der Gruppe machen diese **5 Minuten** lang nach. (Die LeaderIn der Freizeithälfte darf jedoch innerhalb dieser Zeit ein weiteres Los ziehen.) **Die LehrerIn** gibt durch das akustische Signal den Wechsel der Raumhälften an und vergibt den zweiten Teil der Lose. **Die SchülerInnen** wechseln auf ein akustisches Signal die Raumhälften. **Die LeaderInnen** der jeweiligen Gruppen bestimmen dann eine neue LeaderIn, indem sie ihre Kopfbedeckungen (bzw. auch das Schild) abgeben. Beide LeaderInnen ziehen ein neues Los und führen dazu passende Bewegungen aus.

Phase	Lernziele	Material	Spielschritte
2. Selbstbestimmte Freizeitgestaltung	Die SchülerInnen lernen, daß jeder auch ohne Anregungen von außen seine Freizeit sinnvoll nutzen können sollte, wobei auch die Erholungsphase durch „Nichtstun" eine sinnvolle Beschäftigung sein kann wie im Freizeitbereich 2. Andererseits gibt auch der Freizeitbereich 1 die Möglichkeit zur selbstbestimmten und aktiven Tätigkeit, wenn die Bereitschaft zur Eigeninitiative vorhanden ist und man sich nicht von den AnimateurInnen abhängig macht. Ebenso sinnvoll kann es aber sein, mit anderen zusammen etwas zu „unternehmen", Vorschläge anzubieten und anzunehmen. Die Lernenden können so üben, bewußt ihre Freizeitbeschäftigung zu wählen. Jede Person sollte fähig sein, in seiner Freizeit für sich und andere verantwortlich und kreativ zu sein.	– Pappen mit Bändern – Stifte – Popmusik – Cymbal – Stoppuhr	**Die LehrerIn** als „Meisterin" sorgt für die Verteilung der Materialien und Einhaltung des Ablaufs. **Die SchülerInnen** denken sich eine Freizeittätigkeit aus, die ihnen Spaß macht. Sie schreiben diese auf eine Pappe mit Band. **Jede SchülerIn** darf sich zu Beginn der neuen Spielphase ihr Spielfeld aussuchen. Im Gegensatz zu der vorherigen Phase unterteilen sich die Spielfelder nun in zwei Freizeithälften mit unterschiedlichen Möglichkeiten: – Im Freizeitbereich 1 besteht die Möglichkeit für jede SchülerIn ihre Pappe hervorzuholen, umzuhängen und eine Bewegung auszuführen, die dazu paßt. Jede SchülerIn kann so ihre Freizeitbewegung zum Inhalt machen. Wenn sie sich kein Schild umhängen möchte, weil sie nicht ihre „Lieblingstätigkeit" ausführen will, muß sie sich einer SchülerIn mit Schild anschließen und bei deren Bewegungen mitmachen. – Im Freizeitbereich 2 dürfen sich die SchülerInnen nach Belieben bewegen oder nichts tun, sitzen, liegen etc. Die Dauer der Freizeitphase beträgt **mindestens 10** Minuten. **Anmerkung**: Es kann bei beiden Spielen lustig und zur Bearbeitung sinnvoll sein, bei der Nachahmung der Bewegung der LeaderIn zu raten, welche Tätigkeiten eigentlich durchgeführt werden.
3. Plenumsgespräch	Die SchülerInnen sollen ihr Freizeitverhalten (durch die im Spiel und Gespräch gegebene Möglichkeit zur Selbstreflexion) kennenlernen.		SchülerInnen und LehrerIn reflektieren über ihre Erfahrungen im Arbeits- und Freizeitbereich, insbesondere auch über das Verhältnis von Selbst- und Fremdbestimmung, deren Chancen und Grenzen (vgl. Lernziele)

| III. | Materialien für die Teilnehmer: Produktionsschema zur Herstellung von Papierbechern |

 Falte das Papier zum Dreieck.

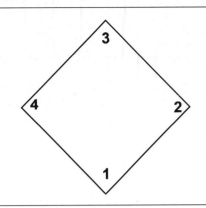
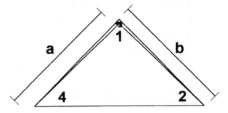

Falte die Ecke 2 zum Mittelpunkt der Linie a.

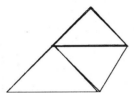

Falte die Ecke 4 über die Ecke 2 nach rechts zum Mittelpunkt der Linie b.

Biege die Ecke 1 nach außen (vorne).

 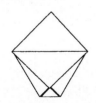

Biege die Ecke 3 nach außen (hinten).

Werfe den Becher in den Karton.

7–10

7. Nimm einen Faden und ziehe ihn durch das Nadelöhr.
8. Verknote das untere Fadenende.
9. Ziehe nun Nadel und Faden durch den Becherboden.
10. Ziehe die Nadel durch eine Perle und verknote diese dann am Fadenende.

Jörg Sommer
Panik in der Chefetage* (Planspiel)

I. Allgemeine Angaben

1. Gegenstand/Lernziele

In dem Planspiel „Panik in der Chefetage" werden Konflikte, die sich aus Konjunktureinbrüchen in Unternehmen ergeben können, erlebbar. Es agieren fünf verschiedene Gruppen von Arbeitnehmer- und Arbeitgebervertretern, die bei relativ offenen Ausgangssituationen versuchen, ihre Positionen zu verbessern. Dabei haben sie die gesetzlichen Bestimmungen des Betriebsverfassungsgesetzes zu beachten.

Die SchülerInnen

- lernen Zusammenhänge, Strukturen, Hintergründe, Funktionsweise und Interessen von Organisationen kennen;
- lernen Rechte und Pflichten aus dem Betriebsverfassungsgesetz und Mitwirkungsmöglichkeiten in speziellen Situationen aus der Handlungsnotwendigkeit heraus kennen,
- lernen, Möglichkeiten, Strategien und Methoden der Konfliktbewältigung zu entwickeln und unter den gegebenen Bedingungen funktionstüchtig zu handeln,
- entwickeln Strategien und sammeln Erfahrung bei ihrer Entwicklung und Durchsetzung,
- erleben Unsicherheit, Ohnmacht, Hilflosigkeit, aber auch Freude und wachsende Handlungskompetenz,
- erkennen Chancen und Grenzen des Betriebsverfassungsgesetzes aus der Sicht von Arbeitnehmern und Arbeitgebern.

2. Ablauf

1. Vorbereitung
2. Einarbeitung in die Gruppeninformationen und Spielregeln (1.–2. 1 h)
3. Planspiel
   1. Interessenvertretung (2–2:30 h)
   2. Jubiläumsfeier (2–4:00 h)
   3. evtl. Gerichtsverhandlung (30 min)
4. Auswertung des Planspiels (20 min)
5. Meinungsspektrum: „Betriebsverfassungsgesetz – angemessen oder veränderungsbedürftig?" (45 min)

Beteiligte Gruppen:

- Planspielleitung (5)
- Geschäftsführung der Badische Anilin und Farben-Fabrik BAFF AG (5)
- Unternehmensberatung (5)
- Betriebsrat (5)
- Jugend- und Auszubildendenvertretung (9)
- Gewerkschaft (5)

3. Einsatzmöglichkeiten

Das Planspiel kann in der Sekundarstufe I eingesetzt werden zum Themenbereich Stellung im Betrieb. Der Zeitbedarf beträgt mind. 7 Stunden.

---

* Das Planspiel „Panik in der Chefetage" stammt in erster Fassung aus dem Buch „Action! Planspiele in der Jugendbildungsarbeit" von Jörg Sommer, welches beim Logo-Verlag, Schulstr. 48, 74243 Langenbeutingen, für 24,80 DM zzgl. Versandkosten zu beziehen ist.

II. Spezielle Angaben zur Durchführung

1. Vorbereitung

Zu Beginn müssen Räume für 6 Gruppen vorbereitet und die Materialien zusammengestellt werden.

Für jede Gruppe	Für die Planspielleitung

– Spielregeln
– Gruppeninformation
– Firmeninformation
– Tür- und Namensschilder
– Eine Mappe (zum Sammeln der Post)
– Schreibmaschine
– ca. 200 Blatt Papier, Papier, Stifte, Schere, Tesa oder Spray-Mount, Plakate und dicke Filzstifte für die Zeitung, evtl. eine Sofortbildkamera
– Artikel des Betriebsverfassungsgesetz
  – Jugendvertretung §§ 66, 67, 68, 70
  – Mitwirkung und Mitbestimmung §§ 70, 75, 79, 80, 87, 88, 89, 90, 91, 92, 93, 94, 99, 102, 111, 112
	– Briefkasten der Planspielleitung
	– Verkleidungsklamotten
	– Megaphon
	– „Rote Karten" für Zusatzinformationen
	– Wandzeitung: Frickenhausener Tagesblatt
	
	Spätere Phasen
	– Fragebogen zur Auswertung je Teilnehmer
	– Plakate für das Meinungsspektrum

– Der Planspielleiter sollte zu Beginn die Ausgangssituation darstellen, die Gruppen einteilen und das Material verteilen.

2. Einarbeitung in die Gruppeninformationen und Spielregeln

Während der Einarbeitung sucht die Planspielleitung die Gruppen auf und ermittelt, ob der Spieleinstieg und die Strategiefindung positiv verläuft. Zudem werden in dieser Phase die Verkleidungsutensilien verteilt.

3. Planspiel

Die Planspielleitung

– entscheidet über etwaige Rollenwechsel und die Durchführung von schwierigen Spielzügen,

– leitet Briefe weiter und nimmt Spielzugsformulare an,

– betreut das „Frickenhausener Tagesblatt", das als Wandzeitung erscheint und als Steuerungsinstrument und Bühne für die beteiligten Gruppen dient,

– fungiert als Presse und kann Reportagen, Interviews und Pressekonferenzen durchführen und dazu eingeladen werden,

– führt bei Bedarf die Gerichtsverhandlung durch und fällt nach Anhörung von Zeugen und Plädoyers ein Urteil.

4. Auswertung des Planspiels

Der Fragebogen wird verteilt, beantwortet und gibt Anlaß zur Diskussion aufgetretener Probleme. Durch die letzten Fragen dient er aber ebenfalls als Einstieg in den Meinungsmarkt.

5. Meinungsmarkt:
„Betriebsverfassungsgesetz – Angemessen oder Veränderungsbedürftig?"

Die Fragen zur Diskussion werden auf Plakate geschrieben, so daß die Teilnehmer/innen auf freien Flächen ihre Anmerkungen dazu notieren können.

1. Sind die Pflichten zur Zusammenarbeit von Arbeitgebern und Betriebsrat angemessen?
2. Sind die Rechte des Betriebsrates zur Mitwirkung ausreichend?
3. Sollten der Jugendvertretung durch die Betriebsverfassung mehr Rechte gewährt werden?
4. Sollte das Betriebsverfassungsgesetz geändert werden?
   Wenn ja, warum und in welchen Bereichen?

III. Materialien für die Teilnehmer

Ausgangssituation

Frickenhausen ist sicher jedem von Euch bekannt. Nein? Na, das wird sich in den nächsten Stunden von Grund auf ändern!

Dieses heimelige Städtchen irgendwo in Nordhessen ist nämlich der Schauplatz eines der spannendsten Abenteuer der Weltgeschichte. Auch wenn die meisten der Hauptakteure noch nicht die leiseste Ahnung von den Geschehnissen haben, die in den nächsten Stunden ihr Leben von Grund auf ändern werden ...

Auf den ersten Blick ist unser Frickenhausen ein Städtchen wie viele andere auch. Klein, ein wenig verschlafen und alles andere als aufregend. Vor allem nicht für die Frickenhausener Jugend, die als Abendprogramm im allgemeinen zwischen dem örtlichen Kino (25 Sitzplätze), der örtlichen Disco (einmal wöchentlich im Hinterzimmer des „Goldenen Löwen" – 30 Stehplätze) und dem evangelischen Kirchenchor wählen kann.

Es geht also, gelinde gesagt, nicht gerade die Post ab in Frickenhausen. Abends ist Langeweile und Ätz angesagt – tagsüber Maloche. Rund 80 % der Frickenhausener Berufstätigen arbeiten im gleichen Betrieb, der Badischen Anilin und Farben-Fabrik AG (kurz BAFF AG). Viele unserer Jugendlichen haben erst vor wenigen Tagen ihre Ausbildung dort begonnen.

Für die Frickenhausener ist die Fabrik der BAFF AG ein Segen. Gehört die Gegend um das Städtchen doch zu einem sogenannten „strukturschwachen Raum" und so sind die Arbeitsplätze bei BAFF die einzigen – und noch dazu gut bezahlten – in einem Umkreis von 100 Kilometern. Die Badische Anilin- und Farben-Fabrik AG hat für Frickenhausen auch bereits viel Gutes getan. Das Hallenbad, die Sporthalle, der Kindergarten und viele andere Gemeinschaftseinrichtungen hätten ohne die BAFF AG nie gebaut werden können. Ihr Geschäftsführer, Thilo Streubl ist ein hochangesehener Mann und Ehrenbürger der Stadt.

Demnächst steht die 100-Jahr-Feier der Badischen Anilin- und Farben-Fabrik AG ins Haus und das ganze Städtchen rüstet sich bereits für den großen Tag. Es soll ein Fest der Verbundenheit von Fabrik und Bevölkerung geben. So hat sich zumindest Herr Streubl das vorgestellt. Leider schwebt eine dunkle Wolke über den bevorstehenden Feierlichkeiten: Die Konjunktur, vor allem in Asien, dem Hauptexportland für Insektenvernichtungsmittel, die bei BAFF hergestellt werden, ist schlecht, sehr schlecht, noch schlechter!

Streubl hat bereits angedeutet, daß er einige der freiwilligen Sozialleistungen kürzen muß, um Entlassungen und Kurzarbeit zu verhindern. Die Kantinenpreise hat er bereits verdoppelt, die Zuschüsse für den Nahverkehr muß er streichen und die Jubiläumsprämie kann leider nicht ausgezahlt werden. Gerüchte gehen um, daß all das nur ein Vorgeschmack auf weitere Kürzungen oder gar doch Entlassungen sei. Vor allem die Gewerkschaft befürchtet das Schlimmste. Ihr Rechtssekretär, Erich Hauptmann, weithin als „scharfer Hund" verschrien, ist da einer ganz großen Sache auf der Spur ...

Wird es eine unbelastete Jubiläumsfeier geben? Wird sich alles wieder zum Guten wenden? Oder kommt es doch zu Entlassungen? Was werden die nächsten Stunden und Tage bringen?

Generelles

Vielleicht habt Ihr nicht Eure „Traumgruppe" erwischt, aber verzagt trotzdem nicht: So ein Planspiel hat ja genau den Vorteil, daß man sich einmal in die Rollen Anderer hineinversetzen soll, um so zu verstehen, was diese zu ihren Handlungen bewegt.

Eines ist jedoch sehr wichtig: Dieses Spiel kann nur funktionieren, wenn jede und jeder seine Rolle konsequent, aber nicht zu verbissen spielt.

Natürlich ist es möglich, im Verlauf des Spiels die Fronten zu wechseln oder „aus der Rolle zu fallen". Dies jedoch immer nur nach Rücksprache mit der Planspielleitung, sonst weiß nachher keiner mehr, wer nun welche Rolle hat.

„Gewinner des Planspiels" kann es am Ende viele geben. Jede Gruppe, die ihr Spielziel erreicht hat, gehört zu den „Gewinnern", die anderen müssen sich damit trösten, daß in der harten Realität der alltäglichen Interessenskonflikte auch nicht jeder alles erreichen kann.

Eurer Kreativität beim Spiel sind nur wenig Grenzen gesetzt. Seid Ihr Euch einmal nicht im klaren darüber, ob der Spielzug so möglich ist, dann konsultiert einfach die Planspielleitung.

Zunächst solltet Ihr jedoch einmal diese Regeln genau und in Ruhe durchlesen. Danach kommt die allgemeine Rollenbeschreibung und eure Gruppeninformation.

Dabei solltet Ihr beachten, daß die Gruppeninformation nur die Mitglieder Eurer Gruppe etwas angeht.

Der Spielbeginn

Zunächst einmal solltet Ihr alles schriftliche Material genau lesen und in Ruhe durchdenken. Ist Euch etwas unklar, dann keine Panik! Die Planspielleitung kommt in den nächsten Minuten in jede Gruppe und beantwortet alle Fragen.

Ist das O.K., dann kann jeder an die Ausgestaltung seiner Rolle gehen. Zunächst einmal solltet Ihr das mitgelieferte Namensschild mit Euren Namen, Eurer Gruppenzugehörigkeit und Eurer genauen Funktion versehen, z. B.:

> Michael Klabautermann
> Badische Anilin- und Farben-Fabrik AG
> Leiter der Abteilung Farben u. Lacke

Ist das geschehen, könnt Ihr Euch bei der Planspielleitung Verkleidungsklamotten abholen. Je besser Ihr Euch Eurer Rolle gemäß ausstaffiert, desto größer ist der Spaß für Euch und die anderen. Übertreibungen sind ausdrücklich erwünscht.

Eine Bitte noch: Alle Schritte, die Ihr plant, müßt Ihr aufschreiben und in den großen Briefkasten der Planspielleitung werfen. Kennzeichnet Euren Schriftverkehr mit

- Spielzug der Gruppe................,
  Zeitpunkt...............
- Brief der Gruppe.............. an ....,
  Zeitpunkt...............

Wenn Ihr also wißt, was Ihr wollt, und wie Ihr das erreichen wollt, dann geht's endlich los.

Interessenvertretung

Euer allererster Schritt: Ihr schickt ein ausgefülltes Spielzugsformular an die Planspielleitung (bitte in den großen Briefkasten einwerfen), in dem Ihr Eure Startbereitschaft signalisiert. Gleichzeitig könnt Ihr loslegen.

Für die erste Runde des Spiels (Sie dauert bis zur Jubiläumsveranstaltung der BAFF AG) gibt es eine goldene Regel: Ihr dürft Euren Raum nur verlassen, um ein Spielzugsformular (am besten ernennt Ihr einen „Formularverantwortlichen") in den Briefkasten zu werfen oder das WC zu besuchen. Ausnahme: Die Geschäftsführung der BAFF AG darf das Festbankett vorbereiten. Außerhalb Eurer Räume dürft Ihr Euch jedoch nur stumm grüßen, jede Art von Kommunikation ist untersagt!

Alle Spielzüge finden nur schriftlich statt. Jedesmal ist hierzu ein Spielzugsformular vollständig auszufüllen und in den großen Briefkasten zu werfen. Die Planspielleitung wird die Post dann dem richtigen Empfänger zustellen.

Protestbriefe, Kompromißvorschläge, Bestechungsversuche, Presseerklärungen, Aufrufe und Sympathieerklärungen – alles ist möglich. Da die Presse während des gesamten Spiels Bewegungsfreiheit hat, kann sie auch zu Interviews, Reportagen und Pressekonferenzen eingeladen werden. Auch dies nur über den Briefkasten.

Jubiläumsfeier

Die zweite und spannendste Spielphase beginnt mit der Jubiläumsfeier, zu der Euch die Geschäftsführung der Badischen Anilin- und Farben-Fabrik AG einladen wird. Einige von Euch werden vielleicht zu einem kurzen Grußwort aufgefordert, wenn nicht, könnt Ihr Euch ja selber darum bemühen.

Uhrzeit und Ort der Jubiläumsveranstaltung werden Euch von der Badischen Anilin- und Farben-Fabrik AG noch rechtzeitig mitgeteilt.

Im Anschluß an die Jubiläumsveranstaltung gibt's eine wichtige Neuerung in der Spielregel: Ab sofort dürfen alle Gruppen und Einzelpersonen ihre Räume auch zu direkten Kontakten verlassen. Besprechungen, Diskussionen, Verhandlungen und Aktionen aller Art sind erlaubt. Vorher sind sie jedoch immer bei der Planspielleitung mit einem Spielzugsformular anzumelden! Bitte auf gar keinen Fall unangemeldete Aktionen durchführen!

Die Gerichtsverhandlung

Sie wird dann von der Planspielleitung einberufen, wenn sie es für sinnvoll hält.

Das Gericht besteht aus einem Vorsitzenden und zwei Beisitzern, die von der Planspielleitung gestellt werden.

Der Prozeß besteht aus einer Zeugenanhörung. Danach folgt ein Plädoyer jeder beteiligten Gruppe und schließlich das Urteil des Gerichtes. Die übrigen Mitglieder der Planspielleitung fungieren als Ordnungshüter und Gerichtsdiener. Es ist auf die richtige Atmosphäre zu achten (Bestuhlung, Bekleidung und Sprache des Gerichts, Hämmerchen und Glocke, Aufstehen bei der Urteilsverkündung etc.).

Geschäftsführung der Badischen Anilin- und Farben-Fabrik BAFF AG

Die Geschäftsführung der Badischen Anilin- und Farben-Fabrik AG mit ihrem Geschäftsführer Thilo Streubl an der Spitze bereitet sich auf das 100-jährige Jubiläum ihrer Firma vor.

Diese Jubiläumsveranstaltung findet in Form eines Festbankettes statt.

Dazu müßt Ihr die beteiligten Gruppen noch einladen. Natürlich müßt Ihr auch das Festchen so ausgestalten, daß die richtige Stimmung aufkommt. Laßt Euch mal was einfallen.

Ihr habt Grund genug, ein teures Fest zu organisieren. In Wirklichkeit steckt Ihr nämlich bis über beide Ohren in der Krise. Eure Geschäftspartner in Asien, vor allem die staatliche Firma „TadschImport" im fernen Scheichtum Tadschyschalmanien hat seit Monaten keine Rechnung mehr bezahlt. Scheich Abd il Haganah rüstet nämlich, wie Ihr in der Zwischenzeit erfahren habt, zum Krieg gegen seine Nachbarn – und dazu wird er höchstwahrscheinlich auch jenes Giftgas verwenden, das er mit den Chemikalien und Anlagen hergestellt hat, die Ihr ihm als „Fabrik zu Herstellung von Mückenpulver" geliefert habt.

Ihr könnt also nicht einmal offen zugeben, wo Euer Problem liegt, sonst droht Euch der Prozeß wegen illegalem Waffenexport.

Jedenfalls müßt Ihr noch in diesem Jahr rund ein Viertel der Belegschaft entlassen, wenn Ihr die Firma retten wollt. Da helfen auch die paar Mark nicht, die Ihr in der Kantine mehr einnehmt.

Wie aber Leute entlassen, ohne allzu großen Ärger und auf gaaaaaar keinen Fall öffentliches Interesse zu wecken? Na, laßt Euch mal was einfallen. Aber vergeßt nicht das Betriebsverfassungsgesetz!!!

Immerhin habt Ihr extra die Unternehmensberatung Sülz, Heimer & Partner engagiert, die Euch in allen kritischen Fragen berät.

Vorsicht jedoch vor Gewerkschaft, Betriebsrat und der neuen Jugend- und Auszubildendenvertretung ...

Mitglieder der Geschäftsführung:
  Geschäftsführer Thilo Streubl
  Stellvertreter Erhard Reiter
  Pressesprecherin Gerda von Hasselfeld
  Personalchef Emanuel Samtpfote
  Sicherheitschef Horst Tschimpansky

Unternehmensberatung Sülz, Heimer & Partner GmbH

Ihr seid die Spezialisten für schwierige Fälle. Und dies ist ein schwieriger Fall.

Die Badische Anilin- und Farben-Fabrik AG muß Leute entlassen. Und sie will keinen Ärger.

Ihr seid bereits vor einigen Tagen engagiert worden, um sie dabei zu beraten. Noch habt Ihr kein Konzept entwickelt. Das ist Eure nächste Aufgabe, denn die BAFF AG muß jetzt endlich handeln.

Ihr kennt das Betriebsverfassungsgesetz fast auswendig. Wenn nicht, dann wißt Ihr wenigstens, wo Ihr nachschlagen könnt.

Aber Ihr denkt Euch vor allem Tricks und Schliche aus, um die Belegschaft ruhig zu halten. Eine Sonderreise für den Betriebsrat, vielleicht nach Paris, ein nettes Jubiläumsfest, einige Einschüchterungen gegenüber Unruhestiftern, ein Exempel an einem aufmüpfigen Auszubildenden, ...

Euch wird schon was einfallen. Zeigt, daß Ihr Euer Geld wert seid!

Die Gruppenmitglieder:
  Geschäftsführer Louis Acteur
  Berater Enrico Azzarro
  Beraterin Janine D.
  Beraterin Margret Astor
  Berater Yves St. Laurent

Die Jugend- und Auszubildendenvertretung

Ihr seid die neugewählte Jugend- und Auszubildendenvertretung der Badischen Anilin- und Farben-Fabrik AG. Eigentlich seid Ihr bis jetzt ganz zufrieden mit Eurem Job.

Die Erhöhung der Kantinenpreise allerdings ist eine glatte Unverschämtheit. Und die Gerüchte über anstehende Entlassungen machen Euch natürlich zu schaffen. Klar, daß Ihr rauskriegen wollt, was dahintersteckt.

Was ist jetzt also los mit der BAFF AG? Die Geschäftsführung soll Euch erst mal Rede und Antwort stehen. Auch allen Gerüchten geht Ihr nach. Auf gar keinen Fall dürfen Entlassungen oder Kürzungen akzeptiert werden – nicht mit Euch. Sucht Euch Bündnispartner und übt mit allen legalen Mitteln Druck auf die Geschäftsführung aus. Was nun aber legal ist, darüber müßt ihr Euch im Betriebsverfassungsgesetz informieren.

Mal sehn, was Euch so alles einfällt ...

Die Mitglieder der Jugend- und Auszubildendenvertretung:
  Michael Kloppel
  Rita Hähnchen
  Barbara Herzman
  Lydia Schrumpfangst
  Karin Töpfler
  Robert Schnupf
  Arminius Greifblecher
  Johann Gartenschlauch
  Roland Schwab

Der Betriebsrat

Ihr seid in einer Zwickmühle. Einerseits wollt Ihr die Arbeitsplätze sichern, andererseits wollt Ihr keinen schleichenden Sozialabbau akzeptieren. Ihr bemüht Euch ernsthaft um eine Lösung, die allen Anforderungen gerecht wird, aber wie soll die nur aussehen?

Vielleicht findet Ihr ja in der neuen Jugend- und Auszubildendenvertretung konstruktive Partner? Oder Ihr holt Euch Rat von der Gewerkschaft?

Auf alle Fälle dürfen keine Arbeitsplätze abgebaut werden, auch wenn Ihr Kompromisse schließen müßt. Versucht dies mit allen legalen Mitteln zu verhindern. Als langjähriger Betriebsrat wißt Ihr ja, daß das Betriebsverfassungsgesetz Euch Mitwirkungsrechte ermöglicht, andererseits aber auch gewisse Pflichten auferlegt.

Die Gruppenmitglieder:

Betriebsratsvorsitzender Ernst Schmal
Stellvertretender Betriebsratsvorsitzender
  Harro Schimmel
Vertreter der Schwerbehinderten
  Franziskus Pappheizer
Betriebsratsmitglied Erika Wolf-Mattjes
Betriebsratsmitglied Detlev Hänsche

Die Gewerkschaft

Ihr betreut in erster Linie den Betriebsrat und die neue Jugend- und Auszubildendenvertretung.

Das Betriebsverfassungsgesetz ist Eure schärfste Waffe. Wer damit umgehen kann, der kann vieles erreichen. Auf keinen Fall laßt Ihr zu, daß Leute entlassen werden. Und die Sozialleistungen werden auch nicht gekappt. Sollen die doch auf andere, umweltfreundlichere Produkte umsteigen – die verkaufen sich bestimmt besser als der Giftmüll, den die zur Zeit produzieren.

Ihr vertretet die Interessen der Arbeitnehmer. Dafür seid Ihr da. Da gibt es keine Kompromisse. Zeigt was Ihr drauf habt!

Gruppenmitglieder

Vorsitzender Alfred Gockelmann
Rechtssekretär Gerhard Hauptmann
Sekretärin Elli Schandweich
Sekretärin Claudia Bayreuth
Sekretär Pjotr Krjedid

Hier einige wichtige Daten über die BAFF AG, die dem aktuellen Jahresbericht entnommen wurden und allen Gruppen zugänglich sind:

Beschäftigungsstruktur	
Anzahl der Mitarbeiter:	3678
Davon Frauen:	1420
Davon Behinderte:	2
Davon Ausländer:	1266
Davon i. Ausbildung:	200
Davon unter 25 Jahren:	120
Davon unter 18 Jahren:	78

Entwicklung der Beschäftigung	
Jahr	Beschäftigte
1980	788
1981	950
1982	1230
1983	1321
1984	1356
1985	1678
1986	2356
1987	2781
1988	3253
1989	2451
1990	3678

Umsatzentwicklung in Mio DM		
Jahr	Gesamt	Export
1980	18,1	0,0
1981	25,6	1,4
1982	56,0	10,4
1983	130,2	40,0
1984	178,9	80,3
1985	250,0	170,2
1986	340,3	273,0
1987	380,4	350,1
1988	450,0	423,7
1989	510,1	505,4
1990	530,4	527,8

Fragebogen zur Auswertung des Planspiels

1. Wie waren die Rollen verteilt? Gab es Gruppen mit starken/schwachen Mitspielern?

2. Gelang der Einstieg in das Planspiel? Waren weitere Erklärungen außerhalb der Spielregeln notwendig?

3. Gelang den Spielern die Identifikation mit der Rolle/Gruppe?

4. Welche Gruppen/Mitglieder stiegen schnell in die Thematik ein und warum?

5. Wer hatte eine dominante, konstruktive, ideenreiche Rolle?

6. Wer kam nicht richtig in seine Rolle? Warum?

7. Wer stieg aus seiner Rolle aus? Warum?

8. Was hat die Planspielleitung in solchen Fällen getan?

9. Wie wurden die Diskussionsphasen und vor allem deren Ausgang angenommen?

10. Gab es spontane Aktionen, die evtl. am Rande der Spielregeln verliefen?

11. Wie oft und weswegen mußte die Planspielleitung intervenieren?

12. Haben die Spieler sich in ihren Handlungen an den Rahmen des Betriebsverfassungsgesetzes gehalten?

13. Hätten die Spieler durch ihre Handlungen den Rahmen des Betriebsverfassungsgesetzes weiter ausschöpfen können?

14. Liefert die gesetzliche Grundlage des Betriebsverfassungsgesetzes ausreichend Handlungsmöglichkeiten in solchen Situationen?

Birgit Weber

Konflikte in der Berufsausbildung
(Wissensspiel mit Fallanalysen)

I. Allgemeine Angaben

1. Gegenstand/Lernziele

In diesem Wissensspiel werden konkrete Konflikte in der Berufsausbildung auf der Grundlage des Berufsbildungsgesetzes behandelt.

- Die Lernenden machen sich mit den Rechten und Pflichten der Ausbildenden und Auszubildenden in der Berufsausbildung vertraut.
- Auf der Grundlage des Berufsbildungsgesetzes können sie beurteilen
  - den Geltungsbereich des Berufsbildungsgesetzes für Auszubildende und Ausbildungen;
  - die Wirksamkeit von Berufsausbildungsverträgen und ihrer Bestandteile;
  - die Kündigungsvoraussetzungen für Auszubildende;
  - verschiedene Arten von Pflichtverletzungen und deren Konsequenzen.

Über die erarbeiteten Fachinhalte hinaus sollen die Lernenden befähigt werden, sich wichtige Informationen aus Gesetzen zu beschaffen und dadurch Vertrauen in die eigene Kompetenz im Umgang mit notwendigen, aber schwierigen Texten zu gewinnen.

2. Ablauf

1. Die Lernenden werden mit der Karikatur einer Auszubildenden konfrontiert, die mit Arbeiten, die nicht ihrem Ausbildungsziel dienen, belastet wird. Die Frage, ob dies der Ausbildung heute entspricht, leitet über zu den gesetzlichen Grundlagen der Berufsausbildung, die die Auszubildenden mit Rechten ausstatten, ihnen aber auch gewisse Pflichten auferlegen.

2. Je zwei Lernende erhalten 3–4 konkrete Konflikte aus der Berufsausbildung und prüfen in Partnerarbeit anhand der §§ 1–16 Berufsbildungsgesetz (BBiG), wer in den vorliegenden Fällen im Recht ist. Sie müssen Antworten auf folgende Fragen finden:
   - Nach welchen Paragraphen des Berufsbildungsgesetzes ist der Konfliktfall zu beurteilen?
   - Wie müßte der Sachverhalt entschieden werden?

3. Im Anschluß an die Partnerarbeit werden in einem Wissensspiel die Konfliktfälle durch alle entschieden. Dabei werden die Fälle einzeln vorgelesen, von den Lernenden mit Wertungskarten („ja/nein") gewertet, dann begründet und schließlich die „gesetzadäquaten" Entscheidungen der einzelnen mit Punkten bewertet. (Hierbei kommt es zu einem Transfer des erarbeiteten Wissens auf andere Fälle sowie zu einer Übertragung und „Dokumentation" des erarbeiteten Wissens durch die jeweiligen Richtergruppen des speziellen Falls.)

4. Abschließend ist eine Verallgemeinerung der Konfliktfälle in generelle Pflichten der Ausbildenden und der Auszubildenden notwendig.

3. Einsatzmöglichkeiten

Das Wissensspiel mit Fallstudien „Konflikte in der Berufsausbildung" eignet sich insbesondere in Abschlußklassen als Vorbereitung auf Rechte und Pflichten in der Berufsausbildung, ebenso während der Berufsausbildung in Berufsschulen. Seine Durchführung ist unabhängig von der Teilnehmerzahl. Die Dauer beträgt einschließlich der Vorbereitung 2 Doppelstunden.

II. Spezielle Angaben zur Unterstützung des Ablaufs

Phase	Entscheidungen und *ORG. VORBEREITUNG*	Inhaltliche Lehreraktivitäten **WÄHREND DES ABLAUFS**
Einstieg Einstimmung in das Thema durch eine Karikatur	– *Projektion des Comic auf OHP*	**Impuls:** Entspricht diese Karikatur der Berufsausbildung heute? Oder gehören solche Beziehungen eher der Vergangenheit an? **Am Ende des Gesprächs über die Karikatur werden drei erkenntnisleitende Fragen angestrebt:** – Welche gesetzlichen Grundlagen existieren, die den an der Ausbildung Beteiligten Rechte und Pflichten zugestehen? – Welche Rechte und Pflichten haben die Auszubildenden (insb.) nach dem BBiG? – Welche Konsequenzen haben Pflichtverletzungen der Ausbildenden/der Auszubildenden? **Dabei lassen sich die folgenden Begriffe klären:** – Auszubildender – Ausbildender – Ausbilder
Partnerarbeit: Fallanalysen	Festlegung der Vorgehensweise der Entscheidungsfindung: – Klärung an einem Beispiel – Tafelanschrieb – *Tafelbild zu den zu treffenden Entscheidungen* – *Bildung von Zweiergruppen* – *Verteilung von 3–4 Konfliktfällen und der §§ 1–16 je Zweier-Gruppe* [1]	**Darstellung eines Beispiels/ Tafelanschrieb** – Welche Informationen brauchen wir, um diesen Fall beurteilen zu können? – Wo finden wir diese Informationen? – Wie ist der Sachverhalt zu beurteilen? **Hilfestellung während der Partnerarbeit**
Wissensspiel	– *Verteilung eines Satzes von Wertungskarten an alle Lernenden (z. B. 2 Karteikarten mit ja/nein; grün/rot; plus/minus)* – *Bereitstellung von Wertungspunkten*	**Der 1. Fall wird vorgelesen:** – Die Lernenden bewerten den Fall mit den Wertungskarten. – Einzelne Gruppen begründen ihre Entscheidung (vgl. Auswertungshilfen für den Lehrer). – Die Lernenden mit richtiger Wertung erhalten einen Wertungspunkt. **Der 2. Fall wird vorgelesen** (etc.) **Gesamtwertung:** Die Lernenden mit den meisten Wertungspunkten sind „Bester Richter nach den Buchstaben des Gesetzes"
Generalisierung	Alternativ: 1. Generalisierung erfolgt gemeinsam an der Tafel 2. Die Lernenden sind einzeln zur Generalisierung aufgefordert	**Zusammenstellung der Pflichten** des Ausbildenden und der Auszubildenden während der Berufsausbildung und der **Kündigungsvoraussetzungen**. Dabei ist zu klären, daß die Pflichten der einen die Rechte der anderen sind.

Fragen zur Weiterführung
Möglichkeiten zur Verkürzung oder Verlängerung der Berufsausbildung (BA)? Regelung des Prüfungswesen in der BA? Beteiligung von Institutionen an der BA? Funktion der Kammer? Rechte und Pflichten der Jugendvertretung?
Eignungsvoraussetzungen von Ausbildenden, Ausbildern und Ausbildungsstätten? Durchsetzung von Rechten? Bedeutung weiterer Gesetze für die Berufsausbildung? Einschränkungen durch das Jugendarbeitsschutzgesetz?

---

[1] Alternativ zu den hier zur Verfügung gestellten Gesetzesgrundlagen ist beim Bundesminister für Bildung und Wissenschaft die Broschüre: „Ausbildung und Beruf. Rechte und Pflichten während der Berufsausbildung" umsonst im Klassensatz erhältlich.

III. Materialien für die Teilnehmer

Konfliktfälle	Auswertungshilfen für den Lehrer
Peter Schmidt, ein 20 jähriger Auszubildender in der Industrie soll seine Ausbildungsmittel selbst bezahlen. Peter ist damit nicht einverstanden. Seiner Meinung nach schreibt das Berufsbildungsgesetz vor, daß Ausbildungsmittel, also Werkzeuge und Werkstoffe kostenlos zur Verfügung gestellt werden müssen. Sein Ausbildender Geizig steht aber auf dem Standpunkt, daß Peter sich nicht auf das Berufsbildungsgesetz berufen kann, da dies nur für die Auszubildenden gelten würde, die jünger als 18 sind. **Hat Geizig recht?**	**NEIN!** Das Berufsbildungsgesetz gilt für alle Auszubildenden im gewerblichen Bereich für die berufliche Erstausbildung, daß BBIG sieht bezüglich des Alters keine Einschränkung vor!
Petra Müller beginnt ihre Ausbildung an einer Berufsfachschule. **Gelten für sie auch die Rechte und Pflichten aus dem Berufsbildungsgesetz?**	**NEIN!** Nach § 2 gilt das Berufsbildungsgesetz nicht für die Berufsbildung in beruflichen Schulen, für Petra Müller gelten die Landesgesetze für berufliche Schulen.
Der Ausbildende Müller hat mit Volker Weller mündlich einen Berufsausbildungsvertrag vereinbart. Volker zieht daraufhin seine Bewerbung bei einem anderen Ausbilder zurück. Müller überlegt es sich jedoch anders und erklärt Volker, daß ein mündlicher Vertrag kein richtiger Vertrag ist und Volker sich anderweitig bemühen müßte. **Kann Müller Volker so einfach abfertigen?**	**NEIN!** Auch eine mündliche Vereinbarung ist ein rechtswirksamer Vertrag. Der schriftliche Vertrag nach § 4, Absatz 1 BBiG dient dem Schutz des Auszubildenden; dieser hat Anspruch auf die schriftliche Form und die Nicht-Einhaltung wird von der IHK sanktioniert.

Konfliktfälle	Auswertungshilfen für Lehrer
Der Ausbildende Müller und die Auszubildende Anja Freitag handeln einen Ausbildungsvertrag aus, der lediglich Beginn und Dauer der Berufsausbildung beinhaltet. Anja steht auf dem Standpunkt, es müsse noch mehr vereinbart werden, doch Müller meint, der Berufsausbildungsvertrag kann, wie das privatrechtlichen Verträgen eigen ist, frei gestaltet werden. Es gibt keine Vorschriften für den Inhalt des Vertrags. **Hat Anja recht?**	**JA!** Es gibt Vorschriften nach dem Berufsbildungsgesetz über die Gestaltung der Inhalte des Vertrages, die Mindestinhalte nach § 4; Vorschriften zur Kündigung § 15, Probezeit § 13 sowie Bestimmungen zum Arbeitsschutz nach dem Jugendarbeitsschutzgesetz
Der Vater von Robert Koch hat mit dem Ausbildenden Schmidt ausgehandelt, daß er Lehrgeld zahlen wird, wenn sein Sohn bei Schmidt eine Ausbildung machen kann. Nachdem Robert mit der Ausbildung begonnen hat, fordert sein Vater das bislang gezahlte Lehrgeld zurück. Da Schmidt auf dem Standpunkt steht, die Kochs hätten den Vertrag verletzt, soll Robert seine Ausbildung abbrechen. **Hat Schmidt recht?**	**NEIN!** Die Zahlung eines Lehrgeldes als Entschädigung für die Ausbildung von Seiten des Auszubildenden ist eine finanziell belastende Vereinbarung nach § 5 Absatz (2), 1. Eine solche Vereinbarung im Berufsausbildungsvertrag ist nichtig, führt aber nicht dazu, daß der ganze Vertrag unwirksam ist.
2 Wochen nach Beginn der Ausbildung erhält Ansgar Schiffer die fristlose Kündigung. Ansgar steht auf dem Standpunkt, daß das Berufsbildungsgesetz keine Kündigungen von Auszubildenden zuläßt, es sei denn er hätte etwas verbrochen, das hat er aber nicht. **Hat Ansgar recht?**	**NEIN!** Nach § 15 dürfen beide Vertragspartner während der Probezeit jederzeit ohne Einhaltung der Kündigungsfrist kündigen.

Konfliktfälle	Auswertungshilfen für Lehrer
Der Ausbilder Rudi Hase hat Michael Meyer, Auszubildender im ersten Jahr, vor 4 Monaten an eine Stanze gestellt. Geduldig schiebt Michael seitdem Tag für Tag ein Blech nach dem anderen durch dieses Gerät. Nun erklärt ihm der Ausbilder, daß dies noch mindestens zwei Monate so weitergehen sollte und begründet dies mit der Erziehungspflicht zur charakterlicher Förderung: „Die jungen Leute von heute haben einfach zuwenig Geduld". Michael verweigert die weitere Arbeit an der Stanze, woraufhin ihm der Ausbildende kündigt wegen Verletzung der Treuepflicht. **Ist diese Kündigung mit dem Berufsbildungsgesetz zu vereinbaren?**	**NEIN!** Der Ausbildende hat zwar die Pflicht zur charakterlichen Förderung nach § 6, Abs. 4, d. h. das Gesetz begründet die Erziehungspflicht des Ausbildenden. Er soll aber nach § 6, Abs. 2 dem Auszubildenden nur solche Arbeiten übertragen, die seinem Ausbildungsziel angemessen sind. Routinearbeiten auf eine solche Dauer machen die Erreichung des Ausbildungsziels unmöglich und können nicht mehr mit der Erziehungspflicht des Ausbildenden begründet werden.
Die Auszubildende Britta Barthel wird häufig in der Stadt gesehen, wenn sie eigentlich in der Berufsschule sein müßte. Der Ausbilder Wermbke stellt sie zur Rede und verwarnt sie. Britta geht jedoch davon aus, daß sich sowohl der Ausbildungsvertrag als auch das Berufsbildungsgesetz nur auf die betriebliche Ausbildung bezieht, und den Betrieb das Fernbleiben von der Berufsschule folglich gar nichts anginge. **Muß der Ausbilder das einsehen?**	**NEIN!** Das Berufsbildungsgesetz bezieht sich zwar nicht auf die Ausbildung in Berufsschulen, die Lernpflicht der Auszubildenden beinhaltet nach § 9 Abs. 2 aber auch die Teilnahme am Berufsschulunterricht, für den sie nach § 7 schließlich von der Arbeit freigestellt werden.
Der Ausbilder Eberhard Winter hat Jürgen Sommer, 18 Jahre alt, einem Auszubildenden Ende ersten Ausbildungsjahres, häufig gezeigt, wie die Arbeitsmittel gewartet werden. Jürgen Sommer unterhält sich während der Arbeit ständig mit seinen Kollegen und dabei ist ihm zum dritten Mal in der Woche ein 50 DM teures Glas aus den Händen gefallen und in tausend Teile zerborsten. Dem Ausbilder wird es zu bunt: „Nun ist Schadensersatz fällig." Jürgen Sommer entgegnet: „Das sind die Ausbildungsmittel, die der Ausbildende kostenlos zur Verfügung zu stellen hat." **Hat der Ausbilder mit einer Schadensersatzforderung eine Chance?**	**JA!** Der Auszubildende hat eine Sorgfaltspflicht, er soll nach § 9 Nr. 1 die ihm aufgetragenen Verrichtungen sorgfältig ausführen und nach § 9, Nr. 5 Werkzeuge, Maschinen und sonstige Einrichtungen pfleglich behandeln. Kommt er dieser aus grober Fahrlässigkeit nicht nach, muß er Schadensersatz leisten. Nach der Rechtsprechung sind dabei aber der Entwicklungsstand, die Einsichtsfähigkeit und die Erfahrungen der Auszubildenden mit solchen Arbeiten zu beachten. In diesem Fall kann von grober Nachlässigkeit geredet werden, denn Jürgen müßte mit seinen 18 Jahren einsichtig genug sein. Außerdem wurde er schon einige Male ermahnt.

Konfliktfälle	Auswertungshilfen für Lehrer
Der Ausbilder Hugo Schlingel begeht Verstöße gegen das Jugendarbeitsschutzgesetz: Er belästigt die sechzehnjährige Auszubildende Eva König unsittlich. Eva kündigt und fordert Schadensersatz vom Ausbilder und vom Ausbildenden. **Fordert sie den Schadensersatz zu recht?**	**JA!** Der Ausbildende hat seine Fürsorgepflicht verletzt, er muß dafür sorgen, daß die Auszubildende charakterlich gefördert sowie sittlich und körperlich nicht gefährdet wird (§ 6 Abs.5); dieser Pflicht ist er mit der Beauftragung eines Ausbilders nicht entbunden. Der Ausbilder wird schadensersatzpflichtig nach § 823 BGB, wenn er vorsätzlich oder fahrlässig gegen Gesundheit und Körper eines anderen handelt. Fraglich ist nur, ob die Gerichte die Tätigkeiten des Ausbilders als unsittlich ansehen, und ob Eva diese Tätigkeiten glaubhaft nachweisen kann.
Marco Michel, ein 16 jähriger Auszubildender, ist eine Zeitlang unbeaufsichtigt. Der Ausbilder Egon Fröhlich hat ihn in der letzten Zeit häufig geärgert, nie ist er zufrieden. Marco Michel nutzt einen unbeobachteten Moment, um dem Ausbilder ein Reinigungsmittel in die Thermoskanne zu schütten. Der Ausbilder klagt über den schlechten Geschmack seines Kaffees, zwei Stunden später ist ihm speiübel, er muß sich erbrechen. Zwei Tage später wäre beinah alles vergessen, wenn der Verursacher sich nicht selbst verraten hätte. **Veranlaßt der Ausbilder zu recht die fristlose Kündigung?**	**FRAGLICH!** Kündigungen im Ausbildungsverhältnis sind nur aus wichtigem Grund möglich nach § 15 Abs. 2, Satz 1. Die Frage muß also lauten, ob dies ein wichtiger Kündigungsgrund gewesen ist: Laut Rechtsprechung müssen an wichtige Gründe, die eine fristlose Kündigung von Auszubildenden rechtfertigen, höhere Standards angelegt werden als an die von Arbeitnehmern aufgrund des Entwicklungsstandes, der Einsichtsfähigkeit und der Erfahrungen der Auszubildenden. Hier könnte nach dem Entwicklungsstand die Tat als Jungenstreich gewertet werden. Die mindere Gefährlichkeit des Reinigungsmittels, der mangelnde Hinweis auf Gefahren des Reinigungsmittels, der glimpfliche Verlauf der Tat könnten zugunsten Marcos gelten. **Aber Vorsicht!**
Die Auszubildende Constanze David fällt bei der Prüfung durch. Sie wirft dem Ausbildenden vor, daß er ihre Ausbildung vernachlässigt hat: Ihr fehlten Kenntnisse im Hartlöten und Schweißen. Der Ausbildende macht geltend, daß Constanze David langsamer begreift als andere, der Ausbilder aber noch für andere Aufgaben im Betrieb gebraucht wird. Die Auszubildende klagt auf Schadensersatz für den Mißerfolg durch Verschulden des Ausbildenden. **Verlangt sie zu recht Schadensersatz?**	**JA!** Der Auszubildende unterliegt der Ausbildungspflicht und muß einen geeigneten Ausbilder bestellen (§ 6). Der Ausbilder darf sich nicht allein an den schnellsten orientieren, eine geordnete Ausbildung muß gesichert sein. Zweifellos muß der schwierige Nachweis geführt werden, ob Constanze ihrer Lernpflicht oder der Ausbildende seiner Ausbildungspflicht nicht nachgekommen ist. In einem solchen Fall wurde von Gerichten Schadensersatz in der Höhe der Differenz zwischen Ausbildungsvergütung und Gesellenlohn bis zum Bestehen der nächsten Prüfung anerkannt.

Konfliktfälle	Auswertungshilfen für Lehrer
Der Ausbildende Geizkragen vereinbart mit seinem Auszubildenden Thorsten Pfennig für die Ausbildung zum Industriemechaniker eine Vergütung von 200 DM im Monat für 3 Jahre, dies sei für 16jährige genug, denn die wissen schließlich noch nicht, wie man mit Geld umgeht. Thorsten ist der Meinung, daß diese Vergütung zu niedrig ist. **Hätte er Aussicht auf eine höhere Vergütung, wenn er klagen würde?**	**JA!** Nach § 10 Abs. 1 hat der Ausbildende dem Auszubildenden eine angemessene Vergütung zu bezahlen, diese muß mit fortschreitender Berufsausbildung, mindestens jährlich, ansteigen. Der Ausbildende verletzt hier also zwei Vergütungsgrundsätze. Die Gerichte bestimmen in solchen Fällen die Grenzen dessen, was eine angemessene Vergütung ist, sie richten sich dabei im wesentlichen nach den tarifvertraglich regional üblichen Vereinbarungen minus 10 Prozent.
Günther Müßig hat während seiner Ausbildung einen Mofa-Unfall und ist für 4 Wochen krank geschrieben. Geht sein Ausbildender Schwierig zu recht davon aus, daß Günther für diese Zeit keine Vergütung beanspruchen kann, da er seiner Lernpflicht nicht nachkommt?	**NEIN!** Nach § 12 Abs. 1, Satz 2b muß der Ausbildende infolge unverschuldeter Krankheit die Vergütung fortzahlen. Dabei haben die Gerichte Entscheidungsgrundlagen dafür gelegt, was eine unverschuldete Krankheit ist. Da der Ausbildende nicht verlangen kann, daß sich der Auszubildende jeglichen Tätigkeiten enthält, bei dem ihm etwas passieren kann, wird das „Verschulden" relativ weit ausgelegt. Somit ist ein Verschulden erst dann gegeben, wenn der Auszubildende betrunken Mofa fährt, bei extremem Glatteis Schleudertests macht oder ohne Fahrerlaubnis mit dem Motorrad verunglückt.
Erika Müller hat mit 5 männlichen Auszubildenden von insgesamt 10 Prüflingen die Abschlußprüfung zur Energieanlagenelektronikerin nicht bestanden. Sie verlangt die Verlängerung ihrer Ausbildung. Ihr Ausbildender Erwin Hitzig, schon immer der Meinung, daß Mädchen sich für diesen Beruf nicht eignen, teilt ihr mit, daß sie sich nun wohl nach einer anderen Ausbildung umsehen müße, daß ihr Ausbildungsverhältnis hiermit beendet sei. **Muß Erika sich damit abfinden?**	**NEIN!** Nach § 14 Abs. 3 verlängert sich das Berufsausbildungsverhältnis auf Verlangen des Auszubildenden bis zur nächstmöglichen Wiederholungsprüfung, höchstens jedoch um ein Jahr.

Erster Teil
Allgemeine Vorschriften

§ 1 Berufsbildung

(1) Berufsbildung im Sinne dieses Gesetzes sind die Berufsausbildung, die berufliche Fortbildung und die berufliche Umschulung.

(2) Die Berufsausbildung hat eine breit angelegte berufliche Grundbildung und die für die Ausübung einer qualifizierten beruflichen Tätigkeit notwendigen fachlichen Fertigkeiten und Kenntnisse in einem geordneten Ausbildungsgang zu vermitteln. Sie hat ferner den Erwerb der erforderlichen Berufserfahrungen zu ermöglichen.

(3) Die berufliche Fortbildung soll es ermöglichen, die beruflichen Kenntnisse und Fertigkeiten zu erhalten, zu erweitern, der technischen Entwicklung anzupassen oder beruflich aufzusteigen.

(4) Die berufliche Umschulung soll zu einer anderen beruflichen Tätigkeit befähigen.

(5) Berufsbildung wird durchgeführt in Betrieben der Wirtschaft, in vergleichbaren Einrichtungen außerhalb der Wirtschaft, insbesondere des öffentlichen Dienstes, der Angehörigen freier Berufe und in Haushalten (betriebliche Berufsbildung) sowie in berufsbildenden Schulen und sonstigen Berufsbildungseinrichtungen außerhalb der schulischen und betrieblichen Berufsbildung.

§ 2 Geltungsbereich

(1) Dieses Gesetz gilt für die Berufsbildung soweit sie nicht in berufsbildenden Schulen durchgeführt wird, die den Schulgesetzen der Länder unterstehen.

(2) Dieses Gesetz gilt nicht für

1. die Berufsbildung in einem öffentlich-rechtlichen Dienstverhältnis,
2. die Berufsbildung auf Kauffahrteischiffen, ...

Zweiter Teil
Berufsausbildungsverhältnis
Erster Abschnitt
Begründung der Berufsausbildungsverhältnisse

§ 3 Vertrag

(1) Wer einen anderen zur Berufsausbildung einstellt (Ausbildender), hat mit dem Auszubildenden einen Berufsausbildungsvertrag zu schließen.

(2) Auf den Berufsausbildungsvertrag sind, soweit sich aus seinem Wesen und Zweck und aus diesem Gesetz nichts anderes ergibt, die für den Arbeitsvertrag geltenden Rechtsvorschriften und Rechtsgrundsätze anzuwenden. ...

(4) Ein Mangel in der Berechtigung, Auszubildende einzustellen oder auszubilden, berührt die Wirksamkeit des Berufsausbildungsvertrages nicht.

§ 4 Vertragsniederschrift

(1) Der Ausbildende hat unverzüglich nach Abschluß des Berufsausbildungsvertrages, spätestens vor Beginn der Berufsausbildung, den wesentlichen Inhalt des Vertrages schriftlich niederzulegen. Die Niederschrift muß mindestens Angaben enthalten über

1. Art, sachliche und zeitliche Gliederung sowie Ziel der Berufsausbildung, insbesondere die Berufstätigkeit, für die ausgebildet werden soll,
2. Beginn und Dauer der Berufsausbildung,
3. Ausbildungsmaßnahmen außerhalb der Ausbildungsstätte,
4. Dauer der regelmäßgen täglichen Ausbildungszeit,
5. Dauer der Probezeit,
6. Zahlung und Höhe der Vergütung,
7. Dauer des Urlaubs,
8. Voraussetzungen, unter denen der Berufsausbildungsvertrag gekündigt werden kann.

(2) Die Niederschrift ist von dem Ausbildenden, dem Auszubildenden und dessen gesetzlichem Vertreter zu unterzeichnen.

(3) Der Ausbildende hat dem Auszubildenden und dessen gesetzlichem Vertreter eine Ausfertigung der unterzeichneten Niederschrift unverzüglich auszuhändigen.

(4) Bei Änderungen des Berufsausbildungsvertrages gelten die Absätze 1 bis 3 entsprechend.

§ 5 Nichtige Vereinbarungen

(1) Eine Vereinbarung, die den Auszubildenden für die Zeit nach Beendigung des Berufsausbildungsverhältnisses in der Ausübung seiner beruflichen Tätigkeit beschränkt, ist nichtig. Dies gilt nicht, wenn sich der Auszubildende innerhalb der

letzten drei Monate des Berufsausbildungsverhältnisses dazu verpflichtet, nach dessen Beendigung mit dem Ausbildenden

1. ein Arbeitsverhältnis auf unbestimmte Zeit einzugehen,
2. ein Arbeitsverhältnis auf Zeit für die Dauer von höchstens fünf Jahren einzugehen, sofern der Ausbildende Kosten für eine weitere Berufsbildung des Auszubildenden außerhalb des Berufsausbildungsverhältnisses übernimmt und diese Kosten in einem angemessenen Verhältnis zur Dauer der Verpflichtung stehen.

(2) Nichtig ist eine Vereinbarung über

1. die Verpflichtung des Auszubildenden. für die Berufsausbildung eine Entschädigung zu zahlen,
2. Vertragsstrafen,
3. den Ausschluß oder die Beschränkung von Schadensersatzansprüchen
4. die Festsetzung der Höhe eines Schadensersatzes in Pauschbeträgen.

**Zweiter Abschnitt
Inhalt des Berufsausbildungsverhältnisses –
Erster Unterabschnitt
Pflichten des Ausbildenden**

§ 6 Berufsausbildung

(1) Der Ausbildende hat

1. dafür zu sorgen, daß dem Auszubildenden die Fertigkeiten und Kenntnisse vermittelt werden, die zur Erreichen des Ausbildungszieles erforderlich sind, und die Berufsausbildung in einer durch ihren Zweck gebotenen Form planmäßig, zeitlich und sachlich gegliedert so durchzuführen, daß das Ausbildungsziel in der vorgesehenen Ausbildungszeit erreicht werden kann,
2. selbst auszubilden oder einen Ausbilder ausdrücklich damit zu beauftragen,
3. dem Auszubildenden kostenlos die Ausbildungsmittel, insbesondere Werkzeuge und Werkstoffe zur Verfügung zu stellen, die zur Berufsausbildung und zum Ablegen von Zwischen- und Abschlußprüfungen, auch soweit solche nach Beendigung des Berufsausbildungsverhältnisses stattfinden, erforderlich sind.
4. den Auszubildenden zum Besuch der Berufsschule sowie zum Führen von Berichtsheften anzuhalten, soweit solche im Rahmen der Berufsausbildung verlangt werden, und diese durchzusehen,
5. dafür zu sorgen, daß der Auszubildende charakterlich gefördert sowie sittlich und körperlich nicht gefährdet wird.

(2) Dem Auszubildenden dürfen nur Verrichtungen übertragen werden, die dem Ausbildungszweck dienen und seinen körperlichen Kräften angemessen sind.

§ 7 Freistellung

Der Ausbildende hat den Auszubildenden für die Teilnahme am Berufsschulunterricht und an Prüfungen freizustellen. Das gleiche gilt, wenn Ausbildungsmaßnahmen außerhalb der Ausbildungsstätte durchzuführen sind.

§ 8 Zeugnis

(1) Der Ausbildende hat dem Auszubildenden bei Beendigung des Berufsausbildungsverhältnisses ein Zeugnis auszustellen. Hat der Ausbildende die Berufsausbildung nicht selbst durchgeführt, so soll auch der Ausbilder das Zeugnis unterschreiben

(2) Das Zeugnis muß Angaben enthalten über Art, Dauer und Ziel der Berufsausbildung sowie über die erworbenen Fertigkeiten und Kenntnisse des Auszubildenden. Auf Verlangen des Auszubildenden sind auch Angaben über Führung, Leistung und besondere fachliche Fähigkeiten aufzunehmen.

**Zweiter Unterabschnitt
Pflichten des Auszubildenden**

§ 9 Verhalten während der Berufsausbildung

Der Auszubildende hat sich zu bemühen, die Fertigkeiten und Kenntnisse zu erwerben, die erforderlich sind, um das Ausbildungsziel zu erreichen. Er ist insbesondere verpflichtet,

1. die, ihm im Rahmen seiner Berufsausbildung aufgetragenen Verrichtungen sorgfältig auszuführen,
2. an Ausbildungsmaßnahmen teilzunehmen, für die er nach § 7 freigestellt wird,
3. den Weisungen zu folgen, die ihm im Rahmen der Berufsausbildung vom Ausbildenden, vom Ausbilder oder von anderen weisungsberechtigten Personen erteilt werden,
4. die für die Ausbildungsstätte geltende Ordnung zu beachten,

5. Werkzeug, Maschinen und sonstige Einrichtungen pfleglich zu behandeln,
6. Über Betriebs- und Geschäftsgeheimnisse Stillschweigen zu wahren.

Dritter Unterabschnitt
Vergütung

§ 10 Vergütungsanspruch

(1) Der Ausbildende hat dem Auszubildenden eine angemessene Vergütung zu gewähren. Sie ist nach dem Lebensalter des Auszubildenden so zu bemessen. daß sie mit fortschreitender Berufsausbildung, mindestens jährlich, ansteigt.

(2) Sachleistungen können ... angerechnet werden, jedoch nicht über fünfundsiebzig vom Hundert der Bruttovergütung hinaus.

(3) Eine über die vereinbarte regelmäßige tägliche Ausbildungszeit hinausgehende Beschäftigung ist besonders zu vergüten.

§ 11 Bemessung und Fälligkeit der Vergütung

(1) Die Vergütung bemißt sich nach Monaten. Bei Berechnung der Vergütung für einzelne Tage wird der Monat zu dreißig Tagen gerechnet.

(2) Die Vergütung für den laufenden Kalendermonat ist spätestens am letzten Arbeitstag des Monats zu zahlen.

§ 12 Fortzahlung der Vergütung

(1) Dem Auszubildenden ist die Vergütung auch zu zahlen

1. für die Zeit der Freistellung (§ 7),
2. bis zur Dauer von sechs Wochen, wenn er
   a) sich für die Berufsausbildung bereithält, diese aber ausfällt,
   b) infolge unverschuldeter Krankheit, infolge einer Sterilisation oder eines Abbruchs der Schwangerschaft durch einen Arzt nicht an der Berufsausbildung teilnehmen kann oder
   c) aus einem sonstigen, in seiner Person liegenden Grund unverschuldet verhindert ist, seine Pflichten aus dem Berufsausbildungsverhältnis zu erfüllen.

Im Falle des Satzes 1 Nr. 2 Buchstabe b gelten eine nicht rechtswidrige Sterilisation und ein nicht rechtswidriger Abbruch der Schwangerschaft durch einen Arzt als unverschuldet.

(2) Kann der Auszubildende während der Zeit, für welche die Vergütung fortzuzahlen ist, aus berechtigtem Grund Sachleistungen nicht abnehmen, so sind diese nach den Sachbezugswerten (§ 10 Abs. 2) abzugelten.

Dritter Abschnitt
Beginn und Beendigung des
Berufsausbildungsverhältnisses

§ 13 Probezeit

Das Berufsausbildungsverhältnis beginnt mit der Probezeit. Sie muß mindestens einen Monat und darf höchstens drei Monate betragen.

§ 14 Beendigung

(1) Das Berufsausbildungsverhältnis endet mit dem Ablauf der Ausbildungszeit.

(2) Besteht der Auszubildende vor Ablauf der Ausbildungszeit die Abschlußprüfung, so endet das Berufsausbildungsverhältnis mit Bestehen der Abschlußprüfung.

(3) Besteht der Auszubildende die Abschlußprüfung nicht, so verlängert sich das Berufsausbildungsverhältnis auf sein Verlangen bis zur nächst möglichen Wiederholungsprüfung, höchstens um ein Jahr.

§ 15 Kündigung

(1) Während der Probezeit kann das Berufsausbildungsverhältnis jederzeit ohne Einhalten einer Kündigungsfrist gekündigt werden.

(2) Nach der Probezeit kann das Berufsausbildungsverhältnis nur gekündigt werden

1. aus einem wichtigen Grund ohne Einhalten einer Kündigungsfrist,
2. vom Auszubildenden mit einer Kündigungsfrist von vier Wochen, wenn er die Berufsausbildung aufgeben oder sich für eine andere Berufstätigkeit ausbilden lassen will.

(3) Die Kündigung muß schriftlich und in den Fällen des Absatzes 2 unter Angabe der Kündigungsgründe erfolgen.

(4) Eine Kündigung aus einem wichtigen Grund ist unwirksam, wenn die ihr zugrunde liegenden Tatsachen dem zur Kündigung Berechtigten länger als zwei Wochen bekannt sind. Ist ein vorgesehenes Güteverfahren vor einer außergerichtlichen Stelle eingeleitet, so wird bis zu dessen Beendigung der Lauf dieser Frist gehemmt.

§ 16 Schadensersatz bei vorzeitiger Beendigung

(1) Wird das Berufsausbildungsverhältnis nach der Probezeit vorzeitig gelöst, so kann der Ausbildende oder der Auszubildende Ersatz des Schadens verlangen, wenn der andere den Grund für die Auflösung zu vertreten hat. Dies gilt nicht im Falle des § 15 Abs. 2 Nr. 2.

(2) Der Anspruch erlischt, wenn er nicht innerhalb von drei Monaten nach Beendigung des Berufsausbildungsverhältnisses geltend gemacht wird.

Schnee von Gestern – oder Berufsausbildung heute?

Übersicht: Berufsbildungsgesetz

Pflichten des Ausbildenden	Pflichten des Auszubildenden
Ausbildungspflicht (§ 6, Abs. 1, Nr. 1)	**Lernpflicht (§ 9, Satz 1, Nr. 2)**
– Vermittlung breit angelegter Grundbildung, notwendige Fertigkeiten, Kenntnisse, Erwerb von Berufserfahrung, Vollständigkeit der Ausbildungsmaßnahmen ⇨ Ausbildungsplan – Persönliche Ausbildung oder Bestellung eines geeigneten Ausbilders – Kostenlose Bereitstellung von Ausbildungsmitteln – Freistellung zur Berufsschule, zu Prüfungen und Maßnahmen außerhalb – Übertragung von Aufgaben im Rahmen des Ausbildungszwecks	– Aktive Mitwirkung am Erwerb der Kenntnisse und Fähigkeiten gemäß der Ausbildungsordnung – Unterlassung von Tätigkeiten, die der Ausbildung schaden – Teilnahme am Berufsschulunterricht, an den Prüfungen und den Maßnahmen außerhalb der Ausbildungsstätte
Erziehungspflicht (§ 6, Abs. 1, Nr. 5)	**Treuepflicht (§ 9, Satz 1, Nr. 3, 4)**
– Charakterliche Förderung	– Befolgung der Weisung der dem Auszubildenden weisungsberechtigten Personen im Rahmen des Ausbildungszwecks aber auch der UVV und der Betriebsordnung
Fürsorgepflicht (§ 6, Abs. 1, 2)	**Sorgfaltspflicht (§ 9, Satz 1, Nr. 1, 5)**
– Schutz vor sittlicher und körperlicher Gefährdung – Unterweisungspflicht in Schutzvorschriften – Schutz vor körperlich nicht angemessenen Arbeiten – Anmeldung zur Sozialversicherung – Keine körperliche Züchtigung	– Sorgfältige Ausführung der ihm übertragenen Arbeiten – Pflegliche Behandlung der Werkzeuge, Maschinen, Einrichtungen und Ausbildungsmittel
Vergütungspflicht (§§ 10–12)	**Schweigepflicht (§ 9, Satz 1, Nr. 6)**
– Zahlung einer angemessenen pro Jahr steigenden Vergütung als Hilfe zum Lebensunterhalt – Fortzahlung der Vergütung bei Freistellungen zur Berufsschule, Prüfung, Ausbildungsmaßnahmen außerhalb – Auf 6 Wochen befristete Fortzahlung bei Ausbildungsunterbrechungen wegen unverschuldeter Krankheit oder Abwesenheit des Auszubildenden, oder Nichtannahme der Ausbildungsbereitschaft.	– Stillschweigen über Betriebs- und Geschäftsgeheimnisse

Kündigung von Berufsausbildungsverhältnissen		
Probezeit	**nach der Probezeit**	
Jederzeit ohne Angabe von Gründen möglich	durch den Ausbildenden: nur fristlos aus wichtigem Grund bei Unzumutbarkeit der Fortsetzung des Ausbildungsverhältnisses (nur schriftlich unter Angabe des Grundes)	durch den Auszubildenden: mit einer 4-Wochen-Kündigungsfrist bei Berufsaufgabe oder -wechsel

Konsum

Lutz-Ekkardt Bohr/Dirk Niebuhr/Thomas Warsitz [1*]
Ohne Moos nix los (Planspiel)

I. Allgemeine Angaben

1. Lerngegenstand/Lernziele

Vor allem Jugendliche geraten schnell in finanzielle Probleme und Abhängigkeiten, weil ihnen Erfahrungen im verantwortlichen Umgang mit Geld fehlen. Dies ist besonders dann der Fall, wenn sie sich eine selbständige Existenz aufbauen wollen (Haushaltsgründung, Wohnungsanmietung etc.). Damit Jugendliche in einem geschützten Raum, sozusagen „am grünen Tisch", und trotzdem möglichst realistisch den Umgang mit Geld spielerisch einüben, sollen sie wie im täglichen Leben, Monat für Monat mit ihrem Geld auskommen und mit den Alltagsschwierigkeiten fertig werden nach dem Motto: „Stell Dir vor, Du hast 'ne eigene Bude, ein Auto und ein Einkommen und das ein ganzes Jahr lang."

Das Planspiel hat zum Ziel

- den Umgang mit Geld zu üben,
- Krisensituationen des alltäglichen Lebens zu meistern,
- ein selbständiges Leben mit den alltäglichen Schwierigkeiten einzuüben,
- zu sensibilisieren für die Gefahren des sorglosen Umgangs mit Geld angesichts leicht erhältlicher Kredite und Lebensrisiken,
- die Wirkung von Krediten auf das Haushaltsbudget kennenzulernen,
- einen Anreiz zur Reflexion zu geben über
  - das Verhältnis von Einnahmen und fixen/variablen Ausgaben privater Haushalte,
  - die Veränderung bei allgemeinen Lebensrisiken sowie
  - die Notwendigkeit und Möglichkeit individueller und gesellschaftlicher Problemlösung.

2. Spielablauf

Im Spiel werden „12 Monate" (oder weniger) durchspielt. Der „Monat Januar" gilt als Probedurchlauf, in dem die Spielregeln noch locker gehandhabt werden. Alle Spieler/innen haben ihre monatlichen Einkünfte, von denen sie jeden Monat bestimmte Ausgaben (z. B. Miete, Bekleidung) bezahlen müssen. Am jeweiligen Monatsende wird abgerechnet.

Alle Spieler/innen bekommen bei der **Buchungsstelle** ihre monatlichen Einnahmen. In den nächsten Monaten erfolgt hier neben der Geldausgabe die Endabrechnung.

Bei einer **Beratungsstelle** werden Gespräche über den realistischen Wert der Ausgaben geführt, um dann jeden Monat Ausgaben in einem festgelegten Rahmen zu bestimmen. Hier wird jeden Monat eine **Lifecard** gezogen, die alltägliche Begebenheiten schildert (z. B. Autounfall, Erbschaft). In den Monaten April, Juli, Oktober werden besondere Lifecards gezogen, die schwerwiegende Veränderungen bewirken. Zudem versuchen die Spieler/innen in Krisensituationen mit den Berater/innen nach Lösungsmöglichkeiten zu suchen.

Bei der **Finanzdienstleistungsstelle** nehmen die Teilnehmer/innen Kredite auf, führen Wohnungswechsel sowie Autoan- und -verkauf durch.

Ziel ist es, einfach mal ein Jahr lang „selbständig" zu „leben" und dabei Erfahrungen zu machen, die nicht weh tun, weil sie „nur" gespielt werden.

3. Einsatzbedingungen

Das Spiel ist konzipiert für Teilnehmer/innen ab 14 Jahren. Die Spieldauer beträgt zweimal 90 Minuten. Falls das Spiel zeitlich geteilt wird, bietet sich eine Zwischenauswertung mit Aufgabenstellungen für die Teilnehmer/innen an. Der Zeitrahmen (2x90) ist äußerst knapp bemessen. Alternativ bietet sich auch eine kompakte Durchführung an.

---

1 Redaktionelle Umgestaltung inclusive Konstruktion der Rollenkarten: Birgit Weber

Durch den Spielleiter ist eine gründliche Einarbeitung und Vorbereitung erforderlich. Zur Nachbereitung bieten sich weitere inhaltliche Schwerpunkte an (siehe Auswertungsphase). Bei der eigenen Gestaltung existieren erhebliche Freiräume entsprechend den Zeitvorgaben und der Zusammensetzung der Teilnehmer/innen-Gruppe. Das Spiel bietet sich insbesondere an als Einstieg in die Auseinandersetzung um Verbrauchsausgaben und -notwendigkeiten, Gefährdungen durch sorglosen Konsum und Risiken in der Einkommenserzielung. Besonders lehrreich wäre es auch, wenn ein/e professionelle/r Schuldnerberater/in zur zweiten Doppelstunde zur Beratung eingeladen würde. Es bietet sich auch an, das Spiel in einer kürzeren Form – etwa über 6 Monate – zu spielen. In diesem Fall müßten auch die Monate mit den besonderen Risiken anders verteilt werden, z. B. Lifecard K im Februar, Lifecard E im März sowie das Kontenblatt umgestaltet werden. Möglicherweise sind während des Spiels Lücken zu füllen, wenn eine Stelle durch Gruppenandrang überlastet ist. In einem solchen Fall wäre ein Spiel wie z. B. Roulette ein geeigneter Lückenbüßer, bei dem leicht eine schnelle Mark zu machen oder zu verlieren ist, und der zudem noch hervorragend zum Thema paßt.

II. Spezielle Hinweise zur Unterstützung des Ablaufs

1. Vorbereitung: Zusammenstellung der Materialien

Material	Folie	Kopien
Spielbeschreibung		1 × Spieler/innenanzahl
Ablauf eines Monats	Folie	
Kontenblätter	Folie	1 × Spieler/innenanzahl
Lifecard B (Beispiel)		1 × Spieler/innenanzahl
Lifecard N (Normal)		8 × Spieler/innenanzahl + 20 Reservekarten
Lifecard K (Kredit)		1 × Spieler/innenanzahl + 5 Reservekarten
Lifecard E (Einkommen)		2 × Spieler/innenanzahl + 10 Reservekarten
Transportmittel		2 × Spieler/innenanzahl
Wohnungskarten		1 × Spieler/innenanzahl + 5 Reservekarten
Rollenkarten der Stellen		je Spieler/in in den Stellen
Statistik		3 Blätter (Buchungsstelle)
Kundenkarte		3 Karten (Finanzdienstleistungsstelle)
Klientenkarte		1× Klientenanzahl (Beratungsstelle)

Außerdem
– Spielgeld: 9000 DM x Spieler/innenanzahl
– Würfel
– evtl. Glücksspiel

Hinweise:
Es empfiehlt sich, die unterschiedlichen Karten, aber insbesondere die Lifecards in ausreichender Anzahl auf verschiedenfarbige Karten zu kopieren. Die Lifecards sollten entsprechend den Lebenssituationen, gesellschaftlichen Realitäten und pädagogischen Rahmenbedingungen ausgesucht werden. Jeder Lifecard-Text sollte mehrfach – je nach Anzahl der Spieler/innen – vorhanden sein.

2. Spieleinführung (20 Minuten)

1. Sinn und Zweck des Spieles erklären,
2. Verteilung der Spielbeschreibung und Einführung in die Spielsituation sowie Vorstellung des Spielablaufs (Folie)
3. Kontenblätter verteilen und erläutern (Folie);
4. Einteilung der Schüler/innen in Gruppen und Auslosung der Reihenfolge.

Beispiel

Klassenstärke	Teilnehmer/innen in der – **Bu**chungsstelle – **Be**ratungsstelle – **Fi**nanzdienstleistungsstelle			**G**ruppenzahl und **G**ruppen**s**tärke der übrigen Teilnehmer/innen	
Ks	Bu	Be	Fi	Gz	Gs
18	2	2	2	3	4
19	2	3	2	3	4
20	3	3	2	3	4
21	3	3	3	3	4
22	2	3	2	3	5
23	3	3	2	3	5
24	3	3	3	3	5
25	2	3	2	6	3
26	3	3	2	6	3

Hinweise:

- Hier muß darauf geachtet werden, daß insbesondere die Buchungsstelle mit durchsetzungsfähigen Schülerinnen besetzt ist.
- Der Lehrer sollte die Teilnehmer in der Beratungsstelle unterstützen, evtl. auch die Beratungsstelle selbst übernehmen – günstigstenfalls im team-teaching. Vielleicht kann ein professioneller Schuldnerberater für diese Arbeit gewonnen werden.

5. Verteilung der Materialien an die Mitarbeiter/innen der Stellen, die diese durcharbeiten, während die anderen Mitschüler/innen den Raum aufteilen in Beratungsstelle, Finanzdienstleistungsstelle und Buchungsstelle.

Hinweise:

- Am günstigsten wäre es, 2 Räume für je zwei Stellen zur Verfügung zu haben.
- Falls ein **Glücksspiel** eingesetzt wird, kann dies von den jeweiligen Gruppen ohne zusätzliche Betreuer durchgeführt werden. Es ist davon auszugehen, daß der Wettbewerb unter den Teilnehmern für die Einhaltung von Gewinn und Verlust sorgen wird. Eventuell könnte das Glücksspiel von der Finanzdienstleistungsstelle mit betreut werden. Auf jeden Fall muß dies gesondert angekündigt werden, da es in den Rollenkarten nicht integriert ist.

6. Rückfragen klären.

3. Spieldurchführung (Folie)

Eine Spieler/innengruppe startet bei der Buchungsstelle. Wenn sie dort fertig ist, beginnt die nächste Gruppe dort. So werden die drei Stellen von den einzelnen Gruppen nacheinander nach Art eines Stationsspieles frequentiert. Wenn zweimal soviel Gruppen da sind wie Stellen, müssen die Mitarbeiter/innen der Stellen arbeitsteilig mit zwei Gruppen auf einmal arbeiten.

Ablauf eines Monats

Start im Januar

Buchungsstelle	Ausgabe des Einkommens

Und so geht es dann Monat für Monat weiter

Beratungsstelle	1. Einschätzung der Haushaltsausgaben mit Berater im Beisein der ganzen Gruppe (Achtung Mindestausgaben!) 2. Ziehung einer Lifecard 3. Eintragung der geschätzten Haushaltsausgaben u. der Lifecard 4. Beratung in Problemlagen

Finanzdienst-leistungen	1. Erwerb/Wechsel/Miete
	   – eines Transportmittels
	   – einer Wohnung
	2. Vergabe von Krediten
	3. Eintragung der Wohnungs-, Transportmittel- und Kreditkosten

Buchungsstelle	1. Abrechnung des Monatsergebnisses:
	   – Summe der Einnahmen
	   – Summe der Ausgaben
	   – Kontostand
	   – Korrektur des Sparguthabens
	2. Kassieren der Ausgaben
	3. Prüfung, ob für Arbeitslose ein Arbeitsangebot vorhanden ist
	4. Ausgabe der monatlichen Einkommen
	5. Ermittlung des neuen Bestands

Und weiter zur Beratungsstelle

---

4. Reflexion und Transfer

▷ **Zwischenauswertung (nach dem Monat April)**

Rundgespräch

Sind alle mitgekommen? – Wo gibt es Schwierigkeiten? – Was macht Spaß/keinen Spaß? – Gibt es Vorschläge zum weiteren Spielverlauf?

Art und Umfang der Fragestellung und deren Auswertung in der Gruppe muß der Leiter/die Leiterin entscheiden.

Weiterführende Erkundungen

- Wohnungsanzeigen studieren / sammeln
- Kreditinformationen bei div. Instituten einholen (Banken und Verbraucherberatung)
- Haushaltsausgaben im eigenen Lebensbereich erforschen
  - Wieviel wird pro Person/Monat für Lebensmittel ausgegeben?
  - Wie hoch sind die Mietausgaben /inclus. Nebenkosten)?
  - Wieviel Ausgaben für Fahrtkosten fallen (im Durchschnitt pro Person) an? (PKW-Kosten + sonstige Kosten (Bus etc.) durch Personenzahl des Haushaltes)
  - Welche Versicherungen sind abgeschlossen?

▷ **Auswertung als Plenumsgespräch**

Feedback zu den Rahmenbedingungen des Spiels

Lust und Frust an/mit Kontenblatt, Lifecards etc.

Fragen zur inhaltlichen Auswertung

1. Bin ich mit meiner Haushaltsführung zufrieden?
2. Entspricht meine Haushaltsführung meiner Meinung nach den Realitäten des täglichen Lebens?
3. Was waren für mich wichtige Erfahrungen?
4. Habe ich durch das Spiel Ideen/Anregungen für meine eigene Lebensgestaltung erhalten?
5. Welche Ursachen gab es für Überschuldung? Inwiefern hat sich Arbeitslosigkeit ausgewirkt?
6. Welche Lösungsversuche wurden bei Überschuldung mit welchem Erfolg angewendet?
7. Nach welchen Überlegungen haben die Finanzdienstleistungsstellen den Zinssatz verändert?
8. Mit welchen Strategien haben die Finanzdienstleistungsstellen Kredite und Güter an ihre Kunden gebracht?

Bemerkung: In diesem Arbeitsschritt können die Ergebnisse der Aufgaben aus der Zwischenauswertung einfließen.

▷ **Anregungen zur Weiterarbeit**

Kredit: Was muß man bei einer Kreditaufnahme beachten? (kurzfristige/langfristige Kredite, Kostenstrukturen, Dispo-Kredite)

Girokonto: Kostenstrukturen, Vergleichsangebote etc. (z. B. Schülerkonten), Bedeutung und Auswirkungen u. a. von Kunden und Kreditkarten

Versicherung: Sinn von Versicherungen („Jede Versicherung hat Sinn, nur nicht für jeden")

Lebensplanung: Voraussetzungen, Bedingungen für einen eigenen Haushalt

Konsum-Verhalten: Einfluß von Werbung, Bedürfnisbefriedigung („Ich will Genuß sofort"). Was brauchen wir wirklich (z. B. Sekundär-Primärbedürfnisse)?

Befragung einer Schuldner- und Verbraucherberatung zum einen, Banken zum anderen.

Risiken: Voraussetzung und Einkommenshöhe des Einkommensersatzes in Krisensituationen.

III. Materialien für die Teilnehmer

Spielbeschreibung

	Hey Mitspieler/in, Stell Dir vor, Du lebst alleine in einer Wohnung und müßtest Deinen Lebensunterhalt aus „eigener Kraft finanzieren."
Kontenblatt	Dir stehen hierfür die auf dem Kontenblatt aufgeführten Mittel zur Verfügung. Dies gilt natürlich auch für die früher abgeschlossenen Kredite, die Du noch immer in Raten zurückzahlen mußt. Wie auch im richtigen Leben bekommst Du hier unvorhergesehene Geschenke und Kosten. Diese unerwarteten Ereignisse treffen Dich meist beim Ziehen der „Life Card", die Du jeden Monat abholen mußt. In den Monaten April, Juli und Oktober passieren zusätzliche folgenschwere/ erfreuliche Ereignisse.
Spieldauer	Das Spiel geht über 12 Monate. Jeden Monat wird auch an der Buchungsstelle der große Schlußstrich gezogen und eine Abrechnung Deiner Kosten und Einnahmen durchgeführt.
Probleme	Bei Problemen könnt Ihr Euch in der Gruppe gegenseitig helfen. Außerdem erhältst Du Unterstützung bei a) der **Beratungsstelle** bei der Einschätzung Deiner Ausgaben, der Eintragung dieser Ausgaben und dem Umgehen mit Krisensituationen b) der **Buchungsstelle** bei der Berechnung Deines Kontenstandes c) der **Finanzdienstleistungsstelle** bei der Suche nach Wohnungen und Transportmitteln, bei der Vergabe von Krediten und deren Eintragung.
Ziel	Ziel des Spieles ist es, nach 12 Monaten ohne Schulden dazustehen, also mit zur Verfügung stehenden Mitteln ausgekommen zu sein und die auftretenden Probleme zu bewältigen
Start	Du beginnst (mit Deiner Gruppe) bei der Buchungsstelle, dort erhältst Du Dein Geld. Der Monat Januar gilt als Probelauf, in dem Du so viel Hilfe wie nötig erhalten kannst.

Beratungs-stelle	1. Schätze Deine Verbrauchsausgaben mit einem Berater realistisch ein (außer Wohnung/Transportmittel) und trage sie in Dein Kontenblatt ein (Zeile 4,5,6,8,9). Die Mitspieler in Deiner Gruppe sind wachsame Beobachter, ob Du Dich auch wirklich ehrlich einschätzt. 2. Ziehe bei der Beratungsstelle eine Lifecard und lasse sie vom Mitarbeiter der Beratungsstelle auf dem Kontenblatt eintragen. <div align="center">**Wenn** Du in Krisen gerätst, solltest Du hier über Abhilfen beraten.</div>
Finanz-dienst-leistung	4. Such Dir bei der Finanzdienstleistung ein Transportmittel und eine Wohnung aus, die Kosten werden dort auf dem Kontenblatt eingetragen (Zeile 7,10,11). <div align="center">**Wenn** Du Kredit brauchst, kannst Du ihn hier erhalten. Die Mitarbeiter der Finanzdienstleistungsstelle tragen den Kredit bzw. die Kreditraten in Dein Kontenblatt ein.</div>
Buchungs-stelle	6. Rechne Dein Monatsergebnis aus: – Addiere Deine Ausgaben und trage sie in Zeile 12 des gerade vergangenen Monats ein. – Übertrage die Summe der Ausgaben und die Summe des Bestands in Zeile 15 und 16 und ermittle nun Deinen Kontostand am Monatsende. Die Mitarbeiter der Buchungsstelle überprüfen Deine Angaben, Rechnungen und Belege (Lifecard) 7. Zahle Deine Ausgaben aus Deinem Bargeldbestand ein. <div align="center">**Wenn** Du zwischenzeitlich arbeitslos geworden bist, kann die Buchungsstelle nach einem Monat prüfen, ob ein Arbeitsangebot für Dich vorliegt.</div> 8. Je nach Deinem Kontostand mußt Du Dein Sparguthaben korrigieren. 9. Die Mitarbeiter der Buchungsstelle geben nun das neue monatliche Einkommen aus und Du kannst den Bestand des neuen Monats ermitteln. <div align="center">**und weiter geht es zur Beratungsstelle ....**</div>

Kontenblatt Name: ....

Lifecard ziehen ⇒	B	N	N	K	N	N	E	N	N	E	N	N
Bestand	Jan	Feb	Mär	Apr	Mai	Jun	Juli	Aug	Sep	Okt	Nov	Dez
1 Kontostand Sparguthaben	2000											
2 Nettoeinkommen	2000											
3 **Summe Bestand**	4000											
Ausgaben	Jan	Feb	Mär	Apr	Mai	Jun	Juli	Aug	Sep	Okt	Nov	Dez
4 Essen mind. 250,–												
5 Rauchen												
6 Kleidung mind. 100,–												
7 Fahrtkosten												
8 Versicherungen mind. 50,–												
9 Radio/TV mind. 20,–												
10 Miete mind 350,–												
11 Kreditrate												
12 Sonstiges mind. 150,–												
13 Lifecard												
14 **Summe Ausgaben**												
Saldo	Jan	Feb	Mär	Apr	Mai	Jun	Juli	Aug	Sep	Okt	Nov	Dez
15 Summe Bestand												
16 Summe Ausgaben												
17 **Kontostand Monatsende**												

Materialien für die Buchungsstelle

Rollenkarte – Buchungsstelle

Ihr helft den SpielerInnen bei der Ausfüllung Ihrer Formulare, stellt fest, ob Arbeitsangebote für Arbeitslose vorliegen, zahlt die Einkommen aus und führt die Statistik über Arbeitslosigkeit, Einkommensersatzleistungen und Schuldenstand.

1. Ihr überprüft die Berechnungen, Angaben und Lifecard Eurer Kunden.
   - Addition der Ausgaben in Zeile 14 des gerade vergangenen Monats und Überprüfung der Lifecard.
   - Übertragung und Summe der Ausgaben und des Bestands im Kontostand am Monatsende Zeile 17.
   - Korrektur der Sparguthaben Zeile 1 des nächsten Monats.
   Nun können alle monatlichen Ausgaben durchgeführt werden.

2. Arbeitslose dürfen nun nach Ablauf eines Monats der Arbeitslosigkeit würfeln, ob ein Arbeitsangebot für sie vorliegt. Dabei gelten – je nach Länge der Arbeitslosigkeit – unterschiedliche Bedingungen:

Dauer der Arbeitslosigkeit	Würfelzahl für Arbeitsangebot	Neues Nettoeinkommen
1–2 Monate	4–6	1900 DM
3–4 Monate	5–6	1700 DM
5 Monate und mehr	1–3	1500 DM

3. Nun gebt Ihr das neue monatliche Einkommen aus. Die Einnahmen Eurer Kunden haben sich durch die Lifecards geändert, besonders nach den Monaten Juli und Oktober gibt es durch sie hier große Veränderungen. Vereinfacht nehmen wir an, daß
   - das Arbeitslosengeld 60% des letzten Einkommens,
   - die Arbeitslosenhilfe 50% des letzten Einkommens,
   - die Sozialhilfe 500 DM plus Warmmiete
   beträgt. Wenn die SpielerInnen mit einer solchen Karte zu Euch kommen, ist ihnen der Einkommensverlust noch nicht richtig klar.

4. Eure Kunden können nun ihren Bestand für den neuen Monat ermitteln (Zeile 3)

5. Zusätzlich führt Ihr die Statistik über das Ausmaß der Arbeitslosigkeit, den Einkommensersatz und den Schuldenstand.

Eure Materialien:
- Geld (mindestens Spieler-/Innenanzahl x 5000 DM)
- Würfel
- Statistik

Statistik

Name	Arbeitslos	Einkommensersatz Art	Höhe	Schuldenstand
....	....	....	....	....
....	....	....	....	....
....	....	....	....	....
....	....	....	....	....
....	....	....	....	....
....	....	....	....	....
....	....	....	....	....
etc.				

Materialien für die Beratungsstelle

Rollenkarte – Beratungsstelle	Klientenkarten
Ihr schätzt mit Euren Klienten deren Verbrauchsausgaben ein, verfügt über die Lifecards und beratet die Klienten bei Problemen. 1. Ihr führt mit den jeweiligen Gruppen Gespräche über die realistische Einschätzung ihrer Ausgaben. Ihr kennt Eure MitschülerInnen und ihre Verbrauchsgewohnheiten doch ziemlich gut. So solltet Ihr nicht zögerlich sein und sie im Gespräch z. B. auch auf den Preis der von ihnen derzeit getragenen Kleidungsgegenstände ansprechen. 2. Bei Euch erhalten die SpielerInnen jeden Monat die entsprechende Lifecard. B. Januar K. April E. Juli, Oktober und N. in den restlichen Monaten Ihr tragt das Ereignis in die entsprechenden Spalten ein. 3. Im Laufe des Spieles werden sicherlich einige SchülerInnen in schwierige Situationen kommen und ihre Einnahmen und Ausgaben nicht mehr in ein krisenfreies Verhältnis kriegen. Ihr solltet dann nicht nur Seelentröster spielen, sondern auch gemeinsam nach Lösungen zu suchen. 4. Ihr werdet auf unterschiedliche Ursachen und Strategien bei den Dilemma stoßen. Haltet fest, aus welchen Ursachen heraus die SpielerInnen in Not geraten und welche Strategien zur Lösung sie verfolgen. **Eure Materialien:** – Lifecards – Klientenkarten	**Verschuldeter Klient**.......... **Ursachen** .... **Strategie** .... **Erfolg** ....

Material für die Beratungsstelle

Lifecard B

Endlich bist Du Dein eigener Herr/ Deine eigene Frau!
Soweit hast Du alles gut geklärt. Du hast Deine Arbeit und verdienst ganz gut (immerhin 2000 DM).
Die Renovierung der Wohnung hat der Vormieter übernommen. Möbel hast Du weitgehend abgestaubt. Gardinen sind Luxus.
Es fehlt eigentlich nichts mehr, oder doch?
Ach ja, Du brauchst ja auch irgendwie eine „Feuerstelle" und einen Kühlschrank, Sch...!
Kein Problem! Du schaust in die Zeitung und findest ein Superangebot: „Elektroherd mit Grill und Kühlschrank mit Tiefkühlteil (für die schnelle Pizza). Alles in einem TOP-Zustand!!!"
Kosten gesamt 500 DM. Du schlägst natürlich zu. Die nächste Fete ist gerettet.

Lifecard N

Du gehst mit Deiner Clique zum Pferderennen. Mehr aus Spaß setzt Du ein paar Markt auf einen Außenseiter, von dem keiner glaubte, daß er gewinnt. Sie hatten recht – 100 DM Miese. **N**	Das Open-Air-Konzert auf der Loreley darf ohne Dich nicht stattfinden. Das Wochenende kostet Dich mal eben 250 DM. **N**	Dem Super-Angebot, ein Viermannzelt mit allen Schikanen, kannst Du nicht widerstehen. Der mangelnde Widerstand kostet Dich 250 DM. **N**
Deine Ultracoole Sonnebrille hättest Du vor dem Kopfsprung in den Baggersee lieber abnehmen sollen. Du kaufst Dir eine neue: 100 DM **N**	Bis jetzt hast Du noch keine private Haftpflichtversicherung – es wird Zeit, daß Du eine abschließt. 100 DM im Jahr **N**	Du erfüllst Dir einen lang gehegten Wunsch: Einmal mit dem Fallschirm aus 3000 m abspringen. Das Pauschalangebot: Übernachtung, Kurs und Absprung kostet Dich 300 DM. **N**
Weil Du keine Lust hattest, für Deine(n) Freund(in) zu kochen, lädst Du ihn (sie) richtig nobel zum Essen ein. Mit Trinkgeld mußt du 160 DM zahlen. **N**	Das Super Weitwinkelobjektiv für Deine Camera gibt es endlich im Sonderangebot für schlappe 150 DM. **N**	Du lädst Deine Clique zum Eisessen ein. Das kostet Dich 300 DM. **N**
Da fast alle aus Deiner Klasse die neuen „Anschleichmokkassins" einer hier nicht genannten Nobelmarke tragen, brauchst Du natürlich auch welche. Daß Dich das 250 DM kostet, hält Dich nicht vom Kauf ab! **N**	Ausgerechnet beim Fußballländerspiel macht Dein Fernseher schlapp. Der Reparaturservice hat zwar sofort das Gerät repariert, aber auch gesalzene Preise: 300 DM. **N**	Eine neue Jeans ist mal wieder fällig. Da es ungemein wichtig ist, die „richtige" Marke zu tragen, bist Du bereit, 180 DM auszugeben. **N**
Am Wochenende hast Du in der Disco die „Sau rausgelassen", das kostet Dich 75 DM. **N**	Das Loch in Deiner Hosentasche war groß genug, daß Dein darin befindliches Bargeld durchpaßte. Jetzt bist Du 75 DM ärmer. **N**	Game-Boy-Angebot im Kaufhaus super günstig! Da Du sowieso schon lange einen wolltest, schlägst Du zu. Das kostet Dich schlappe 125 DM. **N**
Das Designer Telefon im Geschäft gefiel Dir so gut, daß Du es sofort gekauft hast. 200 DM. **N**	Das neue Video-Spiel „Killing Tomatoes" soll so super sein, daß es in Deiner Sammlung nicht fehlen darf! Du mußt 120 DM hinblättern. **N**	Am Wochenende ist eine Stippvisite mit Freunden in Paris (m. Eurodisney) angesagt. Dein Anteil an den Kosten beträgt 300 DM. **N**

Material für die Beratungsstelle

Da Du sowieso fast jeden Tag ins Schwimmbad gehst, kaufst Du Dir gleich eine Jahreskarte: Kosten 250 DM. N	Eigentlich wolltest Du Dir eine Fahrkarte kaufen – aber die Zeit war zu knapp. Pech für Dich, daß Du beim Schwarzfahren erwischt wurdest: 60 DM sind weg. Die Angst vor einer Anzeige bleibt. N	Die Versicherung für Dein Moped ist fällig: 100 DM N
Weil Du Dein Super-Mountain-Bike im letzten Jahr nicht besonders gepflegt hast, ist jetzt ein Rundum-Check fällig. Du brauchst diverse Ersatzteile: 120 DM N	Vor einiger Zeit hast Du Deinem(er) besten Freund(in) 200 DM geliehen. Du erhältst sie zurück. N	Wenigstens einmal wolltest Du Dein Glück im Lotto probieren und es hat geklappt. Du gewinnst 250 DM. N
Deine reiche Tante aus Berlin, die Du kaum kennst, schickt Dir zum Geburtstag 300 DM. Glückwunsch! N	Deine alte Plattensammlung staubt sowieso nur voll –, deshalb versuchst Du, sie bei der „Plattenbörse" zu verkaufen. Du nimmst immerhin 120 DM ein. N	Zufällig entdeckst Du beim Aufräumen die restlichen Pfund-Noten Deines England-Urlaubes von vor 2 Jahren. Du gehst zur Bank und tauschst sie um, das bringt Dir 280 DM. N
Um Deine Fähigkeiten zu erweitern, nimmst Du an einem Schreibmaschinenkurs teil und kaufst Dir eine gebrauchte Schreibmaschine. Gesamtkosten 300 DM. N	Für den nächsten Campingurlaub ist ein neuer Kocher und eine Lampe fällig. Das kostet Dich 100 DM. N	Du brauchst als „Globetrotter" unbedingt einen guten Schlafsack. Obwohl schon reduziert, kostet er 180 DM. N
Schon wieder hast Du Deinen Regenschirm in der Bahn liegengelassen. 20 DM für einen Neuen. N	Da Du ein absoluter Umweltschützer bist, kaufst Du Dir eine Bahncard für 220 DM. N	Überfall auf dem Heimweg vom Eishockeyspiel. Du hast zwar sofort Anzeige erstattet. (Dir selbst ist Gottseidank nichts passiert), aber die 200 DM und Deine Uhr sind weg. N
Deine Telefonkartensammlung ist nach dem Besuch der Tausch- und Kaufbörse kräftig angewachsen. Dein Bargeld allerdings ist um 120 DM geringer geworden. N	Du hast Deine Leidenschaft für Aquarellmalerei entdeckt. Du kaufst dir alles, was Du brauchst: 250 DM. N	

Material für die Beratungsstelle

Lifecard K

Da Du ja hart arbeitest, willst Du Dich auch entspannen (Mann/Frau gönnt sich ja sonst nichts!) und möchtest Dir dafür eine Liegewiese kaufen. Du hast ein Sonderangebot für schlappe 2500 DM gesehen.

Der Händler ermöglicht Dir Ratenzahlung:

Nettokredit	2500 DM
Restschuldversicherung	100 DM
Vermittlungsgebühr 2 %	50 DM
Zinssatz p.a. (pro Jahr) 12 %	
Laufzeit: 36 Monate	
Ratenhöhe 36 x	88 DM

Diesem Superangebot kannst Du nicht widerstehen. Trage Dir deshalb ab diesem Monat bis zum Ende des Jahres in der Zeile (11) Kreditrate

| **88 DM** | ein und freue Dich auf Deine Spielwiese.

Lifecard K

Von einer Reise nach Südostasien für 2 Monate träumst Du schon, solange Du denken kannst. Nun sagt Dir auch noch der Traum Deiner schlaflosen Nächte, daß er/sie eine Mitfahrer/in für einen Trip nach Bali, Malaysia, Singapur und die Philippinen sucht. Das ist fast zuviel des Guten, nur – 5000 DM – das kannst Du Dir eigentlich nicht leisten. Egal – was kostet die Welt – die Reisegesellschaft ermöglicht Ratenzahlung.

Nettokredit	5000 DM
Restschuldversicherung	200 DM
Vermittlungsgebühr für den Händler 5 %	250 DM
Bearbeitungsgebühr der Teilzahlungsbank:	164,10 DM
Rückzahlungssumme incl. Zinsen	7947,91
Zinssatz p.M. (pro Monat) 0,9 %	
Laufzeit: 47 Monate	
Ratenhöhe 47 x	170 DM
	1 x 17,90 DM

So hoffentlich hast Du keine Angst vor dem Fliegen. Auf dem Kontenblatt mußt Du eine Rate von

| **170 DM** | für den Rest des Jahres eintragen.

Lifecard K

Da Du ja hart arbeitest, willst Du Dich auch entspannen (Mann/Frau gönnt sich ja sonst nichts!) und möchtest Dir dafür einen Video-Rekorder und ein neues TV-Gerät kaufen. In dem neu eröffneten Laden kosten diese im Sonderangebot schlappe 2500 DM. Die Bank, bei der Du Dein Giro-Konto hast, bietet Dir einen Kredit zu folgenden Konditionen an:

Nettokredit	2500 DM
Restschuldversicherung	100 DM
Bearbeitungsgebühr 2 %	50 DM
Zinssatz p.a. (pro Jahr) 12 %	
Laufzeit: 36 Monate	
Ratenhöhe 36 x	88 DM

Diesem Superangebot kannst Du nicht widerstehen. Trage Dir deshalb ab diesem Monat bis zum Ende des Jahres in der Zeile (11) Kreditrate

| **88 DM** | ein und freue Dich über Deine Multimediaanlage zu Hause.

Lifecard K

Nicht jeder Tag ist ein Glückstag, auch Dir passiert mal ein Malheur. Das supergünstige Angebot der Waschmaschine hat sich wohl als Fehlgriff herausgestellt. Ein Schlauch ist in ihr geplatzt und hat Deine gesamte Wohnung überschwemmt. Da Dein Vermieter dies auch noch mitbekommen hat, setzt der Dir eine Frist, den Teppichboden und die Wände zu renovieren. Das ganze kostet Dich nach Kostenvoranschlag des Malergeschäftes Fix und Fertig schlappe 5000 DM, aber jeder hat auch mal Glück im Unglück. Fix und Fertig bot Dir die Möglichkeit an, das Ganze abzustottern.

Nettokredit	5000 DM
Restschuldversicherung	200 DM
Vermittlungsgebühr für den Händler 5 %	250 DM
Bearbeitungsgebühr der Teilzahlungsbank:	164,10 DM
Rückzahlungssumme incl. Zinsen	7947,91
Zinssatz p.M. (pro Monat) 0,9 %	
Laufzeit: 47 Monate	
Ratenhöhe 47 x	170 DM
	1 x 17,90 DM

So atme gut durch, Du kriegst eine superrenovierte Wohnung. Das einzige Problem; du trägst dafür in Spalte 11 Kreditrate vom jetzigen Monat bis zum Ende des Spiels jeweils | **170 DM** | ein.

P.S. Den Farbton, in dem die Wohnung gestrichen wird, darfst Du Dir selbst aussuchen.

Material für die Beratungsstelle

Lifecard E

Lifecard E

Einkommen minus 150 DM

Der Staat will mehr Geld von Dir. Die Beiträge zur Renten- und Arbeitslosenversicherung steigen, außerdem ist ab sofort ein Solidaritätszuschlag zum Aufbau der nicht mehr ganz so neuen Länder fällig. Dein Nettoeinkommen verringert sich dadurch um 150 DM.
Ziehe in der Zeile 2 Spalte Juli bzw. Oktober 150 DM ab und trage das neue Einkommen ebenfalls für die nächsten beiden Monate ein.

Lifecard E

Einkommen minus 200 DM

Bisher hast Du jeden Monat Überstunden geleistet. Aufgrund der schlechten Auftragslage ist das nicht mehr möglich. Dadurch verdienst Du im Monat 200 DM weniger.
Ziehe in der Zeile 2 Spalte Juli bzw. Oktober 200 DM ab und trage das neue Einkommen ebenfalls für die nächsten beiden Monate ein.

Lifecard E

Miete plus 150 DM

Seit Jahren ist Deine Miete gleich geblieben. Jetzt kommt es dafür ganz schön dick. Du mußt ab sofort 150 DM mehr für Deine Wohnung hinblättern.
Addiere in der Zeile 10 Spalte Juli bzw. Oktober 150 DM zu Deiner bisherigen Miete und trage den neuen Betrag ebenfalls in alle folgenden Monate bis Spielende ein.

Lifecard E

Einkommen minus 300 DM

Bei Deiner Arbeitsstelle ist Kurzarbeit angesagt. Das schmälert ab sofort Dein monatliches Einkommen um 300 DM.
Ziehe in der Zeile 2 Spalte Juli bzw. Oktober 300 DM ab und trage das neue Einkommen ebenfalls für die nächsten beiden Monate ein.

Lifecard E

Einkommen plus 200 DM

Die Firmenleitung ist von Deinem Arbeitseinsatz begeistert. Du erhältst ab sofort eine Gehaltserhöhung von 200 DM.
Addiere 200 DM zu Deinem Gehalt in Zeile 2 Spalte Juli bzw. Oktober und trage Dein neues Einkommen auch für die nächsten beiden Monate ein.

Lifecard E

Einkommen plus 250 DM

Dein Arbeitgeber mußte leider Konkurs anmelden und Dich ab sofort entlassen. Du hast Glück gehabt und einen neuen Job gefunden. Gratuliere! Du verdienst bei Deiner neuen Beschäftigung 250 DM mehr.
Addiere 250 DM zu Deinem Gehalt in Zeile 2 Spalte Juli bzw. Oktober und trage Dein neues Einkommen auch für die nächsten beiden Monate ein.

Material für die Beratungsstelle

Lifecard E

Arbeitslos

Du bist 17 und hast nicht Deinen gewünschten Ausbildungsplatz gefunden. Dein Berufsziel Goldschmied/in willst Du aber nicht aufgeben. So wartetest Du auf eine gute Gelegenheit und arbeitetest als Übergangszeit in einer Werbeagentur, wegen schlechter Auftragslage wurde Dir nach 5 Monaten gekündigt. Deine Eltern sind als Rentner nicht gerade betucht – Du erhältst

Arbeitslosenhilfe

Lifecard E

Arbeitslos

Dein Arbeitgeber hat kräftig rationalisiert. Die Güter, die Ihr vorher zu 100 erschaffen habt, können nun von 70 Leuten produziert werden. Es stehen Entlassungen an, weil es nicht lohnt, auf Lager zu produzieren. Da Du aber mehr als ein Jahr beitragspflichtig gearbeitet hast, erhältst Du

Arbeitslosengeld

Lifecard E

Arbeitslos

Eigentlich warst Du ziemlich zufrieden mit Deinem Leben – als freier Mitarbeiter konntest Du Deine Zeit einteilen wie Du wolltest. Doch nun wirst Du nicht mehr gebraucht. Trotz aller Suche findest Du nichts. Da Du als freier Mitarbeiter keine Beiträge in die Sozialversicherung gezahlt hast, gibts nur

Sozialhilfe

Lifecard E

Arbeitslos

Dein Gesundheitszustand ist wegen Deiner Raucherei, Sauferei und den belastenden Arbeitsbedingungen miserabel. Du bist in diesem Jahr schon 10 mal für jeweils um die 10 Tage krank gewesen. Dir wird gekündigt. Du besinnst Dich, Dein Gesundheitszustand verbessert sich, somit stehst Du auch dem Arbeitsmarkt zur Verfügung und erhältst

Arbeitslosengeld

Lifecard E

Arbeitslos

Die wirtschaftliche Situation des Landes ist miserabel und es stehen Entlassungen an. Du bist dabei – unglücklicherweise hast Du erst 5 Monate dort gearbeitet, so daß Du nicht Arbeitslosengeld, sondern nur

Arbeitslosenhilfe

erhältst. Die erhältst Du aber auch nur, weil Dein Mann/Deine Frau ebenfalls entlassen wurde, sonst hätte er/sie Dich unterstützen müssen.

Lifecard E

Arbeitslos

Bis lang hast Du als „freier Unternehmer / Unternehmerin" Computerheimarbeit gemacht. Diese Tätigkeiten sind mittlerweile an eine Leiharbeiterfirma übergeben worden und Du stehst da – arbeitslos – aber ohne Anspruch auf Arbeitslosengeld oder -hilfe. Der Gang zum Sozialamt bleibt Dir nicht erspart. Dort mußt Du

Sozialhilfe

beantragen.

Materialien für Finanzdienstleistungsstelle

Rollenkarte: Finanzdienstleistung	Kundenkarte
	Spieler.......Nettokredit Zinssatz Bearbeitungsgebühr Laufzeit Rate
	....
	....
	....
	....
	....
	....
	....
	Kreditsatzänderung (Ursachen) Strategien – (Wirksamkeit)
	....
	....
	....
	....

Ihr verhökert Autos und Wohnungen und vergebt dabei natürlich auch Kredite. Ihr wißt, daß Eure Gewinne viel größer sind, wenn Ihr den Kunden teure Autos und Wohnungen aufschwatzt. Je teurer die Produkte sind, die Ihr verkauft, desto mehr Provision erhaltet Ihr. Dabei könnt Ihr das Prestigedenken der Kunden nutzen. Ihr könnt natürlich einem Kunden auch mehrere Wohnungen vermieten oder Transportmittel verkaufen.

1. Hängt die Karten mit den Transport- und Wohnungsangeboten an der Pinnwand auf. Wenn sie gekauft oder gemietet werden, gebt Ihr sie in der neuen Besitzer/Mieter und tragt sie in deren Kontenkarte ein.
   Auf den Märkten gibt es einige Besonderheiten:
   – Wohnungen können nur mit einer 1 monatigen Frist gekündigt werden, bis dahin muß die Wohnungsmiete weitergezahlt werden.
   – Der Kauf eines Transportmittels ist im wesentlichen mit Krediten verbunden.

2. Wenn Kunden bei Euch Kredite haben wollen, könnt Ihr Euren **Zinssatz zwischen 8 und 12 %** variieren. In Abhängigkeit von der Marktlage können auch andere Anpassungen erforderlich werden. Eure **Bearbeitungsgebühr beträgt 2 %**. Die Kunden sind im wesentlichen an den monatlichen Raten interessiert.

   Beispiel

Nettokredit		1000
+ Zinssatz	(8 %)	80
+ Bearbeitungsgebühr	(2 %)	20
		1100
./. Laufzeit	(8 Monate)	1100/8
= Rate pro Monat		**137,50 DM**

3. Tragt die Ausgaben für die Wohnungen, Transportmittel und Kreditraten in die Kontenblätter der Kunden ein und vergebt die gewünschten Kredite.

4. Wenn Ihr Euren Gewinn steigern wollt, solltet Ihr Eure Kreditvergabestrategien und Verkaufsstrategien festhalten und auswerten, um die Marketingstrategien zu verbessern.

Eure Materialien: – Geld: Spieler/innenzahl x 4000 DM
  – Kundenkarte
  – Wohnungs- und Transportmittel

Materialien für Finanzdienstleistungsstelle

Transportmittelmarkt

Golf GTI, Bauj. 83, 110 PS, 8000 DM, Kosten pro Monat 200 DM	BMW 316i, Baujahr 1982, 90 PS 6000 DM Kosten pro Monat 120 DM	Monatskarte des ÖPNV Kosten pro Monat 50 DM 1–2 Teilzonen
Escort neu, 90 PS, 25.000 DM, Kosten pro Monat 150 DM	Golf CL neu 55 PS 19000 DM Kosten pro Monat 90 DM	Monatskarte des ÖPNV Kosten pro Monat 90 DM Gesamtgebiet
Fiesta, Baujahr 1980, 45 PS 2000 DM, Kosten pro Monat 90 DM	Golf GTI neu, 110 PS 35000 DM Kosten pro Monat 170 DM	Fahrrad 500 DM Kosten pro Monat 0 DM

Wohnungsmarkt

2 ZKB, möbiliert, KM 700 DM + 200 DM Nebenkosten, nur Berufstätige, Nichtraucher	2 ZKB, 60 qm, Kachelöfen, Badbenutzung, Citylage 500 DM	1 Zimmer-Appartement, ca 35 qm, Kochnische, Dusche, WC WM 500 DM	3-Zimmer-Wohnung, Südstadt, 12. OG, ca. 65 qm, KM 900 DM plus 200 DM Nebenkosten
Nordstadt, 1 1/2 Zimmer, Wohnküche, Dusche Bad, 42 qm, 350 DM plus 100 DM Nebenkosten	Nachmieter gesucht, 2 Zimmer, Küche, Diele, Bad, 700 DM plus 200 DM Nebenkosten, Ablöse 1500 DM	1 Zimmer möbiliert an Wochenendheimfahrer zu vermieten 300 DM inclusive	1 Zimmer-Appartement in Weststadt, ca 35 qm, Kochnische, Dusche, WC, 500 DM incl.
Altstadt, 2 ZKB, Balkon ruhige Lage, 950 DM warm	2 ZKB, 450 DM kalt plus 150 DM Nebenkosten	Randlage, 4 ZKDB, große Kellerräume, leichte Hausmeistertätigkeiten erwünscht, 700 DM plus 150 DM Nebenkosten	Hotel am Kanal, 250 DM pro Woche
2 1/2 ZKDB, Erstbezug, Neustadt, 60 qm, 1200 DM plus Nebenkosten	3 ZBWc, Altbau, Kohleheizung 400 DM plus 100 DM Nebenkosten	Randstadt, 1 Zimmer möbiliert, 250 DM incl.	Nachmieter für 1 Zimmer-Appartement Citylage, 500 DM incl.

*Bernd Kammann**

Auskommen mit dem Einkommen (Regelspiel)

I. Allgemeine Angaben

1. Gegenstand/Lernziele

Mit dem vorliegenden Würfelspiel „Auskommen mit dem Einkommen" können Schülerinnen und Schüler im Fach Arbeit/Wirtschaft spielerisch Erfahrungen über das Einkommen und die Ausgaben eines privaten Haushalts sammeln.

Das Spiel

- differenziert den Spielverlauf nach drei „Spielfamilien", die unterschiedliche Haushaltstypen repräsentieren;
- enthält Spielfelder, die auf unterschiedliche Einkommensquellen und -arten verweisen, wobei das Einkommen aus unselbständiger Arbeit die Grundeinnahme bildet, zu der nach dem Zufallsprinzip weitere (z. B. aus Vermögen, Grundbesitz, aufgrund von Transferleistungen usw.) hinzukommen können;
- enthält Spielfelder mit variablen und obligatorischen fixen Ausgaben;
- ermöglicht bei den variablen Ausgaben eine Entscheidungsalternative und stellt – modelltechnisch bedingt – nur für diesen Teil haushälterisches Wirtschaften als Entscheidungsprozeß dar, der – bezogen auf das Spielziel – ein kostenoptimierendes Handeln verlangt;
- stellt die Sparleistungen und z. T. die Kaufmöglichkeiten in Abhängigkeit zur Einkommenshöhe dar;
- bietet in der Gesamtheit der auf den Spielfeldern ausgewiesenen Ausgabemöglichkeiten repräsentative Beispiele für die empirisch nachweisbare Struktur der Käufe der privaten Haushalte.

Das Spiel

- simuliert nicht das Konsumentenverhalten, da es u. a. weder die Einflüsse von Bedürfnissen und Werbung thematisiert noch die hierfür erforderlichen weiteren Bedingungsfaktoren einbezieht;
- gibt nicht die Ausgaben eines konkreten Haushalts oder einer realen Familie innerhalb einer Periode (Monat) wieder, sondern läßt im Spielverlauf und vor allem in der Spielauswertung Bezüge auf die Struktur des privaten Verbrauchs ausgewählter ökonomischer Modelle zu;
- vermittelt in der Spielphase keine übertragungsfähigen und -würdigen Strategien für die Wirtschaftsführung des privaten Haushalts, da die spielstrategischen Überlegungen, die innerhalb dieses Würfelspiels getroffen werden können, nicht strukturidentisch sind mit jenen, die im realen Situationsfeld „privater Haushalt" eine Rolle spielen.

Die Schülerin/der Schüler kann mit Hilfe des Würfelspiels erfahren

- daß die Höhe des ausgabefähigen Haushaltseinkommens ein wichtiger Faktor bei der Deckung der Ausgaben des privaten Haushalts ist.
- daß der größte Teil des Einkommens für fixe und variable Ausgaben verwendet wird.
- daß je niedriger das Einkommen ist, desto höher i. d. R. der Anteil der Verbrauchsausgaben und desto geringer die Sparleistung ist.
- daß Einkommensunterschiede die Haushaltsführung wesentlich bestimmen und Unterschiede in der Ausgabenstruktur bewirken.

2. Ablauf

Im Spiel wird in drei „Spielfamilien" (siehe Arbeitsblatt 1) mit unterschiedlich hohem Haushaltseinkommen unterschieden. Diese Differenzierung lehnt sich in bezug auf die soziale Stellung der Familie, auf die Höhe des ausgabefähigen Haushaltseinkommens und hinsichtlich der Struktur der Ausgaben in etwa an die in der Wirtschaftsrechnung übliche Unterscheidung in Haushaltstypen an. Die drei Haushaltstypen, die für dieses Spiel die Bezugsgrößen abgegeben haben, sind in Abbildung 1 wiedergegeben.

Im Laufe des Spiels wird pro Spielrunde das „Einkommen" für fixe und variable Ausgaben verwen-

---

* 1. Fassung in arbeiten + lernen 66/89

det, wobei bei den Spielfeldern mit variablen Ausgaben eine Entscheidungsalternative gegeben ist. Auf den Spielfeldern sind neben weiteren Einkommensquellen vor allem solche Beispiele aus dem Erfahrungshorizont der Schüler angelegt, die in ihrer Gesamtheit geeignet sind, die Struktur der Käufe der privaten Haushalte (siehe Abbildung 2) widerzuspiegeln.

Ziel des Spiels ist es, am Ende einer jeden Runde einen Sparbetrag übrig zu behalten. Die Höhe des Sparbetrages steht dabei im Zusammenhang mit der Einkommenshöhe und damit mit dem jeweiligen Haushaltstyp („der Spielfamilie"). Auch hier wird wieder eine strukturelle Entsprechung mit den Ergebnissen der Wirtschaftsrechnung angestrebt, dabei – wie Abb. 3 zeigt – ist die Sparleistung abhängig von der jeweiligen Höhe des Einkommens und ist damit vom Haushaltstyp indirekt abhängig.

3. Einstiegsmöglichkeiten

Das Würfelspiel wurde im Fach Arbeit/Wirtschaft in der 7. Jahrgangsstufe einer Hauptschule mehrfach gespielt. Darüber hinaus wurde das Spiel auch in höheren Jahrgängen mit Erfolg eingesetzt. Dabei stellt sich der folgende Ablauf als empfehlenswert heraus:

1. Einführung des Spiels in einer Einzelstunde (Erläutern der Spielregeln, Information über die Spielfamilien, kurzes Anspiel mit Erklärungen zu exemplarischen Spielfeldern, z. B. solchen, wo nur bei vorgegebener Augenzahl weitergespielt werden darf oder Feldern mit Entscheidungsalternativen). Die Informationen über die Spielfamilien sind für das Spielgeschehen nicht zwingend notwendig. Sie erleichtern jedoch die Vorstellungen über das soziale und ökonomische Umfeld, in dem die Spielhandlung angelegt ist.

2. Erste Spielphase (Doppelstunde). Bewährt hat sich dabei der Einstieg mit der Variante 1 – mit Spielgeld und ohne Spielprotokoll – in Spielgruppen mit 4 bis 5 Schülern, von denen einer als Spielleiter fungiert.

3. Zweite Spielphase nach der Variante 2 mit Spielprotokoll (Arbeitsblatt 3) in einer weiteren Einzelstunde.

4. Auswertungsphase (Arbeitsblatt 4, „Aufschlüsselung der Ausgaben") und anschließend weiterführender Unterricht.

II. Spezielle Angaben zur Unterstützung des Ablaufs

Zum Würfelspiel gehören:

- ein Spielfeld (DIN A 3), das für den mehrmaligen Gebrauch auf festen Karton aufgezogen (siehe nachfolgende Seiten) und mit einer Klarsichtfolie überklebt werden kann.

- Spielsteine, Würfel und Spielgeld (entweder von den Schülern mitbringen lassen oder im Spielwarenhandel kaufen).

Pro Spielgruppe (4 bis 5 Schüler) werden benötigt:

* 1 Würfel
* je Spieler ein farbiger Spielstein (z. B. vom „Mensch-ärgere-dich-nicht"-Spiel) zum Setzen und vier weitere als „Sparpunkte"
* Spielgeld (Stückelung in 10 M, 20 M, 100 M, 500 M, 1000 M als „Monopoly"-Spielgeld auch im Handel erhältlich)
„Versicherungsscheine" für die „Haftpflichtversicherung"
* 4 „Versicherungsscheine" für die „Hausratversicherung" (oder wiederum DIN A 8-Zettel)
* je Spieler ein „Spielformular" (siehe Arbeitsblatt 3 „Berechnung der Einnahmen und der Ausgaben")
* jeweils eine Beschreibung der „Spielfamilien" und die „Spielregeln" (Arbeitsblatt 1 u. 2)
* je ein Spieler für die Auswertungsphase ein „Ausgabenverzeichnis" (Arbeitsblatt 4)

Das Würfelspiel kann mit oder ohne Spielgeld gespielt werden (siehe Spielregeln).

Anmerkungen

(1) Die benutzten Angaben entstammen alle dem Datenreport 1987, hrsg. vom Stat. Bundesamt (s. Literaturangabe)

(2) Der Datenreport 1987 ist als Band 257 der Schriftenreihe der Bundeszentrale für politische Bildung erschienen und von dort zu beziehen. Ebenfalls kostenlos kann die jährlich erscheinende Schrift des Bundesministeriums für Wirtschaft, Leistung in Zahlen, bezogen werden.

Literaturhinweise

Statistisches Bundesamt (Hrsg.), Datenreport 1987. Zahlen und Fakten über die Bundesrepublik Deutschland (Schriftenreihe der Bundeszentrale für politische Bildung, Bd. 257, Bonn 1987)

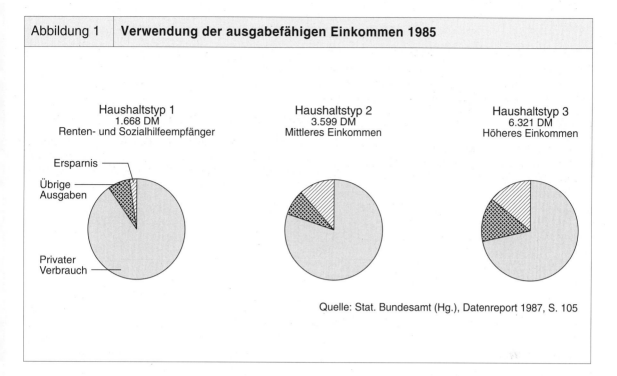

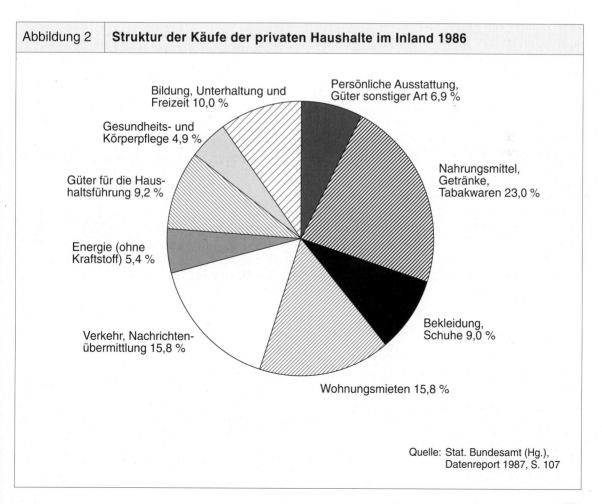

| Abbildung 3 | Anteil der Aufwendungen für Vermögensbildung am ausgabefähigen Einkommen 1985 |

Haushaltstyp 1
Renten- und Sozialhilfeempfänger

Durchschnittliches ausgabefähiges Einkommen

1.668 DM

2,8 %
Ersparnis

Haushaltstyp 2
Mittleres Einkommen

Durchschnittliches ausgabefähiges Einkommen

3.599 DM

12,7 %
Ersparnis

Haushaltstyp 3
Höheres Einkommen

Durchschnittliches ausgabefähiges Einkommen

6.321 DM

14,8 %
Ersparnis

Quelle: Stat. Bundesamt (Hg.),
Datenreport 1987, S. 117

III. Materialien für die Teilnehmer

Auskommen mit dem Einkommen — Arbeitsblatt 1

Ein Würfelspiel, mit dem Du etwas über das Einkommen und die Ausgaben einer Familie erfahren kannst.

Spielregeln

(1) Würfele, welche Familie Du im Spiel vertrittst. Danach würfele ein zweites Mal; rücke entsprechend der Augenzahl auf die Felder vor. „Hinauswerfen" gibt es nicht! Auf einem Feld dürfen mehrere Spielfiguren stehen.

(2) Auf einem „Einkommensfeld" erhältst Du das Geld, mit dem Du die Ausgaben im Spiel bestreiten mußt. Das Einkommen kann je nach Augenzahl unterschiedlich hoch sein.

(3) Auf vielen Feldern kannst Du entscheiden, ob Du eine Ausgabe tätigen willst oder nicht. Oftmals mußt Du aussetzen, wenn Du nichts ausgeben willst und kommst dann später ins Ziel; manche Ausgaben sind aber auch mit Vorteilen verbunden. Du mußt also gut abwägen!

(4) Ziel des Spiel ist es, einen Sparbetrag übrig zu behalten. Gewonnen hat, wer sein „Sparkonto" zuerst voll hat.

(5) Wer vor dem Erreichen des „Start-/Zielfeldes" sein gesamtes Einkommen verbraucht hat, darf einmal pro Spiel eine „Schuldenberatung" in Anspruch nehmen. Das bedeutet

- entweder die bereits angesparten „Sparpunkte" an die „Bank" zurückgeben und auszahlen lassen (dann wird auf dem erreichten Feld weitergespielt)

- oder einen „Zuschuß zum Lebensunterhalt" von der „Bank" zu erhalten (dann wird auf dem Feld „Eingang zum Supermarkt" weitergespielt – der Zuschuß beträgt 1.300 M.

(6) Ein Spieler ist „Spielleiter". Er verwaltet die „Bank" und zahlt bei jedem Durchgang durch das „Einkommensfeld" an die Spieler das Geld aus. Er nimmt auch die auf den Spielfeldern angegebenen Beträge ein, gibt Versicherungsscheine aus und verkauft die Sparpunkte. Der Spielleiter nimmt die Versicherungsscheine zurück, wenn ein Spieler auf ein Schadensfeld kommt oder kassiert den entsprechenden Betrag. Bei ihm können auch die Sparpunkte im Falle der Schuldenberatung zurückgegeben oder der Zuschuß (1.300 M) angefordert werden.

Spielvariante

Es wird wie oben beschrieben gespielt, jedoch werden alle Einnahmen und Ausgaben einer Runde auf ein Spielformular notiert. Es kann mit oder ohne Spielgeld gespielt werden.

Es können auch mehrere Runden gespielt werden, wobei beim Erreichen des Start-/Zielfeldes und nach dem Kauf der Sparpunkte jeweils neu die zu spielende Familie erwürfelt wird. Für jede Runde ist dann ein gesondertes Spielformular auszufüllen.

Auskommen mit dem Einkommen

Arbeitsblatt 2

Informationen zum Würfelspiel

Familie A

Frau A, 34 J., versorgt sich und ihre Tochter, 9 J., nach ihrer Scheidung allein. Sie übt eine Halbtagsbeschäftigung in einer Bank aus. Durch gelegentliche Schreibaufträge, die Frau A zu Hause erledigen kann, bessert Frau A hin und wieder ihr Gehalt auf.

Das Einkommen reicht für das Nötigste. Allerdings sieht Frau A zu, daß monatlich ein kleiner Sparbetrag übrig bleibt, damit sie ihrer Tochter ein neues Fahrrad kaufen kann.

Familie B

Herr und Frau B sind seit 20 Jahren verheiratet, sie haben eine Tochter, 15 J., und einen elfjährigen Sohn. Herr B arbeitet in einem Industriebetrieb als Vizemeister; Frau B ist nicht berufstätig, verdient jedoch durch zweimaliges Zeitungsaustragen in der Woche etwas hinzu. Herr B ist ein begeisterter Hobbyfotograf. Für den nächsten Urlaub möchte er sich eine Videokamera anschaffen.

Familie C

Herr C, 46 J., ist leitender Angestellter in einer Versicherungsfirma. Er erhält neben seinem festen Einkommen eine Erfolgsbeteiligung. Nachdem die zwei Kinder der Familie (20 und 17 J.) in der Berufsausbildung sind, arbeitet Frau C wieder halbtags im Büro.

Familie C hat beschlossen, gemeinsam für einen Segelurlaub im Mittelmeer zu sparen.

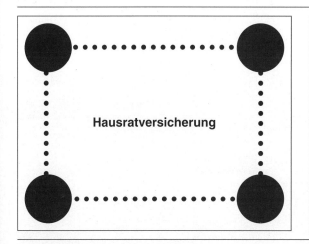

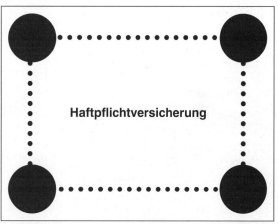

Aufschlüsselung der Ausgaben

Arbeitsblatt 4

Ausgabenverzeichnis der Familie ◯

(1) Ordne die Ausgaben, die Du im Spielformular notiert hast, in die folgende Tabelle ein!
(2) In welchen Bereichen gibt die Familie am meisten Geld aus?
(3) In welchen Bereichen ließe sich am ehesten etwas einsparen?

Nahrung	Wohnung	Heizung, Strom, Gas, Wasser	Bekleidung, Schuhe, Körperpflege	Bildung-, Unterhaltung, Hobby	Auto, Verkehr	Besondere Ausgaben	Sparen

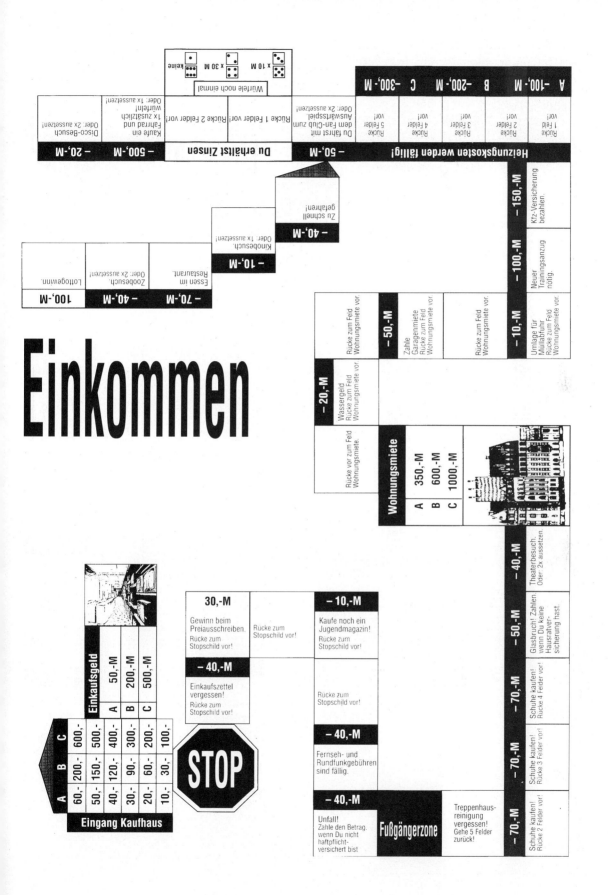

Berechnung der Einnahmen und der Ausgaben Arbeitsblatt 3

Spielformular
zum Würfelspiel „Auskommen mit dem Einkommen"

Einkommen und Ausgaben der Familie ◯

(1) Trage für jede Runde die Einnahmen und Ausgaben ein!

Einkommensfeld	Betrag
Summe der Einnahmen	

Ausgabenfeld	Betrag
Summe der Ausgaben	

Zusatzaufgabe

Aus welchen Quellen bezieht die Familie ihr Einkommen und wie bezeichnet man diese Einkommensarten?

Einkommensquelle	Einkommensart

(2) Ziehe die Ausgaben vom Einkommen ab! Welchen Sparbetrag hast Du in dieser Spielrunde erzielt?

Einkommen _____ Mark
Ausgaben _____ Mark
           _____ Mark

Sparbetrag dieser Runde: _____ Mark

Birgit Weber/Gerd-Jan Krol [1]
Preisvergleiche bei Alltagskäufen (Projekt)

I. Allgemeine Angaben

1. Lerngegenstand/Lernziele

Als Leitziel der Verbrauchererziehung wird im allgemeinen die Kompetenz zu umfassend reflektierten Kaufentscheidungen bei zunehmender Markttransparenz angestrebt.

Während bei hochwertigen Konsumgütern das subjektive Risikoempfinden (finanzieller, qualitativer und sozialer Art) so groß ist, daß unterschiedliche Informationsquellen über Marktangebote genutzt werden, verlassen sich Konsumenten bei Alltagsgütern angesichts des hier relativ geringen Risikoempfindens auf gemachte Erfahrungen. Angesichts einer Vielzahl von Produkten, häufigen Preisänderungen, hohen Informations- und Beschaffungskosten verzichten sie darauf, die einzelnen Produkte dort zu erwerben, wo sie am günstigsten angeboten werden. Gerade im Bereich der Alltagskäufe bei hohen Entscheidungsbelastungen sind Handlungsroutinen, die sich zur Verringerung von Informations- und Beschaffungskosten vor allem in Einkaufsstättentreue und Markentreue äußern, für Konsumenten entlastend und zum Teil rational.

Angesichts knapper Haushaltsbudgets ist die Kompetenz eines individuell vorteilhaften, unter Alltagsrestriktionen realisierbaren und wettbewerbspolitisch wünschbaren Beschaffungsverhaltens bei Gütern des täglichen Bedarfs zu steigern. Durch die Problematisierung der Markentreue kann das Preisinteresse gestärkt werden und so der Steigerung der Kaufkraft und Ausweitung der Wahlmöglichkeiten dienen. Dies ist auch wettbewerbspolitisch von Vorteil, sind doch die Anbieterstrategien insbesondere bei vergleichbaren, austauschbaren Gütern darauf ausgerichtet, über emotionale Anreize die subjektive Austauschbarkeit der Produkte zu verringern und somit den Preis- und Qualitätswettbewerb zu mindern.

Die Schüler/innen sollen lernen, bei der Beschaffung von Gütern des alltäglichen Bedarfs eine Produktauswahl unter gleichartigen Angeboten und verschiedenen Anbietern budgetschonend, aber ohne unrealistisch hohen Zeitaufwand zu meistern.

Im einzelnen ergeben sich die folgenden Zielsetzungen

Fähigkeit,

1. sich der Internalisierung von Markennamen, Markenzeichen bewußt werden,
2. sich der Identifikation von Produkten mit Markennamen bewußt zu werden,
3. an einem Beispiel eine Produktbewertung nach eigenen Untersuchungen aufgrund festgelegter Kriterien vornehmen zu können,
4. publizierte Produktbewertung verwenden zu können,
5. die Argumentation für den Kauf von Markenartikeln kritisch zu bewerten,
6. Marken-Qualitäts-Assoziationen zu problematisieren,
7. zeitraumbezogene Kosten für Warenkörbe gleichartiger Produkte, jeweils bestehend aus austauschbaren Produkten, zu vergleichen,
8. unterschiedliche Kaufstrategien in ihren positiven Auswirkungen auf das Budget des Haushalts zu beurteilen,
9. die Kaufstrategien mit Blick auf Realisierungsmöglichkeiten zu gewichten,

Bereitschaft,

10. die veränderten Einstellungen zu Marken-Preis-Assoziationen in Kaufstrategien umzusetzen,
11. die Arbeitsergebnisse in überzeugender Art weiterzugeben.

---

[1] vgl. die inhaltliche Begründung durch die ökonomische Verhaltenstheorie, die Entstehung von Kaufgewohnheiten, die Ausformung habitualisierten Kaufverhaltens sowie die Kaufkraftverluste als Folge solchen Verhaltens in: G. J. Krol; Das Konzept rationalen Verhaltens als Bezugsrahmen für eine integrative Theorie des Konsumentenverhaltens. In: Ökonomische Bildung – Aufgabe für die Zukunft. Bergisch-Gladbach 1988, S. 151–173; G. J. Krol, H. Diermann, Projekt: Markentreue bei Alltagskäufen. In: Verbrauchererziehung und wirtschaftliche Bildung, Jahrgang 1985, Heft 1.

2. Ablauf

1. Durch ein Fallbeispiel als Projektinitiative werden die Schüler/innen angeregt, sich mit der Problematik Einkommensverwendung bei begrenzten Budgets auseinanderzusetzen und über Möglichkeiten der Verbesserung der Einkommensverwendung nachzudenken. Hierbei werden sie insbesondere mit Markenartikeln und ihren finanziellen Risiken konfrontiert.

2. In der Projektskizze äußern sie Erkenntniswünsche, Überlegungen, Untersuchungsmöglichkeiten, Ansätze von Lösungsvorschlägen, die sich in einem Projektplan folgendermaßen strukturiert niederschlagen könnten:

3. Projektplan (Kurzform)

---

1. Wieviel Einkommen haben Familien monatlich zur Verfügung und wofür wird es ausgegeben? **Beobachtung des eigenen Verbrauchs/Datenanalyse**

2. Wodurch werden Alltagskäufe beeinflußt? Warum werden Markenprodukte gekauft, obwohl sie häufig wesentlich teurer sind als gleichartige Handelsprodukte?

| Werbestrategien **Beobachtung** | Kaufmotive für Güter alltäglichen Bedarfs **Befragung** | Qualitätsvergleiche **Untersuchung/Datenanalyse** |

3. Auf welche Weise könnte die Einkommensverwendung verbessert werden? Ist ein umfassender Preisvergleich vor dem Kauf von Alltagsgütern sinnvoll? **Erkundung und Berechnung**

| Sollte ein umfassender Preisvergleich vor dem Kauf bevorzugter Alltagsgüter bei mehreren Anbietern betrieben werden? | Sollten in einer bevorzugten Einkaufsstätte die preisgünstigsten Produkte gewählt werden? |

4. Projektdokumentation: z. B. Leitfaden zum Sparen bei Alltagskäufen

---

3. Einsatzmöglichkeiten

Das Projekt ist geplant für die Sekundarstufe I.

In der **Realschule** wird in den Sozialwissenschaften innerhalb des Problemfeldes „Konsum" das Konsumverhalten mit Blick auf die Befriedigung von Gütern des alltäglichen Bedarfs untersucht. Im Lernbereich Arbeitslehre der **Hauptschule** thematisiert die Wirtschaftslehre in den Problemfeldern „Verkaufsstrategien und Konsum" Verkaufsstrategien und Methoden der Beeinflussung, das finanzielle, qualitative und soziale Risiko des Kaufverhaltens und die Einmaligkeit/Häufigkeit, Regelmäßigkeit der jeweiligen Beschaffung. Die Richtlinien für den **Politikunterricht** sehen als inhaltlichen Schwerpunkt Konsument und Arbeitnehmer in der sozialen Marktwirtschaft vor und nennen „Das Konsumentenverhalten und seine Wirkungen auf das Marktgeschehen." In den Richtlinien der **Gesamtschule** werden unter dem Schwerpunkt Konsumökonomie aus folgenden Aussagen Probleme zur Behandlung im Unterricht abgeleitet: „Produktvielfalt ermöglicht einerseits ein hohes Maß an Konsumvielfalt, auf der anderen Seite kann ein rationales Kaufverhalten dadurch erschwert werden" sowie „Kaufverhalten richtet sich in unterschiedlichem Maße an der Preisgestaltung aus; Preis- und Produktdifferenzierung erschweren Preisübersicht und Preisvergleich."

Wenngleich das Projekt aufeinander aufbauend strukturiert ist, können auch einzelne Elemente, z. B. die Analyse der Beeinflussung von Alltagskäufen durch Markentreue, getrennt durchgeführt werden.

Anzuschließen wäre die Problematisierung der Umwelt- und Entwicklungsverträglichkeit der Preisgestaltung, aber auch der Auswirkungen auf Konzentrationsprozesse, die in diesem Projekt lediglich sehr begrenzt thematisiert werden, da insbesondere ökonomisch rationales Verhalten beabsichtigt ist.

II. Spezielle Angaben zur Unterstützung des Ablaufs

Projektplan

1. Wieviel Einkommen haben Familien monatlich zur Verfügung und wofür wird es ausgegeben?			
Ziele			
Die Schüler/innen sollen – ihren individuellen Verbrauch über zwei Wochen beobachten, um sich der eigenen individuellen Verbrauchsgewohnheiten bewußt zu werden und die mögliche monatliche und jährliche Ersparnis ermitteln zu können (in der 3. Phase). – erkennen, daß der Anteil an Nahrungsmitteln zwar rückläufig ist, der Anteil der Nahrungsmittel aber um so höher ist, je geringer das Einkommen ist und Einsparungen gerade in solchen Fällen notwendig sind.			
Methoden (M1)			
– Beobachtung des individuellen Verbrauchs während zwei Wochen – Vergleich der Verbrauchsausgaben unterschiedlicher Haushalte und ihrer Entwicklung anhand der Statistik			
2. Wodurch werden Alltagskäufe beeinflußt? Warum werden Markenprodukte gekauft, obwohl sie häufig wesentlich teurer sind als gleichartige Handelsprodukte? (M2)			
Markenprodukte: Kaufmotive und Anbieterstrategien	**Analyse von Werbestrategien** Welche Werbestrategien werden für Markenprodukte angewendet?	**Kaufmotive für Güter alltäglichen Bedarfs** Welche Kaufmotive existieren bei Alltagskäufen, insbesondere bei Markenprodukten?	**Qualitätsvergleiche** Gibt es gleichwertige Alternativen zu Markenprodukten?
Hilfestellungen zur Ermittlung von Fragen, Beobachtungsaufträgen, Gütekriterien	– An welche Gefühle und Bedürfnisse wird appelliert? – Welche Informationen werden vermittelt?	– Zuordnung von Namen von Gütern alltäglichen Bedarfs in bestimmten Verwendungssituationen – Zuordnung von Assoziationen bei der Nennung von Markennamen – Überlegungen zu Kaufmotiven für Markenartikel – Schätzung der Einsparmöglichkeiten bei preisbewußtem Einkauf – Einkaufsgewohnheiten: Ort, Häufigkeit – Vorteile und Nachteile kleiner Lebensmittelgeschäfte im Vergleich zu Supermärkten	Beispiel einer Produktuntersuchung: Suppe in Tüten – Produkt – Menge – Preis – Zutaten – Nährwert 0,25 l – Verpackung – Information – Zub.zeit – Aussehen – Geschmack – Gesamtwertung
Ziele Die Schüler/innen sollen erkennen, lernen, sich bewußt werden ...	... daß Werbestrategien der Anbieter bei Gütern des täglichen Bedarfs darauf zielen, durch emotionale Versprechen die Austauschbarkeit von Gütern zu verringern.	... welche Informationsquellen, Einkaufsstätten, Vergleiche beim Kauf von Alltagsgütern genutzt werden, ... welche Assoziationen und Nutzen Verbraucher mit Markenkauf verbinden, ... daß Markennamen häufig internalisiert werden und Produkte mit ihnen identifiziert werden.	... die Argumentation für den Kauf von Markenartikeln kritisch zu bewerten. ... Vergleichskriterien zu ermitteln, ... Informationsquellen zu nutzen, ... Marken-Qualitäts-Assoziationen zu problematisieren.
Methoden	Beobachtung	Befragung	Analyse von Warentests Produktuntersuchung
M2 Die Materialien dienen der Initiierung von Kriterien zur Analyse von Werbung, der Entwicklung von Fragen zur Ermittlung von Kaufmotiven und Kriterien zur Analyse vergleichbarer Produkte sowie außerdem der Information über Qualitätsvergleiche durch unabhängige Verbraucherinstitute.			

	3. Auf welche Weise könnte die Einkommensverwendung verbessert werden? Ist ein umfassender Preisvergleich vor dem Kauf von Alltagsgütern sinnvoll?
	Sollte ein umfassender Preisvergleich vor dem Kauf bevorzugter Alltagsgüter bei mehreren Anbietern betrieben werden oder sollten in einer bevorzugten Einkaufsstätte die preisgünstigsten Produkte gewählt werden?

Preisvergleiche	A. Wir ermitteln Preisunterschiede bei einem Anbieter
	B. Ergebnis der Markterhebung in 6 Einzelhandelsgeschäften pro Produkt
	C. Ersparnis bei unterschiedlichen Einkaufsstrategien
	   – Kosten bei markentreuem Einkauf im gleichen Geschäft
	   – Kosten bei markenflexiblem, preisbewußtem Einkauf im gleichen Geschäft
	   – Kosten bei markenflexiblem Einkauf in allen Geschäften
	D. Jährliche Ersparnis der Familie bei markenflexiblem, einkaufsstättentreuem Einkauf

Ziele
– zeitraumbezogene Kosten für Warenkörbe gleichartiger Produkte, jeweils bestehend aus austauschbaren Produkten, zu vergleichen,
– unterschiedliche Kaufstrategien in ihren positiven Auswirkungen auf das Budget der Haushalts zu beurteilen
– die Kaufstrategien mit Blick auf Realisierungsmöglichkeiten zu gewichten

Methode
– Erkundung
– Berechnung

M3 – Ablaufplan und Erkundungsbogen geben detaillierte Hinweise. Sie sollten aber nur dann eingesetzt werden, wenn die Schüler/innen allein noch nicht ausreichend in der Lage sind, ihre Lernschritte und Untersuchung zu planen. Ist die Eigenständigkeit gegeben, können die Bogen möglicher Korrektur oder Ergänzung als Hilfestellung durch den Lehrer dienen.

4. Projektdokumentation:
z. B. Leitfaden zum Sparen bei Alltagskäufen

III. Materialien für die Teilnehmer

Fallbeispiel: Martin will das Skateboard jetzt

Seit Wochen drückte Martin sich die Nase am Schaufenster platt. Dies Skateboard sollte es sein. Zwei in seiner Klasse hatten bereits eins. Doch das Taschengeld reicht nicht. Letzter Versuch bei seinen Eltern: Beim Abendessen sprach er sie an: Doch keine Chance: „Wir müssen immerhin noch die ganze Winterkleidung kaufen", meint der Vater. Und die Mutter: „Außerdem spielst Du schon Tennis. Erst vor einem halben Jahr hast Du den Schläger bekommen. Spar doch mal dein Taschengeld, anstatt dauernd ins Kino zu gehen, diese teuren Schokodinger zu kaufen oder diese schrecklichen Schallplatten. Martin ist sauer: „Du kaufst doch dauernd im Supermarkt Sachen, und sagst nachher, daß man sie auch billiger hätte bekommen können. Und Vater kauft sich dauernd diese teuren Marken-Hemden". Vater bleibt hart: „Wir haben den Haushalt im Griff. Auch Du mußt haushalten lernen. Wenn Du kein Gefühl für das Geldausgeben bekommst, steckst Du sonst später Ruck-Zuck in Schulden." Auch die Mutter bringt ihre Meinung zum Ausdruck, während Martin inzwischen beleidigt in der Ecke hockt. „Es gibt zwei Möglichkeiten. Entweder, Du mußt Taschengeld sparen und beim Einkaufen genauer aufpassen. Oder aber Du mußt Dir einen kleinen Job suchen. Dann hast Du mehr Geld."

M1

Individueller Verbrauch von Gütern des alltäglichen Bedarfs

Wir wollen uns einen Überblick verschaffen über den tatsächlichen Verbrauch von Gütern und Lebensmitteln des alltäglichen Bedarfs in unserer Familie.

Deshalb werden wir in den nächsten beiden Wochen den Einkauf bzw. den Verbrauch der folgenden Produkte notieren:

Haushaltsmitglieder: _____ Erwachsene, _____ Kinder

Produkt	1. Woche Menge	2. Woche Menge	Besondere Marke?
Vollmilch			
Nuß-Nougat-Creme			
Konfitüre/ Gelee			
Butter			
Margarine			
Kaffee			
Reis			
Kartoffeln			
Duschgel			
Zahnpasta			
Vollwaschmittel			

Monatliche Ausgaben für den Privaten Verbrauch 1990 im früheren Bundesgebiet

	Haushaltstyp I		Haushaltstyp II		Haushaltstyp III	
Durchschnittliches Einkommen 1990	1500 – 2100		3200 – 4700		5500 – 7500	
	DM	%	DM	%	DM	%
1. Nahrungsmittel, Getränke, Tabakwaren	491	27,5	831	24,1	1037	20
2. Wohnungsmieten	481	26,9	744	21,6	1009	19,5
3. Energie (ohne Kraftstoffe)	139	7,8	183	5,3	233	4,5
4. Kleidung, Schuhe	102	5,7	281	8,1	444	8,6
1.–4. insgesamt		67,9		59,1		52,6
5. Verkehr, Nachrichtenübermittlung	209	11,7	550	15,9	816	15,8
6. Bildung, Unterhaltung, Freizeit	119	6,7	366	10,6	612	11,8
7. Übrige Güter und Dienstleistungen für den privaten Verbrauch	246	13,8	497	14,4	1031	19,9
Privater Verbrauch insg.	1786	100	3452	100	5182	100

Haushaltstyp I: Zweipersonenhaushalte von Renten- und Sozialhilfeempfängern mit niedrigem Einkommen
Haushaltstyp II: Vierpersonenhaushalte von Angestellten und Arbeitern mit mittlerem Einkommen
Haushaltstyp III: Vierpersonenhaushalte von Beamten und Angestellten mit höherem Einkommen
Daten aus Statistisches Bundesamt (Hrsg.): Datenreport 1992. Bonn 1992, S.122

M1

Anteile am Privaten Verbrauch im früheren Bundesgebiet in Prozent

Ausgabengruppe: Nahrungsmittel, Getränke und Tabakwaren

	Haushalts-typ I	Haushalts-typ II	Haushalts-typ III
1965	50,2	40,0	28,5
1970	43,0	35,3	26,1
1975	38,2	29,8	23,0
1980	33,5	28,1	22,0
1985	30,5	25,7	21,0
1990	27,5	24,1	20,0

Quelle: Statistisches Bundesamt (Hrsg.): Datenreport 1992. Bonn 1992, S. 123

Verbrauch von Nahrungsmitteln, Getränken, Tabakwaren
(im früheren Bundesgebiet je Einwohner und Jahr)

Erzeugnis	Einheit	1950/51	1960/61	1970/71	1980/81	1989/90[1]
Getreide	kg	99	80	66	68	74
Kartoffeln	kg	184	132	102	81	72
Gemüse	kg	49	49	64	64	82
Frischobst	kg	40	94	93	84	89
Fleisch	kg	37	57	79	91	100[2]
Käse	kg	4	8	10	14	18[2]
Butter	kg	6	9	7	6	7[2]
Zigaretten	St.	488	1282	1943	2086	1942
Bier	l	35	95	141	146	143
Wein	l	6	13	16	25	26

[1] Vorläufiges Ergebnis
[2] Bezogen auf das Kalenderjahr

Quelle: Statistisches Bundesamt (Hrsg.): Datenreport 1992. Bonn 1992, S. 125

M2

Analyse von Werbungsstrategien

Amerikas Firmen umwerben die Jugendlichen

Wichtig ist freilich auch das Image, das die jüngeren Kunden mit einem bestimmten Produkt verbinden. „Wenn alle Jugendlichen, ganz gleich, ob sie sechs oder sechzehn sind, eines gemeinsam haben, ist es das Bedürfnis „cool" zu sein, erklärt Bob Mulligan vom PR-Unternehmen Advertising-Advantage. Das Photounternehmen Polaroid hat daher eine Kinderkamera auf den Markt gebracht, die diesem Streben besonders Rechnung trägt. Ehe Polaroid mit der für fast jeden Teenager erschwinglichen „Cool Cam" die Produktion aufnahm, fragte man die künftigen Kunden selbst, wie sie das Produkt gestalten und verpacken würden. Eine Gratis-Sonnenbrille mit jedem Photoapparat wäre besonders „cool", antwortete die überwiegende Mehrheit. Die Farbkombination Rot-Schwarz fand großen Anklang. Im vergangenen Jahr verkaufte Polaroid „Cool-Cams" im Wert von fünfzehn Millionen Dollar, womit sogar die optimistischen Schätzungen des Unternehmens um fast ein Drittel übertroffen wurden.

Aber auch in der Lebensmittelindustrie zerbrechen sich Werbeexperten darüber den Kopf, wie man die Jugendlichen davon überzeugen soll, daß bestimmte Säfte, Gemüse- und Reissorten „cooler" sind als andere. Der Suppenhersteller Campbell wunderte sich sechs Jahre lang über stagnierende Umsätze und schaltete vorletztes Jahr ein PR-Unternehmen ein, das zu dem Schluß kam, daß sich viele amerikanische Teenager weigerten, Suppe zu essen, da es sich um „ein Essen für Schwächlinge" handeln würde. Neuerdings zieren nicht mehr mollige Zeichentrickfiguren, sondern Zehnkämpfer und Footballspieler die Dosen des größten amerikanischen Suppenherstellers. Nach der langen Dürrephase mit Nullwachstum steigen die Umsätze 1988 um sechs Prozent.

Peter de Thier in: Süddeutsche Zeitung vom 4.7.1989

Kaufmotive bei Alltagskäufen

Für Käufer sind Marken wichtiger als Warentests

Nürnberg (dpa/vwd) – Beim Einkauf orientiert sich der Verbraucher in erster Linie an der Qualität und Marke der Ware, der Preis oder Ergebnisse von Warentests sind für eine Kaufentscheidung weniger wichtig. Dies ergab eine Umfrage der GfK Marktforschung in Nürnberg bei 2 000 repräsentativ ausgewählten Personen. Danach zählte bei 31 % der Befragten zwischen 16 und 69 Jahren die Qualität der Ware und bei 18 Prozent der Name großer Hersteller. 16 Prozent achten auf einen angemessenen Preis und nur 10 Prozent berücksichtigen Testuntersuchungen beim Einkauf.

Quelle: Süddeutsche Zeitung Nr. 58 v. 10.3.1989

Preisvergleiche

Sie können sparen — beim günstigen Lebensmittelkauf

Lebensmittelpreise können bei gleicher Qualität von Geschäft zu Geschäft und je nach Jahreszeit bis zu 100 % schwanken. Durch Großeinkauf und Nutzung von Sonderangeboten kann viel Geld gespart werden. Für Alleinstehende sind z. B. Großpackungen nicht immer günstig! Kleinere Mengen Brot sind verhältnismäßig teuer, ebenso Kleinpackungen von Tiefkühlkost, Käse und Konserven

Eine Mutter mit kleinen Kindern wird froh sein, wenn sie ihre Einkäufe rasch erledigen kann und wird nicht durch die halbe Stadt rennen, um da oder dort billiger Joghurt, Knäckebrot oder Margarine zu bekommen.

Preisvergleiche

durch Preisvergleiche, aber dazu brauchen Sie Zeit

Ältere Menschen, die täglich einkaufen müssen, da sie nicht viel tragen können, werden auch gern ein nahegelegenes Geschäft wählen, wo evt. noch ein persönlicher Kontakt mit dem Verkaufspersonal möglich ist. Berufstätige sind oft gezwungen, kurz vor Ladenschluß oder mittags einzukaufen, sind deshalb zu Preisvergleichen nicht mehr in der Lage. In einer Familie mit Pkw wird die Möglichkeit, größere Mengen zu kaufen, eher genutzt.

Quelle: AID Verbraucherdienst 1130/1988, S. 5

Qualitätsvergleiche

Darstellung von Warentests der „Stiftung Warentest"

Darstellung der Testergebnisse						
Datum der Veröffentlichung	Produktart	Qualitätsinformation				Anzahl der getesteten Produkte
		sehr gut	gut	zufr.	mang.	sehr mang.	
8/84	Feinseife	6	20				26
10/87	Allzweckreiniger		23				23
11/79	Vollwaschmittel	4	11				15
1/85	Vollwaschmittel		18	8	2		29
2/85	Toilettenpapier		18	7			25
4/86	Margarine	2	13				15
5/78	Reis/Kochbeutel	7	20	3			30
4/78	Erdbeerkonfitüre		10	10	1		21
1/81	Nuß-Nougat-Cr.	5	6	2	2		15

Unser Rat

Viele billige Vollwaschmittel, die als Eigenangebote des Handels verkauft werden, sind den großen Herstellermarken im Zeitraum dieses Tests an Qualität vergleichbar. Die meisten Produkte wurden „gut" beurteilt; beste Handelsmarke war Tandil bei Aldi. Unter den Eigenangeboten des Handels registrierten wir allerdings zwei „mangelhafte" Waschmittel, und zwar die Produkte „Gut und billig" von Gedelfi sowie das Spar-Vollwaschmittel. Derartige „Ausreißer" sind unter den Herstellermarken seit vielen Jahren nicht vorgekommen.

Die auf den ersten Blick sehr deutlichen Preisunterschiede für das 3-Kilo-Paket – um sechs Mark für die Eigenangebote des Handels, bis zu zehn Mark für Herstellermarken – verwischen sich teils durch Sonderangebote, teils durch die unterschiedlichen Dosierhinweise. Von Persil braucht man für Vor- und Hauptwäsche bei Wasserhärte 3 etwa 240 Gramm, von Tandil etwa 300 Gramm Waschmittel.

Selbst die „gut" beurteilten Vollwaschmittel schnitten in der Farbtonerhaltung nur „zufriedenstellend" ab. Wenn farbige Wäsche normal verschmutzt und wenig verfleckt ist, sollte man daher zu einem bleichmittel- oder aufhellerfreien Feinwaschmittel (siehe Packungsaufdruck) greifen, das auch das Abwasser weniger belastet.

Konkurrenz für große Namen
In fast jedem Lebensmittelgeschäft finden sich neben den bekannten Markenwaschmitteln auch Eigenangebote der jeweiligen Handelskette – darunter immer mehr sogenannte „no names" oder „weiße Ware". Sie liegen im Preis meist niedriger – obwohl sich dieser Unterschied in Sonderangebotsaktionen oft verwischt. 24 solcher Produkte verglichen wir mit drei großen Herstellermarken.

Quelle: test 1/85, S. 32

	WARENPFLEGE/REINIGUNGSMITTEL						
STIFTUNG WARENTEST test KOMPASS	**WASCHMITTEL** (Eigenangebote des Handels und einige Herstellermarken zum Vergleich) Heft 1/1985						
	Kosten pro Waschgang*) in DM ca.	Preis für 3 kg Packung in DM ca.	Phosphor-gehalt in g/*)	Schmutz-entfer-nung	Weiß-grad	Fleck-entfer-nung	Farbton-erhal-tung	Gewebe-scho-nung	test-Qualitäts-urteil
				Schwerpunkt bei 80° C Waschtemperatur, Zusatzprüfungen bei 95° C Waschtemperatur					
Bewertung				45 %	15 %	20 %	10 %	10 %	
Eigenangebote des Handels (Vertriebswege auf den Seiten 34 bis 38)									
Spar Vollwaschmittel no name	0.40	6.00	0.73	–	O	–	O	+	mangelhaft zufriedenst.
Blütenweiß	0.55	6.00	0.63	gleich mit Lunika					gut
Gut + Billig	0.55	6.00	0.79	+	–*)	+	O	+	mangelhaft
Preiswert	0.55	5.95	0.76						gut
jetzt	0.55	6.00	0.75	gleich mit ja					gut
ja	0.55	6.00	0.74	+	+	+	O	+	gut
WS	0.55	8.60		gleich mit Lunika					zufriedenst.
		für 4,5 kg							
Bola	0.55	5.95	0.63	gleich mit Lunika					zufriedenst.
Arado	0.55	8.90 2)	0.63						gut
		für 4,5 kg							
Normat	0.55	6.00	0.75	gleich mit Preiswert					gut
Die Weißen	0.55	6.00	0.74	+	+	+	O	+	gut
Pfennig	0.55	6.00	0.74	gleich mit Die Weißen					gut
Eigenangebote des Handels (Vertriebswege auf den Seiten 34 bis 38)									
Extra	0.55	6.00	0.80	+	+	+	O	+	gut
Optimal	0.55	6.15	0.71	gleich mit Selex Vollwaschmittel					zufriedenst.
Selex Vollwaschmittel	0.55	6.15	0.71	O	+	+	O	+	zufriedenst.
A & P	0.55	8.80	0.77	+	+	+	O	+	gut
		für 4,5 kg							
Kd	0.55	6.00	0.77	gleich mit A & P					gut
Plusit 3)	0.55	6.00	0.77	gleich mit A & P					gut
Tandil	0.60	6.00*)	0.80	+	+	+	O	+	gut
Unamat 3) (Herst. Dalli)	0.60	9.95*)	0.77	+	+	+	O	+	gut
		für 4,5 kg							
Almat	0.60	9.98*)	0.77	gleich mit Unamat, Herst. Dalli					gut
		für 4,5 kg							
Uni	0.60	6.20	0.80	+	+	+	O	+	gut
Weiße Serie	0.60	6.30	0.63	gleich mit Lunika					zufriedenst.
Lunika	0.60	6.50	0.63	O	+	+	O	+	zufriedenst.
Herstellermarken									
Sunil	0.65/0.65	7.35/7.00	0.74	+	+	O	+	+	gut
Persil	0.75/0.70	9.35/8.95	0.63	+	+	+	O	+	gut
Ariel	0.85/0.75	10.30/8.90	0.70	+	+	+	O	+	gut

*) Führt zur Abwertung 1) Berechnet für Vor- und Hauptwäsche bei Wasserhärte 3 2) Preis incl. MWSt. nur für Gewerbetreibende
3) Bei Testbeginn bot Aldi ein Unamat vom Hersteller Luhns an, dessen Vertrieb lt. Anbieter inzwischen eingestellt wurde. Die Untersuchungsergebnisse erbrachten Test-Qualitätsurteil zufriedenstellend. Schmutzentfernung, Fleckentfernung und Farbtonerhaltung zufriedenstellend. Weißgrad und Gewebeschonung gut 4) Festpreise
5) Unterschiedliche Qualitäten in der 3- und 4,5-kg-Packung.

Quelle: Auszug aus: test 1/85 lfd. S. 32

Preisunterschiede mit „gut" oder besser bewerteter Produkte nach Markterhebungen der Stiftung Warentest 1981

	billigstes Produkt	teuerstes Produkt	Differenz in DM	Differenz in Prozent
■ Körperpflege/Kosmetik				
Lidschatten pro 1 g	1,53	5,72	4,19	274
Wimperntusche pro 1 g	0,41	4,86	4,45	1.085
Lippenstift pro 100mal Gebrauch	0,96	4,83	3,87	403
Nagellack pro 1 Anwendung	0,16	0,89	0,73	456
Gesamt	3,06	16,30	13,24	433
■ Textilien/Lederwaren				
Bodenbeläge (Schlingenware)	32,50	55,–	22,50	69
Stützstrumpfhosen	10,–	38,–	28,–	280
Gesamt	42,50	93,–	50,50	119
■ Warenpflege/Reinigungsmittel				
Bodenpflegemittel pro l	1,99	10,–	8,01	403
Weißlacke	7,50	17,50	10,–	133
WC-Reiniger pro 100 g	0,13	0,38	0,25	192
Gesamt	9,62	27,88	18,26	190

Quelle: Jahresbericht der Stiftung Warentest 1982, S. 14

M3

Ablaufplan der Erkundung

Vorbereitung

(1) Teilt Euch ein in Gruppen zu je 4 Teilnehmer/-innen, die je ein Geschäft besuchen.

Gruppe	1	2	3	4	5	6
Geschäft						
Teilnehmer/-innen						

(2) Verteilt in Eurer Gruppe die Verantwortlichkeiten zur Untersuchung je einer Spalte mit 2–3 Produkten.

Spalte	1	2	3	4
Verantwortlich				

Durchführung

Notiert die Preise und Mengen der unterschiedlichen Sorten eines Produktes. **(A)**
Neben den Preisvergleichen müßt Ihr auch ein Zeitprotokoll führen. Selbst wenn Ihr nichts in den Geschäften kauft, solltet Ihr Euch an der Kasse anstellen, die Zeit dort messen und dann auf direktem Wege zur Schule zurückkommen.

Auswertung

Die Teilnehmer/innen mit den gleichen Produktgruppen/Spalten setzen sich nun zusammen und tragen die Preise in den Ergebnisbogen ein. Beachtet, daß Eure Produkte teilweise unterschiedliche Mengen beinhalten. In solchen Fällen müßt Ihr die Preise auf die Mengen umrechnen. Ermittelt

1. die maximale Ersparnis, die sich ergibt, wenn Ihr eine bestimmte Marke in dem günstigsten Geschäft gekauft habt.

2. die maximale Ersparnis, die sich ergibt, wenn Ihr in dem gleichen Geschäft die günstigste Sorte gekauft habt.

▷ Stellt nun fest, welche der beiden Strategien Euch im Mittel die größte Ersparnis bringt. Bildet dazu den Durchschnitt aus der vertikalen und der horizontalen Reihe der maximalen Ersparnis.

Laßt nun Euer Ergebnis für alle Gruppen kopieren. **(B)**

Dann setzen sich die Teilnehmer/innen mit den gleichen Einkaufsstätten zusammen und ermitteln

1. welche Kosten bei markentreuem Einkauf in der Einkaufsstätte für einen bestimmten Warenkorb bestehen.
2. welche Kosten bei markenflexiblem, preisbewußtem Einkauf in der Einkaufsstätte für einen bestimmten Warenkorb bestehen.
3. welche Kosten bei markenflexiblem und einkaufsstättenflexiblem Einkauf für einen bestimmten Warenkorb existieren. Hier müßt Ihr zusätzlich zu den Kosten den Zeitbedarf ermitteln. Dazu schätzt Ihr den Weg von einem Geschäft in das andere, den hierzu notwendigen Zeitbedarf sowie die Wartezeiten an den Kassen. Den zusätzlichen Zeitbedarf rechnet Ihr mit 10 DM in der Stunde ein.

▷ Vergleicht nun, welche theoretischen Einsparungen die Einkaufsstrategie 2 (Markenflexibilität und Einkaufsstättenbindung) gegenüber der Einkaufsstrategie 1 (Markenbindung und Einkaufsstättenbindung) hat.

▷ Vergleicht weiterhin, welche zusätzlichen Einsparungen möglich wären, wenn über alle Geschäfte verteilt die günstigsten Produkte gekauft würden. **(C)**

Seit zwei Wochen beobachtet Ihr Euren individuellen Verbrauch der von Euch untersuchten Güter. Ihr kennt die von Euch verbrauchten Mengen und Marken. Ihr könnt nun herausfinden, welche unterschiedlichen Kosten im Jahr bei markentreuem Einkauf und welche Kosten bei markenflexiblem, preisbewußtem Einkauf im jeweiligen Geschäft anfallen und welche theoretische Einsparung denkbar ist. **(D)**

A. Wir ermitteln Preisunterschiede bei einem Anbieter

Geschäft

Geschäft	Zeitprotokoll		Konfitüre/ Gelee			Nuß-Nougat-Creme		
	Abmarsch Schule		Produktname	Menge	Preis	Produktname	Menge	Preis
Verantwortlich	Ankunft Geschäft							
	Warten an der Kasse							
	Ausgang Geschäft							
	Ankunft Schule							

Geschäft	Vollmilch			Margarine			Butter		
	Produktname	Menge	Preis	Produktname	Menge	Preis	Produktname	Menge	Preis
Verantwortlich									

Geschäft	Kaffee			Reis			Kartoffeln		
	Produktname	Menge	Preis	Produktname	Menge	Preis	Produktname	Menge	Preis
Verantwortlich									

Geschäft	Duschgel			Zahnpasta			Vollwaschmittel		
	Produktname	Menge	Preis	Produktname	Menge	Preis	Produktname	Menge	Preis
Verant-wortlich									

B. Ergebnis der Markterhebung in 6 Einzelhandelsgeschäften pro Produkt

400 g Nuß-Nougat-Creme, 450 g Konfitüre-Gelee, 1 l Vollmilch, 250 g Butter, 500 g Margarine, 500 g Kaffee, 500 g Reis, 1 kg Kartoffeln, 300 g Duschgel, 1 Tube (75 g) Zahnpasta, 3 kg Vollwaschmittel
Max. Ersparnis[1]: Markenbindung / Einkaufsstättenflexibilität
Max. Ersparnis[2] Markenflexibilität/ Einkaufsstättenbindung

Produkt _____

Geschäft Produktname	1	2	3	4	5	6	Max. Ersparnis[1]
Max. Ersparnis[2]							⇓
	arithmetisches Mittel						1
	Durchschnittliche Ersparnis				⇒		2

Zeitprotokoll

Zeitbedarf	1	2	3	4	5	6
Wartezeiten an der Kasse						

C. Ersparnis bei unterschiedlichen Einkaufsstrategien

Geschäft _____

Einkaufsstrategie (ES) Warenkorb	1 Kosten bei markentreuem Einkauf im gleichen Geschäft	2 Kosten bei markenflexiblem, preisbewußten Einkauf im gleichen Geschäft	3 Kosten bei markenflexiblem Einkauf in allen Geschäften
1 l Vollmilch			
250 g Butter			
500 g Margarine			
500 g Kaffee			
500 g Reis			
300 g Duschgel			
1 Tube (75 g) Zahnpasta			
3 kg Vollwaschmittel			
300 g Nuß-Nougat-Creme			
300 g Konfitüre-Gelee			
1 kg Kartoffeln			
Summe			
		Einsparmöglichkeit ES 2 gegenüber ES 1	Zusätzliche Einsparmöglichkeit ES 3 gegenüber ES 2
+ zusätzlicher Zeitbedarf			
in DM			
in Prozent			

	D. Wieviel könnte Deine Familie in dem günstigsten Markt für diese wenigen Produkte des täglichen Bedarfs jährlich einsparen?					
	Menge		ES 1 Markenbindung Einkaufs-stättenbindung		ES 2 Markenflexibilität Einkaufs-stättenbindung	
	2 Wochen	Jahr	Preise	Kosten	Preise	Kosten
1 l Vollmilch						
250 g Butter						
500 g Margarine						
500 g Kaffee						
500 g Reis						
300 g Duschgel						
1 Tube (75 g) Zahnpasta						
3 kg Vollwaschmittel						
300 g Nuß-Nougat-Creme						
300 g Konfitüre-Gelee						
1 kg Kartoffeln						
Summe						
				Jährliche Einsparung		

Wohlstandsgesellschaft

Bernd Henning*
Strukturwandel im regionalen Wirtschaftsraum (Planspiel)

I. Allgemeine Angaben

1. Lerngegenstand/Lernziele

A. Einführung in die Problematik der Neuen Technologien

In der Entwicklung der Menschheit hat es immer wieder „Neue Techniken" gegeben. Ihre Auswirkungen waren stets ambivalent, das heißt, sie hatten häufig negative Wirkungen auf einzelne Bevölkerungsgruppen, während andere Bevölkerungsgruppen wiederum von diesen „Neuen Techniken" profitierten. Die sogenannten neuen Technologien unterscheiden sich jedoch qualitativ erheblich von diesen älteren Techniken. Dazu gehört insbesondere, daß etwa die universellen Informations- und Kommunikationstechnologien nicht nur einzelne Bereiche, sondern nahezu alle Sektoren der Wirtschaft, der Produktion wie auch den gesamten Kultur- und Freizeitbereich zu durchdringen vermögen. Gleichzeitig bewirkt dies, daß die bisher völlig getrennten Sphären sich untereinander vernetzen, sich neue gesellschaftliche Verhältnisse bis hin zu sich verschiebenden (neuen) Herrschaftsstrukturen, Abhängigkeitsverhältnissen und Machtbalancen herausbilden.

Die Beurteilung der Wirkungen der neuen Technologien muß entscheidend auf dem Hintergrund der gegenwärtigen gesellschaftlichen, politischen und wirtschaftlichen Verhältnisse gesehen werden. Maßgeblich bleibt, wer unter welchen Bedingungen mit welchen Zielen neue Technologien einführt und nutzt. [1]

Obwohl erst etwa 25 Jahre alt, haben sich Chips und Mikroprozessoren zu den inzwischen einflußreichsten „Akteuren" im Rahmen der internationalen Ökonomie und Politik entwickelt. Der CLUB Of ROME nennt sie in einem Bericht des Jahres 1982 die „Rädelsführer" der neuen Technologien, denen wir offenbar „auf Gedeih und Verderb" ausgeliefert sind". Die neuen Informations- und Kommunikationstechnologien haben sich zu Schlüsseltechnologien entwickelt, die nach Schätzungen der Bund-Länder-Kommission für Bildungsplanung und Forschungsförderung bis zum Jahre 1996 ca. 70 % aller Beschäftigten unmittelbar betreffen werden, wobei die konkrete Expansion kaum abzuschätzen ist.

Statische lineare Wissensstrukturen, wie sie bis heute größtenteils noch in den etablierten Bildungsinstitutionen vermittelt werden, können den Anforderungen in den modernen, hochtechnisierten, arbeitsteiligen Wirtschafts- und Gesellschaftssystemen nicht mehr genügen (Folge: drohender Verlust der Wettbewerbsfähigkeit im internationalen Güter- und Dienstleistungsverkehr). Daraus resultiert die Forderung:

Kybernetisches Wissen versus tradiertem Wissen

Neben berechtigten Forderungen an das Beschäftigungssystem geht es primär darum, durch eine „informationstechnische Grundbildung" die volkswirtschaftlichen Ressourcen im Sinne des „human capital" neu zu interpretieren. Dies gilt ebenso für den Aspekt der beruflichen Polyvalenz als auch für notwendige Anforderungsprofile im permanenten Weiterbildungsprozeß (long life learning hypothesis). Im Vordergrund steht daher die Frage: Wie geht eine Gesellschaft mit den neuen Informations- und Kommunikationstechnologien im Rahmen des Zielkonflikts zwischen ökonomischer Effizienz und humaner Optimierung um? [2]

---

[1] vgl. Henning, Bernd: Alle „Neuen Technologien" auf einen Blick. In: Politik für berufliche Schulen. Hrsg.: Mickel, Wolfgang W./ Waßong, Eckart, Düsseldorf 1988, S. 172.

* 1. Fassung in Verbrauchererziehung und wirtschaftliche Bildung 1/90

[2] vgl. Henning, Bernd/ Holaschke, Haymo: Inhalte einer informationstechnischen Grundbildung für das Lernfeld Ökonomie. In: Ökonomische Bildung – Aufgabe für die Zukunft, Hrsg.: Bundesfachgruppe für Ökonomische Bildung, Bergisch Gladbach 1988, S. 211ff.

B. Die neuen Technologien im einzelnen

1. Informations- und Kommunikationstechnologien

Einen Teilbereich der „Neuen Technologien" bilden die sogenannten Informations- und Kommunikationstechnologien. Darunter versteht man einmal den gesamten Bereich der **Mikroelektronik**, d. h. die gesamte Computertechnologie und den Bereich der **Nachrichtentechnik** mit seinen Fernmeldenetzen, Netzen für Daten und Textübertragungen, aber auch die sogenannten „Neuen Medien" in Büros und privaten Haushalten. Leider werden in der öffentlichen Diskussion von Laien beide Bereiche der Informations- und Kommunikationstechnik synonym verwendet, was dann zu den entsprechenden Mißverständnissen führt. Die neuen Technologien auf einen Blick zeigt Material (MA).

1.1 Mikroelektronik in der Verwaltung

In vielen Unternehmen stellen Personalkosten im Bürobereich den größten Kostenblock dar. Insofern ist es nicht verwunderlich, daß man sich schon sehr früh damit beschäftigte, diesen Kostenverursacher in den Griff zu bekommen. Hier erweist sich die Mikroelektronik als der Helfer, mit dem es möglich ist, preisgünstige und leistungsfähige Geräte einzusetzen, mit denen man nun die Verwaltung zum Gegenstand umfassender Rationalisierungen machen kann. So ergibt sich aus einer Siemens Studie, daß ca 40 % der im Büro anfallenden Arbeiten automatisierbar sind [3]. Somit war der Weg frei, Computer in der Textverarbeitung einzusetzen. Mit dieser **computergestützten Textverarbeitung (CTV)** sind folgende Funktionen ausführbar:

- automatische Formatierung (Randausgleich, Zentrierung)
- automatische Silbentrennung
- automatischer Zeilenumbruch
- Rechtschreibkontrolle
- beliebiges Umstellen von Textteilen, Veränderung von Abständen usw.
- Aufsuchen bestimmter Textstellen
- Verwendung von Textbausteinen
- Stilanalysen. [4]

Neben dieser Möglichkeit erlauben Computer das Verschicken von Briefinhalten über Bildschirme, auch **electronic mail** genannt. Künftig wird es also möglich sein, Briefe direkt vom Bildschirm des Schreibers auf den Bildschirm des Briefempfängers zu projizieren. [5]

Mit der **computergestützten Sachbearbeitung (CSB)** kann beispielsweise ein Sachbearbeiter einer Lebensversicherungsgesellschaft per Computer alle Daten eines Kunden abrufen, die dann Entscheidungsgrundlage für den Abschluß einer Lebensversicherung sind. In Standardfällen kann die Befürwortung bzw. Ablehnung auch schon direkt vom Computer vorgenommen werden. [6]

1.2 Mikroelektronik in der Produktion

Ein weiterer großer Einsatzschwerpunkt der Mikroelektronik ist neben dem „Büro der Zukunft" die Fertigungsindustrie mit der „Fabrik der Zukunft". Mit dem Oberbegriff **CIM (Computer Integrated Manufacturing)** verbindet man alle Maßnahmen, die es ermöglichen, das gesamte Fertigungsprogramm von Computern zu steuern. Man rechnet mit einer Realisierung dieser CIM-Projekte in ca. 15 Jahren. Einzelne Entwicklungsstufen zur Vollendung des CIM-Projektes hat man bereits erreicht, oder man befindet sich gerade in der Realisierungsphase. [7]

Material (MB) gibt einen Überblick über die einzelnen Komponenten von CIM.

Mit dem Begriff **CAD (Computer Aided Design – Rechnerunterstütztes Konstruieren)** wird der Einsatz der elektronischen Datenverarbeitung im Bereich der Konstruktion und Fertigungsplanung bezeichnet. Mit Hilfe der Computer können damit u. a. folgende Aufgaben bearbeitet werden.

- Entwurf und Gestaltung
- Erstellung technischer Zeichnungen mit Vermaßung und Legenden
- Berechnungen (Statiken usw.)

Der Begriff **CAM (Computer Aided Manufactoring = Rechnerunterstütztes Fertigen)** bezeichnet den Computereinsatz für alle mit einem Fertigungsauftrag zusammenhängenden Aufgaben. Dazu gehören z. B. Programmierung und Steuerung von:

---

[3] vgl. Schwetz, Roland: Technik im Büro – der Nutzen steht im Vordergrund. In: Siemens-Zeitschrift, 57. Jahrgang, Heft 4. Juli/August 1984

[4] vgl. Neue Technologien, Gefahren, Chancen, Perspektiven. Hrsg. DGB-Bundesvorstand. Abt. Gewerkschaftliche Bildung, Düsseldorf, August 1985, S. 27 ff.

[5] ebenda, S. 27 ff.

[6] vgl. Neue Technologien. Gefahren, Chancen, Perspektiven. Düsseldorf 1985, S. 28.

[7] vgl. Stahlknecht, Peter: Einführung in die Wirtschaftsinformatik, Berlin 1987, S. 328 ff.

- Transport- und Lagersystemen
- Industrierobotern
- NC-/CNC-/DNC-Werkzeug [8]

Produktionsplanungs- und -steuerungssysteme (PPS-Systeme) befassen sich mit der Planung und Ausführung von Kundenaufträgen (betriebswirtschaftliches Informationssystem). [9]

1.3 Mikroelektronik im Dienstleistungsbereich

Auch der große Wirtschaftssektor des Dienstleistungsbereichs (Kreditinstitute, Versicherungen, Handel etc.) erfährt durch den Einsatz der Mikroelektronik grundlegende Veränderungen.

Auch hier sollen einige Beispiele eine Orientierungshilfe bieten:

Einzelhandel: (vgl. auch Material MC)

- In der Warenauszeichnung wird weitgehend mit einer einheitlichen Strichcodierung (z. B. EAN) gearbeitet. Lesepistolen, sogenannte **Scanner** machen ein Eintippen der Warenpreise überflüssig.
- Elektronische Kassen errechnen das Wechselgeld.
- Durch ständige Überwachung des Lagerbestandes ist eine permanente Inventur möglich, die den Lagerbestand reduziert und optimale Einkaufs- und Verkaufsdispositionen ermöglicht. [10]

Kreditinstitute:

- Mit Hilfe des Computers ist es möglich, innerhalb kürzester Zeit Kontenstände der Kunden abzurufen und somit deren Bonität zu erfassen.
- Geldautomaten ermöglichen es, rund um die Uhr Bargeld zu erhalten.
- Computer schlagen Kapitalanlagestrategien vor oder arbeiten Finanzierungsvorschläge aus. [11]

1.4 Nachrichtentechnik

Die Deutsche Telekom ist heute vorwiegend für den Einsatz der „Neuen Technologien" in der Nachrichtentechnik zuständig.

Material (MD) gibt einen Überblick über die neuen Medien in Büros und privaten Haushalten.

Btx

Öffentlicher **Bildschirmtext** (Abkürzung: Btx, internationale Bezeichnung „Videotex") ist ein Kommunikationsangebot der Deutschen Telekom, mit dem private Teilnehmer in ihrer Wohnung und kommerzielle (gewerbliche) Teilnehmer an ihrem Arbeitsplatz in die Lage versetzt werden:

- ein öffentlich zugängliches Informationsangebot abzufragen,
- mit anderen Teilnehmern einen Dialog zu führen und
- Programme (kaufmännische und mathematische Berechnungen, computerunterstützer Unterricht, Computerspiele), die von Dienstleistungsunternehmen angeboten werden, zu nutzen. [12]

Für den privaten Teilnehmer besteht die Möglichkeit, Bestellungen bei Versandhäusern, Buchungen bei Reiseunternehmen oder Überweisungen vom Bankkonto („home Banking") direkt am häuslichen Fernsehempfänger vorzunehmen. [13]

IDN/ISDN

Hierbei handelt es sich um Netze mit digitaler Übertragungsform. Jeder Teilnehmer des IDN ist mit einer der sogenannten Datenvermittlungsstellen der Telekom verbunden. Dieses computergestützte Vermittlungssystem bietet dem Benutzer eine Reihe besonderer Leistungen, z. B. Kurzwahl (Speicherung häufig vorkommender Nummern), Rundruf (gleichzeitige Mitteilung derselben Information an mehrere Empfänger), Gebührenübernahme durch die angerufene Station u. a. Ab 1988 wurde die schrittweise Einführung des ISDN-Netzwerkes vorgenommen, das die Leistungen des bisherigen Telefonnetzes und der im IDN zusammengefaßten Netze abdeckt. Einen wirklichen Durchbruch wird dieses Netz jedoch erst erzielen, wenn von den herkömmlichen Kupferkabeln auf Glasfaserkabel umgerüstet wird, dies soll jedoch nicht vor 1992 geschehen. [14]

---

8 vgl. Neue Technologien. Gefahren, Chancen, Perspektiven. Düsseldorf 1985, S. 24 ff

9 vgl. Scheer A.-W.: Organisatorische und Technologische Aspekte der CAD/CAM/CIM Systeme. In: Arbeitsplätze morgen. Hrsg. Remmele W. und Sommer M., Stuttgart 1986, S. 35 ff.

10 vgl. Stahlknecht, Peter: (1987), S. 139 ff.

11 vgl. Stahlknecht, Peter (1987), S. 344 ff.

12 vgl. Stahlknecht, Peter (1987), S. 139 ff.

13 ebenda, S. 139.

14 ebenda S. 137 ff.

Kabelfernsehen

In der Bundesrepublik Deutschland sind bereits einige Gebiete verkabelt. Über Kabel können störungsfrei mehr als 30 Fernsehprogramme übermittelt werden. Einige davon müssen vom Fernsehteilnehmer extra bezahlt werden (Pay TV). Kabelfernsehen wird auch von privaten Fernsehgesellschaften angeboten und fällt nicht in den ausschließlichen Bereich der öffentlich-rechtlichen Rundfunkanstalten (z. B. ARD, ZDF). Die Technik des Kabelfernsehens erlaubt es, einen sogenannten „Rückkanal" einzurichten. Ein Rückkanal ermöglicht eine „Zwei-Wege-Kommunikation", indem der Fernsehteilnehmer eine Rückmeldung / Antwort / Frage oder sogar einen eigenen Filmbeitrag in das System einspeisen und an den Sender schicken kann, sofern er über entsprechende Zusatzgeräte verfügt. [15]

C. Auswirkungen auf die Arbeitswelt

Durch die Anwendung neuer Techniken, durch Produktionsveränderungen und durch organisatorische Rationalisierungsmaßnahmen werden Arbeitsinhalte verändert und bisherige Tätigkeiten überflüssig. Herkömmliche Qualifikationen werden nutzlos. Das Veränderungstempo beschleunigt sich. Eine Analyse des Bundesministeriums für Forschung und Technologie läßt erkennen, daß vor allem diejenigen Branchen Beschäftigungszuwächse erzielt haben, die überdurchschnittliche Informations- und Kommunikationstechniken einsetzen. [16]

Folgen für den Arbeitnehmer: [17]

- Traditionelle soziale Strukturen der Arbeitswelt werden zerstört, weil der Bildschirm zum neuen „Arbeitskollegen" und Gesprächspartner wird, wie z. B. bei der computergesteuerten Sachbearbeitung.
- Facharbeiterqualifikationen werden nicht mehr benötigt, wenn z. B. CAD-Systeme die Aufgaben von technischen Zeichnern übernehmen.
- Die Automatisierung in der Produktion wird vor allem an- und ungelernte Arbeitskräfte freisetzen, so können z. B. Industrieroboter komplette Montagetätigkeiten in der Automobilproduktion durchführen.
- Im Büro übernehmen Textsysteme die Tätigkeit der Schreibkräfte sowie Routinetätigkeiten der Sachbearbeiter.
- Industrieroboter ersetzen nach Untersuchungen in Automobilfabriken im Durchschnitt 4 Arbeitskräfte.
- Numerisch gesteuerte Werkzeugmaschinen haben die 4fache Produktivität gegenüber konventionellen Maschinen.
- CAD-Systeme in Konstruktionsbüros sparen bis zu 20 % der technischen Zeichner und Detailkonstrukteure ein.

Einen Überblick über die gefährdeten Arbeitsplätze durch zunehmende Automatisierung gibt Material (ME).

Die durch die Neuen Technologien veränderten Arbeitsplatzinhalte erfordern zunehmend folgende Qualifikationen:

- Kreativität
- Abstraktes, theoretisches Denken (Umgang mit Software)
- Planerisches Denken (Flußdiagramme, Software-Abläufe)
- Bereitschaft zur Teamarbeit
- Flexibilität (Akzeptanz neuer Verfahren)
- Lernbereitschaft („Lebenslanges Lernen") [18]

Allerdings muß bei allen Auswirkungen des Einsatzes der Neuen Technologien auf die Arbeitsplätze auch berücksichtigt werden, daß Arbeitslosigkeit auch von anderen Einflüssen abhängig ist, wie z. B.

- von konjunkturellen Einflüssen,
- von internationaler Konkurrenz,
- vom Arbeitszeitvolumen.

Viele Untersuchungen beziehen sich zudem einseitig auf eine Betrachtung des industriellen Sektors. Hier erhebt sich die Frage, ob diese Betrachtung gerechtfertigt ist, d. h., ob dieser Sektor zukünftig eine große Rolle für die Beschäftigung spielen wird.

---

15 vgl. Neue Medien. In: Zeitlupe 18, Hrsg.: Bundeszentrale für politische Bildung, Bonn 1986, S. 6.

16 vgl. Ideen muß man haben. In: Das zeitbild, Sonderheft Juni 86, „Computer + Bildung", S. 22.

17 vgl. BMFT: Mikroelektronik und Arbeitsplätze, 41/85, Bundesministerium für Forschung und Technologie, Bonn 1985

18 Lambrecht, Rudolf: Soziale Wirkungen der Mikrocomputer. In: Dokumentation des Siemens-Informationsstandes auf dem Berliner Symposium zur Zukunft der Industriegesellschaft. Motto: „Neue Techniken: Chancen der Büroinnovation." S. 18.

Betrachtet man die Statistik, so zeigt sich, daß die Industrie in

- der Bundesrepublik Deutschland ca. 43 %,
- in Europa ca. 35 %
- und in den USA ca. 28 %

der arbeitsfähigen Bevölkerung beschäftigt. Im Dienstleistungssektor dagegen in

- den USA ca. 68 %
- in Europa ca. 56 %
- und in der Bundesrepublik 52 %

der erwerbstätigen Bevölkerung beschäftigt sind.

Untersuchungen der letzten Jahrzehnte haben dabei einen klaren Trend zum Dienstleistungssektor ermittelt. Gliedert man dabei den Dienstleistungssektor in einen verbrauchsbezogenen und einen produktionsbezogenen Bereich weiter auf, so zeigt sich, daß die Kernindustrie beschäftigungsmäßig geschrumpft ist, während der Bereich der produktionsbezogenen Dienstleistungen stark expandierte. Diese Entwicklung wird auch als „Tertiarisierung" der industriellen Produktion bezeichnet. Begleitet wird diese Tendenz trotz Konzentration des Kapitals von einer zunehmenden Dezentralisierung der Produktionsstätten, die sich durch die technischen Möglichkeiten der Telearbeit weiter beschleunigen wird.

Entsprechend dieses Vorgangs kommt es auch zu einer „Tertiarisierung" der Berufe, die

- im klassischen Dienstleistungsbereich einen starken Bedarf an einfachen und gering qualifizierten Arbeitskräften hat (z. B. Reinigungspersonal, Bedienungspersonal usw.)
- im industriellen und besonders im Hochtechnologiebereich einen immer größeren Bedarf an hochausgebildetem, spezialisiertem Personal entwickelt. [19]

D. Didaktische Überlegungen

Die hohe Effizienz des Einsatzes von Planspielen im Unterricht ist unbestritten. Pädagogisch gesehen sind für die Konzipierung und Durchführung von Planspielen speziell Fragenkomplexe geeignet, die neben einer großen Zahl an kognitiven Lernzielen besonders Aspekte des sozialen Lernens sowie differenzierte Organisationsfähigkeiten

---

19 vgl. Wobbe, Werner: Arbeitsplatzentwicklungen, neue Informationstechnologien und gesellschaftlicher Wandel. In: Arbeitsplätze morgen. Hrsg. Remmele, W., Sommer M., Suttgart 1986, Tagung ... und Tutorium des German Chapter of the ACM; 1986, 2, Berichte des German Chapter of the ACM; Bd. 27, S. 52ff.

in den Mittelpunkt stellen und darüber hinaus noch entscheidungsorientiert sind, das heißt nach alternativen Lösungsstrategien geradezu verlangen. [20]

Definition: Ein Planspiel bedeutet, eine gedachte Lage, eine Situation oder einen Fall auf eine Lösung hin durchzuspielen. Dabei müssen die komplexen gesellschaftlichen Bezüge der Realität aus der das Planspiel seine Grundlage schöpft, auf einzelne typische Daten, Strukturen, Informationen und Vorgänge reduziert werden. Es entsteht ein vereinfachtes Modell der Realität, in dem aber alle grundlegenden Eigenschaften erhalten bleiben. Diese für die Simulation notwendige Vereinfachung eröffnet den Spielteilnehmern die Möglichkeit, komplexe Strukturen zu überschauen und damit transparent zu machen. Somit wird den am Planspiel Beteiligten die Möglichkeit zur Identifikation mit verteilten Rollen gegeben.

E. Lernziele

Als Lernziele im Sinne von Skills bieten sich fächerübergreifend u. a. an:

- Einsicht gewinnen in nationale und internationale Wettbewerbsstrukturen und deren Interdependenzen
- Beziehungsfelder von Politik und Ökonomie aufzeigen und bewerten
- Auswirkungen der Neuen Technologien auf den einzelnen, auf Gesellschaft und Arbeitswelt beurteilen können
- Zielkonflikte von Gruppeninteressen (z. B. Arbeitgebern, Arbeitnehmern und ihren Organisationen) in unserer Gesellschaft benennen und kritisch analysieren
- Sicherung von Arbeitsplätzen und zukünftigen Standortprofilen nachvollziehbar und damit transparent zu machen
- Erkenntnis gewinnen, daß es bei unterschiedlichen Gruppeninteressen keine Patentlösungen gibt (Akzeptanz demokratisch getroffener Entscheidungen).
- Aufarbeitung und Einordnung von Erfahrungen, die Schüler in ihrem sozioökonomischen Umfeld mit Informationstechniken machen

---

20 zur Theorie des Planspiels siehe u. a.:

Henning, Bernd: Zur Problematik des Einsatzes von Planspielen im Unterricht. In: Europäische Hochschulschriften, Reihe XI, Bd. 94, Ffm.-Bern-Cirencester/U. K. 1980.

ders.: Das Planspiel. In: Handbuch zur politischen Bildung. Hrsg. Mickel/Zitzlaff, Schriftenreihe der Bundeszentrale für politische Bildung, Bd. 264, Bonn 1988, S. 647 ff.

- Darstellung der Chancen und Risiken von Neuen Technologien in Gesellschaft und Arbeitswelt und ihre Relevanz für die individuelle aktuelle und zukünftige Situation der Schüler
- Rolle der Presse als Medium in einer demokratischen Gesellschaft aufzeigen und kritisch hinterfragen.

2. Ablauf

Die **Ausgangssituation** ist dadurch gekennzeichnet, daß die Unternehmensleitung in der Maschinenfabrik Bauer & Co. in Duisburg neue Fertigungstechniken in die Produktion einführen will. Die am Planspiel **teilnehmenden Gruppen** (Unternehmensleitung und Betriebsrat sowie drei Parteien) haben stark divergierende Interessen, die aus der Sorge um die Konsequenzen des Einsatzes oder auch des Nicht-Einsatzes der neuen Fertigungstechniken resultieren. Pressevertreter verfolgen kritisch das Verfahren.

1. Unternehmensleitung und der Betriebsrat der Maschinenfabrik entwickeln ihre Grundsatzpositionen.
2. Die Regierungsparteien (Sozial- und Liberalpartei) sowie die Opposition entwerfen jeweils ein Thesenpapier zur anstehenden Problematik.
3. Auf einer Betriebsversammlung stellen Unternehmensleitung und Betriebsrat den im Unternehmen Beschäftigten ihre Positionen vor. Die Presse informiert vor Beginn der Betriebsversammlung über die Problematik der Neuen Technologien.
4. In einer „aktuellen Stunde" des Landtages formulieren die Parteivertreter ihre Positionen zur sozio-ökonomischen Situation des Maschinenbauunternehmens.
5. Pressevertreter berichten und kommentieren für die Öffentlichkeit sowohl von der Betriebsversammlung als auch vom Verlauf der aktuellen Stunde im Landtag.
6. Nach den Pressemitteilungen nehmen alle Interessengruppen untereinander **intensive** Kontakte auf, um möglichst rasche Lösungen zu finden.
7. Langwierige Verhandlungen sind nicht möglich, da zum einen bei Entscheidungsunfähigkeit im Unternehmensbereich die Schließung droht, und zum anderen in sechs Wochen ein neuer Landtag gewählt wird.
8. Die Verhandlungsergebnisse werden in einer Pressekonferenz von allen Beteiligten der Öffentlichkeit vorgestellt und erläutert.
9. Abschließend kommentieren die Pressevertreter den Konferenzverlauf.

3. Einsatzbedingungen

Planspiele sind ex definitione zeitlich nicht festgelegt, da die Aktivitäten der einzelnen am Spiel Beteiligten Intensität und Zeitrahmen bestimmen. Allerdings hat die Spielleitung adäquate Möglichkeiten, den Planspielablauf entsprechend zu steuern. Im vorliegenden Planspiel haben sich 6 Schulstunden als sinnvoller Zeitrahmen erwiesen. Dieses Zeitraster läßt sich im Stundenplanrhythmus besonders effektiv durch team-teaching seitens der Lehrenden lösen. Aber auch das Umsetzen von einzelnen Spielphasen (z. B. Doppelstunden) mit Unterbrechungen und den damit verbundenen Neuaufnahmen des Planspiels sind durchführbar. Ideal ist aber aufgrund meiner unterschiedlichen Praxiserfahrungen die Form der kollegialen Blockveranstaltung.

Der Einsatz des Planspiels ist möglich ab Klasse 8 mit den jeweils klassenspezifischen Modifikationen und Transformationen. Fundierte Grundkenntnisse in Wirtschaftslehre und Sozialkunde sind als Vorwissen notwendig. Aufgrund des komplexen und fächerübergreifenden Inhalts stellt diese Unterrichtseinheit einen relativ breiten Rahmen dar, so daß sich adäquate Themenfelder aus Wirtschaftslehre/Sozialkunde anbieten.

II. Spezielle Hinweise zur Unterstützung des Ablaufs

1. Planspielphasen

Vorbereitung

Problem – Zielstellung (Vorbereitung oder Anknüpfung)
Fall, Lage (Situation)
Rollenanweisung – Organisationsplan
Individuelle und kollektive Arbeit:
Sichtung und Zusammenstellung von Fakten, Sachmaterial, technischen Hilfsmitteln, Vorversuche, Abgrenzungen, Proben

Durchführung

Das Planspiel läuft ab nach der Bestimmung durch den Fall, die Lage (Situation), die Rollenanweisung, den Organisationsplan.
Es wird belebt durch
 Improvisation,
 Aktion,
 Produktion.
Es entwickelt sich auf ein Ziel, eine Lösung hin oder bleibt offen.

Auswertung

Spieler und Zuschauer sitzen sich gegenüber. Die Spieler haben ihre Rollen aufgegeben. Die Zuschauer befragen die Spieler. Das Spiel wird inhaltlich und formal gewertet. Das Ergebnis wird zusammengefaßt und kritisch durchleuchtet. Anknüpfungen bieten sich an: Diskussion, Debatte, Gespräch, Besichtigung [21].

2. Spielregeln

- Das Spiel wird zwischen mehreren Gruppen über die Spielleitung ausgetragen.
- Alle Entscheidungen und Handlungen der Gruppe werden der Spielleitung schriftlich zugestellt.
- Die Spielleitung kann von vorgesehenen oder im Verlauf des Spiels nach eigenem Ermessen gewählten Positionen aus Spielzüge tätigen und zusätzliche Informationen geben.
- Der Spielleitung bleibt es vorbehalten zu beurteilen und festzusetzen, welche Auswirkungen die von den Gruppen getroffenen Maßnahmen haben. Nur sie kann aus ihrer Übersicht über den Gesamtspielverlauf abschätzen, welche Konsequenzen die Entscheidungen einzelner Gruppen haben und inwieweit andere davon betroffen werden.
- Direkt angespielte Gruppen werden in ihrer Reaktion auf den jeweiligen Spielzug von der Spielleitung nicht beeinflußt, d. h. nicht manipuliert.
- Zwischen den einzelnen Gruppenmitgliedern oder den Gruppen selbst sind zeitlich begrenzte Besprechungen möglich. Sie müssen zwischen den Gruppen schriftlich vereinbart und bei der Spielleitung beantragt werden. Ihr Verlauf muß protokolliert werden.
- Die Entscheidungen der Spielleitung sind grundsätzlich bindend. Schwerwiegende Bedenken der Spielteilnehmer gegen eine Entscheidung der Spielleitung können in einer Spielpause geklärt werden.
- Jeder unkontrollierte direkte Kontakt zwischen den Spielgruppen ist während des Spiels im Interesse eines sinnvollen Ablaufs zu vermeiden.
- Die Spielleitung hat das Recht, bei der Arbeit in den einzelnen Spielgruppen anwesend zu sein. Sie darf in die Entscheidungen der Gruppen nur bei Regelverstößen eingreifen.

---

[21] In der Auswertungsphase bietet es sich an, die unterschiedlichen Arten der Neuen Technologien, ihre Einsatzbedingungen sowie die Auswirkungen auf den Arbeitsmarkt zu reflektieren und als kognitives Ergebnis für alle zu sichern. (Material MA-ME)

3. Übersicht über die Teilnehmermaterialien

Vorbereitung (für alle)
Ausgangssituation bzw. Fallbeispiel
Verlaufsplanung

Rollenanweisung für die Unternehmensleitung	Rollenanweisung für den Betriebsrat

M1 Rechnereinsatz in Konstruktion und Fertigung CAD/CAM
M2 Begründung für den CAD-Einsatz in der Industrie
M3 Karriere der Roboter
   Es werden noch dreimal soviele
	M4 Mitbestimmung
	   Mitbestimmung pro und contra
	M5 Welche Anforderungen stellt der DGB zu Rationalisierung und technischem Wandel
	M6 Technik und Vollbeschäftigung

Rollenanweisung für die mitregierende Sozialpartei	**Rollenanweisung für die mitregierende Liberale Partei**
M7 Roboter & Co. – Jobknüller oder Jobkiller? M8 Ein Beispiel für die Komplexität der Gestaltung von Arbeit und Technik: Der Industrierobotereinsatz M9 Rationalisierungsgewinner und -verlierer	M10 Sozio-ökonomische Wirkungsfelder – Internationale Wettbewerbsfähigkeit M11 Die Auswirkungen der Mikroelektronik auf die Beschäftigung – Die neuen Techniken sichern Arbeitsplätze M12 Einsatzmöglichkeiten von CAD / CAM M13 „Es ist der einzige, der hier noch durchblickt".
Rollenanweisung an die Opposition	**Rollenanweisung an die Pressevertreter**
M14 Technik – Segen oder Fluch? Chancen nützen, Risiken minimieren M15 Mehr Maschinen – mehr Arbeitskräfte M16 Kriterien der Einschätzung und Bewertung von Technikfolgen – Basar der Meinungen M17 Wachstum und Arbeitsplätze – In sieben Jahren 1,4 Millionen neue Stellen	Zugang zu allen Informationsmaterialien

Möglichkeit der Nachbereitung (Folie oder Arbeitsblätter für alle)
MA Die neuen Technologien im Überblick MB Mikroelektronik in der Produktion: Die einzelnen Komponenten von MC Mikroelektronik im Dienstleistungsbereich: Neue Techniken im Supermarkt MD Nachrichtentechnik: Der Bildschirm als Informations- und Kommunikationszentrum ME Auswirkungen auf die Arbeitswelt

4. LITERATURAUSWAHL zum Thema: Neue Technologien

Alemann, Ulrich von /Schatz, Heribert (Hrsg.): Mensch und Technik. Grundlagen und Perspektiven einer sozialverträglichen Technikgestaltung, Westdeutscher Verlag, Opladen 1987.

Baethge, Martin /Oberbeck, Heribert: Zukunft der Angestellten – Neue Technologien und berufliche Perspektiven in Büro und Verwaltung, Campus, Frankfurt (M./New York 1986.

Bamme, Arno/Feuerstein, Günter/Genth, Renate/ Holling, Eggert: Maschinen-Menschen Mensch-Maschinen – Grundrisse einer sozialen Beziehung Rowohlt (TB), Reinbek 1983.

Beck Ulrich: Die Risikogesellschaft – Auf dem Weg in eine andere Moderne, Suhrkamp (TB), Frankfurt 1986.

Bolte, Karl M./Büttner, H. (Hrsg.): Arbeitsmarkt- und Berufsforschung, 19. Jg., Heft 1, Arbeitskräftestruktur 2000, Kohlhammer, Stuttgart 1986.

Bombach, Gottfried/Gahlen, Bernhard/Ott, Alfred E. (Hrsg.): Technologischer Wandel – Analyse und Fakten, Mohr, Tübingen 1986

Brauer, Dieter/Scheuten, Wilhelm/Winkler Tilmann: Neue Technologien – Ethische Folgen. In: Beiträge zur Gesellschafts- und Bildungspolitik, Bd. 137, Deutscher Instituts-Verlag, Köln 1988.

Brepohl, Klaus: Lexikon der Neuen Medien, Deutscher Institutsverlag Köln 1984.

Bundesministerium für Forschung und Technologie (Hrsg.): Mikroelektronik und Arbeitsplätze, Bonn 1986, 1987: BMFT-Pressereferat.

Bundesvereinigung der Deutschen Arbeitgeberverbände (BDA): Mikroelektronik und Arbeit – Chance und Herausforderung, Köln 1985.

Bund-Länder-Kommission für Bildungsplanung und Forschungsförderung: Rahmenkonzept für die informationstechnische Grundbildung in Schule und Ausbildung. In: Bildung und Erziehung, Heft I, 1985.

Deutscher Bundestag: Informationstechnik. Drucksache 10/1281, Bonn 1984.

DGB-Bundesvorstand, Abt. Gewerkschaftliche Bildung: Neue Technologien, Gefahren, Chancen, Perspektiven, Düsseldorf 1985

Dreyfus, Hubert, L. /Dreyfus, Stuart, E.: Künstliche Intelligenz, Rowohlt (TB), Reinbek 1987

Falk, Rüdiger/Weiß, Reinhold (Hrsg.): Mikro-Computer. Herausforderung für das Bildungswesen, Deutscher Instituts-Verlag, Köln 1987.

Friedrichs, Günter/Schaff, Adam (Hrsg.): Auf Gedeih und Verderb. Mikroelektronik und Gesellschaft, Europa Verlag, Wien 1982.

Gergely, Stefan, M.: Mikroelektronik. Cornputer, Roboter und Neue Medien erobern die Welt, Piper Verlag, München 1985.

Graf, Ludwig u. a.: Keine Angst vor dem Mikrocomputer. Textbuch zum Medienverbund Fernsehen – Buch Seminare, VDI Verlag, Düsseldorf 1984.

Haefner, Klaus: Die neue Bildungskrise, Rowohlt (TB), Reinbek 1985.

Hartwich, Hans-H. (Hrsg.): Politik und die Macht der Technik, Westdeutscher Verlag, Opladen 1986.

Henning, Bernd/Holaschke, Haymo: Inhalte einer informationstechnischen Grundbildung für das Lernfeld Ökonomie. In: Ökonomische Bildung – Aufgabe für die Zukunft. Hrsg.: Bundesfachgruppe für ökonomische Bildung, Verlag Thomas Hobein, Bergisch Gladbach 1988, S. 211 ff.

Jonas, Hans: Das Prinzip Verantwortung – Versuch einer Ethik für die technologische Zivilisation, Suhrkamp (TB), Frankfurt 1984.

Kern, Horst/Schumann, Michael: Das Ende der Arbeitsteilung? – Rationalisierung in der industriellen Produktion, Beck, München 1984.

Kubicek, Herbert/Rolf, Arno: Mikropolis. Mit Computernetzen in die Informationsgesellschaft, VSA-Verlag, Hamburg 1985.

Remmele, Werner/Sommer, Manfred (Hrsg.): Arbeitsplätze morgen. Berichte des German Chapter of the ACM, Bd. 23, Teuber, Stuttgart 1986.

Scharfenberg, Günter: Die technologische Revolution. Wirtschaftliche, soziale und politische Fragen, Politik kurz und aktuell, Landeszentrale Berlin (Hrsg.), Berlin 1987

Stahlknecht, Peter: Einführung in die Wirtschaftsinformatik, Springer, Berlin 1987.

Die technologische Revolution und ihre Folgen, Landeszentrale für politische Bildung Baden-Württemberg (Hrsg.), Kohlhammer Verlag, Stuttgart 1985.

Tinnefeld, Marie-Theres/Tubies, Helga: Datenschutzrecht, Oldenbourg, München, Wien 1988.

Volpert, Walter : Zauberlehrlinge – Die gefährliche Liebe zum Cornputer, Beltz, Weinheim 1985.

Weizenbaum, Josef: Kurs auf den Eisberg, Pendo-Verlag, Zürich 1984.

Zimmermann, Lothar (Hrsg.): Computereinsatz – Auswirkungen auf die Arbeit/EDV-Rationalisierung – Bildschirm/Industrieroboter, 5 Bände, Rowohlt (TB), Reinbek 1982.

5. LITERATURAUSWAHL zum Thema: Planspiel

Freudenreich, D.: Das Planspiel in der sozialen und pädagogischen Praxis, München 1979

Groth, G.: Rollen- und Planspiel: Energieversorgung. Ökonomie kontra Ökologie. In: Europäische Themen im Unterricht Schriftenreihe der Bundeszentrale für politische Bildung, Bd. 254, Bonn 1987, S. 49 ff.

Henning, B.: Zur Problematik des Einsatzes von Planspielen im Unterricht. In: Europäische Hochschulschriften, Reihe XI, Bd. 94, Ffm.-Bern-Cirencester/U.K. 1980

Ders.: Das Planspiel. In: Handbuch zur politischen Bildung. Hrsg.: Mickel/Zitzlaff, Schriftenreihe der Bundeszentrale für politische Bildung, Bd. 264, Bonn 1988, S. 647 ff.

Hoppe, M.: Planspiel. In: arbeiten und lernen, 10/1980

Klippert H.: Wirtschaft und Politik erleben. Planspiele für Schule und Lehrerbildung, Weinheim 1984

Ders.: Planspiele in der politischen Bildung. In: Erfahrungsorientierte Methoden der politischen Bildung, Schriftenreihe der Bundeszentrale für politische Bildung, Bd. 258, Bonn 1988, S. 132 ff.

Lehmann J.: Simulations- und Planspiele in der Schule, Bad Heilbrunn 1977

Peltner, H.J.: Das Planspiel im pädagogischen Arbeitsbereich, Bonn 1972

Rheinisch, H.; Offene Planspiele im Wirtschaftslehreunterricht der reformierten gymnasialen Oberstufe. In: Gegenwartskunde, 2/1982 (Tarifkonflikt)

Tiemann, K.: Planspiele in der Schule, Ffm. 1969

III. Materialien für die Teilnehmer

„Sozioökonomische Perspektiven des Einsatzes Neuer Technologien in der Maschinenfabrik Bauer & Co. in Duisburg"

Ausgangssituation

In der Maschinenfabrik Bauer & Co. in Duisburg sollen neue Fertigungstechniken in der Produktion eingeführt werden.

Unternehmensprofil:
- Die Produktpalette umfaßt überwiegend hochwertige Spezialmaschinen;
- der Absatzmarkt ist stark exportorientiert (Exportanteil am Gesamtumsatz ca. 70 %) M; Hauptabnehmer sind amerikanische Firmen;
- im letzten Geschäftsjahr wurde ein starker Konkurrenzdruck seitens asiatischer Hersteller registriert;
  Gründe: (1) Hohe Rationalisierungseffekte
  (2) Günstiges inländisches Lohnniveau
- zur Zeit bestehen nur noch geringfügige Qualifikationspräferenzen gegenüber der ausländischen Konkurrenz (Made in Germany)

Politisches Umfeld:
Die Sozialpartei verfügt im Landtag über 46 % der Stimmen,
die Liberalpartei über 8 %,
die Konservative Partei über 46 % der Mandate.
Zur Zeit besteht eine Regierungskoalition von Sozial- und Liberalpartei – Neuwahlen stehen in Kürze bevor.

Spielteilnehmer
- Unternehmensleitung der Maschinenfabrik Bauer & Co. in Duisburg
- Betriebsrat der Maschinenfabrik Bauer & Co. in Duisburg
- Sozialpartei im nordrheinwestfälischen Landtag
- Liberale Partei im nordrheinwestfälischen Landtag
- Opposition im nordrheinwestfälischen Landtag/ Konservative Partei
- Pressevertreter

Verlaufsplanung

1. Zuerst entwickeln die Unternehmensleitung und der Betriebsrat der Maschinenfabrik ihre Leitthesen zur geschilderten Problematik, d. h., sie formulieren Grundsatzpositionen, die aus ihrer Sicht heraus erfüllt sein müssen.

2. Gleichzeitig entwerfen die Regierungsparteien (Sozial- und Liberalpartei) sowie die Opposition aufgrund des starken öffentlichen Interesses auf der Basis ihres politischen Standortes jeweils ein Thesenpapier zur anstehenden Problematik.

3. Auf einer Betriebsversammlung stellen Unternehmensleitung und Betriebsrat den im Unternehmen Beschäftigten ihre Positionen vor. Die Presse informiert vor Beginn der Betriebsversammlung über die Problematik der Neuen Technologien. Merke: Mündliche Beiträge.

4. In einer „aktuellen Stunde" des Landtages formulieren die Parteivertreter ihre Positionen zur sozio-ökonomischen Situation des Maschinenbauunternehmens. Merke: Mündliche Beiträge.

5. Pressevertreter berichten und kommentieren für die Öffentlichkeit sowohl von der Betriebsversammlung als auch vom Verlauf der aktuellen Stunde im Landtag. Merke: Mündlicher Beitrag.

6. Nach den Pressemitteilungen nehmen alle Interessengruppen (Unternehmensleitung, Betriebsrat, Regierung und Opposition) untereinander **intensive** Kontakte auf, um möglichst rasche Lösungen zu finden.
Langwierige Verhandlungen sind nicht möglich, da zum einen bei Entscheidungsunfähigkeit im Unternehmensbereich die Schließung droht, und zum anderen in sechs Wochen ein neuer Landtag gewählt wird.

Verlaufsplanung

7. Die Verhandlungsergebnisse werden in einer Pressekonferenz von allen Beteiligten der Öffentlichkeit vorgestellt und erläutert. Merke: Mündlicher Beitrag.

8. Abschließend kommentieren die Pressevertreter den Konferenzverlauf. Merke: Mündlicher Beitrag.

Anmerkung:
Halten Sie bitte exakt die Reihenfolge der einzelnen Schritte der Verlaufsplanung ein.

Rollenanweisung an die Pressevertreter

Ihnen liegen als einzigen Spielteilnehmern die Interessenpositionen aller Beteiligten vor.

Unternehmensleitung
Die Unternehmensleitung (Management) plant zur Sicherung bzw. zur Expansion von Weltmarktanteilen die kurzfristige Einführung technologisch effizienter Fertigungsverfahren.

Aus dieser Sicht ist es unabdingbar, mindestens 30 % der Arbeitskräfte abzubauen. Einzige verbleibende Möglichkeit der Arbeitsplatzerhaltung wären Subventionen seitens der Landesregierung.

Betriebsrat
Der Betriebsrat will auf alle Fälle jeglichen Abbau von Arbeitsplätzen verhindern, u. a. weil das Unternehmen in einem strukturschwachen Raum angesiedelt ist, so daß die Chancen auf Ersatzarbeitsplätze nahezu aussichtslos sind.

Sozialpartei
Die Sozialpartei vertritt im wesentlichen die Interessen des Betriebsrates. Aufgrund ihres Wählerpotentials und ihrer traditionellen Arbeitnehmerorientierung ist das absolut vorrangige Ziel der Sozialpartei die Sicherung der zur Zeit vorhandenen Arbeitsplätze, auch auf die Gefahr hin, daß ökonomische Zukunftsperspektiven vorerst in den Hintergrund treten.

Liberale Partei
Die Liberale Partei identifiziert sich in erster Linie mit der Position der Unternehmensleitung. Ihre Position ist eindeutig ökonomisch geprägt, d. h., aus ihrer Sicht sind Arbeitsplätze mittelfristig nur dann zu erhalten bzw. auszubauen, wenn bereits heute zukunftsorientierte Investitionen (Einsatz neuer wettbewerbsfähiger Technologien) eingesetzt werden. Im Gegensatz zur Sozialpartei sieht sie es als Notwendigkeit an, einen aktuellen Abbau von Arbeitsplätzen in Kauf zu nehmen. Subventionen werden von ihr kategorisch abgelehnt, u. a. auch gerade deshalb, weil solche marktinkonformen Maßnahmen negative Präzedenzfälle schaffen würden.

Opposition
Die Konservative Partei beklagt, daß es die Regierung über Jahre hinaus versäumt hat, ein konkretes zukunftsorientiertes Strukturkonzept vorzulegen. Nach Meinung der Opposition sind Subventionen in diesem Fall strikt abzulehnen, da wegen der hohen öffentlichen Verschuldung ausschließlich Verbrauchssteuererhöhungen zur Finanzierung in Frage kämen, die überwiegend die sozial schwächeren Bevölkerungsgruppen treffen würden.

Aufgrund dieses Informationsvorsprungs sind Sie für unabhängige, d. h. an der Sache orientierte Kommentare besonders prädestiniert. Daraus ergibt sich die Notwendigkeit einer besonders ausgewogenen und im Urteil abwägenden Berichterstattung.

Ihre Hauptaufgabe ist es, die Öffentlichkeit über Vor- und Nachteile der Neuen Technologien in allgemein verständlicher Form zu unterrichten. Auf den aktuellen Fall der Firma Bauer & Co. in Duisburg bezogen bedeutet dies konkret, daß Sie exemplarisch nur die dort geplanten Verfahren CAD/CAM an einfachen Beispielen erläutern.

Als Medienvertreter stellen Sie im Rahmen der Betriebsversammlung als eine Art „informationstechnische Einführung" Ihre Beispiele vor und erläutern diese. Wählen Sie dafür aus Ihrer Gruppen einen oder mehrere Vertreter aus.

Gemäß der Verlaufsplanung ist es Ihre Aufgabe, sowohl über die Betriebsversammlung als auch über die „aktuelle Stunde" im Landtag für die Öffentlichkeit zu berichten und zu kommentieren.

In gleicher Mission sind Sie gemäß Punkt 8 der Verlaufsplanung tätig.

Es obliegt Ihrer Entscheidung, ob Sie schriftliche Kommuniqués verfassen und/oder Ihre Beiträge mündlich vortragen.

Informationsmaterial für die Presse: Sie haben zu allen Informationen uneingeschränkt Zugang!

Rollenanweisung für die Unternehmensleitung

Sie als Unternehmensleitung planen zur Sicherheit bzw. zur Expansion von Weltmarktanteilen die kurzfristige Einführung technologisch effizienter Fertigungsverfahren. Aus ihrer Sicht ist es zwingend notwendig, mindestens 30 % der Arbeitskräfte abzubauen. Einzige verbleibende Möglichkeit der Arbeitsplatzerhaltung wären Subventionen der Landesregierung.

Entwickeln Sie auf der Grundlage dieser aktuellen ökonomischen Situation sowohl eine kurz- als auch eine mittelfristige Lösung. Beachten Sie dabei exakt Ihr Unternehmensprofil:

- Produktpalette
- Absatzmarkt
- Konkurrenzsituation.

Sollte es Ihnen nicht gelingen, mindestens 30% der Arbeitskräfte durch die Investitionen in neue Fertigungstechniken einzusparen und/oder größere Subventionen von der Landesregierung zu erhalten, steht die Schließung Ihres Betriebes kurzfristig bevor.

Bestimmen Sie in Ihrer Gruppe für die Betriebsversammlung einen oder mehrere Vertreter, die in Statements Ihre gemeinsam gefundenen Thesen vortragen.

In Ihren Verhandlungen mit dem Betriebsrat und den im Landtag vertretenen Parteien sollten Sie sich kooperativ zeigen, ohne aber die für Sie ökonomisch lebensnotwendigen Grundsatzpositionen zu verlassen.

Bestimmen Sie in Ihrer Gruppe für die abschließende Pressekonferenz einen oder mehrere Vertreter, die sowohl Ihr Ergebnis als auch den Ablauf Ihrer Verhandlungen kommentieren.

Bedenken Sie, daß bei allen Äußerungen Ihrerseits in der Öffentlichkeit die Presse anwesend ist. Ihnen sollte daher an einer entsprechenden Reputation gelegen sein.

Informationsmaterial für die Unternehmensleitung M1–M3

Rollenanweisung für den Betriebsrat

Sie als Betriebsrat müssen auf alle Fälle jeglichen Abbau von Arbeitsplätzen verhindern, da Ihr Unternehmen in einem strukturschwachen Raum angesiedelt ist, so daß die Chancen auf Ersatzarbeitsplätze nahezu aussichtslos sind.

Entwickeln Sie auf der Grundlage dieser aktuellen Situation sowohl eine kurz- als auch eine mittelfristige Lösung. Beachten Sie dabei auch das Unternehmensprofil.

Sollten alle Ihre Verhandlungsversuche scheitern, so sollten Sie als letzte Möglichkeit Sofortmaßnahmen in Form von höheren Subventionen seitens der Landesregierung verlangen. Prüfen Sie diese Möglichkeit.

Bestimmen Sie in Ihrer Gruppe für die Betriebsversammlung einen oder mehrere Vertreter, die in Statements Ihre gemeinsam gefundenen Thesen vortragen.

In Ihren Verhandlungen mit der Unternehmensleitung und den im Landtag vertretenen Parteien sollten Sie sich kooperativ zeigen, ohne aber die für Sie lebensnotwendigen Grundsatzpositionen zu verlassen.

Bestimmen Sie in Ihrer Gruppe für die abschließende Pressekonferenz einen oder mehrere Vertreter, die sowohl Ihr Ergebnis als auch den Verlauf Ihrer Verhandlungen kommentieren.

Bedenken Sie, daß bei allen Äußerungen Ihrerseits in der Öffentlichkeit die Presse anwesend ist. Ihnen sollte daher an einer entsprechenden Reputation sehr gelegen sein.

Informationsmaterial für den Betriebsrat M4–M6

Rollenanweisung an die mitregierende Sozialpartei

Der Betriebsrat will auf alle Fälle jeglichen Abbau von Arbeitsplätzen verhindern, da das Unternehmen Bauer & Co. in Duisburg in einem strukturschwachen Raum angesiedelt ist, so daß die Chancen auf Ersatzarbeitsplätze nahezu aussichtslos sind.

Sie vertreten im wesentlichen die Position des Betriebsrates. Aufgrund Ihres Wählerpotentials und Ihrer traditionellen Arbeitnehmerorientierung ist das vorrangige Ziel die Sicherung der zur Zeit vorhandenen Arbeitsplätze, auch auf die Gefahr hin, daß ökonomische Zukunftsperspektiven vorerst in den Hintergrund treten.

Als letzte Maßnahme sollten Sie u. a. auch Sofortmaßnahmen in Form von größeren Subventionen seitens Ihrer Koalitionsregierung prüfen.

Bestimmen Sie in Ihrer Gruppe einen oder mehrere Vertreter, die in Statements Ihre Beschlüsse zu der Problematik Bauer & Co. in der Öffentlichkeit vertreten. In dieser Phase ist **noch keine** Abstimmung mit Ihrem Koalitionspartner erforderlich. Zeigen Sie eigenes Profil. Denken Sie dabei besonders an die kurz bevorstehende Landtagswahl.

In den nun folgenden Verhandlungen mit der Unternehmensleitung und dem Betriebsrat einerseits und den politischen Parteien im Landtag andererseits sollten Sie sich kooperativ zeigen, ohne dabei die für Sie notwendigen Grundsatzpositionen zu verlassen.

Bestimmen Sie in Ihrer Gruppe für die abschließende Pressekonferenz einen oder mehrere Vertreter, die sowohl Ihr Ergebnis als auch den Verlauf Ihrer Verhandlungen kommentieren.

Bedenken Sie, daß bei allen Äußerungen Ihrerseits in der Öffentlichkeit die Presse anwesend ist. Ihnen sollte daher an einer entsprechenden Reputation sehr gelegen sein.

Informationsmaterial für die Sozialpartei M7–M9

Rollenanweisung an die mitregierende Liberale Partei

Die Unternehmensleitung der Maschinenfabrik Bauer & Co. in Duisburg plant zur Sicherung bzw. Expansion von Weltmarktanteilen die kurzfristige Einführung technologisch effizienter Fertigungsverfahren. Aus Ihrer Sicht ist es zwingend notwendig, mindestens 30 % der Arbeitskräfte abzubauen.

Beachten Sie in diesem Rahmen auch das Ihnen bereits vorliegende Unternehmensprofil, z. B.: Produktpalette, Absatzmarkt, Konkurrenzsituation.

Sollte es dem Unternehmen nicht gelingen, mindestens 30 % der Arbeitskräfte durch Investitionen in neue Fertigungstechniken einzusparen, steht die Schließung des Betriebes kurzfristig bevor.

Sie als Liberale Partei identifizieren sich in erster Linie mit der Position der Unternehmensleitung. Ihre Position ist eindeutig ökonomisch geprägt, d. h., aus Ihrer Sicht sind Arbeitsplätze mittelfristig nur dann zu erhalten bzw. auszubauen, wenn bereits heute zukunftsorientierte Investitionen (Einsatz neuer wettbewerbsfähiger Technologien) eingesetzt werden.

Im Gegensatz zu Ihrem Koalitionspartner, der Sozialpartei, sehen Sie es als Notwendigkeit an, einen aktuellen Abbau von Arbeitsplätzen in Kauf zu nehmen. Subventionen werden von Ihnen kategorisch abgelehnt, u. a. auch gerade deshalb, weil solche marktinkonformen Maßnahmen negative Präzedenzfälle schaffen würden.

Bestimmen Sie in Ihrer Gruppe für die abschließende Pressekonferenz einen oder mehrere Vertreter, die sowohl Ihr Ergebnis als auch den Verlauf Ihrer Verhandlungen kommentieren.

Bedenken Sie, daß bei allen Äußerungen Ihrerseits in der Öffentlichkeit die Presse anwesend ist. Ihnen sollte daher an einer entsprechenden Reputation sehr gelegen sein.

Informationsmaterial für die Liberale Partei M10–M13

Rollenanweisung an die Opposition

Die Unternehmensleitung der Maschinenfabrik Bauer & Co. in Duisburg plant zur Sicherung bzw. Expansion von Weltmarktanteilen die kurzfristige Einführung technologisch effizienter Fertigungsverfahren. Aus ihrer Sicht ist es zwingend notwendig, mindestens 30 % der Arbeitskräfte abzubauen.

Beachten Sie in diesem Rahmen auch das Ihnen bereits vorliegende Unternehmensprofil, z. B.: Produktpalette, Absatzmarkt, Konkurrenzsituation.

Sollte es dem Unternehmen nicht gelingen, mindestens 30 % der Arbeitskräfte durch Investitionen in neue Fertigungstechniken einzusparen, steht die Schließung des Betriebes kurzfristig bevor.

Einzig verbleibende Möglichkeit der Arbeitsplatzerhaltung wären kurzfristige größere Subventionen seitens des Landes.

Der Betriebsrat will auf alle Fälle jeglichen Abbau von Arbeitsplätzen verhindern, da das Unternehmen in einem strukturschwachen Raum angesiedelt ist, so daß die Chancen auf Ersatzarbeitsplätze nahezu aussichtslos sind. Als letzte Maßnahme denkt auch der Betriebsrat an größere kurzfristige Subventionen durch das Land.

Sie als Opposition beklagen, daß es die Regierungskoalition über Jahre hinaus versäumt hat, ein konkretes zukunftsorientiertes Strukturkonzept vorzulegen. Nach Ihrer Meinung sind Subventionen in diesem Falle strikt abzulehnen, da wegen der hohen öffentlichen Verschuldung ausschließlich Verbrauchssteuererhöhungen zur Finanzierung in Frage kämen, die überwiegend die sozial schwächeren Bevölkerungsgruppen treffen würden.

Weisen Sie stets darauf hin, daß der Hauptgrund für die aktuelle Misere der Firma Bauer & Co. in Duisburg im seit Jahren fehlenden Strukturkonzept seitens der Landesregierung liegt.

Bestimmen Sie in Ihrer Gruppe für die abschließende Pressekonferenz einen oder mehrere Vertreter, die sowohl Ihr Ergebnis als auch den Verlauf Ihrer Verhandlungen kommentieren.

Bedenken Sie, daß bei allen Äußerungen Ihrerseits in der Öffentlichkeit die Presse anwesend ist. Ihnen sollte daher an einer entsprechenden Reputation sehr gelegen sein.

Informationsmaterial für die Opposition M14–M17

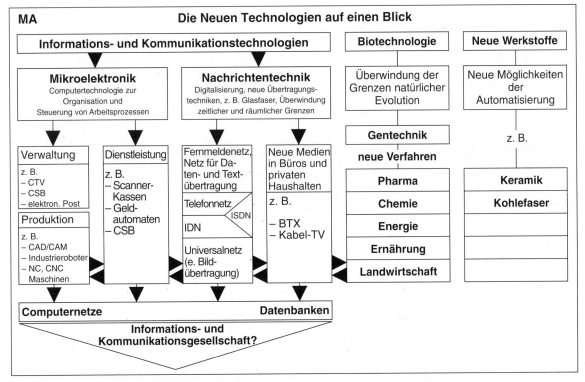

Quelle: Henning, Bernd: Alle „Neuen Technologien" auf einen Blick. In: Politik für berufliche Schulen. Hrsg. Mickel, Wolfgang W./Waßong, Eckart, Düsseldorf 1988, S. 172.

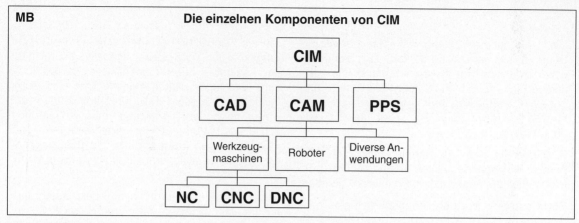

Quelle: Stahlknecht, Peter: Einführung in die Wirtschaftsinformatik, Berlin 1987, S. 329.

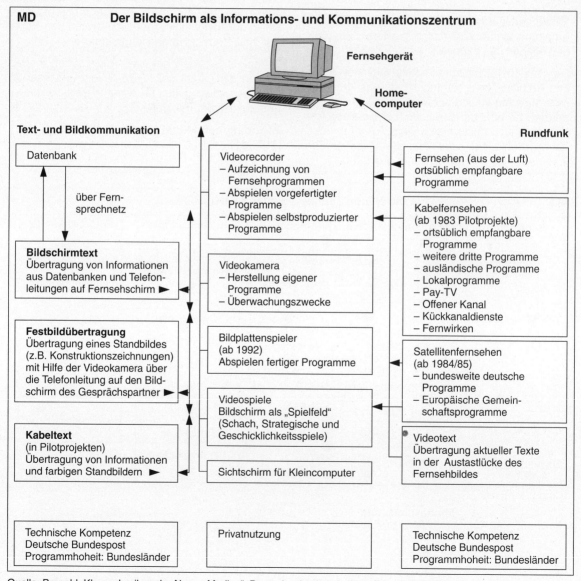

Quelle: Brepohl, Klaus: „Lexikon der Neuen Medien", Deutscher Institutsverlag, Köln 1984, S. 33.

MC Neue Techniken im Supermarkt

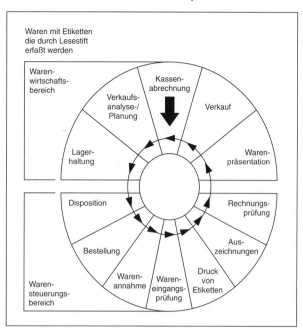

Quelle: Neue Technologien. Gefahren, Chancen, Perspektiven. Hrsg. DGB-Bundesvorstand, Abt. Gewerkschaftliche Bildung, Düsseldorf, August 1985, S. 17.

ME Gefährdete Arbeitsplätze durch zunehmende Automatisierung bis 1990

Automatisierung durch:	gefährdete Arbeitsplätze ca. 3,5 Mio.*	Bereich
Texterfassung und Textverarbeitung, Nachrichten, Informations- und Kommunikationstechnik, Datenerfassung und Datenverarbeitung	bis zu 2,7 Millionen	Privatwirtschaft und Öffentlicher Dienst
Computergestütztes Konstruieren (CAD)	bis zu 400 000	Konstruktionsabteilungen
Roboter	160 000	Elektroindustrie, Maschinenbau, Fahrzeugbau
Prozeßüberwachung und Steuerung	115 000	Stahl, Chemie, Glas/Keramik
Computergestüztes Maschinen (NC) Elektroindustrie	100 000	Maschinenbau, Fahrzeugbau,
Datenkassen	100 000	Handel

Quelle: Neue Technologien. Gefahren, Chancen, Perspektiven. Hrsg. DGB-Bundesvorstend, Abt. Gewerkschaftliche Bildung, Düsseldorf, August 1985, Düsseldorf 1985, S. 20.

M1

Rechnereinsatz in Konstruktion und Fertigung – CAD/CAM

Unter Bezeichnungen wie CAD, CAM oder CAE – um nur einige zu nennen – zieht derzeitig die EDV in die Arbeitswelt der technischen Angestellten ein.

Mit dem Begriff **CAD** (Computer Aided Design = Rechnerunterstütztes Konstruieren) wird der Einsatz der elektronischen Datenverarbeitung im Bereich der Konstruktion und Fertigungsplanung bezeichnet. Mit Rechnerunterstützung können dabei folgende Aufgabenstellungen bearbeitet werden

- Entwurf, Gestaltung, Detaillierung
- Varianten-, Anpassungskonstruktion
- Erstellung technischer Zeichnungen (einschließlich Vermaßung und Beschriftung)
- Berechnungen, Simulationen
- Stücklisten, Arbeitspläne

Der Begriff **CAM** (Computer Aided Manufacturing = Rechnerunterstütztes Fertigen) bezeichnet den Rechnereinsatz für alle mit einem Fertigungsauftrag zusammenhängenden Fertigungssteuerungs- und Fertigungsaufgaben. Dazu gehören z. B. Programmierung und Steuerung von:

- NC-/CNC-/DNC-Werkzeug
- Industrierobotern
- flexiblen Fertigungszentren
- Materialfluß
- Transport- und Lagersystemen
- verfahrenstechnischen Prozessen
- Betriebsdatenerfassung

CAE (Computer Aided Engineering = Rechnerunterstützte Ingenieurarbeit) wird häufig als übergreifender, als Sammelbegriff benutzt, wobei hier jedoch der Begriff **CAD/CAM** angebrachter erscheint. Mit dem Kürzel CAD/CAM deutet sich begrifflich schon an, daß die Entwicklungsrichtung dieser Technologie auf eine stärkere Kopplung und Verzahnung beider Bereiche zuläuft. Mit immensem Forschungs- und Entwicklungsaufwand wird hier gesucht nach integrierten Lösungen für die gesamte Verfahrenskette vom Entwurf über die NC-Fertigung bis zur Endkontrolle. Darüber hinaus sollen noch Schnittstellen zur kommerziellen DV geschaffen werden, um auf dort verwaltete Einkaufs-, Verkaufsdaten, Marktforschungsdaten, Materialwirtschaft, Textverarbeitung etc. zugreifen zu können.

ZIELE
Aber Computer denken doch nur was man in sie hinein programmiert sagte Franz
Das ist es ja meinte der Chef

Knut Becker

| Produkt-planung | Innovation, Kosten, Absatz, Investition, Personal, Betriebsmittel |

Integriertes CAD/CAM-System

Konstruktion	Funktionsfindung, Entwerfen, Berechnen, Zeichnen, Stückliste erstellen
Arbeits-planung	Materialplanung, Verfahrensplanung, Zeitermittlung, Arbeitsplan und NC-Steuerdaten erstellen, Prüfplanung
Fertigungs-steuerung	Bedarfs-, Termin-, Auftrags-disposition, Arbeitsverteilung, Materialfluß
Fertigung	Maschinensteuerung, Qualitätssicherung Handhabung, Transport

| betriebliches Rechnungswesen | Kalkulation, Auftragsabrechnung, Betriebsabrechnung |

Anwendungsbereich	Erstellungszeiten manuell	mit CAD
Kfz.-Technik	8 Std.	2,5 Std.
Maschinenmittelkonstruktion	2 Std.	45 Min.
Anlagenbau/Bauwesen	8 Std.	2 Std.
Papier-/Textilmaschinen	8 Std.	30 Min.
Planung/Ausstattung	5 Std.	20 Min.
Maschinenbau/Armaturen	4 Std.	1,5 Std.
Maschinenbau/Pumpenbau	10 Std.	2 Std.
Elektronik/Schaltpläne	6 Std.	30 Min.

(Quelle: Technologieberatungsstelle Oberhausen)

Die CAD-Einführung bedeutet für eine wachsende Zahl von Beschäftigten zum Teil einschneidende Veränderungen ihrer Arbeitssituation und ihrer Arbeitstätigkeiten. Für die technischen Angestellten, die als Anwender der CAD-Technik eingesetzt werden, bedeutet dies zunächst einmal, daß sie ihren herkömmlichen Arbeitsplatz am Reißbrett zumindest für einen Teil des Tages gegen einen Bildschirmarbeitsplatz eintauschen.

M2

Begründung für den CAD-Einsatz in der Industrie

Die mit CAD entwickelten Produkte werden besser, billiger und schneller hergestellt. Die Richtigkeit dieser Aussage wurde vielfach durch industriellen Einsatz von CAD nachgewiesen.

Die wichtigsten Vorteile des CAD- Einsatzes:

Zeitvorteile:

- Verkürzung der Innovationszeiten technischer Produkte
- schnellere Angebotserstellung
- Verkürzung der Durchlaufzeit von Aufträgen
- Reduzierung der Zeit bei Zeichen-, Such-, Sortier-, Variier-, Vergleichs-, Verbindungs- und Berechnungsarbeiten

Qualitätsvorteile:

- Verbesserung der Entwurfsqualität von Produkten
- Entwicklung von Alternativlösungen
- Durchführung von Berechnungsvorgängen, die ohne Rechnereinsatz nicht möglich wären (Nachrechnungs- bzw. Optimierungsverfahren)
- Erzielung von reproduzierbaren, sehr genauen (Berechnungs-)Ergebnissen
- Verbesserung der Produkte und Produktion durch bessere Anpassung an vorhandene Fertigungsmöglichkeiten
- Verbesserung der Kommunikation zwischen den Beteiligten an der Auftragsabwicklung
- Verringerung von Übertragungsfehlern, kleinerer Informationsverlust
- Berücksichtigung von zusätzlichen Kundenwünschen, Änderungswünschen während des Konstruktionsprozesses

Kostenvorteile:

- Verwendung von Norm-, Standard- und Lagerteilen und -Werkzeugen
- Kosteneinsparung durch Anpassung der Konstruktionen an vorhandene Fertigungsmöglichkeiten
- Materialeinsparung und Maschinenzeitverkürzung durch Optimierungsvorgänge
- Versuchsreduzierung und Verringerung der Anzahl von Prototypen durch rechnergeführte Simulationsprozesse
- Kostensenkung in anderen Betriebsbereichen durch rechnerinterne Weitergabe von Produktinformation
- Wettbewerbsvorteile

CAD ist längst aus dem Forschungsstadium und Laborversuch entwachsen. CAD ist industriereif und gehört bald zur allgemeinen Standardtechnologie der industriellen Produktion. Bereits bei 10 bis 15 Benutzern von drei bis vier CAD-Arbeitsplätzen läßt sich der wirtschaftliche EDV-Einsatz nachweisen. Klein- und Mittelbetriebe können sich diesen Technologieeinsatz leisten. CAD/CAM wird eine herausragende Bedeutung beigemessen, weil es zur Steigerung der industriellen Produktion und Produktqualität in den kommenden Jahren am meisten beitragen kann. CAD/CAM trägt schon heute dazu bei, die Export- und Konkurrenzfähigkeit der Unternehmen zu sichern.

Quelle: Crusius, R./Stebani, J. (Hrsg.): Neue Technologien und menschliche Arbeit, Berlin 1984, S. 105 f.

M3

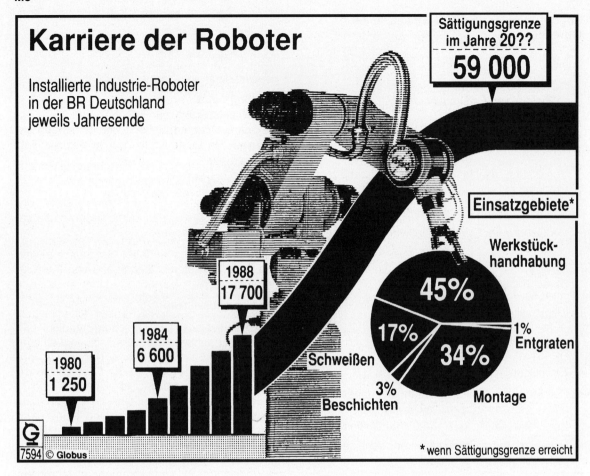

Es werden noch dreimal soviele

Jahr für Jahr wächst das Heer der Industrieroboter. Im vergangenen Jahr waren es in der Bundesrepublik 17 700 – also 2 800 mehr als im Jahr zuvor. Wieviele mögen es noch werden? Nach wissenschaftlichen Schätzungen, die sich an den Einsatzmöglichkeiten in der Bundesrepublik orientieren, wird irgendwann nach der Jahrtausendwende ein Höchststand von etwa 59 000 erreicht sein. Fast die Hälfte von ihnen (45 Prozent) wird dann in der Werkstückhandhabung eingesetzt sein; sie arbeiten als elektronisch gesteuerte Greifer, die Werkstücke in die gewünschte Lage oder an den gewünschten Ort bringen. Die übrigen Roboter dienen der Werkzeughandhabung: Sie führen mit Schweißgeräten, Montagewerkzeugen u. ä. Arbeiten aus. Verdrängen nun diese unermüdlichen und präzisen Roboter ihre menschlichen Arbeitskollegen? Die Antwort lautet: Ja! Denn auch wenn man berücksichtigt, daß für die Roboter-Herstellung und -wartung neue Arbeitsplätze geschaffen werden, überwiegen die Arbeitsplatzverluste. Allerdings, wenn die deutsche Industrie keine Roboter einsetzen würde, wäre sie in manchen Bereichen nicht mehr wettbewerbsfähig, und es würden noch mehr Arbeitsplätze verlorengehen als durch die Roboter selbst.

Globus

Statistische Angaben: Deutsches Institut für Wirtschaftsforschung, IPA.

M 4 Mitbestimmung

Am 12. September 1985 wurde im Bundestag ein Gesetzentwurf der SPD zum Ausbau der Mitbestimmung debattiert und von der Regierungskoalition der CDU/CSU und FDP abgelehnt. Ziel dieses Gesetzentwurfes war die Erweiterung der Rechte der Arbeitnehmer bei der Einführung und Anwendung neuer Technologien. Durch eine Novellierung des Betriebsverfassungsgesetzes von 1972 sollten Lücken geschlossen werden, die bei der Einführung neuer Techniken offensichtlich geworden seien. Der SPD-Gesetzentwurf enthielt folgende Vorschläge zur Fortentwicklung der betrieblichen Mitbestimmung:

1. Bei der Einführung, Anwendung, Änderung oder Erweiterung neuer technischer Einrichtungen und Verfahren erhalten die Betriebsräte ein Mitbestimmungsrecht.
2. Mitbestimmung bei der Gestaltung der Arbeitsplätze, der Arbeitsumgebung und der Arbeitsorganisation.
3. Präzisierung der Mitbestimmungsrechte bei der Personalplanung.
4. Ausbau der Mitbestimmung bei Betriebsänderungen und Sozialplanregelungen. Schutz der Arbeitnehmer bei Betriebsstillegungen und -einschränkungen.
5. Ausbau der Mitbestimmungs- und Kontrollrechte bei der Verarbeitung von Personalinformationen.
6. Betriebsräte erhalten das Recht, Maßnahmen zur Gleichbehandlung von Männern und Frauen zu beantragen.
7. Erweiterungen der Mitbestimmung bei Einstellungen, zum Beispiel auch bei befristeten Arbeitsverträgen.
8. Höhere Verbindlichkeit des Widerspruchsrechts des Betriebsrates gegen beabsichtigte Kündigungen.
9. Sicherung der Mitbestimmung der Betriebsräte.
10. Änderung der Wahlvorschriften.

In der Begründung des Entwurfs heißt es, daß wirtschaftliche und technische Prozesse gesellschaftlich nur zu verantworten seien, wenn die Interessenvertretung der Arbeitnehmer im Betrieb entsprechende Mitbestimmungsrechte besäße. Mitbestimmung sei ferner nicht nur ein sozialpolitisches Ziel, sondern zugleich auch ein Mittel zur Bewältigung des Strukturwandels und zur Humanisierung des Arbeitslebens.

Der Gesetzentwurf wurde nicht angenommen, die Kontroverse verlagerte sich zurück in die Forderungen der Gewerkschaften und die Gegenposition der Arbeitgeberverbände.

Quelle: Information zur politischen Bildung, 218, Neue Technologien, S. 26.

Mitbestimmung – Pro und Contra

Pro
Deutscher Gewerkschaftsbund (DGB)

„Wenn durch die Planung und durch den Einsatz neuer Techniken die Umstrukturierung der Volkswirtschaft, die Umwälzung ganzer Tätigkeitsbereiche und die Auflösung gewachsener sozialer Infrastrukturen hervorgerufen werden, kann dies in einer Demokratie nicht der privaten Entscheidungsgewalt der Unternehmensleitungen unterworfen werden. Ohne die Mitwirkung und Mitgestaltung der Arbeitnehmer im Rahmen qualifizierte Beteiligungs- und Mitgestaltungsrechte an Entscheidungen über die Planung und den Einsatz neuer Techniken stellt sich der technische Wandel als demokratisch nicht legitimiert in Frage. Der Deutsche Gewerkschaftsbund fordert deshalb

- die inhaltliche Ausweitung der Mitbestimmung im Betriebsverfassungsgesetz und in den Personalvertretungsgesetzen;
- die umfassendere Beteiligung der Arbeitnehmer durch die 'Mitbestimmung am Arbeitsplatz' unter Miteinbeziehung der Betriebs- und Personalräte;
- Stärken der Mitbestimmung auf Unternehmensebene;
- die gesetzliche Verankerung der gesamtwirtschaftlichen Mitbestimmung."

Quellen: DGB: Arbeit und Technik. Düsseldorf 1984, oder S. 9 ff.
BDA: Mikroelektronik und Arbeit. Köln 1985, S. 17 ff.

Contra
Bundesvereinigung der Deutschen Arbeitgeberverbände (BDA)

„So verständlich der Wunsch der Arbeitnehmer nach größtmöglicher Sicherung ihrer Arbeitsplätze und ihrer Arbeitsbedingungen in einer der technischen Entwicklung unterliegenden Arbeitswelt ist, so müssen jedoch ihre Zielvorstellungen im Einklang stehen sowohl mit der freiheitlichen Wirtschafts- und Gesellschaftsordnung der Bundesrepublik wie auch mit den wirtschaftlichen und arbeitsmarktpolitischen Bedingungen.

Das Betriebsverfassungsgesetz und die anderen Mitbestimmungsgesetze gewährleisten den Arbeitnehmern die Berücksichtigung der sozialen Belange bei technischen Veränderungen.

Ein weiterer Ausbau der Mitbestimmung würde die unternehmerische Entscheidungsfreiheit im Bereich der Investitionen berühren, der nach geltendem Recht der Letztentscheidung der Anteilseignerseite vorbehalten ist. Unabhängig von der rechtlichen Problematik ist zu bedenken, daß die Aufgaben, die der technische Fortschritt den Betrieben stellt, nicht durch Schwächung, sondern nur durch Stärkung der unternehmerischen Entscheidungsfreiheit gelöst werden können…

Die Gewerkschaften sollten ihre in letzter Zeit erkennbaren Ansätze zu einer positiven Einstellung zum Einsatz der Mikroelektronik nicht durch Forderung nach Ausweitung der Mitbestimmung und überzogene Wahrung sozialer Besitzstände sowie durch eine Öffentlichkeitsarbeit in Frage stellen, die den Eindruck der Technikfeindlichkeit erweckt."

M5

Einsatzmöglichkeiten

Vielseitig verwendbar sind heute moderne Computer. Sie können Buchhalter ersetzen und technische Zeichner. Raketen starten lassen. Bombenabwürfe berechnen und Produktionsmengen. Nur die Idee den Unternehmer durch einen Computer ersetzen zu wollen wird nicht weiter verfolgt.

(Knut Becker)

Welche Forderungen stellt der DGB zu Rationalisierung und technischem Wandel?

Vorrangiges Ziel gewerkschaftlicher und staatlicher Politik muß es sein, die betrieblichen und gesellschaftlichen Bedingungen so zu verändern, daß Rationalisierung und technischer Wandel sozial beherrschbar werden. Die Produktivitätseffekte dürfen nicht einseitig den Unternehmern zufließen, sondern müssen vorrangig zur Verbesserung der Arbeitsbedingungen und für den Ausbau des sozialen Besitzstandes der Arbeitnehmer verwendet werden.

Der 12. Ordentliche DGB-Bundeskongreß fordert deshalb:

1. Die vorhandene Arbeit ist auf alle Arbeitnehmer zu verteilen. Die Arbeitslosigkeit ist vor allem auch durch Arbeitszeitverkürzungen zu bekämpfen.

2. Die Arbeitsbedingungen sind menschengerecht zu gestalten. Mit jeder Rationalisierungsmaßnahme und technologischen Veränderung muß deshalb eine belegbare Verbesserung der Arbeitsbedingungen verbunden sein. Dazu sind Arbeitsorganisation und Arbeitstechnologie so zu verändern und anzupassen, daß ganzheitliche Arbeitsabläufe in einer gesundheitsfreundlichen Arbeitsumgebung geschaffen werden und genügend Zeit für die persönliche Erholung und menschliche Kommunikation zur Verfügung steht.

3. Jedem Arbeitnehmer ist ein Anspruch auf qualifizierte Aus- und Weiterbildung zu gewährleisten. Im Arbeitsprozeß muß von den Arbeitnehmern eine möglichst breite Qualifikation abgefordert werden.

4. Einkommen müssen abgesichert werden. Die Steigerung der realen Löhne und Gehälter ist darüber hinaus ein wichtiger Beitrag für eine höhere Nachfrage und somit zur Stabilisierung des Arbeitsplatzangebotes.

5. Moderne Informationstechnologien dürfen nicht zur Festigung unternehmerischer Herrschaftsansprüche über den Menschen angewendet werden. Automatische Kontrolle und Verhalten und Leistung der Arbeitnehmer muß verhindert werden. Die Systeme müssen den Menschen durchsichtig gemacht werden. Nicht jede Möglichkeit der Technik darf auch realisiert werden.

6. Bei der Abwicklung und Anwendung neuer Produkte und Technologien muß ihre gesellschaftliche Nützlichkeit im Vordergrund stehen. Dazu sind entsprechende Kriterien weiterzuentwickeln und durchzusetzen.

Quelle: Neue Technologien – Gefahren, Chancen, Perspektiven. Hrsg.: DGB-Bundesverband, Düsseldorf 1985, S. 4/88.

M6
Neue Technologien und Vollbeschäftigung

Nach Edition Staeck, Heidelberg 1983

Technik und Vollbeschäftigung

Es ist noch nie Funktion „der" Technik oder Ziel des Technikeinsatzes gewesen, Beschäftigung zu erzeugen oder zu sichern. Jede Technik ist angelegt auf die Einsparung von Kosten insbesondere der menschlichen Arbeitskraft. Deshalb wäre es eigentlich absurd, eine Vollbeschäftigung im überlieferten Verständnis als Ziel technischer Entwicklung zu sehen. Vollbeschäftigung kann im Umfeld der Technik nur ein Sekundäreffekt sein, wenn durch entsprechende Wachstumsimpulse, die selbstverständlich auf technischen Produkten oder Infrastrukturen beruhen, in einer „zweiten Runde" neue Arbeitsplätze entstehen.

Primär zielt Technikeinsatz auf Einsparung von Kosten. Wenn Erwerbstätigkeit von Menschen immer teurer wird – einerseits durch die Einkommenssteigerung, andererseits durch die immer teurere soziale Sicherung und durch den Steueranteil –, dann sind die Arbeitgeber besonders daran interessiert, Arbeitskräfte einzusparen. Im Vergleich dazu ist es bedeutend schwieriger, durch neue Technik neue Märkte zu finden und damit evtl. neue Arbeitsplätze zu schaffen.

Es ist schon seit langem das Problem der Technologiepolitik, daß sie zwar unterstellt, durch Innovationen eben diese Wachstumseffekte auszulösen, die dann schließlich zu neuen Arbeitsplätzen führen, daß dies aber im Detail kaum nachgewiesen werden kann [...]. So müssen Aussagen über die Beschäftigungsimpulse von Innovationen, die der Technologiepolitik zu verdanken sind, immer unsicher bleiben.

Quelle: Werner Dostal, Technik und Arbeitsmarkt, in: Sozialwissenschaftliche Informationen, 1/1986, S. 17.

M7 Roboter & Co.

- Industrieroboter ersetzen menschliche Arbeitsplätze. Es ist strittig, in welchem Ausmaß. Das Verhältnis von neuen (z. B. in der Herstellung, Wartung, Instandhaltung) zu eingesparten Arbeitsplätzen wird von einigen Fachleuten auf 1 : 5 geschätzt. Bisher gelang es meist, vor allem in Großbetrieben, die betroffenen Arbeiter auf andere Arbeitsplätze umzusetzen. Es ist fraglich, ob das so bleiben wird. Das ist ein heißes Eisen für die Tarifparteien, d. h. für Gewerkschaften und Arbeitgeber.

- Die Investitionen für Roboter sind sehr hoch. Ein durchschnittlicher Roboter kostet zur Zeit um die hunderttausend Mark. Die Entwicklung seiner Software verschlingt ein Vielfaches davon. Deshalb halten sich die Unternehmen noch zurück.

- In der Umgebung von Robotern entstehen häufig „Restarbeitsplätze", die durch belastende Tätigkeiten gekennzeichnet sind. Außerdem treten in ihrer Nähe neue Unfallgefahren auf, die umständliche Sicherheitsvorkehrungen nötig machen.

Der Deutsche Gewerkschaftsbund (DGB) tritt für die Verkürzung der Arbeitszeit ein. Nach seinen Berechnungen soll die Verwirklichung der 35-Stunden-Woche zur Schaffung von etwa 1,3 Millionen Arbeitsplätzen beitragen. Die Arbeitgeber halten diese Rechnung für falsch und setzen die Wirkung einer Arbeitszeitverkürzung viel niedriger an. Wer hat richtig gerechnet? Das muß die Zukunft zeigen. Außer der genannten Verkürzung der Wochenarbeitszeit umfaßt die Arbeitszeitverkürzung ferner:

- Herabsetzung der Lebensarbeitszeit, flexible Altersgrenze, vorzeitiger, freiwilliger Eintritt in den Ruhestand
- Verlängerung der allgemeinen Schulpflicht
- Verlängerung des Jahresurlaubs
- Gesetzlicher Anspruch auf Bildungsurlaub

„Maschinenstürmerei hat es in der deutschen Gewerkschaftsbewegung nie gegeben. [...] Die Gewerkschaftsbewegung tritt ein für die Weiterentwicklung von Wissenschaft und Technik und ihre Anwendung im Interesse der arbeitenden Menschen. Unser Problem war nie, wie man den technisch-organisatorischen Wandel verlangsamt oder anhält, sondern wie man ihn den Bedürfnissen der arbeitenden Menschen dienstbar machen kann." (Karl-Heinz Janzen, IG-Metall)

Jobknüller oder Jobkiller?

„Unsere einzige Chance gegen die Computer liegt in der Weiterbildung..."

M 8

Ein Beispiel für die Komplexität der Gestaltung von Arbeit und Technik: Der Industrierobotereinsatz

Auswirkungen bezüglich	Beim Industrieroboter mögliche negative soziale Auswirkungen	Maßnahmen zur Vermeidung oder Verminderung negativer Auswirkungen
Beschäftigung	– Es ist fast in jedem Fall mit Freisetzungen zu rechnen (damit verbunden Gefahr der Arbeitslosigkeit) – Für die Freigesetzten verbessern sich meistens die Bedingungen nicht – Gefahr der Schichtausweitung	Einigung der Tarifvertragsparteien
Physische Belastung	– Bei Resttätigkeiten (z. B. Einlegen) entsteht einseitige Muskelbelastung	Arbeitsplatzwechsel Hubhilfen
Psychische Belastung	– Gefahr erhöhter Monotonie bei Resttätigkeiten – Anwachsen von Kontrolltätigkeiten mit erhöhten Konzentrationsanforderungen – Arbeitsintensivierung durch erhöhte Arbeitsgeschwindigkeit der Maschine – Stärkere Taktbindung (ausgeliefert sein an Maschine)	Arbeitsinhaltsgestaltung, Arbeitsplatzwechsel, Entkoppelung, Blockbildung
Arbeitsinhalte, Autonomie, Entfaltungsmöglichkeit Handlungsspielraum	– Verringerung (bei WzHH[1] besonders stark) – Schwer autmatisierbare (manuelle) Resttätigkeiten bleiben übrig	Arbeitsinhaltsgestaltung, Arbeitsgruppenbildung
Negative Umgebungseinflüsse	– Durch Hydraulik kann neue Lärmquelle entstehen, neue Belastungsquelle bei fehlender Abschirmung	Spezielle Maßnahmen, z. B. Kapselung
Sozialverhalten	– Verringerung von Kooperation und Kommunikation durch verstärkte Isolation	Arbeitsgruppenbildung
Qualifikation	– Verringerung (speziell bei WzHH) – Bei WsTHH[2] weitere Verkürzung von Anlern- und Einarbeitungszeit, wenn nur Restarbeiten bleiben	Arbeitsinhaltsgestaltung (Anforderungserhöhung und Qualifizierung)
Lohn	– Abgruppierung speziell bei analytischer Arbeitsbewertung zu erwarten	Einigung der Tarifvertragsparteien
Unfallgefahren	– für Reparaturpersonal steigt u. U. Unfallgefahr, wenn bei Reparaturen Sicherheitseinrichtungen außer Funktion gesetzt werden müssen.	Arbeitssicherheitsmaßnahmen

[1] WzHH = Werkzeughandhabung (z. B. Punktschweißzange)
[2] WstHH = Werkstückhandhabung (z. B. glühende Nockenwelle)

Quelle: Thomas Hoffmann, Arbeits- und Technikgestaltung als Aufgabe gewerkschaftlicher Forschungskooperation. In: Die Mitbestimmung, 32. Jg. 11/86, S. 611.

M 9

Rationalisierungsgewinner und -verlierer

Nach industriesoziologischen Untersuchungen von Kern/Schumann ziehen die neuen Produktionskonzepte innerhalb der Arbeiterschaft Grenzlinien zwischen vier Gruppen von Betroffenen:

Rationalisierungsgewinner

Dazu werden in erster Linie die modernen Produktions-Facharbeiter und die Instandhaltungs-Spezialisten sowie das ganze Umfeld derer gerechnet, die in solche Positionen einrücken können. Sie bilden das personelle Rückgrat der neuen Produktionskonzepte und können aufgrund ihrer betrieblichen Unersetzlichkeit (Stammbelegschaft) Einkommens-, Status- und andere Vergünstigungen durchsetzen.

Rationalisierungsdulder

Dazu gehören die Inhaber traditioneller Arbeitsplätze in den industriellen Kernbereichen, die aufgrund persönlicher Merkmale, zum Beispiel fortgeschrittenes Alter, Fehlen von Qualifikationen, oft Ausländer und Frauen, für einen Arbeitseinsatz entlang der neuen Produktionskonzepte kaum brauchbar sind. Diese Gruppe ist durch Gesetze, Tarifverträge, Rationalisierungsschutzabkommen (Betriebsvereinbarung) leidlich geschützt, jedoch langfristig durch den Abbau der Arbeitsplätze gefährdet.

Arbeiter der krisenbestimmten Branchen

Dazu gehören Arbeitnehmer aller Qualifikationsstufen, die in Branchen beschäftigt sind, die der Strukturwandel besonders hart trifft. Gegenwärtig sind das Bereiche wie Kohle, Stahl, Schiffbau, Durch sozialpolitische Maßnahmen kann der Ausstieg aus dem Arbeitsleben für die Betroffenen zwar erleichtert werden, die Arbeitsplätze sind jedoch in der Regel unwiederbringlich verloren und stehen damit für die Beschäftigung nachrückender Generationen nicht mehr zur Verfügung.

Risikoträger

Dazu gehören Arbeitnehmer ohne Ausbildung, mit kurzer Dauer der Betriebszugehörigkeit, mit hohem oder niedrigem Lebensalter (über 55 oder unter 18 Jahren), mit Unterbrechungen in der Erwerbstätigkeit oder vorheriger Arbeitslosigkeit sowie Anfänger ohne abgeschlossene Berufsausbildung. Dieser Personenkreis erfüllt auf dem Arbeitsmarkt eine Pufferfunktion. Läuft das Geschäft gut, werden aus dieser Gruppe Arbeitnehmer für einfache Tätigkeiten rekrutiert, die bei ungünstiger Geschäftsentwicklung zuallererst um ihren Arbeitsplatz bangen müssen. Die Gruppe der Risikoträger und Arbeitslosen bringt die denkbar ungünstigsten Voraussetzungen mit, um den Qualifikations- und Leistungsanforderungen der neuen Produktionskonzepte gerecht zu werden.

Quelle: Horst Kern/Michael Schumann, Das Ende der Arbeitsteilung? – Rationalisierung in der industriellen Produktion, München 1984, S. 22 ff, 311 ff.

M10 *Heiko Steffens*

Sozio-ökonomische Wirkungsfelder

Internationale Wettbewerbsfähigkeit

In der öffentlichen Diskussion werden je nach Interessenlage unterschiedliche Aspekte der internationalen Wettbewerbsfähigkeit hervorgehoben. Einigkeit besteht in der Grundannahme, daß die internationale Wettbewerbsfähigkeit für ein exportabhängiges und rohstoffarmes Industrieland wie die Bundesrepublik Deutschland ein erstrangiger wirtschafts- und gesellschaftspolitischer Zielbereich ist und Unternehmer, Arbeitnehmer und Staat zu ihrer Erhaltung und Verbesserung permanent besondere Leistungen erbringen müssen.

Der Staat befindet sich in einem ordnungspolitischen Dilemma, denn zum einen will er durch Förderung des wirtschaftlichen Wachstums, durch Förderung des Produktivitätsfortschritts, durch Erleichterung des Strukturwandels die Modernisierung der Volkswirtschaft vorantreiben und die internationale Wettbewerbsfähigkeit der deutschen Wirtschaft verbessern, zum anderen ist er den Grundsätzen der Marktwirtschaft und dem freien Handel verpflichtet. Letzteres schließt Dauersubventionen und protektionistische Maßnahmen zum Schutz nicht wettbewerbsfähiger Betriebe und Branchen aus. Das Dilemma wird zudem von einem wirtschaftspolitischen Zielkonflikt überschattet, denn die Förderung des Produktivitätsfortschritts und die Erleichterung des Strukturwandels bedeutet in der Praxis oft Rationalisierung zu Lasten der Beschäftigung. Das Argument, die Verbesserung der Wettbewerbsfähigkeit sei die Voraussetzung dafür, daß der Beschäftigungsabbau in Grenzen gehalten werden könne, verdeutlicht diesen Zielkonflikt.

Quelle: Information zur politischen Bildung, 218, Neue Technologien, S. 18.

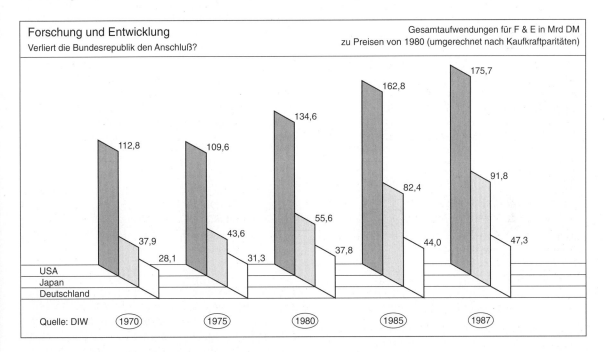

Die auswärtige Kundschaft ist es inzwischen zwar gewohnt, für bundesrepublikanische Produkte mehr bezahlen zu müssen als für die Erzeugnisse aus vielen anderen Ländern. Doch es gibt Grenzen nach oben.

Zwischen 5 und 20 Prozent dürfen deutsche Maschinen im Ausland teurer sein", ohne daß die Nachfrage wegbricht, weiß Bernhard Kapp. Schon bei über zehn Prozent Preisaufschlag wird es kritisch.

Quelle: Wirtschaftswoche vom 15. 4. 1988, Nr. 16, S. 52.

M11

Die Auswirkungen der Mikroelektronik auf die Beschäftigung

Alexander King über zwei Einschätzungen

Gerade in bezug auf die Beschäftigung kommen die Gegensätzlichkeiten zwischen Evolutionisten und Revolutionisten in der Frage der Mikroelektronik besonders deutlich zum Ausdruck. Erstere stehen auf dem Standpunkt, daß die Mikroelektronik, so wie alle früheren technologischen Entwicklungen, wohl anfangs ein gewisses Maß an vorübergehender Arbeitslosigkeit mit sich bringen, aber schließlich zu gesteigerter Nachfrage, zur Erschließung neuer Märkte und zur Schaffung neuer Arbeitsplätze führen werde. So sei es doch in der Vergangenheit immer gewesen, und warum sollte es diesmal nicht so sein? Eine etwaige strukturelle Arbeitslosigkeit würde durch Arbeitsplatzwechsel und Umschulung überwunden werden, wobei allerdings kein Hinweis darauf gegeben wird, wo diese neuen Arbeitsplätze zu finden sein sollen.

Im Gegensatz dazu meinen die Revolutionisten, daß die Auswirkungen der Mikroelektronik auf alle Sektoren der Wirtschaft die Produktivität wesentlich erhöhen und zugleich Arbeitsplätze in allen Bereichen beseitigen werden, so daß die traditionellen Methoden der Arbeitslosigkeitsbekämpfung keinen oder nur geringen Erfolg haben würden.

Zum gegenwärtigen Zeitpunkt ist es unmöglich, eindeutig zu sagen, welche dieser beiden Richtungen die richtige sein wird.

Friedrichs, Günter/Schaff, Adam (Hg.): Auf Gedeih und Verderb, Reinbek bei Hamburg 1984, S. 41 f.

Die neuen Techniken sichern Arbeitsplätze

Peter von Siemens über Mikroelektronik und Beschäftigung

Im Jahre 1973 gab es rund 240 000 Fachkräfte, die in der Bundesrepublik auf dem Gebiet der Datentechnik tätig waren. Ende 1980 waren in Wirtschaft und Verwaltung bereits rund eine halbe Million Fachkräfte für elektronische Datenverarbeitung beschäftigt. Dies bedeutet eine Verdoppelung der Arbeitskräfte innerhalb von nur sieben Jahren. Bei dieser expansiven Entwicklung haben wir heute Schwierigkeiten, die benötigten Stellen auch tatsächlich zu besetzen. Der bekannte französische Publizist Jean-Jacques Servan-Schreiber hat diese Situation am Beispiel Japans wie folgt aufgezeigt: „Die Japaner haben das Beispiel dafür geliefert, daß die Informatisierung der Industrie Schritt für Schritt der gesamten Gesellschaft mehr Arbeitsplätze schafft, als sie wegrationalisiert... Der allgemeine Gebrauch von Mikroprozessoren hat keinerlei negative Auswirkungen auf die Beschäftigungslage, etwa in Form einer Verminderung der Arbeitsplätze. Ganz im Gegenteil entsteht ein neuer Bedarf, die Arbeitsplatzangebote steigen infolge des multiplikativen Faktors der Mikroprozessoren immer stärker. Das echte Problem stellt sich daher viel eher in Form eines ernsthaften Arbeitskräftemangels."

Die neuen Techniken heben auch die Qualität und Produktivität bestehender Arbeitsplätze, ja diese werden zu einem großen Teil erst durch die Einführung neuer Techniken auch weiterhin gesichert. ... Rationalisierung kann den Arbeitsplatz gefährden, hilft aber die Arbeitsplätze sichern.

Münch, Erwin u. a. (Hg.): Technik auf dem Prüfstand, Essen 1982, S. 101.

M12

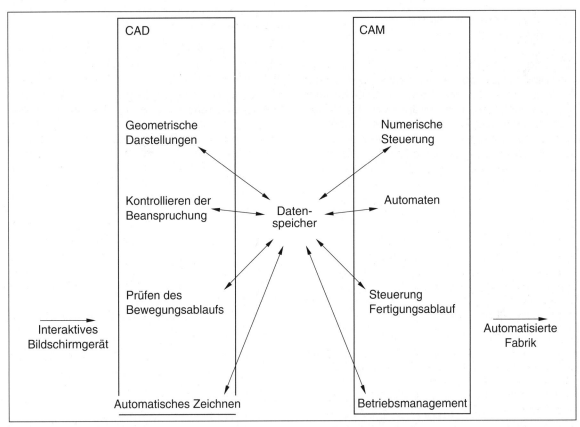

Quelle: Computer und/oder Pädagogik? Hrsg.: GEW, Mühlheim a. d. Ruhr 1985, S. 82.

M13

Er ist der Einzige, der hier noch durchblickt.
Quelle: Informationen zur politischen Bildung, 218, Neue Technologien, S. 8 f.

M 14
Technik – Segen oder Fluch?

Die Alternative Ablehnung oder Hinnahme der Technik stellt sich nicht mehr, sondern nur die Aufgabe, die neuen Techniken anzunehmen und ihre sinnvolle Integration ... Die Entwicklungen und Perspektiven sind faszinierend ... Wir übertragen wichtige Denkfunktionen, die bisher den Menschen vorbehalten waren, auf „apparative Intelligenz".

Doch ist es wirklich nur Faszination?! ... Ich möchte behaupten, daß diese Entwicklung in vielen von uns Angst und Befürchtungen auslöst. Diese Veränderungen und Entwicklungen stellen für das Unternehmen und letztlich für uns Bedrohungsfaktoren dar. Doch Angst und Pessimismus sind schlechte Ratgeber... In einem mutigen Anpacken der damit gegebenen Möglichkeiten (steckt) eine neue große Chance, nicht nur für das einzelne Unternehmen, sondern für die gesamte Volkswirtschaft und damit letztendlich auch für die Menschen, die sie bilden...

Oberstes Ziel... muß es sein, eine allgemeine Aufgeschlossenheit und eine positive Grundeinstellung für die Veränderungen zu vermitteln, die durch den technischen Fortschritt in Gang gesetzt werden.

Industrie- und Handelskammer Mittlerer Neckar (Hg.): Mit neuen Technologien in die berufliche Zukunft, Esslingen 1985, S. 46 f.

Chancen nützen, Risiken minimieren
Klaus Kübler über Computertechnologien und politisches Handeln

Die Entwicklung der Computertechnologie ist nur im Rahmen politischer Entscheidungen möglich. Dabei sind folgende Maßstäbe anzulegen: Erforschung und Einführung dieser neuen Technologie muß dem Bürger dienen. Die Chancen der technologischen Entwicklung müssen genutzt, ihre Risiken müssen minimiert werden ...

Die Anwendung der Mikroelektronik und die mit ihr zusammenhängenden Technologien können vor allem dazu beitragen:

1. Demokratische Lebensformen in unserer Gesellschaft weiter zu entfalten und mehr Bürgernähe zu schaffen...

2. Die Arbeit zu erleichtern und vielgestaltiger zu machen. (Die Mikroelektronik kann – richtig genutzt – eine Verbesserung der Arbeits- und Lebensbedingungen sowie die Einführung neuer Arbeitsformen möglich machen und der fortschreitenden Zerlegung der Arbeit in sinnentleerte Arbeitsschritte entgegenwirken.)

3. Den Informationsstand der Bevölkerung von Politik, Wirtschaft und Wissenschaft anzuheben.

4. Die Wahl- und Kommunikationsmöglichkeiten zu verbessern.

5. Die wirtschaftliche Produktivität zu erhöhen.

6. Defensiv-Waffensysteme und -Strategien zu entwickeln.

7. Die Bildungsangebote zu erweitern.

8. Den internationalen Informationsaustausch zu verbessern.

Das Parlament vom 8. August 1986

Kräftiges Wachstum

Die Investitionen der westdeutschen Industrieunternehmen werden nach drei Jahren Rückgang wieder kräftig wachsen. Das ist das Ergebnis der jüngsten Umfrage des Münchner Ifo-Instituts für Wirtschaftsforschung, das mehr als 2 000 Unternehmen nach ihren Investitionsplänen für 1995 befragte. 44 Prozent der Unternehmen gaben zu Protokoll, im Jahr 1995 mehr als im Jahr 1994 investieren zu wollen. Von Einschränkungen sprachen nur noch 21 Prozent. Im Vergleich zur Herbstbefragung 1993 hat die Investitionsneigung deutlich zugenommen: Damals wollten nur 29 Prozent die Investitionen erhöhen; 39 Prozent sprachen von Kürzungen. – Insgesamt werden die westdeutschen Industrieunternehmen nach Berechnungen der Wirtschaftsforscher im kommenden Jahr rund 78 Milliarden Mark investieren. Globus

Statistische Angaben: Ifo-Institut für Wirtschaftsforschung

M 15

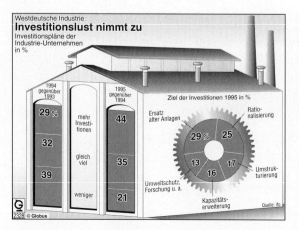

M16

Kriterien der Einschätzung und Bewertung von Technikfolgen

1. Das Erkennen und Beurteilen der Folgen von Technik soll nicht nur auf Maschinen, Anlagen und Prozesse bezogen werden, sondern auch die gesellschaftlichen Bedingungen für die Erzeugung wissenschaftlichen Wissens berücksichtigen.
2. Trotz erkenntnistheoretischer, methodischer und praktischer Grenzen bleibt der Anspruch auf umfassende und interdisziplinäre Analyse unverzichtbar.
3. Um die Gestaltungsmöglichkeiten und die Handlungsspielräume beim Technikeinsatz zu nutzen, ist der Bezug zum gesellschaftlichen Rahmen und zu politischen Entscheidungssituationen im Auge zu behalten.
4. Die Abschätzung und Bewertung von Technikfolgen soll dennoch nicht den Zwängen politischer Machbarkeit unterworfen werden. Vielmehr geht es auch um Auswirkungen, die sich auf den Ebenen von Problembewußtsein, Orientierungswissen und Information ansiedeln lassen.
5. Es genügt nicht, vorliegendes Wissen über aktuelle Zustände und Entwicklungen zu beschreiben. Vielmehr sollen darüber hinaus mögliche Alternativen der Technikwahl ermittelt und beurteilt werden. Bewertung von Techniken im Lichte wünschbarer gesellschaftlicher Zielsetzungen.
6. Miteinbeziehung von betroffenen gesellschaftlichen Gruppen, damit (a) dem Grundverständnis der parlamentarischen Demokratie Genüge getan und (b) eine Verengung von Diagnose und Bewertung durch unvollständige Materialbasis und selektive Problemwahrnehmung verhindert wird.
7. Die Abschätzung und Bewertung von Technikfolgen ist kein wertfreier Prozeß. Daher müssen inhaltliche Entscheidungen, die gewählten Methoden und die getroffenen Werturteile offengelegt werden und nachprüfbar gemacht werden.

Quelle: Bericht der entsprechenden Enquete-Kommission des Deutschen Bundestages – Drucksache 10/5844 vom 17. 7. 1986, S. 10 ff.

Basar der Meinungen

Typen	Inhalte
Optimisten	Wie bisher wird der technische Fortschritt langfristig mit einer Zunahme der Produktion und mit Vollbeschäftigung verbunden sein. Die neuen Informationstechnologien bilden den Motor für einen neuerlichen Aufschwung in einer langen Welle.
Pessimisten	Mindestens mittelfristig werden die Freisetzungen dominieren, da die Produktivitätssteigerungen im Dienstleistungssektor dessen traditionelle Absorptionskraft (Aufnahmekraft) schmälern. Roboter und künstliche Intelligenz akzentuieren die Freisetzungen beträchtlich.
Neutralisten	Die Zusammenhänge sind komplex und theoretisch ebenso wie empirisch undurchsichtig. Allgemeingültige Aussagen sind vorläufig unmöglich. Die Abläufe sind gestaltbar und nicht schicksalhaft. Die Weichen sind noch nicht gestellt. Erst wenn die Entscheide bekannt sind, werden Prognosen möglich.
Fatalisten	Der Fortschritt ist unaufhaltsam. Der internationale Wettbewerb führt dazu, daß eine Anpassungsverweigerung nur noch größere Verluste an Arbeitsplätzen bewirken würde.
Relativisten	Nicht die Nettoeffekte sind wichtig, sondern die Spannungen, die auf dem Arbeitsmarkt entstehen, wenn einerseits viele Arbeitsplätze verschwinden und andererseits viele neue entstehen.
Visionäre	Das Beschäftigungsproblem ist von untergeordneter Bedeutung. Viel wichtiger sind die gesellschaftlichen und die geistigen Folgen des sich ändernden Verhältnisses „Mensch – Maschine".

Adaption von FAST 1984, Seite 120, 121.

M17

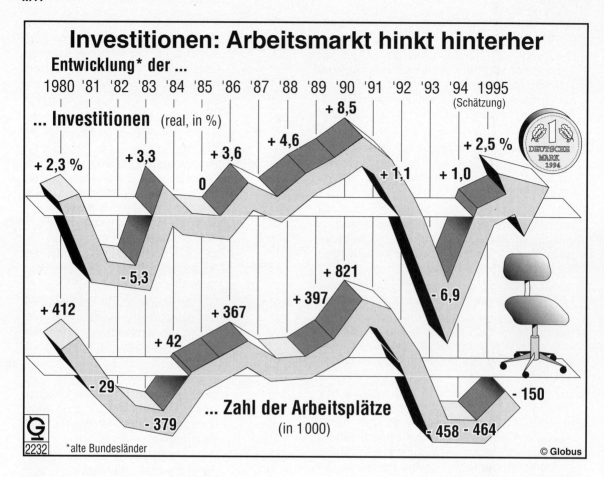

Zeitversetzt

Neue Arbeitsplätze sind teuer. Nur wenn die Unternehmen in Maschinen und neue Techniken investieren, können sie auch Arbeitsplätze schaffen. Umgekehrt gilt dies ebenso. Wird weniger Kapital in neue Kapazitäten gesteckt oder werden sie sogar abgebaut, dann geht auch die Zahl der Arbeitsplätze zurück. Wie unser Schaubild zeigt, verläuft die Entwicklung der Investitionen und der Zahl der Arbeitsplätze zeitversetzt: In diesem Jahr ist mit der wirtschaftlichen Erholung die Investitionsbereitschaft der Unternehmen gestiegen, in der Zahl der Arbeitsplätze wird sich dies aber erst in einigen Jahren niederschlagen.   Globus

Statistische Angaben: Statistisches Bundesamt, DIW

Heinz Klippert

Das Auf und Ab der Wirtschaft (Regelspiel)

I. Allgemeine Angaben

Das vorliegende Würfelspiel führt in spielerischer Form in das Thema „Konjunktur und Wachstum" ein. Dieses Thema hat im Wirtschaftsunterricht an allgemeinbildenden Schulen einen festen Platz: in den Haupt- und Realschulen in der Regel in den Klassen 9 bzw. 10, im Gymnasium meist erst in der Oberstufe.

Spielaufbau

Das Würfelspiel ist für 4–6 Personen konzipiert, die mit ihren Spielfiguren mehrere Konjunkturzyklen durchlaufen. Jeder Spieler vertritt dabei ein bestimmtes EG-Land und versucht, im konjunkturellen Auf und Ab möglichst hohe Wachstumsraten zu erzielen (vgl. Spielanleitung). Das ist allerdings nicht ganz leicht, denn die einzelnen Spielfelder weisen sehr unterschiedliche Wachstumsraten auf, die sich zudem noch vermindern können, wenn ein Spieler z. B. auf ein (rotes) „Krisenfeld" (Arbeitslosigkeit, Umweltverschmutzung, Inflation) kommt, eine ungünstige Ereigniskarte zieht oder eine Wissenskarte nicht richtig beantworten kann. Die von den Spielern erzielten „Netto-Wachstumsraten" werden ins Spielprotokoll eingetragen (siehe Vordruck) und am Ende zusammengezählt. Gewonnen hat, wer am Ende die höchste Gesamtpunktzahl erreicht. Sein Land hat die erfolgreichste Wirtschafts- und Wachstumspolitik betrieben.

Lernchancen

Das Würfelspiel eröffnet einen ebenso motivierenden wie lernwirksamen Zugang zum Thema Konjunktur und Wachstum. Sein Spiel- und Wettbewerbscharakter trägt dazu bei, daß die Schüler mit Spaß, Interesse und Ausdauer zu Werke gehen. Gleichzeitig prägen sie sich in dem rund halbstündigen Spiel den Konjunktur- und Wachstumsprozeß recht gut ein, der durch die optische Gestaltung der Spielfläche deutlich vor Augen geführt wird. Hinzu kommen eine Reihe fachlicher Denkanstöße und Informationen in Gestalt der „Krisenfelder", der „Ereigniskarten" und der „Wissenskarten". Da werden negative Begleiterscheinungen des realen Wachstumsprozesses wie Umweltverschmutzung, Inflation und Arbeitslosigkeit ins Blickfeld gerückt; da wird auf konjunktur- und wachstumspolitische Maßnahmen und Ereignisse verwiesen (Ereigniskarten), und da werden schließlich auch themenzentrierte Fach- und Sachkenntnisse abgefragt und vertieft (Wissenskarten). Dies alles macht deutlich, warum das vorliegende Würfelspiel zu Recht ein Lernspiel genannt werden kann.

Einsatzmöglichkeiten

Konzipiert wurde das Würfelspiel in erster Linie für den Unterricht in den Jahrgangsstufen 8–10, in denen sich die meisten Schüler mit dem relativ abstrakten Thema „Konjunktur und Wachstum" ziemlich schwer tun. In der Oberstufe ist das zwar anders, aber auch hier kann das Würfelspiel durchaus für eine reizvolle Abwechslung sorgen, die überdies eine ganze Menge an fachlichem Wissen vermittelt (vgl. den Abschnitt „Lernchancen"). Die Beantwortung der Wissenskarten setzt gewisse Vorkenntnisse voraus. Aus diesem Grund sollte den Schülern der Themenbereich „Konjunktur – Wachstum – Wirtschaftspolitik" schon vertraut sein. Allerdings schadet es auch nichts, wenn die Schüler einige Wissenskarten nicht richtig beantworten können. Um so größer ist ihr Klärungsinteresse in der Auswertungsphase.

Zeitbedarf

Der Zeitbedarf für die Durchführung des Würfelspiels beträgt in der Regel zwischen 25 und 30 Minuten. Für das Feedback der Schüler sowie die vertiefende Behandlung der Wissens- und Ereigniskarten sind mindestens weitere 20–30 Minuten zu veranschlagen. Von daher ist eine Einzelstunde kaum ausreichend; die Besprechung der Wissens- und Ereigniskarten sollte deshalb besser in die nächste Stunde verlegt werden.

II. Spezielle Angaben zur Unterstützung des Ablaufs

Spielgruppen

Gespielt wird im Unterricht in mehreren Gruppen mit je 4–6 Mitspielern. Jeder Gruppe stehen ein Spielbrett, eine Spielanleitung, ein Würfel, 6 Spielfiguren, ein Protokollblatt (Kopiervorlage liegt bei) sowie je 16 Ereignis- und Wissenskarten zur Verfügung. Die Antworten auf den Wissenskarten werden in der Regel von den Mitspielern des jeweils Befragten kontrolliert, die als „Konkurrenten" erfahrungsgemäß zu kritischer Prüfung neigen. Falls Meinungsverschiedenheiten bzw. Unklarheiten auftreten, ist der Lehrer als Experte heranzuziehen. Eine Alternative dazu: Jeder Gruppe wird ein „neutraler Spielbeobachter" zugeordnet, dem das vorliegende „Lösungsblatt" (Übersichtsblatt der Wissenskarten) zur Verfügung gestellt wird, das der Spielleiter vor Spielbeginn aus seinen Unterlagen kopiert hat. Der Spielbeobachter übernimmt sowohl die Kontrolle der Antworten als auch die „Buchführung" mit Hilfe des erwähnten Protokollblattes.

Spielunterlagen

Die nachfolgend dokumentierten Spielunterlagen werden von Lehrern vorab passend aufbereitet und entsprechend der Gruppenzahl vervielfältigt. Das heißt im einzelnen: Die Texte der Ereignis- und der Wissenskarten werden in kleine rechteckige Kästchen im Format 3 cm × 4 cm übertragen, auf feste Pappe kopiert und entsprechend zugeschnitten. Ebenfalls auf farbige Pappe kopiert wird der abgebildete Spielboden, und zwar 4–6 mal. Die Spielanleitung und die Spielfelderbeschreibung werden mehrfach auf normales farbiges Papier kopiert. Gleiches gilt für die „Lösungsblätter" zu den Ereignis- und Wissenskarten (s. Anlage). Die farbliche Unterscheidung der Spielunterlagen ist deshalb wichtig, weil den Schülern dadurch die Übersicht erleichtert wird.

Spielbeginn

Bevor das Spiel beginnt, müssen sich die Teilnehmer zunächst mit dem Spiel und den Spielregeln vertraut machen, damit es später nicht zu unnötigen Verzögerungen kommt. Deshalb ist es wichtig, daß in einem ersten Schritt nur das Spielbrett und die Spielanleitung ausgeteilt und sorgfältig studiert werden. Die Spielfiguren und Würfel werden zunächst zurückgehalten, da viele Schüler erfahrungsgemäß dazu neigen, bereits zu würfeln, noch bevor die Spielregeln verstanden worden sind. Der Lehrer (Spielleiter) hat ferner sicherzustellen, daß die Mitspieler untereinander regeln, wer welches EG-Land repräsentiert und welcher Ländervertreter zu würfeln beginnt. Und er hat dafür zu sorgen, daß in jeder Gruppe einer der Spieler die Protokollführung übernimmt (dies kann – wie erwähnt – auch ein „neutraler Spielbeobachter" tun). Im übrigen steht er während des Spiels bei allen strittigen Fragen als Ratgeber zur Verfügung.

Spielprotokoll

Jeder Gruppe steht ein Protokollformular (s. beiliegende Kopiervorlage) zur Verfügung. Je nachdem, auf welches Spielfeld der erste Spieler kommt, ergibt sich eine bestimmte Punktzahl (Wachstumsrate plus/minus Zu- oder Abschläge), die in das Protokollblatt eingetragen wird. Der nächste Spieler ist an der Reihe – und so fort. Wie viele Spielrunden am Ende absolviert sein werden, hängt davon ab, wann ein Spieler als erster das Ziel erreicht (vgl. Spielanleitung).

Spielauswertung

Nachdem alle Gruppen ihre Spiele beendet haben, äußern sich die Mitspieler zunächst zu ihren Spielerfahrungen und -eindrücken (Was hat Spaß gemacht? Wo hat es eventuell Probleme gegeben? Was konnte gelernt werden? usw.) Der Lehrer teilt ebenfalls eigene Beobachtungen und Problemanzeigen mit, die unter Umständen zusätzliche Impulse zum Nachdenken geben können. Anschießend werden die Wissens- und Ereigniskarten gemeinsam durchgegangen und – soweit erforderlich – besprochen und geklärt. Damit auch die Ereigniskarten Frage- und Problemcharakter gewinnen, kann der Lehrer nach Spielschluß alle Karten einsammeln und den Schülern jeweils nur das einleitende wirtschaftspolitische Ereignis vorlesen. Die Aufgabe der Schüler ist es, zu entscheiden bzw. zu vermuten, ob sich dieses Ereignis positiv oder negativ auf den Wachstumsprozeß auswirkt. Falls Fehler oder Lücken auftreten, muß der Lehrer den nötigen fachlichen „Nachhilfeunterricht" erteilen.

III. Materialien für die Teilnehmer

Spielanleitung

Spielidee

Im Verlauf des Würfelspiels nehmen die Mitspieler am Auf und Ab der Wirtschaft teil (Konjunkturzyklen). Jeder Spieler repräsentiert ein EG-Land und versucht, als dessen „Wirtschaftsminister" möglichst hohe Wachstumsraten zu erzielen. Das gelingt mal besser, mal schlechter. Je nachdem, auf welches Feld ein Spieler kommt, werden ihm die darauf notierten Wachstumsraten einschließlich etwaiger Abzüge oder Zuschläge gutgeschrieben (bitte Protokollblatt verwenden). Welche Abzüge oder Zuschläge zu berücksichtigen sind, ergibt sich aus den (roten) „Krisenfeldern", den „Ereigniskarten" und den „Wissenskarten". Wer am Ende unter dem Strich die höchste Gesamtpunktzahl erreicht, hat die erfolgreichste Wirtschafts- und Wachstumspolitik betrieben. Sein Land hat den „Wachstums-Wettstreit" gewonnen.

Mitspieler:

Das Würfelspiel kann mit 4–6 Personen gespielt werden. Jeder Spieler wählt zu Beginn eines der 6 EG-Länder Belgien (B), Italien (I), Frankreich (F), Niederlande (NL), Großbritannien (GB) und Bundesrepublik Deutschland (D). Notfalls kann/ muß gelost werden.

Spielbeginn:

Gestartet wird vom Feld „Start" aus. Entsprechend der gewürfelten Augenzahl wird vorgerückt. Eine „6" berechtigt nicht zu einem weiteren Wurf!

Spielprotokoll:

Einer der Spieler (eventuell auch ein Spielbeobachter) notiert auf dem vorliegenden Protokollblatt die jeweils erzielten Wachstumsraten unter Berücksichtigung etwaiger Abzüge oder Zuschläge. In jeder Spielrunde ist für jeden Mitspieler eine Eintragung zu machen. Muß ein Spieler aussetzen, so wird eine „0" eingetragen.

Krisenfelder:

Kommt ein Mitspieler auf ein „Krisenfeld" (Inflation, Arbeitslosigkeit, Umweltverschmutzung), so erhält er zunächst die angegebene Wachstumsrate gutgeschrieben, muß aber in der/den nächsten Runde(n) entsprechend der Zahl der Punkte aussetzen und erhält jeweils eine „0".

Ereignisfelder:

Wer auf ein Ereignisfeld kommt, muß eine Ereigniskarte ziehen. Darauf sind wirtschaftliche bzw. wirtschaftspolitische Ereignisse notiert, die das Wirtschaftswachstum positiv oder negativ beeinflussen. Der entsprechende Punktwert ist von der Wachstumsrate des besetzten Spielfeldes abzuziehen oder hinzuzurechnen.

Wissensfelder:

Wer auf ein Wissensfeld kommt, muß eine Wissenskarte ziehen und die darauf gestellte Frage beantworten. Wird die Frage richtig beantwortet, so erhält der betreffende Spieler 2 Zusatzpunkte; wird sie falsch oder unvollständig beantwortet, so werden ihm 2 Punkte abgezogen (über „richtig" oder „falsch" entscheiden die Mitspieler und – in Zweifelsfällen – der Spielleiter).

Spielende:

Das Spiel ist beendet, wenn ein Spieler mindestens bis zum Feld „Ziel" vorrücken darf. Für seinen „Erfolg" erhält er 6 Zusatzpunkte. Die übrigen Spieler schließen die laufende Spielrunde noch ab, so daß jeder Spieler gleich viele Spielrunden absolviert hat.

Gewinner:

Gewonnen hat derjenige Spieler, der in der Addition sämtlicher Spielrunden-Ergebnisse die höchste Punktzahl erreicht (siehe Protokollblatt). Sein Land hat das wirtschaftliche Auf und Ab am erfolgreichsten überstanden.

Spielaufsicht:

Die Spielaufsicht liegt in der Regel bei einem „neutralen Spielbeobachter" (Mitschüler). Dieser kontrolliert die Beantwortung der Wissensfragen (s. Übersichtsblatt der Wissenskarten) und trägt die jeweiligen Ergebnisse ins „Protokollblatt" ein!

Protokollblatt

Spiel-runde	Spieler für Belgien	Spieler für Italien	Spieler für Frankreich	Spieler für die Niederlande	Spieler für Groß-britannien	Spieler für die Bundes-republik Deutschland
1						
2						
3						
4						
5						
6						
7						
8						
9						
10						
11						
12						
13						
14						
15						
16						
17						
18						
19						
20						
21						
22						
23						
24						
25						
26						
27						
28						
29						
30						
Summe						

Ereigniskarten

Die Regierung Deines Landes hat die Mehrwertsteuer um 2 % angehoben, um die Staatsverschuldung zu verringern. Das bremst die Wirtschaftstätigkeit.	−3
Die Regierung Deines Landes hat 8 Mrd. DM zur Verbesserung des Umweltschutzes bereitgestellt. Das schützt nicht nur die Umwelt, sondern kurbelt auch die Wirtschaft an.	+4
Die Zentralbank Deines Landes hat den Leitzins (Diskontsatz) um 1 % angehoben, um den Geldumlauf zu drosseln. Dadurch werden die Kredite teurer; die Wirtschaftstätigkeit wird gebremst.	−2
Die Exporte Deines Landes in die übrigen EG-Länder haben wegen der herrschenden Wirtschaftsflaute abgenommen. Das bremst die Produktion in den Exportbranchen und wirkt sich negativ aufs Wirtschaftswachstum aus.	−2
Die Regierung Deines Landes hat ein Wohnungsbauprogramm mit einem Investitionsvolumen von 10 Mrd. DM beschlossen. Das belebt die Baukonjunktur und fördert das Wirtschaftswachstum.	+3
Die OPEC-Länder haben den Preis für Rohöl um 20 % angehoben. Das verteuert die Produktion in Deinem Land und schmälert die Kaufkraft der Haushalte. Das Wirtschaftswachstum wird gebremst.	−2
Die Regierung Deines Landes hat die Lohn- und Einkommenssteuer gesenkt. Dadurch wird die Nachfrage nach Konsum- und Investitionsgütern belebt, die Wachsstumsaussichten der Wirtschaft verbessern sich.	+2
Die Regierung Deines Landes gewährt neuerdings 10 % Zulage auf alle Investitionen, die der Schaffung neuer Arbeitsplätze dienen. Dadurch soll die Investitions- und Wirtschaftstätigkeit belebt werden.	+3
Die Zentralbank Deines Landes hat im letzten Jahr einen Gewinn von 9 Mrd. DM erzielt. Der Regierung stehen damit zusätzliche Mittel zur Finanzierung wichtiger Ausgabenprogramme zur Verfügung.	+2
Beim letzten Wirtschaftsgipfel der EG sind tiefe Meinungsverschiedenheiten bezüglich der zukünftigen Wirtschaftspolitik aufgetreten. Der Europäischen Gemeinschaft droht eine Krise.	1 × aussetzen
Die Regierung Deines Landes hat die geplante Verschärfung verschiedener Umweltschutzgesetze zurückgenommen, weil sie bei den bevorstehenden Wahlen Stimmenverluste fürchtet.	1 × aussetzen
Die Währung Deines Landes wurde bei der letzten Wechselkursanpassung der EG-Länder um durchschnittlich 5 % aufgewertet. Das verteuert die Exporte und wirkt sich nachteilig auf das Wirtschaftswachstum aus.	−2
Die Zentralbank deines Landes kauft Wertpapiere und erhöht dadurch den Geldumlauf in der Wirtschaft. Die Zinsen sinken, und die Wachstumsaussichten verbessern sich.	+1
Die USA und Kanada haben Importbeschränkungen beschlossen. Das erschwert Exporte in diese Länder und bremst das Wirtschaftswachstum.	−3
Die Regierung Deines Landes hat trotz mehrjähriger Hochkonjunktur die Arbeitslosigkeit nicht vermindern können!	1 × aussetzen
Die asiatischen Industrieländer (Japan, Südkorea, Taiwan usw.) haben in Deinem Land im letzten Jahr kräftige Verkaufszuwächse erzielt. Das wirkt sich nachteilig aufs Wirtschaftswachstum aus.	−2

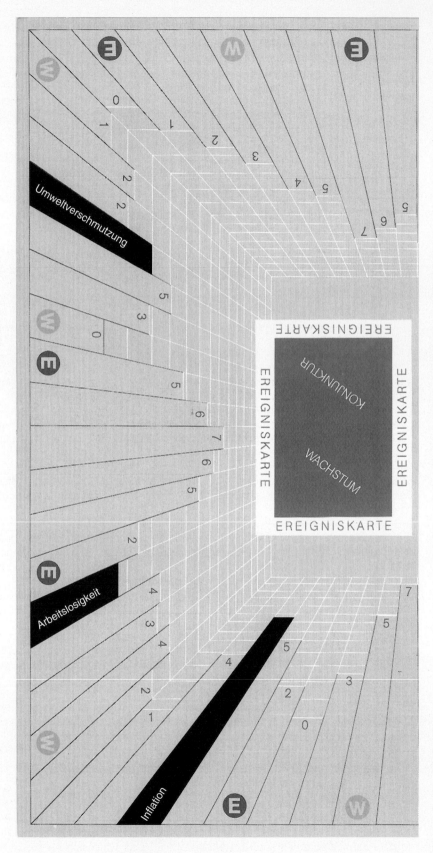

Quelle: Deutscher Sparkassenverlag, Stuttgart

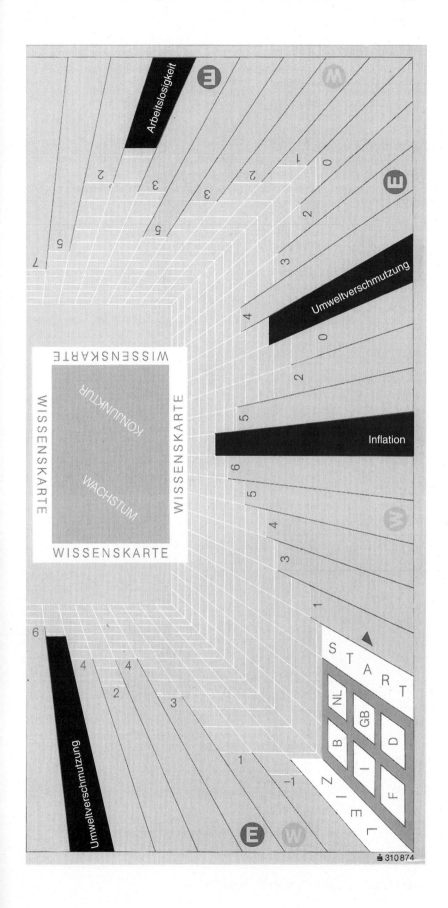

Wissenskarten

Wie nennt man die Abschwungphase im Konjunkturverlauf?	Rezession
Wie heißt der gegenwärtige Präsident der Deutschen Bundesbank?	aktuell ermitteln; (1993: Schlesinger)
Nenne mindestens drei der vier wirtschaftspolitischen Kernziele, die im sogenannten „Magischen Viereck" zusammengefaßt sind!	Preisstabilität, Vollbeschäftigung, Wachstum, außenwirtschaftliches Gleichgewicht
Welche volkswirtschaftliche Größe wird in aller Regel herangezogen, wenn das Wirtschaftswachstum angegeben wird?	Bruttosozialprodukt
Ist die Deutsche Bundesbank von den Weisungen der Bundesregierung abhängig?	nein, sie ist autonom
Wie heißt der gegenwärtige Wirtschaftsminister der Bundesrepublik Deutschland?	aktuell ermitteln; (1993: Rexrodt)
Welche der folgenden wirtschaftspolitischen Maßnahmen sind geeignet, das Wirtschaftswachstum zu beleben? (Steuererhöhung, Investitionszulage, Wohnungsbauförderung, Ausgabendrosselung)	Investitionszulage und Wohnungsbauförderung
Nenne zwei wichtige Leitzinssätze, mit denen die Deutsche Bundesbank das Wirtschaftsgeschehen (den Geldumlauf) zu steuern versucht!	Diskontsatz, Lombardsatz
Wieviel Arbeitslose wurden im Durchschnitt des Jahres 1992 in Westdeutschland offiziell registriert? (1,2 Mio; 1,8 Mio; 2,4 Mio; 3,0 Mio)	aktuell ermitteln; (1,8 Millionen)
Wie heißt das 1967 in Kraft getretene „Grundgesetz der bundesdeutschen Wirtschaftspolitik"?	Stabilitätsgesetz
Wie nennt man das zyklische Auf und Ab der Wirtschaft?	Konjunktur
Wenn die Kaufkraft des Geldes sinkt, spricht man von ...	Inflation
Wie hoch lag im Jahre 1992 das westdeutsche Bruttosozialprodukt (BSP zu Marktpreisen)? (500 Mrd. DM; 1,6 Bio. DM; 2,8 Bio. DM)	2,8 Billionen DM
In welcher Konjunkturphase ist die Inflationsgefahr größer, in der Hochkonjunktur oder im Konjunkturtal?	in der Hochkonjunktur
Welche Institution (Behörde) ist in der Bundesrepublik Deutschland vorrangig für die Inflationsbekämpfung zuständig?	die Deutsche Bundesbank
Mit welchen beiden Fachbegriffen werden die Handelsströme zwischen In- und Ausland benannt?	Export und Import

Bodo Steinmann
Sozialprodukt und Wachstum
(Simulation mit Spielelementen)

I. Allgemeine Angaben

1. Gegenstand/Lernziele

In dieser Simulation soll durch einen spielerischen Einstieg die Basis gelegt werden für eine mit Lernenden gemeinsame Erarbeitung der Begriffe Sozialprodukt und Volkseinkommen sowie der Begriffe des nominellen und realen Wachstums.

Die Kenntnis dieser Begriffe wird benötigt, um gesamtwirtschaftliche Zusammenhänge zu analysieren, aber auch um sich mit der Wachstumsorientierung der Wirtschaft kritisch auseinandersetzen zu können.

2. Ablauf

An dieser Simulation nehmen bis zu zehn Unternehmen teil, die einfach oder mehrfach besetzt werden können, so daß die ganze Klasse beteiligt ist.

Für die Begriffe Sozialprodukt und Volkseinkommen ist eine Simulationsrunde erforderlich mit zehn Einzelschritten. Diese sind in den Vorgaben für die Teilnehmer(innen) detailliert beschrieben, wobei einige Schritte von den Lernenden allein, einige mit Unterstützung der Simulationsleitung (der Lehrerin/des Lehrers) durchgeführt werden.

Zur Ermittlung der Begriffe des nominellen und realen Wachstums schließt sich eine zweite Simulationsrunde mit acht Einzelschritten an.

3. Einsatzmöglichkeiten

Die Simulation eignet sich für Lernende ab Sekundarstufe I und läßt sich mit einer Großgruppe (bis zu 30 Schülern) durchführen. Sie ist ein möglicher Einstieg in die Thematik der gesamtwirtschaftlichen Entwicklung und Zusammenhänge sowie in die Auseinandersetzung mit der Wohlstandsgesellschaft.

Beide Runden lassen sich im Rahmen der normalen Unterrichtsorganisation mit etwa je 45 Minuten realisieren.

II. Spezielle Angaben zur Unterstützung des Ablaufs

1. Vorbereitung

Jedes Unternehmen muß mindestens eine Simulationsvorlage erhalten sowie einen Zettel zur Preisabgabe und ein Unternehmensschild. Beide sind mit der Nummer des Unternehmens zu beschriften (U1 bis U...). Nach Möglichkeit sollte jedes Unternehmen darüber hinaus über einen Taschenrechner verfügen. Auf der ersten Seite der Simulationsvorlage ist die Zahl der Konkurrenten (je nach Klassenstärke Zahl der teilnehmenden Unternehmen ./. 1) einzutragen sowie zusammen mit den Unternehmen das hergestellte Produkt zu benennen. Alle Unternehmen produzieren ein völlig identisches Produkt und haben auch gleiche Kosten.

2. Durchführung

Der Ablauf der Simulation erfordert in einigen Schritten die Mitwirkung des Simulationsleiters. Diese Schritte können auch mit Hilfe vergrößerter Folien am Overheadprojektor durchgeführt werden.

Bei (4) der 1. Runde kann eine gedankliche Erweiterung des Sozialprodukts über die Simulation hinaus erfolgen:

- Vorleistungsunternehmen / Handel
- Alle weiteren Produkte und Dienstleistungen einer Volkswirtschaft
- Staatsbeitrag = Kosten (Abgabe von Leistungen ohne direktes Entgelt)
- Kein Beitrag der privaten Haushalte (Ausnahme: Angestellte im Haushalt)

3. Nachbereitung

Die Ergebnisse können mit der Realität, in der nicht nur (bis zu) zehn Unternehmen einer Branche ihren Beitrag zum Sozialprodukt und Wachstum leisten, verglichen werden (Institut der Deutschen Wirtschaft: Zahlen zur wirtschaftlichen Entwicklung der Bundesrepublik Deutschland). Im Anschluß an die Begriffsbestimmungen lassen sich Probleme des Sozialproduktsindikators sowie Begründungen des Wachstumsziels behandeln.

III. Materialien für die Teilnehmer

1. Runde

(1) Ihr produziert in Eurem Unternehmen, für das Ihr ein Schild mit der Unternehmensnummer aufstellen müßt, das Produkt ☐ .

Ihr müßt für jedes Stück **Material** im Werte von DM 30,– von anderen Unternehmen kaufen. Die **sonstigen Kosten** [Abschreibungen (10,–), Steuern (10,–), Löhne (35,–), Zinsen (5,–)] betragen pro Stück DM 60,–, so daß sich die **gesamten Stückkosten** auf DM 90,– belaufen.

Die Händler kaufen **insgesamt** Produkte für DM 1 Mio. Sie zahlen jedoch höchstens einen **Preis pro Stück** von DM 100,–. Liegt Euer Preis höher, kaufen sie im Ausland.

In Eurem Land gibt es noch ☐ weitere Unternehmen, die das gleiche Produkt herstellen.

Die **Aufteilung der Nachfrage** der Händler von DM 1 Mio auf die Unternehmen des Landes erfolgt entsprechend den von den Unternehmen geforderten Preisen.

Dabei erhält das Unternehmen, das den höchsten Preis fordert, einen Punkt. Ein Unternehmen, das einen niedrigeren Preis verlangt, also konkurrenzfähiger ist, erhält je DM, die sein Preis unter dem Höchstpreis liegt, einen zusätzlichen Punkt. Die Zahl der Punkte ist somit entscheidend für den Anteil, den ein Unternehmen am Markt hat.

Es ist Eure **Aufgabe**, den Preis festzulegen, den Ihr für Euer Produkt fordern wollt und auf einem Zettel der Leiterin/dem Leiter mitzuteilen.

Euer **Ziel** besteht darin, einen möglichst hohen Gewinn zu erwirtschaften. Bedenkt bei der Preisfestsetzung, daß ein niedriger Preis den Gewinn pro Stück schmälert und daß ein hoher Preis die Konkurrenzfähigkeit gefährdet.

(2) Jetzt wird gemeinsam mit der Leiterin/dem Leiter der **Gewinn ermittelt**:

Unternehmen Daten	U1	U2	U3	U4	U5	U6	U7	U8	U9	U10
Preis in DM										
Punkte für Konkurrenzfähigkeit										
Marktanteil – als Bruch – in % (gerundet)										
Umsatz in 1 000 DM										
Absatz in Stück										
Gewinn (Verlust) pro Stück										
Gesamtgewinn (-verlust)										

Gewinner: U_____   U_____   U_____

(3) Mit der Herstellung von Gütern leistet Ihr einen **Beitrag zum Sozialprodukt** Eures Landes.

Ihr seid verpflichtet, diesen Beitrag dem Statistischen Amt zu melden.

Gebt diesem Amt (Leiterin/Leiter) deshalb Eure **Umsätze***) bekannt. Damit es nicht zu Doppelzählungen kommt (denn auch die Unternehmen, von denen Ihr das Material für Eure Produkte eingekauft habt, melden ebenfalls ihre Umsätze), müßt Ihr die **Vorleistungen** abziehen.

Umsätze	....	
./.Vorleistungen	_____	30,– x Absatz in Stück
Beitrag zum Sozialprodukt	_____	

(4) Jetzt läßt sich gemeinsam mit dem Statistischem Amt das **Sozialprodukt** ermitteln:

	U1	U2	U3	U4	U5	U6	U7	U8	U9	U10	Sozial-Produkt
Beitrag zum Sozialprodukt											

Gewinner: U _____ U _____ U _____

(vgl. mit Gewinner 2)

(5) Das Sozialprodukt (besser: **Brutto**sozialprodukt) stellt nicht in vollem Umfang einen **Zuwachs** an Gütern dar. Ein Teil der bei der Produktion eingesetzten Maschinen verliert an Wert (verschleißt); ein Teil muß ersetzt werden. Dafür werden Abschreibungen gemacht.

Damit nun das **Netto**sozialprodukt ermittelt werden kann, müßt Ihr dem Statistischen Amt die **Abschreibungen** mitteilen.

Abschreibungen:	....	10,– x Absatz in Stück

(6) Jetzt läßt sich gemeinsam mit dem Statistischen Amt das **Nettosozialprodukt** ermitteln.

											Bruttosozialprodukt	
	U1	U2	U3	U4	U5	U6	U7	U8	U9	U10		
Ab-schrei-bungen												./.
											Nettosozialprodukt	

---

*) Wenn Veränderungen des **Warenlagers** (Erhöhung oder Verringerung des Bestandes) stattgefunden hätten, müßtet Ihr dies auch mitteilen; denn für den Beitrag zum Sozialprodukt kommt es natürlich auf die Produktion von Gütern an, nicht auf den Verkauf.

(7) Vom Nettosozialprodukt (besser: Nettosozialprodukt zu **Marktpreisen**) ist es nur noch ein kleiner Schritt zum **Volkseinkommen**, dem Nettosozialprodukt zu **Faktorkosten**. Die Einnahmen, die Ihr für Euren Beitrag zum Nettosozialprodukt zu Marktpreisen erhalten habt, kommen nicht vollständig denen zugute, die den Beitrag geleistet haben, den sog. **Produktionsfaktoren**, wie der Arbeit, dem Kapital/Boden und der Unternehmerleistung. Die sogenannten **indirekten Steuern** (das sind Steuern, die in die Kostenrechnung eingehen, insbesondere die Mehrwertsteuern), die ja beim Verkauf im Preis enthalten sind, müssen noch abgezogen werden, denn die könnt Ihr nicht als Einkommen verteilen; Ihr müßt sie an das Finanzamt abführen.*)

Teilt die Höhe dieser Steuern auch noch dem Statistischen Amt mit.

Indirekte Steuern	10,– x Absatz in Stück

(8) Jetzt könnt Ihr gemeinsam mit dem Statistischen Amt das **Nettosozialprodukt zu Faktorkosten – das Volkseinkommen** – ermitteln.

											Bruttosozialprodukt zu Marktpreisen	
											./. Abschreibungen	
											Nettosozialprodukt zu Marktpreisen	
	U1	U2	U3	U4	U5	U6	U7	U8	U9	U10		
In- direkte Steuern												./.
											Nettosozialprodukt zu Faktorkosten = Volkseinkommen	

(9) Euren **Beitrag zum Volkseinkommen** könnt Ihr natürlich auch ermitteln, wenn Ihr alle Einkommen, die bei der Produktion in Euren Unternehmen entstanden sind, zusammenzählt:

Lohneinkommen	....	35,– x Absatz in Stück
Zinseinkommen	....	5,– x Absatz in Stück
Gewinneinkommen		s. Gewinnermittlung
Einkommen insgesamt	....	

Teilt die Höhe des Einkommens dem Statistischen Amt mit.

(10) Jetzt könnt Ihr gemeinsam mit dem Statistischen Amt das **Volkseinkommen****) errechnen.

											Volks- einkommen
	U1	U2	U3	U4	U5	U6	U7	U8	U9	U10	
Ein- kom- men											

---

*) Am Rande sei vermerkt: Wenn der Staat Euch Subventionen zahlen würde, damit Ihr niedrigere Preise am Markt nehmen könntet, dürftet Ihr diese natürlich von den Steuern abziehen.

) Dies ist das Einkommen, das bei der Produktion im **Inland entstanden ist. Das Volkseinkommen (bzw. das Sozialprodukt) bezieht sich – **genau genommen** – auf die von **Inländern** erzielten Einkommen (erwirtschafteten Güter), so daß die Einkommen, die Inländer im Ausland erzielt haben, eigentlich hinzugezählt und Einkommen, die Ausländer im Inland verdient haben, abgezogen werden müßten. Hierbei – leider nur hierbei – zählen Gastarbeiter als Inländer.

2. Runde: Die Wirtschaft wächst

(1) Gegenüber der 1. Runde nehmen die Händler **insgesamt** statt bisher für 1 Mio für 1,2 Mio DM Eures Produktes ab.

Der **Preis**, den sie höchstens zahlen, steigt von 100,– auf 110,– DM. Im übrigen gelten die gleichen Bedingungen wie in der 1. Runde.

Legt den Preis fest, den Ihr für Euer Produkt fordern wollt und reicht ihn auf einem Zettel der Spielleiterin/dem Spielleiter ein.

(2) Jetzt könnt Ihr gemeinsam mit der Leiterin/dem Leiter den **Gewinn** dieser 2. Runde **ermitteln**:

Unternehmen Daten	U1	U2	U3	U4	U5	U6	U7	U8	U9	U10
Preis in DM										
Punkte für Konkurrenzfähigkeit										
Marktanteil – als Bruch – in % (gerundet)										
Umsatz in 1 000 DM										
Absatz in Stück										
Gewinn (Verlust) pro Stück										
Gesamtgewinn (-verlust)										

Gewinner dieser Runde: U _____   U _____   U _____
Gewinner beider Runden: U _____   U _____   U _____
                                         Addition der Rundengewinne

(3) Errechnet für diese Runde Euren **Beitrag zum Sozialprodukt** und teilt ihn dem Statistischen Amt mit:

Umsätze	....	
./.Vorleistungen	_____	30,– x Absatz in Stück
Beitrag zum Sozialprodukt	....	

(4) Jetzt könnt Ihr gemeinsam mit dem Statistischen Amt das **Sozialprodukt** der 2. Runde ermitteln:

Beitrag zum Sozialprodukt	U1	U2	U3	U4	U5	U6	U7	U8	U9	U10	Sozial-Produkt

Gewinner dieser Runde   U _____   U _____   U _____
Gewinner beider Runden   U _____   U _____   U _____
(vgl. mit Gewinner 2)   Addition der Rundenergebnisse

(5) Gemeinsam mit dem Statistischen Amt könnt Ihr das **Wachstum des Sozialprodukts** bestimmen:

Sozialprodukt	
1. Rde.	2. Rde.
(1)	(2)
....	....

So rechnet Ihr

$$\frac{(2) \dots\dots\dots}{(1) \dots\dots\dots} \times 100 = \dots\dots\dots \quad (3)$$

(3) .... − 100 = ... (4)

Das Wachstum (des Sozialprodukts) beträgt .... % (4)

(6) Ist das Wachstum tatsächlich so hoch? **Nominell** ist es bestimmt so hoch, wenn Ihr richtig gerechnet habt, aber **real**?

Nicht nur die Güterversorgung hat sich von der 1. Runde zur 2. Runde verändert, sondern auch die Preise haben sich verändert, – und diese Preisveränderungen müssen herausgerechnet werden, damit das reale Wachstum erkennbar wird, die **Verbesserung der Güterversorgung**.

Zu diesem Zweck müßt Ihr Euren Beitrag zum Sozialprodukt der 2. Runde noch einmal errechnen, und zwar **preisbereinigt**, d. h. Ihr müßt so tun, als ob die Preise der 1. Runde auch in der 2. Runde gelten würden. Ihr habt bei der Gewinnermittlung (2) den Absatz in Stück errechnet. Diesen multipliziert Ihr nun mit dem Preis der 1. Runde; Ihr erhaltet jetzt einen neuen Wert für den Umsatz (einen Umsatz, den Ihr in der 2. Runde gehabt hättet, wenn sich die Preise aus der 1. Runde nicht verändert hätten). Wenn Ihr von diesem Umsatz die Vorleistungen abzieht, dann erhaltet Ihr den Wert Eures **realen Beitrags zum Sozialprodukt**.

Absatz in Stck. (2. Runde) × Preis (1. Runde)	
= ‚Realer' Umsatz	....
./. Vorleistungen	....
Realer Beitrag zum Sozialprodukt	===================

(7) Jetzt könnt Ihr wiederum gemeinsam mit dem Statistischen Amt das **reale Sozialprodukt** der 2. Runde ermitteln

	U1	U2	U3	U4	U5	U6	U7	U8	U9	U10	Sozial-Produkt
Beitrag zum Sozialprodukt											

Wer hat den größten Beitrag zum realen Sozialprodukt geleistet?

Gewinner: U _____ U _____ U _____

(vgl. mit der Rangfolge beim nominellen Sozialprodukt – gibt es Unterschiede?)

(8) Gemeinsam mit dem Statistischen Amt könnt Ihr jetzt das **reale Wachstum** ermitteln:

Sozialprodukt	
1. Rde.	2. Rde. **real**
(1)	(2) ....

So rechnet Ihr

$$\frac{(2) \ldots\ldots}{(1) \ldots\ldots} \times 100 = \ldots\ldots \quad (3)$$

(3) .... – 100 = ... (4)

Das reale Wachstum (des Sozialprodukts)
beträgt .... % (4)

Vergleicht das Ergebnis mit dem nominellen Wachstum (des Sozialprodukts).

Birgit Weber
Die Wachstumskontroverse (Konferenzspiel)

I. Allgemeine Angaben

1. Gegenstand/Lernziele

Das Konferenzspiel „Die Wachstumskontroverse" hat die Auseinandersetzung um das Wirtschaftswachstum zum Gegenstand. Dabei erfahren die Lernenden einerseits, daß für die Begründung des Wirtschaftswachstums im wesentlichen fünf gesellschaftliche und ökonomische Ziele angeführt werden:

- Verbesserung der Güterversorgung,
- Schaffung von Arbeitsplätzen,
- Erleichterung der Einkommensver- und -umverteilung,
- Erleichterung der Finanzierung gesellschaftlicher Aufgaben,
- Systemstabilität.

Andererseits lernen sie Argumente der Wachstumskritiker kennen, die bei Übereinstimmung in den allgemeinen Zielen davon ausgehen, daß diese Ziele entweder mit Wachstum nicht zu erreichen sind oder auch mit anderen Mitteln, die solche negativen Auswirkungen auf die natürliche und soziale Umwelt und Ressourcen nicht haben, erreicht werden können.

2. Ablauf

Am Konferenzspiel nehmen teil:

- Pro-Partei
- Contra-Partei
- Reporter/innen.

Der Spielablauf gliedert sich in 4 Phasen.

1) In den Fraktionssitzungen setzen sich die Gruppen mit den bereitgestellten Informationen zur Befürwortung und Kritik des Wachstums auseinander und stellen Argumente zur Stützung ihrer Position zusammen,
2) Die Debatte dient der Austragung der Argumente.
3) In der Auswertung zeigen die Reporter/innen auf, welche Partei ihre Argumente inhaltlich und rhetorisch am besten vertreten hat.
4) Abschließend werden die Argumente gegenübergestellt.

3. Einsatzmöglichkeiten

Das Konferenzspiel zur Wachstumskontroverse ist geeignet für die Lernenden der Sekundarstufe II im Rahmen der Thematik wirtschaftspolitischer Zielsetzungen und ihrer Begründungen. Es kann eingesetzt werden, nachdem sich die Lernenden mit dem Begriff und der Bestimmung des Wirtschaftswachstums auseinandergesetzt haben. Zur Durchführung wird eine Doppelstunde benötigt.

II. Spezielle Angaben zur Unterstützung des Ablaufs

Zur **Vorbereitung** müssen Gruppen gebildet werden und Teilnehmervorlagen in ausreichender Zahl bereitgestellt werden.

Während der **Durchführung** achten die Lehrenden auf die Einhaltung der Zeit während der einzelnen Phasen. Sie leisten während der Fraktionssitzung bei Unklarheiten Hilfestellung und übernehmen während der Debatte die Diskussionsleitung als Parlamentspräsident.

Auf der Grundlage der **Auswertung** durch die Reporter/innen geht die an Punkten stärkste Partei als Siegerin hervor.

Da in solchen Spielen Argumente durch die Lernenden unterschiedlich gewichtet und angewendet werden, ist eine **Gegenüberstellung** der einzelnen Positionen notwendig. Die folgende Übersicht dient der Hilfestellung für die Gegenüberstellung.

	PRO	CONTRA
Verbesserung der Güterversorgung	Wachstum ist die Konsequenz individueller Zielvorstellungen nach materiellem Wohlstand und der Priorität des Lebensstandards gegenüber der freien Zeit; Wachstum ist die Voraussetzung zur Erhöhung der Möglichkeiten der Güterauswahl in den Industrieländern und zur Befriedigung der Grundbedürfnisse in den Entwicklungsländern. Auch die ärmeren Bevölkerungsgruppen profitieren von den Sickereffekten des Wachstums.	Die Wachstumsauswirkungen sind nicht unabhängig vom erreichten wirtschaftlichen Niveau. Das Problem der Unterversorgung bestimmter Gruppen in den Industrieländern wäre auch durch eine andere Verteilung zu lösen. Zudem gibt es nicht-käufliche Güter, die durch Wirtschaftswachstum nur in veränderter Qualität oder sogar gar nicht mehr genossen werden können wie z. B. reine Luft und unbelastetes Trinkwasser.
Schaffung von Arbeitsplätzen	Durch Ausdehnung der Investitionen werden über Multiplikator- und Akzeleratoreffekte Arbeitsplätze geschaffen. Durch die Erleichterung des Strukturwandels können Arbeitskräfte eher umgesetzt werden.	Entwicklungen der Produktivität, des Arbeitsangebots und der Arbeitszeit beeinflussen ebenfalls den Beschäftigungsstand. In bestimmten Situationen kann Vollbeschäftigung somit auch ohne Wachstum realisiert werden.
Erleichterung der Einkommens(um)verteilung	Wachstum erleichtert die Einkommensverteilung und -umverteilung sowie regionale, sektorale und generationale Verschiebungen durch Nutzung der Zuwächse.	Wachstum ist nur in frühen Entwicklungsphasen ein Substitut für Verteilung. Durch Wachstum entstehen jedoch neue Knappheiten im Bereich der Positionsgüter (Statuspositionen, Haus im Grünen, Fernreisen in unberührte Landschaft).
Erleichterung der Finanzierung gesellschaftlicher Aufgaben	Wachstum ermöglicht über Einnahmenszuwächse der öffentlichen Kassen die Erfüllung neuer und alter Aufgaben: Entwicklungshilfe, Sozialhilfe und Umweltschutz. Ohne Zurückdrängung privater Konsumausgaben und Investitionen können die Zuwächse genutzt werden.	Die nachträgliche Verwendung ist kontraproduktiv, die Zielverfolgung sollte eher in der Einkommensentstehung verankert werden: Arbeitsplätze statt Sozialhilfe, Handel statt Entwicklungshilfe, Vermeidung statt Beseitigung der Umweltbelastung. Trotz steigender Wachstumsraten haben Entwicklungshilfe und Ausgaben der öffentlichen Kassen für den Umweltschutz nicht zugenommen. Die Abstände zwischen armen und reichen Ländern haben sich zudem vergrößert.
Stabilisierung des Wirtschaftssystems	Die Marktwirtschaft braucht Investitionen zur Beibehaltung der Stabilität, weil die Einkommens- und Kapazitätseffekte der Investitionen auseinanderfallen. Es sind also jeweils neue Investitionen erforderlich, die die in der Vorperiode erzeugte Kapazität auslasten.	Wenn das Angebot größer ist als die Nachfrage, könnten auch die Preise sinken, um das Angebot abzunehmen. Investitionen tragen zwar zur Stabilität bei, fraglich ist, ob bei steigenden Kosten des Wachstums nicht auch die Systemstabilität gefährdet werden kann. Durch Wachstumsverringerung werden Gewinn und Wettbewerb als Anreizkräfte des Systems nicht außer Kraft gesetzt.

Denkbare Weiterführung: Auseinandersetzung mit den negativen Folgen des Wirtschaftswachstums.

III. Materialien für die Teilnehmer

Die Wachstumskontroverse
Aktuelle Stunde im Parlament

1. Ausgangssituation

Im Parlament herrscht Uneinigkeit über die Ziele der Wirtschaftspolitik. Der Streit macht sich fest an der Frage des Wachstums. Während die „Pro-Partei" Wachstum zur Voraussetzung für die Erreichung gesamtwirtschaftlicher Ziele, z. B.:

1. Verbesserung der Güterversorgung;
2. Schaffung von Arbeitsplätzen;
3. Erleichterung der Einkommensverteilung und -umverteilung;
4. Ermöglichung von gesellschaftlichen Aufgaben wie z. B. Umweltschutz, Entwicklungsförderung;
5. Stabilisierung des Wirtschaftssystems

erklärt, bezweifelt die „Contra-Partei" diese positiven Zusammenhänge und kritisiert die Annahme, durch Wachstum würde der Wohlstand erhöht.

ReporterInnen bewerten, ob die Pro-Partei ihre Position stützen und die Contra-Partei deren Argumente entkräften kann.

2. Spielablauf

Fraktionssitzung (45 Minuten)

Aufgaben der Parteien	Aufgaben der ReporterInnen:
• Die Mitglieder der Pro-Partei (Contra-Partei) lesen die Argumente „Pro Wachstum" („Contra Wachstum"), und klären Verständnisfragen mit dem/der SpielleiterIn. • Je 1–2 VertreterInnen befassen sich als Vorbereitung auf die Debatte mit der Begründung bzw. Kritik eines Zusammenhangs und seiner Darstellung. Sie vertreten in der anschließenden Debatte als die spezialisierten, von der Partei bestimmten ParlamentsausschußvertreterInnen diesen Zusammenhang. • Beachtung der Redezeit: Das Statement pro Zusammenhang beträgt je Partei höchstens 2 Minuten, Ergänzungen bis zu 1 Minute sind möglich.	• Die ReporterInnen setzen sich mit dem Wertungsschema auseinander (ANLAGE) • Sie lesen die Argumente „Pro und Contra Wachstum". • Je 1–2 ReporterInnen befassen sich in Vorbereitung auf die Debatte mit der Beurteilung speziell eines Zusammenhangs.

Debatte (25 Min.)

In der Debatte werden die Zusammenhänge in der eingangs erwähnten Reihenfolge diskutiert. Die Diskussion zu den einzelnen Punkten geschieht nach folgendem Schema:

- Statement der Pro-Partei (bis zu 2 Min.)
- Statement der Contra-Partei (bis zu 2 Min.)

Sind die Positionen auf diese Weise ausgetragen, können nach einer kurzen Pause die Argumente bei Bedarf ergänzt werden; Ergänzungsstatements sollten 1 Minute pro Partei und je Zusammenhang nicht überschreiten.

Währenddessen bewerten die ReporterInnen die Statements und Ergänzungen. Dabei erhalten sowohl die WachstumsbefürworterInnen als auch die WachstumskritikerInnen je nach Überzeugungskraft bis zu 3 Punkte.

Auswertung (10 Min.)

Nach kurzer Pause geben die ReporterInnen ihre Wertung bekannt und begründen sie. Durch die Summierung der Punkte je Partei wird die argumentativ und inhaltlich stärkste Partei bestimmt.

Info: Pro-Partei

1. Mehr Wachstum = mehr Güter und Dienstleistungen = mehr Wohlstand

Diese oben genannte Gleichung war lange Zeit gültig; heute setzt man dahinter ein Fragezeichen. Nach wie vor ist aber richtig: Mehr Güter und Dienstleistungen erlauben den Bürgern, ihre Bedürfnisse besser zu befriedigen. Steigerungen des realen BSP bieten nicht nur ein Mehr an Konsumgütern (entweder sofort oder über Investitionen später sogar in erhöhtem Umfang), sie weiten ebenfalls die Auswahlmöglichkeiten der Konsumenten aus. Neben einer breiten Palette bekannter Produkte stehen neue Produkte zur Verfügung. Das ist in den Industriestaaten von hoher Bedeutung. Hingegen geht es den Entwicklungsländern um die Deckung der elementarsten Bedürfnisse: ausreichende Nahrung, Kleidung, Unterkunft, ein Minimum an schulischer Bildung und ärztlicher Versorgung. Angesichts ihrer Not ist materieller Güterzuwachs ein Gebot. Aber auch in den Industriestaaten gibt es noch Armut im existentiellen Sinn. Allgemeines Wirtschaftswachstum kann auch in diesen Ländern den Ärmsten weiterhelfen, selbst wenn sie unterdurchschnittlich daran teilhaben.

2. Mehr Wachstum = mehr Arbeitsplätze

Eine wachsende Wirtschaft schafft neue Arbeitsplätze. Das stimmt solange, wie sich die Arbeitsproduktivität nicht erhöht. Können dieselben Arbeiter jedoch in der gleichen Zeit mehr Güter produzieren, entstehen neue Arbeitsplätze nur dann, wenn das Wirtschaftswachstum den Produktivitätsfortschritt übersteigt. Der Rest des Wachstums dient der Sicherung der vorhandenen Beschäftigung.

Das hohe Niveau der Arbeitsproduktivität in den Industrieländern ist das Ergebnis einer immer kapitalintensiveren Produktionsweise. Zur Schaffung eines Arbeitsplatzes bedarf es heute im Durchschnitt einer erheblichen Kapitalausstattung. Neue Arbeitsplätze verlangen hohe Nettoinvestitionen. An beidem fehlt es derzeit: Selbst bei voller Auslastung der vorhandenen Produktionskapazitäten wäre in den zurückliegenden drei Jahren für rund 1,5 Millionen Personen kein Arbeitsplatz vorhanden gewesen. ...

... Eine Strategie des Nullwachstums auf Jahre hinaus nimmt wachsende Arbeitslosigkeit in Kauf. Nicht einmal der Produktivitätsfortschritt würde aufgefangen werden. ... Wir brauchen also Wachstum zur Schaffung von Arbeitsplätzen (denn Arbeitszeitverkürzung wird gering ausfallen, der Produktivitätszuwachs wird oft unterschätzt). (siehe Anhang A)

3. Bessere Verteilungsmöglichkeiten

Wachstum schafft zusätzliches Einkommen und damit einen neuen Verteilungsspielraum. Von den bestehenden Verteilungsrelationen kann man bei der Verteilung des Einkommenszuwachses abweichen, um derart die Einkommensschwächeren oder die weniger Vermögenden allmählich besser zu stellen. Solange alle weiterhin vom Zuwachs profitieren, besteht für diese Korrektur eine reelle Chance. Allerdings wird aber auch bei der Verteilung des alljährlichen Zuwachses genau auf die relativen Positionen der Interessengruppen geachtet. ...

Bleiben in den Tarifverhandlungen die relativen Positionen weitgehend gewahrt, können sich Einkommensschwächere nur absolut verbessern durch Partizipation am allgemeinen Einkommensanstieg. Ohne Wachstum wäre ihnen nicht einmal das sicher. Nullwachstum erschwert einen Konsens in den Tarifverhandlungen. Denn lange hält der Selbstbetrug nicht, den die Tarifparteien begehen, wenn sie die Verteilungskonflikte in die Inflation auflösen. Schwindende Geldillusionen in dieser Hinsicht schließen diesen Lösungsweg. Auch die staatliche Einkommensumverteilung durch Steuern und Transferleistungen vollzieht sich leichter über Einkommenszuwächse. Aufgrund einer progressiven Einkommensbesteuerung schafft Wachstum einen überproportionalen Zuwachs im Steueraufkommen. Zugleich wird mit abnehmender Arbeitslosenzahl und fortschreitender wirtschaftlicher Erholung die Zahl der Unterstützungsberechtigten sinken. Ohne Wachstum schwindet die staatliche Manövriermasse und muß auf eine größere Zahl aufgeteilt werden. Höhere Steuer- und Sozialabgabenlasten und Leistungskürzungen können die Folge sein. Ganz zu schweigen davon, daß die fehlende wirtschaftliche Dynamik zum Argument für eine Umverteilung in die andere Richtung wird.

4. Mehr öffentliche Aufgaben und Leistungen

Heute bilden staatliche Leistungen und öffentliche Güter eine bedeutsame Komponente des Wohlstandes eines jeden Bürgers. In modernen Industriestaaten erfüllt der Staat viele wichtige Aufgaben: Sicherheit, Rechtspflege, Bildungswesen, Gesundheitswesen, soziale Sicherungssysteme und zahlreiche Vorleistungen für die Entfaltung privatwirtschaftlicher Aktivität. (...) Auch der Umweltschutz gehört dazu. Zur Erfüllung dieser Aufgaben muß der Staat Ausgaben tätigen, die er

– sei es heute oder in Zukunft – durch Steuern finanzieren muß. Sein Steueraufkommen kann der Staat jedoch nicht beliebig bestimmen, es hängt von der Wirtschaftsentwicklung im privaten Sektor ab. Über sein Steuermonopol kann er sich aus den Einkommen der Privaten finanzieren, wirtschaftliche Anstrengungen und Einkommenserzielung können aber nicht befohlen werden. Der Staat ist folglich auf Wachstum angewiesen. Neue Aufgaben kann er in der Regel nur wahrnehmen, wenn sein Budget wächst und ihm Ausgaben ermöglicht, die nicht schon seit Jahren für andere Aufgaben eingeplant werden.

Immer stärker treten dafür kulturelle Bedürfnisse und das Bedürfnis nach einer sauberen Umwelt in den Vordergrund. Materielle Sättigung kann als Vorbedingung für diese Entwicklung gelten. Nullwachstum kann an ihr rütteln: Es bringt zunächst keine Verringerung der Umweltbelastungen aus Produktion und Konsum, da beide auf ihrem erreichten Niveau bleiben. Wird keine Erneuerung alter Produktionsanlagen vorgenommen, kann selbst ohne Wachstum die Umweltbelastung steigen. Der Strukturwandel kommt langsamer voran, weil es an ausreichenden Investitionen fehlt. Es werden daher die stärker verschmutzenden Anlagen nur allmählich ersetzt werden. Soll in diesem Zustand Umweltpolitik betrieben werden, kann man ihr nur knappe Ressourcen einräumen. Der materielle Wohlstand nimmt ab, weil Altschäden behoben werden müssen und mit fortgesetztem Nullwachstum ein relativ hoher Bestand an Altanlagen bestehen bleibt, der die Durchsetzung einer kostengünstig vorausschauenden Umweltpolitik verzögert werden, wenn insbesondere niedrige Einkommensgruppen von materiellen Einbußen betroffen werden. Ohne Wachstum, ohne Steueraufkommen wird eben auch die Umweltpolitik schwieriger. Insgesamt bleiben also teils trotz und teils wegen eines Nullwachstums – entgegen populärer Ansicht – erhebliche Gefahren für unsere Umwelt bestehen.

5. Voraussetzung für gesamtwirtschaftliche Stabilität

In Marktwirtschaften sind Investitionen die treibende Kraft. Über die Kapitalakkumulation entscheiden die Unternehmen, wobei ihr Verhalten in der Hauptsache vom erwarteten Gewinn bestimmt wird. Verlangsamtes Wirtschaftswachstum erzeugt Angebotsüberschüsse; in der Folge wird die Nettoinvestitionsquote sinken. Bei unveränderter Ersparnis entsteht ein gesamtwirtschaftliches Ungleichgewicht. Greift der Staat in diese Situation nicht stabilisierend ein, könnte sich das Marktsystem über Verteilungsänderungen dennoch auf einem niedrigen Wachstumspfad stabilisieren.

Eine Abnahme der Nettoinvestitionsquote bewirkt allerdings (ceteris paribus) eine reduzierte Gewinnquote – das ist der springende Punkt. Bis die Wirtschaft sich auf einem niedrigeren Pfad stabilisiert, treten zudem eine Reihe weiterer Probleme (Konzentrationstendenzen, Beschäftigungseinbrüche) auf. Nullwachstum auf längere Zeit rührt an die Grundbedingungen für das Funktionieren einer kapitalistischen Marktwirtschaft. Auch bei Wachstum ist dieses Wirtschaftssystem nicht ohne Konflikte, ohne Wachstum aber bröckeln die Mauern. (siehe Anhang B)

Quelle: W. Meißner, D. Glüder: Wir brauchen Wachstum, in apuz, B 19/84.

Info: Contra-Partei

1. Wachstum und Prokopfeinkommen

Im Unterschied zu vielen Staaten – besonders der Dritten Welt – haben wir gegenwärtig in der Bundesrepublik Deutschland ein hohes Prokopfeinkommen und kein Bevölkerungswachstum. Das bedeutet: Weder benötigen wir ein Wachstum des Volkseinkommens, um das Prokopfeinkommen konstant zu halten, noch benötigen wir heute ein Wachstum des Prokopfeinkommens, um Menschen die Befriedigung der Grundbedürfnisse zu ermöglichen und sie über die Armutsschwelle zu heben. Natürlich gilt dies nicht für jeden einzelnen Haushalt bzw. Staatsbürger und nicht für alle Gruppen der Gesellschaft in gleicher Weise. Damit aber wird ein Verteilungsproblem und kein Wachstumsproblem angesprochen. Nur wenn wir alle Verteilungsrelationen als gegeben ansähen und gleichzeitig die Forderung aufstellten, daß niemand unter definierte Armutsschwellen sinken dürfe, könnten wir in der Bundesrepublik Deutschland Wachstum mit dem Verweis auf ein zu geringes Niveau der Prokopfeinkommen legitimieren. Ausgehend von dem Befund, daß das Durchschnittseinkommen in der Bundesrepublik Deutschland zu den höchsten selbst der Industriestaaten zählt, soll hier festgehalten werden, daß wir ein „komfortables Wohlstandsniveau (erreicht haben), auf dem öffentlicher und privater Bedarf weitgehend gedeckt sind." Dies bedeutet nicht, daß wir bei der Transformation von Prokopfeinkommen in Wohlfahrt nicht Fortschritte machen könnten und sollten.

2. Wachstum und Beschäftigung

Der Zusammenhang zwischen Vollbeschäftigung und Wirtschaftswachstum stellt sich heute so dar, daß aus dem Vollbeschäftigungsziel die notwendige Wachstumsrate abgeleitet wird, und diese notwendige Rate wächst mit der Höhe der vorhandenen Arbeitslosigkeit, mit dem überwiegend demographisch bedingten Zuwachs an Arbeitskräften und mit der Produktivitätsentwicklung. Auf dieser Art Überlegungen basieren die Modellrechnungen des Instituts für Arbeitsmarkt- und Berufsforschung (IAB), die für 1990 vorhersagten, daß wir ca. 4 % Wirtschaftswachstum brauchen, um die Arbeitslosenzahl auch nur konstant zu halten. Für jeden Prozentpunkt weniger wächst sie um etwa 1. Mio. ...

Denn langfristig, jenseits der „überschaubaren Zukunft", werden die Bevölkerung und die Erwerbstätigenzahl in der Bundesrepublik zurückgehen und wird es – ebenfalls aus demographischen Gründen – zu einer Entlastung des Arbeitsmarktes kommen. Ob dann eine stagnierende Wirtschaft mit Vollbeschäftigung verträglich sein wird, hängt davon ab, ob die Rate des Bevölkerungs- bzw. Erwerbstätigenrückgangs unter sonst gleichbleibenden Bedingungen größer oder kleiner sein wird als die Rate des Produktivitätsfortschrittes.

Was wären Alternativen zu einer Vollbeschäftigungspolitik über Wirtschaftswachstum? ...

Durch eine generelle „künstliche" ... Verlangsamung des Produktivitätswachstums wird – bei gegebenem BSP-Wachstum – der Bedarf an Arbeitskräften erhöht. ... Das Problem der Strategie ... würde bei der internationalen Verflechtung der deutschen Wirtschaft sicher kontraproduktiv wirken und ihr Ziel – Vollbeschäftigung – verfehlen. ... Jedenfalls ist bei der Abwägung alternativer Strategien der zukünftige Bevölkerungs- und Erwerbspersonenrückgang ins Kalkül einzubeziehen bzw. sind die Kosten der dadurch entstehenden Leerkapazitäten auf der Minus-Seite zu verbuchen und die Strategie eventuell zugunsten einer investitionsärmeren Übergangslösung umzuformulieren. Obwohl dadurch zwischenzeitlich die rechnerische Produktivität sinkt, kann dies langfristig und gesamtwirtschaftlich doch die bessere Wirtschaftspolitik sein. Eine demographisch aufgeklärte Investitionszurückhaltung (kann) einzelwirtschaftlich rational und gesamtwirtschaftlich ... akzeptabel sein.

Das Problem der Arbeitslosigkeit kann auch als ein Verteilungsproblem angesehen werden. Ließen sich Arbeit und Arbeitslosigkeit automatisch auf die Arbeitsinteressenten gleichmäßig verteilen, dann hätte heute in der Bundesrepublik wegen des hohen Prokopfeinkommens selbst bei Nullwachstum jeder sein Auskommen... In dem Umfang, in dem die Arbeitszeit der Beschäftigten reduziert wird und neue Arbeitsplätze geschaffen werden (können), kann die vollbeschäftigungsnotwendige Wachstumsrate unter der oben ausgewiesenen Wachstumsrate liegen. (siehe Anhang A)

3. Wachstum und Einkommensverteilung

Eine These der Wachstumsbefürworter lautet nun, es müsse über Wachstum eine „Sozialdividende" geben, damit „Leistung sich lohnt". (Zusatz-)Leistung lohnt sich aber auch dann schon, wenn man von einem konstanten Kuchen einen größeren Anteil als diese (Zusatz-)Leistung erhält. Damit ist die Anreizfunktion der relativen Einkommen auch in einer stagnierenden Gesamtwirtschaft gegeben. ... Auf einer anderen Ebene liegt die These: Die sektoral regionalen Verschiebungen sind akzeptabler, wenn sie in einer wachsenden Wirtschaft ablaufen; dann muß keine Gruppe absolut zurückstecken, alle Einkommen können wachsen; ... in einer stagnierenden Wirtschaft bedeuten dagegen die aus allokativen Gründen notwendigen Verschiebungen ..., daß einige Sektoren und Regionen absolute Einbußen hinnehmen müssen und der „Sozialneid" wächst. Dies kann den sozialen Frieden und eventuell die Zustimmung zur freiheitlichen Ordnung insgesamt gefährden. ...

Viele Güter („Positionsgüter"), bleiben immer knapp und See und Seevergnügen bleiben nicht mehr dieselben, wenn der Nachzügler die tausendste Villa errichtet. ... Gegenüber der gängigen These, Wachstum entschärfe den Verteilungskampf, muß daher die Gegenthese wenigstens im Blick gehalten werden: „Nur in seinen frühen Stadien ist Wachstum ein Substitut der Umverteilung ..."

Mit höherem Rentneranteil muß die Umverteilung von der Erwerbsbevölkerung zur älteren Bevölkerung zunehmen, will man nicht die relativen Prokopfeinkommen der Alten drastisch verschlechtern. (Der Belastung durch zunehmende Rentner steht die Entlastung bei rückläufiger Kinderzahl gegenüber). Wachstum kann diese (sozialen) Spannungen, die entstehen durch überproportionale Ausgaben für Kinder und Rentner) mildern, doch ob wir aus diesem Grunde Wachstum „brauchen", ist damit nicht entschieden.

Wirtschaftswachstum erleichtert die Umverteilungsprozesse, die einerseits zu funktionsfähigen Märkten, andererseits zu den demographischen Umschichtungen gehören. Wachstum stützt dadurch den sozialen Frieden. Doch bleiben trotz Wachstum viele (Positions)Güter dem Durchschnittsbürger unerreichbar.

4. Wachstum und Einkommensverwendung

Eine These lautet: Für Umweltschutz brauchen wir Kapital – verstärkte Kapitalbildung – Wachstum.

... Wieso benötigen wir verstärkte Kapitalbildung? Warum reicht eine pure Fortführung heutiger Umweltschutzinvestitionen nicht aus? Und selbst wenn verstärkte Kapitalbildung notwendig wäre, wieso brauchen wir dann Wachstum? Warum reicht eine Umstrukturierung innerhalb des Sozialprodukts zu Lasten des Konsums und zu Gunsten der (Umweltschutz)-Investitionen nicht aus? Letztlich lautet demnach der Schluß: Aus der Forderung nach mehr Umweltschutz und auch nach mehr Investitionen in dafür nötige technische Einrichtungen folgt die Notwendigkeit eines allgemeinen Wachstums nur dann logisch zwingend, wenn alle Verhaltensweisen und Proportionen als starr gelten. ... Bei der Verankerung des Umweltschutzgedankens auf der Verwendungsseite des Sozialprodukt statt auf der Entstehungsseite droht die Gefahr, daß die wachstumsinduzierte Umweltbelastung (progressiv?) mitwachsen wird, ebenso die Kosten des Schutzes, so daß die Nettosituation schlechter sein dürfte als bei reduziertem Wachstum.

Ähnlich ist die These einzuschätzen, die Wachstum als Voraussetzung für unsere Hilfe an die Länder der dritten Welt plausibel machen möchte. ... In einer wirklich an den Interessen der Dritten Welt orientierten Strategie muß also nicht unsere Einkommensverwendung, sondern deren Einkommensentstehung, z. B. durch Abbau unseres Protektionismus im Vordergrund stehen.

Weil aber unsere staatlich mitzuverantwortenden Produktions- und Marktverhältnisse neben ihren Wachstumsbeiträgen uno actu auch zu Umweltverschmutzung und Ressourcenerschöpfung, Protektionismus und aggressiven Exportstrategien führen bzw. diese erlauben, kann die Vertröstung auf die potentiell zielstützende Verwendung gewisser Anteile der Wachstumsgewinne nicht über die zielverletzende Entstehung des Volkseinkommens hinwegtäuschen.

5. Wachstum und Wirtschaftssystem

(Vertreter der Unternehmerschaft schreiben über Wachstumsgegner): „Sie wissen, daß die freiheitliche – von ihnen kapitalistisch genannte – Wirtschaftsordnung sich nur solange halten kann, wie sie Wachstum hervorbringt. Vergleichbar einem Zweirad, das umfällt, bevor es zum Stehen kommt." Allerdings fehlt aber für diese „Zweirad-These" – Systemzusammenbruch bei Stillstand – bisher eine überzeugende ökonomische Beweisführung. Bis dahin hat die Gegenthese mindestens ebensoviel Geltungswahrscheinlichkeit: „Nullwachstum der Gesamtwirtschaft heißt aber nicht, daß damit auch eine Außerkraftsetzung des Wettbewerbsprinzips (und der Möglichkeit zur Gewinnerzielung; d.Verf.) einhergeht, im Gegenteil." Die Motive hinter der Zweirad-These erscheinen klar: „Weil das Wirtschaftswachstum in der Vergangenheit faktisch die soziale Akzeptanz für die Wirtschafts- und Gesellschaftsordnung erhöht hat, soll die Wirtschaft weiter wachsen, um diese Akzeptanz auch in Zukunft sicherzustellen. ... Der Marktwirtschaft wird damit eventuell ein schlechter Dienst erwiesen, denn es wird übersehen, daß die Kumulation ungesteuerter Nebeneffekte heute zu einer der wichtigsten Quellen für die Ablehnung des industriellen Wachstums geworden ist. Wird Wachstum aber als Systemnotwendigkeit der Marktwirtschaft postuliert, werden Vorwürfe und Aversionen ohne hinreichenden Grund gegen das existierende Wirtschaftssystem als solches gelenkt. ...

Bisher fehlt ein schlüssiger Nachweis für den Systemzusammenbruch bei fehlendem Wachstum, und zwar für alle drei Wachstumsindikatoren ... (siehe Anhang B)

Quelle: H. Mäding: Brauchen wir Wachstum? in apuz, B 19/84, S. 317

Info: Pro- und Contra-Partei

A

1. Zusammenhang von Arbeitsstunden, Produktion und Produktivität

Als Produktivität wird das Verhältnis der Produktionsmenge zur Einsatzmenge eines Produktionsfaktors bezeichnet. In (a) beträgt die Produktionsmenge 110, die Arbeitsstunden 11, das Verhältnis ergibt eine Produktivität von 10. Im Fall (b) konnte die Einsatzmenge des Produktionsfaktors Arbeit reduziert werden, um die gleiche Produktionsmenge zu erhalten; die Produktivität ist also gewachsen. Um die Nachfrage nach Arbeit konstant zu halten, muß das Wachstum der Produktionskapazitäts das Wachstum der Produktivitätsentwicklung kompensieren (c). Soll die Nachfrage nach Arbeit wachsen, muß das Produktionswachstum höher sein (d).

	(a)	(b)	(c)	(d)
Arbeitsstunden	11	10	11	12
Produktion	110	110	121	132
Produktivität	10	11	11	11

B

2. Zwei-Rad-These

Investitionen haben einen Einkommens- und einen Kapazitätseffekt. Durch Investitionen können beschäftigungslose Arbeitnehmer eingegliedert werden, womit sich das gesamtwirtschaftliche Einkommen erhöht (Einkommenseffekt). Zusätzliche Investitionen erhöhen aber auch die Produktionsmöglichkeiten einer Volkswirtschaft (Kapazitätseffekt). Die nach Gewinnmaximierung strebenden Unternehmen werden aber nur in neue Produktionsanlagen investieren, wenn sie die zusätzlichen Güter auch absetzen können. Durch die zeitliche Verknüpfung der Effekte ist nach der Zwei-Rad-These der Zwang zum Wachstum bedingt. „Wenn also aus einer gestrigen Investition heute ein zusätzliches Angebot kommt, dann muß durch eine heutige neue Investition eine zusätzliche Nachfrage geschaffen werden, mit deren Hilfe das Angebot der gestrigen Investition abgesetzt wird. Mit anderen Worten: Es bedarf, damit eine Volkswirtschaft wächst, einer Investition in der Vergangenheit, die die zusätzliche Kapazität schafft, und einer Investition in der Gegenwart, die die Nachfrage entsprechend wachsen läßt. (Preiser)

Auswertungsbogen für Reporter/innen

	PRO	Wertung	CONTRA	Wertung
Verbesserung der Güterversorgung				
Schaffung von Arbeitsplätzen				
Erleichterung der Einkommensver- und -umverteilung				
Erleichterung der Finanzierung gesellschaftlicher Aufgaben				
Systemstabilität				

Soziale Gesellschaft

*Bernd Kammann**

Tarifkonflikt
Ein Planspiel über Tarifauseinandersetzungen in der gewerblichen Wirtschaft

I. Allgemeine Angaben

1. Gegenstand/Lernziele

Das Planspiel will die Konfliktsituation „Tarifverhandlungen" aus der gesellschaftlichen Wirklichkeit modellhaft simulieren. Zu diesem Zweck wird die komplexe Wirklichkeit für das gedankliche Modell des Planspiels auf wenige Grundelemente reduziert. Unter der Prämisse, daß der industrielle Konflikt nach bestimmten Regeln von zwei autonomen Parteien nach den Grundsätzen der Gestaltungsoffenheit und des Verzichts der Existenzbedrohung des Konfliktpartners geregelt wird, bleibt bei diesem Planspiel die reale Konfliktstruktur erhalten.

Ziel des Planspiels ist es, aufgrund von wirtschaftlichen Daten und aufgrund der jeweiligen Interessenlage einen neuen Tarifvertrag auszuhandeln.

Im Spiel soll der Schüler ferner erkennen, daß zur Durchsetzung von Interessen Solidarisierung innerhalb der jeweiligen Konfliktparteien erforderlich ist und daß die (kontroversen) Positionen der beteiligten Parteien nicht einseitig durchgesetzt werden können, sondern daß Kompromißlösungen angestrebt werden müssen. Das Planspiel soll somit dazu beitragen, die Entscheidungsstrukturen von Arbeitskämpfen für den Schüler durchsichtig zu machen.

2. Ablauf

Die Elemente des Spiels sind:

1. Zwei Spielgruppen, die unterschiedlich akzentuierte Interessen der abhängig Beschäftigten vertreten (s. Arbeitsblätter 4 und 5),

2. eine Spielgruppe, die als Repräsentant der Arbeitnehmerinteressen die eigentlichen Verhandlungen führt (s. Arbeitsblatt 2),

3. zwei Spielgruppen, die unterschiedlich akzentuierte Interessen der Arbeitgeber (= Eigentümer der Produktionsmittel) vertreten (s. Arbeitsblätter 6 und 7) und

4. eine Spielgruppe, die als Repräsentant der Arbeitgeberinteressen die eigentlichen Verhandlungen führt (s. Arbeitsblatt 3).

Die Spielstruktur ermöglicht gute Solidarisierungschancen innerhalb der Gruppen mit gleicher Interessenlage und simuliert gleichzeitig die innerorganisatorischen Willensbildungsprozesse. Der Interessengegensatz zwischen den Parteien bleibt bestehen.

Die Spielgruppen bewegen sich innerhalb eines durch Spielregeln (s. Arbeitsblatt 1) abgesteckten Spielrahmens aufgrund einer vorgegebenen Ausgangslage (s. Arbeitsblatt 1), indem sie sich mit einer der Interessengruppe des Konfliktfeldes identifizieren. Alle Entscheidungen bzw. Spielschritte der Spielgruppen erfolgen schriftlich über die Spielleitung an die anderen Gruppen. Dadurch behält die Spielleitung die Übersicht über den Spielverlauf und kann korrigieren oder als zusätzliche Instanz (z. B. „Staat", „Öffentlichkeit" o. ä.) in das Spiel eingreifen.

---

* 1. Fassung in arbeiten + lernen 14/81

3. Einsatzmöglichkeiten

Das Planspiel soll den Schülern die Entscheidungsprozesse bei Tarifverhandlungen transparenter machen. Es ist deshalb auch nur der Teil der Wirklichkeit vereinfachend aufgegriffen worden, bei dem bei Schülern der 9. Jahrgangsstufe eine Identifizierung erwartet werden kann. Weitere Einflußfaktoren auf Tarifauseinandersetzungen wie „Öffentlichkeit", „Staat" usw. sind daher bewußt als eigenständige Spielgruppen ausgeklammert worden. Lediglich die Spielleitung hat hier Interventionsmöglichkeiten, die aber zurückhaltend genutzt werden sollten.

Auf eine Vermittlung von Kenntnissen über das Tarifvertragsrecht und über Einzelheiten des Ablaufs von Tarifverhandlungen wird ebenfalls verzichtet, da sich die Planspielmethode für derartige Intentionen nicht anbietet. Im Vordergrund steht stattdessen, den Schülern die Erfahrung zu ermöglichen, daß Tarifverhandlungen Prozesse sind, die *zwischen der Mitgliederbasis und der jeweiligen Verhandlungskommission einerseits sowie zwischen den Konfliktparteien andererseits* verlaufen. Inhalt und Verlauf dieser Auseinandersetzungen sind nicht vorgegeben, sondern bedürfen der Gestaltung und Orientierung sowohl an den wirtschaftlichen Daten als auch an der jeweiligen Interessenlage der Betroffenen.

II. Spezielle Angaben zur Unterstützung des Ablaufs

1. Phase: Ausgangssituation

- Im Klassenverband werden mit Hilfe einer Fallschilderung (s. Arbeitsblatt 1) die Ausgangssituation dargestellt und die Konfliktparteien herausgearbeitet. Es empfiehlt sich, hierfür ein Tafelbild oder eine Folie für den Arbeitsprojektor vorzubereiten.

- Die Spielregeln, die für das Planspiel gelten sollen, werden festgelegt und besprochen (s. Arbeitsblatt 1). Hier wird man besonders auf die Solidarisierungmöglichkeiten zwischen den Gruppen einer Konfliktpartei hinweisen und unklare Begriffe (evtl. Streik, Aussperrung, Urabstimmung) klären müssen. Bei Schülern, die mit der Planspielmethode noch nicht vertraut sind, muß eine Einführung in das Verfahren gegeben werden.

- Schließlich ist die Rollenverteilung, die Materialausgabe und die Spielraumgestaltung zu organisieren.

An Material erhalten die Gruppen ihre Spielanweisung, Spielformulare, Spielregeln und Blaupapier zum Anfertigen von Durchschriften. Die Sitzordnung der Gruppen sollte analog der Tafelskizze (s. a. „Spielstruktur") geregelt werden.

2. Phase: Spielhandlung

- Nachdem sich die Spielgruppen anhand ihrer Spielanweisung mit ihrer Rolle vertraut gemacht und evtl. schon eine vorläufige Strategie entwickelt haben, eröffnet die Spielleitung mit einer Mitteilung an alle Gruppen das Spiel.

- In der folgenden Spielphase laufen in allen Gruppen immer neue Entscheidungsprozesse ab, bis ein Ergebnis erreicht ist.

Alle diese Spielschritte werden schriftlich über die Spielleitung an die anderen Gruppen abgewickelt. Dazu werden die Spielformulare zweckmäßig mit zwei Durchschlägen geschrieben: ein Exemplar verbleibt beim Absender, eines bei der Spielleitung und das dritte schließlich gelangt zum Adressaten. Die Spielleitung numeriert die eingegangenen Spielschritte nach der Reihenfolge ihres Eingangs und fertigt ein Verlaufsprotokoll an (s. den Protokollauszug eines von mir durchgeführten Planspiels). Gleichzeitig notiert sie für alle Spielteilnehmer sichtbar (an der Tafel oder auf Folie) die jeweils aktuellen Forderungen oder Angebote der Spielgruppen. Alle so veröffentlichten Spielschritte bilden eine neue Lage, die die Spielgruppen in ihre Überlegungen einbeziehen müssen.

Die Spielleitung übernimmt in festgefahrenen Situationen die Vermittlerrolle; das ist erfahrungsgemäß erforderlich, wenn nach ca. 30 Spielschritten immer noch keine Annäherung erfolgt ist.

- Das Spiel ist beendet, wenn sich die Konfliktgegner auf einen neuen Tarifvertrag geeinigt haben.

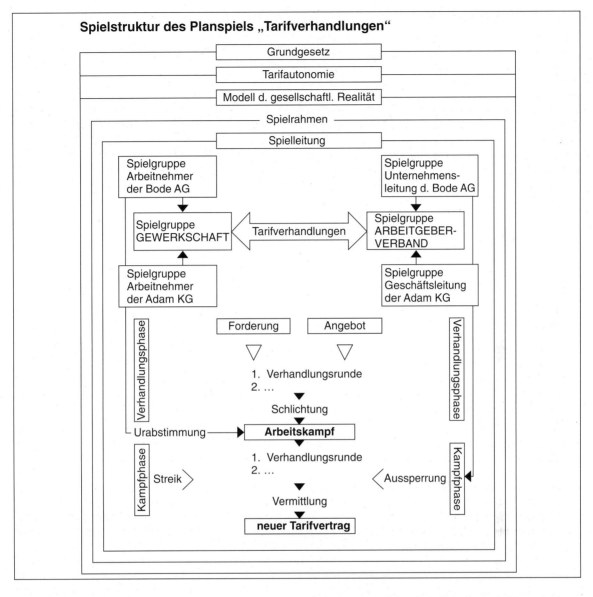

3. Phase: Auswertung

Unmittelbar nach Spielende lassen sich anhand des Tafelprotokolls bereits Ausgangspunkte, Zielsetzungen und Ergebnisse diskutieren. Gleichrangig sollten auch gruppendynamische Vorgänge während des Spiels thematisiert werden.

Eine systematische Auswertung, die auch Handlungsalternativen und Konsequenzen diskutiert, kann jedoch nur erfolgen, wenn alle Schüler einen vollständigen Überblick über den Verlauf des Spieles haben. Der Lehrer sollte deshalb das Verlaufsprotokoll für die nächste Unterrichtsstunde aufbereiten, damit auf seiner Grundlage weiterführende, das Thema betreffende Fragen und Probleme strukturiert behandelt werden können.

Eine weitere Auswertungsmöglichkeit ergibt sich, wenn z. B. auf materielle Folgen von Tarifabschlüssen (bezogen auf die Datenbasis des Spiels) eingegangen wird. Dabei könnte es Aufgabe der Schüler sein, Auswirkungen von unterschiedlichen Steigerungsraten (z. B. 0 %, 5 %, 8 %, 12 %, 25 % auf Lebensstandard, Arbeitsplatzsicherheit und Preisentwicklung abzuschätzen und etwa wie folgt tabellarisch zusammenzufassen:

Lohnsteigerung	mögliche Folgen für Arbeitnehmer	Arbeitgeber/ Unternehmen
0 %		
5 %		
8 %		

Verlaufsprotokoll eines Planspiels „Tarifverhandlungen"*

Spiel-schritt	von	an	innerhalb der Arbeitnehmergruppen	Inhalt der eigentlichen Tarifverhandlungen	innerhalb der Arbeitgebergruppen	Begründung
0	G	AGV		Der Tarifvertrag wird gekündigt.		Fristgerecht zum Ende der Laufzeit.
1	ANa	G	Wir fordern eine Lohnerhöhung von 10 % und 3 Tage mehr Urlaub.			Ausgleich der Geldentwertung, mehr Freizeit als Ausgleich für gestiegene Belastungen.
2	ANb	G	10 % Lohnerhöhung, 3 Urlaubstage und Verringerung der Schichten auf 2.			Steigerung der Lebenshaltungskosten.
3	G	AGV		1. Verhandlungsrunde Forderung: Lohnerhöhung von 10 %, 3 Tage mehr Urlaub.		Teuerungsrate ausgleichen und Belastungen der Arbeit durch Freizeit abgelten.
4	AGV	G		Angebot: 3,5 % mehr Lohn, einen Tag mehr Urlaub.		Forderungen sind zu hoch, die Kostenbelastung erlaubt nur eine geringere Steigerung der Löhne.
5	ANa	G	Mieten und Heizkosten steigen, davon werden besonders die unteren Lohngruppen betroffen.			Untere Lohngruppen werden durch die Teuerung härter betroffen.
6	G	AGV		2. Verhandlungsrunde Forderung: 8,5 % mehr Lohn und einen monatlichen Sockelbetrag von DM 50 sowie 3 zusätzliche Urlaubstage.		Anstieg der Lebenshaltungskosten erfordert eine deutliche Steigerung der Löhne. Mehr Urlaub, um Arbeitsbelastungen auszugleichen.
7	AGa	AGV			Lohnforderungen können von uns nicht verkraftet werden. Bei den Verhandlungen hart bleiben.	Bei höheren Lohnkosten sind wir nicht mehr konkurrenzfähig, Arbeitsplätze sind in Gefahr.
8	ANa	G	Wir treten in einen Warnstreik, wenn die Arbeitgeber unsere Forderungen nicht akzeptieren.			
9	AGb	AGV			Eine stärkere Lohnanhebung als 3,5 % können wir verkraften.	Unsere Auftragslage ist gut, wir sind deshalb nicht an Arbeitskämpfen interessiert.
10	AGV	G		Angebot: 4,5 % mehr Lohn und 2 zusätzliche Urlaubstage. Kein Sockelbetrag.		Die wirtschaftliche Situation läßt eine stärkere Erhöhung nicht zu.
...	...	...	...	...	...	...
19	AGV	G		Letztes Angebot: 6,5 % mehr Lohn ohne Sockelbetrag und 2 Tage mehr Urlaub.		Mehr können die Unternehmen nicht verkraften.
20	G	AGV		Forderung und gleichzeitig in Schritt 21 gemeinsam akzeptierte Einigung: 1. 6,5 % mehr Lohn, 2. 30 DM Sockelbetrag, 3. 2 Tage mehr Urlaub.		„Kompromiß"

G = Gewerkschaft. AGV = Arbeitgeberverband. ANa = Arbeitnehmer (Adam). AGa = Arbeitgeber (Adam). ANb = Arbeitnehmer (Bode). AGb = Arbeitgeber (Bode)

---

* Ausschnitt aus einem vom Lehrer aufbereiteten Verlaufsprotokoll (aus Platzgründen wurden hier die Spielschritte 11–18 nicht berücksichtigt) eines Planspieles, durchgeführt von einer Klasse, die nicht mit der Planspielmethode vertraut war und nicht über besondere Vorkenntnisse verfügte.

Literatur

arbeiten + lernen, Heft 10/10a (Themenheft „Methoden – Lernen aber wie?", S. 57 ff. und S. 59 ff.

Himmelmann, G.: Arbeitsorientierte Arbeitslehre. Eine Einführung. Westdeutscher Verlag. Opladen 1977.

Kaiser, F.-J.: Entscheidungstraining. Die Methoden der Entscheidungsfindung. Verlag Julius Klinkhardt, Bad Heilbrunn 1976².

Kolb, G. (Hrsg.): Methoden der Arbeits-, Wirtschafts- und Gesellschaftslehre. Otto Maier Verlag, Ravensburg 1978.

Wilkening, F.: Unterrichtsverfahren im Lernbereich Arbeit und Technik. Otto Maier Verlag, Ravensburg 1977.

Wörterbuch zur politischen Ökonomie, hrsg. von G. v. Eynern, Westdeutscher Verlag, Opladen 1973.

III. Materialien für die Teilnehmer

Arbeitsblatt 1

Planspiel „Tarifverhandlungen"

aus: arbeiten + lernen, Heft 14/1981 – aktualisierte Fassung 1988

Die Ausgangssituation des Planspiels

Wird morgen schon gestreikt?

15.35 Uhr. Schichtschluß im Bremsenwerk der Bode AG. Walter Maring und dessen Kollegen sind froh, daß endlich Feierabend ist. Aber die wenigsten gehen gleich nach Hause, denn im Gewerkschaftshaus ist heute nachmittag Versammlung. Ihre Gewerkschaft hat den Tarifvertrag gekündigt und steht seitdem mit dem Arbeitgeberverband in Verhandlungen. Es scheint so, als ob sich da nichts bewegt.

Eigentlich findet Walter Maring das unerhört. Miete, Autoreparaturen werden immer teurer. Auch seine Frau klagt, daß sie mit dem Haushaltsgeld nicht mehr auskommt. Aber bei seinem Lohn, 16,80 DM Stundenlohn plus 15 % Spätschichtzulage, ist ohne Lohnerhöhung nicht mehr Haushaltsgeld drin. Die Erhöhung ist einfach fällig, schließlich haben sie in den vergangenen Monaten hart ran gemußt. Überstunden und Sonderschichten haben sie gemacht. Die Firma hat daran bestimmt nicht schlecht verdient.

Im Gewerkschaftshaus trifft Walter Maring viele Kollegen. Die Stimmung ist gereizt. Wenn nicht bald ein vernünftiges Angebot auf den Tisch kommt, so hört es Walter Maring immer wieder, dann werden wir wohl auf die Straße müssen. Das bedeutet Streik! Walter Mahring ist nicht wohl bei dem Gedanken. Letztes Mal, vor zwei Jahren, da haben sie auch streiken müssen, um ihre Forderungen durchzusetzen. Angenehm ist das nicht gewesen. Acht Tage keinen richtigen Lohn, nur Streikgeld von der Gewerkschaft. Dabei hatten sie ihr Werk gar nicht bestreikt. Zum Streik hatte die Gewerkschaft damals nur im Grenzlandkreis aufgerufen. Aber die Arbeitgeber hatten als Antwort sofort alle Arbeiter im ganzen Tarifbezirk ausgesperrt. Das war eine harte Sache, das Ergebnis, das dann dabei herausgekommen ist, natürlich ein Kompromiß. Trotzdem waren alle Kollegen darüber froh, weil sie gemeinsam durch ihr geschlossenes Auftreten das Ergebnis erreicht hatten.

Das ist auch die Hauptsache, daß sie sich einig sind. Der Kollege von der Tarifkommission berichtet, daß die Arbeitgeberseite schon seit langem ein Konzept für diese Tarifrunde hat. Klar doch, denkt Walter Maring, die hocken schließlich auch immer zusammen und sprechen sich genau ab. Aber bei uns, da gibt es meist unterschiedliche Meinungen. Die Kollegen aus dem Grenzlandkreis da drüben zum Beispiel halten von der Forderung nach zusätzlichen Urlaubstagen für Schichtler überhaupt nichts. Dabei wäre das doch eine tolle Sache. Walter Maring würde gern hin und wieder mit seiner Familie ein verlängertes Wochenende verbringen. Aber wenn er hier die Kollegen hört, die wollen vor allem mehr in ihrer Lohntüte sehen.

Die Diskussion geht hoch her. Walter Maring würde gern noch bleiben, aber er muß nach Hause. Schade, er hätte gern gewußt, wie die Sache weitergeht.

Arbeitsaufgaben

1. Klärt mit Hilfe eures Lehrers oder eines Wörterbuches die unbekannten Begriffe.

2. Warum geht Walter Maring nach der Arbeit ins Gewerkschaftshaus?

3. Walter Maring könnte eine Lohnerhöhung gut gebrauchen. Welche Gründe nennt er hierfür?

4. Warum ist nach seiner Meinung eine Lohnerhöhung fällig?

5. Wer verhandelt über die Lohnerhöhung?

6. Worüber, außer über die Lohnerhöhung, könnte noch verhandelt werden?

Spielregeln des Planspiels

1. Ziel des Spieles ist es, zu einer Einigung über einen neuen Tarifvertrag zu kommen, den alle Beteiligten gutheißen können.

2. Die Gruppe „Gewerkschaft" ist die fordernde Partei. Sie muß ihre Forderungen nennen und begründen. Der Arbeitgeberverband reagiert auf jede Forderung. Er kann diese zurückweisen („zu hoch", „unannehmbar") oder ihr ein eigenes Angebot entgegenstellen.

3. Alle Spielschritte erfolgen schriftlich über die Spielleitung. Welche Gruppen miteinander verkehren können, zeigt die folgende Skizze:

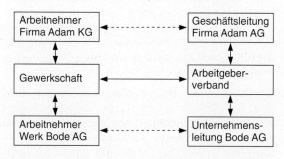

4. Zusammenarbeit: Die beiden Arbeitnehmergruppen können je ein Gruppenmitglied in die Gewerkschaftsgruppe entsenden. Ebenso können die Geschäftsleitungsgruppen mit der Gruppe Arbeitgeberverband zusammenarbeiten.

5. Spielschritte, die eine Forderung oder ein Angebot beinhalten und für alle Spielgruppen wichtig sind, werden von der Spielleitung sichbar an der Tafel notiert.

6. *Alle* Spielgruppen können zu den veröffentlichten Forderungen und Angeboten sofort Stellung nehmen.

7. Wenn Verhandlungen erfolglos bleiben, können beide Parteien zur Durchsetzung ihrer Interessen als letztes Mittel Arbeitskampfmaßnahmen einsetzen. Dies sind

für die Gewerkschaft:

Warnstreik
Urabstimmung
Schwerpunktstreik
Flächenstreik

für den Arbeitgeberverband:

Aussperrung:
Schwerpunkt- oder
Flächenaussperrung

Arbeitskampfmittel dürfen nicht leichtfertig eingesetzt werden, denn sie verursachen hohe Kosten für beide Seiten.

8. Das Spiel ist zu Ende, wenn sich beide Parteien auf einen neuen Tarifvertrag geeinigt haben.

Arbeitsblatt 2   G

Spielkarte „Gewerkschaft"

Die Gewerkschaft handelt mit dem Arbeitgeberverband den neuen Tarifvertrag aus. Dabei vertritt sie die Interessen der Arbeitnehmer, für die die Löhne das Einkommen bilden, von dem sie ihren Lebensunterhalt bestreiten müssen. Das Interesse der Arbeiter ist es deshalb, möglichst hohe Löhne zu erhalten. Neben dem Einkommen versucht die Gewerkschaft aber auch noch, die allgemeinen Arbeitsbedingungen (z. B. Arbeitszeit, Urlaub usw.) zu verbessern.

Vor Beginn der eigentlichen Tarifverhandlungen muß die Gewerkschaft die Forderungen ihrer Mitglieder in den Betrieben ermitteln. Diese Forderungen können recht unterschiedlicher Art sein. Aufgabe der Gewerkschaft ist es nun, diese Wünsche zu einer gemeinsamen Forderung zusammenzufassen, für die die Arbeiter notfalls auch streiken würden.

Die Lohnforderung kann nach der folgenden Formel ermittelt werden:

Teuerungsrate + Produktivitätszuwachs = Lohnerhöhung

Die Teuerung ist ebenso wie der Produktivitätszuwachs keine feststehende Größe. Je nach der besonderen Situation sind die Gewerkschaftsmitglieder davon unterschiedlich betroffen. Nach einem Sachverständigenurteil hat die Teuerungsrate im vergangenen Jahr etwa 1 % und der Produktivitätszuwachs durchschnittlich 1,5 % betragen.

Beispiel

Teuerungsrate	Produktivitätszuwachs	Lohnerhöhung
1%	+ 1,5 %	= 2,5 %

Für die anstehende Tarifrunde will die Gewerkschaft ein besonders gutes Ergebnis erzielen. Außer den Lohnforderungen sollen deshalb in den Verhandlungen auch noch weitere Verbesserungen für die Arbeiter erzielt werden.

Falls die Gewerkschaft zur Durchsetzung ihrer Forderungen zum Streik aufrufen möchte, muß sie zuvor in einer Urabstimmung ihre Mitglieder befragen.

Besondere Spielhinweise

1. Bevor ihr eure Forderungen an den Arbeitgeberverband stellt, müßt ihr euch mit den beiden Arbeitnehmergruppen abgesprochen haben.

2. Arbeitskampfmittel: Vor jedem Arbeitskampfschritt müßt ihr vorher die beiden Arbeitnehmergruppen in Kenntnis setzen. Einen Schwerpunkt- oder Flächenstreik könnt ihr nur durchführen, wenn vorher wenigstens eine der beiden Gruppen dieser Maßnahme zugestimmt hat.

3. Denkt daran: Wenn ihr zu hohe Forderungen erzwingt, können die Unternehmen evtl. Arbeiter entlassen, weil ihnen die Kosten zu groß erscheinen.

Spielschritt 1: Spielleitung an Gewerkschaft

Einstieg in das Spiel

alle Gruppen

Die Gewerkschaft hat fristgerecht den laufenden Tarifvertrag gekündigt. Damit ist die Notwendigkeit gegeben, über einen Tarifvertrag zu verhandeln.

Bevor die Forderungen der Gewerkschaft auf den Tisch kommen können, müssen erst die Wünsche und Erwartungen der Arbeitnehmer ermittelt werden.

Angesichts des tariflosen Zustands berät der Arbeitgeberverband mit seinen Mitgliedern, welche Angebote in dieser Tarifrunde gemacht werden können.

Gruppe „Gewerkschaft"

Überlegt, welche Forderungen für die anstehenden Verhandlungen angemessen wären. Berücksichtigt dabei die Erwartungen der beiden Arbeitnehmergruppen.

Für die Begründung eurer Forderungen müßt ihr über die wirtschaftliche Situation der Unternehmen Bescheid wissen. Holt dazu bei den Arbeitnehmergruppen Erkundigungen ein.

Arbeitsblatt 3 AG

Spielkarte „Arbeitgeberverband"

Der Arbeitgeberverband handelt mit der Gewerkschaft den neuen Tarifvertrag aus. Er muß dabei die Interessen der Unternehmen berücksichtigen, für die die Löhne Kosten darstellen, die möglichst niedrig gehalten werden sollen.

Allen Lohnforderungen der Gewerkschaft setzt daher der Arbeitgeberverband ein eigenes Angebot entgegen. Entscheidungsgrundlage für den Arbeitgeberverband bilden die Teuerungsrate und der Produktivitätszuwachs.

Beispiel

Teuerungsrate	Produktivitätszuwachs	Lohnerhöhung
1 %	+ 1,5 %	= 2,5 %

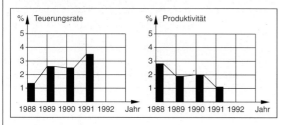

Natürlich ist daneben auch noch die besondere wirtschaftliche Lage der Unternehmen zu bedenken. Wie hoch sind deren derzeitige Kosten durch die Löhne und wie entwickelt sich deren Geschäft? Die einfache Formel der Gewerkschaft kann jedenfalls aus Arbeitgebersicht nicht hingenommen werden, da die Unternehmen zusätzliche Gewinne aus dem Produktivitätszuwachs ziehen wollen.

Der Arbeitgeberverband hält sich deshalb an folgende Richtlinien:

- die Teuerungsrate kann durch Lohnerhöhungen nicht voll ausgeglichen werden, da zu hohe Lohnzuwächse die Teuerung noch weiter nach oben treiben würden.

- die Lohnerhöhung sollte sich nach dem zu erwartenden Produktivitätszuwachs richten.

- alle Nebenleistungen wie z. B. mehr Urlaubstage müssen auf die Lohnerhöhung angerechnet werden (1 Tag mehr Urlaub ≙ 1 % mehr Lohn).

Besondere Spielhinweise

1. Macht einen Verhandlungsvorschlag und sprecht diesen zuerst mit den Gruppen „Unternehmensleitung Bode AG" und „Geschäftsleitung Adam KG" ab. Ihr müßt deren Vorschläge berücksichtigen.

2. Jedes weitere Angebot, das ihr der Gewerkschaft unterbreitet, muß ebenfalls zuvor mit den beiden oben genannten Arbeitgebergruppen abgesprochen worden sein. Nur diese Gruppen können wissen, welche Angebote sie noch kostenmäßig verkraften können.

3. Arbeitskampfmittel: Eine Aussperrung kann der Arbeitgeberverband selbst nicht aussprechen, sondern er muß die Unternehmen auffordern, diese Kampfmaßnahme gegenüber ihren Arbeitnehmern zu ergreifen. Die Unternehmen melden dem Arbeitgeberverband alle verhängten Aussperrungsmaßnahmen.

Spielschritt 1: Spielleitung an Arbeitgeberverband

Einstieg in das Spiel

alle Gruppen

Die Gewerkschaft hat fristgerecht den laufenden Tarifvertrag gekündigt. Damit ist die Notwendigkeit gegeben, über einen neuen Tarifvertrag zu verhandeln.

Bevor die Forderungen der Gewerkschaft auf den Tisch kommen können, müssen erst die Wünsche und Erwartungen der Arbeitnehmer ermittelt werden.

Angesichts des tariflosen Zustands berät der Arbeitgeberverband mit seinen Mitgliedern, welche Angebote in dieser Tarifrunde gemacht werden können.

Gruppe „Arbeitgeberverband"

Bereitet ein Angebot an die Gewerkschaft vor. Berücksichtigt dabei die besonderen Belange der Unternehmen.

Wartet mit eurem Angebot, die Gewerkschaft muß erst ihre Forderungen nennen.

An
Bode AG

Arbeitsblatt 4

Spielkarte
„Arbeitnehmer des Werkes Bode AG"

In der Firma wird in drei Schichten rund um die Uhr gearbeitet. Die Bode AG bezahlt ihre Arbeiter gut und sogar übertariflich. Von den Arbeitern wird die Tätigkeit im Werk als hart und belastend empfunden. In den Gesprächen unter den Kollegen spielt daher der Lohn auch keine besondere Rolle, sondern man unterhält sich über die Forderung nach mehr Urlaub. Wenigstens drei zusätzliche Urlaubstage sollten für ihre belastende Schichtarbeit gefordert werden. Von der anstehenden Tarifrunde erwarten die Arbeiter der Bode AG selbstverständlich auch eine Lohnverbesserung, die die Teuerungsrate ausgleicht. Schließlich wird ja alles teurer. Aber allein wegen eines höheren Lohns würden sie wohl nicht ihre Arbeitsplätze aufs Spiel setzen. Wenn es jedoch um die geforderten zusätzlichen Urlaubstage geht, dann stehen die Arbeiter der Bode AG entschlossen hinter dieser Forderung. Dafür, das hat die letzte Betriebsversammlung gezeigt, würde auch die ganze Belegschaft auf die Straße gehen.

Besondere Spielhinweise

1. Nehmt zu allen an der Tafel veröffentlichen Forderungen oder Angeboten Stellung!

   Zwar seid ihr an den Tarifverhandlungen nicht direkt beteiligt, das ist Sache der Gewerkschaft und des Arbeitgeberverbandes, aber wenn die Gewerkschaft eure Interessen richtig vertreten soll, müßt ihr eure Meinung dieser Gruppe ständig mitteilen.

2. Ihr dürft auch ein Gruppenmitglied in die Gruppe „Gewerkschaft" entsenden, das euch mit den neuesten Informationen versorgen kann.

Spielschritt 1: Spielleitung an Arbeitnehmer des Werkes Bode AG

Gruppe „Arbeitnehmer Werk Bode AG" und Gruppe „Arbeitnehmer Firma Adam KG"

Überlegt, welche Forderungen die Gewerkschaft in dieser Tarifrunde für euch stellen soll. Teilt der Gewerkschaft euren Forderungskatalog mit.

Arbeitsblatt 5

An
Adam KG

Spielkarte
„Arbeitnehmer der Firma Adam KG"

Seit langem herrscht in der Belegschaft Unmut über die niedrigen Löhne. In der nächsten Tarifrunde sollte die Gewerkschaft deshalb vor allem um eine saftige Lohnerhöhung kämpfen, damit die steigenden Preise ausgeglichen werden können. In der Zeitung war zu lesen, die Teuerungsrate habe in diesem Jahr ca. 1 % betragen. Wie das die Experten errechnen, wird wohl immer deren Geheimnis bleiben. Hat doch die „Gebau-Genossenschaft", die größte Wohnungsvermieterin am Ort, erst kürzlich die Mieten um 3 % und die Heizkostenpauschalen um ganze 4 % heraufgesetzt. Und im Supermarkt wird der Einkauf auch nicht billiger. Besonders die Kollegen und Kolleginnen in den unteren Lohngruppen treffen diese allgemeinen Steigerungen der Lebenshaltungskosten hart.

Die Firma „Adam KG" ist gut im Geschäft und hat im letzten Jahr recht ordentliche Gewinne gemacht, wie der Geschäftsführer sogar selbst während der Weihnachtsfeier gesagt hat. Der Produktivitätszuwachs habe, wie man hört, überdurchschnittlich 1,7 % ausgemacht und das dicke Auftragspolster läßt auch für die Zukunft gute Geschäfte erwarten.

Für die Arbeitnehmer der „Adam KG" wirkt sich die gute Auftragslage in Überstunden aus. So gut viele von ihnen das zusätzliche Geld auch gebrauchen können, besser wäre es allemal, sie würden höhere Löhne bekommen. Deshalb wären sie auch bereit, für höhere Löhne zu streiken, wenn ihre Gewerkschaft keinen anderen Weg sieht, ihre Forderung durchzusetzen.

Besondere Spielhinweise

1. Nehmt zu allen an der Tafel veröffentlichten Forderungen oder Angeboten Stellung!

   Zwar seid ihr an den Tarifverhandlungen nicht direkt beteiligt, das ist Sache der Gewerkschaft und des Arbeitgeberverbandes, aber wenn die Gewerkschaft eure Interessen richtig vertreten soll, müßt ihr eure Meinung dieser Gruppe ständig mitteilen.

2. Ihr dürft auch ein Gruppenmitglied in die Gruppe „Gewerkschaft" entsenden, das euch mit den neuesten Informationen versorgen kann.

Spielschritt 1: Spielleitung an Arbeitnehmer der Fa. Adam KG

Gruppe „Arbeitnehmer Werk Bode AG" und Gruppe „Arbeitnehmer Firma Adam KG".

Überlegt, welche Forderungen die Gewerkschaft in dieser Tarifrunde für euch stellen soll. Teilt der Gewerkschaft euren Forderungskatalog mit.

Arbeitsblatt 6

UL
Bode AG

Spielkarte „Unternehmensleitung der Bode AG"

Das Unternehmen macht gute Gewinne und es könnte noch mehr verkaufen, als es zur Zeit herstellen kann. Deshalb bemüht sich die Unternehmensleitung, mit der Belegschaft zusätzliche Überstunden und Sonderschichten zu vereinbaren.

Arbeitsunterbrechungen durch Streiks wären in dieser Situation sehr unangenehm. Die Unternehmensleitung vertritt deshalb gegenüber dem Arbeitgeberverband die Auffassung, daß man bei den kommenden Tarifverhandlungen ruhig Zugeständnisse bei den Löhnen machen könnte. Lediglich zusätzliche Urlaubstage passen nicht in das Konzept. Hier sollte man bei den Verhandlungen hart bleiben. Notfalls würde die Unternehmensleitung versuchen, sich mit der Belegschaft der „Bode AG" mit Hilfe einer eigenen Betriebsvereinbarung über außertarifliche Lohnerhöhungen zu einigen. Allerdings müßten die Arbeiter dann auf Streikmaßnahmen verzichten.

Besondere Spielhinweise

1. Nehmt zu jeder veröffentlichten Forderung der Gewerkschaft Stellung. Zwar seid ihr an den Tarifverhandlungen nicht direkt beteiligt, das

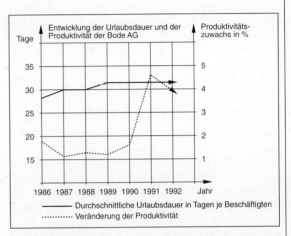

ist Sache der Gewerkschaft und des Arbeitgeberverbandes, aber ihr müßt den Arbeitgeberverband ständig unterrichten, ob ihr die gestellten Forderungen erfüllen könnt. Über die dazu notwendigen Daten verfügt nur ihr.

2. Und so könnt ihr eure Kostenbelastung errechnen:

Lohnforderungen in % + zusätzliche Urlaubstage (1 Tag = 1 % Mehrkosten) = Mehrkosten

Spielschritt 1: Spielleitung an Unternehmensleitung der Bode AG

Gruppe „Unternehmensleitung der Bode AG" und Gruppe „Geschäftsleitung Adam KG"

Teilt dem Arbeitgeberverband für die Verhandlungen mit, welche besonderen betrieblichen Belange er berücksichtigen muß. Unterrichtet ihn auch über die wirtschaftliche Situation der Unternehmen.

Arbeitsblatt 7

GL
Adam KG

Spielkarte
„Geschäftsleitung der Firma Adam KG"

Das Geschäft geht mäßig und auch der in Aussicht stehende große Auftrag kann nicht hereingeholt werden, wenn die Kostenbelastung für die Firma noch weiter ansteigt. Die hohen Lohnkosten sind das Problem der „Adam KG". Vor allem die ausländische Konkurrenz kann ihre Waren billiger anbieten, denn dort sind die Lohnkosten deutlich niedriger. Wenn diese Entwicklung so weitergeht, sieht es mit der Zukunft der Firma und damit mit der Sicherheit der Arbeitsplätze nicht gut aus.

Die Geschäftsleitung will deshalb in keinem Fall zu hohe Lohnforderungen hinnehmen und fordert daher den Arbeitgeberverband auf, bei den Lohnverhandlungen hart zu bleiben. Lieber würde man bei „Adam KG" einen Streik verkraften wollen, als auf Dauer zu hohe Löhne zu bezahlen.

Überhaupt glaubt die Geschäftsleitung, daß man mit den Arbeitern der eigenen Firma über die wirtschaftliche Situation vernünftig reden könnte. Die Arbeiter müßten ja einsehen, daß zu hohe Löhne ihre Arbeitsplätze gefährden. Man müßte den Arbeitern ganz deutlich sagen, daß ihre Löhne sowieso in den letzten Jahren stärker gestiegen sind als die Produktivität der Firma. Und so kann es doch nicht weitergehen.

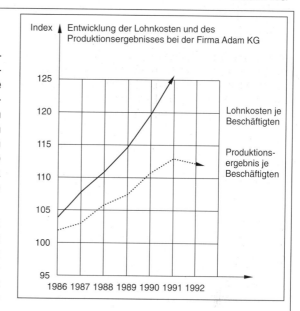

Besondere Spielhinweise

Nehmt zu jeder veröffentlichten Forderung der Gewerkschaft Stellung. Zwar seid ihr an den Tarifverhandlungen nicht direkt beteiligt, das ist Sache der Gewerkschaft und des Arbeitgeberverbandes, aber ihr müßt den Arbeitgeberverband ständig unterrichten, ob ihr die Forderungen annehmen könnt. Über die dazu notwendigen Daten verfügt nur ihr.

Spielschritt 1: Spielleitung an Geschäftsleitung der Fa. Adam KG

Gruppe „Unternehmensleitung Bode AG" und Gruppe „Geschäftsleitung Adam KG"
Teilt dem Arbeitgeberverband für die Verhandlungen mit, welche besonderen betrieblichen Belange er berücksichtigen muß. Unterrichtet ihn auch über die wirtschaftliche Situation der Unternehmen.

Angela Kirsch

Pflegekostenversicherung, ein kontroverses Problemfeld der Sozialpolitik
(Projekt)

I. Allgemeine Angaben

1. Gegenstand/Lernziele

Das Thema „Pflegeversicherung" wird seit Anfang der 70er Jahre diskutiert und stellt sich heute, Anfang der 90er Jahre, als ein hoch aktuelles, kontroverses Problemfeld der Sozialpolitik dar. Daran lassen sich die grundsätzliche Problematik von **Eigenvorsorge oder Sozialstaatlichkeit** und Vor- und Nachteile unterschiedlicher **Finanzierungsmethoden** der Sozialpolitik erarbeiten.

Für die didaktische Analyse und unterrichtliche „Aufbereitung" des Themas „Pflegekostenversicherung" ist eine Orientierung an den von K. P. Kruber (1992a) vorgestellten Kategorien hilfreich, die in dieser Unterrichtseinheit zwar nicht vollständig, aber in überwiegender Zahl angesprochen werden.

Die Auseinandersetzung um die Absicherung des Pflegefallrisikos ist politisch **aktuell**, insbesondere in den letzten 1 1/2 Jahren geriet das Thema in den Mittelpunkt der öffentlichen Diskussion. Die Massenmedien boten zahlreiche Informationen und Kommentare zu dieser Problematik.

Weiterhin kann man von einer **potentiellen Betroffenheit** der Schülerinnen und Schüler ausgehen. Viele von ihnen kennen die Situation der häuslichen Pflege oder der Heimunterbringung aus der eigenen Familie oder aus dem Bekanntenkreis. (Das zeigten auch die Beiträge der Schüler im durchgeführten Unterricht.) Von der Pflicht, Sozialversicherungsbeiträge (und evtl. einen Beitrag zur Pflegeversicherung) zu leisten, sind die Jugendlichen als zukünftige Arbeitnehmer und Arbeitnehmerinnen betroffen.

Die Zahl der Pflegebedürftigen wird auch in Zukunft steigen, während die Zahl der beitragsfähigen Erwerbstätigen sinkt (vgl. M 5). Mit diesem Problem wird die „über den Tag hinausreichende Bedeutsamkeit der Thematik" deutlich (**Zukunftsbedeutsamkeit**).

Außerdem können am Thema „Pflegekostenversicherung" unterschiedliche **Interessenstandpunkte** herausgearbeitet werden: einerseits gibt es die Sichtweise z. B. des Bundesarbeitsministers mit dem von ihm favorisierten Modell einer sozialen Pflegeversicherung, andererseits befürworten z. B. die Arbeitgeberverbände aus ihrer Interessenlage das Modell der privaten Pflegeversicherung.

Dabei werden zugleich auch **ordnungspolitische und ethische Grundsatzfragen** angesprochen. Mit der Gegenüberstellung der verschiedenen Lösungswege wird den Schülerinnen und Schülern das Verhältnis von Eigenverantwortlichkeit auf der einen Seite und Solidargemeinschaft auf der anderen Seite deutlich. Gehört die Absicherung des Pflegefallrisikos zum Bereich der Eigenvorsorge des einzelnen oder fällt sie in die Zuständigkeit der Solidarität der Gemeinschaft? Wie werden die geplanten Regelungen aus der Sicht von Betroffenen bewertet? Die Entscheidung für einen Lösungsweg berührt Werte wie Freiheit, Sicherheit und Gerechtigkeit.

Schließlich ist das Beispiel der Pflegekostenversicherung geeignet, um **gesamtwirtschaftliche Kreislaufzusammenhänge** aufzuzeigen (Finanzierung durch Arbeitnehmer und Rentenversicherung/Arbeitgeber, Problem steigender Lohnnebenkosten für die Wettbewerbssituation der Betriebe, Belastung der Gemeindefinanzen und der Steuerzahler durch die Sozialhilfe, ...).

Die hier angesprochenen Fragen lassen sich aber auch auf andere sozialpolitische Auseinandersetzungen übertragen, die in ähnlicher Weise bearbeitet werden können (vgl. Kruber 1992b).

Lernziele und Verweis auf zugehörige Materialien:

1. Die Schüler sollen Gründe für die Notwendigkeit einer Pflegekostenversicherung erläutern können. (M 3–M 9)

2. Die Schüler sollen die gegenwärtige Finanzierungsregelung für Pflegefälle kennen. (M 2)

3. Die Schüler sollen die grundsätzlich möglichen Lösungsmodelle zur Pflegekostenversicherung kennen. (M 10)

4. Die Schüler sollen das Modell der privaten Pflegeversicherung und das Modell der sozialen Pflegeversicherung anhand vorgegebener Merkmale unterscheiden. (M 11–M 13)

5. Die Schüler sollen eine Bewertung der Lösungsmodelle vornehmen, indem sie Vor- und Nachteile herausstellen. Sie sollen in der Lage sein, eine eigene begründete Stellungnahme abzugeben. (vgl. u. a. L 2, M 14)

6. Die Schüler sollen alternative Lösungsvorschläge für eine Entlastung der Wirtschaft von zusätzlichen Personalnebenkosten durch die soziale Pflegeversicherung kennen und beurteilen. (M 15–M 21)

2. Ablauf:

A) Projektinitiative	Rollenspiel zum Dilemma um einen Pflegefall Sensiblisierung für das Problem	M 1
B) Projektskizze	Die Lernenden äußern in einem Brainstorming Erfahrungen und Vorwissen über Situation von Pflegebedürftigen, Ursachen, Problemlösungsmöglichkeiten und denkbare Aktivitäten zur Ermittlung	
C) Projektplan	Aus den in der Projektskizze genannten Überlegungen wird ein Plan mit Erkenntniswünschen und Aktivitäten zusammengestellt und in eine sinnvolle zeitliche Reihenfolge gebracht (Hilfestellung durch den Lehrenden möglich).	
	(1) Warum ist eine Pflegeversicherung notwendig? (Information aus den bereitgestellten Materialien)	M 2–9 LR L 1
	(2) Was sagen Betroffene zur Notwendigkeit einer Pflegeversicherung? (Befragung in einem Alten- und Pflegeheim)	
	(3) Welche Lösungsmöglichkeiten gibt es zur Absicherung des Risikos? Private Absicherung – Soziale Absicherung	M 10–13 LR, L 2
	(4) Pro- und Contra-Diskussion zur Frage der Absicherung	M 14
	(5) Wie soll eine soziale Pflegeversicherung finanziert werden? Welche Auswirkungen haben die unterschiedlichen Finanzierungsformen? Karenztage – Feiertage – etc.	M 15–21
	(6) Hearing zu den Vorschlägen und ihren Auswirkungen	
D) Projektergebnis	• Leserbrief zur aktuellen Diskussion • Brief an Parteien • Ausstellung als Dokumentation der Lernergebnisse • …	

3. Einsatzmöglichkeiten:

Das Unterrichtskonzept zum Thema Pflegeversicherung eignet sich für den Einsatz in der Sekundarstufe I (9./10. Klasse) und in der Sekundarstufe II. Will man die Schüleraktivität in den Mittelpunkt stellen, sollte man sich für einen projektartigen Ansatz entscheiden (vgl. 2. Ablauf), der sowohl im Rahmen einer Projektwoche durchgeführt als auch in den „normalen" Wirtschaftslehreunterricht integriert werden kann.
Der zeitliche Umfang beträgt mindestens 6 Unterrichtsstunden.

Das Materialangebot ist so zusammengestellt, daß genügend Freiraum für die eigene Unterrichtsplanung bleibt. Je nach Klassenstufe und Schulart können ausgewählte Materialien in den Vordergrund gestellt, andere vielleicht überhaupt nicht berücksichtigt werden. Dabei soll die vorgegebene Reihenfolge nicht als „zwingend" betrachtet werden. Auch auf konkrete Arbeitsaufträge und Erläuterungen wurde bewußt verzichtet. Aufgrund der Aktualität der Thematik sind Ergänzungen gewünscht bzw. erforderlich.

II. Spezielle Angaben zur Unterstützung des Ablaufs

1. Vorbereitung und Durchführung

A) Projektinitiative:
Rollenspiel: „Oma wird zum Pflegefall"

Ein Einstieg in das Thema „Pflegeversicherung" ist möglich mit Hilfe von Fotos oder Karikaturen (vgl. K 1–K 6), die zu dieser Thematik in ausreichender Zahl in Zeitungen und Zeitschriften zu finden sind.

Um den Erfahrungs- und Interessenhorizont der Schüler/innen noch direkter anzusprechen, bietet sich die Unterhaltung zwischen Martin und Henrik (vgl. M 1a) an, die entweder als Text vorgelegt oder als Hörszene präsentiert werden kann. Ausgehend vom Eingangstext können Vor- und Nachteile häuslicher Pflege besprochen sowie die gegenwärtige Regelung zur Finanzierung von (stationär versorgten) Pflegefällen anhand eines fiktiven Beispiels erläutert werden (vgl. M 2). Wählt man als Einstieg ein **Rollenspiel** (vgl. M 1b), so rückt in dieser Unterrichtsphase die Schüleraktivität noch mehr in den Mittelpunkt. Die Lernenden werden mit einer Konfliktsituation konfrontiert, „die aus der Interessenposition einer übernommenen Rolle durch spielerisches Handeln zu einer Lösung geführt werden soll" (Buddensiek 1988, S. 252).

Die Schüler/innen bereiten sich – nach einer kurzen Einführung durch den Lehrer/die Lehrerin – auf das Spiel vor, indem sie Argumente für die unterschiedlichen Positionen sammeln. Dazu bietet sich die Einteilung der Klasse in Gruppen an. Während der sich anschließenden Spielphase beobachten die nicht unmittelbar beteiligten Schüler/innen das Spielgeschehen. Die Auswertungsphase sollte sich sowohl auf das Spielhandeln als auch (hier schwerpunktmäßig) auf die inhaltliche Ebene beziehen. Nicht rezeptives Lernen steht im Vordergrund, sondern der Schüler/die Schülerin bewegt sich „gleichsam im Problem selbst", so daß das Rollenspiel „als wesentlicher Beitrag zur Entwicklung von offenen, an Bedürfnissen des Schülers orientierten sachadäquaten Unterrichtsmethoden gewertet werden" kann (vgl. Kolb 1978, S. 35).

B) Projektskizze: Brainstorming

In dieser Phase sollen die Schüler/innen Gelegenheit haben, ihre persönlichen Erfahrungen und ihr Vorwissen über die Situation von Pflegebedürftigen und über das Thema Pflegeversicherung einzubringen. Erste Vorschläge für die Arbeit am Projektthema werden (zunächst noch unstrukturiert) gesammelt.

C) Projektplan:
Wie soll unsere Arbeit aussehen?

Um die Interessen und Bedürfnisse der Lernenden in besonderer Weise zu berücksichtigen, ist die Beteiligung der Schüler/innen an der weiteren Arbeitsplanung (Aufstellen von Erkenntniswünschen/Aktivitäten, Formulierung von Arbeitsfragen, Strukturierung, …) unabdingbar. Hilfestellungen und Anregungen des Lehrenden sind dabei durchaus erwünscht und können insbesondere bei Lerngruppen erforderlich sein, die noch keine oder nur geringe Erfahrungen mit projektorientiertem Unterricht besitzen. Die folgenden Unterrichtsphasen kennzeichnen lediglich eine mögliche Vorgehensweise und sind – je nach Situation der Lerngruppe – veränderbar.

(1) Schülerarbeit an Materialien: Warum ist eine Pflegeversicherung notwendig?

In der folgenden Erarbeitungsphase werden Gründe für die Notwendigkeit einer Pflegekostenversicherung erarbeitet. Mit Hilfe unterschiedlicher Materialien (eine Auswahl dieser Materialien stellen M 3–M 9 dar) ist eine selbständige Erarbeitung durch die Schüler/innen möglich (vorzugsweise arbeitsteiliger Gruppenunterricht).

(2) Befragung in einem Alten- und Pflegeheim: Was sagen Betroffene zur Notwendigkeit einer Pflegeversicherung?

Es bietet sich an, eine Erkundung in einem Alten- und Pflegeheim durchzuführen, um die Sichtweise der Betroffenen direkt „vor Ort" zu erfahren. Die Befragung sollte im Unterricht vor- und nachbereitet werden.

(3) Information durch den Lehrer/Schülerarbeit an Materialien: Welche Lösungsmöglichkeiten gibt es zur Absicherung des Risikos?

Für die Darstellung der vier Lösungsmodelle zur Pflegekostenversicherung (vgl. M 10) bietet sich der Lehrervortrag an. An dieser Stelle wird ein lehrerzentriertes Vorgehen gewählt, um genügend Zeit für die nachfolgenden Erarbeitungs- und Anwendungsphasen zu haben.

In den Mittelpunkt des weiteren Unterrichts werden die Modelle „Private Pflegeversicherung" und „Soziale Pflegeversicherung" gestellt. Mit Hilfe unterschiedlicher Materialien (vgl. M 11, M 12) erfolgt die Erarbeitung der wesentlichen Elemente der beiden Lösungsmodelle. Zur Zusammenfassung der Ergebnisse bietet sich eine Tabelle (vgl. M 13) an.

(4) Diskussion pro und contra: Pflegeversicherung in der Diskussion

Um mögliche Vorzüge und Schwachpunkte der Lösungsmodelle herauszustellen und um die unterschiedlichen Interessenstandpunkte von Parteien und Verbänden zu verdeutlichen, können als Einstieg in eine Diskussion eine Karikatur oder ein Kommentar (vgl. M 14) gewählt werden. Weiterhin empfiehlt sich der Einsatz von aktuellen Zeitungsartikeln und/oder Auszügen von Nachrichtensendungen des Fernsehens. Mit Hilfe von Zeitungsausschnitten könnten die Schüler/innen auch (gruppenweise) die verschiedenen Positionen zum Thema Pflegeversicherung herausarbeiten, um anschließend im Plenum ein Streitgespräch zu führen.

Für die Schüler/innen der SEK I sind evtl. weitere Materialien erforderlich, um eine Diskussionshilfe zu gewähren. Die Lernenden sollen die Möglichkeit haben, sich eine eigene Meinung zu bilden bzw. ihre eigene Ansicht zu äußern.

(5) Schülerarbeit an Materialien: Wie soll eine soziale Pflegeversicherung finanziert werden? Welche Auswirkungen haben die unterschiedlichen Finanzierungsformen?

Diese Fragen können mit Hilfe der Materialien M 15–M 21 (und weiterer aktueller Informationen) bearbeitet werden. Es empfiehlt sich ein arbeitsteiliges Verfahren; wiederum ist eine selbständige Erarbeitung durch die Schüler/innen möglich.

(6) Hearing zu den Vorschlägen und ihren Auswirkungen:

In einem abschließenden Hearing können die unterschiedlichen Positionen und ihre Auswirkungen erörtert werden.

D) Projektergebnis: Präsentation der Arbeitsergebnisse

Zur Präsentation der Projektergebnisse bieten sich (in Abhängigkeit von der zur Verfügung stehenden Zeit, den Wünschen der Lernenden, ...) mehrere Möglichkeiten an. So kann beispielsweise eine Wandzeitung angefertigt werden, um die Arbeitsergebnisse der übrigen Schülerschaft (Elternschaft) zugänglich zu machen. Denkbar wäre auch die Herstellung eines Beitrags für die Schülerzeitung oder für das Schulradio (Schulfernsehen). Ein Leserbrief zur aktuellen Diskussion oder Briefe an Parteien eignen sich, um ein größeres „Publikum" anzusprechen.

2. Unterrichtliche Erfahrungen in der Sekundarstufe I und II

Die vorliegende Unterrichtseinheit wurde in der Sekundarstufe I (9. Klasse/Hauptschule, 10. Klasse/Realschule) und in der Sekundarstufe II (Wahlgrundkurs Wirtschaft/Politik) einer kooperativen Gesamtschule erprobt.

In der Sekundarstufe I diente die Unterhaltung zwischen Martin und Henrik (M 1a) als Einstieg, die ihre Funktion als Motivations- und Gesprächsanstoß wie geplant erfüllte. Die Schüler/innen äußerten sich spontan, diskutierten die Vorteile und Probleme der häuslichen Pflege und brachten Erfahrungen aus ihrem familiären Umfeld (pflegebedürftige Großmutter im Heim, Tätigkeit einer Mutter als Pflegekraft, ...) ein.

Für den Unterricht der Sekundarstufe II wurde als Einstieg das Rollenspiel (M 1b) gewählt (auch in „rollenspielgeübten" Klassen der SEK I denkbar).

Die Gründe für die Notwendigkeit einer Pflegekostenversicherung und die wesentlichen Elemente der Lösungsmodelle wurden mit nach Schulart differenzierten Materialien erarbeitet. Da die unterrichtliche Behandlung der Themen „Soziale Sicherung" und „Versicherungen" in allen „Versuchsklassen" vorausgesetzt werden konnte, mußten Begriffe wie Sozialversicherung, Umlageverfahren usw. lediglich wiederholt und nicht neu eingeführt werden. In der Hauptschulklasse waren während der Erarbeitungsphasen stärkere Einhilfen und Unterstützung seitens der Lehrerin erforderlich. Probleme bereiteten beispielsweise Begriffe wie Koalition, Bemessungsgrenze oder Karenztag. Aufgrund dieser Erfahrungen sollte man für diese Lerngruppe ein vom Lehrer aufbereitetes Material (z. B. ein fiktives Interview mit einem „Experten", das in schülergemäßer Sprache die wesentlichen Elemente der gesetzlichen Pflegeversicherung darstellt) verwenden.

Als abschließende Hausaufgabe wurde in der SEK II ein in der Presse veröffentlichter Kommentar eingesetzt, mit der Aufgabenstellung, zur Argumentation des Autors Stellung zu nehmen.

Die Realschulklasse erhielt die Möglichkeit, in einem örtlichen Pflegeheim mit einer an Multipler Sklerose erkrankten Bewohnerin (28) und einer dort beschäftigten Sozialpädagogin ein Gespräch zu führen. Diese Begegnung vermittelte den Jugendlichen vor allem einen vertieften Einblick in die Situation der in diesem Heim versorgten Pflegebedürftigen mit ihren alltäglichen Problemen und Nöten. Dabei wurde unter anderem auch deutlich, wie wichtig die Förderung von Maßnahmen der aktivierenden und rehabilitierenden Pflege ist; es bleibt zu hoffen, daß die Umsetzung durch die geplante Pflegeversicherung gelingt. Auch die Hauptschulklasse besuchte ein Alten- und Pflegeheim. Der Heimleiter zeigte die Einrichtungen und führte ein Gespräch mit den Schüler/innen. Die Erkundungen können als wichtige Ergänzung des Unterrichts gesehen werden, da sie den Jugendlichen über den „Schonraum" Klassenzimmer hinaus „ein Stück Realität" unserer Gesellschaft vermittelt haben.

3. Literatur:

Buddensiek, W.: Rollen- und Simulationsspiele, in: Mickel/Zitzlaff (Hrsg.): Handbuch zur politischen Bildung, Bonn 1988, S. 251 ff.

Der Bundesminister für Arbeit und Sozialordnung (Hrsg.): Sozialpolitische Informationen, Jg. XXIV, 09.08.91

Floren, u. a.: POLITIK, Ein Arbeitsbuch für den Politikunterricht, Paderborn 1992

iwd: Pflegeversicherung: Mehr Probleme als Lösungen, Nr. 17, 29.04.93, S. 7

Kaminski, Hans/Schneidewind, Klaus: Aspekte eines handlungsorientierten Lernkonzepts für die Arbeitslehre, in: arbeiten und lernen, Nr. 45, Juni 1986, S. 8–16

Kolb, Gerhard: Methoden der Arbeits-, Wirtschafts- und Gesellschaftslehre, Ravensburg 1978

Kruber, Klaus-Peter: Didaktische Kategorien der Wirtschaftslehre, in: arbeiten und lernen / Wirtschaft, Nr. 7 (1992), S. 5–11

Kruber, Klaus-Peter: Sozialpolitik, in: arbeiten und lernen / Wirtschaft, Nr. 8 (1992), S. 5 ff.

Metzler Aktuell – Arbeitsblätter für Geographie und Wirtschaft, Zeitgeschichte und Politik, September 1991

Lehrerreflexionshilfe: Pflegeversicherung in der aktuellen Diskussion (LR)

Zur Zeit gibt es ca. 1,6 Millionen pflegebedürftige Menschen in Deutschland (vgl. M 3). Dabei handelt es sich überwiegend um ältere Personen (vgl. M 4), die größtenteils zu Hause (1,2 Millionen) oder in Pflegeheimen (450 000) versorgt werden.

Die stationäre Pflege ist nur für wenige erschwinglich. Ein Heimpflegeplatz kostet monatlich zwischen 4 000 und 5 000 DM, während die Rente eines Durchschnittsverdieners rund 1 600 DM beträgt (vgl. M 8). Folglich sind ca. 60 % der in Heimen und Krankenhäusern betreuten Pflegefälle auf die Sozialhilfe angewiesen (vgl. M 6). (Von den ambulant betreuten Pflegebedürftigen müssen ca. 21 % die Sozialhilfe in Anspruch nehmen.)

Die Rente wird in diesem Fall durch die Pflege „aufgezehrt", außerdem nehmen die Sozialämter für ihre Leistungen im Pflegefall das Vermögen des Pflegebedürftigen und die unterhaltspflichtigen Angehörigen in Regreß. Die Pflegebedürftigen werden auf diese Weise zu Sozialhilfeempfängern und erhalten vom Sozialamt ein Taschengeld (Grundbetrag: 152,70 DM pro Monat). Die Kosten für Pflegeleistungen sind in den vergangenen Jahren stark angestiegen; seit 1975 hat sich der Aufwandsposten „Hilfe zur Pflege" nach dem Bundessozialhilfegesetz mehr als verdreifacht, so daß er zur Zeit ca. 10 Milliarden DM umfaßt (vgl. M 7). Diese hohe finanzielle Belastung, die überwiegend von den Kommunen getragen wird, stellt einen wichtigen Grund für die Notwendigkeit einer Neuregelung zur Absicherung des Pflegerisikos dar (zu weiteren Gründen vgl. L 1).

Anfang 1991 beschlossen CDU/CSU und FDP in den Koalitionsverhandlungen zur Sozialpolitik, bis Mitte 1992 einen Gesetzentwurf zur Absicherung bei Pflegebedürftigkeit vorzulegen.

Zur Diskussion standen folgende Lösungsmodelle:

(1) Ausbau der Leistungen nach dem Bundessozialhilfegesetz

(2) Ein aus dem Steueraufkommen finanziertes Pflege-Leistungsgesetz

(3) Eine private Pflegeversicherung nach dem Kapitaldeckungsverfahren

(4) Eine soziale Pflegeversicherung nach dem Umlageverfahren

(vgl.: Der Bundesminister für Arbeit und Sozialordnung, 1991, S. 3)

Die Modelle (1) und (2) haben bei den Koalitionsvereinbarungen keine Zustimmung gefunden; auch in der weiteren aktuellen Diskussion hat es für diese Lösungswege keine oder nur wenige Befürworter gegeben. Die Auseinandersetzung konzentrierte sich folglich auf die Lösungsmodelle (3) und (4).

Für eine **private Pflegeversicherung**, bei der jeder Versicherte die Mittel für etwaige künftige Leistungen ansparen sollte (Kapitaldeckungsverfahren), plädierten vor allem die FDP und die Arbeitgeberverbände. Diskutiert wurden zwei Versionen: eine freiwillige Pflegeversicherung und eine private Pflege-Pflichtversicherung. So sprach sich beispielsweise die Bundesvereinigung der Deutschen Arbeitgeberverbände dafür aus, die gesamte Bevölkerung zum Abschluß einer Pflegeversicherung zu verpflichten. Die Beiträge und Leistungen richten sich in diesem Modell nach Versicherungsvertrag, Beitrittsalter und Pflegealter, wobei die Beitragspflicht auch für nichtberufstätige

Ehepartner und Kinder besteht (vgl. M 12). Nach den Vorstellungen der FDP sollte der Abschluß einer privaten Pflegeversicherung durch einen zusätzlichen Steuerabzugsbeitrag und durch Ausweitung der staatlich geförderten Vermögensbildung begünstigt werden. (Zu Vor- und Nachteilen dieses Modells: vgl. L 2)

Das Modell der **gesetzlichen Pflegeversicherung** wurde insbesondere von Bundesarbeitsminister Norbert Blüm sowie – mit Unterschieden im Detail – von SPD und DGB vertreten.

Nach monatelangen harten Auseinandersetzungen in der Koalition einigten sich CDU/CSU und FDP schließlich Ende Juni 1992 auf die Einführung einer sozialen Pflegeversicherung bis spätestens 1. Januar 1996.

Für die Beiträge ist ein Prozentsatz von 1,7 % des monatlichen Bruttoeinkommens vorgesehen (höchstens bis zur Beitragsbemessungsgrenze), wobei Arbeitgeber und Arbeitnehmer je die Hälfte zahlen. Der Leistungsumfang ist auf Beträge bis zu 2 100 DM monatlich festgelegt (vgl. M 11). Dieser Lösungsweg entspricht damit den Prinzipien des Generationenvertrages und der Solidargemeinschaft. Neben Finanzierungsfragen macht das Koalitionsmodell auch Aussagen zur Verbesserung der Qualität der Pflege. So soll ambulante Pflege Vorrang gegenüber der Heimpflege bekommen; weiterhin sollen Maßnahmen der aktivierenden und rehabilitierenden Pflege bevorzugt unterstützt werden. (Zu Vor- und Nachteilen des Sozialversicherungsmodells vgl. L 2)

Ursprünglich sollte Bundesarbeitsminister Blüm bis zum 1.10.92 auf der Basis des erzielten Kompromisses einen Gesetzentwurf vorlegen. Das scheiterte aber offenbar an der ungeklärten „Kompensationsregelung". Auf Drängen der FDP und Teilen der CDU soll der Arbeitgeberanteil an den Kosten der Pflegeversicherung von jährlich 25 Milliarden DM ausgeglichen werden, um die Lohnnebenkosten nicht zusätzlich zu steigern.

Ende Mai 1993 hat sich die Bonner Regierungskoalition auf die stufenweise Einführung einer Pflegesozialversicherung mit Arbeitnehmer- und Arbeitgeberbeiträgen von 1994 an verständigt (vgl. M 11). Zum Ausgleich der Arbeitgeberbeitragskosten sollen zwei Karenztage je Krankheitsfall (höchstens aber sechs Tage pro Jahr) eingeführt werden, d. h. die ersten Krankheitstage sollen entweder auf den Urlaub angerechnet werden oder unbezahlt bleiben (Ausnahmen: Schwangerschaft, Betriebsunfall, Berufskrankheit). Gegen die von der Bundesregierung geplanten Karenztage wird insbesondere von seiten der Gewerkschaften und der SPD starker Widerstand angemeldet. Als Alternativen werden die Streichung von zwei Urlaubstagen oder von zwei (drei) Feiertagen diskutiert. Die Bundesländer (die hierfür zuständig sind) konnten sich bisher nicht mit dem Bund und den Kirchen auf die „Feiertagslösung" einigen. Minister Blüm hat angedeutet, daß er für eine solche Alternative zum Karenztag offen ist, wenn sie das Ziel, die Personalnebenkosten der Wirtschaft in konjunkturell schwieriger Lage nicht zu erhöhen, erfüllt. Der Deutsche Gewerkschaftsbund (DGB) sieht sich inzwischen durch ein Gutachten bestätigt, daß Karenztage verfassungswidrig sind.

Einige Koalitionspolitiker fordern, auf Beiträge der Arbeitgeber zur Pflegeversicherung ganz zu verzichten und die Arbeitnehmer mit dem vollen Beitrag zu belasten. Das schließlich beschlossene Gesetz sieht die Streichung von (zunächst) einem Feiertag vor.

Lehrerinfo 1 (L_1)

Gründe für die Notwendigkeit einer Pflegekostenversicherung

- wachsende Pflegekosten (M 8)

- hohe Belastung für Städte und Gemeinden, die überwiegend die Leistungen der Sozialhilfe aus ihren Kassen bestreiten (M 7)

- Anstieg der Zahl der Pflegebedürftigen aufgrund demographischer Gegebenheiten (M 5)

- weniger Möglichkeiten zur häuslichen Pflege (Trend zu Ein-Personen-Haushalten und Kleinfamilien)

- 70 % der in Heimen versorgten Pflegebedürftigen werden zu Sozialhilfeempfängern (M 6)

- finanzielle Belastung der unterhaltspflichtigen Angehörigen/Pflegebedürftige ohne Angehörige oder ohne ausreichende Vorsorge leben auf Staatskosten

  ($\rightarrow$ soziale Ungerechtigkeit?) (M 9)

(vgl. auch: Metzler Aktuell, Sept. 1991)

Lehrerinfo 2 (L_2)

Private Pflegeversicherung: Einige Vor- und Nachteile

- **Für das Kapitaldeckungsverfahren** spricht nach Ansicht der Befürworter vor allem, daß die Finanzierung der Pflegekostenversicherung vom Altersaufbau der Bevölkerung unabhängig wird.

- Außerdem erwartet man langfristig eine Steigerung des Kapitalangebots in der Volkswirtschaft und erhofft sich dadurch zusätzliche Wachstumsimpulse.

- Im Gegensatz zum Sozialversicherungsmodell wird eine zusätzliche Belastung der Wirtschaft (Lohnnebenkosten) vermieden.

- **Schwierigkeiten bei diesem Lösungsansatz** bereitet jedoch das Problem der Versorgung der sog. „Altfälle", d. h. der bereits Pflegebedürftigen und der pflegenahen Jahrgänge. So eignet sich dieser Vorschlag im wesentlichen für jüngere Menschen, denen das Pflegefall-Risiko i. d. R. erst in späterer Zeit droht, wenn bereits genügend Kapital angespart ist. Dieser Einwand sollte durch Übergangsregelungen beseitigt werden; dabei darf allerdings das Finanzierungsproblem (staatliche Zuschüsse) nicht übersehen werden.

- Ein weiterer Schwachpunkt wird darin gesehen, daß Familien mit Durchschnittseinkommen zu stark durch die Beiträge belastet werden.

- Außerdem würden Arbeitslose, Rentner und Kleinverdiener ohnehin nicht von den vorgesehenen Steuervergünstigungen profitieren.

Soziale Pflegeversicherung: Einige Vor- und Nachteile

- **Der entscheidende Vorteil des Sozialversicherungsmodells** ist darin zu sehen, daß die Umlagefinanzierung sofort greift und damit die Versorgung der „Akutfälle" finanzieren kann.

- Außerdem belastet es die Versicherten nur entsprechend ihrer Leistungsfähigkeit und kommt ohne Subventionen aus.

- **Gegner des Koalitionsmodells** bewerten das geplante Umlageverfahren als „ordnungspolitisch" falsch. Ein wesentlicher Schwachpunkt wird darin gesehen, daß infolge der ungünstigen demographischen Entwicklung Leistungszusagen längerfristig nur dann eingelöst werden können, wenn der abnehmende Kreis der Beitragszahler, der die steigende Zahl der Pflegebedürftigen finanzieren muß, immer „stärker zur Kasse gebeten wird".

- Die Wirtschaftsverbände kritisieren die Belastung durch die Beiträge der Arbeitgeberseite (Lohnnebenkosten!).

- Befürchtet wird weiterhin, daß die Pflegekosten bei Finanzierung über Zwangsbeiträge noch stärker in die Höhe steigen könnten.

- Auch aus der Sicht vieler betroffener pflegebedürftiger Menschen dürfte das geplante Konzept teilweise mit Skepsis betrachtet werden.

Die für die stationäre Pflege vorgesehenen Leistungen sollen nur die Pflegekosten abdecken; Kosten für Unterkunft und Verpflegung hat der Versicherte zu tragen. Letztere sind zur Zeit schon so hoch, daß die Mehrzahl der Pflegebedürftigen wohl auch zukünftig auf Sozialhilfe angewiesen bleibt.

(Zur Kritik am Koalitionsmodell vgl. auch: Pflegeversicherung: Mehr Probleme als Lösungen, in: iwd, 29.4.93, Nr. 17, S. 7)

III. Materialien für die Teilnehmer

M 1a

Henrik (14) will seinen Freund Martin Scheller besuchen, um mit ihm ein neues Computer-Spiel auszuprobieren. Laut pfeifend klingelt er mehrmals bei Familie Schöller, und es dauert nicht lange, bis Martins Mutter öffnet. Ohne Begrüßung redet sie auf Henrik ein: „Es ist 14.30 Uhr. Wie kannst du während der Mittagszeit einen derartigen Krach machen? Unverschämtheit!" Bevor Henrik anworten kann, kommt auch schon Martin, und die beiden verschwinden schnell ins Kinderzimmer.

Henrik:
„Martin, deine Mutter ist doch sonst nicht so aufbrausend. Was ist denn los?"

Martin:
„Sei bloß still! Das geht jetzt 14 Tage lang so. Meine Großmutter ist bei uns eingezogen. Sie ist 81 Jahre alt, ziemlich krank und muß den ganzen Tag im Bett liegen."

Henrik:
„Und deshalb ist deine Mutter so nervös?"

Martin:
„Ja, die Pflege meiner Oma ist sehr anstrengend. Sie muß gewaschen, gefüttert, umgebettet werden. Am Abend hilft öfters mein Vater, aber die Hauptlast trägt meine Mutter. Manchmal streiten sich meine Eltern, z. B. möchte mein Vater auch weiterhin regelmäßig mit meiner Mutter Tennis spielen. Aber Oma kann nicht lange allein bleiben."

Henrik:
„Dann kannst du ja auch einmal auf Deine Großmutter achten."

Martin:
„Das will ich gerne tun, nur manchmal habe ich den Eindruck, daß sie mich nicht richtig erkennt, und dann redet sie wirres Zeug, und ich weiß nicht, was ich machen soll."

Henrik:
„Am besten wäre es, deine Oma in ein Pflegeheim zu geben, dann hättet ihr wieder eure Ruhe."

Martin:
„Meine Mutter will Oma keinesfalls in ein Heim geben, weil sie in vertrauter Umgebung versorgt werden soll. Mein Vater ist für eine Pflege im Heim, denn er fürchtet, daß unsere Familie überfordert ist. Aber es gibt ein Problem: Meine Großmutter kriegt nur eine geringe Rente. Ein Heimplatz kostet ca. 4 000 DM, so daß meine Eltern wahrscheinlich zuzahlen müssen, bzw. die Sozialhilfe tritt ein. Für meine Oma bleibt dann nur ein kleines Taschengeld, und auch wir müßten auf einiges verzichten."

Henrik:
„Ich habe gehört, daß es in Zukunft eine Pflegeversicherung geben soll."

Martin:
„Pflegeversicherung??? Ob das so etwas wie eine Krankenversicherung ist?"

M 1b

Rollenspiel

Familie Schöller sitzt beim Abendessen und führt eine lebhafte Diskussion. Es geht um die Mutter von Frau Schöller, die – 81jährig – nach einem Schlaganfall pflegebedürftig geworden ist.

Frau Schöller (45):
Frau Schöller möchte ihre Mutter zu Hause aufnehmen und pflegen, da die Oma in vertrauter Umgebung umsorgt werden soll. Ihre Halbtagsbeschäftigung in einem Rechtsanwaltsbüro will sie aufgeben.

Herr Schöller (47):
Herr Schöller ist für eine Pflege im Heim, denn er fürchtet, daß die Familie mit der Pflege überfordert wird.

Henrik (17):
Henrik stimmt seinem Vater zu, denn er möchte sein großes Zimmer behalten. Außerdem fürchtet er, auch zu Pflegediensten herangezogen zu werden.

Susanne (15):
Susanne vertritt eher die Meinung ihrer Mutter. Auf ihre gewohnten Freizeitbeschäftigungen möchte sie jedoch keinesfalls verzichten.

M 2

Mögliches Tafelbild

Elli B. (83) ist pflegebedürftig und lebt in einem Alten- und Pflegeheim.

Monatliche Kosten	
für den Heimpflegeplatz:	4 500 DM
Monatliche Rente:	– 1 500 DM
Differenz:	**3 000 DM**
Kinder sind unterhaltspflichtig:	– 300 DM
Sozialhilfe:	**2 700 DM**

Elli B. wird Sozialhilfeempfängerin und erhält ein Taschengeld (Grundbetrag: 152,70 DM/Monat).

M 3

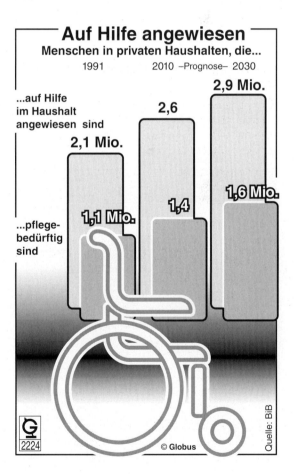

Auf Hilfe angewiesen
Menschen in privaten Haushalten, die...
1991 2010 –Prognose– 2030
...auf Hilfe im Haushalt angewiesen sind: 2,1 Mio. / 2,6 / 2,9 Mio.
...pflegebedürftig sind: 1,1 Mio. / 1,4 / 1,6 Mio.
Quelle: BiB

M 4

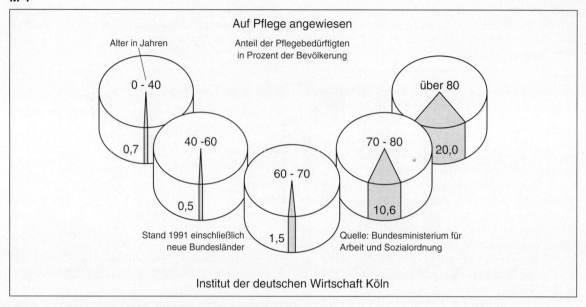

M 5

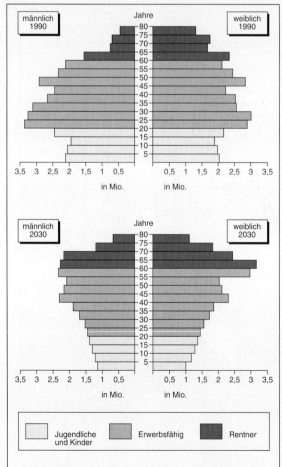

First Demographic Sketch of a United Germany. In: Population Network Newsletter No. 17. Spring 1990. S. 1–3. International Institute for Applied Systems Analysis (Hrsg.). A-2361 Laxenburg (verändert)

Quelle: Raisch, H. in Zusammenarbeit mit dem Statistischen Bundesamt in Wiesbaden: Metzler aktuell, Arbeitsblätter für Geographie und Wirtschaft, Zeitgeschichte und Politik, Sept. 1991.

M 6

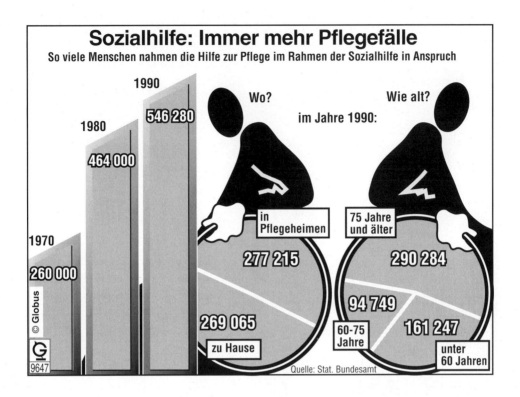

M 7

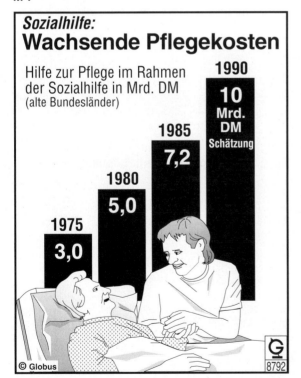

M 8a

M 8b

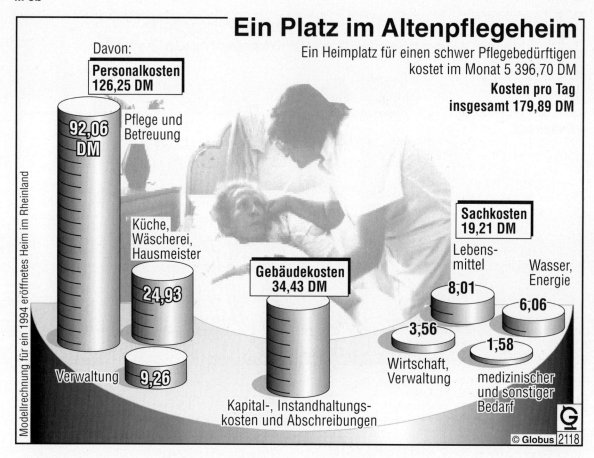

M 9

Fast 5 400 Mark im Monat kostet ein Platz im Altenpflegeheim. Dies geht aus einer Modellrechnung des Landschaftsverbands Rheinland hervor, der die Kosten in einem neu eröffneten Heim im Rheinland aufgeschlüsselt hat. Die Kosten pro Tag – also der Pflegesatz – betragen demnach knapp 180 Mark. Für die umfassende Betreuung eines schwer Pflegebedürftigen braucht man vor allem viel Personal. Die oftmals Bettlägerigen müssen gewaschen, angezogen, gefüttert und medizinisch versorgt werden. Die Personalkosten für Pflege und Betreuung machen mit täglich 92,06 Mark somit mehr als die Hälfte des Pflegesatzes aus. Daneben braucht man Personal für Küche, Wäscherei, Hauswirtschaft und Verwaltung. Zusammen betragen die Personalkosten am Tag 126,25 Mark; das sind 70 Prozent der Pflegekosten.

Globus

Statistische Angaben: Landschaftsverband Rheinland

M 10 (Folie)

Pflegekostenversicherung: Lösungsmodelle

1. Ausbau der Leistungen nach dem Bundessozialhilfegesetz
2. ein aus dem Steueraufkommen finanziertes Pflege-Leistungsgesetz
3. eine private Pflegeversicherung
4. eine soziale Pflegeversicherung

Quelle: Bundesminister für Arbeit und Sozialordnung (Hrsg.): Sicherung bei Pflegebedürftigkeit, Fakten und Argumente, Bonn 1991, S. 9

M 11

Die Pflegeversicherung

Die wichtigsten Punkte des Pflege-Kompromisses

Betroffene:
Mitglieder (auch freiwillige) der Gesetzlichen Krankenversicherung (GKV), ihre nichtberufstätigen Ehepartner und Kinder in der **sozialen Pflegeversicherung**. Privatversicherte und Beamte in einer **privaten Pflegeversicherung**.

Finanzierung:
Beitragssatz ab 1.1.1995: 1 %
(ab 1.7.1996: 1,7 %) des monatlichen Bruttoeinkommens höchstens bis zur Beitragsbemessungsgrenze der GKV. Arbeitnehmer und Arbeitgeber zahlen je die Hälfte. Finanzielle Entlastung der Arbeitgeber: Streichung eines Feiertages durch die Länder.
Streicht ein Land keinen Feiertag, müssen die Arbeitnehmer den Beitrag voll übernehmen.

Leistungen je nach Pflegebedürftigkeit:

Bei häuslicher Pflege: Monatliches Pflegegeld von 400 DM bis 1 300 DM
oder
Monatliche Sachleistungen im Wert von bis zu 2 800 DM (für besondere Härtefälle bis zu 3 750 DM).

Häusliche Pflegekräfte sind in die Renten- und Unfallversicherung einbezogen.

Bei stationärer Pflege:
Erstattung der Pflegekosten von durchschnittlich 2 500 DM im Monat (maximal 2 800 DM; für besondere Härtefälle bis zu 3 300 DM).
Kosten für Unterkunft und Verpflegung trägt der Versicherte.

Stufenweise Verwirklichung:
Ab 1.4.1995: zunächst häusliche Pflege, Beitragssatz 1 % .
Ab 1.7.1996: auch stationäre Pflege, Beitragssatz dann 1,7 % .

© Globus 1815

M 12

Der Vorschlag der Arbeitgeber

Die Bundesvereinigung der Deutschen Arbeitgeberverbände schlägt vor:

- Die gesamte Bevölkerung soll verpflichtet werden, eine Pflegeversicherung abzuschließen. Dies gilt auch für die Selbständigen und für die Beamten.

- Die für die Zukunft konstant bleibende monatliche Prämie (Beitrag) soll sich in drei Gruppen gliedern:

    25–40jährige   DM 32,– monatlich.

    40–60jährige   DM 46,– monatlich.

    ab 60 Jahre   DM 74,– monatlich.

- Im Pflegefall wird eine Leistung von DM 1 500,– DM monatlich abgesichert. Dieser Leistungsanspruch soll jedoch bis zum 72. Lebensjahr linear absinken und dann nur noch 750,– DM betragen.

- Da Menschen über 60 Jahre höhere Beiträge als DM 74,– pro Person nicht zuzumuten seien, müsse dieser Personenkreis im Risikofall mit niedrigeren Versicherungsleistungen rechnen.

- Zur Aufstockung dieser niedrigeren Versicherungsleistungen sowie für die bereits Pflegebedürftigen und die pflegenahen Jahrgänge soll aus öffentlichen Mitteln (Steuern) ein Fond gebildet werden: zur Finanzierung dieses Fonds sind pro Jahr zunächst 13–15 Milliarden erforderlich.

Nach: Süddeutsche Zeitung und Handelsblatt 12.6.1991
Entnommen aus: Metzler Aktuell, Sept. 1991

M 13

	Das Koalitionsmodell	**Der Vorschlag der Arbeitgeber**
	Gesetzliche Pflegeversicherung unter dem Dach der Krankenkassen	Private Pflegeversicherung nach dem Kapitaldeckungsverfahren
Wer ist versichert?		
Wie hoch sind die Beiträge?		
Wer zahlt die Beiträge?		
Wie hoch sind die Leistungen?		
Nach welchem Prinzip erfolgt die Finanzierung?		

M 14
Widerstand ist geboten

Bar. Der Appell der Wirtschaftsverbände erinnert an eine spektakuläre Aktion aus den frühen siebziger Jahren. Unter dem Motto „Wir können nicht länger schweigen" wandten sich damals Unternehmer und Verbände gegen die kostentreibende Finanz- und Sozialpolitik der sozial-liberalen Koalition. Die Wirtschaft hat sich nie ganz von dem Verdacht befreien können, eine derartige Kampagne führe sie nur gegen eine ihr ideologisch nicht genehme Regierung. Mit seinem sturen Beharren auf dem Blüm-Modell der Pflegeversicherung ist es Bundeskanzler Kohl nun gelungen, die Verbände zu rehabilitieren. Es ist wieder soweit: Die Verbände protestieren gegen die ungeheuerlichen Kosten, die der Wirtschaft – gerade auch zum Nachteil der von Erwerbslosigkeit betroffenen und bedrohten Arbeitnehmer – von der Politik auferlegt werden.

Es ist ein bürgerliche Regierung, gegen die sich nun die ohnmächtige Rebellion der Wirtschaft richtet. Mit einer unglaublichen Arroganz werfen Granden der CDU den Vertretern der Wirtschaft Kaltherzigkeit und Menschenverachtung vor – nur weil die sich gegen neue, ins Uferlose steigende Kosten stemmen. Der Zynismus liegt in Wahrheit auf der Seite derjenigen, die das Blüm-Modell ohne Rücksicht auf ein Minimum an wirtschaftlicher Vernunft durchpauken wollen. Es ist ihnen nicht einmal die gute Gesinnung zu attestieren, die ihnen Industriepräsident Tyll Necker aus Höflichkeit zugute hält. Hier entfaltet sich der Zynismus der Machterhaltung: Um auch das Thema „Pflege" abzuhaken und es der SPD im kommenden Wahlkampf zu entwinden, wird eine schlechte Lösung gegen alle guten Argumente verfochten.

Allein die Nachrichten dieses Tages müßten der Regierung zeigen, wohin die wirtschaftliche Reise geht: Die Neuverschuldung nur des Bundes wird durch Steuermindereinnahmen auf über 70 Milliarden getrieben, der Beitragssatz zur Rentenversicherung steigt von 17,5 auf 19,3 Prozent – und dabei wirkt jetzt noch nicht einmal die Veränderung des Altersaufbaus. Jeden Tag kommen neue Meldungen über steigende Kosten, Betriebsschließungen und mehr Arbeitslose. Aber die Sozialzyniker nähern sich traumtänzerisch dem Abgrund. Niemand ist gezwungen, ihnen dahinein zu folgen. Widerstand ist geboten. Die Wirtschaftsverbände haben damit begonnen.

Frankfurter Allgemeine Zeitung, 13.5.93, S. 1

M 15
Feiertag für Pflege

Die Mehrheit der Bundesbürger lehnt die Einführung eines Karenztages zur Finanzierung der Pflegeversicherung ab. Nach einer Emnid-Umfrage für den SPIEGEL würden 36 Prozent der Befragten lieber auf einen Feiertag im Jahr verzichten als auf die Lohnfortzahlung am ersten Krankheitstag. Für diese Lösung haben sich nur 23 Prozent ausgesprochen. Mit dem Plan, die Pflegeversicherung unter dem Dach der Sozialkassen zu organisieren, wie Arbeitsminister Norbert Blüm (CDU) es fordert, sind 54 Prozent der Befragten einverstanden. Der von der Koalition mittlerweile verworfene FDP-Vorschlag einer privaten Pflegeversicherung erhielt dagegen nur 42 Prozent Zustimmung. Selbst von den FDP-Wählern unterstützten nur 44 Prozent das liberale Modell, 51 Prozent dagegen das Prinzip von Norbert Blüm.

Der Spiegel 18/1993, 3.5.93, S. 18

M 16a

Der Schub beim 2. Lohn
Anstieg der Arbeitskosten je Arbeitnehmer in der Industrie von 1972 bis 1992 (alte Bundesländer)

M 16b

Das Gewicht der Lohnnebenkosten

M 17

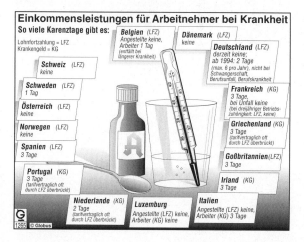

Einkommensleistungen für Arbeitnehmer bei Krankheit

M 18

Drei Feiertage für die Pflege?

München. Neue Vorschläge zur Finanzierung der Pflegeversicherung: Während sich Schleswig-Holsteins Ministerpräsidentin Heide Simonis (SPD) dafür aussprach, drei Feiertage zu opfern, schlug Bundestagspräsidentin Rita Süssmuth (CDU) den Verzicht auf zwei Feiertage vor.

In einem Interview forderte Frau Simonis, zwei katholische und ein evangelischer Feiertag sollten abgeschafft werden. Die Wirtschaft müsse für ihren Beitrag zur Pflegeversicherung auf jeden Fall einen Ausgleich erhalten, sagte Simonis und widersprach damit der Bonner SPD-Fraktion.

Bundestagspräsidentin Süssmuth sagte, der Tag der deutschen Einheit am 3. Oktober sollte nicht tabu sein. „Für die Menschenwürde ist es besser zu arbeiten, als nur zu feiern."

Die Regierungskoalition von CDU/CSU und FDP will durch die Einführung von zwei Karenztagen, maximal fünf im Jahr, die Pflegeversicherung finanzieren. Dagegen will die IG Metall Baden-Württemberg im Herbst flächendeckend protestieren.

Lübecker Nachrichten, 20.06.93

M 19

DGB sieht sich bestätigt

Gutachten: Karenztage sind verfassungswidrig

Düsseldorf/Hamburg (dpa) – Der deutsche Gewerkschaftsbund (DGB) sieht sich durch ein Gutachten in seiner Auffassung bestätigt, daß die von der Bundesregierung geplanten Karenztage verfassungswidrig sind. Der DGB stützt sich auf eine in seinem Auftrag erstellte Studie des Hamburger Professors Ulrich Zachert. Darin heißt es laut DGB, es wäre ein unzulässiger Eingriff in die grundgesetzlich geschützte Tarifautonomie, wenn mit Karenztagen die Pflegeversicherung finanziert werden sollte. Das lasse sich nicht mit dem verfassungsrechtlichen Prinzip der Verhältnismäßigkeit vereinbaren. Außerdem seien Karenztage nicht zumutbar, weil die Bundesregierung unmittelbar in die individuellen Besitzstände der Arbeitnehmer eingreifen würde.

Zachert erklärte nach DGB-Angaben weiter, es könne auch nicht auf die immer wieder angeführte Entscheidung des Bundesarbeitsgerichts von 1959 zum Arbeiterkrankheitsgesetz verwiesen werden. Heute gehe es darum, in tariflich fixierte Schutzstandards einzugreifen, um fiskalische Interessen durchzusetzen. Damals hätte dagegen erstmals eine allgemeine gesetzliche Grundlage der Lohnfortzahlung für Arbeitgeber im Krankheitsfalle geschaffen werden müssen. Diese vollständige Neuordnung habe gerechtfertigt, daß vorangegangene Tarifregelungen für unwirksam erklärt worden seien.

Der bayerische Ministerpräsident Edmund Stoiber befürwortet zwar die Einführung von Karenztagen zur Finanzierung der Pflegeversicherung, hält sie aber wegen des Widerstandes von Gewerkschaften und SPD, die die Mehrheit im Bundesrat hat, politisch für nicht durchsetzbar. Die als Ersatz vorgeschlagene Streichung von Feiertagen werde es mit Bayern nicht geben, sagte Stoiber der Bild am Sonntag. Er schlug vor, daß zwei bestehende Feiertage unbezahlt bleiben. „Das heißt: Die Arbeitnehmer bekommen für diese Feiertage keinen Lohn, oder sie lassen sich zwei Urlaubstage dafür anrechnen."

Süddeutsche Zeitung, 26.7.93

M 20

FDP: Feiertage opfern für Pflegeversicherung

Hamburg. In der Diskussion um die Pflegeversicherung hat die FDP einen neuen Vorschlag gemacht.

Fraktionschef Hermann Otto Solms sagte dem „Express": Die FDP ist bereit, auf die Einführung von Karenztagen zu verzichten, wenn statt dessen zwei Feiertage gestrichen werden." Dazu müßten die Länderchefs festlegen, an welchen Feiertagen bundesweit gearbeitet werden soll.

Der CSU-Wirtschaftsexperte Ernst Hinsken schlug eine zehnprozentige Kürzung der Lohnfortzahlung sowohl bei Krankheit als auch an Feiertagen vor. Der Deutsche Gewerkschaftsbund (DGB) sieht sich durch ein Gutachten bestätigt, daß Karenztage verfassungswidrig sind.

Lübecker Nachrichten, 27.7.93

M 21

Neue Vorschläge zu Pflegeversicherung

Im Streit um die Pflegeversicherung forderten gestern Politiker der Koalition, die Arbeitnehmer sollten den vollen Beitrag zur Sozialversicherung zahlen und so die Arbeitgeber entlasten. FDP-Fraktionschef Hermann Otto Solms erneuerte seinen Vorschlag, anstelle der Karenztage auf zwei Feiertage zu verzichten.

Die Welt, 28.7.93

K 1   Lübecker Nachrichten
                 Mittwoch, 1. Juli 1992

Meinungen

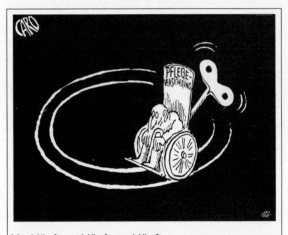

Und läuft und läuft und läuft ...   Zeichnung: Candea

K 2   Lübecker Nachrichten
                 Sonnabend, 4. Juli 1992

„Na, ist das kein Angebot?"

K 3

„Erreicht den Hof mit Müh und Not..."
Entnommen aus: Der Spiegel 34/1992, S. 90

K 5

Wackelkontakt Karikatur: SCHOENFELD
Hamburger Abendblatt, 23.4.93, S. 2

K 4 „Das hat er nicht so gern, der Kleine!

Stuttgarter Zeitung, 15.5.1991 Zeichnung: Rolf Henn

K 6

Sich verabschiedende Pflegerin Zeichnung: Haitzinger
Lübecker Nachrichten, 23.4.93, S. 2

Heinz Klippert
Tarifverhandlungen (Regelspiel)

I. Allgemeine Angaben

Das Würfelspiel führt in spielerischer Form in das Thema „Tarifverhandlungen/Tarifparteien" ein, das im Arbeits- und Wirtschaftslehreunterricht der Klassen 8 bis 10 auf dem Lehrplan steht. Das Spiel vermittelt Informationen, regt zum Nachdenken an, führt Probleme vor Augen und gewährt einen anschaulichen Einblick in den Ablauf der Tarifverhandlungen.

Spielaufbau

Das Lernspiel ist für 4 oder 6 Mitspieler gedacht, die sich in zwei gleich großen Parteien gegenübersitzen: auf der einen Seite die Gewerkschaftsvertreter, auf der anderen die Vertreter der Arbeitgeber. Beide Parteien sind angetreten, um einen neuen Tarifvertrag für den Tarifbezirk X (Metallindustrie) auszuhandeln. Die verhandlungspositionen sind zunächst sehr unterschiedlich: Die Gewerkschaft fordert eine Arbeitszeitverkürzung um 2 Stunden pro Woche sowie eine Lohnerhöhung von 5 Prozent. Die Arbeitgeber dagegen möchten keine Arbeitszeitverkürzung und wollen auch nur 2 Prozent Lohnerhöhung zugestehen. Im Spiel geht es nun darum, die unterschiedlichen Standpunkte einander anzunähern, d. h. die Barrieren zwischen den beiden Spielparteien abzuräumen. Dazu drehen die Spieler auf ihrer jeweiligen Seite zunächst ihre „Vorbereitungsrunden", um entweder auf Feld „T" zu gelangen oder von einem anderen Feld aus auf „T" zu rücken. Nur von „T" aus können Barrieren abgeräumt werden (vgl. Spielfelderbeschreibung). Allerdings kann auf diesen Vorbereitungsrunden eine ganze Menge passieren, was die Annäherung im Arbeitskampf erschwert oder auch beschleunigt (vgl. die Aktionsfelder sowie die Ereignis- und Wissenskarten). Das Spiel ist zu Ende, wenn alle Barrieren beseitigt sind. Gewonnen hat die Spielgruppe, die die meisten Barrieren aus dem Weg geräumt hat. Sie hat am erfolgreichsten verhandelt.

Lernchancen

Das Würfelspiel eröffnet einen ebenso motivierenden wie lernwirksamen Zugang zum Thema „Tarifverhandlungen/Tarifparteien". Sein Spiel- und Wettbewerbscharakter trägt dazu bei, daß die Schüler mit Spaß, Interesse und Ausdauer zu Werke gehen. Gleichzeitig prägen sie sich das Gegeneinander und Miteinander der Tarifparteien ein, das sowohl durch den Spielverlauf als auch durch die optische Gestaltung der Spielfläche nachhaltig vor Augen geführt wird. Hinzu kommen eine Reihe fachlicher Informationen und Denkanstöße durch die Ereigniskarten, die Wissenskarten und die Aktionsfelder „Warnstreik (•)", „Schlichtung (S)", „Urabstimmung (U)", „Streik (••)", „Aussperrung (A)" usw. Sie führen aspekthaft in das reale Geschehen rund um den Arbeitskampf ein und veranschaulichen die wichtigsten Etappen und Probleme der Tarifauseinandersetzungen. Dies alles macht deutlich, warum das vorliegende Würfelspiel zu Recht ein Lernspiel genannt werden kann, zumal in der Auswertungsphase nochmals vertiefend auf die Wissens- und Ereigniskarten eingegangen wird.

Einsatzmöglichkeiten

Konzipiert wurde das Würfelspiel in erster Linie für den Wirtschafts- und Sozialkundeunterricht in den Klassen 8 bis 10, in denen sich Lernspiele erfahrungsgemäß problemlos und mit beachtlichem Lernerfolg einsetzen lassen. Einige Schüler mögen sich zunächst vielleicht wundern, warum in dieser ungewohnten Weise gelernt werden soll, aber derartige Irritationen sind erfahrungsgemäß nur von kurzer Dauer. Die Schüler der Erprobungsklassen haben auf jeden Fall mit viel Interesse und Engagement gespielt und waren auch bei der anschließenden fachlichen Nachbesprechung interessiert bei der Sache. Die Beantwortung der Wissenskarten setzt in aller Regel gewisse Vorkenntnisse voraus. Deshalb sollte den Schülern der Themenbereich „Tarifpolitik" schon einigermaßen vertraut sein, wenn das Spiel eingesetzt wird. Allerdings schadet es auch nichts, wenn die Schüler einige Wissenskarten nicht richtig beantworten können. Um so größer ist ihr Klärungsinteresse in der Auswertungsphase.

Zeitbedarf

Der Zeitbedarf für die Durchführung des Würfelspiels beträgt in aller Regel 25 bis 30 Minuten. Für die Vorbereitung des Spiels sind 5 bis 10 Minuten, für die Auswertungsphase mindestens weitere 20 Minuten zu veranschlagen. Von daher ist eine Einzelstunde kaum ausreichend; die Besprechung der Wissens- und Ereigniskarten sollte deshalb besser in die nächste Stunde verlegt werden.

II. Spezielle Angaben zur Unterstützung des Ablaufs

Spielgruppen

Im Klassenverband werden mehrere Spielgruppen mit je 4 oder 6 Spielern gebildet, die sich in jeweils 2 gleich große Tarifparteien aufteilen (Gewerkschaft – Arbeitgeber). Jeder Gruppe stehen ein Spielplan, eine Spielanleitung, eine Spielfelderbeschreibung, ein Würfel, 6 Spielfiguren, 8 Barrieren-Plättchen sowie je 16 Ereignis- und Wissenskarten zur Verfügung. Jeder Gruppe ist außerdem ein „neutraler Spielbeobachter" zugeordnet, der den ordnungsgemäßen Spielablauf überwacht und die Beantwortung der Wissenskarten kontrolliert. Dazu wird ihm das beiliegende „Lösungsblatt" an die Hand gegeben. Falls Meinungsverschiedenheiten bzw. Unklarheiten auftreten, ist der Lehrer als Experte heranzuziehen. Kann ein Spieler die von ihm gezogene Wissensfrage nicht richtig beantworten, so hat er sie weiterzugeben, sofern ein Mitspieler antworten möchte (diese Weitergabe ist nur 1 x möglich!).

Spielunterlagen

Die nachfolgend dokumentierten Spielunterlagen werden von Lehrern vorab passend aufbereitet und entsprechend der Gruppenzahl vervielfältigt. Das heißt im einzelnen: Die Texte der Ereignis- und der Wissenskarten werden in kleine rechteckige Kästchen im Format 3 cm × 4 cm übertragen, auf feste Pappe kopiert und entsprechend zugeschnitten. Ebenfalls auf farbige Pappe kopiert wird der abgebildete Spielboden, und zwar 4–6 mal. Die Spielanleitung und die Spielfelderbeschreibung werden mehrfach auf normales farbiges Papier kopiert. Gleiches gilt für die „Lösungsblätter" zu den Ereignis- und Wissenskarten (s. Anlage). Die farbliche Unterscheidung der Spielunterlagen ist deshalb wichtig, weil den Schülern dadurch die Übersicht erleichtert wird.

Spielbeginn

Zu Beginn des Spiels müssen sich zunächst alle Teilnehmer mit dem Spielaufbau und den Spielregeln vertraut machen, damit es später nicht zu unnötigen Verzögerungen kommt. Deshalb werden in einem ersten Schritt nur die Spielpläne, die Spielanleitung und die Spielfelderbeschreibung ausgeteilt und sorgfältig studiert. Die Spielfiguren und Würfel werden zunächst zurückgehalten, da viele Schüler erfahrungsgemäß dazu neigen, bereits zu würfeln, noch bevor sie die Spielregeln hinreichend verstanden haben. Falls Fragen auftreten, hat der Lehrer klärend einzugreifen. Ferner sollte er sicherstellen, daß jede Gruppe einen „neutralen Spielbeobachter"/Spielleiter und jede Tarifpartei gleich viele Mitspieler hat (zwei oder drei).

Spielverlauf

Wie das Spiel im einzelnen abläuft, ergibt sich aus der Spielanleitung sowie der Spielfelderbeschreibung. Ausgehend von Feld „Start" versuchen die Spieler der jeweiligen Tarifpartei auf Feld „T" zu kommen bzw. eines der Felder „V_1", „V_2" oder „S" zu erreichen, von denen aus auf „T" vorgerückt werden darf. Auf „T" dürfen sie nämlich verhandeln und Barrieren abtragen, auf allen anderen Feldern werden die Tarifverhandlungen nur vorbereitet. Allerdings ist es nicht ganz leicht, auf eines der betreffenden Felder zu kommen, denn unterwegs gibt es eine Reihe von Zwischenfällen und Wissensfragen, die erhebliche Verzögerungen und Irrwege auslösen können. Von der Wahrscheinlichkeit her kommt jeder Spieler durchschnittlich einmal pro Runde direkt oder indirekt auf Feld „T". Dort darf er je 4 x würfeln, um Barrieren aus dem Weg zu räumen (jeweils nur die nächstliegende Barriere). Hinzu kommen noch drei Ereigniskarten, die ebenfalls dazu berechtigen, Barrieren abzuräumen. Alles in allem müßten die 8 Barrieren spätestens nach 2 Spielrunden pro Spieler abgeräumt sein. Sobald der Durchbruch geschafft ist, ist das Spiel für die betreffende 4er- bzw. 6er-Gruppe zu Ende. Gewonnen hat die Tarifpartei, die die meisten Barrieren aus dem Weg geräumt hat. Sie hat am erfolgreichsten verhandelt und am stärksten dazu beigetragen, daß der neue Tarifvertrag zustande gekommen ist!

Spielauswertung

Wenn alle Gruppen ihre Spiele beendet haben, äußern sich zunächst die Mitspieler zu ihren Spielerfahrungen und -eindrücken (was hat Spaß gemacht? Wo hat es eventuell Probleme gegeben? Was konnte gelernt werden?). Der Lehrer teilt ebenfalls eigene Beobachtungen mit, die unter Umständen zusätzliche Impulse zum Nachdenken und zum Gespräch geben können. Anschließend werden die Wissens- und die Ereigniskarten gemeinsam durchgegangen und – soweit erforderlich – besprochen und geklärt.

III. Materialien für die Teilnehmer

=== Spielanleitung ===

Spielidee

Bei dem Würfelspiel stehen sich die beiden Tarifparteien „Gewerkschaft" und „Arbeitgeber" gegenüber, um einen neuen Tarifvertrag für den Tarifbezirk X (Metallindustrie) auszuhandeln. Die Gewerkschaft fordert eine Arbeitszeitverkürzung um 2 Stunden und eine Lohnerhöhung von 5 Prozent. Die Arbeitgeber möchten dagegen keine Arbeitszeitverkürzung und wollen auch nur 2 Prozent Lohnerhöhung zugestehen. Im Spiel geht es nun darum, die unterschiedlichen Standpunkte einander anzunähern, d. h. die 8 Barrieren zwischen den beiden Tarifparteien abzuräumen. Das ist nicht ganz leicht, wie sich im Spielverlauf noch zeigen wird; es gibt zahlreiche Überraschungen und Probleme. Gewonnen hat die Tarifpartei, die am Ende die meisten Barrieren abgeräumt hat. Sie hat am erfolgreichsten verhandelt.

Mitspieler

Das Würfelspiel kann mit 4 oder 6 Personen gespielt werden. 2 bzw. 3 Mitspieler spielen auf der Gewerkschaftsseite, 2 bzw. 3 auf der Seite der Arbeitgeber. Zuerst würfeln die Gewerkschafts-Vertreter, dann die Arbeitgeber-Vertreter usw.

Spielbeginn

Starten darf nur, wer eine „6" gewürfelt hat, wobei jeweils drei Versuche möglich sind. Wer eine „6" hat, setzt seine Spielfigur auf „Start" und würfelt ein weiteres Mal. Entsprechend der erzielten Augenzahl wird vorgerückt. Die Zahl „6" berechtigt generell zu einem weiteren Wurf. Zunächst wird die „6" vorgerückt, dann die zweite Zahl.

Abräumen

Die zwischen den beiden Spielparteien stehenden Barrieren dürfen nur von Feld „T" aus abgeräumt werden. Nähere Hinweise zu Feld „T" finden sich in der „Spielfelderbeschreibung".

Ereignisfeld

Wer auf ein Ereignisfeld (E) kommt, muß eine Ereigniskarte ziehen. Darauf sind unterschiedliche Vorfälle notiert, die die Tarifverhandlungen günstig oder ungünstig beeinflussen. Befolgt die auf den Karten gegebenen Anweisungen.

Wissensfeld

Wer auf ein Wissensfeld (W) kommt, muß eine Wissenskarte ziehen und die darauf gestellt Frage beantworten. Wird die Frage falsch oder unvollständig beantwortet, so muß der betreffende Spieler 1 x aussetzen. Kann ein Mitspieler die Frage richtig beantworten, darf er einmal zusätzlich würfeln.

Aktionsfelder

Auf jeder Spielseite gibt es eine Reihe von „Aktionsfeldern" (B, G, K, S, T, U usw.), die in der beigefügten „Spielfelderbeschreibung" näher erläutert sind. Befolgt die dort gegebenen Anweisungen.

Spielende

Das Würfelspiel ist zu Ende, wenn alle Barriere-Plättchen zwischen den beiden Tarifparteien abgeräumt worden sind. Beide Seiten haben einen Kompromiß gefunden und sich auf einen neuen Tarifvertrag geeinigt.

Gewinner

Gewonnen hat die Tarifpartei (Gewerkschaft oder Arbeitgeber), die die meisten Barrieren aus dem Weg geräumt hat. Sie hat sich um den Abschluß eines neuen Tarifvertrags besonders verdient gemacht.

Spielaufsicht

Die Spielaufsicht liegt bei einem „neutralen Spielbeobachter" (Lehrer oder Schüler). Dieser kontrolliert die Beantwortung der Wissensfragen (vgl. Lösungsblatt) sowie die Einhaltung der Spielregeln.

Spielfelderbeschreibung

A_1 = **A**ussperrung angedroht: Falls die Gewerkschaften streiken, plant Ihr die Aussperrung von ca. 60 000 Arbeitnehmern in Eurem Tarifbezirk. Das beeinträchtigt die Tarifverhandlungen.

1 x aussetzen!

A_2 = **A**ussperrung beschlossen: Ab kommenden Montag werdet Ihr für unbestimmte Zeit ca. 60 000 Arbeitnehmer unter Verweigerung der Lohnzahlung aussperren! Damit wollt Ihr auf die Gewerkschaften Druck ausüben.

1 Barriere zurücksetzen (sofern Ihr schon welche abgeräumt habt).

B = **B**eratungssitzung: Eure Tarifkommission ist zu neuen Beratungen zusammengetreten. Es gibt einige Probleme.

Gehe 4 Felder zurück!

G = **G**enehmigung verweigert: Eure Tarifkommission hat einen möglichen Kompromiß abgelehnt, weil er den Unternehmen zu hohe Mehrkosten aufbürden würde. Die Verhandlungen müssen neu vorbereitet werden.

Nochmal würfeln!

K = **K**ündigung: Der bisherige Tarifvertrag ist noch nicht gekündigt worden. Das muß jetzt nachgeholt werden.

Gehe 2 Felder zurück!

S = **S**chlichtungsverfahren: Ihr habt der Gegenseite vorgeschlagen, einen unabhängigen Schlichter zu bestellen, damit mehr Bewegung in die Verhandlungen kommt. Dem wurde zugestimmt. Damit wird eine neue Verhandlungsrunde eingeläutet, bei der bestehende Barrieren aus dem Weg geräumt werden können.

Rücke auf „T" vor!

T = **T**arifverhandlungen: Eine neue Verhandlungsrunde hat begonnen. Du bist Verhandlungsführer und hast die Gelegenheit, Hindernisse aus dem Weg zu räumen. Dazu hast Du 4 Versuche, wobei jeweils nur die nächstliegende Barriere abgeräumt werden darf.

4 x würfeln; in der nächsten Runde von „T" aus normal weiterrücken! Die neue Verhandlungsrunde muß vorbereitet werden.

U = **U**rabstimmung: Bei der Urabstimmung über das erreichte Verhandlungsergebnis hat die Mehrheit der Gewerkschaftsmitglieder mit „nein" gestimmt. Damit müssen die Verhandlungen neu aufgenommen werden.

Nochmal würfeln!

V_1 = **V**orschlag 1: Eure Tarifkommission hat einen neuen Verhandlungsvorschlag entwickelt. Den sollst Du in der nächsten Tarifrunde vorstellen.

Rücke auf „T" vor!

V_2 = **V**orschlag 2: Eure Tarifkommission hat ein entgegenkommendes Kompromißangebot ausgearbeitet, das Du in der nächsten Tarifrunde vorstellen sollst.

Rücke auf „T" vor.

• = Warnstreik: In mehreren Großbetrieben Eures Tarifbezirks haben Warnstreiks stattgefunden. Das beeinträchtigt die Tarifverhandlungen.

1 x aussetzen!

•• = Streik: Bei der Urabstimmung der Gewerkschaftsmitglieder über einen Streik haben 85 Prozent mit „ja" gestimmt. Damit werden nächste Woche rund 100 000 Arbeitnehmer in den Streik treten. Das verhärtet die Fronten.

1 Barriere zurücksetzen (sofern Ihr schon welche abgeräumt habt).

Ereigniskarten

Die Arbeitslosenzahl in Eurer Branche ist gestiegen, was unter anderem auf die hohen Löhne zurückgeführt wird. Darüber muß in Eurer Tarifkommission beraten werden.	Rücke auf „B"
Der Präsident des Bundesverbandes der deutschen Industrie hat unerbittliche Härte gegenüber den Forderungen der Gewerkschaften gefordert. Das stört das Verhandlungsklima.	1 x aussetzen
Ihr seid der Gegenseite einen guten Schritt entgegengekommen, um einen möglichen Streik abzuwenden.	1 Barriere abräumen
Eure bisherige Verhandlungsstrategie ist von Euren Mitgliedern als zu „weich" kritisiert worden.	5 Felder zurück
Die Gegenseite hat die Verhandlungen abgebrochen, weil kein Fortschritt in Sicht ist.	Die Gegenseite muß 1 Barriere zurücksetzen (sofern schon eine abgeräumt wurde)
Der Bundeswirtschaftsminister hat eine zurückhaltende Lohnpolitik gefordert, damit der leichte Wirtschaftsaufschwung nicht gefährdet wird. Das zwingt zum Nachdenken.	1 x aussetzen
Ihr habt den bisherigen Tarifvertrag noch gar nicht gekündigt. Das muß schnell nachgeholt werden.	Rücke auf „K"
Einige Unternehmen in Eurem Tarifbezirk klagen über erhebliche Exporteinbußen, weil die Löhne zu hoch seien. Darüber muß in Eurer Tarifkommission beraten werden.	Rücke auf „B"
Der Wirtschaftsaufschwung verläuft günstig. Das erweitert den Spielraum für Lohnerhöhungen. Die Chancen für einen Tarifabschluß steigen.	Beide Seiten dürfen 1 Barriere abräumen
Du hast ein wichtiges Argument in die Diskussion gebracht, das Eure Verhandlungsposition stärkt.	5 Felder vorrücken
Der Einzelhandel klagt über rückläufige Umsätze, was u. a. mit der ungünstigen Einkommensentwicklung der Arbeitnehmerhaushalte erklärt wird. Darüber muß beraten werden.	Rücke auf „B"
Die Inflationsrate entwickelt sich ungünstiger als bisher angenommen. Deshalb müssen die Tarifverhandlungen neu vorbereitet werden.	Rücke auf „Start"
Ihr habt das Kompromißangebot des Schlichters abgelehnt. Damit sind die Schlichtungsverhandlungen gescheitert.	1 Barriere zurücksetzen (sofern Ihr schon eine abgeräumt habt)
Ihr habt der Gegenseite wichtige Zugeständnisse gemacht, damit der Arbeitskampf beendet wird.	1 Barriere wegnehmen
Die Unternehmergewinne sind im letzten Jahr erheblich stärker gestiegen als die Löhne. Darüber muß in Eurer Tarifkommission beraten werden.	Rücke auf „B"
Die Gegenseite hat Euch mit neuen Daten und Argumenten überrascht. Deshalb müßt Ihr Eure Verhandlungsstrategie überdenken.	Rücke auf „Start"

Wissenskarten

In Artikel 9, Abs. 3 eines bundesdeutschen Gesetzes ist das Recht auf Bildung wirtschaftlicher Vereinigungen festgeschrieben. Um welches Gesetzeswerk handelt es sich?	Grundgesetz
Gelten Tarifverträge nur für Gewerkschaftsmitglieder oder für alle Arbeitnehmer des jeweiligen Tarifbezirks?	für alle Arbeitnehmer
Wieviel unterschiedliche Tarifverträge werden in der Bundesrepublik Deutschland pro Jahr abgeschlossen? (ca. 500, ca. 3 000, ca. 7 000).	ca. 7 000
Darf die Bundesregierung in die Tarifverhandlungen eingreifen und ihre eigenen wirtschaftspolitischen Vorstellungen einbringen?	nein, es besteht Tarifautonomie
Wieviel Prozent der Arbeitnehmer sind in der Bundesrepublik Deutschland gewerkschaftlich organisiert? (ca. 20 %, ca. 40 %, ca. 60 %, ca. 80 %, ca. 100 %).	ca. 40 %
Dürfen die Arbeitgeber bei einer Aussperrung nur Gewerkschaftsmitglieder aussperren oder auch andere arbeitswillige Arbeitnehmer?	beide Gruppen
Kann die Gewerkschaft einen Streik ausrufen, ohne vorher ihre Mitglieder befragt zu haben?	nein, Urabstimmung ist nötig
Bringe die folgenden Etappen des Arbeitskampfes in eine sinnvolle Reihenfolge: (a) Schlichtungsverfahren, (b) Streik, (c) Tarifverhandlungen, (d) neuer Tarifvertrag.	c, b, a, d
Ist der zwischen den Tarifparteien vereinbarte Tariflohn ein Mindestlohn oder der tatsächliche Lohn, den die Betriebe zahlen?	Mindestlohn
Was versteht man unter den Abkürzungen „DGB" und „IG-Metall"?	Deutscher Gewerkschaftsbund, Industriewerkschaft Metall
Bei den Tarifvereinbarungen unterscheidet man zwischen „Lohn- bzw. Gehaltstarifen" und „Manteltarifen". Zu welcher Tarifart gehören z. B. Vereinbarungen über Urlaubsgeld?	Manteltarif
Nenne mindestens drei der vier großen Zweige der bundesdeutschen Sozialversicherung!	Arbeitslosen-, Renten-, Kranken-, Unfallversicherung
Welches sind die beiden härtesten Druckmittel der Tarifparteien im Arbeitskampf?	Streik und Aussperrung
Welches Arbeitskampfmittel setzen die Gewerkschaften gelegentlich ein, um den Arbeitgebern die eigene Kampfbereitschaft zu signalisieren?	Warnstreik
Ab wann war in den Tarifverträgen der Bundesrepublik die 40-Stunden-Woche weitgehend eingeführt? (1955, 1965, 1975, 1985).	1975
Muß die Gewerkschaft im Falle eines Streiks Lohnersatzleistungen an alle betroffenen Arbeitnehmer zahlen oder nur an die Gewerkschaftsmitglieder?	nur an Gewerkschaftsmitglieder

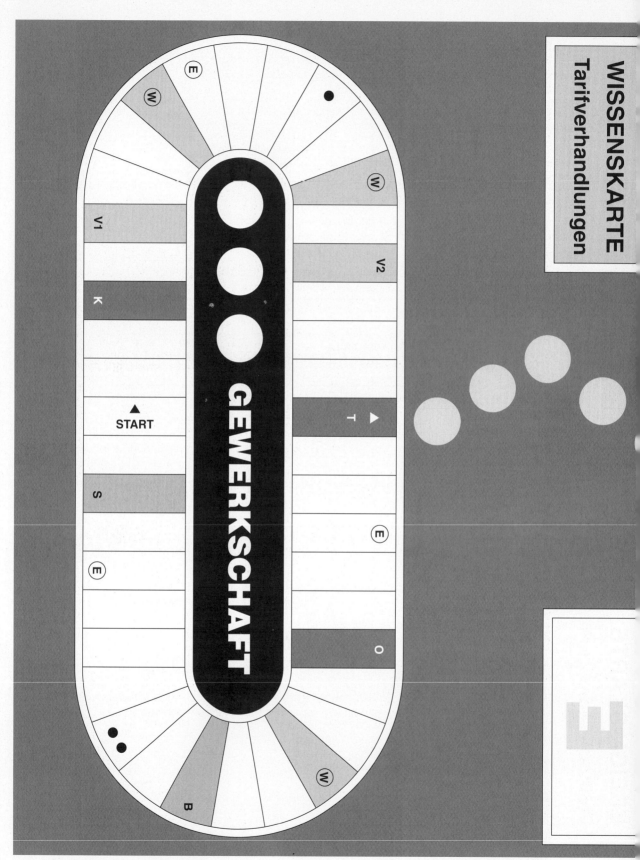

Quelle: Deutsche Sparkassenverlag, Stuttgart

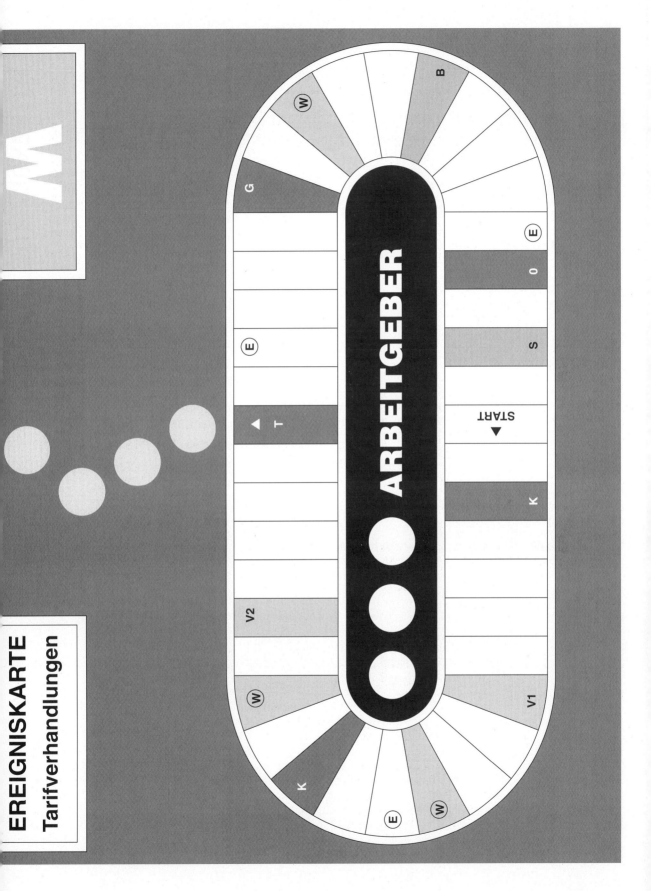

Klaus-Peter Kruber

Solidarität und Eigenverantwortung in der sozialen Marktwirtschaft. (Konferenzspiel zur Bedeutung und Problematik der Sozialpolitik)

I. Allgemeine Angaben

In dem Konferenzspiel geht es um die Kernprobleme des Sozialstaats: Wie weit soll die Eigenverantwortung des einzelnen reichen, wie weit soll die Gemeinschaft ihm Lasten abnehmen? Wie ist ein leistungsfähiges Sozialsystem so zu gestalten, daß die Umverteilung nicht die Leistungsbereitschaft der Wirtschaftenden und damit die Grundlagen des Systems zerstört? Die Schülerinnen und Schüler sollen erkennen, daß um diese Fragen in der wirtschaftspolitischen Auseinandersetzung heftig und immer wieder neu gerungen wird. Im Fallbeispiel, das in Realschulklassen erprobt wurde, geht es um Probleme der Ausbildungsförderung. Je nach Aktualität und Materiallage kann der Lehrer in analoger Vorgehensweise die Lernziele an anderen sozialpolitischen Stoffen erarbeiten: sei es am Beispiel der Gestaltung von Kindergeld, Wohngeld, Sozialhilfe, an der Pflegekostenabsicherung (vgl. Beitrag A. Kirsch) oder an anderen sozialpolitischen Problemen.

Der Unterricht soll einen Beitrag zum **Verständnis des „Sozialen" in der Sozialen Marktwirtschaft** leisten. Sozialpolitik bewegt sich im Spannungsfeld zwischen Eigenverantwortung und Anspruch auf solidarische Hilfe durch die Gesellschaft. Sie ist nicht bloß eine „Absicherung" für Notlagen, sondern ein Wesensbestandteil der Sozialen Marktwirtschaft. Sozialpolitische Maßnahmen verbessern die sozialen und wirtschaftlichen Entwicklungschancen des einzelnen und der Volkswirtschaft insgesamt. Sie sichern wirtschaftlich weniger Leistungsfähigen Anteile am allgemeinen Wohlstand und sorgen für die notwendige Akzeptanz der marktwirtschaftlichen Leistungsgesellschaft. Die Kosten trägt nicht der „Staat", sondern letztlich der Bürger selbst. Zu weitgehende Eingriffe zur Umverteilung können die Leistungsbereitschaft und Leistungsfähigkeit der Wirtschaftenden beeinträchtigen und damit das insgesamt zur Verteilung verfügbare Sozialprodukt verringern. Art, Ausmaß und Grenzen sozialpolitischer Eingriffe sind in der Demokratie Gegenstand kontroverser politischer Willensbildungsprozesse im Rahmen unterschiedlicher Wertvorstellungen und finanzieller Restriktionen.

II. Spezielle Angaben zur Unterstützung des Ablaufs

Die in den Materialien unter III. abgedruckten Texte sind Arbeitsvorlagen für den Unterricht, der übrige Text dient als Erläuterung bzw. liefert Denkanstöße, die der Lehrer bzw. die Lehrerin nach Bedarf in den Unterricht einbringen kann.

Der Ablauf gliedert sich in 4 Phasen:

- Konfrontation der Klasse mit dem Fall „Martina H.": Bezug zur Lebenssituation der Schülerinnen und Schüler
- Information und Erarbeitung von Lösungsvorschlägen zur Ausbildungsförderung („Gesetzentwürfe") in Gruppen,
- Vergleich, kritische Diskussion und Entscheidung über die „Gesetzentwürfe" in einem Rollenspiel,
- Information zur geltenden Regelung der Ausbildungsförderung.

1. Der Fall: Bildung nur für Reiche?

Martina H. aus Husum besucht die 10. Klasse der Realschule. Sie hat bereits einen festen Berufswunsch: Sie möchte chemisch-technische Assistentin werden und weiß aus dem Berufswahl-Unterricht und vom Berufsberater des Arbeitsamtes, daß sie dieses Ziel am schnellsten erreicht, wenn sie zwei Jahre lang die Berufsfachschule in Neumünster besucht. Da es sich um eine Vollzeitschule handelt, wird sie in dieser Zeit nichts verdienen; zudem fallen hohe Fahrtkosten bzw. Kosten für eine Unterkunft vor Ort an. Martinas

Vater ist zur Zeit arbeitslos, Mutter arbeitet halbtags in einem Supermarkt. Die Eltern sind der Meinung, Martina solle einen anderen Beruf erlernen: „Noch zwei Jahre Schule – und das im 100 km entfernten Neumünster, das ist für uns nicht drin!"

Martina fragt sich bedrückt: *Bildung nur für Reiche?*

„Erziehung und Ausbildung der Kinder ist Sache der Eltern und der Schüler selbst, der Staat sollte sich da 'raushalten!"

„Bildung ist ein soziales Grundrecht. Der Staat hat für Chancengleichheit zu sorgen!"

Diese Argumente kennzeichnen Positionen in der Auseinandersetzung um die Einführung des Bundesausbildungsförderungsgesetzes (BAföG) vom 26.8.1971, und sie sind in der politischen Auseinandersetzung um die Anpassung der Ausbildungsförderung an die heutigen Gegebenheiten von Bedeutung.

2. Information und Erarbeiten von alternativen Ausbildungsförderungsmodellen

Wir schreiben das Jahr 1970. Zwischen den Bundestagsparteien besteht grundsätzlich Einigkeit, daß eine Ausbildungsförderung eingeführt werden soll. Umstritten ist, wie sie konkret aussehen soll. Erarbeitet in Gruppen einen Gesetzentwurf für ein Bundesausbildungsförderungsgesetz (BAföG).

Die Materialien 1 bis 4 helfen Euch bei der Entscheidungsfindung. Diskutiert und entscheidet dabei insbesondere die folgenden Fragen in Euren Gruppen.

- **Handelt es sich bei der schulischen und beruflichen Ausbildung um die Verantwortung des Einzelnen oder ist der Staat gefordert?**

Sind nicht Erziehung und Ausbildung grundlegende Aufgaben und zugleich Freiheitsräume jeder Familie und jedes Einzelnen, die sie eigenverantwortlich wahrnehmen sollten? Sollte der Staat ihnen diese Verantwortung abnehmen?

- **Wer soll Sozialleistungen erhalten?**

Nur Studenten an wissenschaftlichen Hochschulen? Studenten und Schüler an berufsbildenden Vollzeitschulen? Studenten und alle Schüler ab Klasse 11? Oder bereits ab Klasse 5?

Hinweis: Für den Besuch von allgemeinbildenden Schulen wird kein Schulgeld verlangt. Sie werden unentgeltlich und in der Regel in erreichbarer Nähe für jedermann auf Kosten der Steuerzahler bereitgestellt. Demgegenüber sind bestimmte Berufsausbildungen oder ein Hochschulstudium nur an entfernten Orten möglich, und häufig liegen Studierende bis weit ins Erwachsenenalter hinein ihren Eltern „auf der Tasche".

- **Nach welchen Aufwendungen/Belastungen sollen die Sozialleistungen berechnet werden?**

Welche Aufwendungen Martinas sollen gefördert werden: Fahrtkosten? Miete für ein Zimmer am Ort? Aufwendungen für Verpflegung? Kosten für Arbeitsmittel, Bücher usw.? Beiträge an Kranken-, Unfallversicherungen? Ein Betrag für sonstige Ausgaben („Taschengeld")?

Hinweis: Der Schüler/Student hat die Vorteile aus seiner Ausbildung – muß er (seine Eltern) nicht auch die Kosten tragen? Andererseits ist die Gesellschaft auf qualifizierte Arbeitskräfte angewiesen – muß sie nicht deren Ausbildung fördern?

- **Soll die Sozialleistung als Beihilfe oder als Darlehen gezahlt werden?**

Bildung und Ausbildung sind ein Wert für sich. Sie verbessern die Arbeitsmarktchancen und führen meistens zu höherem Einkommen. Die Ausbildungsförderung wird aus den Steuern aller Bürger finanziert. Sollten die so geförderten Personen später der Gesellschaft nicht wenigstens zum Teil zurückzahlen, was sie erhalten haben? Andererseits: Werden nicht möglicherweise begabte junge Leute vom Studium abgeschreckt, wenn sie am Ende mit Schulden dastehen? Müßte nicht die Gesellschaft die Kosten übernehmen, damit genügend qualifizierte Arbeitskräfte für die Wirtschaft ausgebildet werden?

- **Soll die Sozialleistung an Einkommensgrenzen gebunden sein?**

Sollten Kinder wohlhabender Eltern die gleiche Förderung erhalten wie die von ärmeren Eltern? Bis zu welchen Grenzen sollte Einkommen der Eltern (oder von anderen Unterhaltspflichtigen) angerechnet werden?

- **Wer bezahlt die Sozialleistungen?**

Hinweis: Das Netz der Sozialausgaben wurde in den letzten Jahren immer dichter geknüpft (M 1). Ein Teil der Leistungen des sozialen Netzes wird nach dem Versicherungsprinzip finanziert. Das heißt, daß zur Renten-, Kranken- und Arbeitslosenversicherung **Beiträge von Arbeitnehmern und Arbeitgebern** erhoben werden, aus denen die Leistungen dieser Versicherungen finanziert werden. Aus Sicht der Arbeitgeber stellen diese Sozialabgaben Kosten dar, die sie in ihrer Preiskalkulation berücksichtigen müssen.

Ein zweiter Bereich von Sozialleistungen ist unabhängig davon, ob der Empfänger dieser Leistungen einen Beitrag zu ihrer Finanzierung geleistet hat. Diese Sozialleistungen werden aus **allgemeinen Steuermitteln** finanziert und jedem gewährt, der einen Anspruch nach den gesetzlichen Voraussetzungen hat (dazu gehören z. B. Sozialhilfe, BAföG, Wohngeld, Kindergeld usw.) (M 2).

1991 erhielten 420.000 Schüler und Studenten in den alten und 180.000 in den neuen Bundesländern BAföG. Die Ausgaben des Bundes betrugen rd. 3,9 Mrd. DM (M 3).

Mit der Ausweitung des sozialen Netzes sind die Kosten des Sozialstaats gewaltig angewachsen (M 4): 1960 betrugen die Ausgaben für Sozialleistungen noch weniger als 70 Mrd. DM (etwa 25 % des damaligen Sozialprodukts), 1990 waren sie auf rd. 700 Mrd. DM angestiegen (etwa ein Drittel des Sozialprodukts). 1994 werden sämtliche Sozialleistungen zusammen ca. 1000 Mrd. DM erreichen. Bürger stöhnen über hohe Abzüge vom Lohn für die gesetzlichen Sozialversicherungen und über steigende Steuerlasten. Die Wirtschaft ist durch hohe Steuern und Lohnnebenkosten belastet, ein sehr gewichtiger Standortnachteil im internationalen Wettbewerb. Der Staat ist hoch verschuldet und kann wichtige andere Aufgaben immer weniger wahrnehmen. Es muß bei den Staatsausgaben gespart werden – auch bei Sozialleistungen? Auch bei der Ausbildungsförderung?

3. Konferenzspiel „Parlamentsdebatte zur Ausbildungsförderung"

In einem **Konferenzspiel „Parlamentsdebatte zur Ausbildungsförderung"** tragen die Gruppensprecher die „Gesetzentwürfe" im Plenum der Klasse vor und begründen die Entscheidungen ihrer Gruppe. Die Klasse diskutiert die verschiedenen Vorschläge. Der Lehrer moderiert die Debatte als Parlamentspräsident. Falls es die Schüler wünschen, findet eine Abstimmung über ein von der Mehrheit bevorzugtes Modell statt. In der Diskussion muß herausgearbeitet werden, daß es kein alleine „richtiges" Modell gibt – auch ein evtl. von der Klasse mit Mehrheit gewähltes Modell (und ebenso die geltenden Regelungen im BAföG) beruht auf bestimmten Wertungen und finanziellen Prioritätensetzungen, die von anderen Menschen und/oder unter anderen Umständen anders gesetzt werden könnten (wie die Geschichte des BAföG beweist).

4. Nun zurück zu Martinas Problem:

Martina erinnert sich: Sie hat im Wirtschaft/Politik-Unterricht gelernt: „Die Bundesrepublik ist eine Soziale Marktwirtschaft". Na schön, aber was hilft das ihr?

- **Artikel 20 Grundgesetz: Die Bundesrepublik Deutschland ist ein demokratischer und sozialer Bundesstaat.**

Martinas Start ins Berufsleben sollte nicht daran scheitern, daß ihre Familie ihre Ausbildung nicht bezahlen kann. Martina hat Anspruch auf Hilfe durch den Sozialstaat. Sie kann Ausbildungsförderung beanspruchen. In Frage kommen finanzielle Leistungen aus dem **Bundesausbildungsförderungsgesetz (BAföG)**. In einzelnen Bundesländern werden zusätzlich **Erziehungsbeihilfen** gewährt.

Grundsätzlich haben Eltern die Kosten im Zusammenhang mit Erziehung und Ausbildung ihrer Kinder zu tragen. Schüler an weiterführenden allgemeinbildenen Schulen, an Berufsfachschulen (ab 10. Klasse) und an Fach- und Fachoberschulen erhalten BAföG-Mittel nur, wenn sie nicht bei den Eltern wohnen können und Einkommen und Vermögen der Eltern nicht ausreichen, um die Kosten zu tragen. SchülerBAföG wird als Beihilfe gezahlt, d. h. muß nicht an den Staat zurückgezahlt werden.

Studenten an Fachhochschulen und Universitäten können auch dann BAföG erhalten, wenn sie bei den Eltern wohnen. Die Höhe des Förderungsbetrags richtet sich nach den persönlichen Verhältnissen der Studierenden und ihrer Familie, insbesondere werden Einkommen und Vermögen berücksichtigt. Der monatliche Höchstbetrag beträgt zur Zeit (für Studienorte in Westdeutschland und Wohnung nicht bei den Eltern) 940 DM (Herbst 1992). StudentenBAföG wird seit 1990 je zur Hälfte als Beihilfe und als Darlehen geleistet, muß also nach Beendigung des Studiums teilweise an den Staat zurückgezahlt werden (M 5).

Die BAföG-Regelungen sind seit 1971 mehrfach verändert worden. So wurden die Fördersätze angehoben (zuletzt im Herbst 1992). 1983 wurde die Förderung von Schülern stark eingeschränkt, und das StudentenBAföG wurde von 1983 bis 1990 ausschließlich als Darlehen gewährt.

5. Literaturhinweise

Zur fachwissenschaftlichen Grundlegung vg. H. Lampert: Die Wirtschafts- und Sozialordnung der Bundesrepublik Deutschland, 10. Aufl. München 1990; L. Neumann, K. Schaper: Die Sozialordnung der Bundesrepublik Deutschland, 3. Aufl. Bonn 1990; H. May: Handbuch zur ökonomischen Bildung, 2. Aufl. München 1993

Zur fachdidaktischen Analyse und zu Unterrichtsbeispielen vgl. die Beiträge in: arbeiten + lernen/ Wirtschaft Nr. 8 1992 (Heftthema Sozialpolitik).

III. Materialien für die Teilnehmer

Der Fall: Bildung nur für Reiche?

Martina H. aus Husum besucht die 10. Klasse der Realschule. Sie hat bereits einen festen Berufswunsch: Sie möchte chemisch-technische Assistentin werden und weiß aus dem Berufswahl-Unterricht und vom Berufsberater des Arbeitsamtes, daß sie dieses Ziel am schnellsten erreicht, wenn sie zwei Jahre lang die Berufsfachschule in Neumünster besucht. Da es sich um eine Vollzeitschule handelt, wird sie in dieser Zeit nichts verdienen; zudem fallen hohe Fahrtkosten bzw. Kosten für eine Unterkunft vor Ort an. Martinas Vater ist zur Zeit arbeitslos, Mutter arbeitet halbtags in einem Supermarkt. Die Eltern sind der Meinung, Martina solle einen anderen Beruf erlernen: „Noch zwei Jahre Schule – und das im 100 km entfernten Neumünster, das ist für uns nicht drin!"

Martina fragt sich bedrückt: *Bildung nur für Reiche?*

„Erziehung und Ausbildung der Kinder ist Sache der Eltern und der Schüler selbst, der Staat sollte sich da raushalten!"

„Bildung ist ein soziales Grundrecht. Der Staat hat für Chancengleichheit zu sorgen!"

Parlamentsdebatte zur Ausbildungsförderung

Wir schreiben das Jahr 1970. Zwischen den Bundestagsparteien besteht grundsätzlich Einigkeit, daß eine Ausbildungsförderung eingeführt werden soll. Umstritten ist, wie sie konkret aussehen soll. Erarbeitet in Gruppen einen Gesetzentwurf für ein Bundesausbildungsförderungsgesetz (BAföG). Die Materialien 1 bis 4 helfen Euch bei der Entscheidungsfindung. Diskutiert und entscheidet dabei insbesondere die folgenden Fragen in Euren Gruppen.

Handelt es sich bei der schulischen und beruflichen Ausbildung um die Verantwortung des Einzelnen oder ist der Staat gefordert?
Wer soll Sozialleistungen erhalten?
Nach welchen Aufwendungen/Belastungen sollen die Sozialleistungen berechnet werden?
Soll die Sozialleistung als Beihilfe oder als Darlehen gezahlt werden?
Soll die Sozialleistung an Einkommensgrenzen gebunden sein?
Wer zahlt die Sozialleistungen?

In einer „Parlamentsdebatte zur Ausbildungsförderung" **tragen Eure Gruppensprecher die** „Gesetzentwürfe" **im Plenum der Klasse vor und begründen die Entscheidungen der Gruppe.**

M 1

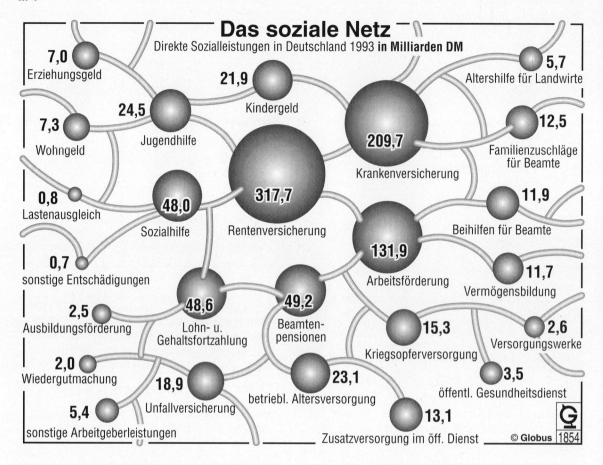

M2

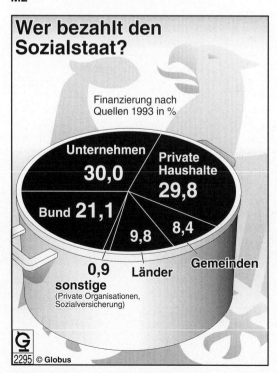

Am Ende zahlen die Bürger

Die Kosten des sozialen Netzes in Deutschland sind hoch. Die Ausgaben für Renten, Krankenversicherung, Arbeitslosenunterstützung, Sozialhilfe und viele andere Knoten im sozialen Netz summierten sich 1993 auf über 1 000 Milliarden Mark. Wer trägt wieviel dazu bei, daß dieses soziale Netz nicht reißt? Drei große Beitragszahler sind auszumachen: Der Staat (Bund, Länder und Gemeinden), die Unternehmen und die privaten Haushalte. Diese waren mit 323 Milliarden Mark oder 29,8 Prozent nur scheinbar am wenigsten belastet. Doch wenn man bedenkt, wie Staat und Unternehmen ihren Anteil finanzieren, so sind es letztlich wieder die privaten Haushalte, die die Kosten tragen müssen. Denn sie zahlen die Steuern, mit denen der Staat seine Ausgaben finanziert, und sie zahlen die Preise, in die die Unternehmer ihre Sozialkosten einkalkulieren. Globus

Statistische Angaben: Sozialbericht 1993

M 3

BAföG-Ausgaben in Deutschland

Jahr	Ausgaben (Mio. DM)[1]	
	Schüler	Studenten
1980	1 670	1 996
1982	1 621	2 006
1984	455	1 838
1986	413	1 816
1988	459	1 778
1990	507	2 010
1991	944	2 976

[1] Inkl. neue Bundesländer ab 1991; Quelle: Bundesminister für Bildung und Wissenschaft

1983 wurde der Kreis der förderungsberechtigten Schüler stark eingeengt; von 1983 bis 1990 wurde StudentenBAföG nur noch als Darlehen gewährt.

M 4

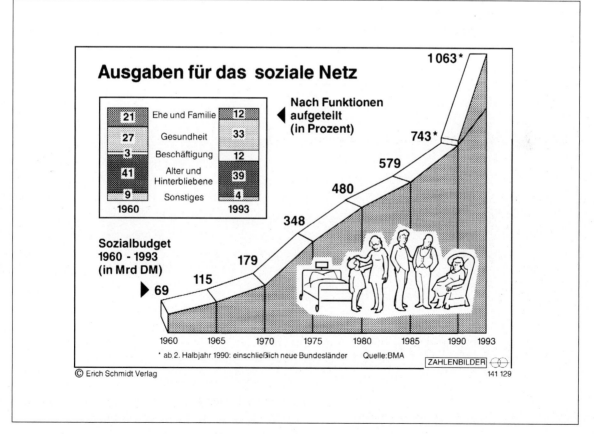

Erich Schmidt Verlag

M 5

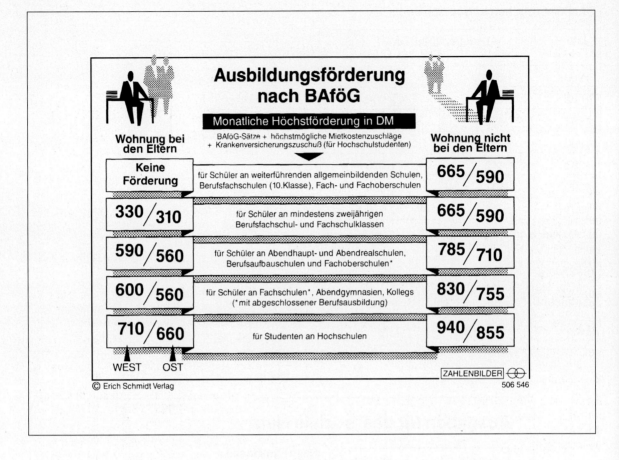

Bodo Steinmann

Foldarb – Regelspiel zu den *Fol*gen *d*er *Arb*eitslosigkeit

I. Allgemeine Angaben

1. Gegenstand/Lernziele

In diesem Spiel geht es darum zu erfahren, was sich verändert, wenn aus einem Leben mit Arbeit ein Leben ohne Arbeit wird. Erfahren werden sollen die ökonomischen und – soweit das spielerisch überhaupt möglich ist – die psychischen und sozialen Folgen der Arbeitslosigkeit, wie Einschränkung der persönlichen Ausgaben, Erhöhung der Verschuldung, Abschaffungen langlebiger Konsumgüter bzw. Verringerung ihrer Anschaffungen, Umzug in eine kleinere Wohnung, Verlust sozialer Kontakte und Langeweile, aber auch die Teilnahme an Arbeitsbeschaffungsmaßnahmen und Arbeitsloseninitiativen.

2. Ablauf

An diesem Spiel nehmen Arbeitnehmer teil, die – um ein Gewinn- und Verlustspiel durchführen zu können – alle die gleiche finanzielle Ausgangssituation haben.

Der Ablauf des Spiels wird in den Vorgaben für die Teilnehmer(innen) detailliert beschrieben: Nach dem Start (Empfang der Nettoeinkommen, Zahlung fester Ausgaben, Sparen und Kreditaufnahme) gelangen die Spieler(innen) auf die äußere Bahn, auf der sie ein Leben mit einem durchschnittlichen Arbeitseinkommen erwartet.

Sollten sie während des Spielumlaufs arbeitslos werden, wechseln sie bei der nächsten Startüberquerung auf die innere Bahn in ein Leben, das durch Beschränkungen, die von Arbeitslosigkeit ausgelöst werden, gekennzeichnet ist. Diese Bahn können sie – wiederum bei Startüberquerung – nur dann verlassen, wenn sie während des Spielumlaufs ein passendes Arbeitsangebot erhalten haben.

3. Einsatzmöglichkeiten

Das Spiel eignet sich für Lernende der Sekundarstufe I und läßt sich in mehreren Gruppen, jeweils bis zu 6 Lernenden, spielen. Es ist als ein möglicher Einstieg in das Problem der Arbeitslosigkeit gedacht. Die reine Spielzeit läßt sich je nach der Zahl der gewünschten Spielumläufe variabel gestalten.

II. Spezielle Angaben zur Unterstützung des Ablaufs

1. Vorbereitung

Zur Vorbereitung gehört die Einteilung der Spielgruppen, die Festlegung des Spielendes und die Anfertigung bzw. Bereitstellung von Spielmaterialien.

Jede Spielgruppe benötigt die folgenden Materialien:

- Spielplan mit Skalen zur Messung der Lebensqualität für 6 Teilnehmer(innen) / Würfel
- Pro Spieler(in) 2 gleichfarbige Figuren und 2 Ringe (Unterlegscheiben)
- Spielgeld
- Pro Spieler eine Übersicht zur finanziellen Situation (Rollenkarte)
- Spielkarten (Autokäufe, Käufe, Freizeit, Arbeitsangebote, Ereignisse, Fortbildungszertifikate, Versicherungspolicen, Reparaturrechnungen)

Es kann zweckmäßig sein, für jede Guppe eine Spielführerin bzw. einen Spielführer zu benennen, die/der die Kasse verwaltet und die Transaktionen beim Start bzw. bei der Startüberquerung zusammen mit den Spielerinnen/Spielern durchführt und diesen bei den Eintragungen in den Übersichten zur finanziellen Situation behilflich ist. Dabei empfiehlt sich, die Spielregeln mit den designierten Spielführerinnen / Spielführern vorher durchzusprechen und die Eintragungen in die Übersicht zu üben.

2. Durchführung

Das Spiel kann ohne Mitwirkung der Lehrenden ablaufen, die lediglich als „neutrale Instanz" evtl. auftretende Unklarheiten beseitigen helfen.

3. Nachbereitung

Die Sieger der jeweiligen Spielgruppe sowie der Gesamtsieger werden anhand der erreichten Punkte der Lebensqualität (LQ-Punkte) ermittelt.

Die Länge der Arbeitslosigkeit läßt sich in aller Regel an der Zahl der erworbenen Punkte der Lebensqualität ablesen. Das Problem der Folgen der Arbeitslosigkeit kann durch Erfahrungsberichte von Arbeitslosen oder die Erkundung einer Arbeitsloseninitiative (in diesem Sammelband) vertieft werden.

III. Materialien für die Teilnehmer

Spielziel

Es ist Euer Ziel, eine hohe Lebensqualität (LQ), d. h. möglichst viele LQ-Punkte in einer vereinbarten Spielzeit, zu erreichen.

Spielvorbereitung

(1) Als erstes müßt Ihr den Spielplan, die Skalen zur Messung der Lebensqualität und die Spielkarten auslegen.

(2) Jede(r) von Euch erhält
- eine Spielfigur
- eine gleichfarbige Figur, mit der der Punktestand auf der Skala angezeigt wird
- einen Ring zur Kennzeichnung von Arbeitslosigkeit und einen zur Kennzeichnung des Aussetzens, sowie schließlich eine Übersicht zur finanziellen Situation (Rollenkarte)

(3) Die/der ernannte Spielführerin/Spielführer erhält (zusätzlich zur Spielausrüstung) das Geld und die Aufgaben beim Start bzw. bei der Startüberquerung.

Spielablauf

- Das Spiel beginnt bei Start A.
Ihr führt nacheinander – zusammen mit der Spielführerin / dem Spielführer – die für Start A vorgesehenen Aufgaben aus: Ihr erhaltet Euer Nettoeinkommen abzüglich der festen Ausgaben sowie die vorgesehenen LQ-Punkte für die Anfangsersparnis.

- Nach der Einkommenszahlung wird gewürfelt. Auf bestimmten Feldern sind Karten zu ziehen. Wenn Ihr mit Würfeln aussetzen müßt, stellt Ihr eure Spielfigur auf einen Ring, den Ihr – statt zu würfeln – entfernt, wenn Ihr wieder an der Reihe seid.

- Kommt Ihr nach einer Runde über START, müßt Ihr anhalten, auch wenn dabei nicht alle gewürfelten Augen genutzt werden. Möglicherweise müßt Ihr auf die andere Bahn wechseln. In jedem Fall füllt Ihr die Übersicht zur finanziellen Situation mit evtl. veränderten Beträgen für die nächste Runde aus. (Dabei sind alle Eintragungen, die während einer Runde in der Übersicht gemacht worden sind, zu berücksichtigen).

Dann führt Ihr – zusammen mit der Spielführerin/dem Spielführer – die für START vorgesehenen Aufgaben durch.

- Das Spiel ist nach der vereinbarten Spielzeit beendet. Gewonnen hat der Spieler mit den meisten LQ-Punkten.

Zusatzinformationen

Entscheidungsmöglichkeiten bei Geldmangel
(innere und äußere Bahn)

(1) Auflösen von Ersparnissen
- Auszahlung
- Eintragung in Rollenkarte

(2) Kreditaufnahme (**insgesamt** bis zu 1 500,– möglich)
- Auszahlung
- Eintragung in Rollenkarte

(3) Autoverkauf zum halben Preis
- Auszahlung
- Verringerung der LQ-Punkte (lt. Autokarte)
- Rückzahlung der noch ausstehenden Raten und (Korrektur der Rollenkarte: Feste Ausgaben / Ratenzahlungen)
- Autokarte zurücklegen

(4) Verkauf sonstiger angeschaffter Güter zum halben Preis
- Auszahlung
- Verringerung der LQ-Punkte (lt. Besitzkarte)
- Besitzkarte zurücklegen

(5) Möglichkeit der Anmietung einer kleineren Wohnung
- Die Miete sinkt um 500,– (Korrektur der Rollenkarte: Feste Ausgaben)
- Verringerung der LQ-Punkte um 10

Gründung von Arbeitsloseninitiativen
(innere Bahn)

Treffen zwei Arbeitslose auf einem Feld zusammen, gründen sie eine Arbeitsloseninitiative (das gilt auch für Arbeitslose, die bereits eine Stelle in Aussicht haben). Von diesem Feld an bekämpfen sie die Arbeitslosigkeit gemeinsam: Wenn einer mit Würfeln an der Reihe ist, zieht der andere mit. Das erreichte Feld gilt für beide.

Trifft ein Arbeitsloser auf eine Arbeitsloseninitiative, so schließt er sich ihr an.

Eine Arbeitsloseninitiative gilt als aufgelöst, wenn durch Verlassen der inneren Bahn weniger als zwei Mitglieder übrig bleiben.

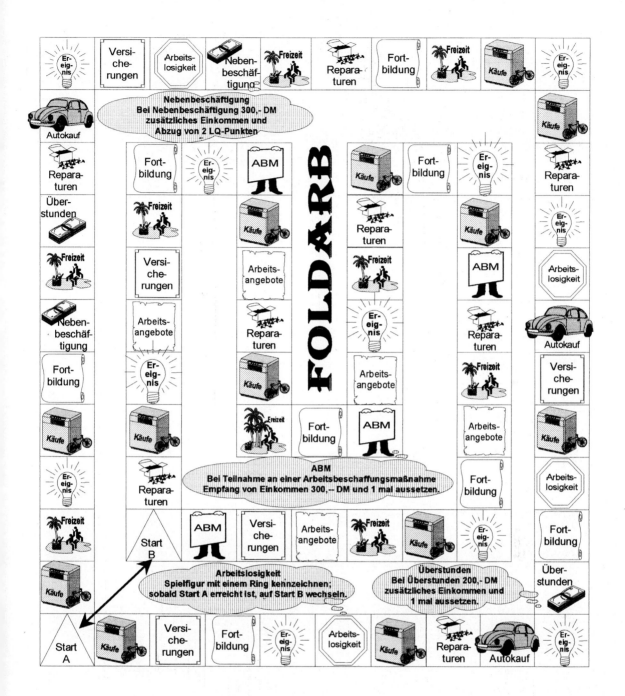

Skalen zur Messung der Lebensqualität										
rot		grün		blau		gelb		schwarz		lila	
1	6	1	6	1	6	1	6	1	6	1	6
2	7	2	7	2	7	2	7	2	7	2	7
3	8	3	8	3	8	3	8	3	8	3	8
4	9	4	9	4	9	4	9	4	9	4	9
5	10	5	10	5	10	5	10	5	10	5	10
11	16	11	16	11	16	11	16	11	16	11	16
12	17	12	17	12	17	12	17	12	17	12	17
13	18	13	18	13	18	13	18	13	18	13	18
14	19	14	19	14	19	14	19	14	19	14	19
15	20	15	20	15	20	15	20	15	20	15	20
21	26	21	26	21	26	21	26	21	26	21	26
22	27	22	27	22	27	22	27	22	27	22	27
23	28	23	28	23	28	23	28	23	28	23	28
24	29	24	29	24	29	24	29	24	29	24	29
25	30	25	30	25	30	25	30	25	30	25	30
31	26	31	26	31	26	31	26	31	26	31	26
32	37	32	37	32	37	32	37	32	37	32	37
33	38	33	38	33	38	33	38	33	38	33	38
34	39	34	39	34	39	34	39	34	39	34	39
35	40	35	40	35	40	35	40	35	40	35	40
41	46	41	46	41	46	41	46	41	46	41	46
42	47	42	47	42	47	42	47	42	47	42	47
43	48	43	48	43	48	43	48	43	48	43	48
44	49	44	49	44	49	44	49	44	49	44	49
45	50	45	50	45	50	45	50	45	50	45	50

Übersicht zur finanziellen Situation (Rollenkarte)*

Spielfarbe: _____

Finanzielle Situation	Anfangs-beträge Runde 1	Veränderte Beträge					
		Runde 2	Runde 3	Runde 4	Runde 5	Runde 6	Runde 7
Nettoeinkommen/ Arbeitslosengeld bzw. -hilfe)	3 000,–						
Feste Ausgaben (Miete, Strom/ Heizung, Fahrt-kosten/Grund-nahrungsmittel)	1 600,–						
Ratenzahlungen	–						
Sparen/Kredite – Sparguthaben	1 000,–						
– Kreditbestand	–						

* Diese Rollenkarte wird 6 × benötigt (Kopiervorlage)

Aufgaben beim START A (Start und Startüberquerung auf der äußeren Bahn bzw. Überwechseln von der inneren Bahn)

(1) Fortbildungszertifikate (FBZ) vorhanden (ab Runde 2 möglich)

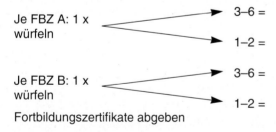

Je FBZ A: 1 x würfeln	3–6 =	10 % Erhöhung der Einkommen für diese Runde
	1–2 =	Keine Erhöhung der Einkommen
Je FBZ B: 1 x würfeln	3–6 =	20 % Erhöhung der Einkommen für diese Runde
	1–2 =	Keine Erhöhung der Einkommen

Fortbildungszertifikate abgeben

(2) Empfang der Nettoeinkommen abzüglich der festen Ausgaben und evtl. abzüglich der Ratenzahlungen

Jeweils letzter Stand der Rollenkarte (Einkommen evtl. erhöht durch FBZ)

(3) Sparen

Zinsempfang: Je angefangene 200 DM Ersparnis = 1 LQ-Punkt

Danach:

Möglichkeit des Sparens
– Einzahlung
– Eintragung in Rollenkarte

(4) Kredite

Zinszahlung: Je angefangene 200 DM Kredit =	./. 1 LQ-Punkt

Danach:

Möglichkeit der Kreditrückzahlung

- Einzahlung
- Eintragung in Rollenkarte

Aufgaben beim START B (Überwechseln von der äußeren Bahn bzw. Startüberquerung auf der inneren Bahn)

(1) Fortbildungszertifikate abgeben

(2) Empfang der Nettoeinkommen

Beim Überwechseln von der äußeren Bahn	
Anstelle von Lohn/Gehalt Empfang von Arbeitslosengeld abzüglich der festen Ausgaben und evtl. abzüglich der Ratenzahlungen	70 % des letzten Nettoeinkommens, wenn mindestens zwei Runden auf der äußeren Bahn zurückgelegt wurden. 60 % des letzten Nettoeinkommens, wenn nur eine Runde auf der äußeren Bahn vorausging. (auf 50,– aufrunden)
Beim Überqueren auf der inneren Bahn	
Anstelle von Arbeitslosengeld Empfang von Arbeitslosenhilfe abzüglich der festen Ausgaben und evtl. abzüglich der Ratenzahlungen	60 % des letzten Nettoeinkommens unter Anrechnung des vorhandenen Geldvermögens (Bargeld, Sparguthaben) (auf 50,– aufrunden)

(3) Sparen

Zinsempfang: Je angefangene 200 DM Ersparnis =	1 LQ-Punkt

Danach:

Möglichkeit des Sparens

- Einzahlung
- Eintragung in Rollenkarte

(4) Kredite

Zinszahlung: Je angefangene 200 DM Kredit =	./. 1 LQ-Punkt

Danach:

Möglichkeit der Kreditrückzahlung

- Einzahlung
- Eintragung in Rollenkarte

Autokäufe

NEIN	Autokauf JA
Karte unter den Stapel zurücklegen	Preis: 5 000 DM LQ-Punkte: 30 **Zahlungsbedingungen** – Bargeld – Auflösung vorhandener Ersparnisse (Korrektur Rollenkarte) – Zahlung der Restsumme (einschließlich 10 % Zinsen*) in 5 gleichen Raten (Eintrag Rollenkarte: Ratenzahlungen)*) auf 50,– aufrunden **Laufende Kosten** pro Runde 300,– DM (Eintrag Rollenkarte: Feste Ausgaben) **Karte behalten**

NEIN	Autokauf JA
Karte unter den Stapel zurücklegen	Preis: 5 500 DM LQ-Punkte: 30 **Zahlungsbedingungen** – Bargeld – Auflösung vorhandener Ersparnisse (Korrektur Rollenkarte) – Zahlung der Restsumme (einschließlich 10 % Zinsen*) in 5 gleichen Raten (Eintrag Rollenkarte: Ratenzahlungen)*) auf 50,– aufrunden **Laufende Kosten** pro Runde 300,– DM (Eintrag Rollenkarte: Feste Ausgaben) **Karte behalten**

NEIN	Autokauf JA
Karte unter den Stapel zurücklegen	Preis: 4 500 DM LQ-Punkte: 30 **Zahlungsbedingungen** – Bargeld – Auflösung vorhandener Ersparnisse (Korrektur Rollenkarte) – Zahlung der Restsumme (einschließlich 10 % Zinsen*) in 5 gleichen Raten (Eintrag Rollenkarte: Ratenzahlungen)*) auf 50,– aufrunden **Laufende Kosten** pro Runde 300,– DM (Eintrag Rollenkarte: Feste Ausgaben) **Karte behalten**

NEIN	Autokauf JA
Karte unter den Stapel zurücklegen	Preis: 4 500 DM LQ-Punkte: 30 **Zahlungsbedingungen** – Bargeld – Auflösung vorhandener Ersparnisse (Korrektur Rollenkarte) – Zahlung der Restsumme (einschließlich 10 % Zinsen*) in 5 gleichen Raten (Eintrag Rollenkarte: Ratenzahlungen)*) auf 50,– aufrunden **Laufende Kosten** pro Runde 300,– DM (Eintrag Rollenkarte: Feste Ausgaben) **Karte behalten**

NEIN	Autokauf JA
Karte unter den Stapel zurücklegen	Preis: 5 500 DM LQ-Punkte: 30 **Zahlungsbedingungen** – Bargeld – Auflösung vorhandener Ersparnisse (Korrektur Rollenkarte) – Zahlung der Restsumme (einschließlich 10 % Zinsen*) in 5 gleichen Raten (Eintrag Rollenkarte: Ratenzahlungen)*) auf 50,– aufrunden **Laufende Kosten** pro Runde 300,– DM (Eintrag Rollenkarte: Feste Ausgaben) **Karte behalten**

NEIN	Autokauf JA
Karte unter den Stapel zurücklegen	Preis: 5 000 DM LQ-Punkte: 30 **Zahlungsbedingungen** – Bargeld – Auflösung vorhandener Ersparnisse (Korrektur Rollenkarte) – Zahlung der Restsumme (einschließlich 10 % Zinsen*) in 5 gleichen Raten (Eintrag Rollenkarte: Ratenzahlungen)*) auf 50,– aufrunden **Laufende Kosten** pro Runde 300,– DM (Eintrag Rollenkarte: Feste Ausgaben) **Karte behalten**

NEIN	Autokauf JA
Karte unter den Stapel zurücklegen	Preis: 5 000 DM LQ-Punkte: 30 **Zahlungsbedingungen** – Bargeld – Auflösung vorhandener Ersparnisse (Korrektur Rollenkarte) – Zahlung der Restsumme (einschließlich 10 % Zinsen*) in 5 gleichen Raten (Eintrag Rollenkarte: Ratenzahlungen)*) auf 50,– aufrunden **Laufende Kosten** pro Runde 300,– DM (Eintrag Rollenkarte: Feste Ausgaben) **Karte behalten**

NEIN	Autokauf JA
Karte unter den Stapel zurücklegen	Preis: 4 500 DM LQ-Punkte: 30 **Zahlungsbedingungen** – Bargeld – Auflösung vorhandener Ersparnisse (Korrektur Rollenkarte) – Zahlung der Restsumme (einschließlich 10 % Zinsen*) in 5 gleichen Raten (Eintrag Rollenkarte: Ratenzahlungen)*) auf 50,– aufrunden **Laufende Kosten** pro Runde 300,– DM (Eintrag Rollenkarte: Feste Ausgaben) **Karte behalten**

NEIN	Autokauf JA
Karte unter den Stapel zurücklegen	Preis: 4 500 DM LQ-Punkte: 30 **Zahlungsbedingungen** – Bargeld – Auflösung vorhandener Ersparnisse (Korrektur Rollenkarte) – Zahlung der Restsumme (einschließlich 10 % Zinsen*) in 5 gleichen Raten (Eintrag Rollenkarte: Ratenzahlungen)*) auf 50,– aufrunden **Laufende Kosten** pro Runde 300,– DM (Eintrag Rollenkarte: Feste Ausgaben) **Karte behalten**

NEIN	Autokauf JA
Karte unter den Stapel zurücklegen	Preis: 5 500 DM LQ-Punkte: 30 **Zahlungsbedingungen** – Bargeld – Auflösung vorhandener Ersparnisse (Korrektur Rollenkarte) – Zahlung der Restsumme (einschließlich 10 % Zinsen*) in 5 gleichen Raten (Eintrag Rollenkarte: Ratenzahlungen)*) auf 50,– aufrunden **Laufende Kosten** pro Runde 300,– DM (Eintrag Rollenkarte: Feste Ausgaben) **Karte behalten**

Käufe

Kauf eines Videorecorders	
NEIN	**JA**
Karte unter den Stapel zurücklegen	Preis: 700,– DM LQ-Punkte 8 Karte behalten

Kauf einer Polsterecke	
NEIN	**JA**
Karte unter den Stapel zurücklegen	Preis: 1 800,– DM LQ-Punkte 19 Karte behalten

Kauf eines Geschirrspülers	
NEIN	**JA**
Karte unter den Stapel zurücklegen	Preis: 1 000,– DM LQ-Punkte 12 Karte behalten

Kauf eines Gefrierschrankes	
NEIN	**JA**
Karte unter den Stapel zurücklegen	Preis: 700,– DM LQ-Punkte 8 Karte behalten

Kauf eines Stereoturmes	
NEIN	**JA**
Karte unter den Stapel zurücklegen	Preis: 1 200,– DM LQ-Punkte 13 Karte behalten

Kauf eines Tourenrades	
NEIN	**JA**
Karte unter den Stapel zurücklegen	Preis: 700,– DM LQ-Punkte 8 Karte behalten

Kauf eines Rennrades	
NEIN	**JA**
Karte unter den Stapel zurücklegen	Preis: 1 000,– DM LQ-Punkte 11 Karte behalten

Kauf eines Computers	
NEIN	**JA**
Karte unter den Stapel zurücklegen	Preis: 1 400,– DM LQ-Punkte 15 Karte behalten

Kauf einer Tischtennisplatte	
NEIN	**JA**
Karte unter den Stapel zurücklegen	Preis: 300,– DM LQ-Punkte 4 Karte behalten

Kauf eines Trimmgerätes	
NEIN	**JA**
Karte unter den Stapel zurücklegen	Preis: 500,– DM LQ-Punkte 6 Karte behalten

Kauf eines Mofas	
NEIN	**JA**
Karte unter den Stapel zurücklegen	Preis: 1 500,– DM LQ-Punkte 16 Karte behalten

Kauf einer Waschmaschine	
NEIN	**JA**
Karte unter den Stapel zurücklegen	Preis: 900,– DM LQ-Punkte 10 Karte behalten

Anmietung einer größeren Wohnung	
NEIN	**JA**
	Die Miete steigt um 500,– DM (Erhöhung der festen Ausgaben in der Rollenkarte.) LQ-Punkte 10
Karte unter den Stapel zurücklegen	

Anmietung einer größeren Wohnung	
NEIN	**JA**
	Die Miete steigt um 500,– DM (Erhöhung der festen Ausgaben in der Rollenkarte.) LQ-Punkte 10
Karte unter den Stapel zurücklegen	

Anmietung einer größeren Wohnung	
NEIN	**JA**
	Die Miete steigt um 500,– DM (Erhöhung der festen Ausgaben in der Rollenkarte.) LQ-Punkte 10
Karte unter den Stapel zurücklegen	

Anmietung einer größeren Wohnung	
NEIN	**JA**
	Die Miete steigt um 500,– DM (Erhöhung der festen Ausgaben in der Rollenkarte.) LQ-Punkte 10
Karte unter den Stapel zurücklegen	

Anmietung einer größeren Wohnung	
NEIN	**JA**
	Die Miete steigt um 500,– DM (Erhöhung der festen Ausgaben in der Rollenkarte.) LQ-Punkte 10
Karte unter den Stapel zurücklegen	

Käufe

Konsumgüterkäufe	
NEIN	**JA**
	100,– DM LQ-Punkte: 1 200,– DM LQ-Punkte: 2 300,– DM LQ-Punkte: 3
Karte unter den Stapel zurücklegen	

Konsumgüterkäufe	
NEIN	**JA**
	100,– DM LQ-Punkte: 1 200,– DM LQ-Punkte: 2 300,– DM LQ-Punkte: 3
Karte unter den Stapel zurücklegen	

Konsumgüterkäufe	
NEIN	**JA**
	100,– DM LQ-Punkte: 1 200,– DM LQ-Punkte: 2 300,– DM LQ-Punkte: 3
Karte unter den Stapel zurücklegen	

Konsumgüterkäufe	
NEIN	**JA**
	100,– DM LQ-Punkte: 1 200,– DM LQ-Punkte: 2 300,– DM LQ-Punkte: 3
Karte unter den Stapel zurücklegen	

Konsumgüterkäufe	
NEIN	**JA**
	100,– DM LQ-Punkte: 1 200,– DM LQ-Punkte: 2 300,– DM LQ-Punkte: 3
Karte unter den Stapel zurücklegen	

Konsumgüterkäufe	
NEIN	**JA**
	100,– DM LQ-Punkte: 1 200,– DM LQ-Punkte: 2 300,– DM LQ-Punkte: 3
Karte unter den Stapel zurücklegen	

Konsumgüterkäufe	
NEIN	**JA**
	100,– DM LQ-Punkte: 1 200,– DM LQ-Punkte: 2 300,– DM LQ-Punkte: 3
Karte unter den Stapel zurücklegen	

Konsumgüterkäufe	
NEIN	**JA**
	100,– DM LQ-Punkte: 1 200,– DM LQ-Punkte: 2 300,– DM LQ-Punkte: 3
Karte unter den Stapel zurücklegen	

Konsumgüterkäufe	
NEIN	**JA**
	100,– DM LQ-Punkte: 1 200,– DM LQ-Punkte: 2 300,– DM LQ-Punkte: 3
Karte unter den Stapel zurücklegen	

Konsumgüterkäufe	
NEIN	**JA**
	100,– DM LQ-Punkte: 1 200,– DM LQ-Punkte: 2 300,– DM LQ-Punkte: 3
Karte unter den Stapel zurücklegen	

Käufe

Freizeit

Besuche

Äußere Bahn	Innere Bahn		
Besuche bei oder von Freunden und Verwandten	Besuche bei oder von Freunden und Verwandten werden schwieriger		
Besuch findet statt	Würfeln	Zahl	LQ
1 LQ-Punkt	Besuch entfällt	3–6	
	Besuch findet statt	1–2	1
Karte unter den Stapel zurücklegen			

Feier

Äußere Bahn	Innere Bahn
Es findet eine Feier statt 2 LQ-Punkte	Entfällt
Karte unter den Stapel zurücklegen	

Kulturelle Aktivitäten

Äußere Bahn			Innere Bahn		
Konzert – Fußball – Theater			Konzert – Fußball – Theater		
Würfeln	Zahl	LQ	Würfeln	Zahl	LQ
wenig Spaß	1–2		nicht hingehen	3–6	
Spaß	3–4	1	hingehen	1–2	1
viel Spaß	5–6	2			
Karte unter den Stapel zurücklegen					

Familien-Aktivitäten

Äußere Bahn			Innere Bahn		
Ausflug – Picknick			Ausflug – Picknick		
Würfeln	Zahl	LQ	Würfeln	Zahl	LQ
wenig Spaß	1–2		fällt aus	3–6	–
Spaß	3–4	1	findet statt	1–2	1
viel Spaß	5–6	2			
Karte unter den Stapel zurücklegen					

Vereinsmitgliedschaft

Äußere Bahn	Innere Bahn
Mitgliedschaft in einem Verein 3 LQ-Punkte	Mitgliedschaft ruht
Karte unter den Stapel zurücklegen	

Kurzurlaub

Äußere Bahn			Innere Bahn		
Möglichkeit eines Urlaubs			Verkaufsfahrt in die Eifel zu 50 DM		
			Würfeln		
Städtetour	200,–	2	entfällt	3–6	–
Kurzflug nach Rom	500,–	5	findet statt	1–2	1
Karte unter den Stapel zurücklegen					

Urlaub

Äußere Bahn			Innere Bahn
Möglichkeit eines Urlaubs			Entfällt
Einfacher Urlaub	500,–	5	
Luxusurlaub	1 000,–	12	
Karte unter den Stapel zurücklegen			

Familienstreit

Äußere Bahn	Innere Bahn
entfällt	Nichts-Tun und Ungewißheit nervt, dazu noch Familienstreß ./. 3 LQ-Punkte Für Teilnehmer einer Arbeitsloseninitiative –
Karte unter den Stapel zurücklegen	

Langeweile

Äußere Bahn	Innere Bahn
entfällt	Nichts-Tun nervt ./. 3 LQ-Punkte Für Teilnehmer einer Arbeitsloseninitiative –
Karte unter den Stapel zurücklegen	

Party

Äußere Bahn	Innere Bahn
Freunde aus dem Tennisclub laden zu einer Party ein. 2 LQ-Punkte	Entfällt
Karte unter den Stapel zurücklegen	

Arbeitsangebote

Für alle Arbeitslosen Anforderungen des Arbeitsangebots stimmen mit den persönlichen Daten überein – Ring von der Spielfigur entfernen – In der nächsten Runde überwechseln auf die äußere Bahn: sobald Start B erreicht wird, auf Start A gehen Karte unter den Stapel zurücklegen	**Für Kurzzeitarbeitslose** **(Arbeitslose in ihrer 1. Rde.)** Anforderungen des Arbeitsangebots stimmen mit den persönlichen Daten nicht überein Weiter auf der inneren Bahn Karte unter den Stapel zurücklegen
Für alle Arbeitslosen Anforderungen des Arbeitsangebots stimmen mit den persönlichen Daten nicht überein Weiter auf der inneren Bahn Karte unter den Stapel zurücklegen	**Für alle Arbeitslosen** Anforderungen des Arbeitsangebots stimmen mit den persönlichen Daten überein – Ring von der Spielfigur entfernen – In der nächsten Runde überwechseln auf die äußere Bahn: sobald Start B erreicht wird, auf Start A gehen Karte unter den Stapel zurücklegen
Für alle Arbeitslosen mit FBZ B Anforderungen des Arbeitsangebots stimmen mit den persönlichen Daten überein – Ring von der Spielfigur entfernen – In der nächsten Runde überwechseln auf die äußere Bahn: sobald Start B erreicht wird, auf Start A gehen Karte unter den Stapel zurücklegen	**Für alle Arbeitslosen** Anforderungen des Arbeitsangebots stimmen mit den persönlichen Daten nicht überein Weiter auf der inneren Bahn Karte unter den Stapel zurücklegen
Für Arbeitslose mit FBZ A oder B Anforderungen des Arbeitsangebots stimmen mit den persönlichen Daten überein – Ring von der Spielfigur entfernen – In der nächsten Runde überwechseln auf die äußere Bahn: sobald Start B erreicht wird, auf Start A gehen Karte unter den Stapel zurücklegen	**Für alle Arbeitslosen** Anforderungen des Arbeitsangebots stimmen mit den persönlichen Daten überein – Ring von der Spielfigur entfernen – In der nächsten Runde überwechseln auf die äußere Bahn: sobald Start B erreicht wird, auf Start A gehen Karte unter den Stapel zurücklegen
Für Kurzzeitarbeitslose **(Arbeitslose in ihrer 1. Runde)** Anforderungen des Arbeitsangebots stimmen mit den persönlichen Daten überein – Ring von der Spielfigur entfernen – In der nächsten Runde überwechseln auf die äußere Bahn: sobald Start B erreicht wird, auf Start A gehen Karte unter den Stapel zurücklegen	**Für alle Arbeitslosen** Anforderungen des Arbeitsangebots stimmen mit den persönlichen Daten nicht überein Weiter auf der inneren Bahn Karte unter den Stapel zurücklegen

Ereignisse

Sie sind krank

./. 1 LQ Punkt

Karte unter den Stapel zurücklegen.

Sie sind krank

./. 5 LQ Punkte

Karte unter den Stapel zurücklegen.

Sie sind krank

./. 3 LQ Punkte

Karte unter den Stapel zurücklegen.

Sie haben in einem Preisausschreiben gewonnen. Nehmen Sie eine Anschaffungskarte ohne Bezahlung.

Karte unter den Stapel zurücklegen.

Sie dürfen 3 × würfeln;
bei einer „6" gibt es einen kleinen Lottogewinn von 1 000 DM.

Karte unter den Stapel zurücklegen.

Sie müssen 100,– DM
Heizkosten nachzahlen

Karte unter den Stapel zurücklegen.

Familienfest:

Machen Sie ein Geschenk.
Den Wert bestimmen Sie selbst:
50,–, 100,–, 150,– oder 200,– DM

Karte unter den Stapel zurücklegen.

Sie erhalten eine Steuerrückzahlung.
Würfeln Sie; pro Augenzahl erhalten Sie
100,– DM

Karte unter den Stapel zurücklegen.

Einladung zu Freunden

2 LQ Punkte

Karte unter den Stapel zurücklegen.

Sie machen eine Erbschaft

2 000,– DM

Karte unter den Stapel zurücklegen.

Ereignisse

Ereignisse

Sie sind krank

./. 1 LQ Punkt

Karte unter den Stapel zurücklegen.

Sie sind krank

./. 5 LQ Punkte

Karte unter den Stapel zurücklegen.

Sie sind krank

./. 3 LQ Punkte

Karte unter den Stapel zurücklegen.

Sie haben in einem Preisausschreiben gewonnen. Nehmen Sie eine Anschaffungskarte ohne Bezahlung.

Karte unter den Stapel zurücklegen.

Sie dürfen 3 × würfeln;
bei einer „6" gibt es einen kleinen Lottogewinn von 1 000 DM.

Karte unter den Stapel zurücklegen.

Sie müssen 100,– DM
Heizkosten nachzahlen

Karte unter den Stapel zurücklegen.

Familienfest:

Machen Sie ein Geschenk.
Den Wert bestimmen Sie selbst:
50,–, 100,–, 150,– oder 200,– DM

Karte unter den Stapel zurücklegen.

Sie erhalten eine Steuerrückzahlung.
Würfeln Sie; pro Augenzahl erhalten Sie
100,– DM

Karte unter den Stapel zurücklegen.

Einladung zu Freunden

2 LQ Punkte

Karte unter den Stapel zurücklegen.

Sie machen eine Erbschaft

2 000,– DM

Karte unter den Stapel zurücklegen.

Ereignisse

Ereignisse

Ein Diebstahl in Ihrer Wohnung.		**Sie fügen jemandem einen Schaden zu.**	
Hausratversicherung nicht abgeschlossen – eine Kaufkarte zurücklegen – entsprechende Verringerung der LQ-Punkte	Hausratversicherung abgeschlossen – kein Schaden – Versicherungskarte unter den Stapel zurücklegen	Haftpflichtversicherung nicht abgeschlossen Zahlung: 700,– DM	Haftpflichtversicherung abgeschlossen – keine Zahlung – Versicherungskarte unter den Stapel zurücklegen
Ein Diebstahl in Ihrer Wohnung.		**Sie fügen jemandem einen Schaden zu.**	
Hausratversicherung nicht abgeschlossen – eine Kaufkarte zurücklegen – entsprechende Verringerung der LQ-Punkte	Hausratversicherung abgeschlossen – kein Schaden – Versicherungskarte unter den Stapel zurücklegen	Haftpflichtversicherung nicht abgeschlossen Zahlung: 600,– DM	Haftpflichtversicherung abgeschlossen – keine Zahlung – Versicherungskarte unter den Stapel zurücklegen
Ein Diebstahl in Ihrer Wohnung.		**Sie fügen jemandem einen Schaden zu.**	
Hausratversicherung nicht abgeschlossen – eine Kaufkarte zurücklegen – entsprechende Verringerung der LQ-Punkte-	Hausratversicherung abgeschlossen – kein Schaden – Versicherungskarte unter den Stapel zurücklegen	Haftpflichtversicherung nicht abgeschlossen Zahlung: 600,– DM	Haftpflichtversicherung abgeschlossen – keine Zahlung – Versicherungskarte unter den Stapel zurücklegen
Ein Diebstahl in Ihrer Wohnung.		**Sie fügen jemandem einen Schaden zu.**	
Hausratversicherung nicht abgeschlossen – eine Kaufkarte zurücklegen – entsprechende Verringerung der LQ-Punkte	Hausratversicherung abgeschlossen – kein Schaden – Versicherungskarte unter den Stapel zurücklegen	Haftpflichtversicherung nicht abgeschlossen Zahlung: 500,– DM	Haftpflichtversicherung abgeschlossen – keine Zahlung – Versicherungskarte unter den Stapel zurücklegen

Ereignisse

Nur für Erwerbstätige

Ihre Firma geht zur Kurzarbeit über. Sie erhalten in der nächsten Runde ein um 20 % gekürztes Nettoeinkommen (Korrektur der Rollenkarte nur für die nächste Runde). Sollten Sie zwischenzeitlich arbeitslos werden, entfällt diese Korrektur.

Karte unter den Stapel zurücklegen

Nur für Erwerbstätige

Sie erhalten von der nächsten Runde an eine Lohnerhöhung: Ihr Nettoeinkommen steigt um 10 % (Korrektur der Rollenkarte für alle zukünftigen Runden.) Sollten Sie zwischenzeitlich arbeitslos werden, entfällt diese Korrektur.

Karte unter den Stapel zurücklegen

Nur für Arbeitnehmer mit Berufsausbildung

Von der nächsten Runde an ist ein Berufsausbildungsdarlehen zurückzuzahlen:

100,– DM pro Runde. Erhöhung der Ratenzahlungen (Rollenkarte)

Karte unter den Stapel zurücklegen

Ihr Kind (bzw. eines Ihrer Kinder) will an einem Schulausflug teilnehmen. Dafür sind 500,– DM zu zahlen.

Falls Sie arbeitslos sind, muß sich die Familie sehr einschränken.

zusätzlich: ./. 2 LQ-Punkte.

Karte unter den Stapel zurücklegen

Nur für Arbeitslose

Die Kontakte zu den Kollegen fehlen Ihnen.

./. 2 LQ-Punkte

Karte unter den Stapel zurücklegen

Nur für Arbeitslose

Das ständige Zuhausesein nervt; der Ärger in der Familie nimmt zu.

./. 2 LQ-Punkte.

Karte unter den Stapel zurücklegen

Nur für Arbeitslose

Sie geraten an Leute, die Arbeitslose als Schmarotzer und Drückeberger bezeichnen. Sie sind traurig und wütend.

./. 2 LQ-Punkte

Karte unter den Stapel zurücklegen

Nur für Arbeitslose

Sie sind beunruhigt, weil Sie immer noch keine neue Stelle haben.

./. 2 LQ-Punkte.

Karte unter den Stapel zurücklegen

Nur für Arbeitslose

Sie kommen sich überflüssig vor und beginnen sich selbst die Schuld an der Arbeitslosigkeit zu geben.

./. 2 LQ-Punkte

Karte unter den Stapel zurücklegen

Sie erhalten eine einmalige Kindergeldzahlung von 50,– DM

Karte unter den Stapel zurücklegen

Fortbildungszertifikate

Fortbildungszertifikat A		**Fortbildungszertifikat B**	
Teilnahme an einem Fortbildungskurs zur Verbesserung der Einkommens- und Einstellungschancen		Teilnahme an einem Fortbildungskurs zur Verbesserung der Einkommens- und Einstellungschancen	
NEIN	**JA**	**NEIN**	**JA**
	– Kosten 100,– (Übernimmt das Arbeitsamt bei Arbeitslosigkeit) – 1 × aussetzen (Ring)		– Kosten 300,– (Übernimmt das Arbeitsamt bei Arbeitslosigkeit) – 1 × aussetzen (Ring)
Karte unter den Stapel zurücklegen	– Karte behalten bis zum Start	Karte unter den Stapel zurücklegen	– Karte behalten bis zum Start
Fortbildungszertifikat A		**Fortbildungszertifikat B**	
Teilnahme an einem Fortbildungskurs zur Verbesserung der Einkommens- und Einstellungschancen		Teilnahme an einem Fortbildungskurs zur Verbesserung der Einkommens- und Einstellungschancen	
NEIN	**JA**	**NEIN**	**JA**
	– Kosten 100,– (Übernimmt das Arbeitsamt bei Arbeitslosigkeit) – 1 × aussetzen (Ring)		– Kosten 300,– (Übernimmt das Arbeitsamt bei Arbeitslosigkeit) – 1 × aussetzen (Ring)
Karte unter den Stapel zurücklegen	– Karte behalten bis zum Start	Karte unter den Stapel zurücklegen	– Karte behalten bis zum Start
Fortbildungszertifikat A		**Fortbildungszertifikat B**	
Teilnahme an einem Fortbildungskurs zur Verbesserung der Einkommens- und Einstellungschancen		Teilnahme an einem Fortbildungskurs zur Verbesserung der Einkommens- und Einstellungschancen	
NEIN	**JA**	**NEIN**	**JA**
	– Kosten 100,– (Übernimmt das Arbeitsamt bei Arbeitslosigkeit) – 1 × aussetzen (Ring)		– Kosten 300,– (Übernimmt das Arbeitsamt bei Arbeitslosigkeit) – 1 × aussetzen (Ring)
Karte unter den Stapel zurücklegen	– Karte behalten bis zum Start	Karte unter den Stapel zurücklegen	– Karte behalten bis zum Start
Fortbildungszertifikat A		**Fortbildungszertifikat B**	
Teilnahme an einem Fortbildungskurs zur Verbesserung der Einkommens- und Einstellungschancen		Teilnahme an einem Fortbildungskurs zur Verbesserung der Einkommens- und Einstellungschancen	
NEIN	**JA**	**NEIN**	**JA**
	– Kosten 100,– (Übernimmt das Arbeitsamt bei Arbeitslosigkeit) – 1 × aussetzen (Ring)		– Kosten 300,– (Übernimmt das Arbeitsamt bei Arbeitslosigkeit) – 1 × aussetzen (Ring)
Karte unter den Stapel zurücklegen	– Karte behalten bis zum Start	Karte unter den Stapel zurücklegen	– Karte behalten bis zum Start
Fortbildungszertifikat A		**Fortbildungszertifikat B**	
Teilnahme an einem Fortbildungskurs zur Verbesserung der Einkommens- und Einstellungschancen		Teilnahme an einem Fortbildungskurs zur Verbesserung der Einkommens- und Einstellungschancen	
NEIN	**JA**	**NEIN**	**JA**
	– Kosten 100,– (Übernimmt das Arbeitsamt bei Arbeitslosigkeit) – 1 × aussetzen (Ring)		– Kosten 300,– (Übernimmt das Arbeitsamt bei Arbeitslosigkeit) – 1 × aussetzen (Ring)
Karte unter den Stapel zurücklegen	– Karte behalten bis zum Start	Karte unter den Stapel zurücklegen	– Karte behalten bis zum Start

Fortbildungszertifikate

Diese Seite bitte 3 × kopieren

Versicherungspolicen

Sie haben die Möglichkeit, eine Hausratversicherung abzuschließen		Sie haben die Möglichkeit, eine private Haftpflichtversicherung abzuschließen	
NEIN	**JA**	**NEIN**	**JA**
Karte unter den Stapel zurücklegen	Kosten: 100 DM Karte behalten bis zum Versicherungsfall	Karte unter den Stapel zurücklegen	Kosten: 100 DM Karte behalten bis zum Versicherungsfall

Sie haben die Möglichkeit, eine Hausratversicherung abzuschließen		Sie haben die Möglichkeit, eine private Haftpflichtversicherung abzuschließen	
NEIN	**JA**	**NEIN**	**JA**
Karte unter den Stapel zurücklegen	Kosten: 100 DM Karte behalten bis zum Versicherungsfall	Karte unter den Stapel zurücklegen	Kosten: 100 DM Karte behalten bis zum Versicherungsfall

Sie haben die Möglichkeit, eine Hausratversicherung abzuschließen		Sie haben die Möglichkeit, eine private Haftpflichtversicherung abzuschließen	
NEIN	**JA**	**NEIN**	**JA**
Karte unter den Stapel zurücklegen	Kosten: 100 DM Karte behalten bis zum Versicherungsfall	Karte unter den Stapel zurücklegen	Kosten: 100 DM Karte behalten bis zum Versicherungsfall

Sie haben die Möglichkeit, eine Hausratversicherung abzuschließen		Sie haben die Möglichkeit, eine private Haftpflichtversicherung abzuschließen	
NEIN	**JA**	**NEIN**	**JA**
Karte unter den Stapel zurücklegen	Kosten: 100 DM Karte behalten bis zum Versicherungsfall	Karte unter den Stapel zurücklegen	Kosten: 100 DM Karte behalten bis zum Versicherungsfall

Sie haben die Möglichkeit, eine Hausratversicherung abzuschließen		Sie haben die Möglichkeit, eine private Haftpflichtversicherung abzuschließen	
NEIN	**JA**	**NEIN**	**JA**
Karte unter den Stapel zurücklegen	Kosten: 100 DM Karte behalten bis zum Versicherungsfall	Karte unter den Stapel zurücklegen	Kosten: 100 DM Karte behalten bis zum Versicherungsfall

Versicherungspolicen

Sie haben die Möglichkeit, eine Hausratversicherung abzuschließen	
NEIN	**JA**
Karte unter den Stapel zurücklegen	Kosten: 100 DM Karte behalten bis zum Versicherungsfall

Sie haben die Möglichkeit, eine private Haftpflichtversicherung abzuschließen	
NEIN	**JA**
Karte unter den Stapel zurücklegen	Kosten: 100 DM Karte behalten bis zum Versicherungsfall

Reparaturrechnungen

Für Besitzer von Elektrogeräten	
Eines Ihrer Geräte ist defekt	
ENTWEDER	**ODER**
Sie zahlen 200,– DM, um es weiter nutzen zu können.	Sie verschrotten das Gerät. Dafür erhalten Sie einen Schrottpreis von 100,– DM. Geben Sie die Anschaffungskarte zurück und reduzieren Sie Ihre LQ-Punkte entsprechend
Karte unter den Stapel zurücklegen	

Für Besitzer von Elektrogeräten	
Eines Ihrer Geräte ist defekt	
ENTWEDER	**ODER**
Sie zahlen 400,– DM, um es weiter nutzen zu können.	Sie verschrotten das Gerät. Dafür erhalten Sie einen Schrottpreis von 100,– DM. Geben Sie die Anschaffungskarte zurück und reduzieren Sie Ihre LQ-Punkte entsprechend
Karte unter den Stapel zurücklegen	

Für Besitzer von Elektrogeräten	
Eines Ihrer Geräte ist defekt	
ENTWEDER	**ODER**
Sie zahlen 300,– DM, um es weiter nutzen zu können.	Sie verschrotten das Gerät. Dafür erhalten Sie einen Schrottpreis von 100,– DM. Geben Sie die Anschaffungskarte zurück und reduzieren Sie Ihre LQ-Punkte entsprechend
Karte unter den Stapel zurücklegen	

Für Besitzer von Elektrogeräten	
Eines Ihrer Geräte ist defekt	
ENTWEDER	**ODER**
Sie zahlen 200,– DM, um es weiter nutzen zu können.	Sie verschrotten das Gerät. Dafür erhalten Sie einen Schrottpreis von 100,– DM. Geben Sie die Anschaffungskarte zurück und reduzieren Sie Ihre LQ-Punkte entsprechend
Karte unter den Stapel zurücklegen	

Für Autobesitzer:		
Eine Reparatur wird fällig, entscheiden Sie sich		
Reparatur	Verkauf des Autos	Vorübergehende Stillegung des Autos
Zahlen Sie die Reparaturrechnung von 1 000 DM	Sie erhalten 2 000,– DM, zahlen die noch ausstehenden Raten (Korrektur der Rollenkarte: Ratenzahlungen) und verringern ihre LQ-Punkte entsprechend der Autokarte.	Verringern Sie Ihre LQ-Punkte entsprechend der Autokarte (Behalten Sie die Karte, bis Sie in der Lage sind, eine Reparaturrechnung von 1 000 DM zu bezahlen. Nach der Zahlung können Sie Ihre LQ-Punkte wieder entsprechend erhöhen und die Karte zurücklegen)
Karte unter den Stapel zurücklegen		

(Die fünf Autobesitzer-Karten auf der rechten Spalte sowie die unterste linke Karte sind identisch zur oben dargestellten Autobesitzer-Karte.)

Reparaturrechnungen

Reparaturrechnungen

Reparatur in Ihrer Wohnung

Kosten: 100,– DM

Karte unter den Stapel zurücklegen

Reparatur in Ihrer Wohnung

Kosten: 100,– DM

Karte unter den Stapel zurücklegen

Reparatur in Ihrer Wohnung

Kosten: 200,– DM

Karte unter den Stapel zurücklegen

Reparatur in Ihrer Wohnung

Kosten: 200,– DM

Karte unter den Stapel zurücklegen

Reparatur in Ihrer Wohnung

Kosten: 300,– DM

Karte unter den Stapel zurücklegen

Reparatur in Ihrer Wohnung

Kosten: 300,– DM

Karte unter den Stapel zurücklegen

Reparatur in Ihrer Wohnung

Kosten: 200,– DM

Karte unter den Stapel zurücklegen

Reparatur in Ihrer Wohnung

Kosten: 200,– DM

Karte unter den Stapel zurücklegen

Für Besitzer von Elektrogeräten
Eines Ihrer Geräte ist defekt

ENTWEDER	**ODER**
Sie zahlen 400,– DM, um es weiter nutzen zu können.	Sie verschrotten das Gerät. Dafür erhalten Sie einen Schrottpreis von 100,– DM. Geben Sie die Anschaffungskarte zurück und reduzieren Sie Ihre LQ-Punkte entsprechend

Karte unter den Stapel zurücklegen

Für Besitzer von Elektrogeräten
Eines Ihrer Geräte ist defekt

ENTWEDER	**ODER**
Sie zahlen 300,– DM, um es weiter nutzen zu können.	Sie verschrotten das Gerät. Dafür erhalten Sie einen Schrottpreis von 100,– DM. Geben Sie die Anschaffungskarte zurück und reduzieren Sie Ihre LQ-Punkte entsprechend

Karte unter den Stapel zurücklegen

Reparaturrechnungen

Bodo Steinmann

Spiel zur Einkommensverteilung

I. Allgemeine Angaben

1. Gegenstand/Lernziele

Das Spiel zur Einkommensverteilung besteht aus zwei Teilen: Der erste Teil befaßt sich mit der Verteilung der Einkommen auf Personen in unterschiedlichen Haushaltsgruppen; der zweite Teil mit den Möglichkeiten, eine gleichmäßigere Verteilung dieser personellen Einkommen herbeizuführen.

Erkannt werden sollen

- die tatsächliche personelle Einkommensverteilung in Deutschland
- das Einkommensgefüge der deutschen Gesellschaft sowie
- Ansatzpunkte und Instrumente für eine gleichmäßigere Einkommensverteilung.

Auf der Basis dieser Kenntnisse sollen Vorschläge entwickelt werden, die im Hinblick auf eine Einkommensumverteilung erfolgreich sein könnten:

Dabei soll Verständnis dafür entstehen, daß die Einkommensverteilung zwar für alle ein menschenwürdiges Leben ermöglichen soll, aber auch dem Grundsatz *Leistung muß sich lohnen* verpflichtet bleiben muß.

2. Ablauf

Erstes Spiel: Personelle Einkommensverteilung

(a) Aufgabenstellung

(b) Entwicklung eines Einzelvorschlags zur Einkommensverteilung

(c) Gruppenbildung und Entwicklung eines Gruppenvorschlags zur Einkommensverteilung

(d) Vergleich beider Vorschläge mit der Einkommensverteilung in der Bundesrepublik Deutschland

(f) Ermittlung von Einzelgewinnern und Gewinnergruppe

Zweites Spiel: Gleichmäßigere Einkommensverteilung

(a) Aufgabenstellung

(b) Vorstellungen über eine gleichmäßigere Einkommensverteilung

(c) Auseinandersetzung mit dem Einkommensgefüge der Gesellschaft

(d) Entwicklung von Gruppenvorschlägen zur Realisierung einer gleichmäßigeren Einkommensverteilung

(e) Diskussion und Abstimmung der Gruppenvorschläge im Plenum

(f) Ermittlung der Gewinnergruppe

3. Einsatzmöglichkeiten

Das erste Spiel ist geeignet zum Einsatz in der Sekundarstufe I; es ist in einer Schulstunde realisierbar, da es weitgehend auf Vor- und Nachbereitung verzichten kann. Das zweite Spiel ist gedacht für die Sekundarstufe II. Hier können auch beide Spiele als eine Einheit eingesetzt werden im Anschluß an die Behandlung der funktionellen Einkommensverteilung. Für das zweite Spiel sind zwei Schulstunden nötig, da das Kennenlernen des Einkommensgefüges der Gesellschaft als eine Voraussetzung für die Entwicklung von Vorschlägen zu einer gleichmäßigeren Einkommensverteilung angesehen werden muß.

II. Spezielle Angaben zur Unterstützung des Ablaufs

Erstes Spiel: Personelle Einkommensverteilung

1. Vorbereitung

Jeder Lernende erhält die Materialien für das erste Spiel.

2. Durchführung

Vor Entwicklung des Gruppenvorschlags (Pkt. 3 der Materialien) werden kleine Gruppen gebildet.

Um den Vergleich mit der Einkommensverteilung in der Bundesrepublik Deutschland (Pkt. 4 der Materialien) vornehmen zu können, müssen den Gruppen *die verfügbaren Einkommen von Haushaltsmitgliedern in der Bundesrepublik Deutschland (1988)* genannt werden (s. Anlage).

3. Nachbereitung

Eine Nachbereitung erübrigt sich. Der Unterricht kann mit einer Ursachenanalyse oder mit dem zweiten Spiel fortgeführt werden.

Anlage	
Verfügbare Einkommen von Haushaltsmitgliedern*) in der Bundesrepublik Deutschland (1988)	
Personen in Haushalten von …	Monatlich verfügbares Einkommen je Person (gerundet)
Selbständigen (ohne Landwirtschaft)	6 100,–
Arbeitern	1 700,–
Angestellten	2 300,–
Beamten	2 300,–
Pensionären	2 700,–
Sozialhilfebeziehern	1 000,–
Arbeitslosen	1 200,–
Rentnern	1 900,–
Personen insgesamt	19 200,–

*) Errechnet aus: Wirtschaft und Statistik, 3/1990, S.187: Anzahl, Größe und verfügbares Einkommen der Privathaushalte

Zweites Spiel: Gleichmäßigere Einkommensverteilung

1. Vorbereitung

Die Gruppen aus dem ersten Spiel werden beibehalten oder bei Bedarf neu gebildet. Jedes Gruppenmitglied erhält die Materialien für das zweite Spiel.

2. Durchführung

Die Ermittlung des **Einkommensgefüges der Gesellschaft** (Pkt. 3 der Materialien) kann gemeinsam mit den Lehrenden erfolgen, indem diese das Schaubild mit Hilfe der nachfolgenden Angaben erläutern:

Selbständige

Hauptbestandteile der Einkommen sind für die Haushalte der Selbständigen das Einkommen aus Unternehmerlohn (UL) und aus Gewinnen (GEW). Der Unternehmerlohn ist ein fiktiver Lohn für unternehmerische Leistung, der in etwa dem Gehalt eines angestellten leitenden Managers entspricht; die Gewinneinkommen ergeben sich als Restgröße, wenn von den Erlösen sämtliche Kosten (einschließlich des fiktiven Unternehmerlohns) abgezogen worden sind. Sie werden stark vom Ausmaß des Wettbewerbs beeinflußt.

Arbeiter, Angestellte, Beamte

Hauptbestandteile der Einkommen der Arbeiter-, Angestellten- und Beamtenhaushalte sind Löhne (LO) und Gehälter (GEH). Sie ergeben sich aus den von Arbeitgebern und Arbeitnehmern vereinbarten Arbeitszeiten und -entgelten und basieren auf den Ergebnissen aus Tarifverhandlungen zwischen Gewerkschaften und Arbeitgeber(-verbänden).

Pensionäre, Rentner

Hauptbestandteile der Einkommen der Pensionärs- und Rentnerhaushalte sind die staatlich festgelegten Einkommen für den Ruhestand. Pensionen (PE) richten sich nach den Dienstjahren und dem bezogenen Gehalt; Renten (RE) nach den geleisteten Beiträgen, ergänzt um Maßnahmen des sozialen Ausgleichs (Ausfall-, Erziehungszeiten etc.). Sie werden darüber hinaus aber auch an die allgemeine Entwicklung der Lohneinkommen angepaßt.

Arbeitslose, Sozialhilfebezieher

Hauptbestandteile der Einkommen der Haushalte von Arbeitslosen und Sozialhilfebeziehern sind einerseits Arbeitslosengeld (ALG), das in Abhängigkeit vom Einkommen, von der beitragspflichtigen Beschäftigung und vom Alter gezahlt wird, sowie Arbeitslosenhilfe (ALH), wenn der Anspruch auf Arbeitslosengeld nicht (mehr) erfüllt ist und Bedürftigkeit besteht, und andererseits Sozialhilfe (SH), die bei Bedürftigkeit als staatliche Hilfe zum Lebensunterhalt sowie als Hilfe in besonderen Lebenslagen gezahlt wird.

Steuern

Der Staat erhebt zur Finanzierung seiner Ausgaben – auch zur Tätigung der Einkommenszahlungen an Beamte, Pensionäre, Sozialhilfeempfänger – von den Einkommensbeziehern Steuern (ST): Steuern direkt vom Einkommen in Form von Lohn-, Einkommen- und Vermögensteuern (ST_d) sowie Steuern indirekt bei der Verwendung des Einkommens in Form von Mehrwertsteuern, diversen Verbrauchs- und Verkehrssteuern (St_i).

Auch die Unternehmen zahlen als Institution Steuern (ST_u) wie Körperschaftsteuer und Gewerbesteuer. Diesen stehen Subventionen – aus den verschiedensten Gründen an Unternehmen gewährte staatliche Unterstützungen – gegenüber.

Transferzahlungen

Der Staat leistet andererseits an die Einkommensbezieher zur Milderung besonderer Belastungen Transferzahlungen, wie z. B. Kindergeld, Wohngeld, Ausbildungsförderung etc. (TR).

Sozialversicherungsbeiträge

Die Sozialversicherungsträger erhalten zur Durchführung ihrer Einkommenszahlungen Sozialversicherungsbeiträge (SV), die je zur Hälfte von den Arbeitern und Angestellten und von den Arbeitgebern/Unternehmen stammen, sowie im Bedarfsfall Zuschüsse vom Staat (SV_z) umfassen.

Vermögenseinkommen

Alle Haushalte erhöhen in unterschiedlichem Maße durch Sparen ihr Vermögen und erhalten daraus ein zusätzliches Einkommen in Form von Zinsen, Mieten, Pachten (VE).

Eine **Alternative** besteht darin – anstatt das Schaubild zu verteilen und zu erläutern – das Einkommensgefüge gemeinsam an der Tafel oder am Overheadprojektor zu entwickeln.

Wenn die Vorschläge zur Einkommensumverteilung fertiggestellt worden sind, lädt der Lehrer zur Plenumssitzung (Pkt. 5 der Materialien) ein und leitet Diskussion und Abstimmung.

3. Nachbereitung

Zur Nachbereitung können die Maßnahmen der Verteilungspolitik vertieft werden. Hierzu eignen sich z. B. Abhandlungen von

Baßeler U. u. a., Grundlagen und Probleme der Volkswirtschaft, Köln 1991[13], Kap. Einkommens- und Vermögensverteilung sowie

Krol, G.-J., Einkommensverteilung in der Bundesrepublik, in: May H., Handbuch zur ökonomischen Bildung, München-Wien 1992, S. 369 ff.

III. Materialien für die Teilnehmer

Erstes Spiel: Personelle Einkommensverteilung

1. Aufgabenstellung

Du weißt, daß die Einkommensverteilung in einer Gesellschaft das Ergebnis von Marktprozessen, von Verhandlungen und von politischen Entscheidungen ist.

In Deutschland z. B. gibt es eine Statistik über die Verteilung der Einkommen auf die folgenden Haushaltsgruppen:

Haushalte von ...

- Selbständigen (außerhalb der Landwirtschaft)
- Arbeitern
- Angestellten
- Beamten
- Pensionären
- Sozialhilfebeziehern
- Arbeitslosen
- Rentnern

Den Mitgliedern dieser Haushaltsgruppen stehen unterschiedliche Einkommen zur Verfügung. 1988 hatten 8 Personen, von denen jeweils eine aus einer der genannten Haushaltsgruppen stammt, zusammen ein monatlich verfügbares Einkommen von DM 19 200,–. [1]

2. Entwicklung eines Einzelvorschlags zur Einkommensverteilung

Ordne jeder der 8 Personen ein monatlich verfügbares Einkommen zu. Versuche damit der tatsächlichen Einkommensverteilung der 19 200,– DM in der Bundesrepublik möglichst nahezukommen (Vorlage 1, Spalte 2).

3. Entwicklung eines Gruppenvorschlags zur Einkommensverteilung

Sicher willst Du gerne über das von Dir erzielte Ergebnis reden. Alle anderen haben sich auch über die Einkommensverteilung Gedanken gemacht und möglicherweise andere Ergebnisse erzielt als Du.

Bilde jetzt mit anderen eine Kleingruppe und erarbeite mit ihnen einen gemeinsamen Gruppenvorschlag (Vorlage 2, Spalte 2). Dabei solltet Ihr versuchen, Einigkeit zu erzielen.

Vorlage 1   Einzelvorschlag zur Einkommensverteilung

(1) Personen in Haushalten von ...	(2) Vorschlag zur Verteilung des monatlich verfügbaren Einkommens je Person	(3) Tatsächliche Verteilung des monatlich verfügbaren Einkommens je Person in Deutschland	(4) Differenz aus 2 + 3
Selbständigen (außerhalb der Landwirtschaft)			
Arbeitern			
Angestellten			
Beamten			
Pensionären			
Sozialhilfebeziehern			
Arbeitslosen			
Rentnern			
Personen insgesamt	19 200,–	19 200,–	

[1] Dabei – und bei der tatsächlichen Verteilung – ist rechnerisch berücksichtigt, daß Mehrpersonenhaushalte pro Kopf meist weniger Geld brauchen als Alleinstehende, um das gleiche Wohlstandsniveau zu erreichen.

Vorlage 2 Gruppenvorschlag zur Einkommensverteilung

(1) Personen in Haushalten von ...	(2) Vorschlag zur Verteilung des monatlich verfügbaren Einkommens je Person	(3) Tatsächliche Verteilung des monatlich verfügbaren Einkommens je Person in Deutschland	(4) Differenz aus 2 + 3
Selbständigen (außerhalb der Landwirtschaft)			
Arbeitern			
Angestellten			
Beamten			
Pensionären			
Sozialhilfebeziehern			
Arbeitslosen			
Rentnern			
Personen insgesamt	19 200,–	19 200,–	

4. Vergleich mit der Einkommensverteilung in der Bundesrepublik Deutschland

- Der Vergleich mit der tatsächlichen Einkommensverteilung soll in Form eines Wettbewerbs durchgeführt werden. Es werden ein Einzelgewinner (in der Gruppe und insgesamt) sowie eine siegreiche Gruppe ermittelt. Dabei wird die Nähe der Vorschläge zur tatsächlichen Einkommensverteilung bewertet.

- Die Spielleiterin/der Spielleiter nennen Euch die der Verteilung in der Bundesrepublik Deutschland entsprechenden Zahlen des monatlich verfügbaren Einkommens für die Personen der verschiedenen Haushaltsgruppen. Tragt diese in die Spalte 3 der beiden Vorlagen ein.

- Für jedes einzelne Monatseinkommen wird nun in beiden Vorlagen die Differenz zu den Vorschlägen der Spalte 2 gebildet und (immer mit einem positiven Vorzeichen versehen) in die Spalte 4 der Vorlagen eingetragen.

  Beispiel

Spalte 2	Spalte 3	Spalte 4
3 000	2 000	+ 1 000
3 000	3 500	+ 500

- Addiere die Differenzen Deines Einzelvorschlags (Spalte 4); Du erhältst die Gesamtabweichung Deines Vorschlags vom Ergebnis in der Bundesrepublik Deutschland. Addiert dann die Differenzen des Gruppenvorschlags (Spalte 4); Ihr erhaltet die Gesamtabweichung des Vorschlags Eurer Gruppe von der Einkommensverteilung in der Bundesrepublik Deutschland.

5. Ermittlung der Gewinner

- **Einzelgruppengewinner** ist derjenige, der von den Gruppenmitgliedern die geringste Gesamtabweichung hat.

- **Einzelgesamtgewinner** ist der Einzelgruppengewinner mit der geringsten Gesamtabweichung und

- **Gewinnergruppe** ist die Gruppe mit der geringsten Gesamtabweichung.

- Es ist interessant, die Einzel- und Gruppenvorschläge miteinander zu vergleichen: Dazu werden die Gesamtabweichungen der einzelnen Gruppenmitglieder addiert und durch die Zahl der Gruppenmitglieder dividiert. Dieses Ergebnis (das durchschnittliche Einzelergebnis) wird dann mit dem Gruppenergebnis verglichen. In aller Regel stellt man fest, daß der Vergleich zugunsten des Gruppenergebnisses ausfällt. Ist das in Deiner Gruppe auch so? Denke einmal einen Augenblick darüber nach, wie Euer Gruppenergebnis zustandegekommen ist.

Zweites Spiel:
Gleichmäßigere Einkommensverteilung

1. Aufgabenstellung

Nehmen wir an, Euch sei die Verteilung der Einkommen auf die Personen der verschiedenen Haushaltsgruppen (Vorlage 1, Spalte 2) nicht gleichmäßig, nicht gerecht, genug. Nehmen wir weiter an, Ihr könntet für eine gerechtere Verteilung in der Gesellschaft sorgen und Ihr wollt das auch.

2. Vorstellungen über eine gleichmäßigere Einkommensverteilung

Legt in Eurer Gruppe nach Diskussion (Ihr werdet sehen, über Gerechtigkeit läßt sich trefflich streiten) zunächst einmal fest, wie eine gleichmäßigere Einkommensverteilung aussehen sollte (Vorlage 1, Spalte 3).

Dabei solltet Ihr folgendes bedenken:

- Leistung muß sich lohnen. Ihr könnt bei der Einkommensverteilung den Beitrag einzelner (Gruppen von) Einkommensbezieher(n) zur wirtschaftlichen Entwicklung nicht völlig außer acht lassen. Bei einer Gleichverteilung erhielte jede Person 2 400,– DM.

- Das Einkommen muß für jede Person in jeder Haushaltsgruppe ein menschenwürdiges Leben ermöglichen. Diejenigen, die weniger als 50 % des Durchschnittseinkommens haben, gelten als arm.

3. Auseinandersetzung mit dem Einkommensgefüge der Gesellschaft

Nachdem Ihr eine Vorstellung habt, wie eine gleichmäßigere Einkommensverteilung aussehen könnte, könnt Ihr eine **Einkommensumverteilung** planen. Um das tun zu können, müßt Ihr zunächst jedoch das Einkommensgefüge der Gesellschaft kennen. Es sieht – ganz grob genommen – so aus wie in der folgenden Abbildung **Einkommensgefüge der Gesellschaft**, die Euch die Lehrerin / der Lehrer zeigen und erläutern wird.

4. Entwicklung von Gruppenvorschlägen zur Einkommensumverteilung

Mit Kenntnis des Einkommensgefüges könnt Ihr in Eurer Gruppe Vorschläge zur Einkommensumverteilung erarbeiten. Ansatzpunkte sind vor allem Einwirkung auf den Wettbewerb, die Lohnbildung, Steuern und Staatsausgaben, Transferzahlungen und Vermögensbildung (Vorlage 2, Spalte 1). Entwickelt für jeden Bereich eine Maßnahme, die eine gleichmäßigere Einkommensverteilung bedingen würde (Vorlage 2, Spalte 2).

Vorlage 1 Gruppenvorschlag zur gleichmäßigeren Einkommensverteilung

(1) Personen in Haushalten von ...	(2) Tatsächliche Verteilung des monatlich verfügbaren Einkommens je Person in Deutschland	(3) Gleichmäßigere Verteilung des monatlich verfügbaren Einkommens je Person
Selbständigen (außerhalb der Landwirtschaft)	6 100,–	
Arbeitern	1 700,–	
Angestellten	2 300,–	
Beamten	2 300,–	
Pensionären	2 700,–	
Sozialhilfebeziehern	1 000,–	
Arbeitslosen	1 200,–	
Rentnern	1 900,–	
Personen insgesamt	19 200,–	19 200,–

Vorlage 2 Vorschläge zur Einkommensumverteilung

(1) Einwirkung auf	(2) Vorgeschlagene Maßnahme zur Einkommensumverteilung
Wettbewerb (1)	
Lohnbildung (2)	
Steuern und Staatsausgaben (3)	
Transferzahlungen (4)	
Vermögensbildung (5)	

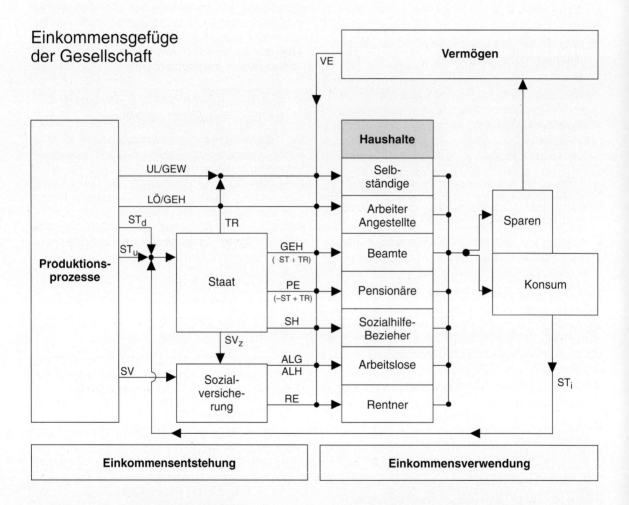

Einkommensgefüge der Gesellschaft

5. Diskussion und Abstimmung der Gruppenvorschläge im Plenum

- In der von der Spielleiterin / dem Spielleiter einberufenen Plenumssitzung trägt jede Gruppe zunächst zum ersten Wirkungsbereich ihre Maßnahme vor.

- Es findet eine Diskussion über die Erfolgsaussichten der (unterschiedlichen) Maßnahmen hinsichtlich einer Einkommensumverteilung statt.

- Jede Gruppe, der in einer Abstimmung von der Mehrheit bescheinigt wird, daß sie eine Maßnahme gefunden hat, die zum Ziele führen kann, erhält einen Punkt.

Diese drei Schritte werden nacheinander auch für die Wirkungsbereiche (2) – (5) durchgeführt.

6. Ermittlung der Gewinnergruppe

Gewonnen hat die Gruppe mit der höchsten Punktzahl.

Birgit Weber
Leben ohne Arbeit. Befragung einer Arbeitsloseninitiative

I. Allgemeine Angaben

1. Gegenstand/Lernziele

Durch die Befragung einer Arbeitsloseninitiative sollen die Lernenden Kenntnisse erwerben und Erfahrungen sammeln über:

- materielle Veränderungen durch Einkommensverlust und ihre Auswirkungen auf Familienbudget, auf alltägliche und außergewöhnliche Ausgaben;
- Veränderungen der psychischen und sozialen Situation betreffend des Selbstwertgefühls, der Zukunftsperspektive, der Zeitgestaltung von Arbeitslosen und deren Familien;
- Ursachenzuschreibung aus der Sicht der Betroffenen und Reaktionen der Umgebung; (Selbst- und Fremdzuschreibung);
- Entwicklung von Strategien zur individuellen und kollektiven Bewältigung der Arbeitslosigkeit sowie ihrer psychosozialen Folgen.

Die Befragung ermöglicht einen Einblick in die Bedeutung des wirtschaftspolitischen Ziels der Vollbeschäftigung für die soziale Entfaltung und die Selbstverwirklichung der Menschen. Sie macht die Notwendigkeit von politischen und individuellen Anstrengungen deutlich, um Arbeitslosigkeit als Entfaltungshindernis zu beseitigen.

2. Ablauf

1) In einer Vorerkundung bei einer Arbeitsloseninitiative müssen inhaltliche und organisatorische Fragen geklärt werden.
2) In einem Brainstorming ermitteln die Lernenden grobe Anhaltspunkte darüber, was sie über die Situation von Arbeitslosen erfahren wollen.
3) Anhand von Literatur über die Folgen der Arbeitslosigkeit erarbeiten sie Fragen, die von der Arbeitsloseninitiative beantwortet werden sollen.
4) Daraufhin wird die Befragung der Arbeitsloseninitiative durchgeführt.
5) Die Ergebnisse der einzelnen Gruppen werden dargestellt, mit Daten anderer empirischer Untersuchungen verglichen und die Ergebnisse dokumentiert.

3. Einsatzmöglichkeiten

Die Befragung ist geeignet für die Sekundarstufe I und II. Sie leistet durch die Behandlung der materiellen und psychosozialen Folgen der Arbeitslosigkeit für den einzelnen einen Einstieg in die Begründung des wirtschaftspolitischen Ziels eines hohen Beschäftigungsstands. Die Ausdehnung auf Ursachen und Strategien im Bewußtsein der Menschen kann eine Motivationsbasis für weitere Auseinandersetzungen mit Ursachen und Strategien gegen Arbeitslosigkeit schaffen.

Zur Durchführung sind mit Vorbereitung und Auswertung mindestens 4 Stunden notwendig.

II. Spezielle Angaben zur Unterstützung des Ablaufs

1. Vorbereitung mit der Arbeitsloseninitiative

Wenn sich eine Arbeitsloseninitiative [1] in der Nähe befindet und gesprächsbereit ist, sollte eine Art Vorerkundung durch die Lehrenden erfolgen.

Es ist in Erfahrung zu bringen,

- ob die Arbeitslosen daran interessiert sind, über ihre materiellen, psychosozialen Probleme, die Ursachenzuschreibung von Arbeitslosigkeit und Strategien zur Bewältigung der individuellen und kollektiven Probleme zu sprechen.
- Es sollte nachgefragt werden, ob dabei auch die Probleme zum Ausdruck kommen, die vor

---

[1] Informationen zur Existenz von Arbeitsloseninitiativen sind zu erhalten bei folgenden Institutionen vor Ort:
- DGB oder Einzelgewerkschaften,
- Paritätischer Wohlfahrtsverband oder Arbeiterwohlfahrt,
- Parteien und Kirchen,
- Betriebsräten von Unternehmen mit Massenentlassungen.

dem Anschluß an eine Initiative jede/r für sich bearbeiten mußte.

- Um nicht unvorbereitet und dementsprechend hilflos einer Arbeitsloseninitiative gegenüberzutreten, die sich eventuell mit sehr einfachen Problembewältigungsstrategien zufriedengibt (Ausländer raus, Frauen an den Herd), ist es notwendig zu erfahren, welche Ursachenzuschreibung und Handlungsstrategien die Initiative kollektiv entwickelt hat. Möglicherweise gibt es von ihr entwickelte Flugblätter, aus denen solche Informationen hervorgehen.
- Von Interesse dürfte auch die Zusammensetzung der Initiative sein, z. B. nach Geschlecht, Nationalität, Alter, Berufsgruppen etc.

Man kann wohl davon ausgehen, daß das Gesprächsinteresse der Arbeitsloseninitiative gegeben ist, zeigt doch schon der Zusammenschluß, daß Arbeitslosigkeit nicht einzig als individuelle Schuld verstanden wird und daß ein kollektives Interesse in der Selbsthilfeorganisation besteht, mit gesellschaftlichen Vorurteilen in der Gesellschaft, z. B. über Drückebergerei, Ausruhen in der sozialen Hängematte, aufzuräumen.

Sind die inhaltlichen Fragen zur Zufriedenheit geklärt, müssen noch gewisse organisatorische Voraussetzungen erörtert werden, wie

- Zeitpunkt der Befragung,
- Möglichkeit zur Diskussion in mehreren Gruppen,
- Ort der Befragung (Arbeitslosenzentrum oder Schule),
- Erlaubnis zur Benutzung technischer Hilfsmittel: Photoapparat bzw. Tonband.

2. Vorbereitung mit den Lernenden

Befragungen stoßen am ehesten auf das Interesse der Erkundenden, wenn bei ihnen eine gewisse Betroffenheit erweckt und die Fragen eigenständig entwickelt werden können.

Bei diesem Thema ist wohl davon auszugehen, daß von Arbeitslosigkeit familiär betroffene Lernende sich zunächst zurückhalten werden und möglicherweise erst mit der Hinwendung von Vorurteilen über individuelle Schuldzuschreibung zu gesellschaftlichen Problemlagen aktiver werden. Für die anderen Lernenden ergibt sich die Bedeutung des Themas als mögliche Gegenwartsbedrohung für ihre Familie oder als Hindernis für die Entfaltung der eigenen Zukunftsperspektiven.

Anhand von Untersuchungen zu Folgen der Arbeitslosigkeit, zu Ursachenzuschreibungen und daraus ermittelbaren Strategien soll sowohl das Interesse der Lernenden geweckt als auch die Erarbeitung systematischer Fragen veranlaßt werden.

Die Bearbeitung einer wissenschaftlichen Untersuchung hat hier Vorrang gegenüber Betroffenenaussagen, weil individuelle Betroffenheit in den Gesprächen besser erfahren werden kann. Dabei lassen sich auch die empirischen Aussagen der herangezogenen wissenschaftlichen Untersuchungen an der Realität überprüfen.

- Je nach organisatorischen und personellen Voraussetzungen können **Gruppen** gebildet werden, die sowohl gemeinsam die Fragen erarbeiten als auch die nachfolgende Befragung von Mitgliedern der Arbeitsloseninitiative durchführen. Es wird davon ausgegangen, daß die Befragungen in kleineren Gruppen unbefangener und offener durchgeführt werden können, als wenn die ganze Klasse der Arbeitsloseninitiative gegenübersteht, zumal auch durch die kleineren Gruppen die einzelnen Lernenden eher in die Verantwortung ihres Befragungsauftrages kommen.

- Die Lernenden werden über die Möglichkeit, eine Arbeitsloseninitiative über ihre Situation befragen zu können, informiert. Um grobe Orientierungspunkte für alle Gruppen gemeinsam zu entwickeln, wären in einer Art **Brain-Storming** zu der Frage: „**Was möchtet Ihr über die Situation von Arbeitslosen wissen?**" Anhaltspunkte zu gewinnen, die den folgenden Bereichen zugeordnet werden können:

  – Folgen der Arbeitslosigkeit für die Arbeitslosen und ihre Familien,

  – Verantwortung für die Arbeitslosigkeit der einzelnen und Verantwortung für die Massenarbeitslosigkeit,

  – Individuelle, kollektive und politische Maßnahmen gegen die Arbeitslosigkeit und ihre Folgen.

- Mit diesen Orientierungspunkten gehen die Lernenden in ihre Gruppen, lesen ihre Arbeitsmaterialien und entwickeln daraufhin **Fragen**. Zu den obengenannten Bereichen könnten innerhalb der Gruppen Untergruppen gebildet werden, die in ihrem Teilbereich für die Vorbereitung und Durchführung der Befragung verantwortlich sind. Die Gruppen müssen zudem organisieren, wer die technischen Geräte bedient und in welcher Art und Weise die Ergebnisse dokumentiert werden sollen.

Während der Gruppenarbeit kann der Lehrer – wo nötig – mit Stichworten Hilfestellung geben. (Anlage)

3. Durchführung der Befragung

Damit die Durchführung der Befragung entsprechend der vorbereiteten Fragen in den geplanten Gruppenaufteilungen erfolgen kann, müssen die Gruppen mit den jeweiligen Gesprächspartnern der Arbeitsloseninitiative in Kontakt gebracht werden.

4. Nachbereitung der Befragung

Zur **Auswertung** der Befragung der Arbeitsloseninitiative tragen die Gruppen ihre Ergebnisse zusammen, vergleichen sie mit empirischen Daten und dokumentieren sie.

- Die **Ergebnisse** der Befragung können wie folgt zusammengetragen werden:

Stichwort	Gruppe 1	Gruppe 2	Gruppe 3	Gruppe 4
Finanzielle Situation				
Psychische und soziale Situation				
Ursachenzuschreibung				
Individuelle Strategien				
Kollektive Strategien				

- Zur **Generalisierbarkeit** der Ergebnisse lassen sich diese Daten mit empirischen Untersuchungen, die von den Lehrenden vorgestellt werden, vergleichen. Hier bieten sich alternativ, je nach Verfügbarkeit, folgende Informationen an:

    - **Thomas Zuleger:** Hat die Arbeitsgesellschaft noch eine Chance? Bonn 1985.
      ⇒ Die Lage der Arbeitslosen, S. 35–61

    - **Gerhard Wilke:** Arbeitslosigkeit. Diagnosen und Therapien. Bonn 1990.
      ⇒ Problemstellungen und Zielsetzungen, S. 7–15,
      ⇒ Folgen und Kosten der Arbeitslosigkeit, S. 53–59.

    - **Harald Welzer u. a.:** Leben mit der Arbeitslosigkeit. Zur Situation einiger benachteiligter Gruppen auf dem Arbeitsmarkt.
      Aus Politik und Zeitgeschichte 38/88.

- Zur **Dokumentation** ist gemeinsam zu überlegen, welche Ergebnisse in welchen Formen (Plakate o. ä.) festgehalten werden sollen. Die Dokumentation sollte der Arbeitsloseninitiative vorgestellt werden, die auch zu einer eventuellen Öffentlichmachung der Ergebnisse ihre Zustimmung geben muß.

    Möglicherweise haben die Lernenden auch Vorschläge entwickelt, mit ihren Erkenntnissen an die Öffentlichkeit zu gehen:

    - in Form einer Plakatausstellung mit Pressebeteiligung,
    - eines Informationsstandes in der Stadt oder
    - einer Aktion mit der Arbeitsloseninitiative [2]

    Ob es dazu kommt, ist abhängig von den Ergebnissen, der Betroffenheit und Aktionsbereitschaft der Lernenden und kann dementsprechend auch nicht verordnet oder geplant werden.

---

[2] Eine solche Aktion könnte eine Passantenbefragung sein, deren Schwerpunkt nicht die Befragung, sondern die Information der Öffentlichkeit nach folgendem Beispiel ist:

„Wußten Sie, daß nur 66 % der Arbeitslosen Arbeitslosenunterstützung beziehen? Mißbrauchen Ihrer Meinung nach Arbeitslose die Leistungen des Arbeitsamtes?"

„Wußten Sie, daß, wer wiederholt vom Arbeitsamt zumutbare Arbeit ablehnt, keine Arbeitslosenunterstützung mehr erhält und auch als Arbeitsloser gestrichen wird? Meinen Sie, daß die Mehrheit der Leute, die arbeitslos gemeldet sind, gar keine Arbeit suchen?"

Anlage zur Hilfestellung während der Vorbereitung

Stichworte zum Fragenkatalog: Leben ohne Arbeit

Situation von Arbeitslosen	
Finanzielle Situation	– Sicherung der Existenz durch Arbeitslosengeld, Arbeitslosenhilfe, Sozialhilfe, Unterstützung durch Familie oder Freunde;
	– Höhe des Einkommensverlustes;
	– Zurückstellung von alltäglichen bzw. außergewöhnlichen Wünschen und Käufen?
	– Finanzielle Einschränkungen für Familie und Kinder;
	– Verkauf bestimmter Gegenstände (Auto, Stereoanlage etc.);
Psycho-soziale Situation	– Verfügbarkeit von mehr Zeit für Familie und Kinder;
	– Veränderungen in der Freizeitbeschäftigung;
	– Auseinandersetzung mit Freunden und Bekannten über Arbeitslosigkeit;
	– Reaktion der Bekannten auf die Arbeitslosigkeit;
	– Veränderung des Selbstwertgefühls;
	– Veränderungen des Wohlbefindens zuhause;
	– Streit in der Familie;
	– Veränderungen des Kontaktes zu Freunden und Bekannten;
	– Gefühl der Isolation bzw. Einsamkeit;
	– Veränderung der Arbeitslosensituation vor und nach der Arbeit in der Initiative;
Ursachenzuschreibung	
Selbstbild/Fremdbild	– Verantwortlichkeit für die eigene Arbeitslosigkeit / für die Massenarbeitslosigkeit: Arbeitslose selbst, Arbeitgeber, Gewerkschaften, Politik, Ausland, Ausländer
Handlungsstrategien	
Individuelle Strategien gegen Arbeitslosigkeit	Handlungsmöglichkeiten der Arbeitslosen selbst; – Bereitschaft zum Wohnortwechsel; – Bereitschaft zu Beruf mit geringerem Gehalt und Ansehen; – Bereitschaft zu längeren Anfahrtswegen; – Bereitschaft zu Umschulungen und Fortbildungen; – Existenz von Angeboten durch das Arbeitsamt;
Strategien der Initiative gegen Arbeitslosigkeit	– Handlungsmöglichkeiten der Arbeitsloseninitiative; – Reaktion des Umgebung auf die Arbeit der Initiative; – Ausübung politischen Drucks;
Kollektive politische Strategien gegen Arbeitslosigkeit	Handlungsmöglichkeiten des Staates, der Wirtschaft, der Tarifparteien und des Staates; – Generelle Arbeitszeitverkürzung /Arbeitszeitverkürzung für bestimmte Gruppen – Arbeitszeitflexibilisierung; Handlungsmöglichkeiten des Staates, der Wirtschaft, der Tarifparteien und des Staates; – Lohnsenkung oder Kürzung des Arbeitslosengeldes; – Beschäftigungsprogramme; – Reduktion des Arbeitsangebots bestimmter Gruppen (Alte, Eltern, Ausländer).

III. Materialien für die Teilnehmer

Vorgehensweise

1) Bildet zu den folgenden drei Bereichen Untergruppen

- Folgen der Arbeitslosigkeit für die Arbeitslosen und ihre Familien,
- Verantwortung für die Arbeitslosigkeit der einzelnen und Verantwortung für die Massenarbeitslosigkeit,
- Individuelle, kollektive und politische Maßnahmen gegen die Arbeitslosigkeit und ihre Folgen.

2) Lest die folgenden Texte! Sie sollen Euch als Hilfestellung zur Formulierung von Fragen dienen.

Formuliert nun Fragen, die Ihr den Arbeitslosen stellen wollt.

Denkt daran, daß es sehr unterschiedliche Arten von Fragen gibt. Manche können mit Ja oder Nein beantwortet werden, andere werden den Betroffenen Raum geben, ihre Probleme zu schildern.

3) Legt fest, wer von Euch fotografiert, den Cassettenrecorder bedient oder mitschreibt. Überlegt zudem, wer welche Fragen stellt, so daß Ihr alle drankommt.

4) Vielleicht fallen Euch jetzt schon Methoden und Dokumentationsweisen ein, mit denen Ihr Eure Ergebnisse darstellen wollt.

Folgen der Arbeitslosigkeit
Zukunftsängste und Resignation

Arbeitslosigkeit hat nicht nur für die unmittelbar Betroffenen bedrückende Folgen, sondern auch für die gesamte Familie und vor allem für die Kinder. Finanzielle Einschränkungen, verminderte soziale Kontakte und Zukunftsängste prägen häufig den Alltag dieser Familien. Das geht aus einer Infas-Untersuchung im Auftrag des NRW-Sozialministeriums hervor.

1. Die Arbeitslosigkeit bewirkt drastische Veränderungen im Alltag der betroffenen Familien. Rund 40 % aller befragten Haushalte gaben sehr große finanzielle Schwierigkeiten im Zusammenhang mit Arbeitslosigkeit an. Nur 35 % der arbeitslosen Väter bezogen Arbeitslosengeld, 44 % Arbeitslosenhilfe und 35 % Sozialhilfe. Jeder fünfte Arbeitnehmer hat aus finanziellen Gründen sein Auto abgeschafft. Sehr viele gaben auch an, kein Taschengeld mehr für ihre Kinder zu zahlen und kein Geld für Klassenfahrten auszugeben zu können.

2. Entgegen manchen Vorurteilen ist bei der überwiegenden Mehrheit der Arbeitslosen ein hohes Maß an Mobilität und ein erhebliches Zurückschrauben der Ansprüche festzustellen. 83 % wären zu längeren Arbeitswegen bereit, mehr als die Hälfte würde ihren Wohnort wechseln und 72 % eine Tätigkeit mit geringerem Einkommen oder Ansehen übernehmen.

3. Infas hat drei Gruppen von Arbeitslosen herausgestellt, die unterschiedlich mit den Schwierigkeiten zurechtkommen:

a. 20 % der Befragten können der vermehrten freien Zeit auch positive Seiten abgewinnen. Ihre Kontakte zu anderen Menschen litten weniger und ihre finanzielle Belastung war auch geringer.

b. 50 % der Befragten ziehen sich sehr von anderen zurück. 72 % von ihnen beklagen fehlenden Kontakt zu Kollegen, mehr als die Hälfte sehen sich nicht in der Lage, Leute einzuladen. 44 % sagen aus, daß sie sich als Außenseiter fühlen und abfällig von ihren Mitmenschen behandelt werden.

c. Bei 30 % der Befragten herrschen Zukunftsängste, Beeinträchtigungen des Selbstwertgefühls und resignative Stimmungen vor. 63 % dieser Gruppe glauben, daß die anderen denken, daß sie gar nicht arbeiten wollen, 56 % fühlen sich als Außenseiter, 98 % haben Zweifel eine neue Stelle zu finden, 89 % geht das Zuhausesein auf die Nerven.

4. Die Arbeitslosigkeit wirkt sich auf die ganze Familie aus. Mehr als ein Drittel hat sich vom Freundes- und Bekanntenkreis zurückgezogen. Fast die Hälfte (46 %) hat Angst, über die eigene Arbeitslosigkeit zu sprechen.

Die Teilnahme an kulturellen Veranstaltungen und Bildungsveranstaltungen ist sehr gering. Besonders im Bereich Freizeit und Bildung ist ein drastischer Abbau von Lebenssituation festzustellen. Es kommt zu vermehrten Konflikten in der Familie.

Auch die Kinder müssen sich auf diese Situation umstellen. Sie wachsen in einer Atmosphäre auf, die durch Existenzängste der

Eltern geprägt ist. Allein deshalb fühlen sie sich benachteiligt und in ihren Freizeitaktivitäten eingeschränkt.

Gekürzter Beitrag aus: Neue Deutsche Schule 12-13/1990

Trittbrettfahrer und Schein-Arbeitslose

Moralisch noch deprimierender ist das um sich greifende Schwarzfahrer- und Aussteigertum. Verständlicherweise ist die Ausnützung des Wohlfahrtsstaates am stärksten dort, wo Leistungen in Anspruch genommen werden können, ohne daß damit auch Verpflichtungen verbunden wären. Wenn man gerade auf dem Gipfel der Arbeitslosigkeit mit 20–30 Prozent Schein-Arbeitslosen rechnen muß, nämlich mit Personen, die sich zwar beim Arbeitsamt melden, jedoch gar keine Arbeit suchen, sondern vielmehr einen Rentenanspruch geltend machen, ungestört ihrer Schwarzarbeit oder ihrer Freizeitbeschäftigung nachgehen wollen, ... dann führt dies sicher zur Perversion der Arbeitslosenversicherung. Immerhin ist dies nicht allein Schuld des Trittbrettfahrers, sondern auch Schuld des Gesetzgebers.

W. L. Bühl: Krisentheorien. Darmstadt 1988[2], S.112 f.

Befragung von Führungskräften aus Wirtschaft und Politik zu Ursachen der Arbeitslosigkeit

Ursachen	W	P
Wirtschaftlicher Strukturwandel	28	29
Rationalisierung	21	17
Zu hohe Löhne	20	21
Arbeitsunwilligkeit	21	12
Starre Tarifvereinbarungen	17	21
Zunahme arbeitssuchender Frauen	13	33
Fachkräftemangel	19	10
Fehler der Wirtschaftspolitik	11	16
Mangelnde Mobilität	9	9
Schlechte Wirtschaftslage	6	11
Zu hohe Sozialkosten	6	6
Währungsprobleme	4	6
Zu großzügiges soziales Netz	7	0

aus: Capital 3/88

Ökologische Gesellschaft

Wilfried Buddensiek

Wir nehmen unsere Schule unter die ökologische Lupe. Ein projektorientierter Beitrag zur selbstreflexiven Schule

I. Allgemeine Angaben

1. Überleben lernen

Ein nicht mehr ganz neuer Schlüsselbegriff aus der Umweltbewegung ist gesellschaftsfähig geworden. Spätestens nach dem Erdgipfel von Rio wird die Überlebensfrage weltweit diskutiert. Freilich ist die gesellschaftliche Anerkennung dieser Frage nur ein dürftiger erster Schritt angesichts der Problemberge, vor denen wir nicht erst seit heute stehen und die wir in den nächsten Jahrzehnten abtragen müssen, wenn wir überleben wollen. [1]

- Wie konnte es zu einer Entwicklung kommen, an deren Ende das Überleben der Menschheit auf unserem Planeten fraglich geworden ist? Welches sind die zentralen Ursachen für diese Entwicklung und wo liegen die ökologischen Kernprobleme?
- Was können wir heute und morgen tun, damit unsere Kinder (und Enkel) übermorgen noch eine Überlebenschance haben?
- Was müssen wir zuvor lernen, und was müssen wir unseren Kindern beibringen, damit die Gattung Mensch auf diesem Planeten überleben kann?
- Unter welchen Voraussetzungen und Bedingungen können wir dieses Überleben lernen? Welchen Beitrag kann die Schule dazu leisten?

2. Das Konzept einer selbstreflexiven Schule

Kernanliegen dieses Beitrages ist es, Impulse für eine möglichst selbstbestimmte Erschließung des Handlungsfeldes „Schule" zu geben. Unter dem Projektmotto „Wir nehmen unsere Schule unter die Lupe" soll der eigene Arbeitsplatz auf seine Umwelt- und Sozialverträglichkeit überprüft werden. Die grundlegende Idee für dieses Projekt stammt aus dem fortschrittlichen Lager jener Unternehmer, die zunehmend begreifen, daß eine konsequent umweltorientierte Unternehmensführung die einzige Chance ist, auf den Märkten der Zukunft zu überleben.

Da die Schule eine spezifische Form eines Dienstleistungsbetriebes ist, lassen sich viele in der ökologischen Unternehmensführung bewährte Prüfkriterien – mit gewissen Modifikationen – auf den Schulbetrieb übertragen und in drei Schlüsselfragen bündeln:

---

[1] In diesem Beitrag werden Auszüge aus didaktischen Materialien präsentiert, die unter dem Titel „Unsere Schule unter der Lupe – ökologisches Denken und Handeln im Schulalltag lernen" beim Deutschen Sparkassenverlag erschienen sind. Die Ausschnitte wurden so gewählt, daß der gesellschaftliche Bedingungsrahmen und die Grundintention der Lernmaterialien deutlich werden. Zugleich vermittelt der Beitrag einen Gesamtüberblick über ein breites Spektrum potentieller Untersuchungs- und Aktionsfelder, die sich – insbesondere im Rahmen schulischer Projektwochen – durch eine arbeitsteilige Gruppenarbeit erschließen lassen.
Zu jedem der insgesamt sechs Untersuchungsfelder gibt es im o. g. SchülerInnenheft insgesamt 150 strukturierte Leitfragen. Außerdem werden auf jeweils 5–8 Heftseiten exemplarische Arbeitsmaterialien angeboten und vielfältige Aktionsvorschläge unterbreitet. Zwei Kapitel zum Thema „Ökologie"
– Modewort, Reizwort oder eine neue Sicht der Welt?
– eine Sache der Form und nicht nur des Inhalts – Ökologisches Denken lernen
bilden den – hier nicht näher dargestellten – theoretischen Rahmen des SchülerInnen-Heftes.
Handlungsorientiertes Umwelt-Lernen soll also nicht in blinden Aktionismus abgleiten, sondern zu einem reflektierten ökologischen Umbau der eigenen Schule führen und dabei zugleich Denk- und Verhaltensmuster für eine nachhaltige Lebensweise einüben.
Erhältlich sind SchülerInnen- und LehrerInnenhefte bei den regionalen Sparkassen. Der Abdruck der Materialien erfolgt mit freundlicher Genehmigung des Deutschen Sparkassen Verlags, Stuttgart.

1. **Was macht die Schule mit uns?**
   (Fragen zur inneren Ökologie bzw. zur Sozialverträglichkeit von Schule).
2. **Was macht die Schule mit unserer Umwelt?**
   (Fragen zur äußeren Ökologie bzw. zur Umweltverträglichkeit)
3. **Was machen wir in der Schule mit uns und mit unserer Umwelt?**
   (Fragen zur sozialen und ökologischen Selbstreflexion)

Diese Fragen lassen sich auf eine Vielzahl unterschiedlicher Untersuchungsfelder beziehen (vgl. S. 327 f.).

Im Rahmen einer selbstreflexiven Schule geht es nicht nur um eine handlungsorientierte Bearbeitung ausgewählter ökologischer und sozialer Problembereiche, sondern zugleich auch um eine Erprobung und Aneignung ökologischer Arbeitsweisen. Das ökologische Denken und Handeln wird somit zugleich zum Ziel, zum Inhalt und zur Methode eines innovativen Lernmaterials.

3. Ist die Schule veränderbar?

KollegInnen, die seit etlichen Jahren oder seit Jahrzehnten engagiert in der Schule arbeiten, berichten oder klagen häufig darüber, daß sich trotz großer Kraftanstrengungen wenig in der Schule bewegen und verändern lasse. Diese Alltagsbeobachtung deckt sich in auffälliger Weise mit den Erkenntnissen, die im Rahmen der Erforschung dynamischer Systeme gewonnen wurden. Faßt man die Schule als ein solches System auf, lassen sich die allgemeinen systemtheoretischen Erkenntnisse auch auf die Schule anwenden. *Systeme neigen zur Selbsterhaltung durch Systemstabilisierung. Auf äußere Eingriffe reagieren Systeme lange Zeit sehr elastisch, federn den Eingriff ab und kehren in ihr ursprüngliches Gleichgewicht oder Verhaltensmuster zurück.*

An einem kleinen Beispiel läßt sich dieses Systemverhalten veranschaulichen. Das gleichmäßige Pendeln einer Uhr läßt sich durch äußere Eingriffe verändern. Man kann den Ausschlag des Pendels durch Anstöße vergrößern oder den Ausschlag dämpfen. Beobachtet man die Eingriffe kurzzeitig, so lassen sich deutliche Veränderungen im Pendelverhalten feststellen. Nach einiger Zeit ist das System (die Uhr) jedoch auf die alte Bewegungslinie zurückgeschwenkt. Langfristig hat dieser Eingriff also gar nichts bewirkt.

So ähnlich scheint es auch mit vielen Innovationen zu sein, die (oftmals von außen) in die Schulen hineingetragen werden. Ist die entsprechende Begleitforschung kurzzeitig genug angelegt, lassen sich die schönsten Veränderungserfolge messen. Fragt man etwas später wieder nach, so sind die Innovationen nicht selten im Strudel alter Gewohnheiten untergegangen.

Mit dieser Beobachtung soll keineswegs Resignation oder ein Plädoyer für das Nichts-Tun verknüpft werden. Vielmehr geht es um die Erkenntnis, daß man Systeme nur dann erfolgreich verändern kann, wenn man zum richtigen Zeitpunkt an der richtigen Stelle systemangepaßte Veränderungen einleitet.

Da Systeme eine ausgeprägte Tendenz zur Selbststeuerung haben, erscheint es plausibel, sie weniger von außen, sondern in erster Linie von innen zu steuern. Diese Binnensteuerung verspricht dort die größten Änderungserfolge, wo das System in eine kritische Situation geraten und das ursprüngliche Gleichgewicht gefährdet bzw. nicht mehr herstellbar ist. In solchen Fällen neigen Systeme nämlich nicht mehr zur Selbsterhaltung und Systemstabilisierung, sondern nutzen die instabilen oder gar chaotischen Zustände zur Entwicklung einer neuen Ordnung. *Systeme können sich unter bestimmten Voraussetzungen also durch Selbstorganisationsprozesse auch selbst erneuern.*

Wenn wir die heutige Schule betrachten, so lassen sich Instabilitäten oder Störungen des Systemgleichgewichts an verschiedenen Indikatoren festmachen, z. B.

- die SchülerInnenpopulation aller Schularten verändert sich drastisch. Das Gymnasium wird allmählich zur unfreiwilligen Gesamtschule, die Gesamtschule immer mehr zu einer Ganztags-Haupt- und Realschule und die Hauptschule verkommt zur Rest-Schule für soziale Randgruppen;

- die Leistungsbereitschaft und Motivation der Lernenden nimmt ab, ihre Gewaltbereitschaft dagegen zu;

- neue Lehr- und Lernformen, die zugleich die soziale Verantwortung stärken, sind gefragt, haben sich aber noch nicht hinreichend durchgesetzt;

- angesichts leerer Kassen geht die Zahl neu eingestellter KollegInnen zurück und die Kollegien vergreisen;

- immer weniger und zudem ältere Lehrerinnen müssen mit immer mehr und zudem schwierigeren SchülerInnen fertigwerden;

- die ausbildende Wirtschaft ist – ebenso wie die Bildungspolitiker – zunehmend unzufriedener mit dem Qualifikationsprofil, das an der Schule vermittelt wird (weiter S. 329).

Die Lernformen und die Lernorganisation

- Lern- und Sozialformen: Miteinander, gegeneinander oder aneinander vorbei?
- Lernorganisation: Fremdbestimmt oder selbstgesteuert?
- Schulgröße und Schulorganisation: Anonymer Massenbetrieb oder überschaubare Einheit?

Alltagsverhalten, Betriebsklima und Schulphilosophie

- Schulphilosophie: Welche Ziele verfolgt unsere Schule?
- Alltagsverhalten: Schule als ökologisches Vorbild?
- Schulklima: Probleme unter dem Teppich oder auf dem Tisch?

Wir nehmen unsere Schule unter die ökologische Lupe.

Das Ver- und Entsorgungssystem

- Heizung: Wie umweltverträglich heizt die Schule?
- Strom: Wie sauber ist diese Energie?
- Wasser: Trink-, Brauch- und Abwasser als Umweltprobleme?
- Nahrung: Gesund und umweltverträglich?
- Müll: Auf dem Weg zur müllfreien Schule?
- Putz- und Reinigungsmittel: Geballte Chemie?
- Papier: Ein Naturprodukt, das die Natur zerstört?
- Bürogeräte und -artikel: Wirklich harmlos?
- Arbeits- und Verbrauchsmaterial im Fachunterricht: Ein Fall für Spezialisten!

Quelle: Deutscher Sparkassenverlag

Die Schulfächer und die Lerninhalte

- Lernziele und Lerninhalte: Für das (Über-) Leben lernen?
- Fachkanon und Stoffülle: Wieviel Freiraum für persönliche Fragen?
- Das Weltbild der einzelnen Fächer: Mechanistisch oder ökologisch?
- Fächerübergreifende Projektarbeit: Ansätze zum ökologischen Umbau von Schule und Umfeld.

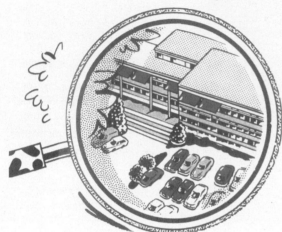

Die Schule und das Umfeld

- Verkehr: Was läuft verkehrt?
- Auto: der geliebte Umweltfeind!
- PKW-Stellplätze: Toter Raum an einer lebendigen Schule?
- ÖPNV: Wie attraktiv sind Bus und Bahn?
- Fahrrad: Wege und Stellplätze – ein Problem?
- Außerschulische Lernorte: Eine bessere Lernumwelt?

Klassenraum- und Schulgestaltung

- Schulgebäude: Ansprechend, lebendig oder abschreckend?
- Schulhof und Schulgebäude: Einladend, gastlich oder kalt?
- Aufenthaltszonen: Gemütlich oder eher schäbig?
- Innenräume: Überschaubar und wohnlich?
- Tisch- und Sitzformen: Für Einzelkämpfer oder fürs Team?

- der einsetzende ökologische Umbau unserer Gesellschaft stellt neue Anforderungen an die Schule und an die Qualifikationen von LehrerInnen und SchülerInnen.

Es erscheint plausibel, daß die Schule sich angesichts solcher Einflußfaktoren über kurz oder lang verändern muß, selbst dort, wo sie es heute noch nicht möchte. Ein Schulsystem, das aus dem Gleichgewicht kommt, muß nicht im „Bildungschaos" münden, sondern bietet die Chance zu einer neuen Ordnung. Der erfolgversprechendste Weg zu einem erneuerten und ökologisch orientierten Schulsystem führt nicht über die zentralen Instanzen der Bildungsbürokratie, sondern liegt im dezentralen Konzept der Selbsterneuerung durch Selbstreflexion in einer sich öffnenden Schule. Auch wenn dieser Prozeß – ausgelöst durch soziale Phantasie – nur langsam in Gang kommt, verspricht er auf Dauer größere Erfolge als großartige Bildungsprogramme, die – ausgestattet mit viel Geld – wie ein Strohfeuer verpuffen.

II. Spezielle Angaben zur Unterstützung des Ablaufs

Das vorgeschlagene Konzept einer zunehmend selbstreflexiven Schule, die weitgehend selbstorganisiert ihre Umwelt- und Sozialverträglichkeit überprüft und schrittweise verbessert, wird für manche LehrerInnen zunächst ungewohnt sein. Insbesondere werden jene damit Probleme haben, die die Schule nicht als Lebensraum, sondern ausschließlich als Lernraum ansehen, in dem es um die Vermittlung eines fachgebundenen Faktenwissens geht.

Das Konzept einer selbstreflexiven Schule versteht sich demgegenüber als ein projektorientierter Ansatz, der die einseitige Dominanz der Fächer ebenso in Frage stellt wie eine „drückende Stofffülle", sofern diese als Vorwand dafür gebraucht wird, sich den letztlich entscheidenden Überlebensfragen nicht mehr mit der notwendigen Intensität stellen zu können.

Selbstorganisationskräfte lassen sich nur dort mobilisieren, wo die Bereitschaft besteht, hierarchische Strukturen und Fremdbestimmung abzubauen. Schulleitung wie LehrerInnen müssen bereit sein, Verantwortung auf kleine, dezentrale Gruppen zu delegieren. Sie werden dabei zunehmend die Rolle von Lernberatern und Impulsgebern übernehmen und ihre pädagogische Kunst wird vor allem darin bestehen, mit dem richtigen Impuls zur richtigen Zeit die Selbstorganisationskräfte der Lernenden herauszufordern und zu erhalten. Die Aufgabe, mit möglichst wenig Anstößen selbstreflexives ökologisches Denken und Handeln bei SchülerInnen zu initiieren, wird anfangs keineswegs einfacher sein als herkömmliches Unterrichten. Diese Arbeit wird die Lehrerinnen auf Dauer aber weniger überfordern und verschleißen, dafür aber nachhaltig zu einem verbesserten Schulklima beitragen.

Im Rahmen der intendierten Projektarbeit kommt es nicht darauf an, wieviele Untersuchungsfelder die einzelnen SchülerInnen bearbeiten. Entscheidend ist vielmehr, daß die Lernenden

- aus einem großen Themenangebot **ihr** Thema auswählen können,
- das gewählte Thema in weitgehend selbstorganisierter Gruppenarbeit möglichst intensiv und selbständig bearbeiten,
- Fähigkeiten und Fertigkeiten erwerben, die sie auf anderen Feldern anwenden können, in denen ebenfalls ökologisches Denken und Handeln gefragt ist,
- bei der Beschäftigung mit den Detailfragen ihres Themas nicht das gesamte Frage-Spektrum und die damit zusammenhängende Größendimension des ökologischen Umbaus aus dem Auge verlieren.

Vor diesem didaktischen Hintergrund werden im o. g. Schülerheft folgende Hinweise für die Organisation von Projekten gegeben:

III. Materialien für die Teilnehmer

Aktionsvorschlag: Projekt-Woche

Organisiert ein Projekt oder eine Projektwoche und bildet verschiedene Projektgruppen, die jeweils ein Untersuchungsfeld (vgl. S. 327 f.) bearbeiten.

Gut wäre, wenn jede Gruppe ein anderes Untersuchungsfeld wählen würde.

Beschafft Euch schon vor Beginn der Projektarbeit möglichst viel Informationsmaterial sowie Kontaktadressen zu Eurem Thema.

Fragt weiter und geht in die Tiefe! Die vorgegebenen Leitfragen sollen Euch lediglich Denkanstöße für eine möglichst selbständige Projektarbeit liefern. Bei der Suche nach ersten Antworten werdet Ihr auf neue Fragen stoßen. Dann wird die Untersuchung der Schule und Eurer Umwelt erst richtig spannend, weil Ihr auf den Grund der Probleme kommt und eigene Ideen zur Problemlösung entwickelt.

Plant eine Projektdokumentation, in der Ihr die Ergebnisse Eurer Projektarbeit festhaltet und Euren Mitschüler/innen, den Lehrer/innen und den Eltern vorstellt (z. B. in Form einer Ausstellung, einer Projektzeitung o. ä.). Wenn jede Gruppe ein anderes Thema bearbeitet, könnt Ihr Euch selbst in der Projektdokumentation einen Überblick über die Vielfalt aller bearbeiteten Untersuchungsfelder verschaffen.

Hinweise zur Informationsbeschaffung

Zu den meisten der beschriebenen Untersuchungsfelder gibt es inzwischen reichlich Filme, Bücher, Zeitschriftenartikel und andere Informationsmaterialien. Daneben gibt es viele Institutionen, die Euch gerne beraten. Für Euer zukünftiges Leben ist es entscheidend, daß Ihr lernt, möglichst selbständig Informationen zu beschaffen, zu sichten und auszuwerten. Überlegt deshalb gemeinsam, wo Ihr im Umfeld Eurer Schule Informationen einholen könnt (z. B. Bildstellen, Büchereien, Beratungsstellen von Strom-, Wasser- und Gasunternehmen, Verbraucherberatung, Handelsbetriebe, Alternativ-Betriebe, Müllabfuhr, -deponie und Verbrennungsanlage, Umweltverbände, Bürgerinitiativen, politische Parteien).

Heinz Klippert

Ein Betrieb will sich ansiedeln (Planspiel)

I. Allgemeine Angaben

1. Hinweise zur Spielkonzeption und zum Spielablauf

- *Arbeitsplätze für Bernau? – Ein Betrieb will sich ansiedeln*

Das Planspiel gibt Gelegenheit zur Problematisierung betrieblicher Planungen und Handlungen am Beispiel einer bestimmten Region und eines bestimmten Vorhabens. Im Mittelpunkt steht die Absicht eines großen Chemiekonzerns (Chemie-AG), in einem mehr landwirtschaftlich geprägten Gebiet (Raum Bernau) einen Zweigbetrieb zu errichten, der vorrangig Chemiefasern (Nylon, Polyester) für die Textil- und Bekleidungsindustrie produzieren soll (ist das ein zukunftsträchtiger Industriezweig?). Das Planspiel setzt in dem Augenblick ein, als die Betriebsleitung der Chemie-AG ihr Vorhaben kundgetan hat und behandelt alsdann den weiteren örtlichen Entscheidungs- und Verhandlungsprozeß zwischen den von den Plänen der Chemie-AG betroffenen Parteien. Das sind neben der Leitung der Chemie-AG der Stadtrat von Bernau, der Ortsverband der Landwirte (sie müßten 60–70 Hektar an Grundstücken bereitstellen), der örtliche Naturschutzverein sowie die Landesregierung, vertreten durch das zuständige Wirtschaftsministerium (vgl. Graphik).

Geplant wird also nicht der vorgesehene Chemiebetrieb nach Größe, Ausstattung etc. (das wäre auch gar nicht möglich!), sondern „Planspiel" bedeutet in diesem Zusammenhang die grundsätzliche Willensbildung und Entscheidung darüber, ob, wo und unter welchen finanziellen und sonstigen Bedingungen das anvisierte Chemiewerk errichtet werden kann/soll. Zur Auswahl stehen zwei unterschiedliche Standorte A und B (vgl. Fallstudie). Entscheidungsprobleme sind ferner, ob ein wichtiges Naturschutzgebiet durch die Ansiedlung aufs Spiel gesetzt werden darf, welche finanziellen Belastungen ggf. die Stadt (Erschließung des Gewerbegebietes) und die Landesregierung (Zuschüsse im Rahmen der Wirtschaftsförderung) auf sich nehmen sollen, und welche Abfindungen eventuell die Landwirte oder auch die Naturschützer erhalten können. Behandelt werden also sowohl Fragen des politischen Prozesses auf Gemeinde- und Landesebene (Mitbestimmung der Bürger bzw. ihrer Organe, Aufgaben der Gemeinde, Kooperation mit dem Land etc.) als auch eine Reihe wirtschaftlicher und ökologischer Aspekte und Tatbestände (Standortfrage, Wirtschaftsförderung, Naturschutz etc.). Die näheren Details dieser Entscheidungs- und Konfliktsituation sind aus der Fallstudie und den sonstigen Spielunterlagen ersichtlich.

Interessant und wichtig daran ist, daß hinter dem Planspiel ein authentischer Fall steht, der sich im Raum Landau (Pfalz) zugetragen hat. Gemeint ist die Errichtung eines Zweigwerks durch den weltweit operierenden ICI-Konzern in der Gemeinde Offenbach Anfang der 70er Jahre, das bereits Ende 1977 wieder geschlossen wurde (angeblich wegen des allgemein rückläufigen Absatzes bei Chemiefasern). Seitdem ziert eine riesige, völlig neu erbaute Fabrikruine die Landschaft (vergleichbar dem Standort B im Planspiel), ohne daß dieses volkswirtschaftliche Vermögen irgendeinen Nutzen abwirft (Verkaufsverhandlungen sind bislang fehlgeschlagen). Die betroffene Standort-Gemeinde Offenbach hat viel Geld investiert und nach allem, was bekannt ist, auch viel verloren. In noch stärkerem Maße gilt dieses für das Land, obwohl endgültige Zahlen nicht bekannt sind, da nach der Betriebsschließung noch eine Weile auf juristischem Feld gefochten wurde. Wie sich die Misere für die Gemeinde und das Land Ende 1977

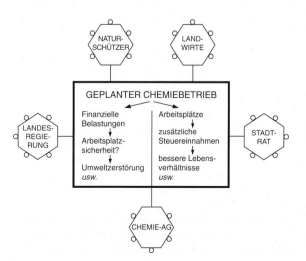

dargestellt hat, ist von einem „Initiativkreis ICI" seinerzeit öffentlich dokumentiert worden. Aus dieser Dokumentation stammt die Tatbestandsschilderung im nachfolgenden „Kasten", die der Lehrer nach Abschluß des Planspiels verlesen kann, um den Schülern am authentischen Fall vor Augen zu führen, wie der im Planspiel simulierte Entscheidungsprozeß in der Wirklichkeit durchaus ablaufen und ausgehen könnte. Natürlich: Nur selten kommt es zu derart drastischem Mißmanagement wie im angesprochenen Fall. Jedoch ist es schlimm genug, daß sich derartige Fälle überhaupt ereignen und auf dem Rücken zumeist ahnungsloser Betroffener (Arbeiter, Gemeinden etc.) ausgetragen werden.

Die Materialien des Planspiels sind freilich nicht authentisch, sondern lediglich in Anlehnung an die realen Gegebenheiten im geschilderten Fall, „konstruiert". Allerdings gibt es zahlreiche Parallelen zwischen dem tatsächlichen Geschehen und dem Geschehen, wie es sich im Planspiel darstellt. Zu welcher Entscheidung die Spielgruppen am Ende gelangen, ist dabei grundsätzlich offen. Jedoch spricht vieles dafür, daß sie eine ähnliche Entscheidung treffen werden wie in der Realität (Errichtung der Fabrik am Standort B). Die „Sachzwänge" sind halt doch zu dominant!?

II. Spezielle Angaben zur Unterstützung des Ablaufs

Wie läuft das Spiel im einzelnen ab? Zunächst stellt der Lehrer das Planspiel kurz vor, nennt die Rollen und die Spielregeln und händigt den Schülern die Fallstudie (Beschreibung der Problem-Situation) aus. Verständnisfragen werden geklärt, nötige Erläuterungen gegeben. Danach werden die Spielgruppen gebildet und die Rollenkarten verteilt und ggf. erläutert. Sind sich die Gruppen über ihre Rollen einigermaßen im klaren, so werden die Informationsmaterialien M 1–M 7 und die Arbeitskarte eingegeben. Die Informationsmaterialien sind dabei so zusammengestellt und abgefaßt, daß für und zu jeder Spielgruppe gewisse Grundinformationen gegeben werden. Auch in diesem Arbeitsabschnitt sind eventuell Klärungen und Hilfen des Lehrers erforderlich, je nachdem, wie geübt die Schüler im selbständigen Arbeiten sind. Grundsätzlich sollte der Lehrer jedoch möglichst wenig intervenieren und andererseits den Schülern möglichst viel Gelegenheit geben, ihre eigenen Stärken und Schwächen zu „erforschen", Fragen in der Gruppe abzuklären

und im Bedarfsfall den Lehrer von sich aus anzusprechen. Die einzelnen Arbeitsabschnitte und -aktivitäten der Spielgruppen sind auf den Arbeitskarten angegeben und müssen deshalb hier nicht näher ausgeführt werden. Der Ablauf: Willensbildung in den Gruppen (Strategieplanung), dann die Interaktion (Verhandlungen etc.) zwischen den Gruppen, und schließlich die Konferenz mit dem Ziel der Kompromiß-/Entscheidungsfindung – das sind die wichtigsten Arbeitsphasen. Die Rolle des Lehrers kann dabei unterschiedliches Aussehen haben. Er kann selbst mitspielen (z. B. in der Betriebsleitung der Chemie-AG). Er kann lediglich beobachten und beraten. Er kann aber auch offizieller Spielleiter sein, und zwar in dem Sinne, daß sämtliche Interaktionen der Spielgruppen (Anfragen, Forderungen, Vorschläge) entweder kurz bei ihm angemeldet und eventuell auch vorbesprochen werden, oder aber in Form schriftlicher Unterlagen (Briefe) direkt über seinen Tische laufen. Dabei können neben dem Lehrer auch durchaus 1–2 Schüler in der Spielleitung mitwirken. Die Gefahr ist allerdings, daß der Lehrer bei der Ausübung einer derartigen Funktion zu sehr als Kontrolleur gesehen werden könnte. Bei der strengen schriftlichen Korrespondenz kommt hinzu, daß sich eine Reihe von Schülern/Gruppen in ihrem Tatendrang und ihrer Spontaneität blockiert fühlen könnten. Das muß allerdings nicht so sein, und deshalb sollte der Lehrer in Kenntnis seiner Klasse das Prozedere situationsabhängig entscheiden. Ein Hinweis noch zur möglichen Kreditanfrage des Stadtrats an den Lehrer (der Lehrer ist in dieser Situation die Bank!):

> *Sofern Sie als Lehrer vom Stadtrat einen Antrag auf Kreditgewährung zum Zwecke der Erschließung des neuen Gewerbegebietes erhalten, sollten Sie einen Kredit von max. 5 Mio DM gewähren (brieflich?) und in Anbetracht der schlechten Finanzlage der Gemeinde verlangen, daß die Landesregierung eine Bürgschaft übernimmt, also im Falle der Zahlungsunfähigkeit der Stadt als Finanzier einspringt.*

In der Konferenzphase bietet sich i. d. R. an, daß der Lehrer die Gesprächsleitung übernimmt (z. B. als oberster Boß der Chemie-AG, der soeben aus England eingeflogen ist), weil er am ehesten den Gesamtüberblick über die Entscheidungssituation hat. Wichtig dabei ist, daß der Lehrer nicht als Lehrer, sondern in einer plausiblen Rolle auftritt, die Konferenz mit „würdigen Worten" eröffnet, die einzelnen Parteien zur Stellungnahme aufruft, Ergebnisse zusammenfaßt, Kompromißmöglichkeiten klarstellt und insgesamt auf einen tragfähigen Kompromiß in der Frage der Betriebsansiedlung hinarbeitet (vgl. auch Punkt 6 der Arbeitskarte). Sofern sich innerhalb der zur Verfügung stehenden Zeit (Schulstunden) keine hinreichende Annäherung der Standpunkte erreichen läßt, muß u. U. vertagt werden. Das sollte jedoch die Ausnahme und nicht die Regel sein. In der Nachbereitungsphase des Planspiels (für das gesamte Spiel ist mit 4–5 Stunden zu rechnen; eine Trennung in mehrere Abschnitte ist gut möglich) bieten sich verschiedene Möglichkeiten an: Dazu gehört zunächst das Verlesen und Besprechen der realen Geschehnisse, wie sie im „ICI-Kasten" und im nachfolgenden Zeitungsbericht in einer Naturschutz-Intervention des saarländischen Umweltministers dokumentiert sind. Ihren Reiz erhalten diese Berichte vor dem Hintergrund des eigenen Spielhandelns und -erlebens der Schüler. Des weiteren kann es u. U. sinnvoll sein, die für den Schulstandort zuständige Kommunalverwaltung einmal daraufhin zu befragen, wie dort die Wirtschaftsförderung und die Erschließung von Gewerbegebieten gehandhabt werden und wie die diesbezügliche Zusammenarbeit mit dem Land aussieht. Soweit eine solche Aktivität in der Vorbereitungsphase des Planspiels vonstatten gehen kann, hat das den Vorteil, daß den Schülern die entsprechenden Rollen des Stadtrates und der Landesregierung schon stärker bekannt sind. Ferner können z. B. beim Wirtschaftsministerium Broschüren, Programme u. a. angefordert oder ortsansässige Unternehmen nach ihren Motiven für die Standortwahl befragt werden.

Der Naturschutz geht vor

SAARBRÜCKEN (am). Günther Schacht, der saarländische Minister für Umwelt, Raumordnung und Bauwesen, hat jetzt eine Entscheidung getroffen, die im Saarland bisher einmalig ist. Er hat einen bereits rechtskräftigen Bebauungsplan, der ein Feuchtgebiet einschloß, zugunsten des Naturschutzes umgestoßen.

Sein Ministerium sprach eine einstweilige Sicherstellung des Gebietes aus. Es handelt sich dabei um ein Gebiet hinter der Taffingsmühle bei Saarlouis-Picard, das zwar schon seit langem für schutzwürdig gehalten wurde, dessen Wert man allerdings erst jetzt nach einer wissenschaftlichen Kartierung erkannte. Biogeographen der Universität des Saarlandes fanden hier seltene Pflanzen und Tiere, zum Teil auch solche, die bereits vom Aussterben bedroht sind. Dieses Feuchtgebiet sollte nun nach dem Willen der SPD-Fraktion im Stadtrat von Saarlouis durch Spazierwege für die Naherholung erschlossen werden. Eine Bürgerinitiative wandte sich gegen die Pläne und legte auch über 1000 Unterschriften gegen das Projekt vor. Doch die SPD-Fraktion, die in Saarlouis über die absolute Mehrheit verfügt, drückte ihre Auffassung im Stadtrat durch, allerdings leicht modifiziert. Es wurde erwogen, die Wege schmal zu halten und sie so zu bauen, daß sie Radfahrer und Mopedfahrer nicht locken, etwa durch den Einbau von Stufen. Diese Planung ist nun durch die Maßnahme des Umweltministeriums zunächst für ein Jahr storniert.

Es ist ungewöhnlich, daß ein rechtskräftiger Bebauungsplan, der auch vom Umweltministerium abgesegnet worden war, noch einmal von Grund auf geändert wird. Das Ministerium begründet seine Maßnahme damit, daß der herausragende Wert des Feuchtgebiets erst ermittelt wurde, nachdem der Bebauungsplan schon rechtskräftig geworden war. Die Stadt Saarlouis hat noch nicht entschieden, wie sie jetzt weiter vorgehen wird. Oberbürgermeister Dr. Manfred Henrich will die ministerielle Entscheidung zunächst rechtlich prüfen lassen. Dabei ist sich die Stadtverwaltung klar darüber, so Henrich, daß sich die Interessen von Landschaftsschutz beziehungsweise Naturschutz und Naherholung in der Praxis gegenseitig ausschließen. Doch nachdem einheimische und auswärtige Naturliebhaber wissen, wie wertvoll das Tal ist, besuchen sie es auf den nichtbefestigten schmalen Pfaden und belästigen die Tierwelt dabei wahrscheinlich mehr, als ihr zuzumuten ist.

Rheinpfalz vom 10.8.1983

Dokumentation: Das kurze Leben eines Chemiebetriebes

1969 begann der ICI-Konzern (Imperial Chemical Industrie) mit dem Bau eines Zweigwerks für Chemiefasern – vor allem Nylon und Polyester – in Offenbach (Region Südpfalz). Die Möglichkeiten zur Subventionierung von Betriebsansiedlungen durch Bund und Land waren wohl, neben dem vorhandenen Arbeitskräftepotential, die wichtigsten Gründe für diesen Entschluß. Seitens der Bevölkerung wurden auf das Werk große Hoffnungen gesetzt. Diese Hoffnungen richteten sich insbesondere auf die in Aussicht gestellten Arbeitsplätze, deren Zahl sich nach den Angaben der Geschäftsleitung auf 1300–1500 belaufen sollte und die krisensicher sein sollten. Die Gemeinde erwartete neben einer allgemeinen Verbesserung der Lebensverhältnisse auch einen beträchtlichen Anstieg der Steuereinnahmen. Sie war deshalb, um die Ansiedlung zu ermöglichen, zu erheblichen Vorleistungen bereit. Für Grunderwerb und Erschließung wurden insgesamt 10,11 Millionen DM aufgebracht. Die Finanzierung erfolgte über Bundes- und Landeszuschüsse in Höhe von 4,57 Mio DM. Der Restbetrag wurde durch die Gemeinde Offenbach mit einem geringen Kostenaneil der ICI finanziert. Die Kreditaufnahme hierfür betrug 4,75 Mio. (Zahlen sind dem Amtsblatt der Gemeinde Offenbach v. 28. 7. 1977 entnommen). So stellte die Gemeinde Offenbach dem Konzern 80 Hektar Gelände zur Verfügung. Da nur ein Teil der benötigten Fläche im Besitz der Gemeinde war, mußte sie den Rest dazukaufen. Das in Privatbesitz befindliche Restgelände mußte für 1,50–2,00 DM je Quadratmeter aufgekauft werden und wurde zu 0,50 DM je qm an ICI weitergegeben. Außerdem übernahm die Gemeinde die Kosten der Vorbereitung einer Strom- und Wasserversorgung; für die Wasserentsorgung war unter großem Kostenaufwand eine Erweiterung und Verbesserung der Kläranlage notwendig. Alle diese Maßnahmen und Investitionen gründeten sich jedoch auf die Erwartung, daß ICI, ein Weltkonzern, eine langfristig arbeitende Produktionsstätte mit sicheren Arbeitsplätzen für die Bevölkerung errichten werde. Diese Erwartung der Offenbacher wurde durch entsprechende Aussagen von Kommunal- und Landespolitikern genährt; auch aus der Sicht der ICI-Geschäftsleitung – soweit sie erkennbar war – schien man sich auf lange Zeit hier einrichten zu wollen, zumindest ließen die hohen Investitionen diesen Schluß zu. Die Landesregierung förderte die Ansiedlung von ICI mit 25 Millionen DM im Rahmen ihres „regionalen Strukturförderungsprogramms". Als dann im Jahre 1971 das Werk Offenbach in Betrieb genommen wurde, waren dort 700 Arbeiter und Angestellte beschäftigt. In den nächsten Jahren stieg diese Zahl auf 900. In der Anfangsphase lief die Produktion auch ohne größere Schwierigkeiten. Bereits 1974 jedoch zeigten sich erste Absatzschwierigkeiten im Kunstfaserbereich. 1977 dann, als das Werk geschlossen wurde, argumentierte der Vorstandsvorsitzende, daß in der Bundesrepublik ein Markt für die Chemiefaser nicht mehr bestehe, weil die Produktionskosten zu hoch seien. Die ICI sehe sich daher gezwungen, auf andere Länder auszuweichen bzw. die Produktion ganz einzustellen (zitiert nach dem Amtsblatt der Gemeinde Offenbach v. 28. 7. 1977). Für die entlassenen Arbeitnehmer wurde ein „Sozialplan" mit großzügigen Abfindungsregelungen erstellt, der jedoch nur die schlimmsten Härten kurzfristig mildern konnte. Zusätzlich irritiert war man in der Südpfalz darüber, daß ICI bereits 1977 ein neues Zweigwerk in Wilhelmshaven plante, das inzwischen längst errichtet ist. Wieder – diesmal durch die Landesregierung von Niedersachsen – erhielt die ICI enorme Subventionen.

(weitgehend wörtlich zitiert aus der Dokumentation des „Initiativkreises ICI Offenbach" sowie aus dem angegebenen Amtsblatt der Gemeinde v. 28. 7. 1977)

2. Ereigniskarten zur gelegentlichen Nutzung

Ereigniskarten für verschiedene Spielgruppen
(vom Lehrer wahlweise einzugeben)

> Die Chemie-AG hat letzte Woche ihr Zweigwerk in der Nähe von Amsterdam stillgelegt, in dem hauptsächlich Nylon-Fasern hergestellt wurden. Der Grund: Auftragsmangel, unrentable Produktion.

> Der Umsatz der Chemie-AG im Bereich der Textilfasern ist im letzten Halbjahr um 3 % gegenüber dem vorangehenden Halbjahr zurückgegangen. Die rückläufige Tendenz hält an.

> Die Landesregierung hat beschlossen, ausgewiesene Naturschutzgebiete nur noch in absoluten Ausnahmefällen für gewerbliche Zwecke freizugeben. Die Genehmigung der Landesregierung ist unumgänglich!

III. Materialien für die Teilnehmer

1. Beschreibung der Problemsituation

In der Kleinstadt Bernau (5 000 Einwohner) tut sich was! Seit wenigen Tagen ist durchgesickert, daß ein großer Chemiekonzern (die Chemie-AG) beabsichtigt, in Bernau ein Zweigwerk zu bauen, in dem Chemiefasern für die Textil- und Bekleidungsindustrie (Nylon und Polyester) produziert werden sollen. Warum gerade Bernau mit seiner mehr ländlichen Umgebung als Standort ausgesucht wurde, ist noch unklar. Beeindruckend jedoch sind die rund 1 500 Arbeitsplätze, die nach Fertigstellung des Ausbaus vorhanden sein sollen. Für die Bernauer kommt das ganze Vorhaben ziemlich überraschend, weil hier in wirtschaftlicher Hinsicht bislang nicht viel los ist. Klein- und Mittelbetriebe beherrschen das Bild. Stark vertreten ist überdies die Landwirtschaft, vorwiegend jedoch in Gestalt von Kleinbetrieben mit Flächen zwischen 3 und 10 Hektar. Kennzeichnend für den Bernauer Arbeitsmarkt sind die Pendler. Täglich pendeln rund 800 Erwerbstätige in zwei größere Industriereviere, die 40–60 km entfernt sind und Fahrzeiten von einer Stunde und mehr pro Fahrt verursachen. Kein Wunder also, daß die Bewohner und der Stadtrat von Bernau hellhörig werden, als sie von den Plänen der Chemie-AG erfahren. Nicht nur für die Pendler böte das neue Chancen, sondern auch für viele Kleinlandwirte, die häufig auf ihren Höfen nur deshalb geblieben sind, weil sie nichts anderes gefunden haben. Arbeitsplätze sind nämlich in der Region um Bernau außerordentlich dünn gesät (vgl. M 1). Deshalb gehört diese Region zu jenen Gebieten, in denen Unternehmen – wenn sie sich dort ansiedeln – hohe Investitionszuschüsse von 15–20 % der Investitionskosten erhalten können. Bezahlt wird das aufgrund der Wirtschaftsförderungsprogamme des Staates. Auch die Gemeinden selbst können aus diesen Töpfen beträchtliche Geldmittel für die Erschließung entsprechender Gewerbegebiete (Landankauf, Straßenbau etc.) erhalten.

So schön das Vorhaben jedoch auch ist, der geplante Bau der Fabrik hat auch seine Haken! Der eine Haken ist der, daß die Frage, wohin die Fabrik gebaut werden könnte, noch gänzlich offen ist. Standort B in der Bernbach-Aue wird vom örtlichen **Verein für Naturschutz** nach ersten Verlautbarungen abgelehnt, weil in dem Feuchtgebiet mit seinen Baggerseen und Wiesenflächen eine Reihe seltener Tier- und Pflanzenarten gedeihen (vgl. M 7). Zum Standort A haben sich bereits die betroffenen **Weinbauern** ablehnend geäußert, weil der Weinbau mittlerweile ein einträgliches Geschäft ist und die Weinbaufläche ohnehin sehr begrenzt ist. Der zweite Haken ist, daß die **Stadt Bernau** kein Geld hat, um die von der **Chemie-AG** gewünschten Erschließungsmaßnahmen (Bodenerwerb, Straßenbau, Bau einer großen Kläranlage etc.) zu bezahlen. Die **Landesregierung** ist zwar grundsätzlich bereit, im Rahmen ihrer Wirtschaftsförderung finanzielle Zuwendungen zu geben. Die Mittel sind jedoch knapp, weil

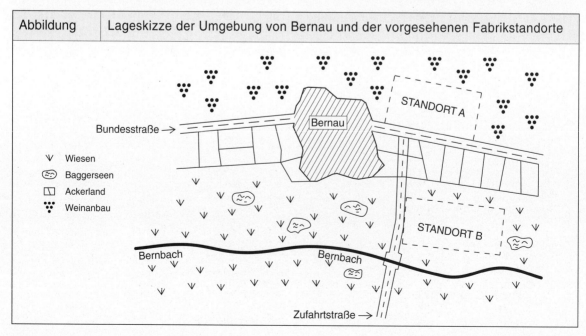

| Abbildung | Lageskizze der Umgebung von Bernau und der vorgesehenen Fabrikstandorte |

viele Gemeinden und Regionen in einer ähnlich schwierigen Wirtschaftssituation sind wie die Stadt Bernau. Darüber hinaus stellt sich für den Stadtrat natürlich auch die Frage, ob sich eine Verschuldung zugunsten der Chemie-AG langfristig wirklich auszahlt. Wer sichert zu, daß Arbeitsplätze und erhöhte Steuereinnahmen langfristig sicher sind? Allerdings: Die Planung und Beratung der ganzen Angelegenheit steht ja noch ganz am Anfang. Das Wenige, was feststeht, ist die erklärte Absicht der Chemie-AG, in Bernau ein Zweigwerk errichten zu wollen, wenn die nötigen finanziellen und sonstigen Voraussetzungen geschaffen werden. Ob, wo und in welcher Weise das Zweigwerk gegebenenfalls tatsächlich errichtet wird, ist eine Sache der Verhandlungen zwischen den beteiligten Parteien und Interessengruppen: der Betriebsleitung der Chemie-AG, der Landesregierung, dem Rat der Stadt Bernau, der Interessenvertretung der Landwirte und dem Verein für Naturschutz. Dazu werden verschiedene „Spielgruppen" gebildet, die diese „Rollen" übernehmen. Wie das Planspiel dann abläuft, zeigt die nachfolgende graphische Übersicht:

MEINUNGSBILDUNGSPHASE

Zunächst werden die Rollenkarten und Informationsmaterialien gelesen und besprochen. Ziel ist es, entsprechend der jeweiligen Rolle einen klaren Standpunkt zum geplanten Bau der Chemiefabrik zu erarbeiten (Was wollen wir? Was können wir tun? Wen können wir ansprechen? usw.)

VERHANDLUNGSPHASE

Da die Interessen und Standpunkte der Gruppen überwiegend doch recht verschieden sind, müssen Verhandlungen geführt und Kompromißmöglichkeiten gesucht werden. Dazu gehört, daß Forderungen gestellt, aber auch Kompromißangebote unterbreitet werden.

ENTSCHEIDUNGSPHASE

In einer abschließenden Konferenz wird nach Möglichkeit eine Entscheidung darüber getroffen, ob und unter welchen Bedingungen die Chemiefabrik gebaut wird. Alle Gruppen nehmen dazu Stellung und deuten ggf. mögliche Kompromißwege an. Die Gesprächsleitung hat der Stadtrat, der zur Konferenz eingeladen hat (nötigenfalls kann der Lehrer den Vorsitz übernehmen). Die Entscheidung selbst liegt letztendlich bei der Geschäftsleitung der Chemie-AG!

VERGLEICH MIT DER WIRKLICHKEIT

Der Lehrer informiert darüber, wie die Geschichte mit der Chemie-AG in der Wirklichkeit ausgegangen ist. Einen ähnlichen Fall hat es nämlich tatsächlich gegeben.

M 1 Wirtschaftslage im Raum Bernau

Die wirtschaftlichen Zeichen im Raum Bernau stehen schlecht. Nach der jüngsten Arbeitsmarktstatistik liegt die Arbeitslosigkeit etwa doppelt so hoch wie im Landesdurchschnitt. Allein in Bernau sind 280 Arbeitnehmer ohne Beschäftigung. Nicht einmal berücksichtigt sind dabei jene Frauen und landwirtschaftlichen Arbeitskräfte, die längst resigniert haben, obwohl sie gerne einen gewerblichen Arbeitsplatz hätten. Gründe für die Misere gibt es viele. Ein wichtiger Grund ist, daß es kaum größere Industriebetriebe in Bernau und seinem Umland gibt. Ungünstige Verkehrsverbindungen, wenig erschlossene Gewerbegebiete und die Nähe zur französischen Grenze haben dazu beigetragen. In Bernau selbst gibt es nur einen größeren Betrieb mit rund 350 Beschäftigten. Hinzu kommen 4 Betriebe mit Beschäftigtenzahlen zwischen 50 und 100 sowie eine Reihe kleinerer Betriebe (Handwerk, Handel usw.) vor allem in der Größenordnung zwischen 5 und 20 Mitarbeitern. In der Vergangenheit wurde die wirtschaftliche Rückständigkeit der Bernauer Region dadurch verdeckt, daß viele Arbeitswillige in der Landwirtschaft unterkamen oder in den weiter entfernten Industrierevieren gut bezahlte Arbeit fanden. Das alles hat sich jedoch geändert, seit sich die Wirtschaftslage allgemein verschlechtert hat. Die Landesregierung hat dies durchaus erkannt und die Region um Bernau als Förderungsschwerpunkt mit höchster Dringlichkeit eingestuft. Finanzielle Hilfen für ansiedlungswillige Gewerbebetriebe wären also vorhanden. Ob's was hilft?

(Auszug aus dem Bernauer Tageboten)

M 2 Das geplante Zweigwerk der Chemie-AG

Die Planung der Chemie-AG sieht vor, daß in Bernau ein Spezialbetrieb zur Herstellung chemischer Garne/Fasern – vor allem Nylon und Polyester – errichtet wird. Die Gesamtinvestitionen werden auf ca. 100 Millionen DM geschätzt (für Gebäude, Maschinen usw.). Hauptabnehmer der Fasern sind die Textil- und Bekleidungsindustrie, vorrangig in der Bundesrepublik. Der Auf- und Ausbau der Fabrik soll in mehreren Stufen erfolgen und nach etwa 6 Jahren die Endstufe mit einer voraussichtlichen Beschäftigtenzahl von 1 300–1 500 erreicht haben. Nach Meinung der Geschäftsleitung der Chemie-AG werden es krisensichere Arbeitsplätze sein, weil die Zeichen für den Absatz der ständig verbesserten Nylon- und Polyesterfasern günstig stehen. Zweifel an dieser optimistischen Zukunftsdeutung sind indes nicht unberechtigt, denn die Textil- und Bekleidungsindustrie der Bundesrepublik befinden sich wegen der starken Auslandskonkurrenz (Billiglohn-Länder) seit Jahren in einer anhaltenden Flaute. Auch ist bekannt, daß die Chemie-AG mit Betriebsschließungen schnell bei der Hand ist. Andererseits sind die in Aussicht gestellten Verdienstmöglichkeiten schon verlockend. Stundenlöhne zwischen 12 und 18 DM liegen deutlich über dem, was angelernte Arbeitskräfte sonst so verdienen können. Gebraucht aber werden Arbeitskräfte, die für die speziellen Belange der Chemie-AG angelernt werden. In Industriezentren freilich müßte die Chemie-AG noch erheblich höhere Stundenlöhne bezahlen. Das ist ein Grund, weshalb Bernau als Standort vorgesehen wurde. Ein anderer wichtiger Grund sind die hohen Zuschüsse und Begünstigungen, die im allgemeinen von seiten des Landes und der Gemeinde bewilligt werden. Dadurch kann das unternehmerische Risiko gemindert werden, selbst wenn ein Werk aus dringlichen Gründen irgendwann wieder geschlossen werden müßte. Natürlich will das niemand hoffen!

(So ähnlich soll das Werk aussehen)

M 3 Die Chemie-AG ein Weltkonzern

Gutachten

Die Chemie-AG operiert weltweit. Sie hat Tochtergesellschaften in Amerika, England, Frankreich, der Bundesrepublik und einer Reihe weiterer Länder. Allein in der Bundesrepublik gibt es mehrere Tochtergesellschaften mit gegenwärtig rund 5 000 Beschäftigten. Das Erzeugnisprogramm der Chemie-AG ist breit gefächert. Es reicht von verschiedenen Chemikalien (Lösungsmittel usw.) über Kunststoffe, Fasern, Pflanzenschutz- und Düngemittel, Farben und Lacke bis hin zu Arzneimitteln. Die günstige Entwicklung in der Chemieindustrie hat sich bei der Chemie-AG in vollen Geschäftsbüchern, steigenden Umsätzen und hohen Gewinnen niedergeschlagen. Die wachsende Nachfrage macht es – wie jetzt in Bernau – immer wieder notwendig, neue Tochtergesellschaften zu gründen. Allerdings muß auch gesagt werden, daß es trotz steigender Umsätze und Gewinne für die Chemie-AG in den letzten Jahren auch einige Pleiten gegeben hat.

Gutachten

Betroffen waren u. a. drei Betriebe, die mit der Herstellung von Chemiefasern für die Textil- und Bekleidungsindustrie befaßt waren. Dabei hat sich die Leitung der Chemie-AG nicht zimperlich gezeigt, wenn es galt, einzelne Betriebe stillzulegen. Zwar wurden Sozialpläne gemacht. Die darin vereinbarten Abfindungen für die entlassenen Arbeitnehmer konnten die negativen Folgen für die Bevölkerung und die Gemeinden jedoch nur unzureichend wettmachen. Daß derartige Pleiten nicht wieder vorkommen, dafür sollen neuartige Faserarten (z. B. die Polyestergarne „Metrema" und „Tirelle") sorgen. Die Chancen für die Chemie-AG stehen nach den ersten Reaktionen der deutschen und europäischen Textil- und Bekleidungsindustrie nicht schlecht.

Treuhand
Prof. Dr. Treuhand

M 4 Die Regionale Wirtschaftsförderung des Landes

Zur Verbesserung der Wirtschaftslage in strukturschwachen Regionen mit hoher Arbeitslosigkeit kann das Land erhebliche finanzielle Zuschüsse an ansiedlungswillige Betriebe sowie die betroffenen Gemeinden geben. Voraussetzung ist allerdings, daß eine Betriebsansiedlung auch wirklich positive Folgen für die Wirtschaft einer Region (mehr Arbeitsplätze, mehr Steuern usw.) verspricht. Die Höhe der Zuschüsse bzw. Investitionshilfen richtet sich nach der Dringlichkeit, mit der wirtschaftliche Hilfen für eine Region erforderlich sind. Sowohl diese Frage als auch die Erfolgsaussichten einer Betriebsansiedlung bedürfen der sorgfältigen Prüfung durch Fachleute der zuständigen Ministerien (Landesregierung!). Die Region Bernau z. B. ist nach einer solchen Prüfung in die höchste Dringlichkeitsstufe eingeordnet worden. Das heißt, daß ein Unternehmen, das sich dort ansiedeln will, bis zu 25 % seiner Investitionskosten als „verlorenen Zuschuß" vom Land erhalten kann. Rechtliche Bindungen im Sinne einer langfristigen Arbeitsplatzgarantie o. ä. sind im allgemeinen nicht üblich, können aber in Absprache zwischen Land und Unternehmen vereinbart werden (z. B. die Verpflichtung, das Unternehmen mindestens 10 Jahre zu erhalten; ansonsten Rückzahlung eines Teils der Zuschüsse). Sorgfalt und Sparsamkeit der Landesregierung sind aber schon deshalb geboten, weil die Förderungsmittel inzwischen ziemlich knapp, die bedürftigen Regionen und Gemeinden hingegen zahlreich geworden sind. Ähnliches gilt für die Zuschüsse an die Gemeinden, die in dringlichen Fällen bis zu 50 % der Erschließungskosten (Straßenbau, Strom- und Wasserversorgung usw.) betragen können.

M 5

Finanzielle Belastungen und Begünstigungen der Stadt

Die Stadt Bernau muß mit Erschließungskosten für Straßenbau, Strom- und Wasserversorgung, Kläranlage usw. von etwa 10 Millionen DM rechnen. Dabei dürfte bei beiden Standorten (A oder B) so ziemlich die gleiche Summe herauskommen. Was bei Standort A z. B. an Straßenbaukosten gespart würde, dürfte durch höhere Grundstückspreise (Weinbaugelände) wieder an zusätzlichen Kosten hereinkommen. Auch wenn die Chemie-AG einen Teil der Erschließungskosten übernehmen sollte, so ist dennoch anzunehmen, daß der größte Teil auf der Gemeinde Bernau sitzenbleibt bzw. zu einem Teil vom Land übernommen wird (bis zu 50 % der für die Gemeinde anfallenden Kosten!). Allein 80–100 Hektar Gelände (1 Hektar = 10 000 m²) sind nach den Plänen der Chemie-AG erforderlich. Davon befinden sich 60–70 Hektar im Privatbesitz und müßten erst noch angekauft werden. Beim Wiesengelände in der Bernbach-Aue (Standort B) dürfte der Quadratmeterpreis mit 2–3 DM noch relativ niedrig liegen. Die Weinbauern hingegen – sofern sie überhaupt verkaufen – werden sicherlich wesentlich mehr für den m² verlangen. Auf der anderen Seite könnte die Gemeinde nach Fertigstellung der Fabrik und voller Produktionsaufnahme mit jährlichen Steuermehreinnahmen von bis zu 1 Million DM rechnen (Gewerbesteuer, Lohnsummensteuer). Vielleicht würde auch durch den Bau der Chemiefabrik das eine oder andere sonstige Unternehmen veranlaßt, sich dort niederzulassen. Nicht zu vergessen ist natürlich die Verbesserung der Lebensverhältnisse vieler Bürger (Arbeitsplätze, weniger Fahrzeit usw.) Eine stolze Bilanz also!

(Bericht im Bernbacher Tageblatt)

M 6

Die Lage der Landwirte in und um Bernau

Die Weinbaubetriebe sind überwiegend Vollerwerbsbetriebe und werfen nach der günstigen Entwicklung des Weinmarktes und -preises im allgemeinen soviel ab, daß die „Winzerfamilien" ihr gutes Auskommen haben. Betriebsgrößen zwischen 4 und 10 Hektar und relativ gut zu bewirtschaftende Anbauflächen (ziemlich flaches Gelände) tragen dazu bei. Anders verhält es sich bei den Acker- und Weidebauern. Sie bräuchten schon mindestens 10 Hektar, um einigermaßen über die Runden zu kommen. Die wenigsten Bauern aber haben derartige Anbauflächen. Hinzu kommt, daß die großen Wiesenflächen in der Bernbach-Aue zum erheblichen Teil ziemlich feucht sind und einen eher minderwertigen Grasbewuchs haben. Vor allem in regenreichen Zeiten bringt das Probleme. Daher haben einige Bauern vor Jahren versucht, auf ihren Grundstücken in der Bernbach-Aue Kies zu fördern bzw. fördern zu lassen. Bald aber zeigte sich, daß die Vorkommen nicht lohnend waren. Die Kiesförderung wurde eingestellt. Einige Baggerseen sind übriggeblieben. Aufgrund der beschriebenen Umstände ist verständlich, daß die vorrangig mit Ackerbau und Weidewirtschaft befaßten Landwirte überwiegend sogenannte „Nebenerwerbsbetriebe" haben. Sie sind im Grunde darauf angewiesen, außerhalb der Landwirtschaft noch etwas hinzuzuverdienen. Allerdings ist es für die zumeist ungelernten Landwirte zuletzt immer schwieriger geworden, in und um Bernau einen Arbeitsplatz zu finden. Wenn überhaupt, dann waren Hilfsarbeiterlöhne zwischen 10 und 15 DM pro Stunde die Regel (für männliche Arbeitnehmer!). Der Bau der geplanten Chemiefabrik könnte für diesen Personenkreis neue Aussichten auf interessantere Arbeitsplätze eröffnen, vor allem auch für jene Kleinbauern, die durch die Erschließung des Gewerbegebietes einen Teil ihrer landwirtschaftlichen Nutzfläche verlören. Bei ihnen nämlich stünde die Geschäftsführung der Chemie-AG besonders in der Pflicht!

M 7

Die Bernbach-Aue, ein wichtiges Naturschutzgebiet

Die Bernbach-Aue zieht seit langem die Aufmerksamkeit der Naturschützer weit über die Grenzen von Bernau hinaus auf sich. Als intaktes, relativ feuchtes Wiesengelände, durchsetzt mit mehreren stillgelegten Kiesgruben (Baggerseen), ist sie eine Oase für seltene Pflanzen- und Tierarten. Wasserschwertlilie, Libellen und Wasserkäfer, Barren-Ringelnatter, Wechselkröte und seltene Limikolen und andere Wasservögel sind beispielhaft zu nennen. Gepflegt und gehegt wird das Gelände vom örtlichen Naturschutz-Verein, dessen Mitglieder viel Zeit und Geld investiert haben, um die Bernbach-Aue zu dem zu machen, was sie heute ist. Besucher und Besuchergruppen aus nah und fern sind ein eindrucksvolles Zeichen dafür, welche Wertschätzung die Bernbach-Aue als Naturschutzgebiet genießt. Ein anderes Indiz ist das Aufsehen, das mehrere Aufsätze über besondere Bruterfolge sowie seltene Pflanzen- und Tierarten in der Bernbach-Aue im gesamten Bundesgebiet erregt haben. Zwei Mitglieder des Bernauer Naturschutzvereins sind erst vor kurzem wegen ihres besonderen Einsatzes und ihrer besonderen Erfolge in Sachen Naturschutz vom zuständigen Landesminister ausgezeichnet worden. Professor Vogel hat u. a. aufgrund seiner Forschungen in der Bernbach-Aue sogar das Bundesverdienstkreuz erhalten. Die Errichtung der Chemiefabrik indes würde all diesen Naturschutzbemühungen und -erfolgen ein Ende setzen, zumal gerade die wichtigsten Feuchtgebiete von den Erschließungsmaßnahmen betroffen wären. Hinzu kommt, daß noch nicht abzusehen ist, welche Luft- und Abwasserverschmutzung das geplante Chemiewerk verursachen würde. Davon betroffen wären freilich nicht nur die Tiere und Pflanzen, sondern auch und vor allem die Bewohner von Bernau und Umgebung!

Ein seltener Silberreiher bei der Jagd

A 1

Protokollbogen für die einzelnen Spielgruppen

an die Gruppe ...	unsere Forderungen bzw. Vorschläge ...	was wir erreicht haben ...	wie wir uns in der Abschluß-Konferenz verhalten wollen ...

(dies ist lediglich ein Beispiel, wie Ihr Eure Arbeit sinnvoll ordnen könnt!)

Arbeitskarte

... Arbeitshinweise ... Arbeitshinweise ... Arbeitshinweise ...

1. Lest die Spielunterlagen, die Euch der Lehrer aushändigt, klärt Verständnisfragen und unterstreicht wichtige Stellen (vor allem solche, die Euch als Gruppe betreffen!)

2. Diskutiert Eure Situation und überlegt, was Ihr zur Durchsetzung Eurer Ziele unternehmen wollt! Zieht gegebenenfalls den Protokollbogen (A 1) heran! Eure Fragen können z. B. lauten:
   - was wollen wir erreichen (mindestens – höchstens)?

- an wen wenden wir uns? Welche Gruppen sind besonders wichtig?
- welche Argumente (Forderungen, Vorschläge) wollen wir vortragen?
- wie können wir diese Argumente am besten begründen?
- auf welche Materialien greifen wir zurück?

Forderungen, Vorschläge usw.	an wen?	was wollen wir damit erreichen?
1.		
2.		

3. Überlegt auch: In welcher Lage befinden sich die anderen Gruppen? Was werden sie tun? Welche Argumente werden sie Euch womöglich entgegenhalten?

4. Setzt Euch mit den anderen Gruppen in Verbindung *(Schreibt Briefe! Führt mündliche Verhandlungen! Informiert Euch! Trefft Absprachen mit gleichgesinnten Gruppen! usw.)*

5. Beantwortet die mündlichen und schriftlichen Anfragen, die von den anderen Gruppen an Euch gerichtet werden!

6. Bereitet Euch gut auf die abschließende Konferenz vor, zu der der Stadtrat eingeladen hat! Wie wollt Ihr zur Frage des geplanten Chemiebetriebes Stellung nehmen? Welche Kompromißmöglichkeiten seht Ihr? *(Soll der Betrieb überhaupt gebaut werden? Wenn ja, soll Standort A oder B gewählt werden? Welche Garantien und Leistungen werden von der Chemie-AG erbracht und welche finanzielle Unterstützung erhält sie? Was wird für die Landwirte und Naturschützer getan? usw.)*

Ortsverband der Landwirte

Das ist Eure Rolle!

Ihr seid der Vorstand des Ortsverbandes. Zu Euch gehören sowohl Weinbauern als auch Landwirte mit Wiesenbesitz im Bereich des Standortes B. Standort A lehnt ihr ab, weil keine weiteren geeigneten Böden für den Weinanbau vorhanden sind. Standort B hingegen findet Ihr gar nicht so schlecht. Für einen Quadratmeter-Preis von ca. 3 DM wärt Ihr durchaus bereit zu verkaufen. Allerdings möchtet Ihr als Gegenleistung, daß etwa 200 Hektar in der Bernbach-Aue eine Drainage erhalten (wer bezahlt das?)

Das könntet Ihr z. B. tun!

- mit dem Stadtrat über den Standort B verhandeln (Preis je m^2?),
- Über Zuschüsse für neue Drainage verhandeln,
- Arbeitsplätze für „Nebenerwerbslandwirte" fordern (von Chemie-AG),
- Protestbrief gegen Standort B an die Leitung der Chemie-AG richten (Gründe?),
- mit den Naturschützern über gemeinsame Ziele und Maßnahmen beraten, usw.

Zusatzinformation

1. Für die Wiesen in der Bernbach-Aue sind bei einem Verkauf bisher im allgemeinen 1.50 DM bis 2.00 DM gezahlt worden.
2. Die Landwirte, deren Wiesen im Bereich des Standorts B liegen, haben zum Teil angedeutet, daß sie nur verkaufen wollen, wenn sie im neuen Chemiebetrieb auch Arbeitsplätze erhalten.
3. Die von Euch gewünschte Drainage (Entwässerung) für einen Teil der Bernbach-Aue würde Kosten von mindestens 200 000 DM verursachen.
4. Durch eine verbesserte Entwässerung könnten einige Wiesen u. U. in Ackerland umgewandelt werden. Das brächte höhere Erträge (Einnahmen).
5. Die Landesregierung hat in ihrer letzten Regierungserklärung dem Naturschutz größtes Gewicht beigemessen.

Stadtrat

Das ist Eure Rolle!

Eure Aufgabe ist es u. a., Eure Finanzen in Ordnung zu halten und alles zu tun, um die Lebensverhältnisse der Bürger zu verbessern. Um Eure Finanzlage allerdings steht es schlecht, weil zu wenig Gewerbebetriebe da sind, die Steuern zahlen. Der Plan der Chemie-AG kommt Euch daher sehr gelegen. Die geschätzten 10 Mio. DM Erschließungskosten sind für Euch jedoch völlig unzumutbar. Ihr müßtet das alles über Kredite finanzieren! Wichtig wäre Euch, daß die Chemie-AG langfristig zusichert, den Betrieb zu erhalten (mind. 10 Jahre!)

Das könntet Ihr z. B. tun!

- mit der Chemie-AG über die Erschließungskosten verhandeln,
- die Landesregierung um Zuschüsse ersuchen (z. B. 5 Mio. DM),
- mit den Landwirten über einen etwaigen Grundstücksverkauf (Preis?) verhandeln,
- bei Eurer Hausbank Kredit beantragen (Antrag an den Lehrer geben!),
- mit den Naturschützern über ihre Forderungen und Einwände reden, usw.

Zusatzinformationen

1. Der Chemiebetrieb würde Euch nach seiner Fertigstellung (Bauzeit 3–4 Jahre) zusätzliche Steuereinnahmen in Höhe von ca. 1 Mio. DM pro Jahr bringen (ohne Ermäßigung!).
2. Da Ihr z. Zt. keine eigenen Investitionsmittel mehr habt, müßtet Ihr alle Mittel, die Ihr nicht vom Land erhaltet, durch Kredite aufbringen (gegenwärtiger Kreditzins: 10 %/Jahr)
3. Das Gewerbegebiet in der Bernbach-Aue wäre insofern günstig, als dort noch große Flächen zur Ansiedlung weiterer Betriebe bereitstünden (für Standort A gilt das nicht!)
4. Für die Wiesengrundstücke in der Bernbach-Aue sind bisher im allgemeinen Quadratmeter-Preise von 1.50–2.00 DM gezahlt worden.
5. Die drohende Wasserverunreinigung wollt Ihr durch eine moderne Kläranlage verhindern.
6. Ihr müßt damit rechnen, daß Ihr bei den nächsten Gemeinderatswahlen viele Stimmen verliert, wenn es den Naturschützern gelingt, die Bevölkerung gegen Euch aufzubringen.

Verein für Naturschutz

Das ist Eure Rolle!	Das könntet Ihr z. B. tun!
Ihr seht Eure besondere Aufgabe darin, die Bernbach-Aue als wichtiges Naturschutzgebiet unverändert zu erhalten. Deshalb wendet Ihr Euch entschieden gegen den Standort B, der das bedeutendste Feuchtgebiet zerstören würde. Außerdem wollt Ihr, daß im Raum Bernau die Luft und die Gewässer sauber bleiben, was im Falle der Errichtung des geplanten Chemiebetriebes nicht sicher wäre. Wichtig für Euch ist, daß Ihr die anderen Gruppen „unter Druck setzt". Ob ihr das Chemiewerk ganz oder nur den Standort B ablehnt, müßt ihr entscheiden.	• Protestbriefe an Stadtrat, Landesregierung und Chemie-AG schreiben, • eindrucksvolle Flugblätter anfertigen und an die anderen Gruppen verteilen, • eine Demonstration planen (Aufruf entwerfen usw.), • Unterschriften sammeln (z. B. bei Euren Mitschülern in der Pause), • mit anderen Gruppen mündliche Verhandlungen führen, usw.

Zusatzinformationen

1. Einige Betriebsschließungen durch die Chemie-AG, die praktisch von heute auf morgen erfolgt sind (s. M 3), lassen Euch daran zweifeln, ob der Betrieb in Bernau wirklich auf lange Sicht geplant ist.
2. Die Stadt müßte für die Erschließung des Gewerbegebietes voraussichtlich hohe Kredite aufnehmen (die Rede ist von ca. 5 Mio. DM!). Und das bei Kreditzinsen von 10 % pro Jahr.
3. In seiner letzten Regierungserklärung hat der Ministerpräsident mit Nachdruck versichert, daß der Umwelt- und Naturschutz an vorderster Stelle der Politik stünden.
4. Zur Abluftreinigung wären moderne Filteranlagen nötig. Außerdem müßte die Stadt eine große Kläranlage bauen, damit die Abwässer der Chemiefabrik einigermaßen gereinigt in den Bernbach einmünden.
5. Wenn es Euch gelingt, die Bevölkerung gegen den Stadtrat aufzubringen, dann müßten die Stadträte bei den nächsten Gemeinderatswahlen mit dem Verlust ihrer Posten rechnen.

Leitung der Chemie-AG

Das ist Eure Rolle!	Das könntet ihr z. B. tun!
Ihr seid der Vorstand der Chemie-AG und habt die feste Absicht, in Bernau einen Zweigbetrieb zu errichten (gute und billige Arbeitskräfte usw.). Allerdings nur, wenn Ihr vom Land kräftige Zuschüsse erhaltet und die Gemeinde die Erschließungskosten trägt. Ob Standort A oder B ist für Euch noch offen. Da hat schließlich die Gemeinde ein gutes Wort mitzureden. Was Ihr erwartet, sind Steuervergünstigungen seitens der Stadt. Vertragliche Verpflichtungen, den Betrieb länger als 5 Jahre zu halten, lehnt Ihr ab (warum wohl?)	• mit dem Stadtrat über die Erschließungskosten verhandeln, • Investitionshilfen bei der Landesregierung beantragen (z. B. 25 Mio. DM), • von der Stadt Steuervergünstigungen bei der Gewerbesteuer fordern, • den betroffenen Landwirten Arbeitsplätze im geplanten Betrieb anbieten, • den Naturschützern anbieten, einen großen Fischteich anzulegen, usw.

Zusatzinformationen

1. Die Landesregierung (Wirtschaftsministerium) hat im letzten Jahr 2 Betrieben, die sich in der Region Bernau ansiedeln wollten, Zuschüsse von 25 % der Gesamtkosten angeboten.
2. Zwei andere Kleinstädte, in denen Ihr Zweigbetriebe habt, gewähren Euch Steuernachlässe von 30 % bzw. 40 % der ansonsten üblichen Gemeindesteuern.
3. Standort A hätte für Euch den Vorteil, daß die Verkehrsanbindung besser und der Untergrund des Geländes fester und damit für Bauzwecke wohl auch geeigneter wäre.
4. Von der Landesregierung erwartet Ihr Zuschüsse von 20–25 Mio. DM, und das bei voraussichtlichen Gesamtkosten des Werkes von ca. 100 Mio. DM.

5. Die Luftverschmutzung durch den geplanten Betrieb wäre ziemlich gering, da ihr bereit seid, moderne Filteranlagen einzubauen. Eine Kläranlage müßte die Stadt bauen.

6. Um die Naturschützer und ggf. auch die Landwirte zufriedenzustellen, würdet Ihr bis zu 250 000 DM für Fischteiche, Entwässerungsanlagen (Drainage) usw. aufwenden.

Landesregierung

Das ist Eure Rolle!	Das könntet Ihr z. B. tun!
Ihr seid die Vertreter des Wirtschaftsministeriums und u. a. für die Wirtschaftsförderung zuständig. Betriebsansiedlungen im Raum Bernau haltet Ihr für sehr wichtig. Eure Förderungsmittel sind jedoch knapp bemessen. 20–25 Mio. DM an die Chemie-AG und die Stadt Bernau zusammen sind das Maximum! Ihr müßt sehen, daß es auch anderswo noch dringenden Bedarf gibt! Soweit Ihr etwas unternehmt, solltet Ihr Euch gut mit dem Stadtrat abstimmen! Bedenkt, daß der Umwelt- und Naturschutz für Eure Regierung einen hohen Stellenwert hat.	• mit der Chemie-AG über etwaige Zuschüsse verhandeln, • mit dem Stadtrat die Finanzierung der Erschließungskosten beraten, • von der Chemie-AG Arbeitsplatzgarantie fordern (z. B. für 10 Jahre), • eng mit dem Stadtrat zusammenarbeiten, • mit den Naturschützern und der Chemie-AG über Möglichkeiten des Umweltschutzes beraten, usw.

Zusatzinformationen

1. Der Höchstbetrag zur Förderung von Betriebsansiedlungen in Gebieten wie Bernau ist kürzlich von 25 % auf 20 % der Investitionskosten gesenkt worden (knappe Kassen!)

2. Darüber hinaus stehen zur Unterstützung der Gemeinden weitere Zuschußmittel zur Verfügung (in Ausnahmefällen bis zu 50 % der Erschließungskosten).

3. Nach einem Kabinettsbeschluß soll bei der Vergabe von Ansiedlungsbeihilfen zukünftig verstärkt darauf geachtet werden, daß die Betriebe längerfristige Arbeitsplatzgarantien geben (Vertrag!). Ansonsten sollte Teilrückzahlung der Zuschüsse vereinbart werden!

4. In der letzten Regierungserklärung des Ministerpräsidenten ist der Natur- und Umweltschutz an vorderster Stelle der staatlichen Aufgaben genannt worden!

5. Bei der letzten Wahl hat Eure Partei im Raum Bernau 20 % ihrer Wählerstimmen verloren, weil euch die dortige schlechte Wirtschaftslage angelastet wird.

Jürgen Lackmann
Das Auto als Projekt im Wirtschaftslehre-Unterricht

I. Allgemeine Angaben

1. Lerngegenstand/Lernziele

Grundverständnis und Überblick über das Gesamtsystem „Verkehr"

Frederic Vester (1) hat einen Vorläufer aus jener Zeit, als das Automobil noch „Motorkutsche" genannt wurde. Der Wiener Aristokrat Michael Freiherr von Pidoll sah im Jahre 1912 das Verhängnis kommen und veröffentlichte eine Brandschrift mit dem Titel „Der heutige Automobilismus. Ein Protest und Weckruf", welche eine von Vesters Grundeinsichten vorwegnahm: „Die wichtigste aller Anforderungen und Bedingungen für die weitere Gestattung des Automobilverkehrs auf öffentlichen Straßen ist die absolute Sicherung einer verminderten Schnelligkeit der Automobile. Hierfür gibt es nur ein Mittel: Die allgemein bindende Vorschrift, daß auf den öffentlichen Straßen, Wegen und Plätzen nur solche Automobile verkehren dürfen, welche nach ihrer technischen, behördlich zu prüfenden Konstruktion, also ganz unabhängig vom Belieben ihres Lenkers, eine gewisse behördlich festzusetzende Höchstgeschwindigkeit überhaupt nicht überschreiten können." (S. 75)

Pidoll erkannte, noch ganz ohne „Bio-Kybernetik" und „fuzzy logic", worin das Geheimnis für eine Befriedung des Autoverkehrs liegt: in Langsam-Autos. In der Tat, nur behutsam motorisierte Fahrzeuge verdienen den Namen „Ökomobile". Sie allein erlauben, Brennstoffverbrauch und Schadstoffemissionen um entscheidende Größenordnungen abzusenken, den Flächenverbrauch einzudämmen, den Aufwand an Materialien und Sicherheitstechnik bei der Konstruktion gering zu halten und die der Geschwindigkeit dargebrachten Blutopfer einzuschränken. Denn ein *einziger* Faktor, die technisch mögliche Geschwindigkeit, ist verantwortlich für einen großen Teil der Leidensfolgen des Autos; jede Debatte über die Zukunft des Automobils, die sich nicht diesem Sachverhalt stellt, ist nichts weiter als Tändelei mit der Überlebenskrise.

Vesters außerordentliches Verdienst besteht darin, sich dieser Wahrheit gestellt zu haben. Er hält sich nicht auf mit Reform-Ladenhütern wie „Verbesserung des öffentlichen Verkehrs" oder „verbrauchseffiziente Motoren" – beides ebenso richtig wie unzureichend –, sondern zerschlägt mit einem Streich den gordischen Knoten des verkehrspolitischen Wirrwarrs: *Wir brauchen eine niedermotorisierte Automobilflotte.* Denn die heutige Automobilflotte ist in grotesker Weise übermotorisiert, mit aller Verschwendung an Energie, Material, Sicherheitsausstattung, die sich daraus ergibt. Beschleunigungswerte und Spitzenleistungen werden gehandelt, als ob die Wagen jeden Tag ein Langstreckenrennen auf der Autobahn durchzustehen hätten. Tempomobile, nicht einfach selbstbewegliche Fahrzeuge, sind bis heute das Leitbild im Automobilbau. Dabei verbringt ein Auto im Schnitt 80 % seiner Betriebszeit im Stadtverkehr bei Durchschnittsgeschwindigkeiten von 10–25 km/h. Tempomobile in den Stadtverkehr zu schicken ist daher ebenso rational wie Butter mit der Kreissäge zu schneiden. Sie haben mit Transporterfordernissen ebensoviel zu tun wie gotische Kathedralen mit Wetterschutz: Beide sind in Wahrheit Monumente religiöser Sehnsucht.

Vester legt dar, wie die Automobilindustrie sich mit diesen hochgezüchteten Fossilien in der Sackgasse festgefahren hat. Die *Fixierung aufs Tempomobil* hat sich zu einem strukturellen Innovationshemmnis ausgewachsen. Alles hängt nämlich vom Anforderungsprofil für Autos ab: Wenn die Forderung hoher Beschleunigung und Geschwindigkeit zurückgenommen wird, dann können sich die Ingenieure an ganz neue Lösungen in Sachen Design, Bequemlichkeit, Laderaum, Einsatzvielfalt und Ästhetik machen. Und besonders: Bei drastisch abgesenktem Niveau des Energiebedarfs werden mit einem Mal alternative Antriebsarten ernsthaft diskutabel. War doch um die Jahrhundertwende der Elektromotor deshalb auf der Strecke geblieben, weil die Anforderungen an Reichweite und Geschwindigkeit explodierten.

Eine Konsequenz jedoch läßt Vester im Dunkel: die Generation der Tempomobile muß abtreten, nur Wagen mit maßvoller Motorenleistung dürfen auf die Straßen. Andernfalls haben Niedergeschwindigkeitsautos keine Chance. Drückt man sich vor dieser Konsequenz, dann droht mit den Ökomobilen eine neue Autoflut: Sie würden als Zweit- und Drittautos die bald für den Explosionsmotor gesperrten Innenstädte bevölkern.

Neben einer intelligenteren Autotechnik plädiert Vester dafür, gegen konkurrierende einzelwirtschaftliche Rationalitäten eine gesamtwirtschaftliche Rationalität zur Geltung zu bringen: „Verbund", „Koppelung", „Symbiose" sind seine Stichworte. Ohne Zweifel trifft er auch da ins Schwarze. Man denke nur an den Aberwitz, daß für Jahrzehnte Verkehrspolitik darin bestand, das Auto *gegen* das Fahrrad, die Bahn *gegen* das Auto und das Flugzeug *gegen* die Bahn konkurrieren zu lassen. Doch läßt seine Deutlichkeit zu wünschen übrig, wenn es um den Vorrang des Prinzips Verkehrsverminderung vor dem Prinzip Vernetzung geht. Seine Aufmerksamkeit scheint sich auf eine Durchrationalisierung des Verkehrssystems zu konzentrieren, während die Größe des Systems nicht programmatisch zur Debatte steht bzw. gestellt wird. Über absolute Verkehrsverminderung sagt Vester nur wenig. Unglücklicherweise liegt jedoch hier die Crux einer Verkehrspolitik, die mehr sein will, als Passagierströme zu verschieben. Ich glaube, daß auch eine ausgeklügelte Symbiose der Verkehrsträger nicht weiterhilft, wenn nicht gleichzeitig die installierte Geschwindigkeit begrenzt wird und der Zwang zur Motorisierung nachläßt. Oder mit anderen Worten: wenn sich nicht ein Geschmack von *Gemächlichkeit* und *Motorenfreiheit* verbreitet.

Die Erwartungen des Menschen an sein Automobil sind vielfältig. Der *Autofahrer* will ein schönes und preiswertes Auto, mit dem er z. B.

- schnell Entfernungen überbrückt
- viel transportieren kann
- zeigen kann, wer er ist
- wenig Reparaturen hat
- überall hinkommt und
- gleich einen Parkplatz findet.

Die *Industrie* bezieht jedoch kaum in Überlegungen mit ein, was der Mensch vom Auto des anderen will, nämlich daß es

- weniger schön ist als das eigene
- keinen Lärm macht (Motorenlärm, Türenschlagen, Fahrgeräusche)
- keinen Platz beim Parken wegnimmt
- nicht die freie Fahrt behindert, aber auch nicht schneller als das eigene fährt
- möglichst überhaupt in der Garage stehenbleibt.

Für das *Verkehrsgeschehen* ist wiederum eher ausschlaggebend, was der Mensch von einem Fahrzeug als Teil seiner Umwelt will, nämlich ein Verkehrsmittel,

- das keine breiten Straßen braucht, die Landschaft und Wohnbereiche zerschneiden
- keinen Lärm macht, der unser vegetatives System schädigt und das Wildleben stört
- weder Rohstoffe verbraucht, die bald zu Ende gehen, noch Abfälle produziert, die Luft, Gewässer und Böden belasten
- so sicher ist, daß keine Unfälle geschehen.

Bei der Gegenüberstellung dieser so unterschiedlichen Forderungen sieht man, daß diese sich nicht nur gegenseitig widersprechen, sondern vielfach auch an reine Strukturprobleme stoßen. Das Konzept eines zukunftsorientierten Individualverkehrs findet daher bereits stark eingeschränkte Randbedingungen vor:

- Der Verkehrsraum ist begrenzt. Er darf den Lebensraum der Menschen nicht weiter einengen. Mehr Fahrzeuge werden sich daher in Zukunft um so stärker behindern. Auch die Attraktivität des Autofahrens stößt so an einen Grenzwert.
- Viele Menschen müssen zur gleichen Zeit zum Arbeitsplatz fahren und finden daher keine Straßen, keinen Parkplatz, keine rücksichtsvollen Partner im Verkehr.
- Viele Menschen fahren zur gleichen Zeit in den Urlaub und erleiden auf der Fahrt zum und am Urlaubsort Lärm, Streß, Gestank, Zeitverlust, Platznot, also alles andere, als was sie eigentlich vom Urlaub erhoffen.
- Der Belastbarkeit des Menschen und der Natur sind Grenzen gesetzt. Diese Grenzen berühren beim derzeitigen Individualverkehr unsere Umwelt (Unfälle, Bewegungsarmut, Abgase), das Verkehrsgeschehen selbst (Staus, Chaos, Zeitverlust und ambivalente „Mobilität"), die Umwelt (Zerschneidung des Raumes, Überbauung, Bodenversiegelung, Luftbelastung etc.), die Lebenshaltung (begrenztes Einkommen gegenüber hohen Anschaffungs- und Unterhaltungskosten), die sinkende Toleranz (gegenüber Verkehrsstreß und Unfallgefahr sowie durch zunehmendes Umweltbewußtsein gegenüber den Belastungen der Natur).

Die Größe des Verkehrssystems zu beschränken und nicht nur seine innere Organisation umzubauen, verlangt überdies, Bedingungen herzustellen, unter denen ein *Leben ohne Autobesitz* möglich und zumutbar ist. Denn die heimtückischste Folge der Automobilmachung liegt darin, daß nunmehr viele zum Auto genötigt sind. Die Autogesellschaft drängt den Bürgern verlängerte Wege und ein verdichtetes Tempo auf – und beides zwingt zu einem transportintensiven Lebensstil. *Privilegiert ist heute, wer es sich leisten kann, ohne Auto auszukommen.* (2) Vorbei sind die Zeiten, wo man sich ein Auto als Luxusspielzeug zulegte; heute ist der Autokauf häufig zu einer Sache der Selbstverteidigung geworden, um – auf dem Arbeitsmarkt oder im privaten Leben – sich nicht zu viele Nachteile einzuhandeln. Mehr Autos muß hier wahrlich nicht mehr Lebensqualität bedeuten; oder wer weiß schon, wieviele Neuzulassungen in Wirklichkeit reine Verteidigungsakte sind, um sich nicht zu verschlechtern, und keine Genußakte, um ein Stück dem ersehnten Leben näherzukommen? Wer sich aber dem Zwang zum Auto entziehen kann, wird ganz neue Dinge entdecken.

Thomas Krämer-Badoni ist kürzlich in einer Pilotstudie der überaus wichtigen (und von der hochsubventionierten Verkehrswissenschaft niemals untersuchten) Frage nachgegangen, welche Erfahrungen Familien mit einem *freiwilligen Verzicht auf das Auto* machen. Erstes Ergebnis: vier der sechs untersuchten Familien waren von den Erfahrungen der Versuchsperiode von einem Monat so beeindruckt, daß sie beschlossen, ihr Auto ganz zu verkaufen. Zweites Ergebnis: alle fanden Lösungen, sich ohne Auto einzurichten, und keine Familie fühlte sich in ihrer Mobilität entscheidend eingeschränkt. Ja mehr noch: sie entdeckten, daß Wege ohne Auto, selbst wenn sie länger dauern, eigene Erlebnisqualitäten haben; sie empfanden die Fahrten als verbrachte Zeit und nicht als verbrauchte Zeit wie beim Auto. Gewinn an erlebter Zeit, neue sinnliche Eindrücke, Unabhängigkeit von der Blechkiste, solche Motive verdichteten sind für sie zu einem eigenen Profil an *Lebensqualität* (3).

Freilich bleibt die Option für diese Art von Lebensqualität blockiert, wenn nicht systematisch Bedingungen geschaffen werden, welche sie abstützen können. Vieles ist bekannt, von Radwegen und Busspuren, von kleinteiliger Geschäftsdichte und flexiblen Arbeitszeiten, von Autoverleihsystemen und öffentlichem Taxi. Was wäre, wenn immer mehr Kommunen sich dieser Leitfrage stellen würden: Wie lassen sich schrittweise die Optionen für die Bürger verbreitern, ein Leben ohne Auto wählen zu können?

Schließlich muß es heute einer Politik, welche die Freiheitsrechte der Bürger achtet, darum gehen, das Recht zu garantieren, ohne Auto nicht diskriminiert zu werden. Denn es läßt sich fast von einer Umweltkrise zweiter Ordnung sprechen, ohne deren Lösung jene so sattsam bekannte der ersten Ordnung nicht ernsthaft angegangen werden kann: mit der Automobilmachung verfielen auch jene Umweltbedingungen, unter denen eine nicht-motorisierte Lebensweise gedeihen könnte. Die Lebensgrundlagen der unmotorisierten Fortbewegung zerstört zu haben, darin liegt – auch beim rundum „sauberen" Auto – möglicherweise die einschneidendste Folge der Motorisierung. Sich den Rückweg abzuschneiden, das wissen Bergsteiger ebenso wie Generäle, ist lebensgefährlich. Daher wird eine Politik, welche sich den Freiheitschancen der kommenden Generationen verpflichtet fühlt, sich darauf konzentrieren müssen, das elementare Recht, ohne Auto zu leben, wiederherzustellen.

Möglichkeiten der diskursiven Weiterführung und einige psychologische Ungereimtheiten

Tief verwurzelt hält sich eine Idee: Das Auto verhelfe uns zu größerer Mobilität und habe das Leben zu unserem Vorteil beschleunigt. Jedoch – das Auto hat uns träge gemacht. Nicht nur körperlich. Auch Fühlen und Denken sind mit der Motorisierung unbeweglicher geworden. Während wir im Fahrzeug sitzend manchmal noch schnelle Ortswechsel vornehmen können, haben wir uns längst an die fatalen Auswirkungen unserer täglichen Mobilität gewöhnt. Wirkliche Alternativen, wie sich das Verkehrssystem menschen- und umweltgerechter gestalten ließe, liegen bereits im toten Winkel unserer autofixierten Wahrnehmung.

Unser Verhältnis zum motorisierten Individualverkehr trägt alle Züge einer Kollektivneurose: In unserer Wahrnehmung verdrängen wir die negativen Folgen der Massenmotorisierung und entwickeln Pseudoalternativen, die uns aus der Verkehrskatastrophe führen sollen. Dafür glauben wir an Mythen, die uns suggerieren, daß es ohne einschneidende Änderungen unseres Verhaltens gelingen könnte, die Beeinflussung des Klimas zu verhindern oder die Zahl der im Verkehr Getöteten und Verstümmelten zu verringern.

Wir verhalten uns völlig rational. Natürlich ist es vernünftig, mit dem Auto zur Arbeit zu fahren, weil man nach der Radfahrt verschwitzt im Büro ankäme, und außerdem: die schweren Akten ... Selbstverständlich kann einer Frau nicht zugemutet werden, nachts alleine in öffentlichen Verkehrsmitteln zu fahren, so daß sie den Wagen benutzen muß. Und wer im Außenbezirk wohnt, muß nun einmal mit dem Auto zum Einkaufen in die Stadt fahren, weil die Preise in den teureren Vorortgeschäften doch viel zu hoch sind ...

Nur: Als Summe unserer privaten Rationalisierungen ergibt sich die große und fatale Irrationalität des Autoverkehrs. In allen Fahrzeugen, die mit uns den täglichen Stau bilden, sitzen Menschen, die mindestens einen vernünftigen Grund nennen können, warum sie gerade heute nicht auf ihren motorisierten Untersatz verzichten können und weshalb doch erst mal die anderen mit dem Umweltschutz beginnen sollen. Wir alle rationalisieren. So bezeichnen Psychologen verstandesmäßige Rechtfertigungen eines Verhaltens, das in Wirklichkeit anderen Motiven entspringt. Diese Motive wollen oder können wir uns nicht eingestehen, wenn die Grundfesten nicht erschüttert werden sollen, auf denen unsere Sichtweisen von der Welt gebaut sind. Verhindern sie doch, daß wir uns ernsthaft mit einer womöglich nahenden Katastrophe auseinandersetzen müssen. Solche typischen Rationalisierungen erscheinen meist in Form von Ungereimtheiten oder gar Mythen. Ihnen unterliegen selbst Menschen, die scheinbar ein hohes Maß an Selbsterkenntnis besitzen oder als Vordenker einer ‚neuen' Verkehrspolitik gelten.

Einige Beispiele sollen diese Ungereimtheiten verdeutlichen: Die Illusion

– die weltweite Bestandsentwicklung der Kraftfahrzeuge könnte dem der westlichen Industrieländer folgen;

– durch „umweltverträglichere" Kraftfahrzeuge, z. B. mit Katalysator oder Sonnenenergie getrieben, würde die Umweltbelastung reduziert;

– die Verkehrssicherheit würde tatsächlich zunehmen, da die Zahl der Unfalltoten gesunken ist;

– der Umstieg auf den Öffentlichen Personennahverkehr wäre ohne Umweltbelastung zu haben und

– es bestehe die Möglichkeit, sein Auto vernünftig zu nutzen.

Sie zeigen bereits Gesichtspunkte für die mögliche projektorientierte Erörterung im Wirtschaftslehre-Unterricht auf.

„Aussteigen" ist die einzig sinnvolle Lösung, wenn wir einen individuellen Beitrag gegen die Verkehrskatastrophe leisten wollen, der mehr als symbolischen Wert besitzt. Kein bequemer Weg, was denn auch dazu führt, daß wir allerlei Geisteskapriolen schlagen, „rationale" Argumente suchen und unliebsame Fakten verdrängen – nur um unsere bequeme Autofahrt nicht schlechten Gewissens beenden zu müssen.

Wirtschaftsdidaktischer Hintergrund und Intentionen

Hinter diesem Unterrichtskonzept steht die von Kreuchauf & Lackmann und anderen vorgetragene Prämisse, Wirtschaften zuvörderst als Auseinandersetzung der Menschen mit der Natur zu begreifen, das nicht mehr die menschlichen Lebensgrundlagen zerstört, sondern entsprechend den der Natur nachempfundenen Verknüpfungen (Metabolismen) praktiziert. (4) In der folgenden Abbildung wird dieser Tatbestand sehr vereinfacht dargestellt.

Im vorangegangenen Abschnitt wurde auf einige Aspekte im Zusammenhang mit der Nutzung von Automobilen eingegangen. Ökonomisch gesehen muß die Automobilindustrie als eine Schlüsselindustrie unserer Volkswirtschaft angesehen werden, die derzeit von heftigen Krisen geschüttelt wird (5). Noch ist nahezu jeder 6. Arbeitsplatz in den alten Bundesländern direkt oder indirekt vom Auto abhängig. Jede vierte Steuermark wurde in wirtschaftlichen Boomzeiten direkt oder indirekt durch Herstellung, Verkauf und Nutzung von Automobilen „verdient" (6). Neben diesen positiven Effekten treten aber bislang noch zu wenig beachtete negative Wirkungen rund ums Auto auf. So belastet die Benutzung des Autos laufend die Umwelt (Abgase, Lärm, Naturzerstörung ...) und verursacht jährlich Folgekosten in Milliardenhöhe (Unfallkosten, Kosten durch Schadstoffemissionen, Lärm ...). (7) Schließlich werden von den öffentlichen Händen die nötigen Infrastrukturinvestitionen (etwa Straßenbau) getragen, die gleichfalls in die Umwelt eingreifen. Wenn das Auto schließlich nicht mehr nutzbar ist, wird die Umwelt durch das Autowrack und sein „Innenleben" noch einmal belastet. Diese ganzen Belastungen wirken sich wiederum auf die Menschen und die Natur aus.

Von besonderer Bedeutung für die Arbeit in der Schule ist nach meiner Auffassung eine ökologische Orientierung i. S. von *Wertorientierung*, für die Heiko Steffens ein Beispiel bei der Benutzung des Autos gibt (8). Steffens unterscheidet zwischen Eigennutz-Orientierung (Leitbild homo oeconomicus), Konformitäts-Orientierung (Leitbild homo sociologicus) und einer Prinzipienorientierung (Leitbild homo oecologicus). Im Modell der *Eigennutz-Orientierung* wird die Umweltqualität egoistisch und instrumentell als Mittel zum Zweck persönlicher Nutzenmaximierung gesehen (S. 184). Das Paradigma *konformitätsorientierten Verhaltens* beschreibt das Handeln des einzelnen Verbrauchers an den übrigen Verbrauchern; Einschränkungen infolge ökologischer Notwendigkeiten werden nur akzeptiert, wenn die Belastungen für alle verbindlich sind (S. 186 f.). Eine *Prinzipien-Orientierung* schließlich zielt auf umfassende ökologische Verantwortlichkeit und akzeptiert umweltbezogene Wertvorstellungen, die universell gültig und handlungsleitend sind (S. 188).

Die persönliche Nutzung des Autos kann nun auf die beschriebenen Prinzipien bezogen werden (9):

Eigennutz-Orientierung: Nur geringfügige Verringerung der Umweltbelastung durch Verzicht aufs Auto. Mögliche Einsparungen werden durch Verluste an Zeit, Abhängigkeit vom Wetter, Kauf von Fahrscheinen usw. zunichte gemacht. Einbußen an Bequemlichkeit, Flexibilität, Transportmöglichkeiten und Geschwindigkeit sind bei einer Nutzung öffentlicher Verkehrsmittel vergleichsweise gering.

Konformitätsorientierung: Hier wird zusätzlich zum Kosten-Nutzen-Vergleich (Eigennutz-Orientierung) das Verhalten der anderen mitreflektiert. Wenn die anderen Autos benutzen, ja der Staat immer mehr Autos für den Straßenverkehr zuläßt, ist der persönliche Nutzungsverzicht lediglich eine isolierte Vorleistung, die dem Umweltschutz kaum nutzt.

Prinzipien-Orientierung: Unter Berücksichtigung der beiden vorstehenden Orientierungen wird das Verhältnis zwischen individuellem Nutzen und Umweltschutz als Wertkonflikt erkannt. Prinzipien-Orientierung räumt deshalb dem Umweltschutz einen höheren Stellenwert als dem Eigennutz und dem Konformismus ein. Belanglos ist dabei, wie groß der Beitrag jedes einzelnen ist. Unerheblich ist auch, ob er von anderen akzeptiert wird. Entscheidend ist, daß ökologisch verantwortliches Handeln angegangen werden muß, um etwas zu bewirken. Gerade unter pädagogischen Gesichtspunkten ist dies wichtig, weil jeder auch noch so geringe Beitrag zum Schutz der Umwelt bedeutsam und wirksam ist. Für die Arbeit in der Schule ist dies von nicht zu unterschätzender Bedeutung.

So besteht die wichtigste Intention dieses Unterrichtsvorschlages darin, bei Schülerinnen und Schülern ein moralisch fundiertes Umweltbewußtsein am – simulierten – Beispiel der Güternutzung (Auto) zu entwickeln. Dies ist im Wirtschaftslehre-Unterricht allein möglich, aber auch unter Beachtung fächerverbindender Prinzipien sehr erfolgreich wirksam zu machen (10).

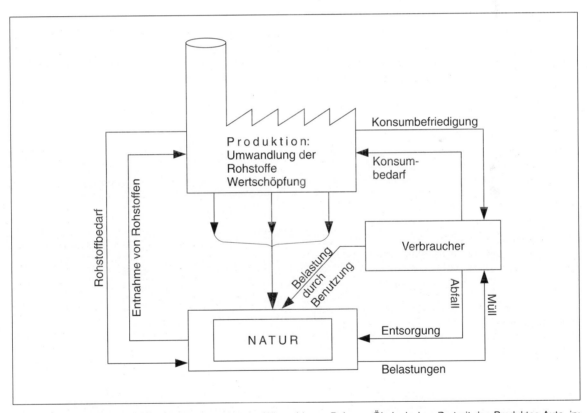

Quelle: Klaus Kreuchauf / Jürgen Lackmann: Von der Wiege bis zur Bahre ... Ökologisches Portrait des Produktes Auto, in: AWT-Info Nr. 2 /1990, S. 26

2. Ablauf

Das ganze Unterrichtsvorhaben ist als Projekt realisierbar.

1. Als Projektinitiative dient eine Sammlung von Leittiteln, die den Lernenden einen Überblick über die unterschiedlichen Aspekte des Gesamtsystems Verkehr geben und von ihnen unter unterschiedlichen Aspekten geordnet werden können. Dabei werden Assoziationen freigesetzt und eine mögliche Struktur ersichtlich, die einer denkbaren Planung des Projektes durch die Lernenden selbst dienen kann.

2. Die unterschiedlichen Aspekte – hier als Bausteine konstruiert – können in arbeitsgleichen oder arbeitsteiligen Gruppen, aber auch im Plenum erarbeitet werden. Die folgende Aufstellung skizziert einen möglichen Projektplan im wesentlichen nach inhaltlichen Aspekten – die möglichen Schüleraktivitäten und Anregungen des Lehrers werden unter Punkt II. aufgezeigt.

Autobestand und Autonutzung	
Die Lernenden ermitteln die Entwicklung des Autobestandes und vergleichen sie auch bezüglich unterschiedlicher Regionen. Sie ermitteln die Entwicklung der Kfz-Fahrten zur Arbeit und in der Freizeit. Sie ermitteln die Entwicklung von Fahrten, die durch die arbeitsteilige Produktion entstehen. Sie besinnen sich auf Ursachen und Konsequenzen.	
Arbeitsplätze	*Energiefresser Auto*
Sie stellen die Bedeutung des Autos für die Volkswirtschaft fest.	Sie vergleichen den Energieverbrauch bei Güter- und Personenverkehrsleistungen unterschiedlicher Verkehrsmittel und denken nach über die Folgen der Steigerung von Energiepreisen.
Private und soziale Kosten	*Das Ende eines Autolebens*
Sie erfahren die monatlichen privaten Kosten eines Autos und setzen sich mit den gesamten sozialen Kosten auseinander. Hierbei untersuchen sie einzelne Bereiche, z. B. die Luftbelastung, Opfer des Straßenverkehrs, differenzierter.	Sie stellen fest, daß zur Bewertung der ökologischen Verträglichkeit von Gütern der gesamte Lebenslauf einzubeziehen ist.
Tempomobile oder Langsam-Autos	
Die Lernenden setzen sich mit der Tempoorientierung incl. ihrer negativen Entwicklung sowie den technologischen Möglichkeiten zur Entwicklung von „umweltverträglicheren" Autos auseinander. Sie besinnen sich auf die Aufgaben von Autos und Möglichkeiten einer unverkrampften Nutzung.	
Perspektiven	
Sie ermitteln die unterschiedlichen Konsequenzen von Maßnahmen, die die negativen Folgen des Straßenverkehrs mindern. Sie stellen die Unterschiede fest zwischen technologischen Verbesserungen des Autos, Verkehrslenkungssystemen, Verkehrsverbünden, Umstieg auf den ÖPNV einerseits und andererseits einer Kfz-Vermeidungsstrategie, die auf Autoverzicht, Fahrradfahren, Umweltverbünde, Car-Sharing, Einschränkung der Straßen für den Autoverkehr setzt.	
Projektergebnis	
Sie erstellen in einer kreativen Phase eine Zukunft mit weniger Verkehr und mehr Lebensqualität als Dokumentation. Sie diskutieren mit kommunalen Verkehrsplanern, Stadtgestaltern und Kommunalpolitikern Möglichkeiten einer menschenfreundlicheren Verkehrsplanung für Langsammobile und die anderen Verkehrsmittel.	

Zur Vorbereitung der Lehrkräfte, Schülerinnen und Schüler dienen die folgenden Unterrichtsmaterialien, die nach fachlich wichtigen Akzenten ausgewählt worden sind. Das bedeutet, sie erheben keinen Anspruch auf vollständige Abbildung des Themas „Auto".

3. Einsatzbedingungen

Als Anknüpfungspunkte zum Lehrplan Wirtschaftslehre in Baden-Württemberg (aber auch anderer Bundesländer, die Wirtschaftslehre als Schulfach im Bereich der Sekundarstufe I verankert haben) können etwa folgende Lehrplanthemen herangezogen werden: Klasse 7, Lehrplaneinheit 3, Bedarfsdeckung für den Haushalt; Klasse 8, LPE 1, Produktion in einem Unternehmen; Klasse 9, LPE 3, Einkauf und Kreditaufnahme (11). Die folgenden Hinweise sind für den Unterricht im Fach Wirtschaftslehre gedacht. Dabei kann es aber erforderlich werden, sich der Unterstützung anderer Fachkolleginnen oder Fachkollegen zu versichern. Denn es wird in einem Unterrichtsbaustein etwas über die Verkehrstechnik angesprochen, die gewöhnlich Thema des allgemeinbildenden Technikunterrichts auch der Sekundarstufe I ist. Oder es wird vorgeschlagen, ein gesundes Frühstück unter verkehrsbezogenem Aufwand zu diskutieren. Hier kann die Fachkompetenz der Hauswirtschaftskollegin wichtig werden.

II. Spezielle Angaben zur Unterstützung des Ablaufs: Unterrichtsimpulse

1. Projektinitiative: Verschiedene Aussagen über das Auto

Im folgenden werden in lockerer Zusammenstellung einige Aussagen zu Auto und Verkehr vorgestellt, die als Einstieg in das Thema von den Schülerinnen und Schülern nach Obergesichtspunkten geordnet werden können. Selbstverständlich ist es denkbar, daß die Lernenden aus Zeitungen, Zeitschriften und den elektronischen Medien selber entsprechende Impulse zusammentragen, um diese dann im Unterricht vorzustellen und zu erläutern. Diese Zitate lassen sich auch als *Gegensatzpaare* darstellen, da sie widersprüchlich sein können, wie etwa das folgende Beispiel zeigt:

„Mehr Mobilität führt zum Stillstand" (Das Parlament Nr. 33 vom 7. 8. 1992, S. 13) ↔ „Mobilität als Schmiermittel der Marktwirtschaft" (Das Parlament Nr. 33 vom 7. 8. 1992, S. 7)

Auch wird die *psychologische* Seite des Autofahrens genannt:	„Droge Auto" (Das Parlament Nr. 33 vom 7. 8. 92) „Gewalt mit dem Auto: Von Überholern, Dränglern und Besserwissern" (Das Parlament Nr. 33 v. 7. 8. 92) „Staufieber – Das neue Freizeitleiden der deutschen Autofahrer" (BAT Freizeitforschungsinstitut 1992)
Der *volkswirtschaftliche* und *technisch-arbeitsteilige* Aspekt kommt im folgenden zum Vorschein:	„Deutsche Automobilbauer sind viel zu teuer geworden" (Schwäbische Zeitung Nr. 196 vom 26. 8. 1993) „Kommt das Öko-Auto?" (Der Spiegel Nr. 28/1991) „Das Pfandmobil" (Öko-Test Magazin Heft 1/1991) „Autoindustrie streicht mindestens 40 000 Stellen" (Frankfurter Rundschau Nr. 28 vom 3. 2. 1993) „Viehtransporte durch Europa: Geschundene Fracht" (Die Zeit Nr. 22 vom 28. 5. 1993) „Pfadfinder am Armaturenbrett" (Das Parlament Nr. 33 vom 7. 8. 1992)
Oder die verschiedenen *negativen Wirkungen*, die im Zusammenhang mit der Nutzung von Kraftwagen entstehen:	„Verkehrsunfälle Todesursache Nr. 1 bei Kindern" (Frankfurter Rundschau Nr. 212 vom 12. 9. 1988) „Aus den Auspufftöpfen quillt die Klima-Gefahr" (Frankfurter Rundschau Nr. 191 vom 18. 8. 1992) „Mit Ozon-Tempolimits Mitte Juli zu rechnen" (Frankfurter Rundschau Nr. 149 vom 1. 7. 1993) „Das Umweltbundesamt will keinen Bio-Sprit im Tank" (Frankfurter Rundschau Nr. 19 vom 23. 1. 1993)

Mehr *Straßen* sollen gebaut werden – oder auch nicht:	„Ruf nach mehr Autobahnen wird lauter" (Frankfurter Rundschau Nr. 135 vom 12. 6. 1992) „Matthiesen stoppt Autobahnbau" (Frankfurter Rundschau Nr. 41 vom 18. 2. 1993) „Bonner Kabinett billigt Krauses Pläne für Autoverkehr und Bahn" (Frankfurter Rundschau Nr. 163 vom 16. 7. 1992)
Die *Kosten* des Autoverkehrs dürfen nicht vergessen werden: Selbstverständlich liegen die *Alternativen* zum Auto auf der Hand:	„Kassenfüller Autobahn" (Der Spiegel Nr. 7/1993) „Wer viel Auto fährt und Energie verbraucht, muß mehr zahlen" (Frankfurter Rundschau Nr. 191 vom 18. 8. 1992) „Fahrradanteil am Verkehrsaufkommen soll sich verdoppeln" (Schwäbische Zeitung Nr. 181 vom 7. 8. 1992) „Rollen Busse und Bahnen in die Schwarzen Zahlen?" (Das Parlament Nr. 33 vom 7. 8. 1992)
Und außerdem:	„Schöner ist das Wohnen in autofreien Zonen" (Die Zeit Nr. 19 vom 7. 5. 1993)

In einem zweiten Durchgang kann die Darstellung dieser Zitate eher nach „negativen" (Nachteile) und eher „positiven" (Nutzen) Aspekten vorgenommen werden. Es lassen sich dabei interessante Gespräche in der Klasse führen, da nach unseren Erfahrungen unterschiedliche Meinungen geäußert werden.

Diese Vielfältigkeit des Systems „Verkehr" versucht die Skizze von Vester (M1) zu verdeutlichen. Die bildhafte Darstellung des Gesamtsystems gibt gute Anhaltspunkte für Art und Komplexitätsgrad der unterschiedlichen Aspekte, die charakteristisch für moderne Verkehrssysteme sind. Auch Überlappungen der inneren Systemgrenzen dürften erkennbar werden. (12) Ebenfalls könnte die „Erdrückung" des Menschen durch das Auto Gegenstand der Auseinandersetzung werden (M2).

Dieser Diskurs rund ums Auto kann dann unter Zuhilfenahme der folgenden Vorschläge gezielt fortgesetzt werden. Die Lernenden können Bausteine in arbeitsgleichen oder arbeitsteiligen Gruppen erarbeiten, Ergebnisse im Plenum vorstellen, wobei auch Plenumssitzungen zur Erarbeitung genutzt werden können. Die folgenden Bausteine sind so konzipiert, daß Lehrende einerseits Anregungen erhalten zur Initiierung von Schüleraktivitäten (kursive Schreibweise), aber auch Hilfestellungen zur thematischen Ergebnissicherung (normale Schreibweise) und Verallgemeinerung.

2. Bausteine eines Projektplanes

Autobestand und Autonutzung

[1] Autobestand in Deutschland

Die Aufstellung (M3) zeigt den Bestand von PKW in den alten und jungen Bundesländern an. Dabei fällt auf, daß vor dem Fall der Mauer die PKW-Dichte in der DDR so stark war wie in Westdeutschland zu Beginn der siebziger Jahre. Heute ist man schon fast an das West-Niveau (502 PKW je 1000 Einwohner) herangerückt.

> *Eine Aufgabe zum Rechnen bietet sich auch bei M3 an: Es können die Wachstumsraten der PKW zwischen Westdeutschland und Ostdeutschland errechnet werden!*
>
> *Zur Information:* 1990 betrug der PKW-Bestand in Deutschland 35,3 Mio Fahrzeuge (alte Bundesländer 30,7 Mio, junge Bundesländer 4,6 Mio).

> *Noch eine Rechenaufgabe:* Verkehrsexperten erwarten zwischen 1990 und 2010 eine weiter gestiegene Nutzung des Autos, aber auch anderer Verkehrsmittel (M4).

Es ist nun möglich, die Steigerungsraten der Verkehrsmittel Auto, Bus/Bahn, Flugzeug, Fahrrad/ einschließlich Fußgänger zu ermitteln und diese vermutete Zunahme zu **interpretieren**. Vor allem wird eine Diskussion dieser unterschiedlichen Verkehrsmittelnutzung naheliegen, da die Schülerinnen und Schüler dann sämtlich Verkehrsteilnehmer/innen sind.

Nur unter Ausgrenzung vieler Menschen gelingt es unserer Gesellschaft, „voll" motorisiert zu sein. Frauen, Kinder und Alte müssen sich darüber hinaus an eine auf den motorisierten Verkehr zugeschnittene Straßenverkehrsordnung gewöhnen, die von den Eltern das Abrichten ihrer Kinder wie Zirkustiere verlangt, damit sie nicht unter die Räder kommen.

Um festzustellen, in welch privilegierter Situation die Menschen in den Industrieländern sind, bietet sich ein Vergleich nach Regionen an. Das Material (M5) zeigt, daß die Westeuropäer gemeinsam mit den Nordamerikanern und Japanern zu den 18 % der Menschheit gehören, die über 80 Prozent aller Pkw verfügen und die automobile Weltminderheit darstellen.

Hier könnten die Lernenden sich besinnen, was eine weltweite Übertragung des Lebensstandards der Menschen in den Industrieländern für die Umwelt bedeuten würde. Dazu ist es sinnvoll, die jährlichen Emissionen durch den Verkehr (M6) hinzuzuziehen.

Zur Gegenüberstellung der **Vorteile** *und* **Nachteile** *des Autos, auf die man hier zusammenfassend zu sprechen kommen müßte, hilft (M7) weiter.*

[2] Autonutzung von Privatleuten

Fahrt zur Arbeit

Im Berufsverkehr ist das Auto in Ost und West Verkehrsmittel Nummer eins (M8). Nach einer Umfrage des Statistischen Bundesamtes fahren 64 % der Erwerbstätigen in den alten und 34 % der Erwerbstätigen in den jungen Bundesländern mit dem PKW zur Arbeit. In den neuen Bundesländern steigt noch ein großer Teil der Erwerbstätigen in öffentliche Verkehrsmittel, um zum Arbeitsplatz zu gelangen (26 % gegenüber 15 % im Westen). Ob das so bleibt, ist fraglich, denn die Preise im öffentlichen Nahverkehr Ostdeutschlands nähern sich dem Westniveau. Im Zeitraum von 1950 bis 1987 hat sich die Zahl der Berufspendler von gut drei auf fast zehn Millionen verdreifacht, was einem Anstieg der Pendlerquote (Anteil der Pendler an allen Erwerbstätigen) von 14,5 Prozent auf 36,8 Prozent in dieser Zeitspanne entspricht (13).

Die starke regionale Verwurzelung der Pendler führt dazu, daß ein nicht unerheblicher Kostenaufwand für die Mobilitätsentscheidung hinsichtlich Wohn- und Arbeitsort in Kauf genommen wird. Doch relativieren sich die Fahrtkosten für die Pendler mit niedrigen und mittleren Einkommen, die die größte Gruppe stellen, durch den Umstand, daß Wohnraum und Lebenshaltung in Ballungsräumen für sie nicht mehr zu finanzieren sind. Das aktuelle Defizit an Wohnraum in großstädtischen Ballungsräumen läßt darüber hinaus Umzugserwägungen an Bedeutung verlieren. Schon aus diesem Ursachenzusammenhang läßt sich eine weitere Zunahme des Pendelns erwarten, die mit Mitteln der Verkehrs- und Wohnungspolitik allein nicht in den Griff zu bekommen ist.

Als Konsequenz des verringerten Zeitbudgets und der Beanspruchung durch lange Wegezeiten ist mit langfristig nachteiligen Entwicklungen für die gesellschaftliche Kommunikation sowie für die politische und soziale Kultur der demokratischen Partizipation zu rechnen. Denn erreichte Arbeitszeitverkürzungen werden durch das Pendeln aufgezehrt. Für eine wachsende Zahl von Beschäftigten wird ein neuer Zwölf-Stunden-Tag Realität, in dem die Wegezeit zunimmt und die Arbeitszeit abnimmt. Die entlastende Wirkung von Arbeitszeitverkürzungen kommt also dem Fernpendler in deutlich geringerem Maß zugute als denjenigen, die ihre Arbeitsstätte in der Nähe des Wohnorts haben. Damit wird der Zugewinn an Lebensqualität, den die Gewerkschaften als Aufgabe ihres betrieblichen und gesellschaftlichen Engagements begreifen, durch den steigenden Aufwand der Beschäftigten an Zeit, Geld und Energie für den Weg zwischen Wohn- und Arbeitsort beeinträchtigt.

Fahrten in der Freizeit

Die meisten Autokilometer werden heute am Wochenende und im Urlaub zurückgelegt. Alle Verkehrsprognosen seit den 60er Jahren haben die Entwicklung der Freizeitmobilität unterschätzt. Mittlerweile gehört der Wochenend- und Urlaubsstau für immer mehr Autofahrer ganz selbstverständlich zum motorisierten Freizeiterleben dazu. Wenn das Fahrzeug zum Stehzeug wird, sind die Autofahrer hin- und hergerissen, zeigt (M9). Die einen fiebern vor Wut, die anderen vor Erregung. Die Fahrt ins Grüne oder Blaue spaltet die deutsche Autofahrerschaft in zwei Lager: Die meisten leiden regelrecht unter der Beeinträchtigung ihres Freizeitvergnügens. Nicht wenige aber machen sich einen Spaß daraus, stillen ihren Erlebnishunger bis hin zu fast masochistischen Reaktionen: „Wenn ich erschöpft und erschlagen nach Hause komme, fühle ich mich erst richtig wohl."

Mit Hilfe von (M10) kann ein Aufsatz zu diesem Thema verfaßt werden. Voraussetzung ist jedoch die Beantwortung der folgenden Fragen:

Welche Erfahrungen haben die Schülerinnen und Schüler diesbezüglich am eigenen Leib gemacht? Wie oft verreisen die Famlien der Schülerinnen und Schülern an Wochenden und in den Ferien und wohin? Macht das Vergnügen? Wäre eine Wanderung oder eine Radtour am Heimatort eine Alternative zum Wegfahren?

Sensibler Bereich: Familien, die nicht oder selten in Urlaub fahren können/kein Auto besitzen!

[3] LKW-Nutzung in der Wirtschaft

Kühe gibt es überall. Trotzdem lassen Molkereien Buttermilch und Joghurt in halb Europa herumfahren. Andere Firmen schaukeln Wasser spazieren oder kutschieren Textilien kleiner Näharbeiten wegen Tausende von Kilometer.

Apropos Joghurt: Erstmals hat 1992 eine Untersuchung detailreich aufgezeigt, mit welch abstrusem Transportaufwand selbst Produkte des täglichen Verbrauchs hergestellt werden, weil der „Verkehr" – verglichen mit seinen tatsächlich anfallenden Wegekosten sowie den sozialen und ökologischen Folgekosten – zu billig angeboten wird. Stefanie Böge (14) analysierte die „Transportkette" eines in Stuttgart abgepackten 150-g-Erdbeerjoghurts und entlarvte das „gesunde Produkt" als Verkehrserzeuger und damit als Umweltverschmutzer erster Ordnung:

Polnische Erdbeeren werden in Aachen verarbeitet, von wo man sie ins Stuttgarter Milchwerk fährt. Papier aus Elmshorn (Schleswig-Holstein) wird in Kulmbach (Bayern) zum Etikett, Quarzsand aus Frechen (Nordrhein-Westfalen) in Neuburg (Bayern) zu Glas. Die Joghurtkulturen reisen 920 km von Niebüll, das Aluminium für den Deckel legt 864 km zwischen der Hütte in Nordrhein-Westfalen, dem Prägewerk in Bayern und der Verarbeitung in Stuttgart zurück. Die Steige, in der die Joghurt-Gläschen ausgeliefert werden, hat 402 km hinter sich, die alles zusammenhaltende Strechfolie 406. Nur die beiden Zutaten Milch (36 km) und Zucker (107 km) stammen aus der Region. Unter dem Strich ergeben sich für das Produkt 9 115 km. In Worten: Neuntausendeinhundertfünfzehn. Rechnet man das jetzt anteilig auf einen einzigen 150-g-Erdbeerjoghurt um, lautet das Ergebnis: Pro Becher fährt ein KLW 14,2 Meter, bis das Produkt beispielsweise im Hamburger Supermarkt steht. Ist das nun akzeptabel und eigentlich beruhigend wenig? Oder bestürzend viel?

Sowohl als auch – muß man paradoxerweise sagen. *Betriebswirtschaftlich* nämlich, also aus Sicht des Unternehmens, rollen die Lastwagen nicht einen Meter zuviel, sind die Transportwege und -kosten genau berechnet und gewinnträchtig austariert. *Gesamtwirtschaftlich* und ökologisch hingegen nimmt sich der Verkehrsstrom in deutschen Landen ganz anders aus. Der Energieverbrauch, durch Stickoxide und Rußpartikel verpestete Luft, die LKW-Karambolagen, der Lärm, die Staus, die zubetonierte Natur: all das schlägt sich nach einer Schätzung des Heidelberger Umwelt- und Prognose-Insituts mit 200 Mrd. Mark jährlich der Allgemeinheit zu Buche, der LKW-Anteil daran beträgt fast 40 Mrd. Mark (15).

Ob man nun vierzehn Meter und zwanzig Zentimeter als bestürzend viel oder beruhigend wenig empfindet – diese Frage führt schnurstracks zu einer Bewertung unserer Konsumgewohnheiten, unseres entfernungsintensiven Lebensstils. Würde sich Stefanie Böge mit ihrer Untersuchungsmethode über den ganzen Frühstückstisch hermachen, über Tiroler Bauernschinken, für den das Schweinefleisch aus Belgien über die Alpen gekarrt wird, den Honig aus Kanada, den Käse aus Bulgarien, die Konfitüre aus Frankreich mit Kirschen aus Ungarn und derlei kilometerträchtige Leckerbissen mehr – es käme eine erkleckliche Strecke zusammen.

Damit zum Unterricht: *Die Klasse erhält die Aufgabe zusammenzustellen, was so auf einem durchschnittlichen Frühstückstisch landet und festzuhalten, woher die Produkte kommen. (Selbstverständlich kann dies auch im Hauswirtschaftsunterricht etwa beim Thema „gesunde Ernährung" erörtert werden.)*

Dann läßt sich – mit Hilfe einer Landkarte – ermitteln, wie lange die Wege sind, die die Lebensmittel eines Frühstücks zurückgelegt haben, bis sie bei uns sind. Zur Vorbereitung dieser Aufgabe wird anhand von (M11) und (M12) der Joghurttransport nachvollzogen und erörtert, wie notwendig/sinnvoll diese langen Verkehrswege sind und welche Alternativen es gibt, um viele LKW-Transporte möglichst überflüssig zu machen. Schließlich wäre es denkbar, einen Umweltengel für Lebensmittel eines Frühstückstisches zu entwickeln, die wenig transportintensiv, nicht oder wenig denaturiert (industriell verarbeitet), möglichst direkt beim Erzeuger (Wochenmarkt) gekauft und aus alternativem Landbau stammend, sind (Vorschlag M13). (16)

[4] Verallgemeinerung:

Das Güterverkehrsaufkommen (die Summe aller transportierten Güter, gemessen in Tonnen) ist in den vergangenen fünf Jahren um vierzig Prozent gestiegen; die Güterverkehrsleistung (die die beförderten Tonnen und Kilometer ins Verhältnis setzt) sogar um 85 Prozent. Soll heißen: Es wird zwar auch mehr transportiert als je zuvor, aber vor allem über größere Entfernungen.

Die Tabelle (M14) läßt erkennen, daß für die Zukunft eine weitere starke Zunahme des Güterverkehrs erwartet wird. Diese Zunahme, bei der der Güterverkehr auf Straßen am stärksten ansteigt, ist auf Strukturveränderungen unserer Wirtschaft zurückzuführen, die v. a. auf Verkehr setzt.

Arbeitsplätze

Jeder sechste Beschäftigte in den alten Bundesländern lebt derzeit – noch – direkt oder indirekt vom Auto, sei er nun direkt bei einem Autohersteller, in einer Kraftfahrzeugwerkstatt oder in einem Taxibetrieb, bei einem Reifenhersteller, im Maschinenbau oder auch in der Glasindustrie beschäftigt. (M15)

22 Prozent des deutschen Sozialprodukts, dies zeigt ebenfalls die fundamentale Bedeutung des Autos für die arbeitsteilige Volkswirtschaft, werden mit der Arbeit rund um das Auto erwirtschaftet.

Nicht nur bei der Herstellung, dem Vertrieb und der Wartung von Autos sind viele Menschen beschäftigt, sondern auch im Straßenbau. Dabei ist interessant, daß für den Bau von Autobahnen oder Landstraßen relativ viel weniger Menschen benötigt werden als etwa bei der Verkehrsberuhigung, wo offenbar noch mehr Handarbeit gefragt ist als im Straßenbau. (M16) gibt hierüber Auskunft.

Energiefresser Auto

Das Auto ist im Vergleich zu seinen Verkehrsmittel-Konkurrenten ein besonders großer Energieverbraucher. So geht es aus einer Untersuchung des Deutschen Instituts für Wirtschaftsforschung hervor. Danach braucht ein PKW in der BRD durchschnittlich eine Energiemenge von 2 325 Kilojoule je Personenkilometer; damit ist gemeint, daß diese Energiemenge verbraucht wird, um eine Person einen Kilometer weit zu transportieren. Alle anderen Verkehrsmittel machen's energiesparender – sogar das Flugzeug (allerdings nur auf Langstrecken). Noch viel größer sind die Verbrauchsunterschiede beim Güterverkehr. Die LKW benötigen in der BRD im Durchschnitt 2 399 Kilojoule Energie, um eine Tonne Fracht einen Kilometer weit zu transportieren. Das ist fast achtmal soviel, wie die Bahn für die gleiche Transportleistung braucht (M17). Die Höhe des Energieverbrauchs sagt freilich nichts darüber aus, welche Art des Transports von Gütern und Personen die wirtschaftlichste ist. Denn die Energie ist nur eine unter vielen Kostenarten. Freilich, wenn Energie teurer wird, müssen die Transporteure und ihre Kunden neu kalkulieren.

Ein anderer Vergleich wird in (M17-unten) ebenfalls angestellt, indem der Energieverbrauch zwischen Auto, Solarmobil und Fahrrad für den Transport einer Person gegeneinander gestellt wird.

Natürlich ist es auf der Grundlage dieser Informationen notwendig zu diskutieren, ob die Treibstoffpreise derzeit noch angemessen sind in ihrer Höhe. Denn in (M18) verlangt der Politiker Gerster eine Erhöhung der Benzinpreise um jährlich 23 Pfennige im Zeitraum 1990 bis 2005 von 2,25 Mark je Liter auf 4,60 Mark je Liter im Jahr 2005. Das hätte eine Verringerung der durchschnittlichen Fahrleistung pro Fahrzeug um jährlich etwa 2 Prozent zur Folge. Dadurch würden 30 Millionen Tonnen CO_2 eingespart.

Denkbar ist, das Problem der Luftbelastung durch Autoabgase zu behandeln (vgl. M19)

Private und soziale Kosten des Autofahrens

[1] Private Kosten

Rund 1 500 Milliarden Mark haben die Westdeutschen 1992 für den privaten Verbrauch ausgegeben. Der größte Brocken davon diente dem leiblichen Wohl: 302 Milliarden Mark verschlangen die Ausgaben für Essen und Trinken sowie für Genußmittel. An zweiter Stelle standen die Ausgaben fürs Auto sowie für Verkehr und Post mit 253 Milliarden Mark. 248 Milliarden Mark flossen auf die Konten der Vermieter. Damit beanspruchten diese drei Positionen über die Hälfte des 92er Haushaltsgeldes (M20).

Schaut man sich den Posten der Ausgaben für den fahrbaren Untersatz einmal näher an, dann ergibt sich ein überraschendes Bild. Denn die monatlichen Kosten des Autos belaufen sich auf über 750 Mark (M21).

Benzin, Steuer, Versicherung – das sind die Kosten der Minimalrechnung fürs Autofahren, die insbesondere Anfänger gern aufmachen. Aber das ist eine „Milchmädchenrechnung". Nicht einmal der sparsamste Fahrer, der alles selber repariert und der unter der Laterne parkt, kommt damit aus. Denn auch er muß gelegentlich neue Reifen aufziehen, sein Auto vom TÜV begutachten lassen oder ein Ersatzteil kaufen. Das alles muß bei einer realistischen Autokostenrechnung berücksichtigt werden. Aber den gewichtigsten Posten übersehen häufig auch im übrigen akkurate Rechner: den Wertverlust. Er macht in unserem Beispiel mit 229 Mark fast ein Drittel des monatlichen Aufwands aus.

Doch damit nicht genug. Wissenswert ist zudem, daß auch der Staat am Autofahren kräftig mitverdient (M21). Fast immer, wenn der Finanzminister nach neuen Finanzmitteln Ausschau hält, verharrt sein Blick beim Autofahrer und damit bei der Mineralölsteuer. Es läßt sich leicht verstehen, warum. Eine Erhöhung dieser Steuer läßt sich nämlich gleich dreifach begründen. Erstens mit der Umwelt, zweitens mit der Förderung des Bahnfahrens (teureres Autofahren bremst die Fahrlust und macht das Bahnfahren attraktiver) und drittens mit der Füllung der Staatskasse. Allerdings ist das Autofahren ohnehin schon mit höheren Steuern und Abgaben belastet, als den meisten Autofahrern bewußt ist – kein Wunder, sind doch die meisten dieser Steuern im Preis verborgen. Schon für einen PKW der unteren Mittelklasse mit einer Jahres-Fahrleistung von 20 000 Kilometern sind jährlich zweieinhalbtausend Mark zu zahlen.

[2] Soziale Kosten

Unter „sozialen Kosten" werden solche Ausgaben verstanden, die der Staat oder private Versicherungen aufwenden müssen, um entstandene „Schäden" des Autoverkehrs zu beseitigen oder vorsorgliche Maßnahmen zu treffen, die diese ausschließen oder gering halten. Zu zählen sind hierzu die Verkehrsunfälle (Ausgaben für Polizei, Rettungsdienste, Krankenhäuser, Renten ...) oder etwa Schäden, die durch verpestete Luft an Gebäuden und der Natur (Waldsterben durch „sauren Regen") entstehen. Diese Ausgaben sind horrend, obwohl nicht einmal die – kaum bilanzierbaren – Kosten antizipiert werden, die künftigen Generationen durch diese Art von Umweltzerstörung von uns heute aufgebürdet werden. Die monetarisierbaren heutigen Kosten belaufen sich nach einer Untersuchung des Heidelberger Umwelt- und Prognoseinstituts auf mehr als 200 Mrd. Mark pro Jahr, wie aus (M22) entnommen werden kann. In vereinfachter Form sind diese Informationen in (M23) dargestellt.

Diese sozialen Kosten können noch einmal differenzierter behandelt werden bei den Problembereichen Unfallopfer und Luftemissionen:

Unsere Mobilität fordert ihre Opfer: Jahr für Jahr werden rund 10 000 Menschen auf den deutschen Straßen getötet und mehr als eine halbe Million Menschen verletzt, davon über 100 000 schwer. Aber zeigt nicht die Verkehrssicherheitsarbeit Erfolge? Wurden doch 1970 noch über 21 000 Menschen getötet, 1990 aber nicht einmal die Hälfte (M24). Die Straßen sind dennoch nicht sicherer geworden. Wer heute eine Straße ohne Ampel überqueren möchte, ist – im Gegenteil – viel stärker gefährdet als vor zwanzig Jahren, denn es wird bei nachlassender Rücksichtnahme schneller gefahren. Der Rückgang der Unfallopfer laut Statistik hat andere Ursachen. Zum Beispiel die Fortschritte in der Apparatemedizin: Heute ist es kein Problem mehr, ein Unfallopfer im Koma dreißig Tage am Leben zu halten. Stirbt der Mensch dann, wird er von der offiziellen Statistik nicht mehr als Unfalltoter erfaßt. Oder Kinderspiel: Daß Kinderunfälle zurückgehen, liegt nicht an größerer Sicherheit für Kinder im Verkehr, sondern schlicht und einfach an dem Phänomen, daß Eltern ihren Nachwuchs nicht mehr zum Spielen auf die Straße schicken, weil es dort zu gefährlich und die Luft zu schlecht ist. Bestenfalls lassen sie ihre Kinder noch auf Käfigspielplätze, wo sie permanent bewacht werden müssen, um zu verhindern, daß sie sich spontan verhalten und in Richtung der allgegenwärtigen Fahrbahn rennen.

Unsere Autos emittieren immer weniger „Schadstoffe", wie wir euphemistisch die pathogenen Auspuffgifte bezeichnen. Die Umweltbelastungsstatistik des Bundesministers für Verkehr zeigt das Gegenteil: Von 1966 bis 1988 stieg der Anteil des Straßenverkehrs bei der Kohlenmonoxidbelastung von 51 auf 71 Prozent, bei den Stickoxiden von 31 auf 57 Prozent, beim Schwebstaub von 2 auf 11 Prozent. Die Verursacher der Luftbelastung durch Schadstoffe sowie die jährlichen Emissionen durch den Verkehr der BRD und deren wichtigste Wirkungen verdeutlicht (M25), (M26) zeigt die Verursacher auf. Nicht nur die wachsende Zahl von Kraftfahrzeugen ist die Ursache für den steigenen Giftausstoß aus den Auspuffrohren. Auch unsere Übermotorisierung leistet einen Beitrag. Denn keinesfalls verbrauchen unsere Autos immer weniger Sprit. Von 1968 bis 1989 stieg der durchschnittliche Verbrauch von 9,8 auf 10,1 Liter bei zurückgelegten 100 Kilometern an. Gleichzeitig wuchs die mittlere Motorenleistung von 35 auf 59 kW. Wir steigen um auf immer größere, schneller fahrende und rasanter beschleunigende – und damit giftigere – Autos (17). Jeder hat seine guten Gründe, weshalb der Kleinwagen nicht mehr ausreicht und es eine Limousine sein muß – gar nicht erwähnt, daß ein „Klein"-Wagen unserer Tage vor einem Vierteljahrhundert noch als Mittelklassefahrzeug durchgegangen wäre. Ein jeder der guten Gründe leitet sich aus dem Mythos passiver Sicherheit ab. Ist es doch nur vernünftig, sich mit noch mehr Blech zu umgeben, eingedenk der Photos vom Unfall-Trabi: ein Häuflein Sondermüll. Mehr Blech oder Kunststoff bedeutet jedoch mehr Gewicht, und damit mehr Energie, die zum Beschleunigen aufgewendet werden muß. Entsprechend vergrößert sich der Kraftstoffverbrauch und mit ihm die Luftverschmutzung. Wer sich im gepanzerten Wagen mit dicker Knautschzone sicher fühlt, fährt zudem meist noch schneller, wie verkehrspsychologische Untersuchungen belegen konnten.

Das Ende eines Autolebens

25 Tonnen Müll entstehen bei der Produktion eines einzigen Autos. Bei 3 Millionen PKW jährlich wären dies 73,5 Millionen Tonnen. Die Zahlen beruhen auf Berechnungen, die den Abfallanteil des gesamten Laufes der Autoproduktion – von der Erzmine bis zur Karosserie und vom Erdölbohrloch bis zum Armaturenbrett – sowie den Abfallanteil der Verschrottung erfassen (M27).

Insofern ist es nur folgerichtig, von der Verschrottung von Autos abzusehen, um Altautos als Rohstoffquelle zu nutzen. Stichworte wie „Pfandautomobile" oder „Totalrecycling" machen die Runde. (M28) enthält eine entsprechende Möglichkeit für den Wirtschaftslehre-Unterricht. Und (M29) verdeutlicht die „Innerlichkeiten" eines Autos, die bei dessen „Tod" zu Grabe getragen werden müssen oder nach Möglichkeit besser der Wiederverwertung zugeführt werden sollen. Natürlich stellt sich hier die grundlegende Frage einer Verbesserung der „Lebensqualität" von Automobilen, um deren Nutzungs- und damit Lebensdauer deutlich zu verlängern.

Tempomobile oder Langsam-Autos?

[1] *Hierzu liefert die Karikatur (M30) eine entsprechende Einstiegsmöglichkeit.*

Die Lehrkraft überlegt mit den Schülerinnen und Schülern:

- *Was ist der Inhalt des Comics?*
- *Sind diese Interaktionen real denkbar bzw. haben die Schülerinnen und Schüler selbst solche Auseinandersetzungen unter Erwachsenen miterlebt?*
- *Auf welche Ursachen ist die allgemeine Tempoorientierung im Straßenverkehr zurückzuführen?*

[2] Die technologische Entwicklung zeigt, daß man sich in der Automobilindustrie Gedanken macht über unterschiedliche künftige Lösungen. Dabei fällt auf, daß in bezug auf Autos der *Oberklasse* der derzeitige Trend schneller Autos weiterverfolgt wird, man dabei aber versucht, ressourcensparender zu konstruieren, wie etwa das Audi-Space-Frame-Konzept (M31) erkennen läßt. Bei ihm soll über einen besonderen Aufbau der Autokarosserie viel Gewicht und damit auch Energie im Fahrbetrieb gespart werden.

[3] Im Bereich der *Unterklasse* ist die technische Entwicklung hin zu umweltverträglicheren Automobilen in vollem Gange, wie (M32) zeigt. Allerdings kommen diese Kleinstautos deutscher Hersteller frühestens Mitte der 90er Jahre auf den Markt. Der geplante Benzinverbrauch von etwa 3 Litern für 100 km wird dann noch nicht erreicht bzw. alternative Antriebsaggregate (Gas-, Hybrid-, Elektromotoren) nicht breit einsetzbar sein. Die Geschwindigkeiten dieser Kleinstautos sind noch nicht an jenen von Langsam-Autos ausgerichtet, weil Tempomobile zu bauen und zu verkaufen nach wie vor herrschender Marketinggrundsatz der Autohersteller ist und die Autokäufer solche Langsam-Autos nicht nachfragen (18).

Diese Automobilkonzepte können in einer besonderen Unterrichtssequenz gemeinsam mit dem Technik-Lehrer behandelt werden. Auch kann daran gedacht werden, Fachleute aus der Automobilbranche als Experten in den Unterricht einzuladen.

Diese können vermutlich em ehesten über technische Details Auskunft geben.

[4] *Als Abschluß dieses Unterrichtsbausteins sollten die Schülerinnen und Schüler Überlegungen zur Aufgabe des Autos in einer Zeit überfüllter Straßen, belasteter Luft, hektischer Menschen und zerstörter Natur anstellen, die über die Transportfunktion von Kraftfahrzeugen hinausgeht. Ein Brainstorming bietet sich hier als Methode an.*

Frederic Vester hat dazu eine Zusammenstellung gemacht (M33), die als Arbeitsunterlage dienen könnte. Je nach Klassenstufe wäre diese Aufstellung zu vereinfachen.

Die andere Möglichkeit der Besinnung auf eine pragmatisch-unverkrampfte Autonutzung i. S. des eingangs erläuterten Prinzips der Langsamkeit des Reisens kann mit Hilfe der Lektüre von Passagen des Buches von

> Otto Julius Bierbaum: Eine empfindsame Reise im Automobil, Berlin: Rütten & Loening 1992

erarbeitet werden. Auch wenn die Darstellungen vielleicht etwas befremdlich klingen – das liegt an der Sprachgestaltung zu Beginn unseres Jahrhunderts –, halte ich eine Auseinandersetzung damit auch im Wirtschaftslehre-Unterricht für reizvoll, werden doch viele Aspekte des Reisens geschildert, die uns heute ebenso bekannt sind.

Dieses erstmals 1903 erschienene Buch – eines der frühesten Autoreisebücher der Literaturgeschichte – hatte einen solchen Sensationswert, daß der Buchverlag Scherl in Berlin bereit war, Bierbaum und seiner italienischen Gattin für ihre dreimonatige Reise nicht nur einen einzylindrigen Wagen der Marke Adler, sondern auch einen kundigen Chauffeur kostenlos zur Verfügung zu stellen. Bierbaums „empfindsame Reise" ist kein Auto-Reisebuch der üblichen Art. Ihm geht es nicht, wie so vielen Automobilisten der Frühzeit, um sportliche Höchstleistungen und Kilometer-Rekorde. Er propagiert vielmehr eine neue Kunst des Reisens – in bewußtem Kontrast nicht nur von der Eisenbahnreise, sondern auch von den Leitbildern und Tendenzen seiner Zeit.

Schon bei der Zusammenstellung des Reisegepäcks notiert Bierbaum eine wegweisende Erfahrung: Obwohl der kleine Adlerwagen nicht für lange Reisen und damit auch nicht für die Mitnahme größerer Mengen an Gepäck konzipiert war, hat das Ehepaar Bierbaum doch nahezu alles dabei, was auf einer dreimonatigen Reise von Nutzen sein könnte, einen Speisekorb mit Geschirr und eine Gummibadewanne inklusive. (S.10)

Der Schriftsteller will „mit dem modernsten aller Fahrzeuge auf altmodische Weise reisen." Seine Devise lautet „Lerne reisen ohne zu rasen." (S. 11) So paradox es klingen mag: Bierbaum sieht die Überlegenheit der Automobilreise gegenüber der Bahnreise gerade in der Wiederentdeckung der Langsamkeit.

So gibt man sich dem Landschaftsgenuß hin bei der Fahrt durch den Wiener Wald, macht des öfteren halt „zu ruhiger Umschau" (S. 43), und auch das „breite Adagio" (S. 121) der Reise im Gebirge, wo es nur langsam vorangeht, wird keineswegs als störend empfunden, sondern benutzt, um – wie etwa zwischen Faenza und Florenz –, „die sehr merkwürdige Landschaft ausgiebig zu betrachten."

Der Besuch der Insel Capri bringt ein bekanntes Aha-Erlebnis: Hotels und Pensionen, in denen es von Deutschen wimmelt. Der Automobilreise bedurfte es längst nicht mehr, um den Tourismus und seine Begleiterscheinungen nach Italien zu bringen. (S. 245)

Müßte Herr Bierbaum heute noch einmal von Berlin nach Sorrent fahren, er würde vermutlich, wie wir auch, nachts fahren. Vielleicht im Schlafwagen, vielleicht doch auf der Autobahn, weil das schneller geht und dazu noch einen zusätzlichen Urlaubstag beschert. Fast ein Jahrhundert lang schienen die Produzenten von Verkehrsmitteln und Verkehrswegen bestrebt, diesem Bedürfnis möglichst schnell nachzukommen, mit wachsender Perfektion Rechnung zu tragen.

Zumindest auf den Straßen der Gegenwart hat dieses Bemühen dazu geführt, daß wir – wenn auch unfreiwillig – offenbar doch noch gute Chancen haben, die Bierbaumsche Idee vom langsamen Reisen einzulösen: Für die 135 Kilometer lange Strecke von Salzburg nach München benötigte dieser „da es Sonntag war und die Straße keinen Fernverkehr hatte, so daß wir schlankweg fahren konnten", fünfeinhalb Stunden. (S. 49 f.). Das sind Werte, die uns irgendwie vertraut vorkommen.

Rechenaufgabe:

Am wenigsten Benzin verbrauchen Autos bei Geschwindigkeiten von 60 km/h. Bei einer Reisegeschwindigkeit von 110 km/h liegt der Verbrauch um ein Viertel höher als bei 90 km/h und um ein Drittel höher als bei 60 km/h.

Wie weit kann man mit einer Tankfüllung von 50 Litern fahren, wenn das Fahrzeug bei 60 km/h 5 Liter Treibstoff verbraucht?

Perspektiven

In den folgenden aufgezeigten Perspektiven können die Lernenden die unterschiedlichen Konsequenzen von zwei Arten umweltverträglicherer Reformen des Verkehrswesens ermitteln. Diese Reformen beziehen sich zum einen auf Maßnahmen, die das Auto und das Verkehrssystem durch technologische Maßnahmen umweltverträglicher gestalten und zur verstärkten Nutzung von Verkehrsverbünden und den Umstieg auf das Öffentliche Personennahverkehrswesen aufrufen, zum anderen auf Maßnahmen, die auf eine Vermeidungsstrategie setzen durch Autoverzicht mit evtl. Car-Sharing, verstärkte Nutzung muskelkraftgetriebener Fortbewegung, Umweltverbünde und Einschränkung der Straßen für den Autoverkehr. Dabei wird deutlich, daß die Maßnahmen der ersten Kategorie nur unwesentlich zur umweltverträglichen Gestaltung des Verkehrsaufkommens inclusive seiner negativen Folgen beitragen.

[1] „Umweltverträglichere" Gestaltung des Verkehrs

Schülererörterung: Welche Probleme des Straßenverkehrs werden durch die folgenden Maßnahmen gemildert, wie beurteilen sie die Konsequenzen dieser Maßnahmen?

Katalysator

Die Segnungen der Technik werden uns schon vor einer Verhaltensänderung bewahren, glauben wir. Denn die Autokonzerne scheuen doch weder Kosten noch Mühen, ein „umweltfreundliches" Auto zu entwickeln. Zu solchen Entwicklungen gehört der Abgaskatalysator. Auf einen Bruchteil sollen durch ihn die Auspuffgifte verringert werden. Tatsächlich wird durch den Katalysator vor allem unser Gewissen und, wegen der geringeren Steuern, die Geldbörse entlastet. Weniger unsere Umwelt. Denn bis der optimale Wirkungsgrad des Katalysators erreicht wird, müssen erst einmal zwei bis vier Kilometer zurückgelegt werden. Dann ist die notwendige Betriebswärme erlangt. Da enden aber die meisten Fahrten bereits: 80 Prozent der Autofahrten in der Stadt und 42 Prozent der insgesamt motorisiert zurückgelegten Wege sind kürzer als vier Kilometer. Vertrauliche Untersuchungen der Automobilkonzerne belegen darüber hinaus, daß unter realistischen Bedingungen des Alltagsverkehrs die vielversprechenden Laborwerte der Abgasentgiftung äußerst selten erzielt werden. Auf den Ausstoß des Treibhausgases Kohlendioxid hat der Einbau des Katalysators ohnehin keine Auswirkungen – doch welcher „umweltbewußte" Autofahrer, der sich frisch einen

Katalysator hat einbauen lassen, will das schon wissen?

Solarmobil

Abgaslos angetrieben summt das Auto der Zukunft über die Straßen. Ein paar Jahre brauchen die Ingenieure noch, bis das umweltfreundliche Auto serienreif ist. Bis dahin können wir noch getrost mit leicht belastetem Gewissen unseren verbrennungsmotorbetriebenen Wagen fahren. Doch was wir auf den diversen Solarmobil-Schauveranstaltungen zu sehen bekommen (M34), fährt in den seltensten Fällen mit Sonnenenergie. Damit sich die Räder in Bewegung setzen, reichen die paar Sonnenstrahlen bei weitem nicht aus. Der Strom kommt daher aus der Steckdose, und das heißt aus Kohle- und Kernkraftwerken. Die BMW-Ingenieure konnten mit den im Sonnendach des Autos untergebrachten Solarzellen nicht einmal die Standlüftung betreiben. Die Herstellung von Solarzellen ist umweltbelastend, die Entsorgung der Schwefel-Natrium-Batterien ungeklärt. (19)

Verkehrslenkung

Eine weitere Ungereimtheit, die unsere Seele davor schützt, über Verhaltensänderungen nachzudenken, ist der Glaube an künftige Verkehrsleitsysteme. „LISB" und „Prometheus" scheinen Wundervokabeln, die eine Auflösung der Staus ebenso versprechen wie eine Verminderung der Abgasbelastung. Vom Computer sollen die Autofahrer auf kürzestem, umweltschonendstem Wege ans Ziel geleitet werden – eine fürwahr traumhafte Vorstellung. Sollte ein solches System denn je praxistauglich sein – die staufreien Straßen, durch die der Verkehr geleitet werden soll, müßten wohl erst noch gebaut werden –, führt es wahrscheinlich eher zu mehr als zu weniger Autoverkehr, mit entsprechenden Folgen für die Umwelt. Davon abgesehen erweisen sich die Kosten als horrend und die Verwirklichung als äußerst diffizil. Selbst einfache Leitsysteme wie das in Köln geplante „VSM" erfordern Investitionen in Höhe dreistelliger Millionenbeträge.

Von den zu erwartenden unerwünschten Nebenwirkungen der elektronischen Verkehrsleitsysteme spricht heute kaum jemand. Mit Sicherheit werden beim Betrieb der Anlagen technische Probleme auftreten. Unter der Straßendecke eingelassene Sensoren, die schon seit geraumer Zeit für die Kontrolle des Verkehrsflusses verwendet werden, haben sich als höchst unzuverlässig erwiesen. Die magnetischen Felder von Stahlbrücken und Eisenbahngeleisen können die Kompaß-Navigationstechnik stören, und satellitengestützte Systeme können einen Wagen verlieren, wenn er durch einen Tunnel oder durch bebautes Gebiet fährt. Ein weiteres Problem ist, daß bisher kein Computer in der Lage ist, die riesigen Datenmengen, die bei der zentralen Überwachung und Steuerung des Verkehrs anfallen, zu speichern und zu verarbeiten.

Selbst wenn technisches Versagen ausgeschlossen werden könnte, wäre die Funktionsfähigkeit der elektronischen Verkehrsleitsysteme nicht gewährleistet. Die Bordcomputer sollen die Fahrer zu weniger befahrenen Straßen lotsen. Was aber, wenn alle Straßen verstopft sind? Genervte Anwohner von Nebenstraßen können bezeugen, daß die Fahrer auch ohne elektronische Hilfe schnell Alternativen zu den Durchgangsstraßen finden. Jedenfalls würde es nicht lange dauern, bis ein Schwarm intelligenter Autos, vom Leitsystem gesandt, eine kaum befahrene Straße zum Nadelöhr machte. Es sei denn der Computer rät: „Nehmen Sie die U-Bahn." (20)

Möglicherweise dienen die von der Automobilindustrie Japans, der USA und Europas propagierten Lösungen für Verkehrsleitsysteme vorrangig dem Zweck, Absatz und Marketing der eigenen Fahrzeuge zu fördern.

Umsteigen

Viele von uns meinen, es würde helfen, wenn wir nicht auf immer größere Autos umstiegen, sondern in die öffentlichen Verkehrsmittel. Doch auch Busse und Bahnen benötigen Energie und verursachen Abgase – wenn auch, wie im Falle der Bahn, das Umweltgift nicht in sichtbarer Nähe des Verkehrsmittels ausgestoßen wird, sondern gebündelt in mitunter weit entfernten Kraftwerken. Die Bahn ist zwar ungefähr dreimal so sparsam wie ein Auto, in dem nur der Fahrer sitzt. Aber bereits bei fünf Fahrzeuginsassen überholt das Auto die Bahn in punkto Energiesparen. Durch den Ausbau der öffentlichen Verkehrsmittel wird die Situation aber verbessert, wenn sich an der Autonutzung (überwiegend Alleinfahrer) nichts ändert. Auch das ist beobachtbar: Erst die S-Bahn veranlaßte viele Münchner, aus der Innenstadt nach Erding, Starnberg oder Dachau zu ziehen. Die S-Bahn-Fahrten werden länger, und damit steigt die Umweltbelastung.

Dennoch sind zweifellos die Autopendler das größere Übel (21). Ja, wenn alle fünf Minuten ein Bus käme, der uns in ebenso kurzer Zeit wie mit dem eigenen Wagen vom Dorf in die Stadt brächte, würden wir natürlich sofort auf die öffentlichen Verkehrsmittel umsteigen. Dieses gängige Argument verhindert, daß wir uns ernsthaft damit auseinandersetzen müssen, daß wir im Grunde nicht aufs Auto verzichten wollen und das eigentliche

Problem in unserer Maßlosigkeit liegt: Wir wollen im Grünen wohnen, obwohl wir in der City arbeiten. Oder aber: Wir wollen in der Stadt leben und nach Feierabend durch die Wälder spazieren. Tatsache ist, daß unsere unersättliche Mobilität durch kein noch so gut ausgebautes Netz öffentlicher Verkehrsmittel allein befriedigt werden könnte.

Die maßlose Freizeitgesellschaft verursacht denn auch seit den achtziger Jahren die entscheidenden Zuwächse beim Autoverkehr. Während Autofahrten zum Einkaufen, zur Abeit oder in den Urlaub seit einem guten Jahrzehnt stagnieren, freut sich der Verband der Automobilindustrie über den Freizeitverkehr als die eigentliche Quelle der Zunahme des Individualverkehrs, wie die Graphik von Vester zeigt. (M35)

Auch die Lösung der Verkehrsmisere durch „Verbundlösungen", die Park & Ride an S-Bahnhöfen, den Huckepackverkehr von „Brummies" auf Eisenbahnwaggons oder die Autoverladung auf Fernreisen propagieren, stellt vor diesem Hintergrund eine Fragwürdigkeit dar. Wir hoffen, unsere Hypermobilität nicht verringern zu müssen, wenn wir jedes Verkehrsmittel nur für die Zwecke benutzen, für die es „erschaffen" ist. Verkehr und Emissionen vermindern sich durch Verbundlösungen wahrscheinlich jedoch nur unbedeutend. Sie sind ein weiterer Anker zur Rettung der auf den automobilen Individualverkehr zugeschnittenen Verkehrsplanung. Denn andere Verkehrssysteme sollen nur als eine Ergänzung ausgebaut werden, allerdings nicht so umfassend, daß sie eine Alternative zum privaten Fahrzeug darstellten, oder daß man das Auto gar abschaffen könnte.

Hochgeschwindigkeitszüge

Nehmen wir zum Beispiel das neue ICE-Hochgeschwindigkeitsnetz der Deutschen Bundesbahn. Mittels Hochglanzwerbung als „Unternehmen der Zukunft" verkauft, zehrt es noch vom Ideal der Vergangenheit. Sicher, die Bahn braucht neuen Glanz, aber der über die Gleise huschende ICE stellt nichts anderes als eine Fortschreibung des 19. Jahrhunderts dar: Fortschritt heißt, den Widerstand der Entfernung vernichten. Und wie immer, seit die Fürther Eisenbahn gegen die Postkutsche antrat, wird uns vorgerechnet, um wieviele Minuten uns diese oder jene Stadt näherrückt. Das beflügelt den Reisenden – solange die Neuheit noch nicht zur Gewohnheit geworden ist –, aber stellt gleichzeitig ein todsicheres Konzept zur Verkehrsvermehrung dar. Denn mit superschnellen Zügen verhält es sich wie mit erweiterter Straßenkapazität: sie produzieren langfristig neuen Verkehr, und zwar nicht nur für die Bahn, sondern auch für Auto und Flugzeug. Geschwindigkeit macht nur, daß die Menschen ihren Aktionskreis erweitern. Es wird üblich, über längere Strecken zu pendeln: der ICE wird zur Straßenbahn Mitteleuropas. Höhere Geschwindigkeit führt zu höherer Verflechtung und höhere Verflechtung zu höherer Verkehrsintensität. Daran ändert eine optimale Vernetzung der Verkehrsträger im Grundsatz nichts. Aus diesem Zirkel führt nur der souveräne Verzicht auf gesteigerte Geschwindigkeit heraus – und gleichzeitig wäre damit auch der Diktatur des Tempos und dem weiteren Gestaltverlust europäischer Städte und Regionen ein Schnippchen geschlagen.

Vernünftige Autonutzung

Man muß schließlich die Realitäten sehen – ganz ohne Auto kann man heute eben nicht mehr leben. Schließlich gehören wir ja nicht zu jenen, die mit ihrem Sechszylinder zum Briefkasten um die Ecke fahren. Oder gar zu jenen, die mit ihrem Manta durch die Lande rasen und zu ihrem Auto die libidinöseste Beziehung haben. Und am Heck unseres Wagens zeigen wir ja ganz deutlich, daß wir auch für Tiere bremsen, und weisen darauf hin, daß ihr erst, wenn der letzte Baum gerodet ist, feststellen werdet, daß man Geld nicht essen kann. Aber eben die 99prozentige Mehrheit von Autobesitzern, die ihren Wagen nach streng „sachlichen" Kriterien benutzt, macht den Verkehr zu dem, was er ist (22). (vgl. auch M36)

Die „Vernunft" wird häufig bereits bei der Entscheidung abgelegt, ein Auto anzuschaffen. Damit haben wir uns der autofixierten Gesellschaft ergeben. Bereits mit dem Autokauf stimmen wir dem Glaubenssatz zu, daß es Situationen gebe, in denen man ein eigenes Auto brauche, in denen ein moderner Lebensstil den persönlichen Kraftwagen erfordere. Wir haben vor den „Sachzwängen" der Autokultur kapituliert. Doch diese Zwänge sind innere Zwänge: Niemand zwingt uns, zum Einkaufen ins Shopping Center auf der grünen Wiese vor den Stadttoren zu fahren, nur weil dort der Liter Milch zehn Pfenning weniger kostet. Niemand zwingt uns, am Wochende aus der Stadt in die Überland-Disco zu fahren. Niemand zwingt uns, ein Einfamilienhaus im Vorort zu kaufen ...

[2] Verkehrsvermeidung

Sie ist die erste ökologische Bürgerpflicht, wenn es gelingt, sich zu besinnen auf das erwähnte Prinzip von der Langsamkeit und diesen Grundsatz beim eigenen Verhalten zu beherzigen. Verkehrspolitiker sollten sich darauf einlassen, Stadtplanung entsprechend früher üblicher Grundsätze anzupacken, um Wohnen, Arbeiten,

Einkaufen und Erholung wieder zu vereinigen (M37).

Schülererörterung: Wie weit sind diese Prinzipien im jeweiligen Umfeld der Schülerinnen und Schüler erkennbar oder nicht und was können Schülerinnen und Schüler dazu beitragen, diese für sich selbst umzusetzen? Mit diesem Aspekt müssen (Lokal)Politiker konfrontiert werden (Bezug zur politischen Bildung).

Alternativen zum Auto

Natürlich hat das Fahrrad für die Überbrückung kurzer Entfernungen die größte Bedeutung, die heute aber noch zu wenig erkannt und genutzt wird. Die Schülerinnen und Schüler können dies leicht anhand von (M38) überprüfen (23).

Auch der öffentliche Nahverkehr ist bei der Suche nach alternativen Verkehrsmitteln von Bedeutung, dabei spielt u. a. die Stadt Freiburg eine Vorreiterrolle in Deutschland (M39), wobei auch die Eisenbahn wiederentdeckt werden kann (24).

Go & Ride, Bike & Ride, Rail & Road sowie Ride & Ride sollen innerhalb der Verkehrsmittel des Umweltverbundes (so nennt man das optimale Zusammenwirken von Fußgänger-, Fahrrad-, und öffentlichem Verkehr) eine gute Arbeitsteilung sichern – mit vielen Schnittstellen, um den Autoverkehr wirkungsvoll zu verringern. Denn keine der Verkehrsarten des Umweltverbundes schafft diese Aufgabe allein. Das lehren die Erfahrungen vieler „Pionierstädte" für verkehrliche Innovationen, die bislang trotz allen Engagements zu sektoral vorgegangen sind. Münster als „Fahrradstadt" bietet im öffentlichen Verkehr zu wenig. Zürich als klassische Stadt des öffentlichen Nahverkehrs hat große Mängel im Fahrrad- und Fußgängerbereich. Göttingen als besonders fußgänger- und fahrradfreundliche Stadt hat wiederum große Mängel im öffentlichen Nahverkehr.

GO & RIDE	BIKE & RIDE	RIDE & RIDE
dient der optimalen Ergänzung von Fußgängerverkehr und öffentlichem Verkehr. Ein wichtiger Baustein für Go & Ride ist die Verdichtung des Linien- und Haltestellennetzes. So kommt man Fußgängern als potentiellen Fahrgästen „entgegen".	sichert eine optimale Zusammenarbeit von Fahrradverkehr und öffentlichem Verkehr, die nicht länger als potentielle Konkurrenten, sondern als natürliche Verbündete geplant werden. Zum Bike & Ride gehören bequeme, sichere Fahrradabstellanlagen in ausreichender Zahl. Sie helfen, die bisherigen Vorbehalte der Besitzer teurer Fahrräder gegen eine Kombination mit Bussen und Bahnen abzubauen.	sichert die optimale Ergänzung und Verknüpfung der verschiedenen Teilsysteme des öffentlichen Verkehrs. Im Straßennetz ist die Verknüpfung aller Netzteile von der Gemeindestraße bis zur Bundesautobahn selbstverständlich. Im öffentlichen Verkehr passen die Netze, Takte und Tarife oft nicht zusammen, so daß die Kombination erschwert wird.

Car-Sharing

Die gemeinsame Nutzung eines oder mehrerer Fahrzeuge ist in Deutschland noch kaum üblich. Es gibt Möglichkeiten erst in etwa 40 Städten. Eine Befragung ergab, daß Car-Sharing für solche Fahrer sinnvoll ist, die jährlich nicht mehr als 10 000 km zurücklegen. Interessenten können sich zu einer GmbH zusammenschließen, wobei jeder einen Anteil für den Kauf der Wagen und den Service aufbringt. Je nach Fahrleistung entstehen zusätzliche Kosten. Als Hauptproblem wird die ständige Verfügbarkeit der Wagen genannt. Gleichwohl sei die Zeit reif für ein solches ökologisch sinnvolles Verkehrsverhalten (25). In (M40) werden für den Unterricht in der Schule nachvollziehbare Fakten dargestellt.

Natürlich stellt der bewußte Verzicht aufs Auto den wichtigsten Beitrag zur Verkehrsentlastung und zum Umweltschutz dar (M41). Dabei muß es nicht gleich eine Woche sein (M42) – ein Tag wäre schon ein wichtiger Anfang.

Straßen wieder den Menschen zurückgeben

Von einem Grundrecht auf Mobilität steht im Grundgesetz nichts. Es gibt aber das Recht auf körperliche Unversehrtheit. Auf den Straßen kommt es täglich unter die Räder. Deshalb, so der Professor für Rechtsgeschichte und Zivilrecht an der Freien Universität Berlin, Uwe Wesel, seien unsere Autos verfassungswidrig (26).

Wie stehen demnach die Chancen, daß die Straßen für alle nicht-motorisierten Verkehrsteilnehmer sicherer, ja lebenswerter werden? Auf welche Weise können so v. a. Kinder, Behinderte und ältere Menschen besser geschützt werden?

Denkbar wäre es, Bürgermeister oder für den Verkehr Verantwortliche der Stadt oder Gemeinde in die Schule einzuladen und eine Verkehrsplanung zu diskutieren, die menschenfreundlicher ist als die bisherige Situation.

Zur Anregung der Schülerphantasie kann (M43) verwendet werden. Dabei wäre die Methode der Zukunftswerkstätten (27) sicherlich gut geeignet, Optionen für eine Zukunft mit weniger Verkehr, dafür aber mehr Lebensqualität aufzuzeigen.

Anmerkungen

1) Ausfahrt Zukunft. Strategien für den Verkehr von morgen. Eine Systemuntersuchung, 5. Auflage, München 1990 und kritisch: Michael Renner: Die Mobilität muß neu überdacht werden, in: Zur Lage der Welt 89/90, Frankfurt 1989, S. 175–211

2) Vgl. Rudolf Krüger: Der Beifahrer, in: Die Zeit Nr. 31 vom 24. Juli 1992, S. 55 und Sönke Christiansen: Wieder ohne Auto: Über den Gewinn des Verzichts, in: G. Altner (Hg.): Jahrbuch Ökologie 1993, München 1993, S. 250-257

3) Thomas Krämer-Badoni: Verkehrswende von unten, in: Kommune, Juni 1991; H. Burwitz u. a.: Leben ohne Auto, Reinbek, Rowohlt 1992

4) Klaus Kreuchauf & Jürgen Lackmann: Das sauberste Auto ist überhaupt kein Auto! Folgekosten – ein bislang vernachlässigter Aspekt der Nutzung von Gütern im Wirtschaftslehre-Unterricht, Weingarten 1990; dies.: Von der Wiege bis zur Bahre ... Ökologisches Portrait des Produkts Auto, in: AWT-Info Nr. 2/1990, S. 19–37; Jürgen Lackmann: Industrieprodukt Apfel – Erzeugung und Verbrauch in ökologischer Sicht, in: UNESCO-Verbindungsstelle für Umwelterziehung im Umweltbundesamt (Hg.): Unterrichtshilfen zur Umwelterziehung in der Arbeitslehre, Band 1, Berlin 1993, v. a. M 33–37

5) „Fahrzeughersteller werden gestärkt aus der Krise hervorgehen", schreibt das Handelsblatt (Nr. 164 vom 26.8.1993, S. 1). So holt Deutschlands Autoindustrie nach, was die Konkurrenten in Europa bereits in den 80er Jahren vollzogen haben. Parallel zur Restrukturierung in den Unternehmen installiert die Branche neue Formen der Arbeitsteilung zwischen Herstellern und Zulieferern. Das Ziel besteht u. a. darin, mehr Entwicklungsverantwortung für komplexere Auto-Teilsysteme bei den Direktzulieferern sowie neue, gestaffelte Lieferantenstrukturen der Zulieferer untereinander aufzubauen. Dies führt zu immensen Arbeitsplatzverlusten (allein Mercedes-Benz baut in den Jahre 1992 bis 1994 schätzungsweise 36 000 Arbeitsplätze ab – Schwäbische Zeitung von Nr. 195 von 25. 8. 93, S. 1) oder gar in die Existenzbedrohung vieler Zulieferbetriebe (da Ford-Einkaufschef Richard P. Fite in einer internen Dienstanweisung vom Ford-of-Europe-Präsident Fike angewiesen wird, sich von deutschen Lieferanten zu trennen – siehe Manager-Magazin 9/1993, S. 8).

6) Vgl. K. Kreuchauf & J. Lackmann: Das sauberste Auto ..., 1990, S. 21ff.

7) Die Zunahme der negativen ökologischen und sozialen Nebenfolgen von Produktion und Konsum ist Ausdruck der Tatsache, daß wegen Art und Umfang des Wirtschaftswachstums die Grenzen der Nutzungsmöglichkeiten (Umweltverbrauch) und Belastbarkeit der natürlichen Umwelt (Umweltbelastung) erreicht und überschritten werden.

Die durch Art und Umfang des Wirtschaftswachstums ausgelöste Verschlechterung der Umweltqualität führt auf allen ökonomischen Ebenen (private Haushalte, Staat, Unternehmen) zu Gegenreaktionen: Es gilt, den negativen Nebenfolgen des Produktionsprozesses auszuweichen, Schäden zu neutralisieren und eine weitere Beeinträchtigung des Produktionsprozesses zu vermeiden. Damit sind Ausgaben verbunden, die als kompensatorisch (oder defensiv) bezeichnet werden. Diese Ausgaben gehen ebenso wie die anderen (autonomen) Ausgaben in das Rechnungswesen und damit in die statistische Berechnung des Bruttosozialprodukts ein. Für die Deutung dieser wichtigen makroökonomischen Größe hat dies drastische Konsequenzen: Das Bruttosozialprodukt steigt im Zuge einer Produktion, die auf die Umwelt keine Rücksicht nimmt, und es steigt weiter, wenn die eingetretenen Umweltschäden mit ökonomischen Maßnahmen saniert oder eingedämmt werden.

Damit reagiert das Bruttosozialprodukt genau entgegengesetzt, wie man es von einem Wohlfahrtsindikator erwarten würde. Wegen der vom geltenden ökonomischen Rechnungswesen nicht vorgenommenen Trennung von *autonomen* (echten) und *defensiven* (unechten) *Ausgaben* wird nicht erkannt, daß hinter ausgewiesenem Wirtschaftswachstum auch ein Anstieg der bloß kompensatorischen Ausgaben stehen kann. Dies bedeutet, daß ein immer größerer Teil der im Bruttosozialprodukt erfaßten wirtschaftlichen Leistung nur eine Reaktion auf die zunehmend problemträchtige und schadensverursachende industriegesellschaftliche Produktionsweise ist (vgl. C. Leipert: Die heimlichen Kosten des Fortschritts. Wie Umweltzerstörung das Wirtschaftswachstum fördert, Frankfurt 1989; speziell für das Auto siehe Umwelt- und Prognose-Institut: Die Zukunft des Autoverkehrs. Öko-Bonus als marktwirtschaftliches Instrument im Umweltschutz – Vorschläge zu einer neuen Kostenverteilung im Verkehrsbereich, Heidelberg 1989).

8) Heiko Steffens: Die ökologische Verantwortlichkeit des Verbrauchers, in: G. Rosenberger (Hg.): Konsum 2000. Veränderungen im Verbraucheralltag, Frankfurt 1992, S. 179–197

9) Siehe Steffens, Ökologische Verantwortlichkeit, S. 190 f.

10) Vgl. Jürgen Lackmann: Didaktische Überlegungen zum fächerverbindenden Unterricht im Bereich Arbeit – Wirtschaft – Technik, in: AWT-Info Heft 1/1992, S. 4–16

11) Insbesondere in dieser Einheit soll Kreditfinanzierung am Beispiel eines *Autokaufes* kennengelernt werden. Vgl. Bildungsplan für die Hauptschule, Villingen-Schwenningen, Lehrplanheft 6/1984

12) Vester bündelt die Aspekte der Abbildung zu Variablen des gesellschaftlichen Teilmodells „Verkehr", um sie synergetisch weiterbehandeln zu können (vgl. überblicksartig ders., Ausfahrt S. 67)

13) Vgl. Erich Ott/Thomas Gerlinger: Die Pendlergesellschaft. Zur Problematik der fortschreitenden Trennung von Wohn- und Arbeitsort, Köln: Bund 1992

14) Die Auswirkungen des Straßengüterverkehrs auf den Raum. Die Erfassung und Bewertung von Transportvorgängen in einem Produktlebenszyklus, Dortmund 1992

15) Dieter Teufel u. a.: Ökologische und soziale Kosten der Umweltbelastung in der Bundesrepublik Deutschland im Jahr 1989, Heidelberg 1991

16) Vgl. hierzu den Unterrichtsvorschlag von Jürgen Lackmann: Industrieprodukt Apfel – Erzeugung und Verbrauch in ökologischer Sicht, in: UNESCO-Verbindungsstelle für Umwelterziehung (Hg.) Unterrichtshilfen zur Umwelterziehung in der Arbeitslehre, Band 1, Berlin 1993

17) Dieser Vorwurf des Greenpeace-Geschäftsführers Thilo Bode wurde von Helmut Werner, Vorstandsvorsitzender von Mercedes-Benz, in einem Streitgespräch in „Die Zeit" Nr. 36 vom 3. September 1993, S. 25f. nicht widerlegt.

18) So wie schon beim Öko-Kühlschrank ohne FCKW mischt sich Greenpeace auch ins Autogeschäft ein, indem die Umweltschutzorganisation anläßlich der Internationalen Deutschen Automobilausstellung 1993 Bestelloptionen für Kleinstautos entgegennimmt, die nicht mehr als 2,5 Liter Treibstoff für 100 km verbrauchen (siehe Frankfurter Rundschau Nr. 207 vom 7. 9. 1993, S. 6).

19) Auch das sonst so kritische Worldwatch-Institut überschätzt die Möglichkeiten, die derzeit Solar-Autos bieten, von Christopher Flavin als „die neue Auto-Revolution" apostrophiert (in: World-Watch 2 (1993) Heft 4, S. 28–36, hier S. 28. Vgl. etwa auch die negativen Erfahrungen eines südbadischen Solarmobil-Besitzers mit seinem Solarauto in: Frankfurter Rundschau Nr. 201 vom 31. 8. 1993, S. 6. Dennoch liegt in diesen Systemen die Zukunft, wenn man gestiegene Benzinpreise und andere Kriterien als die heute üblichen anlegt.

20) Kritisch hierzu: Marcia D. Lowe: Es führt ein Weg nach Nirgendwo, in: World-Watch 2 (1993) Heft 3, S. 28–36

21) Erich Ott/Thomas Gerlinger: Die Pendlergesellschaft. Zur Problematik der fortschreitenden Trennung von Wohn- und Arbeitsort, Köln 1992

22) Vgl. o. V.: Kaufeinflüsse. Methoden-Experiment zum PKW-Kaufentscheid, Offenburg 1982, S. 43 ff.

23) Zur Vertiefung siehe etwa Marcia D. Lowe: Mit dem Fahrrad in die Zukunft, in: Zur Lage der Welt 90/91, Frankfurt 1990, S. 229–260

24) Marica D. Lowe: Die Wiederentdeckung der Eisenbahn, in: Zur Lage der Welt 1993, Frankfurt 1993, S. 147–179

25) Nach Frankfurter Rundschau Nr. 110 vom 13. 5. 1993

26) Siehe seinen Aufsatz: Über die Verfassungswidrigkeit unserer Autos, in: Die Zeit Nr. 20 vom 14. Mai 1993, S. 36

27) Vorschlag von Robert Jungk/Norbert R. Müllert: Zukunftwerkstätten. Wege zur Wiederbelebung der Demokratie, München 1981

III. Materialien für die Teilnehmer

Auf den folgenden Seiten werden die Printmaterialien abgedruckt, die für den projektorientierten Unterricht nützlich sein können.

Projektinitiative

M1	Modellbild des Gesamtsystems	
M2	Das Auto erdrückt den Menschen mehr und mehr	

Autobestand und Autonutzung

M3	Die Auto-Flut – Aufholjagd im Osten	M9	Staufieber
M4	Mobilität und kein Ende	M10	Apokalypse Stau
M5	PkW-Bestand 1987 und Bestandsveränderungen gegenüber 1980 nach Regionen	M11	Der Weg eines Joghurtbechers
		M12	Transportbeziehungen eines Erdbeerjoghurtbechers
M6	Jährliche Emissionen durch den Verkehr	M13	Prüfschema Umweltzeichen
M7	Plus und Minus rund ums Auto	M14	Verkehrsarten – Straße contra Schiene – Vom Verkehr überrollt
M8	Der Weg zur Arbeit		

Arbeitsplätze | Energiefresser Auto

M15	Beschäftigte in der Deutschen Automobilindustrie	M17	Energiefresser Auto – Vergleich des Energieverbrauchs für den Transport
M16	Arbeitsplätze – nur durch Autos und Straßenbau?	M18	Benzinpreis soll jährlich steigen
		M19	Kinder müssen in die Garage – Autos dürfen im Freien spielen

Private und soziale Kosten | Das Ende eines Autolebens

M20	Wo das Haushaltsgeld verschwindet	M27	25 Tonnen Müll = 1 Auto
M21	Was Autofahren wirklich kostet – Steuerlast auf dem Auto	M28	Totalrecycling für Autos geplant
M22	Quantifizierbare technische, ökologische und soziale Kosten des KFZ-Verkehrs in der BRD	M29	So sieht ein Autoleben aus
M23	Die ungedeckten Kosten des Autoverkehrs		
M24	Straßenverkehrstote und Straßenverkehrssicherheit		
M25	Jährliche Emissionen durch den Verkehr (= M6)		
M26	Verursacher der Luftbelastung		

Tempomobile oder Langsam-Autos

M30	Die schnelle Geschichte	M32	Die Super Minis kommen groß in Mode
M31	Audi Space Frame	M33	Gedanken zur Funktion des Autos

Perspektiven

M34	Öko-Auto	M39	Umwelt-Fahrkarte drängt Autoverkehr im Breisgau zurück
M35	Nahverkehr		
M36	Strecke Hamburg – Rimini 1 450 km	M40	„Genossenschaftsauto" – spart Geld und Schadstoffe
M37	Verkehrsvermeidung statt erzwungener Mobilität	M41	Sieben Tage – „Mobil ohne Auto"
M38	Mit dem Fahrrad das Auto überholen	M42	Autofrei – Spaß dabei
		M43	Gestern – Heute – Morgen

Modellbild des Gesamtsystems

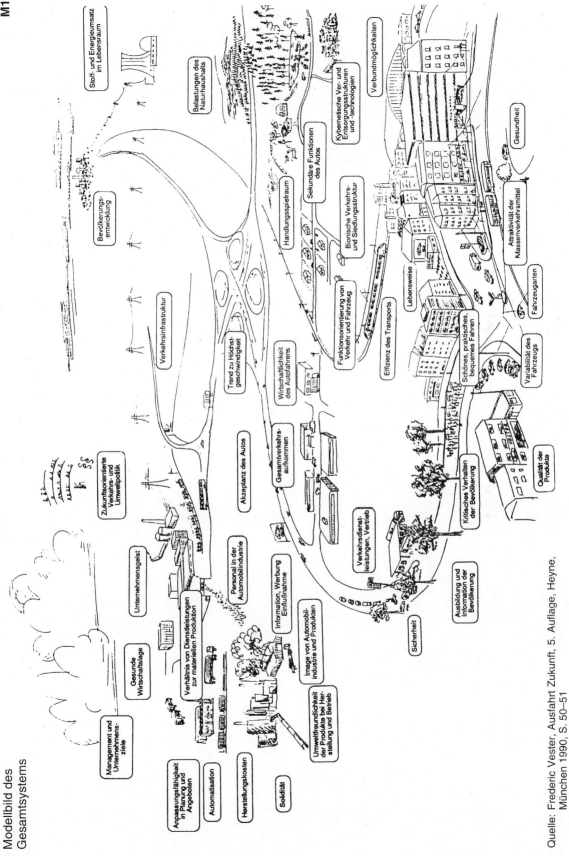

Quelle: Frederic Vester, Ausfahrt Zukunft, 5. Auflage, Heyne, München 1990, S. 50–51

M2

Das Auto erdrückt den Menschen mehr und mehr
(nach Otl Aicher: Kritik am Auto, München 1984)

M3

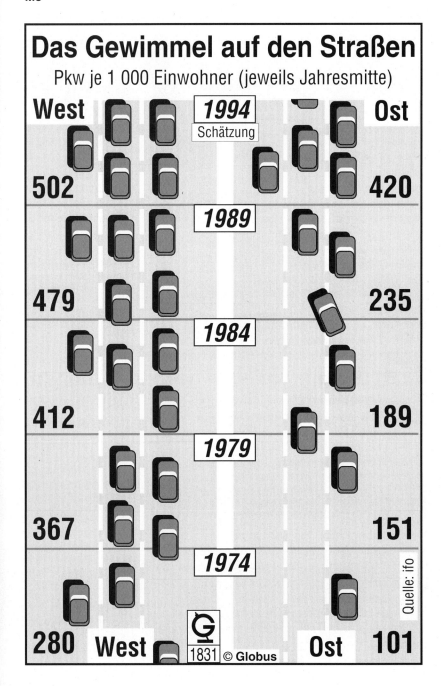

Osten holt auf

Das Verkehrsgewühl auf deutschen Straßen wird immer größer. Von 1974 bis 1994 hat sich der Pkw-Bestand in Westdeutschland nahezu verdoppelt (von 17,3 auf 33,1 Millionen), in Ostdeutschland sogar fast vervierfacht (von 1,7 auf 6,5 Millionen). Auf je 1000 Einwohner kommen heute im Westen 502 und im Osten 420 Pkw. Innerhalb kürzester Zeit hat sich die Pkw-Dichte in den neuen Bundesländern dem West-Niveau angenähert. Im Jahr 1989, also vor der Wende, ging es auf den Straßen im Osten Deutschlands noch geruhsam zu. Mit 235 Pkw je 1000 Einwohner lag die Fahrzeugdichte gerade mal so hoch wie zu Beginn der 70er Jahre in Westdeutschland. Globus

Statistische Angaben: ifo-Institut für Wirtschaftsforschung

M4

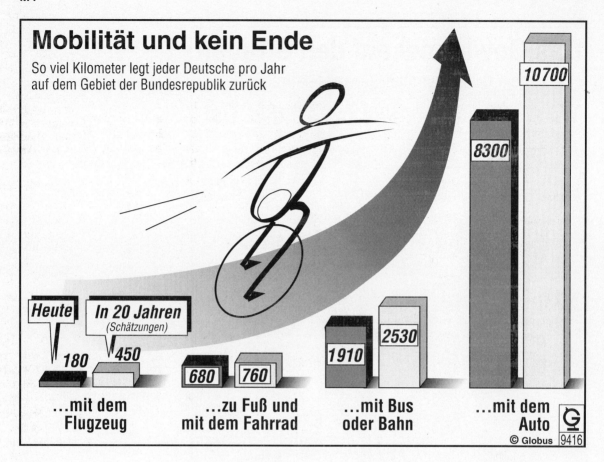

Mobilität und kein Ende
So viel Kilometer legt jeder Deutsche pro Jahr auf dem Gebiet der Bundesrepublik zurück

Heute | In 20 Jahren (Schätzungen)

...mit dem Flugzeug: 180 / 450
...zu Fuß und mit dem Fahrrad: 680 / 760
...mit Bus oder Bahn: 1910 / 2530
...mit dem Auto: 8300 / 10700

© Globus 9416

M5

Pkw-Bestand 1987 und Bestandsveränderungen gegenüber 1980 nach Regionen

Region	Wachstum 1980–1987 in Prozent	Pkw-Bestand in Mio. Pkw
Nordamerika	12,8	148,8
Westeuropa	24,0	129,8
Australien & Japan	22,8	38,1
Sowjetunion & Osteuropa	48,5	29,1
Lateinamerika	23,6	25,1
Asien (ohne Japan)	87,4	15,5
Afrika	24,2	7,9
Welt	22,4	394,2

Quelle: Karl Otto Schallaböck: Die ökologischen Grenzen der Automobilindustrie und des Automobilmassenverkehrs, in: M. Muster/U. Richter (Hg.): Mit Vollgas in den Stau, Hamburg 1990, S. 172

Jährliche Emissionen durch den Verkehr der BRD und deren wichtigste Wirkungen

(PS: Personenstraßenverkehr
GS: Güterstraßenverkehr)

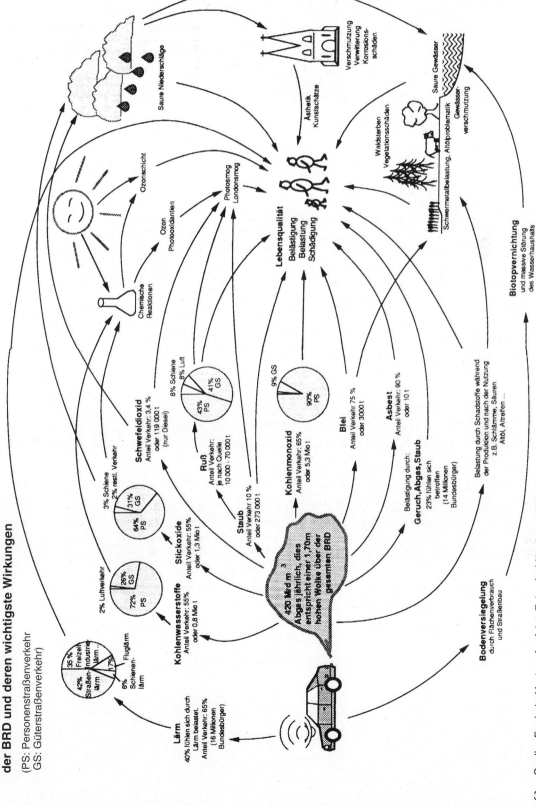

Quelle: Frederic Vester, Ausfahrt Zukunft, München 1990, S. 172–173

M7

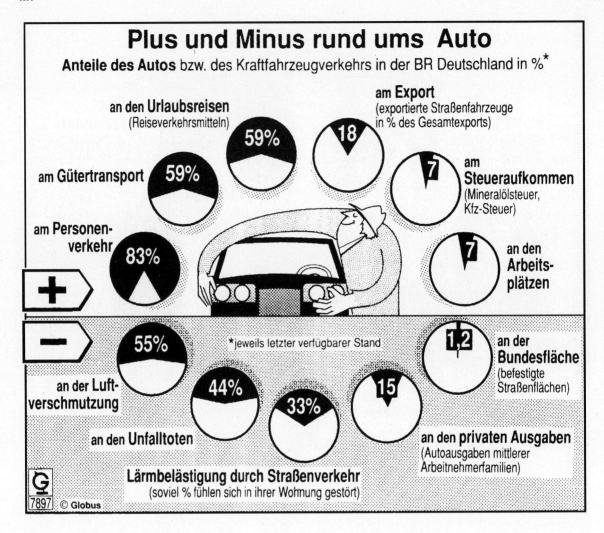

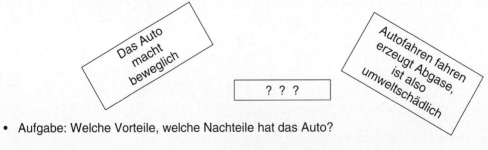

- Aufgabe: Welche Vorteile, welche Nachteile hat das Auto?

Erstelle eine Tabelle

Vorteile	Nachteile

M8

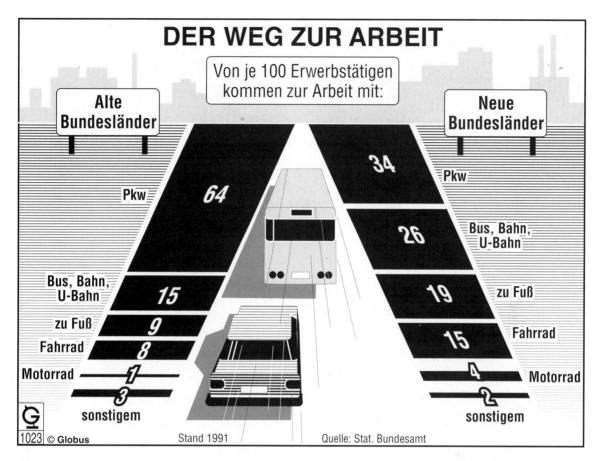

M9

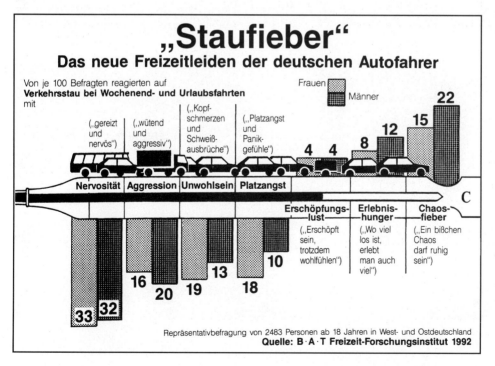

M10

- Wir hassen den Stau. Er bricht unser Tempo, nagt an den Nerven und kerkert uns ein

- Wir lieben den Stau. Er schenkt uns Momente der Muße, Begegnungen und Abenteuer

- Wir bekämpfen den Stau. Mit Staufunk, Bordcomputern, Autobahnen, Verkehrsministern

- Wir züchten den Stau. Mit allem was wir gegen ihn tun

M11

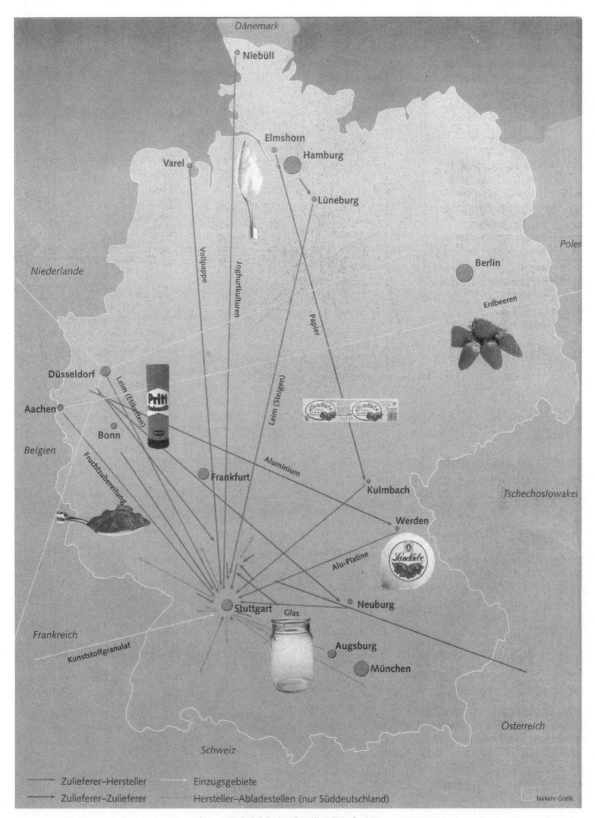

nach fairkehr-Grafik 7/92, S. 15

M12

Transportbeziehungen eines Erdbeerjoghurts
So klein und schon so weit rumgekommen

Wie ein Schnittbogen sehen die Verbindungslinien zwischen Zulieferern in Europa und einem Stuttgarter Hersteller von Erdbeerjoghurt aus. Polnische Erdbeeren werden in Aachen verarbeitet und kommen dann als Fruchtzubereitung ins Stuttgarter Werk. Papier aus Norddeutschland wird in Kulmbach zum Etikett, Quarzsand aus Frechen in Neuburg zu Glas, und alles geht nach Stuttgart, wo ein gesunder Joghurt entsteht.

Einzelteile des Fruchtjoghurts und seiner Verpackung treffen aus verschiedenen Ländern in Stuttgart ein.
Sie haben bis dahin schon eine lange Reise hinter sich:
Milch: 36 km
Fruchtzubereitung: 1 246 km
Joghurtkulturen: 920 km
Zucker: 107 km
Glas: 746 km
Alu-Platine: 864 km
Etikett: 948 km
Steige: 402 km
Zwischenlage: 647 km
Strechfolie: 406 km
Leim (Etiketten): 639 km
Leim (Steigen): 734 km

Insgesamt haben sie eine Strecke von 7 695 Kilometern zurückgelegt.

Quelle: fairkehr Heft 7 / 1992, S. 16 (vereinfachte Darstellung)

M13

Prüfschema Umweltzeichen

(Vorschlag des Umweltbundesamtes, dargestellt am Beispiel „umweltfreundliche Kopiergeräte")

Das folgende Schema stellt dar, welche Anforderungen bei der Erarbeitung der Vergabegrundlage berücksichtigt wurden.

Produktzyklus / Umweltschutzaspekte		Herstellung(1)	Ge- bzw. Verbrauch	Entsorgung
Gefahrstoffe		○	●	●(4)
Schadstoffemissionen	Luft	○	●(2)	●
	Wasser	○	./.	./.
	Boden	○	./.	./.
Geräuschemissionen		○	●	./.
Abfall	Vermeidung/ Verminderung/ Verwertung	○	●(3)	●(5)
Ressourcenschonen		./.	●	./.
Gebrauchstauglichkeit			●	
Sicherheit			●	

Legende
● Anforderungen einbezogen
○ Anforderung nicht aufgenommen
./. nicht bedeutsam

Erläuterungen
(1) ausschließlich Importe
(2) Ozon, Staub- und Kohlenwasserstoffe
(3) Recyclingpapier-Empfehlung
(4) getrennte Rückführung der Selentrommeln
(5) keine Einweg-Kopierpatronen

Entwicklung eines Umweltengels für Lebensmittel eines gesunden Frühstücks

Kriterien:

- Entfernung
- konventionelles Lebensmittel
- Lebensmittel aus alternativem Landbau
- direkt beim Erzeuger gekauft
- im Supermarkt erworben
- industriell verarbeitet (denaturiert)

... transportarm

M14

Verkehrsarten	Änderung 2005 gegenüber 1987 in v. H.
Eisenbahnen	18,5
Straßengüterfernverkehr	52,2
Binnenschiffahrt	20,9
Rohrfernleitungen	–3,0
Fernverkehr insgesamt	33,7
Straßengüternahverkehr	17,8
Güterverkehr insgesamt	31,1
Quelle: DIW	

Übersicht: Güterverkehrsleistungen in Tonnenkilometern

Quelle: U. Voigt, Verkehrspolitische Handlungsoptionen aus ökologischer Sicht, in: H.-J. Frank/N. Walter (Hg.): Strategien gegen den Verkehrsinfarkt, Stuttgart 1993, S. 315

Vom Verkehr überrollt

Verkehrsinfarkt auf den Straßen, Fahrt in die roten Zahlen bei der Bahn – beim Kampf Straße contra Schiene steht der Verlierer eindeutig fest. In Westdeutschland konnte der Transport per Lkw von 1991 bis heute noch einmal kräftig zulegen (plus 8 Prozent); die Bahn hingegen büßte 14 Prozent ihrer Transporte ein. Noch deutlicher ist die Entwicklung in den neuen Bundesländern: Die fünf neuen Länder wurden nach der Vereinigung mit Gütern überrollt – und zwar im doppelten Sinne. Der Güterverkehr auf der Straße kletterte um über die Hälfte. Die Reichsbahn büßte fast ein Viertel ihres Transportvolumens ein.

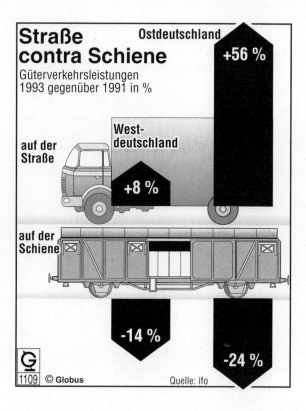

M15

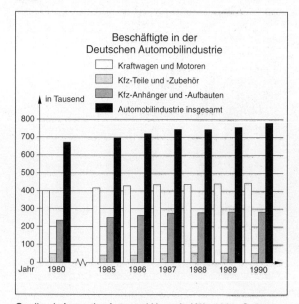

Quelle: J. Augustin: Auto und Umwelt, Köln 1992, S. 5

M16

Verkehrsmittel – ökonomische und soziale Aspekte

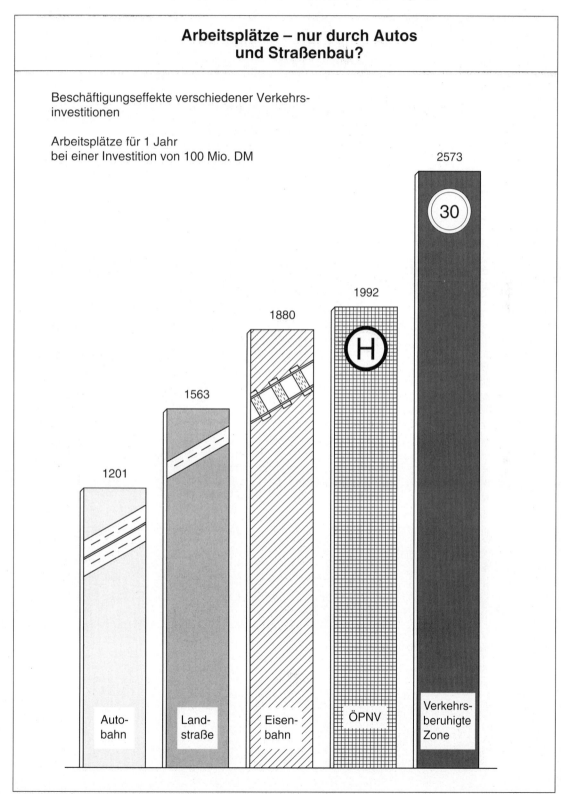

Quelle: Deutsche Straßenliga e. V.

M17

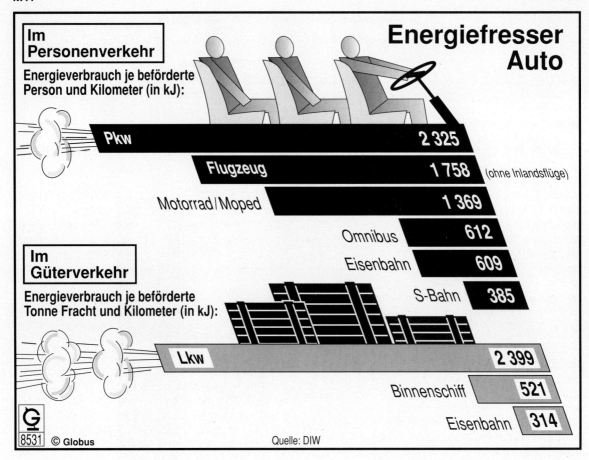

	AUTO	SOLARMOBIL	FAHRRAD
Um eine Person samt Gefährt zu transportieren, braucht man mit dem			
eine Leistung von:	50 kW	4,7 kW	0,08 kW
der Energieart:	fossile Energie	Solarenergie	Nahrungskalorien
für ein Gewicht von:	1 000 kg	265 kg	90 kg
spezifischer Aufwand:	50 Watt/kg	17 Watt/kg	0,9 Watt/kg

Quelle: Frederic Vester, Ausfahrt Zukunft, München 1990, S. 189

M18

Benzinpreis soll jährlich steigen
Gerster (CDU) will gestaffelte Anhebung der Mineralölsteuer

Quelle: Frankfurter Rundschau Nr. 24 vom 29. Januar 1993, S. 4

M19

„Kinder müssen in die Garage, Autos dürfen im Freien spielen"
BUND: Lokales Fahrverbot ist nur eine Ozon-Notbremse

BONN, 10. Juni (FR). „Als akute Ozon-Notbremse ist ein lokales Fahrverbot geeignet, aber die langfristige Bedrohung für Menschen und Wald durch den giftigen Sommersmog bleibt", mit diesen Worten kommentierte der Verkehrs-Experte des Bund für Umwelt und Naturschutz Deutschland e. V. (BUND), Klaus-Peter Weiner, den Heilbronner Modellversuch bei dem vom 10. bis 14. Juni die Wirksamkeit von lokalen Fahrverboten gegen erhöhte Ozonwerte getestet wird.

Der Modellversuch soll nach Meinung des BUND beweisen, was niemand mehr in Zweifel ziehen kann: Die Blechlawine auf den Straßen vergiftet mit Stickoxyden und flüchtigen Kohlenwasserstoffen die Luft, aus den Abgasen bildet sich bei Hochdruck-Wetter das Reizgas Ozon. Weiner erkennt trotzdem den Nutzen des Großversuches an: „Zum ersten Mal wird für vier Tage die verkehrte Welt der Verkehrspolitik richtig gerückt. Denn in Deutschland müssen die Kinder in der Garage bleiben, während die Autos im Freien spielen."

Nach Ansicht des BUND muß das Übel Ozon bei der Wurzel gepackt werden: beim Autoauspuff. Alle Modellversuche und lokalen Fahrverbote seien Flickwerk, solange die Bundesregierung sich nicht zu einer radikalen Wende in der Verkehrspolitik durchringe. Doch diese bleibt schon im Ansatz stecken: Entgegen Töpfers Ankündigungen ist nach Information des BUND keine Sommersmog-Verordnung von seinem Ministerium vorgesehen. Deshalb fordert der BUND die Bundesregierung auf, endlich die Gesundheitsgefährdung der Menschen und die Schädigung des Waldes durch Ozon ernstzunehmen. Weiners Forderung: „Die Konsequenzen lauten: Einführung eines Tempolimits, Rücknahme der Neubaupläne für Autobahnen und Bundesstraßen, Förderung des öffentlichen Personen-Nahverkehrs und eine radikale Politik der Verkehrsvermeidung."

Quelle: Frankfurter Rundschau Nr. 132 vom 11. Juni 1993

M20

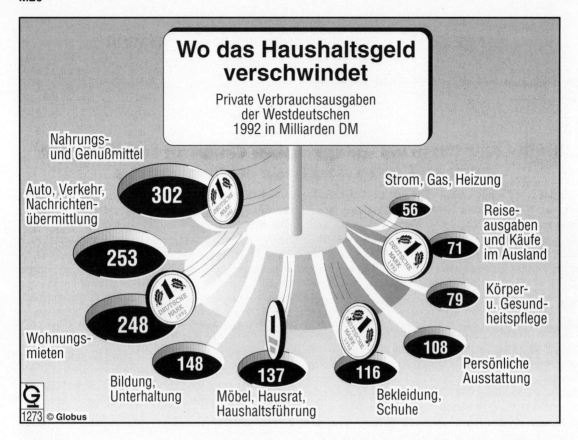

M21

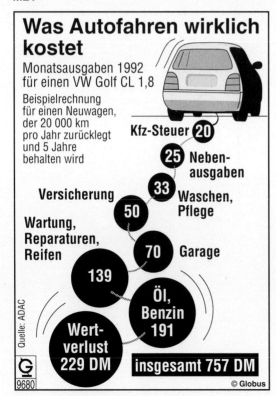

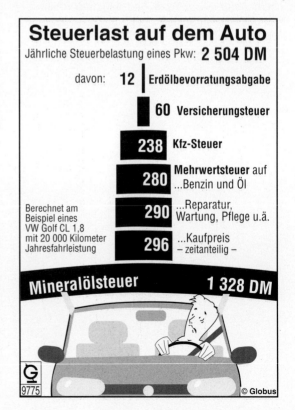

M22

Quantifizierbare technische, ökologische und soziale Kosten

	Milliarden DM pro Jahr
Infrastruktur	26,6
Luftverschmutzung	31,2
Lärm	44,5
Wasser	14,9
Flächenbeanspruchung	60,2
Verkehrsunfälle	71,1
Summe der Kosten	248,5
Kfz- und Mineralölsteuereinnahmen	34,9
Defizit	*213,6*

	PKW	LKW
Infrastruktur	16,4	10,2
Luftverschmutzung	24,0	7,18
Lärm	33,5	11,0
Wasser	11,4	3,46
Flächenbeanspruchung	56,6	3,6
Verkehrsunfälle	60,6	10,5
Summe der Kosten	202,5	45,9
Kfz- und Mineralölsteuereinnahmen	27,7	7,2
Defizit	*174,8*	*38,7*

Tabelle: Quantifizierbare technische, ökologische und soziale Kosten des KFZ-Verkehrs in der BRD im Jahr 1989, Milliarden Mark pro Jahr

(Quelle: D. Teufel: Der Autoverkehr als Umweltfaktor, in: H.-J. Frank/N. Walter (Hg.): Strategien gegen den Verkehrsinfarkt, Stuttgart 1993, S. 55)

Tabelle: Quantifizierbare technische, ökologische und soziale Kosten des PKW- und LKW-Verkehrs im Jahr 1989, Milliarden Mark pro Jahr

(Quelle: D. Teufel: Der Autoverkehr als Umweltfaktor, in: H.-J. Frank/N. Walter (Hg.): Strategien gegen den Verkehrsinfarkt, Stuttgart 1993, S. 55)

M 23

Verkehrsmittel – ökonomische und soziale Aspekte

Die ungedeckten Kosten des Autoverkehrs

Umweltbelastungen und -kosten des Personenverkehrs im Vergleich

Bahn | Auto | ungedeckte soziale Kosten des Autos [Pf/km]

Luftverschmutzung	1 : 8	5 Pf.
Flächenbedarf	1 : 10	? Pf.
Lärmbelästigung	1 : 6	9 Pf.
Unfälle	1 : 20	8 Pf.
Energieverbrauch und CO_2-Belastung	1 : 3	? Pf.

Quelle: Umwelt- und Prognose-Institut/eigene Berechnung

D. Seifried. Gute Argumente: Verkehr © Verlag C. H. Beck, München 1990

M24

Straßenverkehrstote in der BRD
(von 1953–1988 insgesamt 475 000 Tote)

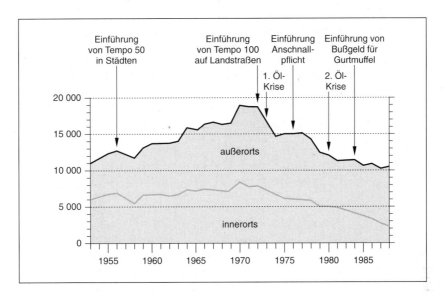

Verkehrssicherheit Personenverkehr 1985
Bundesrepublik Deutschland

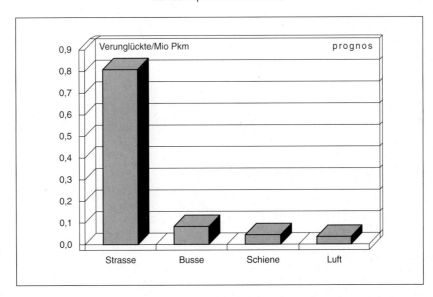

(Quelle: Bollinger, P.; Cerwenka, P.; Matthes, U.: Umweltwirkungen des Eisenbahnverkehrs unter besonderer Berücksichtigung des Hochgeschwindigkeitsverkehrs, Untersuchung der PROGNOS AG im Auftrag des Verkehrsforum Bahn e. V., Basel, 1987.)

Zitiert nach: F. Vester, Ausfahrt Zukunft, München 1990, S. 301

M26

Verursacher der Luftbelastung durch Schadstoffe in der Bundesrepublik Deutschland (Mio. Tonnen)

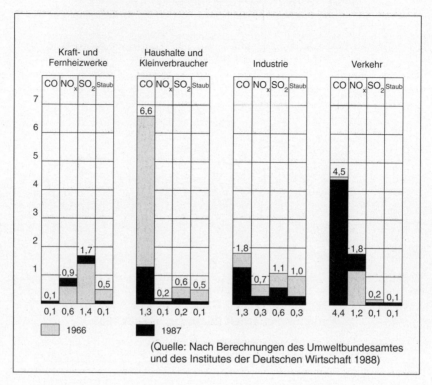

(Quelle: Nach Berechnungen des Umweltbundesamtes und des Institutes der Deutschen Wirtschaft 1988)

Zitiert nach Vester, Ausfahrt Zukunft, München 1990, S. 174

M27

25 Tonnen Müll = 1 Auto

„25 Tonnen Abfall entstehen bei der Produktion eines einzigen Autos. Der Verfasser der Studie des Hamburger Umweltinstituts, Harald Knisch, errechnete, daß bei der Produktion der rund 3 Mio. Personenwagen, die jährlich in der Bundesrepublik verkauft würden, 73,5 Mio. Tonnen Abfall entstehen. Dagegen sei die in den Haushalten anfallende Müllmenge mit 14,6 Mio. Tonnen ‚geradezu lächerlich gering'.

Auch sei die Produktion mit erheblichem Energieverbrauch verbunden. Der Anteil des Autos an Kohlendioxyd-Emissionen in der Bundesrepublik betrage also erheblich mehr als die 15 %, die bei der Treibstoffverbrennung im Straßenverkehr entstehen.

Die Zahlen beruhen auf Berechnungen, die den Abfallanteil des gesamten Laufes der Autoproduktion – von der Erzmine bis zur Karosserie und vom Erdölbohrloch bis zum Armaturenbrett – sowie den Abfallanteil bei der Verschrottung erfassen. Die Abfälle entstehen nach diesen Angaben überwiegend im Ausland."

(Frankfurter Rundschau vom 11.10.1990)

M28

Totalrecycling für Autos geplant

Mercedes kooperiert mit Voest / Entsorgungs-Aufpreis denkbar

Wiederverwertbare Teile und Materialien:
- Motoren
- Getriebe
- Lichtmaschinen
- Bleibatterien
- Aluminiumkühler

STUTTGART (dpa/vwd/AP). Mercedes-Benz und das österreichische Stahlunternehmen Voest-Alpine wollen beim Autorecycling neue Wege beschreiten. Beide Firmen setzen sich zum Ziel, „Altfahrzeuge vollständig und umweltfreundlich einer Wiederverwertung zuzuführen". Der erste Schritt zum „Totalrecycling" wurde in Stuttgart mit der Gründung einer Studiengesellschaft für die Entsorgung von Altfahrzeugen (EVA) getan.

Nach Angaben der beiden Vorstandsvorsitzenden Werner Niefer (Mercedes) und Ludwig von Bogdandy (Voest-Alpine) soll das gemeinsam entwickelte Konzept neue Maßstäbe in der umweltfreundlichen und rückstandsfreien Entsorgung setzen. Heute würden 75 Prozent eines Fahrzeuges in den Wiederverwendungskreislauf zurückgeführt; das restliche Viertel, bestehend beispielsweise aus Gummi, Kunststoff oder Glas, nehme wertvollen Deponieraum weg. Laut Jürgen Hubbert, im Mercedes-Vorstand zuständig für Pkw, will man deshalb einen Ausweg aus dem Müllnotstand zeigen. Bei Konkurrenten würden nur Karosserie, Motor und Getriebe völlig entsorgt. Nicht zuletzt Gesetzentwürfe, mit denen die Automobilindustrie zur Entsorgung der Altvehikel verpflichtet werden soll, stellten die Branche vor neue Herausforderungen. Vor allem der nicht verrottende Kunststoff, dessen Aufkommen überproportional gestiegen sei, habe sich zu einem komplizierten Problem entwickelt. In dieser Dekade müssen jährlich mehr als zwei Millionen Fahrzeuge verschrottet werden.

Die EVA, deren Stammkapital von 100 000 Mark Mercedes und Voest-Alpine je zur Hälfte halten, soll in etwa sechs Monaten eine ersten Projektvorschlag unterbreiten. Bis dahin wird auch der Standort einer Pilotanlage geklärt, in der aus Autoschrott Stahl mit einem Durchsatz von 100 Tonnen pro Stunde hergestellt werden soll. Verhandelt wird darüber unter anderem in der DDR mit den Brandenburgischen Stahlwerken. Zur Diskussion stehen aber auch andere Anlagen in Europa.

Das Mercedes-Voest-Konzept beginnt mit der Demontage wiederverwendbarer Autoteile und der Vorbereitung der Wracks für den stahlwerkgerechten Einsatz in einem Schmelzreaktor. Als Entsorgungsprodukte sollen nur Schmelzschlacke und Gips übrigbleiben.

Unklar ist jedoch, wie das 100-Millionen-Mark-Projekt, mit dem Autos aller Marken einschließlich „Trabis" sowie andere Gebrauchsgüter aus Metall und Kunststoff recycelt werden sollen, finanziert wird. Die Mercedes-Manager halten es für denkbar, daß künftig im Kaufpreis von Neufahrzeugen ein Beitrag zur Entsorgung enthalten sein könnte.

Shredder-Material:
- Stahlschrott
- NE-Metalle (Alu, Cu, Messing) ca. 68 %

nicht verwertbare Reststoffe (Shredder-Müll = 30 % des Durchsatzgewichts)

Gemisch aus Gummi, Glas, Holz, Textilien, Kunststoffen usw.

Frankfurter Rundschau Nr. 200 vom 29. 8. 90, S. 8.

- **Aufgabe:**

a) Was ist der Inhalt der Zeitungsmeldung?

b) Welche Teile des Autos werden bei seiner Entsorgung weiterverwendet, bei welchen Teilen ist dies schwieriger?

c) Sucht Verbesserungsmöglichkeiten, damit noch mehr Teile des Schrottautos als Rohstoffe zurückgewonnen werden können. Nehmt dazu das ökologische Portrait des Autos von Seite 386 zur Hilfe.

M29

So sieht ein „Autoleben" aus:

Ökologisches Portrait eines Autolebens
10 Jahre (Bilanz eines Autolebens)

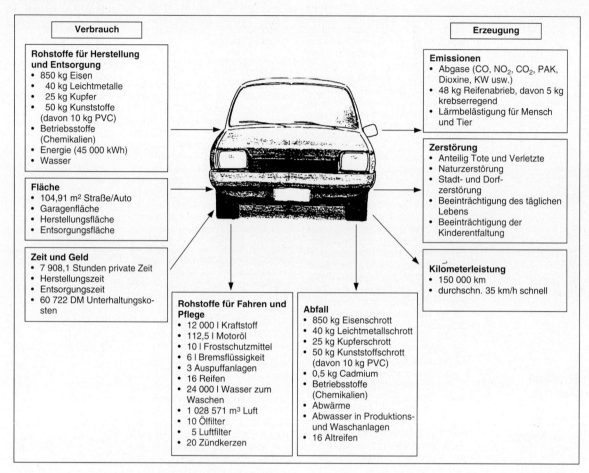

aus: Der Auto-Knigge. Reinbek 1987, S. 48 f., Rowohlt Verlag.

- **Aufgabe:** In der BRD wurden 1989 4,5 Mio. PKW erzeugt.

a) Berechne den Verbrauch an Eisen, Leichtmetallen, Kupfer und Kunststoffen in Tonnen.

b) Wofür werden beispielsweise beim Auto Eisen, Leichtmetalle, Kupfer und Kunststoffe verwendet?

M30

Zeichnung aus: Rattelschneck „Große Aktion! Kranke besuchen Gesunde", Lappan Verlag

M31

hs. Mit ihrem **Audi** Space Frame (ASF) Concept Car zeigte die VW-Tochter auf der IAA eine Weltneuheit: eine Karosserie, bei der sowohl die tragende Struktur (Space Frame) als auch die mittragenden Karosseriebleche ganz aus Aluminium hergestellt sind. Die Kombination des gewichtsparenden Aluminium mit einem 3,4 l-V8 Turbodiesel-Direkteinspritz-Motor sorgt für sehr gute Fahrleistungen bei gleichwohl sehr niedrigem Verbrauch. Das Triebwerk ist zudem mit 147 kW/200 PS auf hohe Leistung ausgelegt, mit einem besonders hohen Drehmoment von 370 Nm aber auch auf hohe Elastizität. Denn mindestens 330 Nm stehen zwischen 1 600 U/min und der Nenndrehzahl von 4 250 U/min zur Verfügung. Bei diesen Leistungsdaten läßt sich in einer aerodynamisch günstigen Oberklasse-Limousine mit gewichtsgünstiger Alu-Karosse eine Beschleunigung auf Tempo 100 in weniger als 10 Sek. sowie eine Spitze von deutlich über 200 km/h erreichen. Audi hält Verbrauchswerte von 8,4 l/100 km im Stadzyklus, von 4,7 l bei konstant 90 km/h und 6,2 l/100 km bei ständig 120 km/h für realisierbar. Zur Schadstoffreduzierung dienen Abgasrückführung und Diesel-Kat.

Mit diesem Konstruktionsvorschlag will Audi aus dem Teufelskreis heraus, in dem sich zur Zeit alle Autohersteller der Welt befinden: Die Kunden verlangen Komplettausstattung und immer mehr Komfort, was das Leergewicht und damit den Verbrauch in die Höhe treibt. Aus Umweltschutzgründen sollte aber der Verbrauch gesenkt werden. Die Kombination von Leichtmetall-Karosse und Spar-Diesel ist sicher ein großer Schritt in die richtige Richtung. Werkfoto

Handelsblatt Nr. 164 vom 26. 08. 1993, S. 16

M32

Die Super-Minis kommen groß in Mode

Konkrete Kleinstwagen- Studien von Mercedes-Benz, BMW und VW / Realistisches Verbrauchsziel 3 Liter

Mercedes-Benz, mit der S-Klasse an die Grenzen des automobilen Wachstums gestoßen, überrascht jetzt mit der kürzesten Fassung eines deutschen seriennahen Viersitzers. Der Vision A 93 mißt – Länge über alles – 3,35 Meter und ist damit 1,13 Meter kürzer als die neue C-Klasse, er bietet aber auf Einzelsitzen die Bewegungsfreiheit der gehobenen Mittelklasse. Er ist die Studie für einen Mercedes-Mini, der spätestens 1997 in Serie gehen und nach heutiger Kalkulation um 30 000 Mark kosten soll.

Daß auch bei Mercedes-Benz ein Auto reift, das sich an den „künftigen Anforderungen des Verkehrs in Ballungszentren" orientiert, war längst kein Geheimnis mehr. Auch die Stuttgarter Nobelmarke mußte sich Gedanken über ein neues Einsteigermodell machen, nachdem die kompakte C-Klasse locker die 40 000 Mark-Hürde genommen hatte. Vor allem aber konnten sich die „Erfinder des Automobils" nicht ausklinken aus dem Wettbewerb um das vielzitierte Dreiliter-Auto. Und sie mußten eine Basis schaffen für das „zero-emission-Fahrzeug", sprich: Elektroauto, falls es denn, wohl zunächst in Kalifornien, gefordert werde. Nicht zuletzt schwebte dem früheren Mercedes-Chef Werner Niefer vor, daß bei Mercedes-Fahrern der gehobenen Klasse auch der Zweit- oder

Produktionsbeginn im Jahre 1995: VW-Mini Chico

Drittwagen einen Stern am Bug tragen sollte. Das Produktionsziel für solch ein Fahrzeug der A-Klasse ist mit bis zu 200 000 Einheiten ja auch nicht unbescheiden veranschlagt.

Der Mini, der erstmalig auf der Internationalen Automobil-Ausstellung (IAA) im September in Frankfurt am Main die Vorstellungen der Mercedes-Techniker von einem „Stadtwagen" dokumentiert, steckt voller Überraschungen. Bei der Karosserie orientierte man sich noch am Renault Twingo oder – wenn nicht – am Mini-Van-Konzept, weil das das großzügigste Raumangebot ermöglicht. Mercedes freilich geht einen Schritt weiter und schafft noch mehr Bewegungsfreiheit durch die Plazierung von Motor und stufenlosem Getriebe unter statt vor den Passagieren. Diese Unterflur-Anordnung hat zudem den Vorteil, daß bei einem Frontalunfall der schwere Block unter die Fahrgastzelle gleitet. Wie es dagegen mit der Reparaturfreundlichkeit eines derart „versteckten" Antriebs bestellt ist, muß sich erst noch zeigen.

Die maximal vier Insassen sitzen leicht erhöht, die ebenfalls hochliegenden Längsträger der Karosserie können hohe Verformungskräfte von vorne wie von der Seite aufnehmen. Der Clou im Fond, wenn auch nicht neu, sind die verschiebbaren Sitze, um bei Bedarf das recht bescheidene Ladeabteil unter der Heckklappe zu vergrößern. Die Sitzflächen hinten lassen sich anheben, damit Kinder mit den normalen Sicherheitsgurten gesichert werden können. Zusätzlichen Stauraum gibt es vorne unter der kurzen Fronthaube. Airbags vorne, Gurtstraffer und Türpolster sind in dem kleinen Vorläufer einer künftigen Mercedes-A-Klasse ebenso selbstverständlich wie eine Armaturentafel im gewohnten Mercedes-Design. Ob es bei den digitalen Instrumenten bleibt, die im Vision A 93 in einer halbrunden Einheit zusammengefaßt sind, dürfte weitgehend vom Kundenecho abhängen. Für die Motorisierung des ersten seriennahen Mercedes mit Frontantrieb werden drei Alternativen genannt: ein besonders sparsamer Dreizylinder-Diesel-Direkteinspritzer mit 44 kW (60 PS),

der im Drittelmix 3,8 Liter/100 km verbrauchen soll, ein ebenfalls dreizylindriger 1 200-ccm-Benzinmotor mit 55 kW (75 PS) und ein Elektromotor mit 40 kW (50 PS), der von Natrium-Nickelchlorid-Batterien gespeist wird, die für 150 Kilometer Reichweite ausreichen sollen. Damit schafft Mercedes neben der sparsamen eine spritzige und eine abgasfreie Variante.

Auch wenn dem Elektroantrieb derzeit noch die geringste Chance in künftigen Kleinwagen eingeräumt wird, hat auch BMW in der dritten Version eines weiß-blauen Minis einen E-Motor mit 32 kW (45 PS) als Alternative zum kleinen Reihen-Vierzylinder mit 60 kW (82 PS) vorgesehen. Nach dem E 1, dem Elektroauto, das vor zwei Jahren auf der IAA gezeigt wurde, und dem dreisitzigen Z 13, den die Münchner im Frühjahr 1993 in Genf präsentierten, ist der neue E 1 ein Auto, das einem „zusätzlichen Angebot zur herkömmlichen BMW-Produktpalette" näher kommt.

Erstens ist er ein viersitziges Auto, zweitens läßt er mehr Spielraum für die Antriebsart, einschließlich Hybrid-Antrieb, also die Kombination von Verbrennungs- und Elektromotor. Während alle drei denkbaren Varianten formal und in der Ausstattung identisch sind, variiert BMW die angetriebenen Räder: beim Elektromotor hinten, beim Benzinmotor (wie beim Z 13 das Motorradtriebwerk der K 1100) vorne und beim Hybridantrieb vorne und hinten, je nach der momentan gewählten Motorisierung.

Während die kleine BMW-Studie, die auch auf der IAA zu sehen ist, bei 3,7 Meter Länge in der Elektroversion rund 900 Kilogramm auf die Waage bringt, schleppt der deutlich kürzere Mercedes-Mini rund 100 kg mehr mit sich herum. Beide Hersteller stellen jedoch den „intelligenten Leichtbau" heraus, was in beiden Fällen die weitgehende Verwendung von Aluminium bedeutet.

Während bei Mercedes-Benz und BMW um die endgültige Form und das marktgerechte technische Konzept noch gerungen wird, ist bei Volkswagen die Produktionsentscheidung für einen Mini gefallen, der zumindest von der Größe her unter dem neuen Polo (ab 1994), preislich aber mindestens auf dem gleichen Niveau plaziert wird. VW-Chef Ferdinand Piëch hat entschieden, daß der knuffige Chico ab 1995 in Serie gebaut wird. Er will beweisen, daß solch ein Auto am vermeintlich teuren Standort Deutschland durch entsprechende Arbeitsorganisation günstig hergestellt werden kann. Gegenüber herkömmlichen Modellen soll die Bauzeit des Chico um etwa die Hälfte verkürzt werden. Der ursprünglich auch für alternative Antriebe wie Elektro-Motor oder Hybrid-Antrieb konzipierte Kleinwagen erhält zunächst nur konventionelle Polo-Motoren. Vorgesehen ist zu einem späteren Zeitpunkt aber auch ein Dreizylinder-Direkteinspritzer-Diesel, der den Chico dann zu dem von VW-Chef Piëch angekündigten Dreiliter-Auto machen könnte.

BENNO PIDOL

Viersitzer mit Elektro- oder Motorradmotor: BMW E 1
Frankfurter Rundschau vom 21. 08. 1993, S. M 11

3,35 Meter kurzer, viertüriger Viersitzer: Mercedes-Mini
(Werkbilder)

M33

Gedanken zur Funktion des Autos

Das Automobil erfüllt – sicher zum Teil auch aus den oben diskutierten Gründen – heute weit über seinen Transportzweck hinaus eine Reihe von Funktionen, die im Grunde auch durch etwas anderes (und dies zum Teil besser und schadloser) erfüllt werden könnten, aber inzwischen relativ fest mit dem Produkt Auto auf eine Weise verknüpft sind, so daß man denkt, ohne Auto, ja ohne den derzeitigen Autotypus, auch auf diese Funktionen verzichten müssen. Das ist natürlich keineswegs der Fall. Die wichtigsten dieser sekundären Funktionen seien hier noch einmal zusammengefaßt.

Dazu zählen:
- Machtausübung (über andere Verkehrsteilnehmer)
- Großzügigkeit zeigen (jemand in meinem „tollen Wagen" mitnehmen)
- Symbol für Rangordnung und Prestige
- Das andere Geschlecht beeindrucken, Mittel zur „Eroberung"
- Private Liebeslaube, Mittel zur Verführung
- Beleuchtungsgerät bei Nacht
- Haus auf Rädern (incl. kleinem Haushalt, Essen, Trinken, Schlafen – Zigeunerwagen)
- Spielzeug, Befriedigung des Spiel- und Basteltriebs (ausstatten, pflegen, reparieren)
- Schmuckstück, an dessen Schönheit man sich als Besitzer erfreut
- Kommunikationsmittel, um Kontakte herzustellen, Nachrichten zu übermitteln
- Mittel zum Angeben und Eindruckschinden
- Mittel zum Zeitvertreib, Fahren, um die Langeweile zu vertreiben, sich die Gegend anzuschauen
- Fluchtfahrzeug, mit dem man einer Gefahr oder einem Verfolger entkommt (Polizei, Gegner, Kriegsgefahr, Vulkanausbruch)
- Schutzhütte, Kälte- und Wetterschutz, Aufwärmstube
- Aufbewahrungsort, Schließfach auf Rädern
- Körperliche Lustgefühle erleben (Beschleunigungsgefühl, Geschwindigkeitsrausch)
- Stromgenerator (z. B. für Radio, Autotelefon, Campinglampe, Campingkühlschrank etc.)
- Ersatz für Sportgerät, Fahren als Geschicklichkeitsspiel
- Ersatz für Wettkampfgerät. Zeigen, wer der Schnellere, Stärkere ist
- Einsatz für Abenteuer, russisches Roulette, Mutprobe (mal sehen, ob ich es schaffe, den zu überholen)

Es wäre zu prüfen, inwieweit diese Funktionen, die über diejenigen des „Fahrzeugs an sich" hinausgehen, durch andere Möglichkeiten ersetzt werden können. Denn es sollte bewußt nicht auf sie verzichtet werden, spiegeln sie doch sämtlich bestimmte menschliche Bedürfnisse wider, die zum Teil durchaus legitim sind und deren Befriedigung uns nicht vorenthalten werden soll. Nur fragt sich eben, ob es sinnvoll ist, z. B. sein Prestigebedürfnis ausgerechnet mit einem „Mordinstrument" zu erfüllen, indem man mit 250 Stundenkilometern durch die Landschaft rast, oder seinen (biologisch bedingten) Bewegungsdrang verkrampft hinter dem Lenkrad sitzend durch eine Scheinbewegung zu stillen und damit dem gesundheitlichen Risikofaktor „Bewegungsarmut" Vorschub zu leisten.

Quelle: Frederic Vester, Ausfahrt Zukunft, München 1990, S. 315

M34

Elektromotor,
Solarauto,
Stirlingmotor,
Biogasnutzung,
Wasserstoffmotor,
Hybridantrieb,
Citycar,
Kabinentaxi,
Querparker,
etc., etc.,etc.

Quelle: F. Vester, Ausfahrt Zukunft, München 1990, S. 330

M35

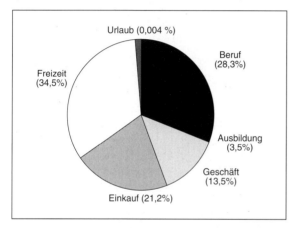

Quelle: Nach F. Vester, Ausfahrt Zukunft, München 1990, S. 197

M36

Strecke Hamburg – Rimini 1 450 km		
Der Angepaßte	Der Eilige	Bilanz des Eiligen
0 x notbremsen	5 x notbremsen	5 x öfter notbremsen
652 x bremsen	1 339 x bremsen	687 x öfter bremsen
645 x überholen	2 004 x überholen	1 359 x öfter überholen
135,1 Liter Benzin	175,5 Liter Benzin	40 Liter Benzin mehr
Zeit: 20 Stunden 43 Minuten	Zeit: 20 Stunden 12 Minuten	Zeitgewinn: nur 31 Minuten

Für eine halbe Stunde Zeitgewinn tausendmal öfter überholen

Quelle: F. Vester, Ausfahrt Zukunft, München 1990, S. 291

M37

Alternativen

Verkehrsvermeidung statt erzwungene Mobilität

Früher: Stadt vereinigt Funktionen

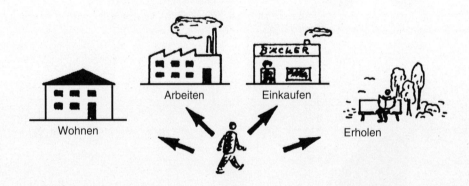

Heute: Die Stadt produziert Verkehr

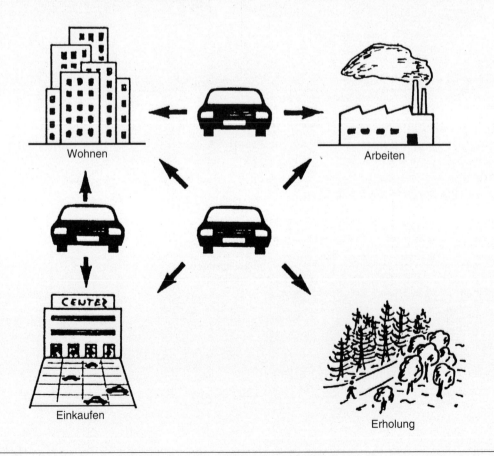

Quelle: VCS

D. Seifried. Gute Argumente: Verkehr © Verlag C. H. Beck, München 1990

M38

Verkehrsmittel – ökonomische und soziale Aspekte

Mit dem Fahrrad das Auto überholen?

Rechnerische Geschwindigkeit bei Berücksichtigung des gesamten Zeitaufwands für den Transport

Durchschnittsgeschwindigkeit des gesamten Fahrzyklus übers Jahr

15 km/h   40 km/h   60 km/h

Jährliche Betriebskosten

120 DM   4700 DM   16000 DM

Monatliches Nettoeinkommen des Fahrzeughalters

1600 DM   1600 DM   6400 DM

Zeitaufwand für die Erarbeitung der jährlichen Gesamtkosten des Fahrzeugs

15 h   470 h   400 h

„Soziale Durchschnittsgeschwindigkeit"

14 km/h   17 km/h   21 km/h

Externe Kosten pro km

—   15 Pf/km   30 Pf/km

„Soziale Durchschnittsgeschwindigkeit" bei Berücksichtigung der externen Kosten

14 km/h   13 km/h   18 km/h

Quelle: Wolff/eigene Berechnungen

D. Seifried, Gute Argumente: Verkehr © Verlag C. H. Beck, München 1990

M39

Umwelt-Fahrkarte drängt Autoverkehr im Breisgau zurück
Studie belegt Umsteigen auf Bus und Bahn / „Zunahme des motorisierten Individualverkehrs ist kein Naturgesetz"

Von unserem Mitarbeiter Karl-Otto Sattler

FREIBURG. Mit einer entschiedenen Förderung des öffentlichen Nahverkehrs kann nicht nur das Fahrgastaufkommen in Bahnen und Bussen gesteigert, sondern auch der Autoverkehr vermindert werden: Entgegen dem allgemeinen Trend hin zu einer weiteren Steigerung des motorisierten Individualverkehrs nahm im südbadischen Breisgau seit der Einführung einer billigen Umweltkarte der Autoverkehr um fast fünf Prozent ab. Bislang hatte man es in der Stadt Freiburg schon als Erfolg verbucht, daß trotz einer Bevölkerungszunahme und trotz wachsender PKW-Zulassungszahlen der Autoverkehr nicht noch weiter expandiert ist.

Seit Herbst 1991 wird in der Stadt Freiburg sowie in den angrenzenden Landkreisen Breisgau-Hochschwarzwald und Emmendingen den rund 600 000 Einwohnern eine (frei übertragbare) „Regio-Karte" zum Preis von monatlich zunächst 49 Mark (seit April 1993: 55 Mark) angeboten, mit der auf 2 400 Streckenkilometern alle Verbindungen der Straßenbahn, der Busse und der Bundesbahn benutzt werden können; zuvor schon hatte in der Stadt Freiburg seit 1984 ein billiges Umwelt-Abonnement für monatlich 38 Mark gegolten. Freiburgs Oberbürgermeister Rolf Böhme sowie die Landräte Volker Watzka und Jochen Glaeser präsentieren jetzt eine neue Studie des Münchner Sozialforschungsinstituts „Socialdata", die nicht nur auf Verkehrszählungen, sondern auch auf umfangreichen Befragungen basiert.

Nach dieser Erhebung gab es im Breisgau 1992 täglich rund 30 000 Autofahrten weniger im Vergleich zu 1989. Im Gegenzug wurden 26 000 Fahrten mit Bussen und Bahnen pro Tag mehr unternommen als drei Jahre zuvor. Im Schnitt nahm die Zahl der mit dem öffentlichen Personennahverkehr zurückgelegten Verkehrswege um 15,6 Prozent zu: Im Kreis Breisgau-Hochschwarzwald um 35 Prozent, im Kreis Emmendingen um 16 Prozent und in der Stadt Freiburg um 7,5 Prozent – wo allerdings in den Jahren zuvor wegen des preisgünstigen Umweltschutz-Abonnements das Fahrgastaufkommen in Bussen und Bahnen kontinuierlich gewachsen war.

Am meisten profitierten von der Einführung der „Regio-Karte" im Herbst 1991 die Regionalverbindungen der Bundesbahn: 1992 wurden auf der Schiene im Breisgau und im Hochschwarzwald mehr als doppelt so viel Fahrten unternommen wie 1989 (Steigerungsrate: 111 Prozent). Bei der Straßenbahn (die nur in der Stadt Freiburg verkehrt) lag die Zuwachsrate bei 18 Prozent, bei Bussen bei 1,8 Prozent, bei Radfahrten bei fünf Prozent. Die Südbadener gehen offenbar auch gerne zu Fuß: Die Zahl der per pedes zurückgelegten Verkehrswege wuchs zwischen 1989 und 1992 um sechs Prozent. Ein – erwünschtes – Minus war nur bei den Autofahrten zu verzeichnen, die um 4,6 Prozent sanken. Im übrigen ergab die „Socialdata"-Untersuchung, daß immer mehr Leute als Mitfahrer bei anderen ins Auto steigen (Steigerung: 13 Prozent).

Angesichts des Rückgangs beim motorisierten Individualverkehr um fast fünf Prozent, der trotz Bevölkerungswachstum und steigender Zulassungszahlen bei Autos zu verzeichnen war, spricht Freiburgs Oberbürgermeister Böhme von einem einmaligen verkehrspolitischen Erfolg. Nach Angaben der Stadt wurden nur noch in München Rückgänge beim Autoverkehr verzeichnet. Für Böhme ist mit dem Modell erwiesen, daß die Zunahme des Autoverkehrs kein Naturgesetz ist. Das Mobilitätsverhalten der Menschen könne vielmehr mit einer konsequenten, umweltorientierten Verkehrspolitik verändert werden.

Frankfurter Rundschau Nr. 141
vom 22. 06. 1993, S. 24

M 40

Alternativen

„Genossenschaftsauto" – spart Geld und Schadstoffe

Rund 25 % der Schadstoffe durch den Gebrauch eines Autos entstehen bereits bei der Herstellung

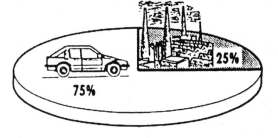

Emissionen durch den Betrieb der Fahrzeuge

Emissionen durch die Herstellung der Fahrzeuge

Vorteile eines gemeinsam genutzten Autos:

Weniger Emissionen bei der Herstellung, weniger Probleme bei der Entsorgung

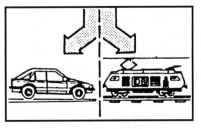

Es findet eine echte Wahl zwischen den einzelnen Verkehrsmitteln statt. Fixkosten werden teilweise in variable Kosten umgewandelt

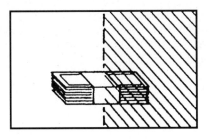

Kosteneinsparung für alle Beteiligten

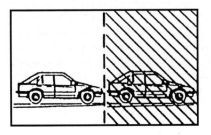

Entlastung der Städte von den Blechlawinen

D. Seifried. Gute Argumente: Verkehr © Verlag C. H. Beck, München 1990

M41

Sieben Tage „Mobil ohne Auto"

Umweltverbände setzen auf öffentlichen Verkehr und das Fahrrad

BONN, 25. Mai (dpa). Zu einer bundesweiten Aktionswoche „Mobil ohne Auto" haben Umwelt- und Verkehrsverbände am Montag aufgerufen. An rund 100 Orten soll bis zum 31. Mai auf mehr als 3 000 Veranstaltungen mit autofreien Freizeitangeboten für Bus, Bahn, Fahrrad und die eigenen Füße geworben werden.

„Wir fordern, alle Subventionen für das Auto zu streichen und statt dessen den Ausbau des öffentlichen Nahverkehrs und der Radwege zu fördern", sagte Annette Hauer vom Aktionsbündnis „Mobil ohne Auto" (MoA) am Montag in Bonn. Der MoA sind unter anderem der BUND, Greenpeace, die Grüne Liga und der Verkehrsclub Deutschland angeschlossen. Angesichts von etwa 30 Verkehrstoten pro Tag, zunehmender Luftverschmutzung und drohendem Verkehrskollaps in Großstädten sei schnelles Umdenken in der Verkehrspolitik erforderlich.

„Es darf nicht mehr gelten, jemand ist umso mobiler, je mehr Kilometer er verfährt", sagte Frau Hauer. Nach Berechnungen von Verkehrswissenschaftlern sei zwar die Anzahl der Wege seit 100 Jahren mit im Durchschnitt drei Wegen pro Tag gleichgeblieben. Gestiegen seien aber die Weglängen. Daher müßten die Lebensbereiche Arbeit, Wohnen, Kultur und Erholung enger zusammenrücken.

Nach Angaben der MoA sind 42 Prozent vom gesamten Verkehrsaufkommen Kurzstrecken unter vier Kilometern. Deswegen müßte insbesondere im innerstädtischen Bereich das Fahrrad Vorrang bekommen. Die MoA fordert das Bundesverkehrsministerium auf, ein Drittel der im Verkehrswegplan vorgesehenen Mittel für den Aufbau eines durchgehenden Radwegenetzes und ein weiteres Drittel für den öffentlichen Nahverkehr bereitzustellen.

Frankfurter Rundschau Nr. 122 vom 26. 05. 1992

M42

„Autofrei – Spaß dabei"

Demonstrationen gegen zunehmenden Verkehr in vielen Städten

sp HANNOVER, 22. August. Unter dem Motto „Autofrei – Spaß dabei" fanden am Samstag in vielen deutschen Städten Aktionen gegen den Lärm, die Abgase, die Unfallgefahren und den Flächenverbrauch der „Autos" statt. „Straßenraum ist Lebensraum", malten Göttinger Jugendliche auf ein Transparent. In Heidelberg besetzten Demonstranten mit Musik und Kaffeeständen einen verkehrsreichen Platz. An die von ihnen behinderten Autofahrer verteilten sie Plätzchen in Form von Autos – „zum Selberaufessen". In Flensburg wurde ein Straßenfest auf die benachbarten Durchfahrtsstraßen ausgeweitet.

Mit ähnlichen Aktionen demonstrierten junge Umweltschützer in Osnabrück, Oldenburg, Norden, Braunschweig, Berlin-Charlottenburg, Zwickau, Konstanz und Gießen gegen den weiterhin zunehmenden Autoverkehr. Sie bemalten Straßen, nutzten die Fahrbahnen zum Federballspielen oder mahnten mit „Die-ins" an die Verkehrstoten: Ebenso viele Menschen, wie im vergangenen Jahr auf den Straßen der Stadt tödlich verletzt wurden, legten sich wie tot auf eine Straße.

Die Aktionen, die in der Regel nicht angemeldet waren, gingen auf Verabredungen beim Umwelt-Festival „Auftakt" Ende Juli in Magdeburg zurück. Das „Autofrei"-Büro in Lüneburg kündigte weitere Aktionstage an.

Quelle: Frankfurter Rundschau Nr. 194 vom 23. August 1993, S. 18

M43

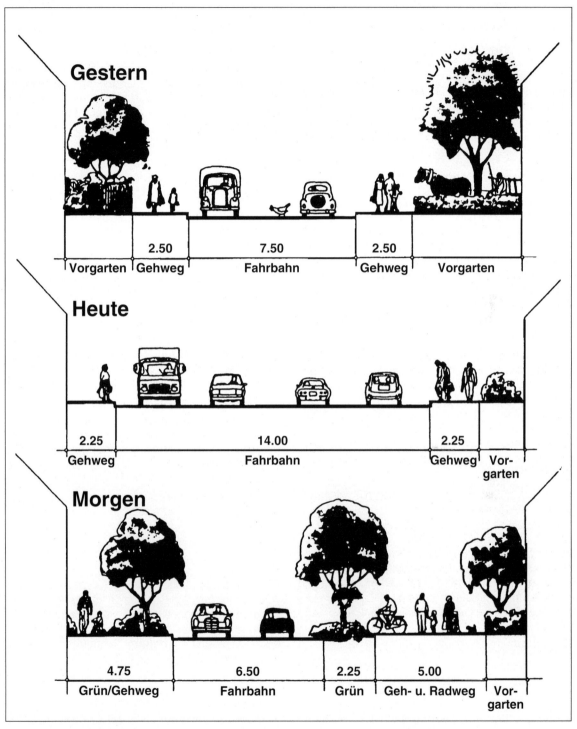

aus: natur 12/1983, S. 38

Bis Mitte der sechziger Jahre hatte Niederkaufungen eine dörfliche Ortsdurchfahrt (oben). Der Ausbau der Fahrspur auf 14 Meter (Mitte, Ist-Zustand) drängte den nichtmotorisierten Verkehr buchstäblich an die Häuserwände. Nachdem auch eine Ortsumgehung beider Kaufunger Ortsteile nicht die gewünschte Verkehrs-Entlastung brachte, entschloß sich die Gemeinde zur Flucht „zurück-nach-vorn": Es soll wieder menschenfreundlicher werden (unten).

Birgit Weber
Verringerung des Energieverbrauchs (Fallstudie)

I. Allgemeine Angaben

1. Gegenstand/Lernziele

In der Fallstudie werden die Probleme der ökologischen und sozialen Kosten durch den Energieverbrauch als Grundlage genommen, um sich mit Instrumenten auseinanderzusetzen, die eine Verringerung des Energieverbrauchs und Erhöhung der Energieproduktivität bewirken können.

Die Lernenden sollen

- sich informieren über die energieverbrauchenden Bereiche,
- Möglichkeiten der Reduktion bezüglich ihrer Auswirkungen auf die Lebensqualität einschätzen,
- Instrumente kennenlernen, die eine Verringerung des Energieverbrauchs ermöglichen, z. B.
  - Auflagen wie Gebote und Verbote,
  - Abgaben und Steuern,
  - Zertifikate,
  - Subventionen,
  - Verbraucherinformationen
- diese Instrumente auf ihre ökologische, ökonomische, soziale und politische Wirkung beurteilen und eine begründete Entscheidung für ein wirksames Instrument treffen.

2. Ablauf

(1) Vorbereitend werden die Lernenden mit den sozialen und ökologischen Auswirkungen des Energieverbrauchs **konfrontiert**.

(2) Die Lernenden **planen** daraufhin über ein Brainstorming die Erforschung der Frage, ob eine Senkung des Energieverbrauchs möglich ist ohne Verlust an Lebensqualität.

(3) Daraufhin **informieren** sie sich im bereitgestellten Material
- über die Bereiche, in denen Energie eingespart werden könnte,
- über die Instrumente, mit denen diese Einsparung bewirkt werden kann.

(4) Sie **wägen** die einzelnen Instrumente gegeneinander nach vorab entwickelten Kriterien ab und **entscheiden** sich für ein bestimmtes Instrumentarium der von ihnen favorisierten Energiepolitik.

(5) Um die Öffentlichkeit von ihrer Politik zu überzeugen, **stellen** sie ihre Entscheidung im Plenum auf einem Plakat dar und verteidigen ihre Entscheidung gegenüber den Entscheidungen der anderen.

3. Einsatzmöglichkeiten

Die Fallstudie kann ab Klasse 10 aufwärts eingesetzt werden. Sie ist für zwei Doppelstunden ausgerichtet.

Die Fallstudie kann durchgeführt werden zur Abwägung umweltpolitischer Instrumente zur Verringerung der Umweltnutzung und -belastung am Beispiel des Energieverbrauchs. Sie kann aber auch eingesetzt werden im Rahmen einer Unterrichtseinheit „Energie" im Anschluß an eine Auseinandersetzung mit den Ursachen des steigenden Energieverbrauchs und seinen negativen Auswirkungen. Vorausgesetzt wird die Kenntnis über den Zusammenhang von Energieverbrauch und Umweltbelastung.

II. Spezielle Angaben zur Unterstützung des Ablaufs

1. Arbeitsplan

Phase	Aktivitäten während des Ablaufs					
Einstieg	1. **Folie auf den Overheadprojektor:** „Wir sollen den Energieverbrauch verringern??? ... Das ist doch wohl nur was für Ökos." und/oder Comic. 2. **Frage:** Wäre eine Reduktion des Energieverbrauchs mit solchen Konsequenzen verbunden? Warum wird eine Reduktion des Energieverbrauchs gefordert?					
Konfrontation	**Aufforderung an die Teilnehmer,** sich über die Notwendigkeit der Energieverbrauchsminderung durch Kenntnisnahme des Problems zu informieren • *Verteilung der „Konfrontation mit dem Fall"*					
Brainstorming zur Planung	1. **Äußerungen der Schüler** zum Problem aufgrund der Konfrontation 2. Wenn die Äußerungen der Lernenden eine Planung noch nicht erlauben, sollte folgende **Frage** ein weiteres **Brainstorming** initiieren: Was müssen wir wissen, wenn wir über Möglichkeiten zur Energieeinsparung bzw. Erhöhung der Energieproduktivität und ihre Durchsetzung entscheiden wollen? 3. **Strukturierung möglicher Antworten an der Tafel:** Die von den Teilnehmern genannten Einzelheiten können eventuell nach den u.g. erkenntnisleitenden Fragen als eigenständig entwickelter Arbeitsplan strukturiert werden. Eventuell müssen die Kriterien im Plenum noch entwickelt werden.					
	Möglicher Arbeitsplan der erkenntnisleitenden Fragen					
Fragen	In welchen Energienutzungsbereichen ist Einsparung denkbar?	Auf welche Weise kann Energie eingespart werden?	Bedeutet Energieeinsparung immer Verlust an Lebensqualität für den Einzelnen?	Mit welchen Instrumenten kann der Energieverbrauch reduziert werden?	Welchen Kriterien müssen diese Instrumente gerecht werden?	Wie sind die Instrumente auf diese Kriterien hin zu beurteilen?
Beispiele	**Kraft** • Verkehr • Haushaltsgeräte • Kraftwerke **Licht** **Wärme** • Heizung	• Überlegter Gebrauch von Geräten • Ersatzanschaffung sparsamer Technologien • Individuelle Verhaltensänderungen • Gemeinsamer Gebrauch	**Negativ** • Kosten • Mobilität • Bequemlichkeit • Gemütlichkeit **Positiv** + Gesundheit + Umweltentlastung	• Auflagen • Steuern/ Abgaben • Zertifikate • Informationen • Subventionen	• Ökologische Wirksamkeit • Ökonomische Effizienz • Praktikabilität • Politische Durchsetzbarkeit • Soziale Gerechtigkeit	INFORMATIONS- und ENTSCHEIDUNGS- BEDARF

Organisation	• Gruppenbildung
	• Verteilung von je zwei Sätzen der Teilnehmervorlagen pro Gruppe
	• Verteilung von Materialien zur Erstellung der Plakate (Papier/Filzer)
	Darstellung des Fallstudienablaufs:
Information	1. Arbeitsteilige Information zu den entwickelten Fragen in Gruppen.
	Weiterhin können jeweils aktuelle Diskussionen in Tageszeitungen, Talkshows, Bibliotheken, Befragungen von Politikern vor Ort etc. die Informationssuche und -verarbeitung bereichern
Exploration	2. Abwägung der einzelnen Instrumente nach den entwickelten Kriterien
Resolution	3. Begründete Entscheidung für Instrumente, die eine sinnvolle Energiepolitik ermöglichen
Produktion	4. Zusammenfassung des Ergebnisses in einem Plakat mit dem Ziel, die Öffentlichkeit über eine Politik der Energieeinsparung zu informieren und sie zu gewinnen.
Dokumentation	5. Darstellung des Plakates und der eigenen Entscheidung im Plenum
Disputation	6. Verteidigung der Entscheidung gegenüber den anderen
Zusätzliche Literaturhinweise	**Gerd-Jan Krol:** Das Umweltproblem aus ökonomischer Sicht. In: Verbrauchererziehung und wirtschaftliche Bildung 1/1984 (oder) Gegenwartskunde 3/1986
	Bodo Steinmann: Staat oder Markt? Notwendigkeit und Möglichkeiten staatlicher Interventionen, umweltpolitische Handlungsinstrumente. In: Politische Bildung 2/91
	Lutz Wicke: Umweltökonomie und Umweltpolitik, München 1991, insbes. Teil III: Möglichkeiten zur Verwirklichung umweltpolitischer Ziele mit Hilfe von umweltpolitischen Instrumenten.
	vgl. auch die Übersicht über die Instrumente in: Birgit Weber: „Dauerhaft Lebensqualität statt globaler Umweltzerstörung" (Zukunftswerkstatt) in diesem Band.

III. Materialien für die Teilnehmer

1. Einstieg (Folie)

Wir sollen den Energieverbrauch verringern???

Man stelle sich doch nur vor, im Winter mit dickem Pullover und kaltem Hintern schnatternd vor einer lichtspendenden Kerze sitzend. Fürchtend, daß man sich am nächsten Morgen seinen Weg mit dem Fahrrad durch den Schneeregen bahnen und am Abend womöglich noch Wäsche und Geschirr mit der Hand waschen muß. Natürlich erst nachdem man mit dem Fahrrad frisches Gemüse und Mehrwegkästen nach Hause jongliert hat ...

Das ist doch wohl nur was für Ökos!!!

aus: Naturschutzjugend im Naturschutzbund Deutschland (Hrsg.): Umwelt/Schnippel/Bilder/Buch

2. Konfrontation mit dem Fall

> Die Bundesregierung strebt an, die Kohlendioxid-Emissionen in der Bundesrepublik Deutschland bis 2005 um 25–30% zu reduzieren und stellt den rationellen und sparsamen Einsatz von Energie ins Zentrum ihres Konzeptes.

Spätestens seit der Konferenz für Umwelt und Entwicklung in Rio ist weltweit bekannt:

- daß ein Viertel der Menschheit drei Viertel der Ressourcen verbraucht.
  (Die Bundesrepublik Deutschland ist der fünftgrößte Energieverbraucher der Welt und produziert durch ihren Energieverbrauch mehr CO_2-Emissionen als der ganze Kontinent Afrika.)
- daß das Entwicklungsmodell der reichen Industrieländer nicht auf die ganze Welt übertragen werden kann, ohne die Absorptionsfähigkeit der Umwelt für Schadstoffe zu überlasten.

Im Zusammenhang mit der weltweiten und generationsüberschreitenden Verteilung einerseits und der Umweltbelastung andererseits spielt der Energieverbrauch eine wichtige Rolle.

- Die ökologischen Kosten des Energieverbrauchs sind hoch:
  - Fossile Energieträger belasten die Umwelt mit Schadstoffen, verursachen den Treibhauseffekt und sind über ihre Emissionen an der Entstehung von Atemwegserkrankungen beteiligt.
  - Die verkehrsbedingten Emissionen über den Energieverbrauch sind eine wesentliche Ursache des Waldsterbens.
  - Die durch den Treibhauseffekt in Zukunft entstehenden Dürren und Überschwemmungen vermindern Lebenschancen in der Dritten Welt und erhöhen die Zahl der Umweltflüchtlinge.

- Nicht-regenerierbare Energieträger werden knapp und stehen für nachfolgende Generationen und die Menschen der Dritten Welt immer weniger zur Verfügung. Dies kann in Zukunft Verteilungskonflikte um knappe Ressourcen bedingen.
- Kernenergie ist mit hohen Sicherheitsrisiken verbunden bezüglich der nicht gesicherten Lagerung radioaktiver Abfälle, der Unfallgefahren und illegaler Weiterverbreitung.
- Durch die Angewiesenheit auf Öl- und Uranimporte wächst die internationale Abhängigkeit.

> **Wie aber kann ein rationeller und sparsamer Einsatz von Energie durchgesetzt werden?**

> *Auch für den Chef der Bonner Klima-Kommission Schmidbauer (CDU) ist die effiziente Energienutzung das wichtigste Element zur CO_2-Verminderung. Dazu kämen weitere positive Effekte, denn mit jeglichem Energieverbrauch ist Luftverschmutzung, Wasserverseuchung und Landschaftszerstörung verbunden. Mit dem durch die ungebändigte Energienutzung verursachten Treibhauseffekt setzt die Menschheit ihre Zukunft aufs Spiel. Würde der gegenwärtige Trend des Energieverbrauchs und der Emissionen anhalten, wäre es bereits im Jahr 2025 um zwei Grad wärmer. Als Konsequenzen werden nicht mehr schiffbare Flüsse, Fischsterben, verschlechterte Wasserqualität, Abnahme der Grundwasservorräte, Schutzmaßnahmen für Inseln in den Industrieländern, Schrumpfung der landwirtschaftlichen Nutzfläche, Überschwemmungen in den Ländern der Dritten Welt mit der Folge steigender Zahlen von Umweltflüchtlingen sein.*
>
> *Harald Schäfer (SPD), ebenfalls Mitglied der Kommission, betont: „Wir bleiben in der Bundesrepublik bei weitem hinter den Möglichkeiten zurück, mit weniger Energie die gleichen Dienstleistungen zu erbringen. Wir bräuchten eine Strategie, die die rationelle Energienutzung zum Zentrum einer Energieumweltpolitik macht."*

Quelle: B. Schmidbauer nach Fritz Vorholz: Spiel mit dem Feuer. DIE ZEIT 5.10.90; H. Schäfer nach Volkszeitung 20.4.90.

3. Information

Energieeinsparmöglichkeiten

Der verlustreiche Weg der Energie

Energieverbrauch in der Bundesrepublik 1984 (in Mio t SKE)*

Primärenergie: Die in den Energieträgern vor der Umwandlung enthaltene Energie
Sekundärenergieträger: Umgewandelte Energieträger wie z. B. Strom, Koks, Benzin
Endenergie: Die dem Endverbraucher (Haushalt, Industriebetrieb ...) gelieferte Energie nach der Umwandlung
Nichtenergetischer Verbrauch: Nutzung von Energieträgern auf Grund ihrer stofflichen Eigenschaften, wie z. B. Mineralölprodukte für Schmierstoffe und Arzneimittel
Nutzenergie: Die Energie, die nach Einsatz der Endenergieträger z. B. im Heizkessel als nutzbare Energie am Heizkörper ankommt.

* Tonnen Steinkohleeinheiten

Quelle: Arbeitsgemeinschaft Energiebilanzen

Zwei Drittel der eingesetzten Energie verpuffen bei der Stromerzeugung

Energieverschwendung heute: über 90 % des Stroms wird in Kondensationskraftwerken erzeugt

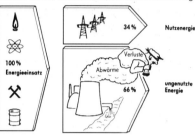

Stromerzeugung in Kraft-Wärme-gekoppelten Anlagen 1985: 4 % der gesamten Stromerzeugung

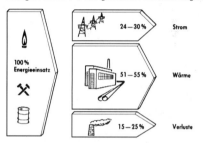

Quelle: Elektrizitätswirtschaft

Energieeinsparung und Umweltentlastung durch rationelle Energienutzung

Energieverbrauch und Schwefeldioxidemissionen pro Jahr bei verschiedenen Heizsystemen
(Einfamilienhaus mit 128 qm Wohnfläche)

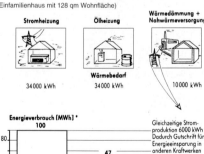

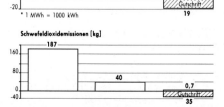

Quelle: Bundesforschungsanstalt für Landeskunde und Raumordnung

Mehr Wohlstand mit weniger Energie

Einsparungsmöglichkeiten durch verbesserte Technik:

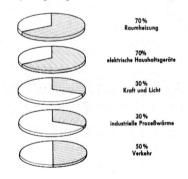

Wie sich der Energiebedarf decken läßt:

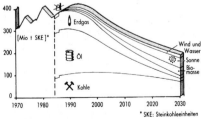

Quelle: Öko-Institut
Energiewendestudie I

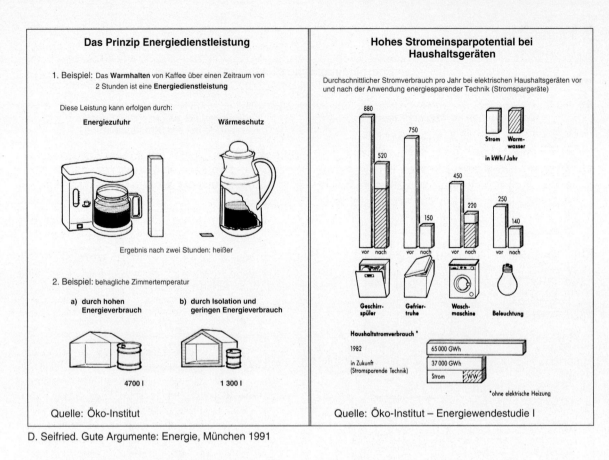

Das Prinzip Energiedienstleistung

1. Beispiel: Das **Warmhalten** von Kaffee über einen Zeitraum von 2 Stunden ist eine **Energiedienstleistung**

Diese Leistung kann erfolgen durch:
- Energiezufuhr
- Wärmeschutz

Ergebnis nach zwei Stunden: heißer

2. Beispiel: behagliche Zimmertemperatur
   a) durch hohen Energieverbrauch — 4700 l
   b) durch Isolation und geringen Energieverbrauch — 1300 l

Quelle: Öko-Institut

Hohes Stromeinsparpotential bei Haushaltsgeräten

Durchschnittlicher Stromverbrauch pro Jahr bei elektrischen Haushaltsgeräten vor und nach der Anwendung energiesparender Technik (Stromspargeräte)

Quelle: Öko-Institut – Energiewendestudie I

D. Seifried. Gute Argumente: Energie, München 1991

Energieverbraucher und Kosten des Verbrauchs

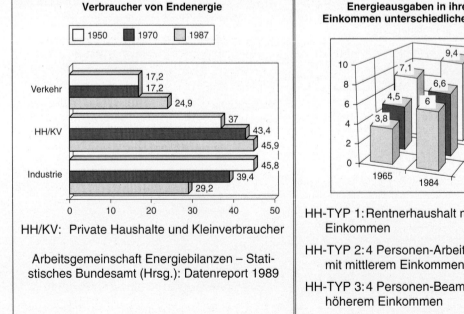

HH/KV: Private Haushalte und Kleinverbraucher

Arbeitsgemeinschaft Energiebilanzen – Statistisches Bundesamt (Hrsg.): Datenreport 1989

HH-TYP 1: Rentnerhaushalt mit niedrigem Einkommen

HH-TYP 2: 4 Personen-Arbeitnehmer-Haushalt mit mittlerem Einkommen

HH-TYP 3: 4 Personen-Beamten-Haushalt mit höherem Einkommen

Quelle: Wirtschaft und Statistik; nach Dieter Seifried, Gute Argumente: Energie, München 1986

„Wir kämpfen bisher vergeblich"
Umweltminister Töpfer über die Chancen zur Verhinderung der Klimakatastrophe.

Spiegel: „Herr Töpfer, nehmen Sie die These ernst, daß in 30 Jahren die Erde vier bis fünf Grad wärmer, die Klimakatastrophe mit all ihren schrecklichen Folgen Wirklichkeit werden wird?

Töpfer: „Das ist ein Alptraum, den ich sehr ernst nehme. Doch solche Prognosen werden ja nicht aufgestellt, damit sie Realität werden, sondern damit die Verantwortlichen nachhaltig gegensteuern."

Spiegel: „Das ist ja das Ärgerliche: Die Menschen sorgen sich, daß die Welt zum Teufel geht, und den Politikern fallen nur Bedenken gegen klare Entscheidungen ein."...

Töpfer: „Es ist bei der Umweltvorsorge vieles zu langsam gegangen"... Wir „müssen alles daransetzen, die Verringerung des Kohlendioxids schneller voranzutreiben mit moderner Technik, aber auch einer Veränderung der Lebensstile...

... die Anforderungen an eine umweltverträgliche Energiepolitik sind klar. Wir müssen die angestrebten Energiedienstleistungen wie Heizung, Personen- und Gütertransport, Licht und Kühlung mit möglichst wenig Kohle, Braunkohle, Erdgas, Öl und Kernenergie bewältigen. ...

Wir leisten uns den Luxus, sehr viel Abfallenergie zu erzeugen. In einem Kohlekraftwerk heutiger Bauart werden nur 38 Prozent der in der Kohle enthaltenen Energie in Strom umgewandelt ..., daß muß erheblich verbessert werden. Beim Auto ist der Wirkungsgrad noch niedriger ....

Wir müssen uns fragen, welche Energiedienstleistungen sind überflüssig? Das heißt im Verkehr auch: Welche „Mobilität" brauchen wir, welche Autofahrten sind „überflüssig"?"

Spiegel: „Energie wird nur dann effizient verwendet, wenn die Investitionen in Wärmedämmung, sparsamere Motoren, bessere Kraftwerke sich lohnen. Vom jetzigen Energiepreis geht jedoch kaum ein Anreiz zum Sparen aus."

Töpfer: „Preiserhöhungen sind ein notwendiger und wichtiger Weg, um auch die ökologischen Kosten richtig zu erfassen. Sie können aber auch den ordnungsrechtlichen Weg gehen, Grenzwerte für den Verbrauch von Energie oder Höchstmengen für Emissionen per Gesetz oder Verordnung vorschreiben. In der Großfeuerungsanlagenverordnung haben wir für die Schwefeldioxid-Emissionen eine Obergrenze festgelegt und Milliardeninvestitionen zur Schadstoffminderung erzwungen und damit Energiepreise erhöht. Die Luft als Abfalleimer für Unmengen von Schwefeldioxid, das ist schlicht verboten, beziehungsweise entscheidend eingeschränkt worden ... Das Ordnungsrecht wirkt viel schneller und sicherer als Preissteigerungen."

Spiegel: „Wenn es erst mal im Gesetzbuch steht. Elektrogeräte könnten viel weniger Strom verbrauchen, wenn die Normen gesenkt würden."

Töpfer: „Deswegen haben wir ja jetzt das Konzept für die Verringerung des Kohlendioxids vorgelegt. Darin sind exakt diese Maßnahmen fixiert.

Spiegel: „Und es wird Jahre dauern, weil die Geräte teurer werden, die Industrie dagegen Sturm läuft ... Ziehen die anderen Regierungen *Europas* nicht mit, werden alle Pläne verwässert. Setzen Sie im Alleingang die Preise hoch, werden Sie abgewählt."

Töpfer: „Natürlich gibt es Verteilungsfragen jeder umweltpolitischen Maßnahme. Wenn Benzin teurer wird, wirkt dies auf Leute mit kleinen Einkommen wesentlich stärker ... Die Bürger verlangen glaubwürdige Antworten. Wenn die Bürger den Umweltschutz so wichtig nehmen, dann bekommt eine gute Umweltpolitik eine Prämie bei den nächsten Wahlen."

Spiegel: „Wenn es eine glaubwürdige Umweltpolitik gäbe, kostete der Sprit längst fünf Mark pro Liter ...

Töpfer: Sie sind auf Preiserhöhungen mit ihren unsozialen Folgen fixiert. Das ist aber nur ein Mittel, es gibt ja daneben noch andere – auf die richtige Mischung kommt es an."

Spiegel: Welche denn? Durch neue Heiztechnik, durch Isolierung könnten 20 oder gar 40 Prozent Energie gespart werden. Bei den niedrigen Energiepreisen lohnt das aber nicht."

Töpfer: Deshalb geht das über Ordnungsrecht. Die Wärmedämmverordnung wird verschärft, dann müssen die Hausbesitzer investieren ...

Spiegel: „... dann hauen die Vermieter das auf die Miete."

Töpfer: „Das gilt für die drastische Preiserhöhung ebenso. Die Kosten müssen überwacht werden. ... Mein Rezept: Ordnungsrecht plus Anreiz."

Spiegel: „Bislang behaupteten die Umweltpolitiker stets, eine Klimakatastrophe sei ohne Einbußen beim Lebensstandard abzuwenden. In Ihrem Sparkatalog taucht nun plötzlich das Wörtchen Verzicht als drittes Element auf. Worauf müssen die Bürger verzichten?"

Töpfer: „Wir haben uns an einen Komfort gewöhnt, der zum Teil mit ganz erheblichem Energieverbrauch verbunden ist, auch im privaten Bereich, etwa beim Autofahren, in der Gestaltung unserer Freizeit. Die Renaissance des Fahrrads im innerstädtischen Bereich halte ich für sehr sinnvoll. Darüber hinaus müssen wir uns alle ein paar wichtige Fragen stellen: Wie stark müssen unsere Wohnungen beheizt sein, wieviel elektrisches Licht müssen wir am Tag haben? Wir müssen auch unsere Wohnungen, unsere Häuser anders bauen, die Siedlungsstrukturen ändern."

Spiegel: „Mit Appellen werden Sie kaum erreichen, daß weniger Strom verbraucht, weniger Auto gefahren wird. Das schaffen Sie nur über höhere Preise."

Töpfer: „Das ist Ihre Konsequenz. Verhaltensänderungen lassen sich aber auch durch Zuckerbrot und Peitsche, durch finanzielle Anreize und Verordnungen erreichen."

Spiegel: „Die Leute sollen weniger Auto fahren."

Töpfer: „Selbstverständlich."

Spiegel: „Das werden sie tun, wenn sie kein Geld für Benzin haben oder wenn auf den Autobahnen dank Ihres Ordnungsrechts Tempo 80 gilt. Beliebt machen werden Sie sich in keinem Fall."

Töpfer: „Wir werden durch Fakten auf den rechten Weg gezwungen. Was meinen Sie, wie attraktiv der öffentliche Personennahverkehr und das Fahrrad werden, wenn wir schlicht und einfach wegen der Immissionsbelastung mit Stickoxid in den Innenstädten zu Fahrverboten kommen."

Spiegel: „Was meinen Sie, wie die Umwelt spürbar entlastet wird, wenn das Benzin drastisch teurer wird."

Töpfer: „Mein Allheilmittel ist das nicht, der Preis ist aber ein Instrument unter anderen. Ordnungsrechtliche Maßnahmen sind sozial verträglicher. Wenn ich alles nur über den Preis erreichen will, brausen die Wohlhabenden über leere Straßen, die Armen hocken zu Hause. ... Ich muß einen Weg suchen, der zu Einsparungen führt, ohne die Verteilungsgerechtigkeit zu vernachlässigen."

Spiegel: „In Gefahr und Not bringt der Mittelweg den Tod."

Töpfer: „Eben nicht. Das Ordnungsrecht greift auch hier. Wir müssen Fahrzeuge haben, die weniger CO_2 ausstoßen. Den Herstellern wird vorgeschrieben, wieviel ihre Fahrzeuge höchstens verbrauchen dürfen, der Flächenverbrauch des Individualverkehrs durch höhere Lasten für den ruhenden Verkehr reduziert ... Wenn die Preise weiter sinken würden, wäre das ein falsches Signal, dann müßten wir handeln. Die jetzt in der Koalition beschlossene CO_2-Abgabe wird auch beim Auto auf Sparsamkeit hinwirken."

Spiegel: „Diese Abgabe ersetzt doch nur die Kraftfahrzeugsteuer, sie ist viel zu niedrig, Autofahrer zum Nachdenken zu bewegen, ob sie wirklich jeden Kilometer im Wagen zurücklegen müssen ... Selbst wenn Sie alle Ihre wohlmeinenden Umweltpläne verwirklichen wollen, stehen Sie doch vor einem Dilemma: Die Menschen in den Staaten Osteuropas etwa oder der Dritten Welt wollen leben wie die Bürger der westlichen Industriestaaten. Doch wenn alle soviel Rohstoff und Energie verbrauchen wie die Einwohner der USA, Frankreichs oder der Bundesrepublik, hält der Globus das nicht aus. Ist es sinnvoll, sich in einem Wohlstandsmodell behaglich einzurichten, das auf keinen Fall zum Maßstab aller anderen werden darf?"

Töpfer: „Das ist die Frage: Besteht unser Modell, der European Way of Life, die Umweltverträglichkeit als Weltmodell? Gegenwärtig ist unser Lebensstil kein „Exportartikel" für die Welt. Es macht keinen Sinn, Einzelentscheidungen in einem Land nach Umweltverträglichkeit zu treffen, ohne das ganze System darauf auszurichten und die übrige Welt im Auge zu halten."

Spiegel: „Herr Töpfer, wir danken Ihnen für das Gespräch."

Der Spiegel 4/1991

Klimaschutz: Die meisten sind gegen Verordnungen

Die Mehrheit der Bundesbürger ist nach einer Umfrage des Forschungszentrums Jülich bereit, bei Maßnahmen zum Schutz des Klimas auf freiwilliger Basis mitzumachen. Mit Ausnahme eines Tempolimits, das 58 Prozent der Befragten akzeptieren würden, lehnen sie jedoch Verordnungen, Auflagen oder Abgaben ab, wie das Forschungszentrum gestern berichtete. Nach dem Beschluß der Bundesregierung, die Kohlendioxid-Emissionen bis zum Jahr 2005 um 25 Prozent zu verringern, hatten die Forscher 3 000 Personen in West- und Ostdeutschland befragt. Wichtigstes Ergebnis der Befragung ist nach Darstellung des Zentrums, daß sich in der Bevölkerung nur Mehrheiten für Maßnahmen finden, die einen Entscheidungsspielraum lassen. So seien 81 Prozent der Befragten dafür, teure, energiesparende Haushaltsgeräte zu kaufen. 90 Prozent seien sogar bereit, mehr

Zeit für das getrennte Sammeln von Wertstoffen aufzuwenden. Dagegen finden nach der Umfrage Abgaben oder Verordnungen nur wenig Gegenliebe. So stimmten 77 Prozent der Befragten zum Beispiel gegen die Verteuerung von Benzin und Diesel um eine Mark. Nur eine einzige Verordnung „von oben" würde von 58 Prozent akzeptiert: Die Einführung von Tempo 100 auf Autobahnen.

Westfälische Rundschau vom 15.2.1992

Fiktive Diskussion im Vorstand eines großen KFZ-Herstellers:

Fiktive Situation:

Die Bundesregierung hat beschlossen, für die CO_2-Emissionen neue Grenzwerte festzuschreiben.

Siebel: Die Vollendung der neuen Technik zur Minderung der CO_2-Emissionen für PKW ist abgeschlossen. Dadurch werden die PKW im Schnitt 500 DM teurer.

Härtling: Gut und schön – aber Sie haben doch sicher auch davon gehört, daß unsere umweltbeflissene Entwicklungsingenieurin Müller in ihrer Freizeit herumforscht, wie der Grenzwert um weitere 50 % gesenkt werden könnte. Nach ihren Angaben würde die Anwendung dieser Technik bei Klein- und Mittelklassewagen im Schnitt 550 DM kosten. Bei dem Marktanteil der Kleinwagen wäre damit eine größere Umweltentlastung erreicht, als wenn alle Wagen auf dem jetzt festgeschriebenen Stand hergestellt würden.

Meyer: Du liebe Güte, Frau Härtling! Wo leben Sie denn? Erstens müssen wir die Entwicklungskosten auch auf den Preis umlegen. Zweitens würde die Regierung den Grenzwert sicher weiter senken, wenn dies augenscheinlich machbar und ökonomisch vertretbar ist. Und dann haben wir den Salat: Wir müssen alle Wagen auf diesen Stand ausrichten, das ergibt ganz unterschiedliche Kosten für die Einhaltung der Grenzwerte und die Luxuslimousinen aus Japan werden auf unseren Straßen eher zu sehen sein als unsere.

Härtling: Da sehen Sie mal, zu was die Weltmeister in Energieproduktivität und Umwelttechnologie trotz ihrer hohen Energiekosten fähig sind. Aber ich sagen Ihnen, wir müssen doch auch vordenken: wir könnten die Autos doch als Öko-Autos vermarkten – bei dem gestiegenen Umweltbewußtsein der Bevölkerung sind die Menschen doch froh, etwas für die Umwelt tun zu können, aber trotzdem nicht auf Bus und Bahn umsteigen zu müssen.

Wald: Das müssen wir aber jetzt erst einmal durchrechnen...

Birgit Weber

Geschwindigkeitsbeschränkung

Alle technischen Maßnahmen zur Minderung der Emissionen ... können – nach ihrer mitunter langwierigen Entwicklung – erst langsam in den Markt einsickern und erst entsprechend spät Entlastung bringen. Es gäbe indes ... eine Maßnahme, die sofort und ohne weitere Kosten wirksam werden könnte: eine Geschwindigkeitsbeschränkung. Der Ausstoß an Kohlendioxyd hängt unmittelbar vom Treibstoffverbrauch und damit von der Fahrweise ab. Nach Berechnungen des Umweltbundesamtes und des Deutschen Instituts für Wirtschaftsforschung könnten bei Tempo 100 auf den Autobahnen und 80 auf den Landstraßen zwanzig Prozent des Kraftfahrstoffverbrauchs auf den Landstraßen eingespart werden, wenn sich nur drei Viertel aller Autofahrer an diese Grenze hielten. Führte man zudem, einem Vorschlag des Deutschen Städtetages entsprechend, Tempo 30 auf allen nicht vorfahrtsberechtigten Straßen innerhalb geschlossener Ortschaften ein und erreichte mit schärferer Überwachung, daß sich die Lastkraftwagenfahrer häufiger an die schon bestehenden Geschwindigkeitsgrenzen von 80 Kilometern in der Stunde hielten, ließe sich die Emission von Kohlendioxyd nach Angaben des Umweltbundesamtes sofort um 7,8 Millionen Tonnen vermindern. Auch könnte eine solche Geschwindigkeitsbegrenzung nach Ansicht mancher Experten – entgegen verbreiteter Meinung – zur Verbesserung der Durchschnittsgeschwindigkeit beitragen, da es seltener zu Stauungen käme.

...die Wirkung all dieser Maßnahmen freilich steht in Frage, wenn der Verkehr weiter wie bisher wächst. Und ebendies ist zu befürchten. Als wichtigste Maßnahme wurde deshalb immer wieder eine konsequente Verlagerung des Verkehrs auf öffentliche Verkehrsmittel genannt." Nicht nur für den Güterverkehr, ... „auch für die Beförderung von Menschen sind die öffentlichen Verkehrsmittel weit günstiger. Ihr Ausbau wurde deshalb von verschiedenen Experten dringend gefordert. Das Deutsche Institut für Wirtschaftsforschung trat wie viele andere für eine freie Wahl des Verkehrsmittels ein, erinnerte aber daran, daß man diese mit einem anderen Preissystem beeinflussen könne. Es gab zahlreiche Vorschläge für eine solche im Grunde gerechtere Preisgestaltung, die auch die sozialen Kosten des Autoverkehrs berücksichtigt. Genannt wurden unter anderem mehr variable Kosten für Kraftwagen, zum Beispiel höhere Mineralölsteuern oder eine Straßenbenutzungsgebühr, während die Grundkosten für den öffentlichen Verkehr in Zukunft von der Allgemeinheit getragen werden sollten. Hier könnte man über allgemeine Gebühren und entsprechend niedrige Benutzungstarife nachdenken."...

Caroline Möhring in Frankfurter Allgemeine 29.6.1988

Verbraucherinformationen

Beim Kauf eines neuen Kühlschranks soll auf den Stromverbrauch eines Gerätes geachtet werden. So der Verbrauchertip für den energiesparbewußten Bürger. In der Praxis fällt dieses Vorhaben allerdings schwer. Dies hat vor allem zwei Gründe: Bei den großen Haushaltsgeräten besteht zwar eine Kennzeichnungspflicht für den Stromverbrauch, doch ist die Produktinformation, die der Käufer eines Kühlschranks über das gelbe Etikett bekommt, kaum zu gebrauchen. So wird z. B. bei einem Kühlschrank der Stromverbrauch pro Tag angegeben. Ein Kunde, der die unterschiedlichen Stromkosten zweier Kühlschränke vergleichen möchte, muß diese Angabe (z. B. 0,7 kWh/Tag/150 Liter) mit 365 Tagen multiplizieren. Nun hat er den Stromverbrauch für ein Jahr ermittelt. Um die Stromkosten vergleichen zu können, muß er nun diesen Verbrauch mit seinem Strompreis multiplizieren. Hier liegt nun die zweite Schwierigkeit: Die meisten Verbraucher wissen zwar, wie hoch ihre Stromrechnung ist; sie wissen in der Regel jedoch nicht, wie sich diese Stromkosten aus Grund- und Arbeitspreis zusammensetzen und wieviel Geld sie einsparen, wenn sie pro Jahr 100 oder 200 kWh Strom weniger verbrauchen.

Mit einem entsprechenden Aufkleber auf die Haushaltsgeräte könnte das Informationsproblem reduziert werden. Die Produktinformation zeigt die Stromkosten für den Betrieb des Gerätes über ein Jahr an.

Dieter Seifried: Gute Argumente: Energie. München 1991[3]

Verbraucherverhalten hebt Energiespareffekte auf: Sparen und verpulvern

„Mit einem Anteil von rund 25 Prozent am Endenergieverbrauch gehören die privaten Haushalte zu den Großverbrauchern von Energie. ...

Große Energiemengen lassen sich in den kommenden Jahren einsparen. Der Einsatz technischer Mittel kann nahezu allen Anforderungen gerecht werden; aber die energiesparenden Techniken sind anspruchsvoll, kostenträchtig, beratungsintensiv, und erfordern lange Amortisationszeiten. Zudem drohen ihre Effekte durch das Streben nach höherem Lebensstandard kompensiert zu werden. ..."

Beispiel Raumheizung:

„Durch erhöhte Wärmedämmung, verbesserte Heiztechniken und bessere Steuer- und Regelsysteme sank der Endenergieverbrauch für die Raumheizung pro Quadratmeter beheizter Wohnfläche (von 1960 bis 1987). ... Auf 170 Prozent gestiegen ist jedoch der Endenergiebedarf zur Raumheizung für eine Person: (denn) die Flächenansprüche sind gestiegen. Der Wirkung des technischen Fortschritts steht also die noch stärkere Wirkung des steigenden Lebensstandards im Hinblick auf eigene Wohnfläche und ausgedehntere zeitliche Nutzung gegenüber."

Beispiel Waschmaschinen:

„Zwischen 1950 und 1987 sank der Stromverbrauch pro Waschgang mit vier Kilogramm Kochwäsche um etwa sechzig Prozent. Doch gleichzeitig stieg während dieser 38 Jahre bei einer mehr als zwanzig Prozent geringeren Personenzahl die Wäschemenge je Haushalt auf das rund 2,5fache an. ...

Daraus folgt: Einen Rückgang des Energieverbrauchs und damit verringerte Kohlendioxidemissionen allein von einer „Effizienzrevolution" zu erhoffen, ist geradezu naiv. Mancher mit viel Kreativität geschaffene energietechnische Fortschritt wird aufgehoben durch Unkenntnis, fehlende Motivation und Bequemlichkeit der Nutzer und Betreiber: Intelligente Technik muß auch intelligent genutzt werden. Deshalb müssen Strategien zum haushälterischen Umgang mit Energie die ganze Spannweite vom Bedarfsanspruch bis zur Bedarfsdeckung einbeziehen. Vielfältige Hemmnisse stehen bisher einer rationellen Energienutzung entgegen: so führt das Streben nach Unabhängigkeit von Nachbarn zu dem Wunsch nach freistehenden Gebäuden, individuelle Gestaltungsfreiheit setzt große Wohnflächen voraus, und Exklusivitätsdenken läßt den Wunsch nach einem beheizten Wintergarten wachwerden. Aus Desinteresse und Kenntnismängel werden Kaufentscheidungen oft zugunsten energieintensiver Geräte gefällt. ... Sinnvolles Energiesparen heißt daher: Der Gesetzgeber muß Vorschriften verschärfen, Energieberatung und Informationsqualität müssen verbessert werden, die Energiepreise sollten steigen. ... Vor allem die niedrigen Energiepreise drohen, entgegen umweltpolitischen Erfordernissen, der rationellen Energienutzung den Garaus zu machen. Nur bei steigenden Energiepreisen werden viele technische Möglichkeiten auch wirtschaftlich attraktiv. Zu bedenken ist freilich, daß heute ein Vierpersonenhaushalt von seinem Nettoeinkommen bereits neun Prozent für Energie ausgibt. Starke Kostensteigerungen bedingen deshalb einen Verzicht auf andere Güter und Dienstleistungen, der Schutz der Umwelt ist nicht kostenlos."

Helmut Schaefer in DIE ZEIT 15.5.92

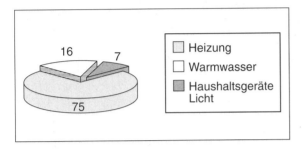

Aus der Energiefalle mit Ökosteuern?

Der Münchner Professor für Energiewirtschaft, Helmut Schäfer: „Die rationelle Energienutzung ‚vegetiert als Mauerblümchen dahin, dem das derzeitige Energiepreisniveau den Garaus zu machen droht'. In der Tat: Während die beiden Ölpreisexplosionen der siebziger Jahre stimulierend auf die Energieverwendung gewirkt haben, hat der Ölpreisverfall seit Mitte der achtziger Jahre in verschiedenen Industriestaaten zu einem Nachlassen der Bemühung geführt, Energie zu sparen. Doch die derzeit niedrigen Energiepreise werden voraussichtlich nicht nennenswert steigen. Das britische Magazin Economist nennt die wahrscheinliche Preisentwicklung auf den Weltmärkten denn auch „einen nicht hilfreichen Hintergrund für Maßnahmen zur Energieeinsparung". Sollen die Energiepreise also zu einem Verbündeten des Klimaschutzes gemacht werden, müssen sie künstlich erhöht werden. Mit der Einführung einer Klimaschutzsteuer auf den Verbrauch nicht erneuerbarer Energien ließen sich drei Ziele zugleich erreichen:

- Die externen Kosten des Energieverbrauchs wie Schäden an Natur, menschlicher Gesundheit und Gebäuden würden sich in den Preisen spiegeln; die Preise würden die ökologische Wahrheit sagen.

- Investitionen in die rationelle Energieverwendung würden sich schneller amortisieren, was Kapital anziehen würde.

- Der Einsatz erneuerbarer Energien, die derzeit wegen hoher Kosten nur in wenigen Bereichen genutzt werden, würde rentabler. Stiege aber die Nachfrage etwa nach Sonnenenergie-Anlagen, ließen sich auch deren Herstellungskosten durch Massenproduktion deutlich senken. ...

Ernst-Ulrich von Weizsäcker hält es für möglich, den Energieverbrauch durch die schrittweise Anhebung der Energiepreise drastisch zu senken. Sein Konzept der „ökologischen Steuerreform" sieht vor, die Fossil- und Atomenergie jährlich um fünf Prozent – inflationsbereinigt – zu verteuern und die gesamten anfallenden Steuern der Wirtschaft durch Senkung anderer Steuern wieder zurückzugeben. Weizsäcker wörtlich: ‚...Mit der Verachtfachung der Energiepreise dürfte eine Vervierfachung der Energieproduktivität fraglos erreicht werden können. Das Fortschreiten auf den ökologischen Abgrund zu wäre gestoppt.' ...

So hat *auch* die EG-Kommission schon im vergangenen Herbst ein Konzept für eine kombinierte CO_2- und Energiesteuer präsentiert – und sich eine kräftige Abfuhr geholt. Obwohl der Vorschlag der Eurokraten im Vergleich zu den Forderungen Weizsäckers geradezu schüchtern ist, lamentiert die deutsche Wirtschaft über „unzumutbare und unverhältnismäßige Belastungen". Dabei würde ein Blick auf Japan ausreichen, um festzustellen, daß die Strompreise dort schon deutlich über dem Niveau aller EG-Staaten liegen, ohne daß dies der Konkurrenzfähigkeit der Japaner auf dem Weltmarkt geschadet hätte. Nicht umsonst sind die Japaner gleichzeitig Weltmeister bei der rationellen Energienutzung. ...

Sollte die europäische Wirtschaft tatsächlich in der vorausgesagten Form wachsen, würden die Energieeinspareffekte durch die Mengeneffekte wieder aufgezehrt, wie dies schon in der Vergangenheit der Fall war. Zwar wird es dann verbrauchsärmere Autos geben, aber es werden mehr Autos sein; zwar wird es besser gedämmte Wohnungen geben, aber es werden mehr und größere Wohnungen sein; zwar wird es effizienter erzeugte Konsumgüter geben, aber es werden mehr Konsumgüter sein.

Das Menetekel am Himmel – ohne Verzicht wird es kaum abzuwenden sein. Preisfrage: Wie viele Menschen wählen Politiker, die ihnen das zumuten?

Reinhard Loske/Fritz Vorholz in DIE ZEIT vom 15. Mai 1992

Instrumente zur Reduktion des Autoverkehrs in Singapur – Instrumente zur Energieeinsparung?

Wer in Singapur ein Auto kaufen will, muß darum pokern. Die Verkehrsstrategen der regierenden People's Action Party bestimmen seit Mai vergangenen Jahres durch ein Quota System ganz direkt, wie viele Fahrzeuge neu zugelassen werden. 50 000 sollen es in diesem Jahr sein dürfen. Um einen der Berechtigungsscheine zu bekommen, braucht man Glück und Geld. Alle drei Monate gibt es eine neue Runde im staatlichen Poker. Die Spielregeln sind einfach: Interessenten dürfen Gebote einreichen; und die, die am meisten bieten; bekommen den Zuschlag: Manche Singapurer wollen ganz sichergehen und beteiligen sich bisweilen mit umgerechnet 20 000 Mark an dem Verteilungsverfahren. Allerdings: Bezahlen muß jeder nur den Preis des niedrigsten erfolgreichen Gebots. Wenn die Konkurrenten nur bescheidene Summen einsetzen, kommt man mit ein paar hundert Mark davon. Meistens jedoch wird der Berechtigungsschein sehr viel teurer. Bis zu 5 000 Mark mußten in den letzten Runden bezahlt werden – allein für die Erlaubnis, überhaupt zum Autohändler gehen zu dürfen: Fast ein doppeltes Monatsgehalt hat der Bankangestellte Daniel Woo, dessen alter Honda soeben den Geist aufgegeben hat, für eines der raren *certificates of entitlement* geboten – aber seine Mitbewerber hatten viel höher gepokert, und mit einem Neuwagen sieht es nun schlecht aus: Herr Woo wird jetzt wohl wieder mit dem Bus zur Arbeit fahren. Was für ihn nur einen Verlust an Bequemlichkeit bedeutet, ist für Berufskraftfahrer eine existenzbedrohende Zitterpartie. Das Quota System gilt auch für Taxifahrer, Spediteure oder Reiseunternehmer. Nur bei Rettungsfahrzeugen und Linienbussen findet das Vergabeverfahren keine Anwendung.

„Wir müssen den begrenzten Platz auf unserer Insel doch irgendwie gerecht verteilen", sagt Chin Kian Keong, Verkehrsexperte im Ministry of National Development. „Jeder, der freie Straßen will; muß den Preis dafür zahlen. Wir benutzen einfach die Mechanismen des freien Marktes." ...

In ein paar Jahren wollen die Verkehrsplaner Singapurs die Vignetten durch ein *Electronic Road Pricing System* ersetzen. Alle Fahrzeuge sollen dann per Minisender vollelektronisch erfaßt werden, sobald sie in den kontrollierten Citybereich einfahren. Die Höhe der Durchfahrtsgebühr soll sich nach dem Verkehrsaufkommen richten, die Nachfrage den Preis bestimmen. ... In einer zweiten Phase soll das elektronische Berechnungssystem auf der ganzen Insel installiert werden und je nach Verkehrslage die Straßenbenutzungsgebühr heben oder senken." ...

Die Regierung kümmert sich allerdings auch um ernsthafte Alternativen zum Individualverkehr. Vor drei Jahren hat sie zum Beispiel den Mass Transit Railway, eine hochmoderne Stadtbahn, im Eiltempo aus dem Boden gezaubert: Der klimatisierte Schnellzug verbindet quer durch Singapur 42 Stationen; ein Drittel davon unterirdisch. Außerdem gibt es natürlich Busse, die auf eigenen, insgesamt sechzig Kilometer langen Spuren an den Staus vorbeifahren dürfen. Für umgerechnet nicht einmal eine Mark für die weiteste Fahrt.

Weil tagsüber das Autofahren sowieso längst zur Tortur geworden ist und man mit Bus und Bahn billiger vorankommt, hat die neueste Idee der Verkehrsmanager viele Freunde gefunden: Dreitausend weekend cars werden dieses Jahr zu stark verringerten Steuersätzen zugelassen. Gekennzeichnet mit verplombten roten Nummernschildern, dürfen diese Autos nur gefahren werden, wenn auf den bis zu zehn Spuren breiten Straßen mal ein wenig Ruhe eingekehrt ist: nachts und an Wochenenden.

Jan Tehaven in DIE ZEIT vom 9.8.91

**Zertifikate für den letzten Dreck:
Die wirksamste und billigste Methode zum Schutz der Umwelt:
Das Eigeninteresse wecken**

„Wenn der ökologische Rahmen in einer bestimmten Region ... die Emission von maximal 100 000 Jahrestonnen an Stickoxiden zuläßt, so werden genau in dieser Höhe Emissionszertifikate, *das sind Rechte, die Umweltbelastung erlauben,* ausgegeben – etwa in Stückelungen zu je hundert Kilo – die innerhalb dieser Region übertragbar sind. Schadstoffe darf dann nur noch ausstoßen, wer die entsprechenden Zertifikate besitzt. Wer seine Emissionen drosselt, braucht weniger Zertifikate als vorher und kann die freiwerdenden Stücke an Betreiber verkaufen, welche sich in der Region neu ansiedeln wollen oder ihre Produktion ausdehnen möchten. So, wie man heute Gewerbegrundstücke braucht, sind dann Emissionszertifikate erforderlich, welche knapp und entsprechend teuer sind.

Da die zulässige Emission mengenmäßig fixiert wird, sind Zertifikate ökologisch effizient; die Zielwerte werden dauerhaft eingehalten. Zertifikate sind aber auch ökonomisch effizient. ... Umwelttechnologien werden überall da installiert, wo dies kostenmäßig günstiger ist als das Halten der teuren Titel; sie bleiben außer Anwendung, wo Zertifikate billiger sind. Aufgrund dieser Kostenselektion bleiben die volkswirtschaftlichen Kosten des Umweltschutzes auch hier so niedrig, wie dies angesichts des erwünschten Reinheitsgrades möglich ist. Nur entspricht der realisierte Reinheitsgrad jetzt genau den ökologischen Rahmenwerten.

Soll der ökologische Rahmen enger gezogen werden, so geschieht das durch Abwerten der Zertifikate. Wer also vorher tausend Jahrestonnen an Stickoxiden emittieren durfte, muß nach zehnprozentiger Abwertung seiner Titel auf 900 Jahrestonnen herunter, sofern er nicht von anderen Unternehmen Papiere nachkauft. Kaufen kann er sie aber nur von anderen Betreibern in der Region, die den eigenen Ausstoß um mehr als die geforderten zehn Prozent gedrosselt haben. Andernfalls können sie kein Zertifikat abgeben, weil sie sonst selber die Produktion drosseln müssen.

Daß die Verkäufer von Zertifikaten die Norm übererfüllen, ist deshalb sehr wahrscheinlich, weil es bei der Installation neuer Anlagen meist keinen großen Mehraufwand mit sich bringt, den Schadstoffausstoß statt um zehn gleich um dreißig Prozent zu senken. Überdies kann ein Teil der Investition aus dem Verkauf der freiwerdenden Aktie finanziert werden. Die geforderten Drosselungen werden also gezielt dort vorgenommen, wo dies technisch und kostenmäßig am besten zu machen ist; sie werden unterlassen, wo der Aufwand ... unverhältnismäßig hoch wäre. ...

Wie jeder andere Markt bedarf auch ein neu entstehender Markt für Umweltnutzungen *neuer Institutionen*. Dafür wird aber die Liste der Genehmigungsvoraussetzungen gegenüber dem heutigen Verfahren drastisch verkürzt. Im Prinzip wird nur noch geprüft, ob man im Ausmaß der gewünschten Emission die nötigen Titel besitzt und ob möglicherweise lokale Schadstoffkonzentrationen zu befürchten sind. Das ist alles. Der heutige Dschungel üppig wuchernder Einzelvorschriften würde kräftig gelichtet, die bürokratischen Eingriffe würden rigoros zusammengestrichen.

Weitere Instrumente zur Reduktion der Emissionsbelastung:

1. Louisville/Kentucky:
Wer die eigene Emission freiwillig stärker herunterfährt als vorgeschrieben, bekommt dafür Gutschriften („credits") bei der regionalen Umweltbank – einen gewöhnlichen Computerausdruck, auf dem verschiedene Guthaben verzeichnet sind. Jede Gutschrift repräsentiert ein Stück freiwilliger Umweltentlastung; und da es auf den Konten der Bank immer erheblichen „Bodensatz" ungenutzter Guthaben gibt, wird die Umweltqualität nachhaltig verbessert. Die Gutschriften selbst können später wieder beansprucht, aber auch an fremde Betreiber verkauft oder verpachtet werden. Sie bieten dem Inhaber ein wertvolles Sicherheitspolster und ermöglichen ihm mehr Flexibilität bei der Neuansiedlung von Betrieben. Wer sich für die Region als Standort interessiert, ruft bei der Bank an und erhält dort die Namen der Inhaber von Emissionsgutschriften. Er kann sich also in ähnlicher Weise um Emissionstitel bemühen, wie er das auch bei den für einen Neubau nötigen Grundstücken tut. Gleichzeitig bieten Gutschriften bei der Umweltbank den Betreibern einen kräftigen Anreiz dafür, mehr zu tun für den Umweltschutz als vorgeschrieben; ...

2. Kompensationslösung:
So mag eine Raffinerie, der die gewünschte Drosselung ihrer Kohlenwasserstoffemissionen aus Kostengründen schwerfällt, zum Ausgleich chemischen Reinigungsbetrieben in derselben Region ein neues Verfahren finanzieren, durch das die Kohlenwasserstoffemission dort um mehr als zehn Prozent gedrosselt werden kann. Insgesamt bleibt alles im vorgeschriebenen Rahmen: es handelt sich um eine Variante der mengenmäßigen Beschränkung der Umweltnutzungen.

Holger Bonus in: DIE ZEIT vom 24. Mai 1985

Birgit Weber
Dauerhaft Lebensqualität statt globaler Umweltzerstörung (Zukunftswerkstatt)

I. Allgemeine Angaben

1. Gegenstand/Lernziele

In der Zukunftswerkstatt: „Dauerhaft Lebensqualität statt globaler Umweltzerstörung" werden mögliche Entwicklungen der Umweltüberlastung in ihren Auswirkungen auf die Lebensqualität und positive Utopien dauerhafter Lebensqualität mit einer möglichst geringen Umweltbelastung behandelt. Angeschlossen an Prognosen und Utopien über mögliche Zukünfte ist die Auseinandersetzung mit Strategien auf individueller, sozialer und politischer Ebene zur Verringerung der Umweltüberlastung in der real existierenden Gesellschaft.

Die Zukunftswerkstatt hat folgende Ziele:

1. Die Lernenden sollen ihre Hoffnungen und Befürchtungen bezüglich der Umweltqualität der Zukunft zum Ausdruck bringen. Dabei lernen sie Prognosen unterschiedlicher Zukunftsforscher kennen und einschätzen. Sie erfahren, daß unterschiedliche Zukünfte denkbar sind. Zudem können sie sich nach freigewählter Schwerpunktbildung auseinandersetzen mit spezifischen Sorgen bezüglich der Umwelt, z. B. mit

   - dem Ausmaß und den möglichen Folgen von Wasser-, Luft- oder Bodenbelastung,
   - den ökologischen Folgen des Wirtschaftswachstums,
   - den Folgen der unterschiedlichen Ursachen der Umweltbelastung zwischen Süd und Nord
   - den Konsequenzen möglicher Umweltbelastungen für das politische System.

2. Die Lernenden entwickeln frei von Sachzwängen Utopien über die Welt, in der sie leben möchten. In diesem Zusammenhang können sie sich ihrer eigenen Wertestruktur (z. B. soziale, ökologische, demokratische und gerechte Zielsetzungen) bewußtwerden. Dabei erfahren sie etwas über denkbare Utopien, z. B. Ökotopia als ressourcenschonende Kreislaufwirtschaft, Kleine Netze als umweltschonende Lebensform.

3. Die Lernenden setzen sich mit Instrumenten zur Reduktion der Umweltbelastung auseinander, wägen ihr Für und Wider nach Wirksamkeit und Umsetzbarkeit ab. Hier findet auch zwangsläufig eine Abwägung nach Ursachengerechtigkeit statt.

Weiterhin suchen sie in der gegebenen Lebens- und Wirtschaftsweise Ansatzpunkte und Bündnispartner für die von ihnen entwickelten Utopien. Dabei erfahren sie gleichermaßen, welche umweltpolitischen Instrumente von welchen Institutionen derzeit angewendet werden.

Außerdem setzen sie sich mit denkbaren Strategien zur Minderung der Umweltbelastung auseinander, z. B.

- Umweltorientierung durch Verantwortung des einzelnen für eine ökologische Entwicklung (Individualethik)
- Umweltorientierung durch Einbeziehung ökologischer Kosten in Entscheidungsprozesse (Ökologische Steuerreform)
- Umweltorientierung von Kauf-/Nicht-Kauf-Entscheidungen (Humaner Kapitalismus)
- Umweltorientierung der Produktionsprozesse durch ökonomisch-ökologisch-sozialen Interessenausgleich zwischen Betroffenen und Trägern der Macht (Kommunikative Ethik)
- Umverteilung der Arbeit zur Minderung des Wachstumszwangs.

Weiterhin entwickeln sie Strategien und Aktionen, um ihre Vorstellungen in die Öffentlichkeit und einer Realisierung näher zu bringen.

Um neues Wissen zu erwerben, Phantasie und Kreativität freizusetzen, Undenkbares denkbar zu machen, arbeitet diese Werkstatt mit Diskussionsspielen, die unterschiedliche Funktionen erfüllen:

- Die Lernenden sollen Aussagen, Prognosen, Utopien von Wissenschaftlern, Politikern, Schriftstellern über die zukünftige Entwicklung der Umwelt kennenlernen und auf die Wahrscheinlichkeit ihrer Realisierung hin bewerten.

- Sie sollen erfahren, daß sie mit ihren Befürchtungen und Hoffnungen nicht allein sind und daß unterschiedliche Zukünfte offen stehen. Indem die Lernenden Hoffnungen und Befürchtungen anderer kennenlernen, fällt es leichter, die eigenen Sorgen und Hoffnungen zu äußern.

- Die Lernenden sollen dazu bewegt werden, Undenkbares für denkbar zu halten und auf diese Weise Kreativität und Phantasie freizusetzen.

2. Ablauf

Der Ablauf der Zukunftswerkstatt erfolgt nach dem klassischen dreiteiligen Schema der Zukunftswerkstatt, nämlich der Kritik-, Utopie- und Realisierungsphase.

1. In der **Kritikphase** sind die Lernenden dazu aufgefordert, ihre Ängste und Sorgen bezüglich der Entwicklung der Umwelt in der Zukunft in einem Brainstorming zu äußern. Dieses Brainstorming dient der Gruppen- und Schwerpunktbildung. Anschließend erstellen die Lernenden in Gruppen Produktionen über die Umweltsituation, wie sie ihren Ängsten und Befürchtungen für das Jahr 2030 entspricht. Das Diskussionsspiel: „Welt 2030" konfrontiert die Lernenden mit Szenarien von Zukunftsforschern über die Entwicklung der Umweltqualität.

2. In der **Utopiephase** werden, ausgehend von Ängsten und Befürchtungen, positive Zukunftsvorstellungen formuliert. Diese Phase ermöglicht die Ausgestaltung von Hoffnungen in Richtung auf eine dauerhaft lebenswerte Umwelt, frei von Sachzwängen, Geldnöten und Machtlosigkeit. Diese Hoffnungen werden ebenfalls in einem Brainstorming geäußert, systematisiert und nach Schwerpunkten geordnet. Sodann werden in – den Schwerpunkten frei zugeordneten Gruppen – Produktionen erstellt über die Welt, in der die Lernenden gerne leben möchten, verbunden mit Bedingungen, die eine dauerhaft lebenswerte Umwelt ermöglichen. Das Diskussionsspiel: „Was wäre wenn ..." bietet die Gelegenheit, hoffnungsvolle, utopische Vorstellungen über eine Zukunft in lebenswerter Umwelt kennenzulernen.

3. In der **Realisierungsphase** werden diese Zukunftshoffnungen auf ihre Realisierbarkeit hin befragt. Sie werden mit Strategien in Verbindung gebracht, die eine umweltorientierte Umgestaltung von Konsum-, Produktions- und politischen Entscheidungsprozessen ermöglichen. In diesem Zusammenhang werden die Lernenden aufgefordert,

- entweder Maßnahmen für die Richtlinien der Politik für eine lebenswerte Umwelt zu notieren, gemeinsam das Pro und Contra der Vorschläge zu erörtern und eine gemeinsame Prioritätenliste aufzustellen

- oder Prioritäten zu setzen gemäß einer vorgegebenen Instrumentenliste.

Das Plenum überprüft kritisch die Verbindung der Entwürfe mit den realen Verhältnissen, stellt Gemeinsamkeiten in den Prioritäten heraus und erarbeitet einen Orientierungsrahmen zur Entwicklung von Strategien zur Umsetzung der Vorschläge.

Erneut in Kleingruppen entwickeln die Lernenden Ansatzpunkte für die Durchsetzung ihrer Entwürfe in individuelle, soziale oder politische Aktionen.

Die letzte Teilphase dient dann geplanten Aktionen, z. B. Information der Öffentlichkeit, Eingaben an Politiker, Zusammenarbeit mit anderen sowie der Berücksichtigung der Vorhaben im Hinblick auf das eigene Verhalten.

3. Einsatzmöglichkeiten

Die Zukunftswerkstatt ist einsetzbar in der Sekundarstufe I/II und unabhängig von der Kurs-/Klassenstärke und benötigt mindestens eine Dauer von fünf Doppelstunden.

Die Zukunftswerkstatt „Dauerhaft Lebensqualität statt globaler Umweltzerstörung" kann unabhängig von Vorkenntnissen als komplexe Form zum Thema Überlastung der Umwelt eingesetzt werden. Denkbar ist auch der Einsatz **einzelner Phasen** und **Diskussionsspiele** in einer Unterrichtseinheit zum Thema Umweltüberlastung.

Grundsätzlich ist die hier beschriebene **Vorgehensweise** in allen Stufen der Sekundarstufe I und II durchführbar. Bei den unteren Jahrgangsstufen sind jedoch Modifikationen durchzuführen bei der **Literaturzusammenstellung** sowie bei der **Vereinfachung** der Prognosen, Szenarien, Instrumente in den **Diskussionsspielen**.

II. Spezielle Angaben zur Unterstützung des Ablaufs

Die folgende Darstellung des Ablaufs einer Zukunftswerkstatt, der notwendigen Lehreraktivitäten und -entscheidungen stellt lediglich **eine** mögliche Herangehensweise mit vielen alternativen Entscheidungsmöglichkeiten und Variationsbreiten dar. Grundsätzlich bietet die Methode Zukunftswerkstatt den Lernenden einen riesigen Freiraum, so daß vom Lehrenden als Moderator eine unheimliche Flexibilität bezüglich neuer Situationen verlangt ist. Potentielle Anwender sollten für sich vor dem Einsatz klären, welchen Freiraum sie den Lernenden zugestehen wollen. Dieser ist begrenzbar durch die Einschränkung der Diskussionsspiele, der verfügbaren Literatur auf bestimmte ökologische Problembereiche. Weiterhin ist die Zukunftswerkstatt erweiterbar durch Referate, Filme, Experten zu speziellen Problemen, Ursachen oder Strategien. Diese Entscheidungen sind in Anlehnung an die Entwicklung der Zukunftswerkstatt zu treffen.

Vorbereitung

Zur Vorbereitung auf die Zukunftswerkstatt sind die Lernenden zu konfrontieren mit der Idee, dem Thema, den Zielen und dem Ablauf der Zukunftswerkstatt.

Es bedarf außerdem organisatorischer Vorbereitungen bezüglich der Verfügbarkeit von „gemütlichen" Räumlichkeiten, Zeit (mindestens 5 Doppelstunden) sowie der technischen Voraussetzungen für die möglichen Produktionen (Bastelmaterial, Foto- und Audiotechnik).

Weiterhin muß Literatur für die selbsttätige Informationsaneignung während den Produktionen und der Prioritätensetzung in der Realisierungsphase zusammengestellt werden.

Im Falle des Einsatzes der Diskussionsspiele müssen die Spielmaterialien hergestellt werden

- je ein Satz Prognose- und Utopiekarten,
- Wertungskarten im Klassensatz
- Prioritätenliste im Klassensatz.

Kritikphase		
Teilphasen	**Entscheidungen** *Vorbereitungen*	**Aktivitäten**
Diskussionsspiel: Welt 2030	1. Soll das Diskussionsspiel eingesetzt werden? 2. An welcher Stelle soll es eingesetzt werden? [1] 3. Soll das Diskussionsspiel zur Beschränkung der Diskussion auf bestimmte Problembereiche[2] abgeändert werden? • *Kopie der Prognosen auf einzelne Karten (siehe Schülermaterialien)* • *Fertigung von Wertungskarten für alle Lernenden – – / – /0/+/++* • *Tafelbild zur Bedeutung der Wertungskarten*	**Darstellung des Themas des Diskussionsspiels:** Prognosen über die Umweltqualität Anfang des neuen Jahrtausends **Darstellung des Ablaufs und Durchführung** 1. Ein Teilnehmer liest eine Prognose vor. 2. Alle Teilnehmer geben mittels Wertungskarten Stellungnahmen ab. 3. Die Wertungen werden auf den Karten notiert. 4. Ein Teilnehmer, der die Entwicklung für wahrscheinlich hält, kommentiert seine Position, andere, ähnlicher Position ergänzen. Daraufhin äußern sich die Teilnehmer, die die Entwicklung für unwahrscheinlich halten.

Tafel: Bedeutung der Wertungskarten		Diese Entwicklung halte ich für
	– –	völlig unwahrscheinlich
	–	unwahrscheinlich
	0	so wahrscheinlich wie unwahrscheinlich
	+	wahrscheinlich
	++	sehr wahrscheinlich

---

[1] Auf die Analyse der Vorkenntnisse, Diskussonsbereitschaft, Phantasie und Kreativität der Lerngruppe gestützte Entscheidungen bezüglich des Ablaufs der einzelnen Phasen, insbesondere des Einsatzes der Diskussionsspiele können wie folgt aussehen:

a. Werden die Vorkenntnisse, die Diskussionsbereitschaft, die Phantasie und Kreativität der Teilnehmergruppe hoch eingeschätzt, ist es nicht notwendig, die Diskussionsspiele zu Beginn der ersten beiden Phasen einzusetzen. Sind diese Eigenschaften dagegen eher niedrig einzuschätzen, sind die Lernenden z. B. sehr verschlossen, können die Diskussionsspiele zu Beginn Lockerung bewirken.

b. Alternativ könnten die Diskussionsspiele „Welt 2030" und „Was wäre wenn" zum Abschluß der Phasen eingesetzt werden, um zu verdeutlichen, welche Prognosen, Szenarien und Utopien über mögliche Zukünfte von andern entwickelt wurden.

[2] z. B. Ressourcenverbrauch, Überlastung der Umweltmedien Luft, Wasser und Boden, spezielle Umweltprobleme wie Verkehr, Abfall, Energie.

Brainstorming	*Bereitstellung von leeren Karteikarten, Filzstiften, Wachsmalstiften, Klebeband*	**Impuls:** Schließt die Augen! Stellt Euch vor, wir schrieben das Jahr 2030. Ihr wohnt mit Eurer Familie oder Euren Freunden in einem Haus auf dem Land oder in der Stadt, Ihr arbeitet und verbringt Eure Freizeit. Um Euer Haus herum hat sich die Welt in den letzten 40 Jahren ungemein verändert. Wie sieht sie aus? Was bereitet Euch die meisten Sorgen? Laßt die Bilder, die vor Euren Augen erscheinen, einige Minuten auf Euch wirken! Stellt nun auf der vor Euch liegenden Karteikarte dar, was Euch in Eurem Leben 2030 die größten Sorgen macht. Ihr könnt ein kurzes Szenario darstellen – (Ich stelle mir vor ...) oder auch ein kleines Bild malen, das Ihr hinterher kommentiert. Bei Euren Darstellungen gibt es kein richtig und kein falsch! **Darstellung der Prinzipien des Brainstormings:** 1. Jeder stellt sein Szenario vor ! 2. Jeder verzichtet auf die Bewertung der Szenarien der anderen Teilnehmer! **Ordnung der Karten nach Schwerpunkten** **Gruppenbildung nach Schwerpunkten z. B.**

Mögliche Schwerpunkt-bildung		**Hilfestellung bei der Schwerpunktbildung**
		• Auseinandersetzung mit den Folgen
		   – der Luft-, Wasser-, Bodenbelastung,
		   – der Zunahme der Abfallberge,
		   – des Wirtschaftswachstums
		• Auseinandersetzung mit Risiken der Großtechnologien
		• Auseinandersetzung mit den Folgen der Umweltbelastung verursacht durch den Reichtum der Industrieländer und die Armut der Dritten Welt
		• Folgen starker Umweltbelastung für die Lebensqualität und das politische System

Produktion	• *Literaturzusammen-stellung zu Prognosen über die Entwicklung der Umweltqualität (s. ANLAGE)*
	• *Bereitstellung der technischen Möglichkeiten zur Erstellung der Produktionen*
		Anregungen zu unterschiedlichen Gestaltungsformen:
		• Bilder, Collagen, Comics: z. B.
		   – Mona Lisa im Jahre 2030,
		   – Asterix im Jahre 2030
		• Tagesschau 2000, Reportagen:
		   – Es ist 5 nach 12!
		   – Die Welt der Vorfahren aus der Sicht der Nachgeborenen 2030
		• Theaterstücke, Rollenspiele, Tribunale in Hörspielen oder Videoproduktionen:
		   – Papa, Charly hat gesagt, früher konnte man noch ohne UV-Plane in der Sonne spazierengehen.
		   – Umweltgipfel 2030
		• Verfremdung von existierenden Fernsehserien, Theaterstücken, Liedern, Märchen:
		   – Rotkäppchen 2030,
		   – Im Frühtau zu Berge

Dokumentation		**Darstellung des Themas der Produktion für die Kleingruppen:** Hauptsorgen zur Umweltsituation im Jahre 2030

Utopiephase		
Teilphasen	Entscheidungen: *Vorbereitungen*	Aktivitäten
Diskussions-spiel: Was wäre wenn	1. Soll das Diskussionsspiel eingesetzt werden? 2. An welcher Stelle soll es eingesetzt werden? 3. Sollen einzelne Schüler frei zu den Utopien Stellung nehmen (nach den Feedbackanmerkungen) oder entscheiden alle mit Wertungskarten, ob die Utopie für sie eine wünschbare Zukunft darstellt? • *Kopie der Utopien auf einzelne Karten (siehe Vorgaben für die Teilnehmer)* • *Erneute Verteilung der Wertungskarten an alle Teilnehmer* • *Tafelbild* *(A) zu den Feedbackanmerkungen* *(B) zur Bedeutung der Wertungskarten*	**Darstellung des Themas:** Vorstellungen unterschiedlicher Autoren über das Leben in einer ökologischen Gesellschaft **Darstellung des Ablaufs und Durchführung** 1. Ein Teilnehmer liest eine Utopie vor. 2. Die Teilnehmer nehmen dazu Stellung, wie angenehm oder unangenehm ihnen die Vorstellung ist, in einer solchen Welt zu leben. A. Ein Teilnehmer stellt dies persönlich dar, die Mitlernenden fragen nach oder geben konstruktive Stellungnahmen nach vorbereiteten Feedback-Anmerkungen. B. Alle Teilnehmer geben mittels der Wertungskarten Stellungnahmen ab. Die Beispiele sollten nur als Impulse dienen, die Gedanken anregen. Die einzelnen sollten zwar eine Wertung abgeben, um für sich selbst zu einem Ergebnis zu kommen, Kommentare aber nur abgegeben werden, wenn dies von den Teilnehmern unbedingt gewünscht wird. Die Wertungen werden auf den Karten notiert.
	A **Feedbackanmerkungen** || Ich fand deine Schilderung interessant, weil …
	||| Ich hatte das Gefühl bei Deiner Schilderung, daß …
	||| Als erstes fällt mir zu Deiner Schilderung ein, daß …
	||| Mich persönlich hat vor allem angesprochen, daß …
	||| Sehr wichtig fand ich, daß Du …
	||| Etwas fehlte mir bei Deinen Überlegungen …
	B **Bedeutung der Wertungskarten** || In einer solchen Gesellschaft zu leben, stelle ich mir
	|| – –	entsetzlich vor
	|| –	unangenehm vor
	|| 0	so angenehm wie unangenehm vor
	|| +	angenehm vor
	|| ++	sehr schön vor

Brainstorming	*Bereitstellung von leeren Karteikarten, Filzstiften, Klebeband*	**Impuls:** Schließt die Augen! Stellt Euch vor, wir schrieben das Jahr 2030 und die Öko-Wende ist eingetreten. Ihr wohnt mit Eurer Familie oder Euren Freunden in einem Haus auf dem Land oder in der Stadt, Ihr arbeitet und verbringt Eure Freizeit. Um Euer Haus herum hat sich die Welt in den letzten 40 Jahren verändert. Wie sieht sie aus? Worüber freut Ihr Euch am meisten? Welche Eurer Hoffnungen sind wahr geworden? Laßt die Bilder, die vor Euren Augen erscheinen, einige Minuten auf Euch wirken! Stellt nun auf der vor Euch liegenden Karteikarte dar, welche Eurer Hoffnungen für Euer Leben in lebenswerter Umwelt 2030 Wirklichkeit geworden sind – Laßt Euren Wünschen und Hoffnungen freien Raum. **Hinweis:** Nichts ist undenkbar in dieser Utopiephase! Es existieren keine Sachzwänge, kein Geldmangel und auch die politische Macht, die Utopie umzusetzen, ist vorhanden. Ihr könnt ein kurzes Szenario darstellen – (Ich stelle mir vor ...) oder auch ein kleines Bild malen, daß Ihr hinterher kommentiert. Bei Euren Darstellungen gibt es kein richtig und kein falsch! Jeder formuliert seine Utopie vom Leben in lebenswerter Umwelt im Jahr 2030 auf einer Karteikarte. 1. Jeder stellt sein Szenario vor! 2. Jeder verzichtet auf die Bewertung der Szenarien der anderen Teilnehmer! **Ordnung der Karten nach Schwerpunkten Gruppenbildung nach Schwerpunkten z. B.**
Mögliche Gruppenbildung		• Umwelt- und sozialverträglich Produzieren in einer begrenzt belastbaren Welt • Umwelt- und entwicklungsverträglich Konsumieren in einer begrenzt belastbaren Welt • Umweltverträgliche Mobilität in einer begrenzt belastbaren Welt • Solidarisch Zusammenleben in einer begrenzten Welt • Das Verhältnis zwischen Nord und Süd in einer Welt mit ökologischen Grenzen der Belastbarkeit. • Trotz Verzicht auf materielle Güter Gewinn an Lebensqualität ... • Politisches System einer ökologischen und sozialen Gesellschaft

Produktion	Bereitstellung der technischen Möglichkeiten zur Erstellung der Produktionen	**Frage nach unterschiedlichen Gestaltungsformen:**
		
		• Bilder, Collagen, Comics: z. B.
		  – Asterix im Betrieb
		  – Werbung im Jahre 2030
		
		• Tagesschau 2000, Reportagen:
		  – Freizeit im Jahre 2030
		  – Der Umweltgipfel der Eine-Welt-Länder
		  – Umgestaltung zum ökologischen und sozialen System
		  – Tagesschau: Umweltfreuden statt Umweltskandale
		
		• Theaterstücke, Rollenspiele in Hörspielen oder Videoproduktionen:
		  – Familienrat: Unsere Bedürfnisse im Jahre 2030
		• Verfremdung von existierenden Fernsehserien
		  – Familiensendung: Lindenstraße 2030
		  – Krimi: Tatort 2030

Dokumentation		**Darstellung des Themas der Produktion für die Kleingruppen:** Hoffnungen und Wünsche zur Umweltsituation im Jahre 2030

Realisierungsphase		
Teilphasen	Entscheidungen *Vorbereitungen*	Aktivitäten
Prioritätenspiel	1. Welches Prioritätenspiel (A oder B) soll eingesetzt werden? – *Literaturzusammenstellung zu Instrumenten zur umweltorientierten Veränderung der Konsum-, Produktions- und Entscheidungsprozesse und ihrer Bewertung (ANLAGE)* – *Materialien für das Prioritätenspiel B*	**Darstellung des Ziels und des Ablaufs des Prioritätenspiels** **A.** Stell Dir vor, Du hättest als Bundeskanzler die Richtlinien der Politik zu bestimmen. Welche 5 konkreten Maßnahmen würdest Du durchführen, damit die Menschen auch im Jahre 2030 noch eine lebenswerte Umwelt haben. 1. Jeder Teilnehmer notiert 5 Maßnahmen 2. In Kleingruppen wird das Pro und Contra der einzelnen Maßnahmen diskutiert und eine gemeinsame Prioritätenliste aufgestellt. **B.** Richtlinien der Politik für eine dauerhaft lebenswerte Umwelt 1. Jeder Teilnehmer ordnet die Richtlinien nach seinen Prioritäten: von (1) für die unwichtigste bis (10) für die wichtigste Richtlinie. Dieses Ergebnis erhält der Moderator. 2. Kleingruppen wägen das Pro und Contra der einzelnen Richtlinien unter Nutzung der Literatur ab und einigen sich auf eine gemeinsame Prioritätenliste. Auch dieses Ergebnis erhält der Moderator.

Kritische Überprüfung der Prioritäten	Inhaltliche Vorbereitung: Ansatzpunkte zur Verbindung der Richtlinien mit der Realität (s. ANLAGE)	Ablaufgestaltung der kritischen Überprüfung: 1. Die Teilnehmer stellen ihre drei gemeinsamen Prioritäten dar und begründen sie. (vgl. Anlage 2. Spalte: Bewertung) 2. Der Moderator stellt die Einzel- und Gesamtpriorität gemäß den addierten Punkten dar. Die Übersicht zeigt ihm, inwiefern Instrumente von den Gruppen unterschiedlich gewichtet wurden, dies kann vom Moderator als Diskussionsanlaß für das Für und Wider der einzelnen Maßnahmen genutzt werden. 3. Weiterhin wird ein **Orientierungsrahmen** und **ein Aktionsplan** für die Entwicklung von Strategien zur Durchsetzung der Prioritäten entwickelt 4. Das Plenum überprüft kritisch mögliche Verbindungen mit Ansatzpunkten in der Realität. (vgl. Anlage 3. Spalte: Ansatzpunkte, Weiterführende Konzepte, Handlungsebenen) und prüft, inwiefern gemeinsame Prioritäten auch gemeinsame Aktionen ermöglichen. (**Aktionsplan**)
Produktion: Entwicklung von Strategien		Vorstellung des Orientierungsrahmens zur Entwicklung von Strategien 1. Welche Konzepte existieren, die unseren Vorstellungen ähnlich sind; 2. Mit welchen Maßnahmen könnten unsere Hoffnungen erreicht werden? 3. Wo bestehen in dieser Gesellschaft Ansatzpunkte für diese Maßnahmen? 4. Wo bestehen die größten Hindernisse gegenüber der Realisierung dieser Maßnahmen? 5. Was kann jeder einzelne für die Realisierung der Ziele tun? 6. Inwiefern sind für die Realisierung der Ziele Bündnisse mit Gruppen, Initiativen und Verbänden notwendig? Welche Bündnispartner gibt es hier? 7. Welche Maßnahmen sind vom Staat umzusetzen? Sind die Maßnahmen evt. schon in Parteiprogrammen verankert? 8. Welchen Plan verfolgen wir, um unserem Ziel näherzukommen? In welchem Zeitraum wollen wir welche Maßnahmen durchführen? Wer ist für die einzelnen Aktionen verantwortlich? 9. Welche Erfolgschancen hat unser Plan?
		Darstellung des Arbeitsauftrags: In Kleingruppen werden Handlungsmöglichkeiten zur Durchsetzung der Prioritäten für eine dauerhaft lebenswerte Umwelt gemäß dem Orientierungsrahmen diskutiert sowie ein Aktionsplan entwickelt. Weiterhin wird geprüft, inwiefern sich die in den früheren Phasen entwickelten Produktionen für die geplanten Aktionen eignen.

		• Freiwillige Verpflichtung zum Verzicht oder Verhaltensumstellung • Mitarbeit in ökologischen Gruppen, Bürgerinitiativen • Erkundung von ökologischen, alternativen Projekten, kommunalen oder betrieblichen umweltbewußten Verbesserungen • Informationsstände in der Fußgängerzone, Pausenhalle mit Ausstellung der Ergebnisse der Zukunftswerkstatt: Prognosen über die Entwicklung, Utopien und Umsetzungsvorschläge • Vorschläge und Umsetzung ökologischer Maßnahmen in schulischen, individuellen, betrieblichen, gesellschaftlichen und politischen Bereichen • Hearing und Podiumsdiskussion mit Experten und Verantwortlichen zu Verbesserungsvorschlägen • Öffentlichkeitsarbeit: Verstecktes Theater • Demonstration • Briefe an Verantwortliche zur Realisierung etwaiger Forderungen				
	Aktionsplan	Handlungsebene	Maßnahme	Aktion	Zeit	Verantwortlich
		Was kann ich persönlich tun?				
		Was will ich in Gruppen umsetzen?				
		Was fordern wir vom Staat?				
Aktion		Die geplanten Aktionen werden realisiert.				

ANLAGE: Ansatzpunkte zur Verbindung der Richtlinien mit der Realität und deren Bewertung

Richtlinie	Bewertung + Vorteile der Richtlinie − Nachteile der Richtlinie	① Ansatzpunkte ② Handlungsebene ③ Weiterführende Konzepte

Verordnung zur **Kennzeichnungspflicht** über die Umweltbelastung und den Ressourcenverbrauch von Produkten über ihren gesamten Lebenszyklus nach einer Bewertung durch unabhängige Verbraucherinitiativen	+ Ein Informationssystem über Umweltverbrauch und Umweltbelastung ergänzt die marktlichen Abstimmungsprozesse in Richtung Schonung der Umwelt durch Ermöglichung ökologischer Nachfragesteuerung. Die Informationen können in Kauf-, Kredit- und Anlageentscheidungen umgesetzt werden, so daß ein Unternehmen Imageverlust, Beeinträchtigung der Anlage- und Kreditbereitschaft, Nichtberücksichtigung bei der staatlichen Auftragsvergabe, Rückgang von Konsumgüterkäufen, Kaufboykott, Verlust von Arbeitnehmern befürchten muß, wenn es nicht eine ökologische Orientierung in Entscheidungen im Produktionsprozeß umsetzt.
	− Die ökologisch orientierte Lenkung durch die Nachfrage ist auf eine ethische Orientierung angewiesen, die mit der ökonomischen schlecht zu vereinbaren ist, wenn ökologische Produkte, Produktionsprozesse und Forschung weiterhin teurer sind, da sie freie Güter nicht umsonst nutzen.
		①-Stiftung Warentest, Öko-Test, Umweltberatung, ökologische Medienkampagnen als Bewertungsinstitutionen
		
		• Grundsätze ökol. Landbaus, Produktlinienanalysen als Bewertungsverfahren
		
		• Kennzeichnungspflichten
		  – nach dem Abfallgesetz
		  – nach Chemikaliengesetz für gefährliche Stoffe sowie als Orientierungshilfe für gesundheits- und umweltbewußte Verbraucher (z. B. FCKW-frei)
		  – nach dem Immissionsschutzgesetz für die Beschaffenheit von Brenn-, Treib- und Schmierstoffen und für bleifreien Kraftstoff an Tankstellen
		
		• Blauer Engel als Informationszeichen
		• Konsumboykott als Sanktionsmöglichkeit
		② Verbraucherinitiativen, Bundesregierung
		③ **Humaner Kapitalismus:** Zustimmung oder Ablehnung von Gütern nach dem Grad der Umweltbeanspruchung durch gesellschaftliche Gruppen

Verbot von Problemstoffen und Verhaltensweisen, die umweltbedingte Krankheiten verursachen und die Lebensgrundlagen der Nachwelt unumkehrbar belasten	+ Durch Verbote wird das umweltschonende Verhalten schnell und zuverlässig erreicht und somit dem Vorsorgeprinzip Rechnung getragen.
	− Nach rechtsstaatlichen Prinzipien müssen begründete Verdachtsmomente vorliegen und die Verhältnismäßigkeit gewahrt sein. Viele Veränderungen der Biophäre sind schleichend, teilweise schwierig nachzuweisen und zumeist einem Verursacher kaum nachzuweisen. Verbote üben kaum einen Anreiz aus, Umweltbelastungen möglichst gering zu halten, ein umfassendes Überwachungssystem muß für ihre Einhaltung sorgen. Werden bestimmte Stoffe verboten, bietet das keine Gewähr für die Umweltverträglichkeit der Stoffe, die an die Stelle der alten treten.
		①-Verbot von Problemstoffen:
		  – Pentachlorphenol, Polychlorierte Bi- und Terphenyle
		  – bleihaltiges Normalbenzin
		  – 28 Wirkstoffe in Pflanzenschutzmitteln
		
		• Faktisches Herstellungs- und Anwendungsverbot für Asbest durch Einstufung in die Gefährdungsgruppe 1
		• Zulassungsverfahren für Sprengstoffe, Arzneimittel, Chemikalien, Pflanzenschutz, Düngemittel, Zusatzstoffe für Lebensmittel und Futtermittel

		• Verbot für bestimmte Verhaltensweisen – Fahrverbot für Autos ohne Katalysator bei Smog – Zeitliche Beschränkung von Lärm verursachenden Handlungen – Zonenbezogenes Verbot höherer Fahrgeschwindigkeiten – Verkehrsverbote und -beschränkungen durch die Länder z. B. in Innenstädten – Verbot der Mischung von Wertstoffen mit Abfall, von Gefahrstoffen ② Bund, Kommunen
Umweltfreundliche Optimierung von Anlagen durch **Auflagen** zur Einhaltung von Grenzwerten im Energieverbrauch und in der Emissionsabgabe sowie bei Produkten durch Auflagen zur Reparaturfreundlichkeit und Rückführbarkeit in den ökologischen Kreislauf oder Möglichkeit zum Recycling	+ Der Staat setzt durch Auflagen und Grenzwerte Ziele zur umweltverträglichen und sicheren Errichtung und Betreibung von Anlagen und für umweltverträgliche Konsumgüter. Mit Auflagen wird das angestrebte Verhalten schnell und zuverlässig erreicht. Grenz- und Richtwerte für Emissionen und Immissionen beugen der Umweltbelastung vor. – Auflagen üben keinen Anreiz aus, umweltverträglichere Produktionsverfahren und Produkte weiterzuentwickeln und die Umweltbelastung so gering wie möglich zu halten. Sind sie an den Emissionen orientiert, führen sie durch die Unterstützung von End-of-pipe-Technologien zur Verlagerung der Umweltprobleme zwischen den Umweltmedien. Sie orientieren sich nicht danach, daß vorgegebene Umweltziel mit den geringstmöglichen Kosten zu erreichen. Die Festlegung von Grenzwerten ist ein langwieriges politisches Verfahren. Dem Staat kommt die Aufgabe zu, den Nachweis für die Notwendigkeit und Möglichkeit sowie die wirtschaftliche Vertretbarkeit der Grenzwerte zu führen.	①-Anlagenoptimierung durch Genehmigungspflichten für neu zu errichtende Produktionsanlagen, von denen in besonderem Maße Gefahren für die Umwelt ausgehen: Diese Anlagen müssen den Stand der Technik einhalten nach – den Bestimmungen des Immissionsschutzgesetzes zur Reinhaltung der Luft, (TA Luft) – den Rechtsverordnungen aufgrund des Wasserhaushaltsgesetz zur Behandlung der Abwässer, – der Wärmenutzungsverordnung für Produktionsanlagen, • Produktoptimierung durch Anforderungen für die Produktion von Massengütern nach dem Imissionsschutzgesetz: z. B. Grenzwerte für Autoabgase, Begrenzung des Benzolgehalts im Benzin, Lärmgrenzwerte für Rasenmäher. ② Bund
Erhebung von **Steuern** und **Abgaben** auf umweltbelastende Produkte zur Erfassung der gesellschaftlichen Kosten, die durch die Produkte verursacht werden	+ Umweltbelastendes Verhalten verursacht Kosten für die Unternehmen. Steuern und Abgaben auf umweltbelastende Produktionen sollen durch Ausweichreaktionen der Betroffenen zur Verringerung der Umweltnutzung und -belastung führen, so daß durch die Steuern in Abhängigkeit von ihrer Höhe auch das Vorsorgeprinzip umgesetzt wird. Sie setzen aber vor allen Dingen das Verursacherprinzip um: Wer belastet, soll auch zahlen!	①-Abwasserabgabe nach Menge und Schädlichkeit der Abwässer • Mineralölsteuer • Müllgebühren auf Restabfälle nach Gewicht oder Volumen durch die Kommunen ② Bund, Kommunen

	– Die Verringerung der Umweltbelastung tritt ein, wenn der Abgabe- oder Steuerbetrag höher ist als die Kosten der Vermeidung, Verminderung oder Beseitigung durch Änderung der Produktionsverfahren und Produkte, Verringerung der Produktmengen, Recycling. Der gewünschte Effekt ist also von der Höhe der Abgabe abhängig, die politisch, nicht ohne Einfluß von Interessengruppen, gesetzt wird. Somit ist die Verbesserung der Umweltqualität durch Steuern und Abgaben nicht zwangsläufig, sondern abhängig von deren Höhe.	③ **Ökologische Steuerreform:** Umweltbelastende Produkte und Energieverbrauch werden mit Steuern belegt, so daß umweltbelastendes Verhalten mit höheren Kosten sanktioniert wird. Im Gegenzug werden andere Steuern und Beiträge, z. B. Sozialversicherungsbeiträge oder die Mehrwertsteuer verringert, so daß die Steuerreform kostenneutral ist.
Subventionierung umweltfreundlicher Alternativen zum individuellen Straßenverkehr und zur Energieverschwendung	+ Steuersenkungen und Kreditverbilligungen erleichtern die Anpassung an Umweltschutzanforderungen und können die Durchsetzung beschleunigen. Sie können die Umsetzung von Umweltschutzmaßnahmen sozial verträglich gestalten. – Diese Subventionen ersetzen nicht die vollen Kosten, insofern ist ihre Umsetzung auf Annahme angewiesen. Sie beschleunigen zwar die Umgestaltung, einen Anreiz zur Minimierung der Umweltbelastung geben sie nicht. Es besteht die Gefahr von Mitnahmeeffekten.	① Steuerliche Vergünstigung – für die Umrüstung auf Katalysator von Altfahrzeugen und durch einen Betrag von 1 100/500 DM – für bleifreies Benzin – für Umweltschutzinvestitionen • Zinsverbilligte Kredite für Umweltschutzinvestitionen • Förderung von Demonstrationsprojekten durch Investitionsprogramme zur Verringerung von Umweltbelastungen ② Bund, Länder
Ökologische **Selbstverpflichtung** der Menschen zur 30 prozentigen Verminderung der Autobenutzung, zur 30 prozentigen Einsparung von Wasser und Energie sowie zum Verzicht auf Fleisch und zur Müllvermeidung	+ Bürger und Unternehmen fühlen sich für eine umweltverträgliche Ordnung verantwortlich, so können sich auch mehr und mehr umweltfreundliche Unternehmen im Wettbewerb behaupten. – Da Umweltgüter Güter sind, von deren Nutzung niemand ausgeschlossen werden kann, profitiert derjenige am ehesten vom umweltfreundlichem Handeln, der nichts zum Erhalt der Umweltgüter beigetragen hat. Häufig fehlen auch Informationen für die Entscheidung. Die Langfristigkeit der Veränderung des Umweltbewußtseins und die Erschwernisse der Umsetzung führen dazu, daß das Hoffen auf die Entwicklung der Eigenverantwortung unzureichend ist.	①-Ökol. Selbstverpflichtung einiger deutscher Politiker und Wissenschaftler zur Reduktion der Autonutzung um 30 Prozent, zur Senkung des Energieeinsatzes um 30 Prozent, zum Verzicht auf FCKW, zur Halbierung des Fleischkonsums und zum Boykott des Tropenholzes; • Bundesdeutscher Arbeitskreis für umweltbewußtes Management; • Verpflichtung einiger landwirtschaftlicher Betriebe zur Einhaltung der Rahmenrichtlinien für den ökologischen Landbau mit den Zielen Erhalt und Steigerung der Bodenfruchtbarkeit, Erzeugung gesunder Pflanzen und Tierbestände sowie vollwertiger Lebensmittel, Vermeidung von Belastungen, geringstmöglicher Verbrauch nicht erneuerbarer Energie- und Rohstoffvorräte;

		• Selbstverpflichtungen der Wirtschaft (wobei die Freiwilligkeit begründet ist im Verzicht des Gesetzgebers auf Gebote und Verbote)
		  – im Rahmen der Abfallvermeidung und -verwertung
		  – Verringerung des Einsatzes von Asbest, bestimmter Waschmittelinhaltsstoffe, Lösemittel in Lacken, von FCKW in Spraydosen, bei der Entsorgung von Kühlschränken und bei quecksilberhaltigen Batterien.
		② Bürger, Gruppen, Staat und Industrie

Verbesserung der **Mitbestimmung** über Umweltbelastung von Betroffenen (Umweltinitiativen, Nachbarschaft) bei der Produktion durch Interessenausgleich	+ Der Dialog zwischen Betroffenen und Beteiligten kann ein Instrument zur Kontrolle des gewinnorientierten Eigeninteresses in ökologischen Fragen sein. Soziale Kosten können im vorhinein in der Auseinandersetzung und durch die Einbeziehung der Betroffenen internalisiert werden. – Es existieren noch kaum mehr als Überlegungen zur konkreten Ausgestaltung eines solchen Interessenausgleichs. Von Unternehmern wird dieser Ansatz wahrscheinlich als Eingriff in die Entscheidungsfreiheit verstanden.	① Mitwirkung in sozialen, personellen und wirtschaftlichen Angelegenheiten auf Betriebsebene und Mitbestimmung in Unternehmen durch Arbeitnehmer sind vergleichbare Ansatzpunkte. ② Unternehmen, Umweltverbände und -institute, Staat ③ **Kommunikative Ethik:** In gemeinsamer Verantwortung für das Ziel einer lebenswerten Umwelt wird in einem Dialog von Beteiligten und Betroffenen unternehmerischer Aktivitäten (z. B. Umweltexperten als Vertreter von Nachfragern) ein Interessenausgleich verbindlich festgelegt. Es findet etwa der Dialog über die Festlegung und Umsetzung gemeinsamer Werte, z. B. die Wahl zwischen Produkt- oder Produktionsalternativen, statt. Die Expertengruppen müssen mit wirksamen Anhörungs-, Informations-, Mitsprache-, Klage- und Entschädigungsrechten ausgestattet sein. **Alternative-Dispute-Resolution-Verfahren / Mediationsverfahren:** Unter Einschaltung eines neutralen Vermittlers und unter Beteiligung möglichst aller relevanten Akteure in einem Problemfeld wird versucht, außerhalb der hoch verrechtlichten Entscheidungsprozesse konsensuale Problemlösungen mit Vorteilen für alle Beteiligten zu finden.

Reduktion der **Arbeitszeit** zur Verringerung des Wachstumsdrucks und zur Erhöhung der Lebensqualität durch mehr Gemeinschaft und Eigenarbeit	+ Die durch Umverteilung der Arbeit verringerte Notwendigkeit, Arbeitslosigkeit zu beseitigen, mindert den ökologisch bedenklichen Wachstumsdruck zur Schaffung von Arbeitsplätzen. Zudem wird der Konsumdruck durch Teilhabe an Konsumgütern vermindert und mehr Zeit für ökologisch verträglichere Verhaltensweisen verfügbar. – Arbeitszeitverkürzung führt nicht automatisch zu verringerter Umweltbelastung, da Freizeitgestaltung auch mit erheblichen Umweltbelastungen verbunden sein kann. Die Lebensform in Wahlverwandtschaftsfamilien ist denkbar als Alternativmodell, ist aber nicht gesellschaftlich zu verordnen. Weiterhin sind durch die Umverteilung der Arbeit tiefgreifende Änderungen der Arbeitswelt notwendig.	① Wochenarbeitszeitverkürzung, Teilzeitarbeit, Erziehungsurlaub, Urlaub als Beispiele zur Reduktion der Arbeitszeit • Alternative Betriebe, Wohngemeinschaften, Selbsthilfegruppen als Beispiele für alternative Lebens- und Wirtschaftsformen ② Tarifparteien, Staat ③ **Kleine Netze:** Arbeitszeitverkürzung ermöglicht die Verteilung der Arbeitskraft auf den formellen und den informellen Sektor. Wahlverwandschaftsfamilien, die gemeinsam leben und wirtschaften, können z. B. auf einen Teil der Konsumgüter verzichten, da sie sie teilen können, sie haben mehr Zeit für gemeinsame ökologischere Aktivitäten, die häufig zeitintensiver sind.
Förderung umweltfreundlicher **Forschung** im Bereich der Energieeinsparung, nichtregenerierbarer Energiequellen, umweltschonender Transportsysteme und ökologischer Kreisläufe	+ Forschung erleichtert umweltverträglichen Strukturwandel durch die Erforschung solcher ökologischer Alternativen, die ohne Verlust an Lebensqualität denkbar sind. – Bleibt aber die Nutzung der freien Güter zum Nulltarif bestehen, so existiert kein Anreiz, die Forschungsergebnisse einzusetzen, wenn sie kostenintensiver sind als die herkömmlichen Produktionsweisen und Produkte, die derzeit noch den Kostenvorteil durch Massenproduktion haben.	① Förderungsschwerpunkt beim BMFT: Umweltforschung und Umwelttechnologie mit den Schwerpunkten: Klima, Wasserschadstoffe, Trinkwasseraufbereitung, Verunreinigung der Meere, Atmosphäre, Bodenbelastung, Waldschäden, Umwelt und Gesundheit, Abfallbeseitigung und -vermeidung • Umweltforschung beim BUNR: Umweltpolitische Ziele, Instrumente, Programme und rechtliche Regelungen ② Bund und Länder
Förderung der **Umwelterziehung** zur Erhöhung des Bewußtseins über ökologische Kosten, der Kenntnisse über Ursachen und Verminderung der Überlastung der Umwelt und zur Förderung der Mitgestaltungsmöglichkeit der jungen Generation	+ Die Erhöhung des Wissens über Umweltauswirkungen von Konsum- und Produktionsprozessen, über deren Ursachen und notwendige Entlastungsstrategien sind notwendige Voraussetzungen für eine aktive, glaubwürdige Partizipation an der Gestaltung einer ökologischen Gesellschaft. – Umweltwissen ist jedoch einerseits nicht gleichzusetzen mit umweltverträglichem Handeln, andererseits greifen die am persönlichen Verhalten ansetzenden Maßnahmen zu kurz, solange die Defizite der marktlichen Abstimmung nicht reduziert werden.	① Ansätze und Institutionen der Umwelterziehung: – Arbeitsprogramm Umweltbildung beim BMBW – Förderung von Modellversuchen und Forschungsprojekten in allen Bildungsbereichen – Empfehlung des BiBB zur Einbeziehung von Fragen des Umweltschutzes in die berufliche Bildung – Erlaß der KMK: Umwelt und Unterricht – UNESCO-Verbindungsstelle für Umwelterziehung im Umweltbundesamt – Richtlinien und Lehrpläne zu Umweltthemen ② Bund, Länder, Schulen

ANLAGE – Literaturhinweise

	Kritikphase
Prognosen über die Entwicklung der Umweltqualität und Darstellung der Kosten der Umweltbelastung	Aehling, Georg: Grenzen des Wachstums? Wirtschaftlicher und sozialer Wandel im Spannungsfeld von Ökonomie und Ökologie. Paderborn 1989²
	Bericht des Club of Rome: Die globale Revolution. Spiegel Spezial 2/1991
	Brown, Lester R. u. a.: Lebenszeichen. Trends für die Gestaltung der Zukunft. Eine Publikation des Worldwatch Institute, Frankfurt/Main 1993
	Grießhammer R./Seifried D. (Hrsg.): Gute Argumente, München 1987 ff. zu den Themen: Energie; Klima; Verkehr; Abfall; Chemie und Umwelt; Ernährung; Landwirtschaft
	Hauff, Volker: Unsere gemeinsame Zukunft. Der Brundtland-Bericht der Weltkommission für Umwelt und Entwicklung. Greven 1987[BZ]
	Leipert, Christian.: Die heimlichen Kosten des Fortschritts. Frankfurt 1989
	Meadows, Donella u. Dennis, Randers, Jorgen: Die neuen Grenzen des Wachstums, Stuttgart 1992
	Michelsen, Gerd (Hg.): Die Zukunft der Bundesrepublik. Prognosen und Szenarien des Öko-Instituts. Hamburg 1988
	Opitz, Peter J.: Weltprobleme. Bonn 1990³ [BZ]
	Simonis, Udo E. (Hg.): Basiswissen Umweltpolitik. Ursachen, Wirkungen und Bekämpfung von Umweltproblemen. Berlin 1990² [BZ]
	Stiftung Entwicklung und Frieden (Hg.): Globale Trends 93/94. Daten zur Weltentwicklung, Frankfurt 1993
	World Watch Institute (Hg.): Zur Lage der Welt 1993. Frankfurt am Main 1993
	ZEIT-Schriften: Ein Gipfel für die Erde. Nach Rio: Die Zukunft des Planeten. ZEIT-Schriften 1/1992
	[BZ]: erhältlich bei der Bundeszentrale für politische Bildung
	Realisierungsphase
Instrumente zur umweltorientierten Veränderung der Konsum-, Produktions- und Entscheidungsprozesse und ihre Bewertung	Binswanger, H.C. u. a.: Arbeit ohne Umweltzerstörung. Frankfurt/Main 1983
	Bundesumweltminististerium: Umweltschutz in Deutschland. Nationalbericht der Bundesrepublik Deutschland für die Konferenz der Vereinten Nationen über Umwelt und Entwicklung in Brasilien im Juni 1992 Bonn 1992
	Der Bundesminister für Umwelt, Naturschutz und Reaktorsicherheit: Umwelt '90; Bonn 1990 Umweltpolitik, Ziele und Lösungen, Schutz vor Gefahrstoffen, Luftreinhaltung, Lärmbekämpfung, Gewässerschutz, Abfallvermeidung und Abfallentsorgung, Naturschutz Bodenschutz, Strahlenschutz, Reaktorsicherheit,
	Fietkau, Hans-Joachim/ Weidner, Helmut: Mediationsverfahren in der Umweltpolitik. Erfahrungen in der Bundesrepublik Deutschland. In: Aus Politik und Zeitgeschichte B39-40/92
	Simonis, Udo E. (Hg.): Basiswissen Umweltpolitik. Ursachen, Wirkungen und Bekämpfung von Umweltproblemen. Berlin 1990² [BZ]
	Steinmann, Bodo: Marktwirtschaftliche Möglichkeiten zur ökologischen Umgestaltung von Produktionsprozessen. In: Bunte, Manfred u. a. (Hg.): Bildungsarbeit im Spannungsfeld von Wirtschaft und Gesellschaft. Düsseldorf 1991.
	Steinmann, Bodo: Staat oder Markt? Notwendigkeit und Möglichkeiten staatlicher Interventionen, umweltpolitische Handlungsinstrumente. In: Politische Bildung 2/1991
	Weizsäcker, Ernst U. v.: Erdpolitik. Ökologische Realpolitik an der Schwelle zum Jahrhundert der Umwelt. Darmstadt 1990
	Wicke, Lutz: Umweltökonomie und Umweltpolitik. München 1991
	Zilleßen, Horst/ Barbian, Thomas W.J.: Neue Formen der Konfliktregelung in der Umweltpolitik. In: Aus Politik und Zeitgeschichte B39-40/92

III. Materialien für die Teilnehmer

Diskussionsspiel: Welt 2030

Der Zustand des Wassers ist mehr als bedenklich. Zwar wurde die Behandlung biologisch leicht abbaubarer Stoffe in die Gewässer durch Kläranlagen verbessert, aber die Ammoniumkonzentration nimmt weiterhin zu. Das Problem bilden besonders die schwerabbaubaren Halogenverbindungen. Auch wenn die Schadstofffracht der Flüsse in den letzten 40 Jahren abgenommen hat, so sammelt sich doch alles in der Nordsee. Auch im Grundwasser sammeln sich allmählich immer mehr Insektenvernichtungsmittel, Dünger, Sickerwasser aus Mülldeponien an. (nach Szenarien des Ökoinstuts 1988)

Die Konsequenz aus dieser Wasserbelastung ist, daß die gesundheitlich empfohlenen drei Liter Flüssigkeitsaufnahme heute als gesundheitlich bedenklich gelten. Im Ferienparadies Nordsee ist es zwar wärmer geworden, dafür sollte man dort aber nicht mehr baden.

--	-	0	+	++

Trotz aller Beteuerungen der Bundesregierung auf der Umwelt- und Entwicklungskonferenz in Rio 1992 hat Deutschland nicht einmal 5 % Kohlendioxidemissionen eingespart oder durch nichtfossile Energieträger ersetzt. Damit hängen eng Schwefeldioxid- und Stickoxidemissionen zusammen, die schon 1980 dafür verantwortlich waren, daß die Hälfte des deutschen Waldes zerstört war, viele Baudenkmäler bis zur Unkenntlichkeit entstellt wurden und neue Atemwegserkrankungen entstanden (so daß Ökoinstitut 1989.) Die Menschen im Jahre 2030 wissen nur noch aus Büchern, daß es in Deutschland viele Bildhauer, große Architekten und Künstler gegeben hat, auch den Wald kennen sie nur noch aus Gedichten des 19. Jahrhunderts sowie aus den wenigen, umzäunten und vor menschlichen Eingriffen gesicherten Waldreservaten.

--	-	0	+	++

Das Ökoinstitut beschrieb schon 1988, daß die weltweit bekannten Reserven bei konstantem Verbrauch an Öl binnen 34 Jahren, an Gas binnen 54 Jahren und an Kohle binnen 350 Jahren aufgebraucht sind.

Um die noch gewinnbaren Ressourcen zu erschließen, muß die Gesellschaft im Jahre 2030 enorme Kosten aufbringen. Schließlich gibt es die reichhaltigen Ölfelder nicht mehr, die in einem Jahrhundert aufgebraucht worden sind. Öl muß mittlerweile aus Schiefer und Sanden gewonnen werden. Das kostet viel Geld. Weil die Menschen im 20. Jahrhunderts ihren Energiehunger nicht dämpfen wollten, müssen die Menschen im 21. Jahrhundert auf vieles verzichten, weil sie es sich aufgrund der außerordentlichen Kosten gar nicht leisten können.

--	-	0	+	++

Als im 20. Jahrhundert der Treibhauskonflikt die Gemüter der Öffentlichkeit erregte, kamen Verantwortliche in Politik und Industrie auf die Idee, vermehrt auf die saubere Atomenergie zu setzen. Selbst der Club of Rome, der 1972 noch Nullwachstum für eine umweltverträgliche Entwicklung sah, empfahl die Atomenergie 1992. Statistisch betrug die Eintrittswahrscheinlichkeit für einen Unfall auch nur 1:10.000. Mit dem verstärkten Ausbau der Atomkraftenergie erhöhte sich aber die Wahrscheinlichkeit. Mit einer Wahrscheinlichkeit von 86 % könnte sich in den Jahren 1990 bis 2000 nach dem Ökoinstitut ein Super-GAU ereignen. Aber es wurde weitergebaut, weitere 14 Atomkraftwerke für Deutschland ab 2000, so daß die Menschen im Jahre 2030 jeden Tag mit einem Unfall rechnen müssen, ganz abgesehen von den vielen strahlenden Ruinen und Endlagern, die einen enormen Sicherheitsaufwand verlangen.

--	-	0	+	++

Diskussionsspiel: Welt 2030

1990 hatte man schon erkannt, daß die wirtschaftlichen Entwicklungsmuster der Industrieländer zentral für die weltweite Umweltzerstörung verantwortlich sind. Der hohe CO_2-Ausstoß ist die Folge dieses Entwicklungsweges. Allein in den USA waren damals 35 % aller vorhandenen PKW in Betrieb, jeder zweite fährt ein Auto, in China ist es nur jeder 1374. 2030 haben die Entwicklungsländer bezüglich dieses Wohlstands- und Entwicklungsmodells schon kräftig nachgeholt, das weltweite PKW-Aufkommen hat sich bis heute verfünffacht mit der entsprechenden Zunahme der CO_2, SO_x und Blei-Emissionen.

Prognosen nach Stiftung Entwicklung und Frieden, Globale Trends 1991

--	-	0	+	++

Die Anbaumethoden der holländischen Bauern sind heute Standard geworden. Sie verzichteten schon in den 90er Jahren auf den Kontakt zu der Erde. Weil die Böden der Niederlande, vom giftigen Rheinwasser durchtränkt wie ein Schwamm, belastet von Gülle und Nitrat, ohnehin zu einem fragwürdigen Rohstoff verkommen sind, ziehen sie ihre Tomaten, Gurken, Paprika und Zucchini in steriler Steinwolle, umspült von Nährlösung. Da ist es für die Menschen im Jahre 2030 eigentlich kein Unterschied mehr, ob sie ihre Nahrung in Tablettenform erhalten, denn den nach Lebensmittel aussehenden Kunstgebilden fehlt heute jeglicher Geschmack. Die Menschen des letzten Jahrhunderts lebten, als hätte die Welt einen doppelten Boden.

Beschreibung der holländischen Bauern nach Albrecht, Die vier Elemente, ZEIT-Schriften, 1/1992

--	-	0	+	++

2030 muß die Zukunft geplant werden. Es ist weit und breit niemand sichtbar, der das tun könnte, außer dem Staat. Er kann es aber nur tun, indem er viele Freiheiten entschlossen aufhebt, um das Chaos zu verhüten. Die Plünderung des Planeten Erde verlangt den starken Staat, der kann nicht auf die Selbsteinsicht der Bürger warten, er muß vieles mit Zwang durchsetzen.

nach Herbert Gruhl

--	-	0	+	++

Die Welt steht vor gewaltigen Wanderungsbewegungen. Sie erreichen ein Ausmaß, das seit der Völkerwanderung des ersten Jahrtausends in Europa nicht mehr bekannt ist. Diese neuen Völkerwanderungen bergen Gefahren für den Weltfrieden. Während die Zahl der politisch Verfolgten steigt, wird sie immer mehr übertroffen von der Zahl der Menschen, die aus wirtschaftlicher Existenznot die Heimat verlassen. Noch stärkere Wanderungsbewegungen werden erwartet, falls es in Zukunft zu den prognostizierten großen Umweltkatastrophen käme – durch die globale Erwärmung und die um sich greifende Steppen- und Wüstenbildung. Laut der Entwicklungskommission der UNO lebten schon 1990 850 Millionen Menschen in Gebieten, die von der Verwüstung bedroht sind, lediglich der Anstieg des Meeresspiegels könnte noch mehr Menschen zu Flüchtlingen machen.

nach Stiftung Entwicklung und Frieden, Globale Trends 1991

--	-	0	+	++

Diskussionsspiel: Was wäre, wenn ...

Was wäre, wenn unsere Straßen aussehen würden wie in Ökotopia?
Stell Dir vor, Du trittst auf die Straße, und findest nicht die hektische Geschäftigkeit unserer Städte vor, hupende und heranbrausende Autos, Staus, hastende Menschenmassen, sondern eine Promenade mit 1000en von Bäumen. Die Straße ist auf eine zweispurige Winzigkeit zusammengeschrumpft. Den verbleibenden Raum nehmen Radfahrwege, Brunnen, Skulpturen und mit Bänken umstellte Gärtchen ein. Die ganze Straße ist voll Menschen, die den verbreiterten Bürgersteig nutzen. Es gibt nicht den Lärm unserer Straßen, man hört lediglich surrende Fahrräder, das Geschrei der Kinder und sogar Vogelgesang.

– –	–	0	+	++

Was wäre, wenn alle unsere Konsumgegenstände sich nach Gebrauch in den natürlichen Kreislauf zurückführen lassen wie in Ökotopia?
Stell Dir vor, Kleidung darf keine Kunststoffbestandteile mehr enthalten, weil die sich nicht zersetzen. Glas und Keramikarten müssen bei Verkleinerung zu Sand verfallen. Auf Metall wird verzichtet außer auf Eisen, denn das kann ja rosten. Angestrichen wird nichts, denn die Herstellung von Farben bedarf Gummi und Plastik; die Leute haben kaum Bücher, obwohl sie viel lesen, aber sie verleihen die Bücher weiter an Freunde oder geben sie zum Recycling. Sämtliche Abfälle und Abwässer werden in organischen Dünger umgewandelt und in den Boden zurückgeführt. Jeder Haushalt muß seine Abfälle nach Kompostierbarkeit und Rückschleußbarkeit ordnen. Auch die nicht mehr giftigen Abwässerschlämme werden getrocknet und zur Düngerproduktion verwendet, so daß auf chemischen Dünger verzichtet werden kann.

– –	–	0	+	++

Was wäre, wenn jeder, der einen Baum fällt, dafür einen neuen pflanzen muß wie in Ökotopia?
Stell Dir vor, wer größere Mengen Bauholz kaufen will, weil er z.B. ein Haus kaufen will, ist verpflichtet, für einen Zeitraum von mehreren Monaten in einem Waldcamp zu arbeiten – Bäume zu pflanzen, den Wald zu hegen, neue Schößlinge aufzuziehen.

– –	–	0	+	++

Was wäre, wenn alle Menschen auf Fleisch verzichten würden wie die Plenty-Farmkommune in den USA?
Stell Dir vor, die Menschen sind alle Vegetarier. Nicht aus Idealismus, sondern deshalb, weil man als Vegetarier demselben Stück Land zehnmal mehr Nahrung abgewinnt als Fleischesser. Für die Menschheit ist das ein Plus von 10 zu 1, wenn man Vegetarier ist. Die Weltgesundheitsorganisation hat herausgefunden, daß Sojabohnen eine perfekte Eiweißquelle sind und Proteine mit allen möglichen Aminosäuren enthalten. Für die Kinder gibt es sogar Speiseeis aus den Bohnen.
Für die Farmkommune ist die Menschheit eine große Familie, wobei die Erde genug für jeden hat, wenn die Rohstoffe nur sinnvoll genutzt und geteilt werden.

nach Stephen Gaskin von Plenty International, Alt. Nobelpreis 1980

– –	–	0	+	++

Diskussionsspiel: Was wäre, wenn ...

Was wäre, wenn der Energieverbrauch sich nach den Vorstellungen des Ökoinstituts entwickeln würde?

Stell Dir vor, die Abnahme des Verbrauchs fossiler Energieträger um ein Drittel führt dazu, daß sich die Luftqualität erheblich verbessert hat, auch die Entschwefelung und Entstickung der Kraftwerke, die umfassende Einführung des Katalysators beim Auto und das Tempolimit auf Autobahnen hat erheblich dazu beigetragen. Damit hat Deutschland einen wesentlichen Beitrag geleistet zur Verringerung der CO_2-Belastung. Zudem sind die Entscheidungsstrukturen der Energiewirtschaft auf die Bevölkerung vor Ort verlegt worden und die Entwicklung des Energiesystems hat die Importabhängigkeit gemindert und die Preise für nicht-erneuerbare Energieträger stabilisiert, so daß sie von den Ländern der Dritten Welt genutzt werden können.

– –	–	0	+	++

Was wäre, wenn in den Betrieben dasselbe passieren würde wie bei Lucas Aerospace?

Stell Dir vor, Lucas Aerospace, ein Rüstungs- und Luftfahrtkonzern, wollte ein altes Werk mit 1 500 Menschen dichtmachen. Die Belegschaft besuchte die unterschiedlichen Werksabteilungen und fand heraus, daß Hochpräzisionsinstrumente entwickelt wurden zur Kontrolle von Luftfahrtsystemen. Sie sahen, daß Autokarossierien perfektioniert wurden, die bei 180 km/h noch stabil waren, während gleichzeitig Menschen, sogar in hochentwickelten Ländern, unterernährt sind. Sie fragten sich: Warum können wir nicht gesellschaftlich nützliche Produkte herstellen, die den Menschen helfen statt sie zu verkrüppeln? Die Belegschaft machte 150 Vorschläge, aus denen 6 Fertigungsprogramme erstellt wurden: Straßen-Schienen-Mischfahrzeuge, Wärmepumpen, Rollstühle für Kinder.

nach Mike Cooley – Träger des Alt. Nobelpreises 1981

– –	–	0	+	++

Was wäre, wenn wir leben würden wie es in kleinen Netzen üblich ist?

Stell Dir vor, in Häusergemeinschaften zusammengeschlossene Wahlverwandschaftsfamilien wollen ihre Lebensbedingungen verbessern, indem sie einen Teil der Arbeitskraft der arbeitsteiligen Wirtschaft entziehen, um den Bereich der Gemeinschaft zu unterstützen. Die neuen Formen der Kindererziehung, der selbstbestimmten Tätigkeit und freiwilliger Konsumverzicht durch Teilen der Güter verändern auch die bestehenden gesellschaftlichen Strukturen. Was kleine Netze von der übrigen Gesellschaft unterscheidet, ist, daß die Bedürfnisse nach Produkten verringert sind. So setzt das kleine Netz die Umweltbelastung herab, mildert die Wachstumszwänge und hebt die Lebensqualität.

nach Binswanger u.a. 1979

– –	–	0	+	++

Was wäre, wenn wir in kleinen Netzen leben würden?

Stell Dir vor, wir leihen einander Haushaltsgeräte, Lebensmittel, Fahrräder oder Autos, hüten einander Kinder, oder ältere Kinder hüten die jüngeren. Wenn jemand in die Stadt fährt, kauft er auch für andere ein. Einzelne Familien kochen und essen gelegentlich zusammen. Es gibt unzählige Haustiere, Katzen, Meerschweinchen, Kaninchen, Hunde, Enten. Wir sitzen häufig in kleinen Gruppen zusammen, einmal jene, einmal diese, vereinzelt abends, meist aber am Wochenende. Unsere Betriebsrechnung ist offen, jeder hat Einsicht in alle Einnahmen und Ausgaben.

– –	–	0	+	++

Prioritätenspiel: Grundsätze der Politik für eine dauerhaft lebenswerte Umwelt

	Einzel-vorschlag	Gruppen-vorschlag	Einzel-vorschlag	Gruppen-vorschlag
1. Verordnung zur **Kennzeichnungspflicht** über die Umweltbelastung und den Ressourcenverbrauch von Produkten über ihren gesamten Lebenszyklus bewertet von unabhängigen Verbraucherinitiativen				
2. **Verbot** von Problemstoffen und Verhaltensweisen, die umweltbedingte Krankheiten verursachen und die Lebensgrundlagen der Nachwelt unumkehrbar belasten				
3. **Umweltfreundliche Optimierung** von Anlagen durch **Auflagen** zur Einhaltung von Grenzwerten im Energieverbrauch und in der Emissionsabgabe sowie bei Produkten durch Auflagen zur Reparaturfreundlichkeit und Rückführbarkeit in den ökologischen Kreislauf oder Möglichkeit zum Recycling				
4. Erhebung von **Steuern und Abgaben** auf umweltbelastende Produkte zur Erfassung der gesellschaftlichen Kosten, die durch die Produkte verursacht werden				
5. **Subventionierung** umweltfreundlicher Alternativen zum individuellen Straßenverkehr und zur Energieverschwendung				
6. **Ökologische Selbstverpflichtung** (freiwillige und ohne Sanktion) der Menschen zur 30 prozentigen Verminderung der Autobenutzung, zur 30 prozentigen Einsparung von Wasser und Energie sowie zum Verzicht auf Fleisch und zur Müllvermeidung				
7. Verbesserung der **Mitbestimmung** über Umweltbelastung von Betroffenen (Umweltinitiativen, Nachbarschaft) bei der Produktion durch Interessenausgleich				
8. **Reduktion der Arbeitszeit** zur Verringerung des Wachstumsdrucks und zur Erhöhung der Lebensqualität durch mehr Gemeinschaft und Eigenarbeit				
9. **Förderung** umweltfreundlicher **Forschung** im Bereich der Energieeinsparung, nichtregenerierbarer Energiequellen, umweltschonender Transportsysteme und ökologischer Kreisläufe				
10. **Förderung der Umwelterziehung** zur Erhöhung des Bewußtseins über ökologische Kosten, der Kenntnisse über Ursachen und Verminderung der Überlastung der Umwelt und zur Förderung der Mitgestaltungsmöglichkeit der jungen Generation				

Peter Weinbrenner:
Auto 2010 – Ein Szenario zum Thema „Auto und Verkehr"

I. Allgemeine Angaben

Die zunehmende Komplexität und Unübersichtlichkeit gesellschaftlicher Strukturen und Prozesse sowie die zunehmenden Gefahren und Risiken ökonomisch-technischer Entwicklungen, deren Voraussetzungen nicht geklärt und deren Folgen nicht bedacht wurden, erfordern neue Strategien des Überlebens in der *„Risikogesellschaft"* (vgl. Beck 1986). In Politik und Wirtschaft setzt sich zunehmend die Erkenntnis durch, daß „Zukunft" nicht einfach als „verlängerte Gegenwart" gedacht werden darf, weil diese Zukunft in aller Regel das Ende des Planeten und der Gattung Mensch bedeuten würde. *„Zukunftspolitik"* ist daher zum wichtigsten *„Politikfeld"* geworden und bedarf der Mitwirkung und Mitgestaltung aller Gesellschaftsmitglieder, die in einem offenen, demokratischen Diskurs die Umrisse einer *„umwelt- und sozialverträglichen"* Zukunft entwickeln und in einem kommunikativen Prozeß der politischen Willensbildung und Entscheidungsfindung realisieren müssen.

„Zukunftsfähigkeit" erweist sich insofern als neue *gesellschaftlich-politische Schlüsselqualifikation*, zu deren Ausbildung alle wirtschafts- und sozialwissenschaftlichen Unterrichtsfächer einen Beitrag leisten müssen [1]. Dies betrifft zunächst die Inhaltsdimension für das politische und ökonomische Lernen. Gesucht werden darüber hinaus neue *Methoden*, mit deren Hilfe zukünftige Entwicklungen antizipiert, bewertet und im Hinblick auf mögliche und wahrscheinliche sowie erwünschte bzw. unerwünschte Entwicklungsverläufe beeinflußt werden können. Die Szenario-Technik bietet hierfür ein reichhaltiges methodisches Instrumentarium, das komplexes, ganzheitliches und interdisziplinäres Denken ermöglicht und Schülerinnen und Schüler befähigt, aktiv gestaltend an der Entwicklung einer sicheren, menschenwürdigen, umwelt- und sozialverträglichen Zukunft mitzuwirken. [2]

Im folgenden wird am Beispiel des Themas „Auto und Verkehr" gezeigt, wie mit Hilfe der Szenario-Technik eine unterrichtliche Umsetzung, die sich am *Prinzip des handlungsorientierten Lernens* orientiert, aussehen könnte.

Begriff und Definition des Szenarios

Szenario-Technik ist eine Methode, mit deren Hilfe isolierte Vorstellungen über positive und negative Veränderungen einzelner Entwicklungsfaktoren in der Zukunft zu umfassenden Bildern und Modellen, d. h. möglichen und wahrscheinlichen *„Zukünften"* zusammengefaßt werden und die sowohl sinnlich als auch intellektuell nachvollziehbar, d. h. „kommunikabel" sind.

Szenarien sind also weder *Prognosen*, bei denen auf quantitative Informationen aus Gegenwart und Vergangenheit zurückgegriffen wird und unter Fortschreibung der geltenden Strukturen und Verhaltensannahmen Extrapolationen in die Zukunft erfolgen, noch realitätsferne Utopien und Phantasien, wie sie beispielsweise im Rahmen von

---

1 Zur Begründung einer „Zukunftsorientierten Didaktik" vgl. Weinbrenner 1980, 1981 und 1992
2 Da in diesem Beitrag zunächst allgemein eine im Bereich der Schule noch weithin unbekannte Methode vorgestellt werden soll, wird auf eine differenzierte didaktische Analyse verzichtet. Es fehlen also Stufenbezug, Fächerbezug sowie Stundenverteilung. Es bedarf sicher keiner weiteren Begründung, daß der Szenario-Ansatz relativ *universellen Charakter* hat, d. h. sehr flexibel an unterschiedliche Schülergruppen, Lernsituationen und Themenstellungen angepaßt werden kann und muß. Im professionellen Bereich der Unternehmensplanung, Städteplanung, Politikberatung, Militärstrategie usw. werden sehr umfängliche und in der Stufenfolge wesentlich differenziertere Szenarien durchgeführt. Für die didaktisch-methodische Umsetzung in der Schule gelten jedoch ganz andere Einsatzkriterien. Nicht die strategische Unternehmensplanung oder Stadtentwicklung mit hoher wissenschaftlicher Reliabilität und Validität sind hier gefragt, sondern ausschließlich der *lerntheoretische Hintergrund* einer hochmotivierenden, schüleraktivierenden, kommunikativen und interessenorientierten Methode, die jungen Menschen hilft, die immer kompliziertere und risikoträchtigere Welt besser zu verstehen und sich aktiv an einer humanen, sozial- und umweltverträglichen Zukunftsentwicklung zu beteiligen.

"Zukunftswerkstätten"[3] entwickelt werden. Mit der Szenario-Technik werden vielmehr quantitative Daten und Informationen mit qualitativen Informationen, Einschätzungen und Meinungen verknüpft, so daß als Ergebnis detaillierte Beschreibungen einer bzw. mehrerer möglichen Zukunftssituationen unter ganzheitlichem Aspekt entstehen.

Szenarien verknüpfen *empirisch-analytische* mit *kreativ-intuitiven* Elementen und sind insofern ein heuristisches Instrument, ein Befragungsvehikel, ein Denkmodell für Wissenschaft, Politik und nicht zuletzt für Pädagogik, um unsere komplizierte Welt überhaupt noch begreifen zu können und entscheidungsfähig zu bleiben.

Merkmale und Eigenschaften von Szenarien

Die Charakteristika der Szenario-Methode können am besten mit Hilfe des sogenannten *"Szenario-Trichters"* verdeutlicht werden (vgl. Abb. 1). Der Trichter symbolisiert *Komplexität* und *Unsicherheit*, bezogen auf die Zukunft: Je weiter man von der heutigen Situation in die Zukunft geht, desto größer wird die Unsicherheit und desto umfassender und vielfältiger wird die Komplexität (vgl. Reibnitz 1991, S. 26). Szenarien operieren in der Regel mit drei *Planungshorizonten*:

- Kurzfristige (ca. fünf bis zehn Jahre),
- mittelfristige (ca. elf bis zwanzig Jahre) und
- langfristige (über zwanzig Jahre).

Die Schnittfläche des Trichters bezeichnet die Summe aller denkbaren und theoretisch möglichen Zukunftsituationen für den angepeilten Zeithorizont. Der Vorteil der Szenario-Methode liegt nun darin, daß eigentlich nur **drei Grundtypen von Szenarien** entwickelt werden müssen, um damit

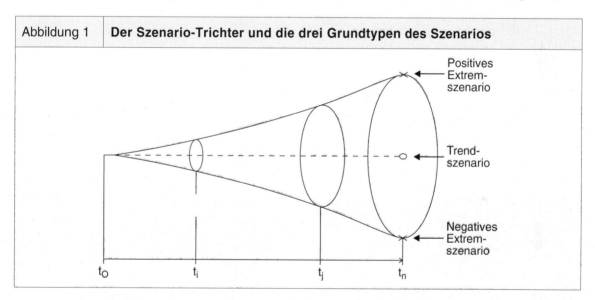

| Abbildung 1 | Der Szenario-Trichter und die drei Grundtypen des Szenarios |

alle logisch möglichen und empirisch wahrscheinlichen Szenarien charakterisieren zu können:

- ein *positives Extremszenario*: es bezeichnet die günstigstmögliche Zukunftsentwicklung (best-case-scenario)
- ein *negatives Extremszenario*: es bezeichnet den schlechtestmöglichen Entwicklungsverlauf (worst-case-scenario)
- ein *Trend-Szenario*: es beinhaltet die Fortschreibung der heutigen Situation in die Zukunft (Trend-Extrapolation).[4]

In Anlehnung an Reibnitz (vgl. ebenda, S. 28) müssen Szenarien folgenden **Kriterien** entsprechen:

---

[3] Zur Methode der Zukunftswerkstatt vgl. Weinbrenner 1988 und Weinbrenner/Häcker 1991

[4] Es ist in der Literatur umstritten, ob überhaupt ein Trend-Szenario ausgearbeitet werden soll. Ute von Reibnitz spricht sich gegen Trend-Szenarien aus, weil sie nach ihrer Ansicht dazu verführen, alles so zu belassen, wie es ist und keine schnellen und effizienten Kurskorrekturen vorzunehmen (vgl. Reibnitz 1991, S. 28). Hier wird jedoch die Ausarbeitung eines Trend-Szenarios vorgeschlagen, weil die beiden Extremszenarios zwar mögliche, aber doch höchst unwahrscheinliche Entwicklungen abbilden, während das Trend-Szenario dazu zwingt, realitätsnahe und wahrscheinliche Entwicklungen zu beschreiben.

(1) *Größtmögliche Stimmigkeit*, Konsistenz und Widerspruchsfreiheit, d. h. die einzelnen Entwicklungen innerhalb eines Szenarios dürfen sich nicht gegenseitig aufheben;

(2) *Größtmögliche Stabilität* des Szenarios, d. h. die Szenarien dürfen nicht bei kleineren Erschütterungen oder Veränderungen einzelner Faktoren zusammenbrechen;

(3) *Größtmögliche Unterschiedlichkeit* der Grundtypen, d. h. man soll bei der Ausgestaltung der Extrem-Szenarien möglichst nahe an die Ränder des Trichters herankommen.

Zusammengefaßt können die **Merkmale der Szenario-Technik** wie folgt beschrieben werden:

- Szenarien sind *ganzheitlich*, d. h. alle relevanten Bestimmungsfaktoren eines Problembereichs sollen erfaßt werden,
- Szenarien sind *kreativ-intuitiv,* d. h. einzelne Daten und Bestimmungsfaktoren müssen zu anschaulichen, plastischen *„Zukunftsbildern"* verdichtet und ausgestaltet werden,
- Szenarien sind *partizipativ* und *kommunikativ*, d. h. sie können nur in einem offenen, rationalen Diskurs entwickelt werden, durch den sie ein hohes Maß an Plausibilität und Nachvollziehbarkeit erhalten,
- Szenarien sind *transparent*, d. h. es müssen alle Methodenschritte, Hypothesen, Informationen usw. offengelegt und begründet werden,
- Szenarien sind *kritisch*, d. h. sie bieten zahlreiche Anlässe zur Selbstreflexion und öffentlichen Kritik,
- Szenarien sind *politisch*, d. h. sie modellieren erwünschte bzw. unerwünschte gesellschaftliche Entwicklungen und haben somit die Funktion eines *„Frühwarnsystems"*, das ein rechtzeitiges Eingreifen und Umsteuern ermöglicht,
- Szenarien sind *multidimensional* und *interdisziplinär*, d. h. sie stellen eine Methode dar, die vernetztes, systemisches und interdisziplinäres Denken ermöglicht und sich nicht nur auf kausalanalytische Ursache-Wirkungs-Beziehungen beschränkt,
- Szenarien sind *praktisch*, d. h. sie fordern zu aktivem Mitwirken und Gestalten erwünschter zukünftiger Entwicklungen auf und entwickeln Strategien und Maßnahmen für die Veränderung sozialer Situationen im Lichte allgemein anerkannter Zielvorstellungen,
- Szenarien sind *normativ*, d. h. in die Modellierung von Szenarien fließen gesellschaftliche Wertvorstellungen über erwünschte bzw. unerwünschte Entwicklungen und „Zukünfte" ein.

II. Spezielle Angaben zur Unterstützung des Ablaufs: Auto 2010 – Ein Szenario zum Thema „Auto und Verkehr"

Im folgenden wird der mögliche Ablauf der Szenariotechnik in vier Hauptschritten bzw. Stufen skizziert. Gegenüber den professionellen Szenariotechniken in der Wirtschaft, in staatlichen Planungsinstanzen und im Rahmen von Militärstrategien wurde eine weitgehende *didaktische Reduktion* vorgenommen, insbesondere sind die einzelnen Stufen, die in den genannten strategischen Szenarien sieben bis acht Phasen umfassen, reduziert worden, ohne dabei die Grundstruktur der Szenariotechnik zu verändern.

1. Problemanalyse

Ausgangspunkt jedes Szenarios ist ein *gesellschaftliches Problem*, d. h. ein von einer größeren Anzahl von Gesellschaftsmitgliedern als unbefriedigend angesehener Sachverhalt, der als dringend lösungsbedürftig, aber auch prinzipiell lösungsfähig angesehen wird und zu dem unterschiedliche wissenschaftliche und/oder politische Lösungsansätze angeboten werden (Kontroversität).

Das Thema „Auto und Verkehr" erfüllt alle Merkmale dieser Problemdefinition: Das Auto gilt als Umweltsünder Nr. 1, ist wesentlich an der Luftverschmutzung, der drohenden Klimakatastrophe und damit dem fortschreitenden Waldsterben beteiligt und verursacht steigende soziale Kosten und Folgeschäden (jährlich tausende von Toten und Verletzten, Lärmschäden, Gebäudeschäden, Straßenschäden usw.). Durch die geschätzte Verdopplung des Verkehrsaufkommens in den nächsten zehn bis zwanzig Jahren droht europaweit ein Verkehrsinfarkt. Der innerstädtische Verkehr ist in den Ballungszentren schon heute zusammengebrochen.

So könnte in kurzen Worten eine spontane Beschreibung der *Ausgangssituation* bzw. die *Problemdefinition* für ein Szenario aussehen. In diesem ersten Schritt geht es zunächst darum, das *Problemfeld* zu definieren, d. h. es sachlich, zeitlich und räumlich abzugrenzen.

Sachlich könnte die Entscheidung lauten, sich ausschließlich auf das Auto zu konzentrieren und andere Probleme und Aspekte des Themas „Verkehr" auszugrenzen.

Zeitlich könnte die Entscheidung für ein *mittelfristiges Szenario* getroffen werden, d. h. ein Zeitraum von etwa zehn bis zwanzig Jahren soll untersucht werden. Das Jahr „2010" würde solch einen mittleren Planungshorizont umfassen.

Räumlich ist eine Abgrenzung des Themas denkbar, die sich

- auf die Kommune,
- auf ein Bundesland oder auf die Bundesrepublik insgesamt und – schließlich –
- auf internationale bzw. globale Räume (z. B. Europa, die ganze Welt)

bezieht. Im folgenden Beispiel werden die Szenarien auf die Bundesrepublik bezogen.

Folgende **Leitfragen** könnten die Problemdefinition erleichtern:

- Welche Erscheinungen sind zu beobachten?
- Wer ist betroffen?
- Welche Fakten, Hypothesen und Zusammenhänge sind bekannt?
- Durch welche Sachverhalte und Ereignisse wird das Problem als gesellschaftlich relevant und lösungsbedürftig angesehen?

Am Ende der Problem- und Aufgabenanalyse sollte eine genaue *Problembeschreibung* stehen. Sie könnte für unser Thema etwa wie folgt aussehen:

Problembeschreibung zum Thema „Auto"

Die deutsche Wiedervereinigung und die Öffnung der ehemaligen Ostblockstaaten für den internationalen Handel hat einen sprunghaften Anstieg der Verkehrsströme, insbesondere des Individualverkehrs mit dem Auto bzw. LKW, gebracht. Hinzu kommen Belastungen durch neue Unternehmerkonzepte, deren Lagerlogistik darauf abzielt, nur noch kurzfristige Lagerbestände zu halten und den Nachschub an Gütern, Roh- und Hilfsstoffen durch tägliche Zulieferungen auf die Straße zu verlagern („just-in-time").

In vielen Städten der Bundesrepublik bricht der Verkehr zusammen. Einige Städte versuchen eine Politik der „autofreien Stadt" zu praktizieren und richten autofreie Zonen ein. Durch „Park and Ride-Systeme" wird versucht, die Autoströme in die Städte an der Peripherie aufzufangen. Das Autobahn- und Straßennetz erweist sich dem steigenden Verkehrsaufkommen nicht mehr gewachsen. Die täglichen Staumeldungen werden immer länger. Eine zuverlässige Zeitplanung ist – zumindest über größere Entfernungen – mit dem Auto nicht mehr möglich.

Die Folgekosten des Autoverkehrs (Lärm, Luftverschmutzung, Energieverbrauch, Unfälle, Streß usw.) müssen von der Gesellschaft getragen werden und werden dadurch zu „sozialen Kosten". Eine Belastung des Autofahrers mit den tatsächlichen Kosten würde einen Benzinpreis von 5 bis 8 DM ergeben.

Die Bundesrepublik kann ihre internationale Verpflichtung, den CO_2-Ausstoß bis zum Jahre 2010 um 25–30 Prozent zu reduzieren, nicht einhalten. Durch die Öffnung des europäischen Binnenmarktes droht in den nächsten 20 Jahren eine weitere Verdoppelung der Verkehrsströme, insbesondere in Ost-West-Richtung. Der Bundesrepublik und ganz Europa droht der „Verkehrsinfarkt".

---

2. Umweltanalyse und Deskriptorenbestimmung

In diesem zweiten Schritt geht es darum, alle *Einflußbereiche* zu identifizieren, die auf das Untersuchungsfeld unmittelbar Einfluß haben. An dieser Stelle wird bereits der *enge Zusammenhang von Szenariotechnik und Systemanalyse* deutlich. In einem schrittweisen Annäherungsprozeß geht es jetzt darum, einen Systemzusammenhang zu entwickeln, und zwar „vom Ganzen zum Detail" (Vester 1990, S. 30). Nach der Bestimmung des Untersuchungsfeldes (Entwicklung des Automobilverkehrs in der Bundesrepublik bis zum Jahre 2010) soll nunmehr durch die Bestimmung von *Einflußbereichen* und *Einflußfaktoren* ein Systembild bzw. ein „heuristisches Wirkungsgefüge des Gesamtmodells" (ebd. S. 31) entwickelt werden. Anhand der **Leitfrage** *„Von welchen Faktoren ist die Entwicklung des Automobilverkehrs in der Bundesrepublik abhängig?"* wird im freien *Brainstorming* bzw. *Brain-writing* eine Aufstellung von als relevant erachteten Faktoren vorgenommen. Das Ergebnis kann begrifflich, aber auch bildhaft dargestellt werden (vgl. Abb. 2).

| Abbildung 2 | **Systembild und heuristisches Wirkungsgefüge zum Problembereich „Auto und Verkehr"** |

Vester 1990, S. 31

Anhand des obigen Systembildes können beispielsweise folgende **Variablen** identifiziert werden: *Mensch/Umwelt (Natur) / Gesellschaft / Wirtschaft / Automobilindustrie / Auto (Fahrzeug)/Verkehr*.
Diese Festlegung ist zunächst spontan und intuitiv. Es ist ein Akt der kommunikativen Problemdefinition, in die Erwartungen, Interessen und Bedürfnisse einfließen. Diese Variablen können als *Einflußbereiche* definiert werden. Nunmehr ermittelt man die *Einflußfaktoren* innerhalb der verschiedenen Einflußbereiche, um auf diese Weise das System weiter auszudifferenzieren. Danach könnten für die Einflußbereiche Gesellschaft, Mensch und Umwelt folgende Einflußfaktoren genannt werden (vgl. ebenda, S. 68):

Einflußbereich Gesellschaft

- kritisches Verhalten der Bevölkerung
- umweltfreundliche Politik durch Gesetze und Verordnungen
- solider öffentlicher Haushalt
- Einfluß der Straßenverkehrslobby

Einflußbereich Mensch

- Bevölkerungsentwicklung
- Ausbildung und Information der Bevölkerung
- Gesundheit
- sekundäre Funktionen des Autos

Einflußbereich Umwelt

- Raumbelastung
- Emissionen/Immissionen
- Energieverbrauch
- Materialverbrauch (Stoffdurchsatz).

Nunmehr werden die Einflußbereiche und Einflußfaktoren hinsichtlich ihrer quantitativen und qualitativen Gehalte bewertet. Hierzu müssen die Einflußfaktoren als *Deskriptoren* beschrieben und zum Teil zusammengefaßt werden, so daß als Ergebnis dieses Schrittes eine Vielzahl von quantitativen und qualitativen Deskriptoren zur Verfügung steht, die in ihrem zukünftigen Entwicklungsverlauf analysiert und bewertet werden können. Die Deskriptoren sind das „Rückgrat" eines Szenarios. Die Beschäftigung mit ihnen provoziert spannungsreiche Diskussionen, weckt das Interesse an vertiefender Information bis hin zur Befragung von Experten oder vertiefender Lektüre von Fachliteratur (vgl. Trischler/Eisenhardt 1991, S. 139). Die Deskriptoren sollten nach Möglichkeit "operationalisiert" sein, d. h. es sollten eindeutig bestimmbare Meßgrößen festgelegt werden, anhand derer die Entwicklung eines Einflußfaktors beschrieben werden kann (z. B. der Einflußfaktor "Emissionen" wird durch den Deskriptor "Ausstoß von Kohlendioxid durch Autoabgase, gemessen in Tonnen" beschrieben). Deskriptoren sind also *"Kenngrößen"*, die den jetzigen und zukünftigen Zustand sowie die jeweiligen Entwicklungen beschreiben. Hierbei ist zwischen *eindeutigen* und *alternativen* Deskriptoren zu unterscheiden (vgl. Abb. 3).

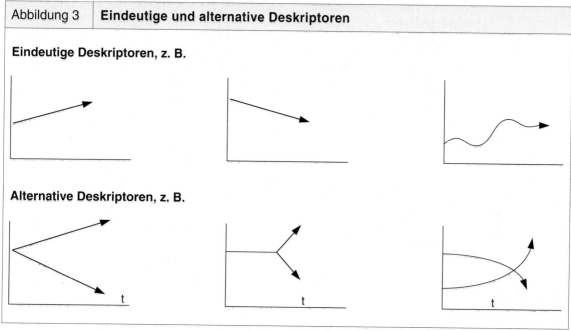

Abbildung 3 — Eindeutige und alternative Deskriptoren

von Reibnitz 1991, S. 48

Will man darüber hinaus Aussagen über die *Systemdynamik* erhalten, dann muß eine sogenannte *"Vernetzungsmatrix"* angelegt werden. Durch die Vernetzungsmatrix wird ausgedrückt, wie stark die jeweiligen Einflußfaktoren sich gegenseitig beeinflussen:

- *Aktive Einflußfaktoren* sind solche, die alle anderen stark beeinflussen, aber von ihnen wenig oder gar nicht beeinflußt werden;

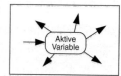

- *reaktive Einflußfaktoren* sind solche, die die übrigen relativ schwach beeinflussen, aber selbst am stärksten beeinflußt werden;

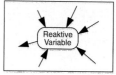

- *kritische Einflußfaktoren* sind solche, die die anderen Faktoren stark beeinflussen und gleichzeitig von ihnen ebenfalls stark beeinflußt werden;

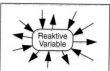

- *puffernde Einflußfaktoren* sind solche, die die übrigen schwach beeinflussen und ihrerseits ebenfalls schwach beeinflußt werden (vgl. Vester 1990, S. 37).

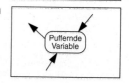

Die Einflußstarken werden mit der Skala

0 = kein Einfluß
1 = schwacher Einfluß
2 = mittlerer Einfluß
3 = starker Einfluß

bewertet. Im Hinblick auf unser Thema könnte eine solche Einflußmatrix für die Einflußbereiche Gesellschaft und Politik/Gesamtwirtschaft/Mensch folgendes Aussehen haben (vgl. Abb. 4):

Abbildung 4 — **Einflußmatrix zur Darstellung von Wechselbeziehungen der Variablen (Einflußbereiche und Einflußfaktoren) zum Thema „Auto und Verkehr"**

Wirkung von — auf →

GESELLSCHAFT UND POLITIK		1	2	3	4	5	6	7	8	9	10	11	12
1 Kritisches Verhalten der Bevölkerung	1	●	3	1	3	1		1	2		1	2	1
2 Umweltfreundliche Politik	2	2	●	2	2	1	2	2	3	2	1	1	2
3 Solider öffentlicher Haushalt	3	1	2	●		2		1		1		2	1
4 Einfluß der Straßenverkehrslobby	4	2	3		●			1	2	2		3	
GESAMTWIRTSCHAFT		1	2	3	4	5	6	7	8	9	10	11	12
5 Gesunde Wirtschaftslage (nicht BSP)	5	1	1	3		●	2	2		2	1	1	2
6 Verhältnis von Dienstleistungen zu materieller Produktion	6				1	2	●	1		1		2	1
7 Allgemeine Sicherheit	7	2				1	1	●			1	1	3
8 Zukunftsorient. Denkweise von Autoind. und Zulieferern	8	1	2		2	1	2		●	2	1		
9 Verkehrsdienstleistungen (Qualität und Angebot)	9	1	1			1	1	1	1	●		1	1
MENSCH		1	2	3	4	5	6	7	8	9	10	11	12
10 Bevölkerungsentwicklung	10	1			1		1	2		1	●		2
11 Ausbildung und Information der Bevölkerung	11	3	2		2	1	2	1	2		2	●	1
12 Lebensqualität	12	2	1			1	1				2		●

Grafik nach Vester 1990, S. 36

Das Ausfüllen der Matrix hat stark spekulativen Charakter. Da die Matrix wie alle anderen Elemente der Szenario-Technik lediglich ein Denkmodell ist, also heuristischen Charakter hat, kommt es auf die Ergebnisse weniger an als auf den *Prozeß der Kommunikation* und *Auseinandersetzung* über mögliche und wahrscheinliche Interdependenzen. Insofern ist ein Szenario in didaktischer Absicht primär ein *„Kommunikations-Szenario"*.[5] Es dient dazu, Kommunikation und Diskussion anzuregen sowie systemisches und vernetztes Denken zu ermöglichen.[6]

3. Entwicklung zweier Extrem-Szenarios und eines Trend-Szenarios

Diese Phase kann als Höhepunkt der Szenario-Technik bezeichnet werden, da nunmehr aus den gewonnenen Umweltanalysen und Deskriptorenbestimmungen ausführliche Szenarien, d. h. *ganzheitliche „Zukunftsbilder"* erstellt werden sollen, die in anschaulicher und sinnfälliger Weise mögliche Zukunftsentwicklungen und ihre Konsequenzen sichtbar und diskutierbar machen. Um ein möglichst anschauliches Beispiel für zwei Extrem-Szenarien und ein Trend-Szenario geben zu kön-

---

[5] Vgl. Frank 1990, S. 10 f.

[6] Im Gegensatz dazu stehen sogenannte *„strategische Szenarien"*, die in der Unternehmensplanung eine wichtige Rolle spielen und bei denen Ergebnisse mit einem hohen Zuverlässigkeitsgrad angestrebt werden. Vgl. zu diesem Szenario-Ansatz z. B. Gomez 1980 und 1982 sowie Geschka/Hammer 1992.

nen, seien nachstehend drei Szenarien von Dieter Olaf Schmalstieg (1990, S. 7 ff.) zitiert, in denen sehr anschaulich und vielleicht schon in utopischer Überzeichnung mögliche Entwicklungspfade des automobilen Verkehrs aufgezeigt werden. Die Beispiele machen vor allem deutlich, welch kreatives Potential in der Ausarbeitung solcher Zukunftsbilder liegt.

Negatives Extrem-Szenario: Canzerland anno 2010

Canzerland hat für die Fortbewegung ausser Haus die Benützung eines Autos zur Pflicht gemacht. Die Belastung der Luft durch krebserregende Stoffe und die Wirkung der ultravioletten Strahlen sind im Freien so stark, daß für die Fortbewegung nur die Autos mit ihren katalytischen Klimaanlagen und ihrem wohltuenden Schatten in Frage kommen. Die Gesetzgebung ist konsequent: das erste Auto ist für die Bürgerinnen und Bürger steuerfrei. Mobilitäts-Steuern gibt es nur vom zweiten Wagen an. Der Fahrunterricht ist in der 8. Klasse ein obligatorisches Schulfach. In Canzerland ist keine soziale Gruppierung so beargwöhnt wie die wenigen Schulabgänger, die bei der Fahrzeugprüfung durchfallen oder – noch schlimmer – sie verweigern.

In den Agglomerationen von Canzerland scheint fast immer die Sonne. Die von früher bekannte Mischung von „Smoke & Fog" (Rauch und Nebel) ist seit einigen Jahren durch den Einsatz von großräumig versprühten chemischen Bindemitteln fast völlig zum Verschwinden gebracht. Allerdings: die Konzentrationen von schädlichen Stoffen und Zusätzen in der Luft (samt dem Fichtenaroma des Anti-Smog-Sprays), die das Atmen nicht zum reinen Vergnügen machen, sind auf dem Land wie in den Städten hoch. Sogar das nationale Baum-Museum soll neuerdings in seinem Bestand gefährdet sein!

Da auch die Grenzwerte hoch sind, gibt es nur selten Alarm, etwa drei- oder viermal im Jahr. Dann wird am Sonntagmorgen und während der Nacht das Autofahren verboten.

Die Verbreitung der benzinbetriebenen Fahrzeuge hat sich in Canzerland seit 1990 noch einmal mehr als verdoppelt. Das absehbare Versiegen der Ölquellen in einigen Jahren erzeugt einen Run auf die fossilen Energieträger, um den sich nun die Meistbietenden in den Haaren liegen. Der öffentliche Verkehr hat resigniert. Es war einfach viel zu teuer. Die schönen Busse vom Anfang der 90er Jahre quietschen immer noch irgendwo herum und sind total verlottert. Die superschnellen Züge sind Schauplätze von Bandenkriegen – ausgenommen die „Senior-Trains", die nur für Personen ab 55 Jahren zugelassen sind. Straßenbahnen und Metrostationen sind identisch mit der Subkultur der Jungen und der Sozialfälle.

Das Leben ist allgemein härter geworden. Neuerdings werden in Unfälle verwickelte Fahrzeuge und Insassen, die nicht in der Elektronikzentrale der „Safelife"-Versicherung gespeichert sind, von den Rettungsmannschaften nicht mehr angeflogen. Die Prämien sind so hoch, daß nur noch ein Teil der Leute sich die umfassende Unfallversicherung leisten kann. Die canzerländischen Unfallkliniken sind bereits in den Genuss einer deutlichen Entlastung gekommen.

Positives Extrem-Szenario: Grünberg anno 2012

Das Wort „Parkplatz" klingt in Grünberg so nostalgisch wie vor zwanzig Jahren das Wort „Dampflokomotive".

Wie aus den Zentren der anderen europäischen Städte sind auch hier benzinbetriebene Fahrzeuge verbannt. Doch das urbane Leben ist dynamisch wie eh und je, nur ohne die Abgase. Phantasievolle Bewegung ist großgeschrieben, und die Palette ihrer Werkzeuge ist grün und groß. In verschiedenen europäischen Ländern hat sich die Ökologiebewegung durchgesetzt. Ausgehend von Modellen und Volksentscheiden in der Schweiz, denen sich die umweltbewußten Bewegungen aus der BRD, der „freien Republik Brandenburg", aus den Niederlanden, den skandinavischen Ländern und endlich auch Frankreich anschlossen, gelang es, die tatsächliche Bedrohung der Erde zur Grundlage für politische Entscheidungen zu machen.

Die EU-Gesetzgebung folgte mit einer Radikalität, die man in der zweiten Hälfte der 80er Jahre nicht für möglich gehalten hätte. Jede Art von unkontrollierten Abgasen und Abfällen gilt jetzt als verpönt. Aus dem entschiedenen Schutz der Atemluft ergab sich seit Mitte der 90er Jahre die Wende im öffentlichen Verkehr. (Dessen Finanzierung wurde möglich, als die Ausgaben für Rüstung zusammenschmolzen.) Eine neue Einstellung entwickelte sich in wenigen Jahren. Die Benutzung des privaten Motorfahrzeugs war plötzlich einfach nicht mehr die Norm, sie verlangte nach einer Begründung wie Gebrechlichkeit, ungünstige Lage des Wohnortes usw.

Begünstigt wurde die ganze Entwicklung in Grünberg durch weitere Fortschritte in der Fahrzeug- und Energietechnik. Das machte für viele den Übergang vom schnellen auf das langsame Auto oder auf Bike, Bahn und Bus leicht. Die Pack-Box nimmt am Bahnhof bis zehn Minuten vor Abfahrt des Zuges sämtliches Gepäck samt Fahrrad auf – wie ein überdimensionales Kofferschließfach –, fädelt sich elektronisch in den richtigen Zug ein und steht auf dem Zielbahnhof zum Entladen bereit.

Die Wirksamkeit der solaren Energiesysteme wurde um das Zwanzigfache gesteigert. In der Speichertechnik gelangen ebenfalls entscheidende Durchbrüche – Batterien für elektrische Antriebsformen haben nur noch die Größe des ehemaligen Benzintanks und gestatten die Reichweite einer guten Tagesreise.

Es ist überflüssig zu betonen, daß Grünbergs lustvolle Mobilität die einer lächelnden Rücksichtnahme ist. Unfälle haben hier Seltenheitswert.

Trend-Szenario: Mittelwegshausen anno 2011

Moderation ist das große Sichwort in Mittelwegshausen. Hier wie im ganzen EG-Bereich wird seit Jahren alles mit Maß betrieben. Mit den Steuereinnahmen aus den Zweit- und Dritt-Wagen wird exklusiv der öffentliche Verkehr subventioniert. Im Nahverkehr der Agglomerationen sorgen vollautomatische Magnetzüge für eine bequeme und schnelle Fortbewegung. Nach EG-Normen sind zehn Prozent der Stadtflächen autofrei zu halten, weitere zwanzig Prozent („vornehmlich im Bereich der Zentren") sind verkehrsarm und für den Durchgangsverkehr gesperrt. Nur auf den Inseln im EU-Meer sieht es anders aus. Basel ist z. B. zu 70 Prozent autofrei.

Vom moderierten Verkehr in den Städten stechen die Straßenverbindungen außerhalb der Städte ab. Das europäische Schnellstraßennetz wurde durch eine allgemeine Erhöhung der Mineralölsteuern perfekt ausgebaut. (Die beträchtliche Erhöhung des Benzinpreises, die lange zu den eisernen Forderungen der rotgrünen Parteien gehörte, wurde schließlich von fast allen gutgeheissen).

Die Verbrennungsmotoren wurden auf ein Drittel des früheren Benzinverbrauchs heruntergezüchtet. Etwa die Hälfte der Fahrzeuge fährt bereits mit Wasserstoffmotoren.

Insgesamt wird die ökologische Belastung durch Privat- und Lastautos als durchaus tragbar angesehen – vor allem von der europäischen Umweltbehörde. Die Autobahnen sind wesentlich angenehmer zu befahren als in den 90er Jahren des vergangenen Jahrhunderts. Nachdem die „Heavy-Line" zwischen Neapel und Rotterdam bzw. Kopenhagen fertiggestellt wurde, finden die Truck-Rennen dort statt. Leben mit Kompromissen! (Die „Heavy-Line" ist eine reine Lastwagenautobahn mit vielen Tunnels, in denen die Dieselabgase weggefiltert werden.) Das großzügige Konzept war nötig geworden, um die Störung des Nord-Süd-Verkehrs durch die starrsinnige Politik der Alpenländer wettzumachen. Außerdem hatte sich die Bahn durch ihre anhaltend hohen Tarife im Schwerverkehr von selbst wegrationalisiert. (Die EU-Vorschriften haben für die Bahn immerhin sämtliche Gefahrentransporte vorgesehen. Auch die Benzinlieferungen gehören nun endlich dazu).

4. Strategien und Maßnahmen zur Problemlösung

In dieser abschließenden Phase wird an die Problemanalyse der Ausgangssituation angeknüpft mit der Aufgabenstellung, nunmehr die Konsequenzen aus den entwickelten Szenarien zu ziehen und *Handlungs- bzw. Gestaltungsstrategien* zu entwickeln, die dazu dienen, gewünschte Entwicklungslinien zu unterstützen und zu verstärken sowie unerwünschten Entwicklungen entgegenzuwirken bzw. sie abzuschwächen.

Hierzu müssen die in 2. gefundenen Einflußbereiche und Einflußfaktoren sowie Deskriptoren noch einmal angeschaut werden, um herauszufinden, durch welche Strategien und Maßnahmen sie jeweils in die gewünschte Entwicklungsrichtung beeinflußt werden können. Ziel ist die Erstellung eines *Handlungskatalogs*, der in Form einer *Prioritätenliste* aufgestellt werden kann. Dabei sollten alle gesellschaftlichen Handlungsfelder auf ihren potentiellen Beitrag zur Zielerreichung befragt werden, etwa nach dem Schema

- was kann der *einzelne* tun?
- was können wir zusammen in *Gruppen* tun (Aktionsgruppen, Bürgerinitiativen, Vereine usw.)?
- welchen Beitrag kann die *Schule* leisten?
- was können die *Betriebe* tun?
- was können die großen *Verbände* tun (z. B. Gewerkschaften, Wirtschaftsverbände, Berufsverbände usw.)?
- was können die *Politiker* und der *Staat* auf den verschiedenen Ebenen tun (Kommunalpolitik, Landespolitik, Bundespolitik)?
- welchen Beitrag kann die *Wissenschaft* leisten?
- was können die *Kirchen* tun?

Dies sind in relativer Vollständigkeit die *politischen Akteure*, deren Zusammenwirken insgesamt das gesellschaftliche Kräftefeld beeinflussen und die damit die zukünftige Entwicklung und die Richtung des gesellschaftlichen Fortschritts bestimmen. In der von Frederic Vester ausgearbeiteten Systemanalyse zum Bereich „Verkehr" sind Denkmodelle und Entwicklungstendenzen für die drei Systemelemente

(1) Individualfahrzeug,

(2) Verkehr und

(3) Automobilindustrie

ausgearbeitet worden (vgl. Vester 1990, S. 349 ff. sowie Abb. 5).

Das Beispiel macht deutlich, daß die mittels der Szenario-Methode entwickelten Systeme; Einflußbereiche und Einflußfaktoren sowie Deskriptoren kein objektives Abbild der Wirklichkeit darstellen, sondern *gedankliche Konstrukte* sind, die je nach Problemlage und Erkenntnisinteresse entwickelt werden. Es gibt also keine „richtigen" bzw. „falschen" Systeme, sondern lediglich zweckmäßige oder unzweckmäßige Systembildungen. Da letztlich alles mit allem zusammenhängt, hat jede Kombination von Systemelementen Erkenntniswert. Das Vestersche Systembild ist also nur eines von vielen möglichen Systemkonstellationen.

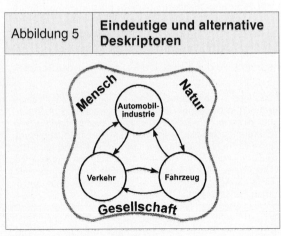

Abbildung 5 — **Eindeutige und alternative Deskriptoren**

Grafik nach VESTER 1990, S. 61

Literatur

Beck, Ulrich: Risikogesellschaft. Auf dem Weg in eine andere Moderne. Frankfurt/Main: Suhrkamp 1986

Geschka, Horst/**Hammer**, Richard: Die Szenario-Technik in der strategischen Unternehmensplanung. In: Hahn, Dieter/Tayler, Bernard (Hrsg.): Strategische Unternehmensplanung. Heidelberg: Physica 1992, S. 311–336

Gomez, Peter/**Escher**, Francois: Szenarien als Planungshilfen. In: Management-Zeitschrift IO, 49. Jg. (1980) 9, S. 416–420

Gomez, Peter: So verwenden wir Szenarien für Strategieplanung und Frühwarnsystem. In: Management-Zeitschrift IO, 51. Jg. (1982) 1, S. 9–13

Reibnitz, Ute von: Szenario-Technik. Instrumente für die unternehmerische und persönliche Erfolgsplanung. Wiesbaden: Gabler 1991

Schmalstieg, Dieter Olaf: Aussteigen und sich selbst bewegen. Mobilität. Auto-Befreiung. Ethik. Genf: Edition Michael Servet 1990

Trischler, Josef/**Eisenhardt**, Gisela: NRW 2000: Wirtschaft, Beschäftigung, Qualifikation und Neue Techniken. Szenarien und Gestaltungsvarianten gesellschaftlicher Entwicklung. Opladen: Westdeutscher Verlag 1991

Vester, Frederic: Ausfahrt Zukunft. Strategien für den Verkehr von morgen. Eine Systemuntersuchung. München: Heyne 1990

Weinbrenner, Peter: Zukunftssicherung als Thema und Qualifikation; eine Umorientierung in der politischen Didaktik? In: Gegenwartskunde. Leverkusen: 29. Jg. (1980) 3, S. 295–306

Weinbrenner, Peter: Zukunftssicherung und Zukunftsgestaltung als pädagogische Aufgabe – ein Unterrichtsmodell für die Sekundarstufe II. In: Politische Bildung, Nr. 3/1981, S. 65–86

Weinbrenner, Peter: Zukunftswerkstätten – Ein Methode zur Verknüpfung von ökonomischem, ökologischem und politischem Lernen. In: Gegenwartskunde, 37. Jg. (1988) 4, S. 527–560

Weinbrenner, Peter/**Häcker**, Walter: Zur Theorie und Praxis von Zukunftswerkstätten. In: Bundeszentrale für politische Bildung (Hrsg.): Methoden in der politischen Bildung – Handlungsorientierung. Bonn: Bundeszentrale für politische Bildung 1991, S. 115–149

Weinbrenner, Peter: Lernen für die Zukunft – Plädoyer für ein neues Relevanzkriterium der Politischen Bildung. In: Sander, Wolfgang (Hrsg.): Konzepte der Politikdidaktik. Aktueller Stand, neue Ansätze und Perspektiven. Hannover: Metzler 1992, S. 219–238

Internationale Gesellschaft

*Bernd Kammann**
Internationale Arbeitsteilung und Außenhandel (Regelspiel)

I. Allgemeine Angaben

1. Gegenstand/Lernziele

Mit dem vorliegenden Lernspiel können Schülerinnen und Schüler spielerisch Erfahrungen über einige Aspekte der internationalen Arbeitsteilung und der Funktion von Zöllen sammeln.

Die Schüler können mit Hilfe des Lernspiels erfahren,

- daß Unternehmen Beschaffungs- und Absatzvorteile im Ausland nutzen,
- daß die Produktion durch Verlagerung von Bearbeitungsstufen internationalisiert wird,
- daß im grenzüberschreitenden Verkehr Zölle erhoben werden können,
- daß neben den Zöllen weitere, sog. nicht-tarifäre Handelshemmnisse den Warenverkehr beeinträchtigen können,
- daß der Abbau von Zöllen bzw. verschiedene Formen von Zollzusammenschlüssen durch internationale Vereinbarungen erzielt werden können,
- daß Zölle und Zollzusammenschlüsse außenwirtschaftliche Auswirkungen haben.

2. Ablauf

Obwohl dem Spielmodell nur fiktive Annahmen zugrunde liegen, kann für den Produktionssektor realiter eine zunehmende Internationalisierung festgestellt werden. So werden z. B. tatsächlich lohnintensive Bearbeitungsstufen in sog. Billiglohnländer verlagert. Das vorliegende Spiel verdeutlicht dies im stark vereinfachten Beispiel der Hemdenfertigung. In drei Spielländern stehen Produktionsanlagen für einen dreistufigen Herstellungsprozeß sowie Absatzmöglichkeiten bereit.

Die Kosten für die Herstellung unterscheiden sich von Land zu Land ebenso wie die zu erzielenden Verkaufspreise. Da jedoch für eine Produktionsverlagerung ins Ausland nicht nur die absoluten Kostenvorteile, sondern u. a. auch die Produktivität eine Rolle spielt, werden im Spiel mit „Fertigungskarten" diese Unterschiede in den Arbeitskosten, im „know how" und in den Produktqualitäten dargestellt.

Eine internationale Arbeitsteilung bedingt aber auch einen regen grenzüberschreitenden Verkehr. Im Spiel werden dafür Transportwege auf Straße und Schiene angeboten. Da keine ökologischen oder volkswirtschaftlichen Folgekosten den Transporteuren zugerechnet werden, belasten die Transportkosten den Warenaustausch nur geringfügig. Wohl aber spielen der Zeitfaktor und Unwägbarkeiten (hochfrequentierte Verkehrswege) eine Rolle. Im Spielmodell werden diese Faktoren durch unterschiedlich lange Wege sowie durch Ereignisfelder berücksichtigt.

Die Spieler agieren in Gruppen unter dem Gesichtspunkt, die Herstellungskosten zu minimieren, damit sie bei vorgegebenen Preisen einen Gewinn erzielen können. Dabei liegen den Spielparteien für ihre spielstrategischen Entscheidungen alle Bedingungsfaktoren des Spielmodells offen. Die Spielbedingungen sind so angelegt, daß die Länder A und B sofort auf die internationale Arbeitsteilung angewiesen sind, da ihre inländischen Produktionskosten zu hoch wären. Im Land C kann dagegen zunächst nur im Inland produziert werden, da zu Beginn noch nicht genügend Kapital für „Auslandsgeschäfte" bereitsteht und da alle Länder den Verkauf von ausländischen „Fertigwaren" unterbinden (= nicht-tarifäres Handelshemmnis). Der grenzüberschreitende Warenverkehr auf Schiene und Straße wird mit Zöllen belegt. Dabei wird aus Vereinfachungsgründen nicht in Import-Exportzölle unterschieden. Dadurch läßt sich natürlich keine differenzierte Darstellung von Zollfunktionen vermitteln. Im Rahmen dieses Spielmodells können Zölle jedoch in ihrer Wirkung auf die Produktionskosten und in ihrer protektionistischen Funktion dargestellt werden.

---

* 1. Fassung in arbeiten + lernen (Wirtschaft) 7/1992

Die Spielparteien können die Zölle erhöhen oder senken, um sich damit Handelsvorteile zu verschaffen. Entsprechend den Intentionen des Spiels werden somit Zölle nur als tarifäre Handelshemmnisse thematisiert. Nach Vereinbarung einer „Zollunion" ergeben sich demzufolge auch keine weiteren Gestaltungmöglichkeiten im Spiel. Allerdings ließe sich an den „Erlösen" ablesen, daß der Wegfall von Handelshemmnissen „wohlstandsfördernde" Wirkungen entfalten kann. Die eingeräumten Handlungsmöglichkeiten erlauben es den Spielparteien, einmal in der Rolle der „Hemdenproduzenten" zu agieren und zum anderen als staatliche Akteure Zollvereinbarungen zu treffen. Diese in der Realität so nicht anzutreffende Rollenidentität von privaten Unternehmern und staatlichen Entscheidungsträgern ist hier nur aus spielmethodischen Gründen gewählt worden und bedarf des klärenden Hinweises in der Reflektionsphase.

Das Spielmodell schränkt darüber hinaus die Erkenntnismöglichkeiten über außenwirtschaftliche Beziehungen ein durch die Vernachlässigung der Austauschbeziehungen unterschiedlicher Währungen sowie durch die Annahme gleichwertiger Tauschverhältnisse. Diese beiden wichtigen Strukturelemente der gegenwärtigen Weltwirtschaftsbeziehungen müßten durch ergänzende Unterrichtssequenzen angeboten werden.

3. Einsatzmöglichkeiten

Das Spiel ist geeignet für Schüler der 10. Jahrgangsstufe. Es kann eingesetzt werden, um Ursachen und Zusammenhänge außenwirtschaftlicher Vorgänge anhand einiger Elemente zu thematisieren.

II. Spezielle Angaben zur Unterstützung des Ablaufs

(a) Vorbereitung

Für das Spiel werden über die hier abgedruckten Vorlagen hinaus noch Spielsteine, Spielgeld und Würfel benötigt, die entweder von den Schülern mitgebracht oder im Spielzeughandel erworben werden können.

In der Klasse kann zur Einführung mit Hilfe des Arbeitsblattes 1 der Spielrahmen eingeführt und die Gruppenbildung angeregt werden.

(b) Spielphase

Es empfiehlt sich, am Anfang ohne weitere Vorgaben und zunächst auch ohne Spielformular und Informationskarten spielen zu lassen, damit sich die Schüler mit den Regeln vertraut machen können. In einer ersten – umstrukturierten – Auswertung sollten daher vor allem Fragen zur Spieldurchführung und zum Regelverständnis angesprochen werden.

Der zweite Durchgang kann mit Spielformularen (Arbeitsblatt 3) und dem ausdrücklichen Hinweis erfolgen, von den Handlungsmöglichkeiten Gebrauch zu machen.

In den Spielformularen können erstens Anzahl und Ziele der Transportwege notiert und zweitens die Spielerlöse ermittelt werden. Mit Hilfe der aufgelisteten „Handelswege" kann in der Erarbeitungsphase z. B. die handelsumleitende Funktion von Zöllen dargestellt werden. Hingegen ermöglicht die Auswertung der notierten Spielerlöse die Erörterung der Handels- und die meist wohlstandsfördernde Funktion von Zollzusammenschlüssen.

Alternativ könnte auch gleich nach bestimmten Vorgaben gespielt werden (z. B. eine Gruppe spielt „Zollunion", eine andere mit Zöllen usw.); die Gruppenerfahrungen und -ergebnisse müßten dann miteinander verglichen und auf Unterschiede hin untersucht werden.

Der Einsatz der Informationskarten kann in der Spielphase (2. Durchgang) und/oder in der Erarbeitungsphase erfolgen.

(c) Erarbeitung

Voraussetzung für diese Phase ist die Notation der Spielschritte, denn sonst kann das Spielgeschehen einer weiteren Erarbeitung nicht zugänglich gemacht werden. In der Erarbeitungsphase werden z. B.:

1. die im Spiel vorkommenden wirtschaftlichen Begriffe und Zusammenhänge mit Hilfe der Informationskarten gesichert;

2. die (z. B. handelsumleitende) Funktion von Zöllen erörtert;

3. mögliche Auswirkungen von Zollzusammenschlüssen besprochen.

Für die Erarbeitungspunkte 2 und 3 werden die Spielformulare ausgewertet. Hilfreich und weiterführend wäre hier auch die Einbeziehung entsprechender Schulbuchkapitel.*)

(d) Reflexion

Je nach Leistungsstand und Interesse der Lerngruppe könnte schließlich sowohl über die einschränkenden Modellbedingungen des Spiels als auch über generelle Probleme der internationalen Arbeitsteilung und des internationalen Handels diskutiert werden. Einige Stichpunkte und Anregungen hierfür sind auch auf den Informationskarten zu finden.

Literatur

iwd, Informationsdienst des Instituts der deutschen Wirtschaft, hg. vom Institut der deutschen Wirtschaft, Köln, Nr. 18/1991 (Arbeitskosten international).

F. J. Kaiser, H. Kaminski: Telekolleg II, Volkswirtschaftslehre, München 2. Aufl. 1989

F. J. Kaiser, H. Kaminski: Die zunehmende Internationalisierung von Wirtschaft und Gesellschaft, in: arbeiten und lernen, Heft 69/1990, S. 9–14.

Unterrichtspraktische Hinweise

Spielvorbereitung

- Das Spiel kann mit **Spielgeld** oder mit **Spielgeld und Spielformular** gespielt werden. Jede Spielpartei erhält zu Beginn ein **Anfangskapital**, und zwar

    A: 3 300 Mark

    B: 2 800 Mark

    C: 1 500 Mark.

    Zur Ergebnisermittlung wird dieses Anfangskapital am Schluß wieder abgezogen. Beim kombinierten Spiel werden auch noch Spielformulare benötigt.

- Die **Ereigniskarten** werden gemischt und offen auf dem Spielplan bereitgelegt. Es kann auch mit verdeckten oder auch ohne Ereigniskarten gespielt werden.

- Für das Spiel wird vorher entweder eine bestimmte **Spieldauer** (z. B. 30 Min.) oder eine bestimmte Anzahl von Spielrunden (z. B. 5) vereinbart.

- Die **Spielleitung** erhält die weiteren Zoll-, Transport- und Fertigungskarten zum Verkauf sowie eine Bankreserve von 10 000 Mark. Es gibt Zollkarten zu 30, 40, 50 und 100 Mark sowie „Zollfrei"-Karten. Transportkarten gibt es im Wert von 20 und 30 Mark.

Materialbedarf

Für eine Spielgruppe werden benötigt:

3 verschiedenfarbige Spielsteine

1 Würfel

30 Zollkarten (je zu 30, 40, 50 und 100 Mark sowie „Zollfrei"-Karten)

6 Transportkarten (je 3 zu 20 und 30 Mark)

24 Fertigungskarten (3 x Zuschnitt 3*, 3 x Zuschnitt 2*, 3 x Nähen 3*, 3 x Nähen 1*, 3 x Knöpfe 3*, 3 x Knöpfe 2*, 3 x Knöpfe 1*)

10 Ereigniskarten

Spielgeld:

20 ×	10 M	
10 ×	20 M	
28 ×	50 M	
23 ×	100 M	
9 ×	500 M	
5 ×	1 000 M	
2 ×	2 000 M	
= 17 600 M		

3 Spielformulare (Arbeitsblatt 3)
Arbeitsblatt 1 in Gruppenstärke

1 Spielplan
je einmal die Spielregeln (Arbeitsblatt 2) und die Informationskarten (Arbeitsblätter 4–10)

Anmerkung: *) z. B. Kaiser, Kaminski: Arbeitslehre-Wirtschaft, Nds. 8/9, S. 101–106, Westermann-Schulbuchverlag, Braunschweig; Facius, Lewald, Rollwage: Arbeit/Wirtschaft, Realschule 9./10. Schuljahr, S. 214–218, Schroedel Verlag, Hannover. Für die Hand des Lehrers und mit für den Unterricht gut verwertbaren Skizzen: Kaiser, Kaminski: Telekolleg II, Volkswirtschaftslehre, Kap. 12 und 13, TR Verlagsunion, München.

III. Materialien für die Teilnehmer

Arbeitsblatt 1

„Internationale Arbeitsteilung und Außenhandel"

Spielrahmen

Hemden werden in verschiedenen Ländern sowohl für den Verkauf im eigenen Land als auch für den Export hergestellt. Allerdings sind die Herstellungsbedingungen und die Qualität der Hemden in den verschiedenen Ländern nicht gleich. Unterschiedliche Lohnkosten und Maschinenausstattungen zum Beispiel bestimmen den Herstellungspreis; unterschiedliche Qualitäten den Verkaufspreis. Unter diesen Umständen könnten die Hemden vielleicht kostengünstiger hergestellt werden, wenn man sie ganz oder teilweise dort fertigen ließe, wo die Herstellungskosten gering sind. Und wenn man die Hemden andererseits dort verkaufen könnte, wo man die höchsten Verkaufspreise erzielen kann, hätte man hohe Gewinne zu verbuchen. Aber geht das so einfach? Welche Rolle spielen dabei Transportkosten, Zölle und andere Vorschriften? Das Spiel „Internationale Arbeitsteilung und Außenhandel" soll Euch helfen, dies herauszufinden. Im Spiel habt Ihr die Aufgabe, als „Hemdenproduzenten" die unterschiedlichen Herstellungs- und Verkaufsbedingungen in den drei Ländern so geschickt zu nutzen, daß Ihr möglichst hohe Gewinne erzielt. Dabei könnt Ihr unter bestimmten Umständen die Rahmenbedingungen verändern und auch z. B. (Zoll-) Bündnisse eingehen.

Gespielt wird in Gruppen mit einem Spielbrett.

1. Für das Spiel wird für jedes Land (A, B, C) eine Spielpartei gebildet. Eine Spielpartei kann aus zwei bis drei Spielerinnen und Spielern bestehen. Zusätzlich wird für jedes Spiel eine **Spielleitung** benötigt. Die Spielleitung nimmt u. a. die Gelder ein, zahlt die Verkaufserlöse aus und überwacht die Regeln.

2. Die Aufgabe einer **Spielpartei** besteht darin, Hemden in einem dreistufigen Herstellungsprozeß (Zuschnitt, Nähen, Knöpfe anbringen) in Losgrößen zu je 1 000 Stück herzustellen und anschließend gewinnbringend zu verkaufen.

Arbeitsblatt 2

Spielregeln

1. Herstellung:

Für die Herstellung der Hemden muß der Spielstein auf ein „Fertigungsfeld" gesetzt und der geforderte Herstellungspreis an die Spielleitung entrichtet werden. Die Spielleitung händigt dafür eine entsprechende Fertigungskarte aus.

2. Verkauf:

Wenn eine Spielpartei alle drei Fertigungsstufen durchlaufen hat, können die Hemden verkauft werden. Dazu ist der Spielstein in ein Feld „Hemdenverkauf" zu bringen. Die Fertigungskarten werden bei der Spielleitung eingelöst. Der Verkaufspreis richtet sich nach der „Qualität" der Hemden und dem „Marktpreis" im Verkaufsland.

Beispiel: Die 3 Fertigungskarten weisen z. B. zusammen 7 „Sterne" aus und der Verkaufspreis pro Stern beträgt z. B. 500 Mark, dann errechnet sich der Verkaufspreis wie folgt: 7 x 500 M. = 3 500 Mark. Die gültigen Verkaufspreise stehen auf dem Spielplan.

3. Spielzüge:

3.1 Zu Beginn besetzt jede Spielpartei das Startfeld ihres Landes. Die Spielsteine werden der Reihe nach (Uhrzeigersinn) weitergesetzt, und zwar auf allen **eckigen Feldern** ohne zu würfeln immer nur bis zum nächsten Feld. Auf den „Transportwegen", das sind alle **runden Felder**, wird gewürfelt und entsprechend der Augenzahl gesetzt.

Achtung! An den „Zollfeldern" und an den „Länderfeldern" (A, B, C) ist immer anzuhalten; überzählige Augen verfallen.

3.2 Bei einigen Feldern sind besondere Bedingungen zu erfüllen. Dazu sind die Hinweise auf dem Spielplan zu befolgen.

Ereignisfeld (E): Wer auf dieses Feld kommt, muß eine „Ereigniskarte" ziehen und deren Anweisung sofort ausführen.

Transportkostenfeld: Hier werden immer Kosten fällig, wenn ein Land auf dem Straßen- oder Eisenbahnwege verlassen wird (= Ausfuhr). Bei der Einreise muß nicht bezahlt werden. Die Transportkosten können von den Spielparteien durch den Kauf von Transportkostenkarten verändert werden (s. Nr. 4).

Arbeitsblatt 2

Zollfelder: Zollkosten werden bei jedem Zolldurchgang fällig. Zollkosten können ebenfalls durch den Kauf von Zollkarten verändert (Nr. 4) oder durch Vereinbarung (Nr. 5) ganz aufgehoben werden.

3.3 Ansonsten können die Spielsteine beliebig vor- und zurückgesetzt werden. Es können auch mehrere Spielsteine auf demselben Feld stehen; ein „Hinauswerfen" gibt es nicht.

3.4 Am Ende einer jeden Spielrunde gibt es für jede Spielpartei Gelegenheit, bestimmte Handlungsmöglichkeiten (Nr. 4) oder besondere Regelvereinbarungen (Nr. 5) zu erwägen, um ihre Spielchancen zu verbessern.

3.5 Eine Spielrunde ist für eine Spielpartei beendet, wenn sie wieder in ihrem Startfeld steht.

4.
Handlungsmöglichkeiten können nur von einer Spielpartei ergriffen werden, die sich auf ihrem Startfeld befindet.

4.1 Von einer Partei können zum Zwecke der eigenen Handelserleichterung oder zur Erschwerung des Handels anderer Spielparteien die Zölle geändert werden. Dazu können von der Spielleitung **Zollkarten** gekauft und beliebig eingesetzt werden. Die Zollkarten gelten dann für die eigene Spielpartei und für alle anderen ebenfalls. Die Zollkarten können zu dem auf ihnen angegebenen Betrag von der Spielleitung gekauft werden. Die „Zollfrei"-Karte kann nicht gekauft, sondern nur durch besondere Vereinbarung (Nr. 5) erworben werden. Ist ein Zollkartenfeld bereits durch eine Zollkarte belegt, so muß es gleichzeitig „freigekauft" und sofort mit der neuen Zollkarte belegt werden. Der „Freikauf" kostet genausoviel wie ein Neukauf; der „Freikauf" einer „Zollfrei"-Karte (Regel 5.4) kostet 100 Mark.

4.2 Auch die **Transportkosten** können beeinflußt werden. Für den Kauf und Freikauf gelten dieselben Regeln wie bei den Zollkarten.

5. Besondere Regeln

5.1 Der erste Fertigungsschritt (Zuschnitt) muß immer im Startland und der letzte (Knöpfe) immer im Verkaufsland erfolgen. Diese Regel ist nicht veränderbar.

5.2 Von den Spielparteien können jeweils zu Beginn einer neuen Spielrunde folgende **Regelvereinbarungen** getroffen werden:

- *Freihandelszone:* Zwei Spielparteien können vereinbaren, daß zwischen ihren Ländern in der folgenden Runde die Zölle aufgehoben werden. Zölle zum Drittland bleiben bestehen bzw. können zusätzlich durch den Kauf von Zollkarten verändert werden. Für die Einrichtung der „Freihandelszone" erhalten die beteiligten Spielparteien die benötigte Anzahl von „Zollfrei"-Karten von der Spielleitung.

- *Zollunion:* Alle Spielparteien können vereinbaren, daß in der folgenden Spielrunde alle Zölle aufgehoben werden. Der „Zollunion" müssen alle Spielparteien zustimmen; die benötigten „Zollfrei"-Karten gibt die Spielleitung aus.

5.3 Die Spielpartei, die eine besondere Regelung vorschlägt, muß sich auf ihrem Startfeld befinden und dort solange warten, bis sich die beteiligte Spielpartei ebenfalls auf ihrem Startfeld befindet. Die folgende Spielrunde beginnt dann mit der besonderen Regel für die beteiligten Parteien.

5.4 Jede besondere Regel kann einseitig von einer Spielpartei gekündigt werden, wenn sie sich auf ihrem Startfeld befindet. In diesem Fall kann jede Spielpartei ab der folgenden Runde wieder „Zollkarten" kaufen und einsetzen. Bei einer Kündigung muß auf dem Startfeld nicht auf die anderen Parteien gewartet werden.

Spielhilfe

Wenn eine Spielpartei nicht mehr weiterspielen kann weil ihr gesamtes Kapital verbraucht ist, und sie keine Möglichkeit mehr hat, das Feld „Hemdenverkauf" zu erreichen, darf sie pro Spiel höchstens zweimal zurück ins Startfeld gehen und neu beginnen. Dazu müssen alle bislang erworbenen Fertigungskarten und evtl. vorhandenes Restkapital abgegeben werden. Die Spielpartei erhält neues Anfangskapital.

Informationskarten

i Wenn Ihr Euch über die wirtschaftlichen Begriffe und Zusammenhänge informieren wollt, die in diesem Spiel eine Rolle spielen, so könnt ihr bei Feldern mit diesem Zeichen Informationskarten anfordern. Die Information sollte für die gesamte Spielgruppe vorgelesen werden.

Arbeitsblatt 3

Spielformular

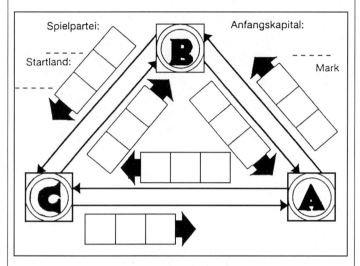

(1) Notiert eure „**Handelswege**", indem ihr für die Anzahl der erforderlichen Transporte zwischen den Ländern eine Strichliste führt (je Transport einen Strich!).

(2) Notiert eure besonderen Vereinbarungen.

Runde: _____ Regel: _____

Runde: _____ Regel: _____

(3) Ergebnismitteilung

Runde	Geldbestand nach der Runde	minus Anfangskapital	= Erlös nach der Runde
1:	Mark −	Mark =	Mark
2:	Mark −	Mark =	Mark
3:	Mark −	Mark =	Mark
3:	Mark −	Mark =	Mark
4:	Mark −	Mark =	Mark
5:	Mark −	Mark =	Mark

Falls die Tabelle nicht ausreicht, setzt eure Erlösberechnungen nach diesem Muster auf einem besonderen Blatt fort.

Arbeitsblatt 4

i_1

Informationskarte

Internationale Arbeitsteilung

Die Kosten für die Herstellung eines Gutes (z. B. eines Hemdes) sind nicht in allen Ländern gleich hoch. Es gibt Kostenunterschiede von Land zu Land. Der Anbau von Früchten ist z. B. in den Mittelmeerländern aufgrund des günstigen Klimas ergiebiger als bei uns. Textilien hingegen können in Ländern mit niedrigen Lohnkosten billiger hergestellt werden.

Gerade diese **Kostenvorteile** bewirken oft die Verlagerung der Güterherstellung ganz oder teilweise ins Ausland (= internationale Arbeitsteilung).

Probleme:

Arbeitsplatzverluste im Inland
Transportaufwand

Im Spiel ergeben sich in einigen Ländern Kostenvorteile bei der Fertigung, in anderen Ländern wäre eine vollständig inländische Fertigung zu teuer. Die Vorteile der internationalen Arbeitsteilung können somit genutzt werden.

Aber:

Warum muß im Spiel der erste Fertigungsschritt immer im Startland und der letzte immer im Verkaufsland erfolgen?

Informiert Euch über den Begriff:

Handelshemmnisse

• Informationskarte 4 (Arbeitsblatt 7)

Arbeitsblatt 5

i_2

Informationskarte

Transport und Verkehr

Die internationale Arbeitsteilung hat auch eine Ausweitung des Transports von Gütern und Halbfertigwaren zur Folge. Teile werden von Land zu Land transportiert, bevor ein Produkt endgültig hergestellt worden ist. Der Ausbau von Verkehrswegen (bislang vor allem der Straßen), die Zunahme der Transportmittel (z. B. der Lkw) und der Verkehrsdichte (Staus!) sind die Folgen.

Natürlich spielen die Transportkosten bei der Frage eine Rolle, ob es sich lohnt, Teile im Ausland fertigen zu lassen. Diese Transportkosten spiegeln allerdings z. Z. noch nicht alle Kosten wider, die durch den Verkehr verursacht werden.

Dazu zählen auch Kosten, die verursacht werden, z. B. durch

- Straßenbau,
- Lärmschutzmaßnahmen,
- Unfallfolgen,
- Umweltschäden (z. B. Abgase).

Diese Kosten werden zur Zeit überwiegend aus Steuergeldern bestritten. Wenn jedoch alle Kosten berücksichtigt und den Transporteuren berechnet werden würden, müßten die Transportpreise um ein Vielfaches steigen. Dadurch würden die Vorteile der internationalen Arbeitsteilung – zumindest teilweise – beeinträchtigt werden.

Im Spiel sind deshalb die Transportkosten auch sehr niedrig angesetzt. Sie beeinträchtigen die Arbeitsteilung bei diesem Produkt – wie in der Wirklichkeit auch – kaum.

Arbeitsblatt 6

i_3

Informationskarte

Zoll

Zoll (griech.: Abgaben)

Die Abgabe, die erhoben wird, wenn Güter Staatsgrenzen überschreiten. Zoll kann einerseits erhoben werden, wenn ausländische Waren eingeführt (importiert) werden, um die inländischen Erzeugnisse zu schützen.

Zoll kann andererseits erhoben werden bei der Ausfuhr inländischer Waren, um den Export zu drosseln.

Zoll kann aber auch bei Gütern erhoben werden, die durch ein Land befördert werden.

(Quelle: Schmiedler/Fleischmann, Schülerlexikon für Arbeitslehre und Sozialkunde, Donauwörth 1976, S. 297)

Im Spiel werden Zölle immer erhoben, wenn Ihr die Staatsgrenzen überschreitet.

Ihr könnt die Zollbeträge verändern. In der Wirklichkeit werden Zölle jedoch aufgrund von Gesetzen festgesetzt, und zwar legt jeder Staat für sich die Zölle fest (Ausnahmen: Wirtschaftsgemeinschaften, Zollzusammenschlüsse).

Die Zölle können auch durch internationale Verhandlungen und Verträge verändert werden.

Informiert Euch über den Begriff

Freihandelszone

- Informationskarte 6 (Arbeitsblatt 9)

Arbeitsblatt 7

i_4

Informationskarte

Handelshemmnisse

Der Handel mit anderen Ländern wird durch eine Vielzahl von Maßnahmen und Bestimmungen behindert.

Zum einen ist der Güteraustausch von der Erhebung von **Zöllen** betroffen (siehe Informationskarte 3). Man bezeichnet Zölle auch als „tarifäre Handelshemmnisse" (franz. tarif = Preisverzeichnis).

Daneben gibt es auch noch eher versteckte Behinderungen

z. B. *technischer Art*

(z. B.: Es dürfen nur Güter eingeführt werden, die der DIN-Norm entsprechen.)

oder *mengenmäßiger Art*

(z. B.: Es darf nur eine bestimmte Anzahl von ausländischen Geräten eingeführt werden.)

Man bezeichnet diese Arten von Behinderungen auch als **„nicht-tarifäre Handlungshemmnisse"**.

Es gibt weltweit das Bestreben, Handelshemmnisse abzubauen. Das „Allgemeine Zoll- und Handelsabkommen" (GATT = General Agreement off Tariffs and Trade) ist ein solcher Versuch, Zölle und nicht-tarifäre Handelshemmnisse im internationalen Verkehr abzubauen. Allerdings sind gerade bei den versteckten Handelsbehinderungen kaum Fortschritte erzielt worden.

Im Spiel gilt u. a. die Regel, daß der letzte Fertigungsschritt immer im Verkaufsland zu erfolgen hat. Dies ist natürlich auch ein „nicht-tarifäres Handelshemmnis", d. h., der jeweilige Staat läßt keine Fertigwaren herein. Als „inländisches" Produkt gilt jedoch alles, was mindestens zu einem Drittel im Verkaufsland gefertigt worden ist.

Arbeitsblatt 8

i_5

Informationskarte

Außenhandel

Der Handel mit anderen Staaten wird als Außenhandel bezeichnet. Gemeint ist damit der Warenaustausch bzw. der Warenverkehr, also die Einfuhr (Import) und die Ausfuhr (Export) von Waren.

(Quelle: Schmieder/Fleischmann, Schülerlexikon für Arbeitslehre und Sozialkunde, Donauwörth 1976, S. 32)

Welche Preise dabei für ein Exportgut in einem anderen Land erzielt werden können, hängt von verschiedenen Faktoren ab, z. B.

1. In verschiedenen Ländern gelten auch unterschiedliche Währungen*). Die Verrechnungen unterschiedlicher Währungen, die Wechselkurse**), können die Preise beeinflussen.

2. Zölle und Subventionen***) verzerren ebenfalls die Außenhandelspreise.

3. Nicht in jedem Land läßt sich ein beliebiger Preis erzielen. Aufwendig und teuer hergestellte Güter aus einem Hochlohnland können in einem Land mit niedrigem Lebensstandard nahezu unverkäuflich sein. Diese Unterschiede können als „Wohlstandsgefälle" bezeichnet werden.

Anmerkungen:

*) Währung – die in einem Staat gültige Geldeinheit (z. B. DM).

**) Wechselkurs – der in inländischer Währung ausgedrückte Preis für ausländische Währung (Beispiel: 1 US-$ „kostet" DM 1,65).

***) Subventionen – (lat. subvenire = unterstützen) der Staat unterstützt schwache Wirtschaftszweige (z. B. Schiffbau) mit Steuergeldern, um sie wettbewerbsfähig zu machen.

Im Spiel spielen – anders als in der Wirklichkeit – Wechselkurse und Subventionen keine Rolle. Wohl aber ist aufgrund eines Wohlstandsgefälles nicht in allen Ländern der gleiche Verkaufspreis zu erzielen.

Arbeitsblatt 9

i_6

Informationskarte

Freihandelszone

Sie entsteht durch einen wirtschaftlichen Zusammenschluß von Ländern; Zölle und Mengenbeschränkungen zwischen den Mitgliedsstaaten werden beseitigt. Jedes Land kann jedoch, im Gegensatz zur Zollunion, autonom einen Außenzolltarif gegenüber den sog. Drittländern festlegen. Als „Drittländer" gelten alle Länder, die keine Mitgliedsländer, z. B. der Freihandelszone, sind.

(Quelle: Meier, Glossar „Europäische Gemeinschaft", in: arbeiten + lernen, Heft 69/1990, S. 15)

Im Spiel kann durch Verhandlung zwischen zwei Spielparteien eine „Freihandelszone" zwischen den beteiligten Ländern vereinbart werden. D. h., Ihr macht einen „Vertrag" über die Zollfreiheit zwischen Euren Ländern. Im allgemeinen erhofft man sich durch die Einrichtung von Freihandelszonen eine Steigerung des Wohlstandes.

Untersucht, ob sich Eure Erlöse durch die Einrichtung der Freihandelszone erhöhen!

Oftmals ist mit der Einrichtung von Zollzusammenschlüssen auch eine Veränderung der Handelsströme verbunden. Durch den Wegfall der Zölle ist es dann z. B. günstiger, im Land „X" zu verkaufen und nicht mehr – wie vorher – im Land „Y".

Untersucht, ob sich Eure „Handelsbeziehungen" durch die Einrichtung der Freihandelszone verändert haben.

Informiert Euch auch über den Begriff:

Zollunion.

–Informationskarte 7
 (Arbeitsblatt 10)

Arbeitsblatt 10

i_7

Informationskarte

Zollunion

Zusammenschluß einer Gruppe von Staaten zu einem einheitlichen Zollgebiet. Die Zölle zwischen den Mitgliedsstaaten fallen weg, die Einfuhren aus Drittländern werden mit einheitlichen Zollsätzen belastet.

(Quelle: Meier, Glossar „Europäische Gemeinschaft", in: arbeiten + lernen, Heft 69./1990, S. 16)

Im Spiel kann durch Übereinkunft aller Spielparteien eine „Zollunion", d. h. der Wegfall aller Zölle, eingerichtet werden. Untersucht, ob sich Eure Erlöse durch die Einrichtung einer Zollunion erhöhen!

Da in diesem Spiel bei der Einrichtung einer Zollunion kein außenstehendes Drittland vorhanden ist, könnte man die Situation auch als einen sog. **„Gemeinsamen Markt"** bezeichnen. Hierfür müßten jedoch im Spiel – wie auch in der Wirklichkeit – auch alle sonstigen Handelshemmnisse entfallen. Dies ist im Spiel aber nicht vorgesehen (vgl. Regel 5.1).

Zahle 200 Mark Zoll! Setze einmal aus!	Transport-kosten Zahle 30 Mark Transportkosten!
Zahle 40 Mark Zoll! Setze zweimal aus!	Transport-kosten Zahle 20 Mark Transportkosten!
Zahle 30 Mark Zoll! Setze zweimal aus!	**Fertigungskarte** *Knöpfe* ☆ ☆ ☆
Zahle 50 Mark Zoll!	**Fertigungskarte** *Knöpfe* ☆ ☆
Zollfrei!	**Fertigungskarte** *Knöpfe* ☆

Ereigniskarte

Gilt *nicht* auf der Bahnstrecke!

Straßenglätte!

Du kommst nicht so schnell voran! Zwei Felder zurück!

Ereigniskarte

Gilt *nicht* auf der Bahnstrecke!

Überschreiten der Höchstgeschwindigkeit!

Zahle 30 Mark Bußgeld!

Ereigniskarte

Beschleunigungskarte

Du kommst schnell voran! Rücke ein Feld vor!

Ereigniskarte

Bauarbeiten

Setze zweimal aus!

Ereigniskarte

Transportarbeiterstreik!

Setze zweimal aus *oder* zahle 30 Mark!

Ereigniskarte

Gilt *nicht* auf der Bahnstrecke!

Straßenbauarbeiten!

Setze einmal aus!

Ereigniskarte

Sperrung des Weges!

Zurück zum Ausgangsfeld (A, B o. C) und wähle einen anderen Weg!

Ereigniskarte

Gilt *nicht* auf der Bahnstrecke!

Stau!

Setze einmal aus!

Ereigniskarte

Unfall!

Setze einmal aus!

Ereigniskarte

Beschleunigungs-karte

Du kommst schnell voran! Rücke zwei Felder vor!

Fertigungskarte
Nähen
☆

Fertigungskarte
Nähen
☆ ☆

Fertigungskarte
Zuschnitt
☆ ☆ ☆

Fertigungskarte
Nähen
☆ ☆ ☆

Fertigungskarte
Zuschnitt
☆ ☆

Internationale Arbeitsteilung

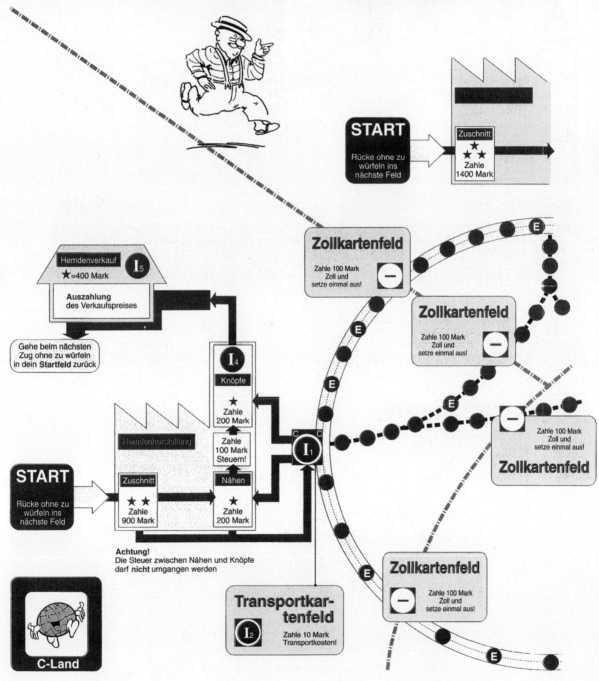

1. Fassung in arbeiten + lernen 7/92

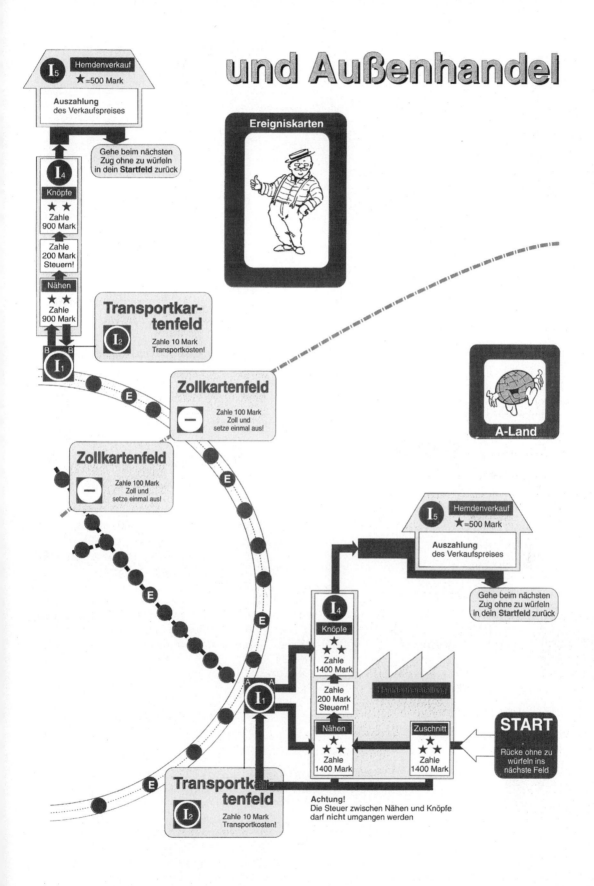

Birgit Weber

Mensch-ärgert-Euch-nicht über Europa (Wissensspiel/Diskussionsforum)

I. Allgemeine Angaben

1. Gegenstand/Lernziele

Die Lernenden sollen ihr Wissen über ökonomische und institutionelle Aspekte der Europäischen Gemeinschaft wiederholen, auffrischen, ihre Kenntnisse anwenden sowie ihre Vorstellungen zu den Konsequenzen des Europäischen Binnenmarktes diskutieren.

Speziell sollen sie ihre Kenntnisse auffrischen und wiederholen über

- die Unterscheidung der Formen außenwirtschaftlicher Kooperation (Freihandelszone, Zollunion, Binnenmarkt, Wirtschafts- und Währungsunion);
- die Institutionen der EU und ihre Aufgaben;
- die Ziele der Verträge zur Europäischen Gemeinschaft von den Römischen Verträgen über die Einheitliche Europäische Akte bis zu Maastricht;
- die Möglichkeiten zur Abschaffung von Handelshemmnissen;
- die unterschiedlichen Entscheidungsarten in wichtigen Rechtsbereichen;
- die Chancen nationaler Souveränität;
- die erhofften und befürchteten Konsequenzen des Binnenmarktes.

Sie können ihre Kenntnisse anwenden auf konkrete Fälle über:

- die Funktion der Institutionen;
- die Charakterisierung von Formen außenwirtschaftlicher Kooperation;
- Harmonisierung und gegenseitige Anerkennung;
- die nationale Souveränität.

Sie entwickeln und diskutieren Vorstellungen über

- die möglichen ökonomischen Vorteile und
- die möglichen Nachteile in sozialen, ökologischen, demokratischen Bereichen.

2. Ablauf

Der Spielablauf vollzieht sich formal gemäß einem Mensch-ärger-Dich-nicht-Spiel, inhaltlich kommt dieses Spiel einem Quiz mit Diskussionsanreizen gleich. Die Lernenden bewegen sich mit ihren Spielsteinen über ein Spielbrett, das an bestimmten Stellen Karten mit Fragen für sie bereithält. Die Reaktionen der Lernenden auf diese Fragen wirken sich nach den Spielregeln über das Vorankommen aus, Einfluß nimmt aber auch ein Würfel.

3. Einsatzmöglichkeiten

Das Spiel eignet sich für Lernende der Sekundarstufe II und ist in mehreren Gruppen bis zu 6 Lernenden zu spielen. Die Spielzeit kann variabel durch Kartenreduktion oder Zeitfestsetzung gestaltet werden. Das Spiel ist einsetzbar als Abschluß einer Unterrichtseinheit zu den Zielen, der Entwicklung und den Institutionen des Binnenmarktes. Kenntnisse über die Inhalte der Diskussionsfragen müssen dagegen nicht vorhanden sein. Mit den Diskussionsfragen, die sich mit ökonomischen, sozialen, ökologischen und partizipatorischen Konflikten beschäftigen, wird der Einstieg in die gemeinsame Planung eines Projektes zu den Auswirkungen des Europäischen Binnenmarktes gelegt, indem Konflikte und Themen angesprochen, offene Fragen aufgeworfen, Thesen aufgestellt werden, die sehr unterschiedliche Antworten zu bestimmten Problemen geben und somit der weiteren Bearbeitung bedürfen.

II. Spezielle Angaben zur Unterstützung des Ablaufs

Vorbereitend sollten die Kartenarten (Wissen/ Zustimmung-Ablehnung/Diskussion) daraufhin überprüft werden, ob alle Karten angewendet und ob einzelne Inhalte ausgespart werden sollten. Dabei ist zu berücksichtigen, daß die Reduktion der Kartenarten Konsequenzen für Spielanleitung und Spielplan hat. Spielgruppen sind einzuteilen, das Spielende festzulegen und die Spielmaterialien bereitzustellen.

Folgende **Materialien** müssen pro Spielgruppe vorhanden sein:

- Spielplan
- Spielbeschreibung
- Satz mit den 3 Kartenarten
- farbige Spielsteine
- Würfel

An der **Durchführung** sind die Lehrenden außer bei Unklarheiten nicht beteiligt, wobei die Nähe zu den stattfindenden Diskussionsprozessen hilfreich sein kann für die weitere Planung des Unterrichts gemeinsam mit den Lernenden.

Nachbereitend werden die Sieger der jeweiligen Spielgruppe ermittelt. Einen Gesamtsieger zu ermitteln, ist in diesem Spiel wenig dienlich, da dies dazu führen kann, mehr auf das Glück zu hoffen, das auch eine Rolle spielt, als Fragen ausführlich zu beantworten und Diskussionsprozesse durchzuführen. Somit ist die Ermittlung eines Gesamtsiegers abhängig von der jeweiligen Lerngruppe, ihrer Diskussionsbereitschaft und der Fähigkeit zum eigenständigen Lernen. Da die Wiederholung des Wissens durch das Spiel selbst ermöglicht wird, kann für eine Nachbereitung lediglich der Problemaufriß durch die Diskussionsfragen in Frage kommen und die Grundlage für ein gemeinsam geplantes Projekt bilden.

Broschüren zum Thema bei der Bundeszentrale für politische Bildung
Aus Politik und Zeitgeschichte. B10–11/92, 7–8/92, 45/91, 18/91, 13/91, 28/90, 24–25/89, 20–21/89
Die Europäische Gemeinschaft. Informationen zur politischen Bildung. Nr. 213. 1990
Was wären wir ohne Europa? PZ Nr. 55, Dezember 1988
Von der EG zur Europäischen Union (Arbeitshilfen für die politische Bildung). Bonn 1993
Europäische Gemeinschaft. Aufgaben. Organisation. Arbeitsweise. Bonn 1990

Broschüren zum Thema bei der Kommission der Europäischen Union
Europa 2000. Der Weg zur Europäischen Union. 1991
Start in den Binnenmarkt. Brüssel-Luxemburg 1991

III. Materialien für die Teilnehmer

Spielanleitung: Mensch-ärgert-Euch nicht über Europa

Mit diesem Mensch-ärgert-Euch-nicht-Spiel können Sie eigenständig überprüfen, was Sie noch zum Thema Europäische Union wissen. Sie können aber auch Ihre Einstellungen zu einzelnen Fragen diskutieren.

Im Gegensatz zu dem echten Mensch-ärger-Dich-nicht-Spiel entscheidet hier nicht der Zufall darüber, ob Sie sich ärgern müssen, denn es kann niemand durch Würfeln rausgeworfen werden. Verantwortlich für den Ärger sind Sie zu großen Teilen selbst, wenn Sie etwa eine Frage nicht richtig beantworten oder Ihre Mitspieler falsch einschätzen.

Spielziel

Ihr **Ziel** ist es, Ihren Spielstein vom Ausgangspunkt (z. B. **A**) in Pfeilrichtung einmal rund um das Spielfeld in das eigene Ziel (in diesem Fall also **A**) zu bringen. Der- oder diejenige, die das am schnellsten schafft, ist natürlich Siegerin oder auch Sieger.

> Abgesehen davon sind Sie natürlich **alle Gewinner**. Sie konnten Ihr Wissen zu einzelnen Themen stärken und anwenden, vielleicht auch auffrischen. Sie haben Ihre Meinung zu bestimmten Problemen geäußert und die Meinung der anderen kennengelernt.

Spielablauf

Zu Beginn vergewissern Sie sich, daß Sie die notwendigen Materialien zu Verfügung haben.

- Spielplan
- Spielbeschreibung
- Satz mit den 3 Kartenarten
- farbige Spielsteine
- Würfel

Außerdem sollten Sie für Notizen ein kleines Blatt und einen Stift bereithalten. Auf dem Blatt notieren Sie als erstes Startbuchstaben und Spielfarbe.
Nun kann es losgehen: Wer die höchste Zahl würfelt, **beginnt**. Weiter geht's im Uhrzeigersinn. Auf Ihrer Wanderung durch das Spielfeld gelangen Sie auf unterschiedlich **schraffierte Felder**, auf denen Sie Fragen beantworten, Aussagen auf ihren Wahrheitsgehalt einschätzen und Ihre Meinung zu bestimmten Problemen äußern sollen. Das sind Wissens-, Zustimmungs-/Ablehnungs- und Diskussionsfelder. Die unterschiedliche Vorgehensweise bei den drei Feldarten erfahren Sie bei den **Feldbeschreibungen**.

Einiges ist jedoch immer gleich: Der rechte Nachbar des Spielers, der auf ein schraffiertes Feld geraten ist, liest die Aufgabe vor und je nach Ergebnis kommen Sie Ihrem Ziel näher oder rücken weiter von ihm ab.

Vorsicht: Bei den Wissens-/Zustimmungs-/Ablehnungskarten dürfen Sie zuerst nur den fettgedruckten Text vorlesen. Der normal gedruckte Text enthält schon mögliche Antworten. Wenn Sie aufgrund des Ergebnisses Ihren Spielstein vor- oder zurückbewegen müssen und dabei auf einem weiteren schraffierten Feld landen, gilt dieses Feld für Sie nicht als Aufgabenfeld. Um ins **Ziel** zu gelangen, müssen Sie nicht die exakte Zahl würfeln, Sie können auch über das Ziel hinauswürfeln.

Feldbeschreibungen

Feld	Vorgehensweise	Folgen
Wissen	1) Ihr rechter Mitspieler liest die Frage vor und bezeichnet die Frage evtl. als Pech- oder als Glücksfrage. 2) Sie beantworten die Frage. 3) Ihr rechter Mitspieler liest die Antwort vor. 4) Alle schätzen ein, ob die Frage sinngemäß richtig beantwortet worden ist. 5) Sie bewegen Ihren Spielstein nach dem nebenstehenden Schema.	Antwort richtig: 3 Felder vor Antwort falsch: 3 Felder zurück. **Glückszeichen** ☺ ☺: Antwort richtig: 5 Felder vor Antwort falsch: keine Bewegung **Pechzeichen** ☹ ☹: Antwort richtig: keine Bewegung Antwort falsch: 5 Felder zurück.
Zustimmung/ Ablehnung	1) Ihr rechter Nachbar liest die Aussage vor. 2) Sie schätzen ein, ob die Aussage richtig oder falsch ist und begründen Ihre Antwort. Es geht hierbei nicht um Ihre eigene Haltung zu dem Thema. 3) Ihr rechter Nachbar liest das Ergebnis vor. 4) Sie bewegen Ihren Spielstein nach dem nebenstehenden Schema.	Entscheidung richtig: 2 Felder vor Entscheidung falsch: 2 Felder zurück
Diskussion	1) Sie lesen die Aussage mit den möglichen Stellungnahmen vor. 2) Alle entscheiden geheim für eine der angegebenen Stellungnahmen, indem die entsprechenden Ziffern verdeckt auf einen Zettel notiert werden. 3) Alle schätzen nun ein, welcher Antwort die Mehrheit wahrscheinlich zugestimmt hat. Auch dies (gekennzeichnet durch M) wird auf dem Zettel notiert. 4) Die Stellungnahmen werden aufgedeckt, auf den Diskussionskarten die Zahl der Zustimmungen zu den jeweiligen Antworten notiert. 5) Alle begründen ihre Stellungnahme. 6) Die Spielsteine werden nach dem nebenstehenden Schema bewegt.	Diejenigen Spieler, die die Mehrheit richtig eingeschätzt haben, rücken 4 Felder vor. *Aus Ihren Diskussionen über die Vor- und Nachteile des Binnenmarktes ergeben sich vielleicht weitere interessante Fragen, die wir im Anschluß an dieses Spiel erforschen können. Halten Sie solche am besten gleich fest!*
Startfeld eines beliebigen Mitspielers	1) Sie wählen eine beliebige Kartenart. 2) Je nach Wahl sind die o. g. Schritte durchzuführen.	Die Folgen entsprechen den oben genannten Feldern.

Wissen

Wodurch unterscheiden sich Freihandelszonen und Zollunionen?

In beiden Regionen existieren zwischen den beteiligten Ländern keine Zölle. Die Zollunion hat aber einen gemeinsamen Zoll nach außen, die Freihandelszone hat keine gemeinsame Zollmauer.

Wodurch unterscheiden sich ein Binnenmarkt und eine Zollunion?

Der Binnenmarkt ist die höhere Form der außenwirtschaftlichen Kooperation, dort existieren keine Grenzkontrollen mehr und Produktionsfaktoren können sich ungehindert bewegen.

Welche höheren politischen Anforderungen stellt die Wirtschafts- und Währungsunion im Vergleich zum Binnenmarkt?

Die Wirtschafts- und Währungspolitik muß durch gemeinsame Institutionen abgestimmt werden. Den Binnenmarkt kennzeichnet dagegen nur die Freiheit der Produktionsfaktoren, Güter, Produkte und Dienstleistungen, sich ohne Kontrollen über Grenzen bewegen zu können.

Wodurch ist eine Währungsunion gekennzeichnet? Nenne mindestens zwei Kennzeichen!

- Unumstößlich feste Wechselkurse bis hin zur gemeinsamen Währung
- Uneingeschränkte Währungskonvertibilität
- Freiheit des Kapitalverkehrs
- Gemeinsame Zentralbank zur Koordination der Geldpolitik

Welche Länder gehören zur Zeit zur EU?

- Frankreich, Italien
- Großbritannien, Niederlande
- Belgien, Luxemburg
- Dänemark, Irland, Deutschland
- Griechenland, Spanien, Portugal
- seit 1.1.95: Österreich, Schweden, Finnland

Welche Ziele der Europäischen Wirtschaftsgemeinschaft wurden 1957 durch die Gründungsverträge in Rom beschlossen? Nenne mindestens 2!

- Schaffung eines Gemeinsamen Marktes
- Harmonisierung der Wirtschaftspolitik
- Harmonisierung der Entwicklung der Mitgliedsländer
- Wegfall der Zollschranken

Wissen

1986 wurde die Einheitlich Europäische Akte beschlossen. Welche grundsätzlichen Neuregelungen enthielt die Einheitliche Europäische Akte? Nenne mindestens 2!

- Einführung des Binnenmarktes 1992;
- Anerkennung des Rates als offizielles Organ der EG, der Beschlüsse durch qualifizierte Mehrheit treffen kann: die Länder haben je nach Größe unterschiedlich viele Stimmen.
- Erweiterung des Aufgabenbereiches der Europäischen Gemeinschaft auf die Bereiche Arbeitsschutz, Forschung und Technologie und Umwelt;
- Stärkung der Kompetenzen des Parlaments.

Bei welchen Beschlüssen in der Europäischen Union wird Einstimmigkeit verlangt?

- Beschlüsse zur Rechtsangleichung;
- zu Steuerfragen;
- zur Wirtschafts- und Währungspolitik

Welche Konsequenz hat das Prinzip der Einstimmigkeit bei Entscheidungen?

Wenn einstimmig entschieden wird, kann kein Land gegen seinen Willen zu etwas gezwungen werden. Gegen die Interessen eines Landes kann nicht verstoßen werden, so werden besonders auch kleine Staaten geschützt.

Das bedeutet aber auch, daß ein einziges Mitgliedsland wegen Nachteilen für die eigene Wirtschaft, z. B. verringerte Exportchancen, Arbeitslosigkeit, mit einer Gegenstimme eine Maßnahme blockieren kann. So führt Einstimmigkeit zu Einigkeit auf dem kleinst möglichen Nenner.

Welcher Art sind europäische „Gesetze" und wie wirken sie sich national aus?

Die Richtlinien des Ministerrates müssen vor dem Inkrafttreten von den nationalen Parlamenten in einzelstaatliches Recht umgesetzt werden. Verordnungen der Kommission sind direkt und unmittelbar wirksam.

Nenne die 5 wichtigsten politischen Organe der Europäischen Union!

- Europäischer Rat
- Europäische Kommission
- Ministerrat
- Europäisches Parlament (gewählte Abgeordnete)
- Europäischer Gerichtshof

Nenne die Funktionen von mindestens zwei Organen der Europäischen Union!

- E. Rat fällt richtungsweisende Beschlüsse/Grundsatzentscheidungen
- E. Kommission ist die „Regierung", das ausführende Organ, sie hat das alleinige Initiativrecht für Gesetze und ist weisungsunabhängig.
- Der Ministerrat ist der „Gesetzgeber" der EU. Er kann aber nur Beschlüsse fassen, wenn ihm ein Vorschlag der Kommission vorliegt.
- Das E. Parlament ist an der Entscheidung zum Haushalt beteiligt, hat Kontrollrechte gegenüber der Kommission, es kann das Mißtrauen aussprechen und die Kommission zum Rücktritt zwingen, und hat Mitbestimmungsrechte bei Richtlinien des Ministerrates.
- E. Gerichtshof wacht über die Einhaltung der Verträge

Wissen

Wodurch wird für die Europäische Union ein zusätzliches Wachstum von 400 Mrd. DM erwartet? • Abbau der technischen Handelshemmnisse • Abbau der Binnengrenzen • Produktion für einen größeren Markt und Nutzung der economies of scale • Zunahme der Wettbewerbsfähigkeit der Unternehmen durch Kosten- und Preissenkungen, Innovationen aufgrund des verschärften Wettbewerbs	**Welche zwei grundsätzlichen Möglichkeiten bestehen zur Abschaffung von Handelshemmnissen?** • Harmonisierung durch politische Beschlüsse • Gegenseitige Anerkennung von Normen
In welchen Bereichen soll Harmonisierung vorangetrieben werden? Nenne mindestens 3 Bereiche. • Beseitigung der Steuerunterschiede und Grenzkontrollen; • Harmonisierung der technischen Normen; • Liberalisierung des öffentlichen Auftragswesens; • Freizügigkeit der Arbeitnehmer und Selbständigen (Anerkennung der Abschlüsse) • Freier Dienstleistungs- und Kapitalverkehr • Rahmen für industrielle Kooperation 	**Welche zwei grundsätzlichen Auswirkungen hat der Binnenmarkt auf den Handel mit Drittländern?** • **Handelsschaffung:** Wachstum erhöht auch die Nachfrage nach Importen. Vom Binnenmarkt wird ein Wachstumsschub erwartet. • **Handelsumlenkung:** Die EU-Betriebe müssen Kosten senken, dadurch wird die Wettbewerbsfähigkeit der EU-Betriebe gegenüber Drittländern erhöht.
Unter welchen Voraussetzungen dürfen im gemeinsamen Binnenmarkt nationale Vorschriften strenger sein als die Regeln der Gemeinschaft? Nenne mindestens 3! • Zum Schutz der Gesundheit und des Lebens von Mensch, Tier und Pflanze • Zum Schutz der öffentlichen Sittlichkeit, Ordnung und Sicherheit • Zum Schutz der Arbeitsbedingungen und der Umwelt • Zum Schutz nationalen Kulturgutes • Zum Schutz gewerblichen und kommunalen Eigentums	**Wenn Länder strengere Grundsätze erlassen wollen, welche Grundsätze müssen sie beachten?** • Prinzip der Verhältnismäßigkeit (Das eingesetzte Mittel muß in einem angemessenen Verhältnis zum Ziel stehen) • Die Maßnahmen sollen den Warenverkehr möglichst nicht behindern. • Die Instrumente dürfen weder willkürliche Diskriminierung noch verschleierte Handelshemmnisse sein! Dies kann vom Europäischen Gerichtshof nachgeprüft werden.

Wissen

In Maastricht wurde von den Regierungschefs der Europäischen Gemeinschaft die Europäische Union beschlossen. Welche wichtigen Punkte wurden dort beschlossen? Nenne mindestens 3

- Gemeinsame Währung und unabhängige Zentralbank (spätestens 1999)
- Gemeinsame Außen- und Sicherheitspolitik
- Europäische Staatsbürgerschaft (Kommunales Wahlrecht für EU-Ausländer)
- Mehr Kompetenzen für das Europa-Parlament
- Gemeinsame Verteidigungspolitik
- Gemeinsame Asyl- und Einwanderungspolitik

Welche Befürchtungen gegenüber dem Binnenmarkt werden grundsätzlich geäußert? Nenne mindestens 3 Bereiche!

Demokratische Ebene
- Verlust der nationalen Souveränität
- Weiterer Kompetenzverlust auf der kommunalen und Länderebene

Soziale Ebene
- Reduktion sozialer Leistungen
- Verarmung ganzer Regionen
- Arbeitslosigkeit
- Festung Europa

Ökologische Ebene
- Verringerung von Umweltschutzrechten
- Wachstumsbedingte Umweltschäden

Ökonomische Ebene
- Zahlmeister Deutschland/Stabilitätsverlust

Seit 1979 existiert das Europäische Währungssystem. Wodurch ist es gekennzeichnet?

- Es gibt eine europäische Währungseinheit, den ECU.
- Der ECU ist die Leitwährung. Für jede nationale Währung wird ein fester Leitkurs zum ECU bestimmt. Die Leitkurse sind Basis für die Wechselkurse der Währungen untereinander.
- Staaten, die am EWS teilnehmen und kurzfristig in Zahlungsschwierigkeiten geraten, können neu geschaffene Kreditmöglichkeiten in Anspruch nehmen.

Auf welchen vier Freiheiten wird der Binnenmarkt begründet?

- Freizügigkeit der Personen
- Freizügigkeit der Waren
- Freizügigkeit der Dienstleistungen
- Freizügigkeit des Kapitals

Zustimmung oder Ablehnung

Als 1968 die Zollunion verwirklicht wurde, waren mit Ausnahme der Grenzkontrollen die Handelshemmnisse für Waren beseitigt. Ablehnung: Es gab weiterhin mengenmäßige Beschränkungen für Güter (also Kontingente) und auch sog. Maßnahmen gleicher Wirkung (unterschiedliche Arbeitsschutz-, Umweltschutz-, Kennzeichnungsnormen). Nichttarifäre Handelshemmnisse bestanden weiter.	Nach der Vollendung der Zollunion kam der Einigungsprozeß ins Stocken. Einer der wichtigsten Gründe ist in der Rezession infolge der Ölpreiserhöhungen zu sehen. Die niedrigen Steuereinnahmen, die geringe Risikobereitschaft der Unternehmen und die Gefährdung der Arbeitsplätze führten dazu, daß jedes Land die eigene Wirtschaft und Arbeitsplätze schützen wollte und am Abbau von Handelshemmnissen nicht interessiert war. Zustimmung
Die unterschiedlichen Mehrwertsteuersätze in den einzelnen Ländern haben für den Binnenmarkt keine Bedeutung. Ablehnung: Bei Öffnung des Marktes und Beibehaltung der unterschiedlichen Sätze würden die Güter dort eingekauft, wo sie am billigsten sind, wo also die geringste Verbrauchssteuer erhoben wird. Das führt dort zu Umsatzzuwächsen. Problematisch ist, welches Land die Steuer erhält, das Herstellungsland (Ursprungsland) oder das Verkaufsland (Bestimmungsland). Eine Harmonisierung ist notwendig.	Die gegenseitige Anerkennung technischer Normen führt dazu, daß ein Produkt, das in einem EU-Staat rechtmäßig hergestellt und in Verkehr gebracht worden ist, überall im Binnenmarkt ungehindert verkauft werden darf. Zustimmung
Bei der Angleichung der Rechtsvorschriften in der Europäischen Union werden Mindestanforderungen aufgestellt, d. h. ein Mitgliedsland darf für Produkte, die in seinem Gebiet hergestellt werden, höhere Anforderungen verlangen, es darf jedoch Produkten aus anderen EU-Ländern, die nur die Mindestanforderungen erfüllen, nicht die Einfuhr verweigern. Zustimmung	Freizügigkeit für Personen bedeutet, daß alle abhängig Beschäftigten, Selbständigen, Studenten, Rentner und Nicht-Erwerbstätigen sich in der EU das Land frei wählen können, in dem sie leben, arbeiten, lernen und einkaufen wollen. Zustimmung
Trotz Wirtschafts- und Währungsunion bleibt die Beschränkung für Ein- und Ausfuhr eigener und fremder Währungen erhalten, damit der Kapitalflucht vorgebeugt werden kann. Ablehnung: Die Freizügigkeit des Kapitalverkehrs verlangt die Aufhebung der Formen der Devisenbewirtschaftung.	Die Kostenvorteile, die durch den Binnenmarkt entstehen, sind allein darin begründet, daß die Grenzkontrollen wegfallen. Ablehnung: Auch die Vereinheitlichung der Normen, die Produktion höherer Stückzahlen für einen größeren Markt und der höhere Wettbewerb führen über Innovationen zur Senkung der Produktionskosten.
Das Bruttoinlandsprodukt-pro-Kopf (BIP) der Bundesrepublik ist etwa gleich hoch wie das von Luxemburg und Großbritannien. Ablehnung: Das Bruttoinlandsprodukt von Großbritannien ist geringer als das der Bundesrepublik, das BIP von Luxemburg lag 1994 höher als das der Bundesrepublik.	Die größte Fraktion im Europaparlament ist die Fraktion der Europäischen Volkspartei (Christlichdemokratische Fraktion). Ablehnung: Die Sozialdemokratische Partei Europas ist derzeit die stärkste Fraktion mit 198 Abgeordneten, die Europäische Volkspartei (die christlich-demokratische Fraktion) hat nur 157 Abgeordnete (1994).

Zustimmung oder Ablehnung

Einige der 15 Einzelmärkte der EU könnten von ihrer Größe gemäß der Bevölkerung gegen Japan oder die USA konkurrieren. Ablehnung: Der deutsche Markt als Europas größter nationaler Markt für Industriegüter ist nicht einmal halb so groß wie der japanische und beträgt nur ein Viertel des US-amerikanischen Marktes.	**Unterschiedliche technische Normen verursachen höhere Kosten für getrennte Forschungs-, Entwicklungs- und Vermarktungskosten, sie erhöhen die Stückkosten, die Lagerhaltungskosten und schrecken von Unternehmenskooperation ab. Anstatt dem Arbeitnehmerschutz und Umweltschutz zu dienen, dienen sie häufig eher den nationalen Anbietern als Schutz vor fremder Konkurrenz.** Zustimmung
Wenn der Binnenmarkt verwirklicht ist, gibt es für alle Produkte einheitliche Vorschriften, Millionen von Richtlinien, die vorschreiben, wie Bier, Käse, Schokolade, Spielzeuge und Maschinen usw. sein müssen. Ablehnung: Es gibt die gegenseitige Anerkennung, d. h., Erzeugnisse, die in einem Land vorschriftsmäßig hergestellt und in Verkehr gebracht werden, müssen grundsätzlich auf dem Markt jedes anderen Mitgliedslandes zugelassen werden.	**Die Angleichung technischer Vorschriften soll sich auf die Grundanforderungen für die Produkte beschränken, das ist eine einheitliche Liste über erlaubte Zusatzstoffe in Lebensmitteln und gemeinsame Sicherheits-Mindeststandards, die Kennzeichnungspflicht und die Lebensmittelüberwachung.** Zustimmung
Die Einheitlich Europäische Akte (EEA) hat die Rechte des Europäischen Parlaments verbessert. Es hat nun auch Initiativrecht für Richtlinien des Ministerrates. Ablehnung: Die EEA hat zwar die Rechte verbessert beim Gesetzgebungsverfahren, Initiativrechte bestehen aber immer noch nicht.	**Eine Form außenwirtschaftlicher Kooperation, die durch Freizügigkeit von Produktionsfaktoren gekennzeichnet ist, nennt man Freihandelszone.** Ablehnung: In der Freihandelszone gibt es keine Freizügigkeit für Produktionsfaktoren. Es existieren lediglich für den Güterverkehr keine Zölle.
Wenn die Minister im Rat strengere Richtlinien zum Arbeitsschutz beschließen wollen, können sie das ohne weiteres tun. Ablehnung: Sie können nur Richtlinien erlassen auf Initiative der Kommission.	**Die Schaffung eines gemeinsamen Marktes wurde schon 1957 in den Römischen Verträgen zur Europäischen Wirtschaftsgemeinschaft beschlossen!** Zustimmung
Wenn die Bundesrepublik im Binnenmarkt höhere Normen im Arbeitsschutz und Umweltschutz beibehalten will, kann sie das nach den EU-Bestimmungen tun. Zustimmung: (Es sei denn, der EuGH weist nach, daß Arbeits- und Umweltschutz hauptsächlich zum Schutz der einheimischen Produktion aufgestellt wurden oder auch mit nicht handelsbeschränkenden Mitteln durchgesetzt werden können.)	**Durch die Beschlüsse zum Binnenmarkt dürfen bei öffentlichen Aufträgen nationale Anbieter nicht mehr bevorzugt werden.** Zustimmung: Es wurde die Liberalisierung des öffentlichen Auftragswesens beschlossen.

Diskussion

Die Deutschen haben einige Bedenken, wenn sie an die geldpolitischen Auswirkungen von Maastricht denken. Welches der Bedenken teilst Du am ehesten? 1. Ein großes Problem der Währungsunion besteht darin, daß „gutes" gegen „schlechtes" Geld eingetauscht wird! 2. Es bestehen große Inflationsgefahren, die besonders die Rentner und die kleinen Sparer treffen! 3. Die Bundesbank, als die am besten funktionierende Institution der Nachkriegszeit, hat ausgespielt. 4. Die von Finanznöten geplagte Bundesrepublik wird zur Kasse für die schwächeren Partner gebeten. 5. Keins der genannten.	Mit der Währungsunion sind viele Veränderungen verbunden. Welche Veränderung befürwortest Du am ehesten? 1. Bei Reisen wird der Geldumtausch überflüssig und es entfallen schwierige Umrechnungen. 2. Die Wirtschaft hat beim Außenhandel eine verläßliche Kalkulationsgrundlage. 3. Die 30 Milliarden Mark pro Jahr, die die EU für die Währungsvielfalt ausgibt, entfallen. 4. Das gemeinsame Zahlungs- und Aufbewahrungsmittel kann einen Beitrag zur Verbindung der Völker leisten. 5. Keine der genannten.
Welche Prognose über die zukünftige Geldwertstabilität teilst Du am ehesten? 1. Der Druck durch die strengen Aufnahmekriterien für die Währungsunion führt dazu, daß Tarifparteien und Regierungen ihr Verhalten ändern und auf niedrige Inflation und mäßige Zinsen achten. 2. Ohne eine gemeinsame Regierung, bei der die Geldwertstabilität Vorrang vor Finanz-, Wirtschafts-, Sozial- und Lohnpolitik hat, kann auch eine gemeinsame Notenbank keine Stabilität herstellen. Das in den meisten Ländern nur gering ausgeprägte Stabilitätsbewußtsein wird zu steigender Inflation führen.	Bist Du eher für oder eher gegen eine gemeinsame Währung? 1. unbedingt dafür 2. im großen und ganzen dafür 3. unentschieden 4. im großen und ganzen dagegen 5. unbedingt dagegen
Das Weißbuch von 1985, zur Realisierung eines gemeinsamen Marktes, bestimmt den Abbau vieler Hemmnisse. Welche Maßnahme befürwortest Du am ehesten? 1. Beseitigung der materiellen Schranken (Abschaffung der Grenzkontrollen) 2. Beseitigung der technischen Schranken (Gegenseitige Anerkennung oder Harmonisierung der technischen, Umwelt- und Gesundheitsnormen, Anerkennungsverfahren) 3. Freizügigkeit der Arbeitnehmer (Aufhebung der Reise- und Aufenthaltsbeschränkungen) 4. Beseitigung der fiskalischen Schranken (Harmonisierung der unterschiedlichen Arten und Höhen der Verbrauchssteuern) 5. Beseitigung der Schranken beim Dienstleistungsverkehr (Finanzdienstleistungen, Versicherungen, gemeinsame Fernsehzone und Runkfunkzone)	Das Weißbuch von 1985, zur Realisierung eines gemeinsamen Marktes, bestimmt den Abbau vieler Hemmnisse. Bei welcher Maßnahme hast Du die größten Bedenken? 1. Beseitigung der materiellen Schranken (Abschaffung der Grenzkontrollen) 2. Beseitigung der technischen Schranken (Gegenseitige Anerkennung oder Harmonisierung der technischen, Umwelt- und Gesundheitsnormen, Anerkennungsverfahren) 3. Freizügigkeit der Arbeitnehmer (Aufhebung der Reise- und Aufenthaltsbeschränkungen) 4. Beseitigung der fiskalischen Schranken (Harmonisierung der unterschiedlichen Arten und Höhen der Verbrauchssteuern) 5. Beseitigung der Schranken beim Dienstleistungsverkehr (Finanzdienstleistungen, Versicherungen, gemeinsame Fernsehzone und Rundfunkzone)

Diskussion

Der Cecchini-Bericht hat viele ökonomische Vorteile durch die Realisierung des Binnenmarktes versprochen: Verbesserte Arbeitsteilung, optimale Betriebsgrößen und optimale Ressourcennutzung führen zu Kostensenkungen und damit zu einer verbesserten Wettbewerbsfähigkeit der europäischen Industrien auf dem Weltmarkt. Durch die Kosteneinsparungen und die Wettbewerbsvorteile wird ein zusätzliches Wachstum von 4,5 bis 6,5 % und zu 2 bis 5 Millionen zusätzlicher Arbeitsplätze bei sinkenden Produktpreisen erwartet. Wie stehst Du zu diesen optimistischen Prognosen? 1. Ich teile die optimistischen Prognosen völlig. 2. Der Binnenmarkt bringt Vorteile. 3. Vorteile und Nachteile halten sich die Waage. 4. Die Nachteile überwiegen die Vorteile. 5. Der Binnenmarkt bringt hauptsächlich Nachteile.	Kritiker des Binnenmarktes behaupten, daß sich das Wohlstandsgefälle zwischen den einzelnen Ländern und Regionen weiter verschärft, weil die Kapitalanlage in den attraktiven Anlagegebieten stattfindet und Unternehmen sich verlagern und daß starke Unternehmenskonzentrationen zu Rationalisierung, Betriebsstillegungen und Arbeitsplatzverlusten führen. Wie stehst Du zu diesen pessimistischen Prognosen? 1. Ich teile die pessimistischen Prognosen völlig. 2. Der Binnenmarkt bringt eher Nachteile mit sich. 3. Vorteile und Nachteile halten sich die Waage. 4. Die Vorteile überwiegen die Nachteile. 5. Der Binnenmarkt bringt hauptsächlich Vorteile.
Der folgende Vorteil erscheint mir als die beste mögliche Auswirkung des Binnenmarktes: 1. Kostensenkungen der Unternehmen erhöhen deren Wettbewerbsfähigkeit und dadurch die Stabilität der Arbeitsplätze. 2. Erhöhung des Warenangebots und Dienstleistungsangebots. 3. Aufhebung der Reise- und Aufenthaltsbeschränkungen für Arbeitnehmer und deren Familien. 4. Abschaffung der Grenzkontrollen.	Dieser Nachteil erscheint mir als die schlimmste mögliche Konsequenz des Binnenmarktes: 1. Europa wird sich nach außen abschotten und gibt anderen Ländern kaum Chancen. Die Dritte Welt wird noch ärmer. 2. Viele Unternehmen werden fusionieren, sie werden unrentable Betriebsteile stillegen, und die Arbeitslosigkeit steigt. 3. Das Kapital wandert dorthin, wo es die attraktivsten Renditebedingungen sieht, ganze Regionen werden verarmen. 4. Soziale Rechte und Mitbestimmung in den Betrieben werden abnehmen, weil sonst Unternehmen in Mitgliedsländer mit geringeren Standards ausweichen werden. 5. Der uneingeschränkte Warenverkehr und das erwartete Wachstum, die Harmonisierung von Umweltstandards haben negative Auswirkungen auf die Umwelt. 6. Die einzelnen Nationen haben immer weniger zu sagen, demokratische Rechte nehmen ab.
Welcher Aussage zur Entwicklung der Lebensmittel und des Lebensmittelmarktes stimmst Du am ehesten zu? 1. Die Qualität der Produkte wird erhöht, der Verbraucher hat Zugang zu einer immer größeren Vielfalt der gemeinschaftlichen Agrar- und Nahrungsmittelerzeugung, und die Produzenten haben die Vorteile und Absatzmöglichkeiten eines großen Marktes. 2. Durch den Wegfall der Grenzkontrollen werden in Europa immer mehr Produkte verkauft, die den Namen Lebensmittel zwar noch tragen dürfen, aber mit der Vorstellung von Lebensmitteln wenig zu tun haben. Verpackungen werden die wahre Herkunft und Zusammensetzung von Produkten verheimlichen, die zunehmende Chemisierung der Lebensmittel wird für steigende Erkrankungen mit verantwortlich sein.	Welcher Prognose über das künftige Europa stimmst Du am ehesten zu? 1. Europa nach dem Jahr 2000 wird grenzlos sein zwischen Warschau und Lissabon, zwischen Dublin und Budapest. Es bietet grenzlose Möglichkeiten für Reisen oder Studium, für Ausbildung und Beruf, für Urlaub und Alter. Europa wird in zehn Jahren ein Kontinent des Friedens und des Wohlstands sein. 2. Europa nach dem Jahr 2000 wird wieder zerstritten und zersplittert sein, uneins im Wollen, unfähig zur Bewältigung seiner Probleme anderswo in der Welt, ein Herd dauernder Unruhe, ein Kontinent ohne Zukunft.

Diskussion

Welche Auswirkungen für die Umwelt sind vom Europäischen Binnenmarkt am ehesten zu erwarten? 1. Da Schadstoffe in Luft und Wasser vor Grenzen nicht haltmachen, ergibt sich durch eine gemeinschaftliche Politik am ehesten die Chance zu einer wirksamen Umweltpolitik. 2. Die EU-Kommissare und der Rat sind schon weiter als einzelne Länder. So brauchte die Bundesrepublik lange, bis sie die Richtlinien des Ministerrates zum Trinkwasser und zur Umweltverträglichkeitsprüfung in nationales Recht umgesetzt hatte. Deshalb sind Vorteile zu erwarten. 3. Das erwartete Wachstum und die Steigerung des grenzüberschreitenden Güterverkehrs wird zu steigenden Umweltbelastungen führen. 4. Um keinen Wettbewerbsnachteilen ausgesetzt zu sein, werden die Umweltstandards auf ein niedriges Niveau sinken.	Welche sozialen Auswirkungen sind infolge der Wirtschafts- und Währungsunion am ehesten wahrscheinlich? 1. Da es in Europa reiche Regionen neben armen Regionen gibt, ist ein Ausgleich nur über eine gemeinsame Politik möglich. 2. Wenn die sozialen Leistungen in Deutschland höher bleiben, werden die Unternehmen aus Standorten mit hohen Lohn- und Lohnnebenkosten und Auflagen für den Sozialschutz in Regionen mit geringeren Belastungen abwandern, somit sind die sozialen Leistungen auch in Deutschland in Gefahr. 3. Da in der Bundesrepublik und den Niederlanden die betriebliche Mitbestimmung am weitesten ausgebaut ist, es in Großbritannien solche gesetzlich verankerten Rechte gar nicht gibt, wird man sich wahrscheinlich auf ein geringeres Maß einigen.
Wie stehst Du zu der folgenden Aussage? Für eine gemeinsame Wirtschafts- und Währungsunion spricht vor allem der wirtschaftliche Grund, daß heute Märkte von mehreren Hundert Millionen Menschen als Nachfrager nötig sind, um Dienstleistungen und Produkte preiswert anzubieten. Das ist die einzige Möglichkeit, auf Dauer gegen die USA und Japan wettbewerbsfähig zu sein! 1. Ich stimme der Aussage voll zu. 2. Ich stimme der Aussage mit Einschränkungen zu. 3. Ich lehne die Aussage mit Einschränkungen ab. 4. Ich lehne die Aussage völlig ab.	Welcher Meinung zum Abbau der Grenzkontrollen stimmst Du am ehesten zu? 1. Ich befürchte, daß durch den Abbau der Grenzkontrollen lebende Tiere mit Seuchen eingeschleppt werden. 2. Ich befürchte, daß verschärft Schiebereien von gefährlichem Sondermüll und Waffenschmuggel stattfinden. 3. Ich befürchte, daß Verbrecher ungehinderter nach Deutschland kommen können. 4. Ich finde es gut, daß an den Grenzen keine langen Staus mehr entstehen, die Umwelt und Nerven belasten. 5. Ich freue mich, daß der Wegfall der Grenzen die Kosten von Unternehmen und Staaten reduziert, die sie hoffentlich in sinkenden Preisen und besseren öffentlichen Leistungen an uns weitergeben. 6. Zum Glück wird man nach dem Wegfall der Kontrollen beim Verreisen an den Grenzen nicht mehr nach Hause geschickt, wenn man seinen Paß vergessen hat.
Hat die Bundesrepublik von der EU eher Vor- oder eher Nachteile? 1. Während Deutschland die Nummer 1 der Beitragszahler ist, steht sie bei den empfangenen Leistungen erst an 4. Stelle. Deutschland hat eher Nachteile. (1991) 2. Mehr als die Hälfte des deutschen Exports geht in die EU. Ohne EU wären nach Schätzungen eine halbe Million Arbeitsplätze gefährdet. Ohne EU-Zahlungen wären die Ausgaben für die Landwirtschaft um ein vielfaches höher. Deutschland hat also eher Vorteile. 3. Die Zahlungen an die weniger entwickelten Regionen durch die reicheren Länder sichern den Frieden in Europa, auch die neuen deutschen Länder gehören zu den förderungswürdigen Regionen. Deutschland hat also eher Vorteile.	

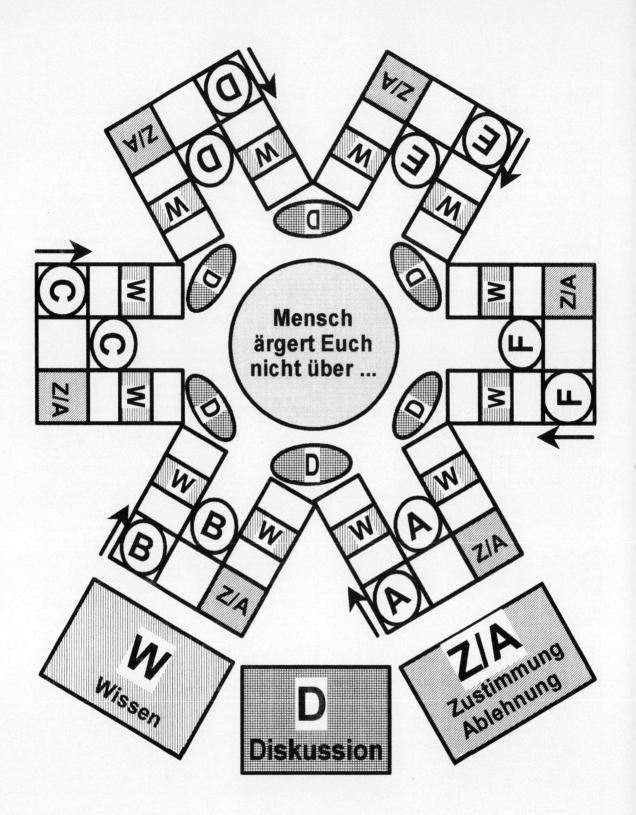

Peter Weinbrenner

Multikulturelle Gesellschaft – Einsatz der Szenario-Methode

I. Allgemeine Angaben

Beim Blick in aktuelle Management-Journale fällt auf, daß im Hinblick auf die zunehmende Europäisierung und Internationalisierung wichtiger Absatzmärkte Kompetenzen gefragt und gefordert werden, die in dieser Form neu und einmalig sind. Unter dem neuen Schlagwort „Interkulturelles Management" [1] wird die Bereitschaft gefordert, den eigenen Dunst- und Denkkreis zu verlassen, Grenzen zu überwinden und das Unbekannte kennen- und begreifen zu lernen, ohne dabei die eigene Herkunft zu verdrängen. Nur Unternehmen, deren Mitarbeiter und Funktionsträger diese Qualifikationen ausbilden und einsetzen, werden sich im zunehmend schärferen internationalen Wettbewerb behaupten können und die Nase vorn haben. Die Grundidee dieser neuen Konzeption kann verkürzt auf folgende Formel gebracht werden: „In der Kultur eines Volkes liegt nicht nur seine Individualität, sondern auch ein unermeßliches Potential an Energie und Kreativität. Werden Kulturen zusammengebracht, öffnen sich ungeahnte Chancen und Möglichkeiten: „,Cross-culture' makes the world go around". [2]

Angesichts dieser neuen Herausforderung stellt sich auch für die kaufmännische Berufsausbildung die Frage, wie die zukünftigen Angestellten in Wirtschaft und Verwaltung zu qualifizieren sind, damit sie die hier geforderten Qualifikationen und Fähigkeiten erwerben können. Für europaweit agierende Unternehmen wird es in Zukunft selbstverständlich sein,

- mit ausländischen Mitarbeitern im eigenen Betrieb zu kooperieren,
- mit ausländischen Kunden und Lieferanten in Geschäftsbeziehungen zu treten,
- für einige Zeit oder auf Dauer Aufgaben in ausländischen Filialen oder Partnerbetrieben zu übernehmen.

Wer die verschiedenen Kulturen, ihre Eigenarten, Traditionen und Wertvorstellungen sowie Kommunikationsformen nicht kennt, hat kaum Chancen, sich in einem solchen interkulturellen Management zu bewähren. Ein eindrucksvolles Beispiel für das hier Gemeinte gibt eine Korrespondentin der Frankfurter Rundschau, die seit langem in Bangkok lebt: „Die thailändische Sprache kennt weder für ‚Ja' noch für ‚Nein' ein eindeutiges Wort – dafür gibt es um so mehr Arten zu lächeln. Ein Lächeln für ‚Danke', ein Lächeln für ‚Entschuldigung', ein Lächeln für ‚Das ist mir peinlich' und auch ein Lächeln für ‚Ja, ich habe einen Fehler gemacht'. Wenn man das Lächeln richtig lesen kann, dann sagt es mehr als tausend Worte. Wenn nicht, dann gibt es tausend Mißverständnisse." [3]

Gelingt in diesem Sinne interkulturelles Management, dann können ganz neue synergetische Effekte erwartet werden, dann können Potentiale freigesetzt werden, die die Leistungsfähigkeit und Produktivität des Unternehmens erhöhen und die beteiligten Mitarbeiterinnen und Mitarbeiter persönlich bereichern, etwa nach dem Muster: „Den Himmel auf Erden ... muß man sich als Hotel vorstellen, in dem die Organisation in deutscher Hand ist, die Küche in französischer und die Bedienung durch britische Butler erfolgt, das synergetische Hotel also!" [4]

Zur Notwendigkeit musischer und kreativitätsfördernder Lernangebote

Franz Lehner und Ulrich Widmeier haben 1992 im Auftrag der GEW eine Studie unter dem Titel „Eine Schule für eine moderne Industriegesellschaft" vorgestellt. [5]

Zur Verblüffung des Auftraggebers und der Öffentlichkeit wird hier eine weitgehende *Parallelität von schulischer Ausbildung und betrieblichem Arbeitseinsatz* konstatiert. Danach ist die heutige Schule immer noch nach dem tayloristischen Prinzip arbeitsteiliger und mechanistischer Produktion

---

1 Vgl. Bittner, Andreas: Cross culture makes the world go around. Interkulturelles Management. In: Manager-Seminare, Nr. 11 (April 1993), S. 39-45.

2 Ebenda, S. 39

3 Deckenbach, Karin: Ein Brief aus Bangkok. In: Frankfurter Rundschau vom 14. 12. 91, Nr. 291, S. 22.

4 Bittner, Andreas: a. a. O., S. 41.

5 Vgl. Lehner, Franz / Widmeier, Ulrich: Eine Schule für eine moderne Industriegesellschaft. Essen: Neue Deutsche Schule Verlagsgesellschaft 1992.

organisiert, während die Betriebe schon seit längerem Kompetenzen fordern, die einem neuen Verständnis von Produktion und Arbeitsorganisation entspringen.

Was reformorientierte Pädagogen seit Jahrzehnten von der Schule erwarten und bisher nur gegen den Widerstand aus Kreisen der Industrie und der Schulbürokratie durchsetzen konnten, wird jetzt plötzlich als neues Qualifikations- und Bildungskonzept auch von Wirtschaftsverbänden und Kammervertretern gefordert. Neue Produktionskonzepte und eine auf den Menschen bezogene, das heißt *„anthropozentrische Arbeitsorganisation"* erfordern Mitarbeiter,

- die aktiv ins Geschehen eingreifen,
- die Verantwortung übernehmen,
- die Prozesse durchschauen und
- die gemeinsam mit anderen kreative Lösungen entwickeln können.

„Der Betrieb der Zukunft ist dezentral, flexibel und hat wenige hierarchische Ebenen. Er hat Personal, das regelmäßig in Kommunikationstechniken geschult wird, im Team arbeitet, Ziele und Prozesse der Arbeit selbst formuliert und überprüft und motiviert ist, weil es nicht zum Empfänger von 'Top-down'-Anweisungen degradiert wird." [6]

Das Gutachten von Lehner und Widmeier gibt nur allgemeine organisatorische Hinweise für die Schule der Zukunft. Sie fordern u. a. eine massive „Entbürokratisierung" des Schulsystems und der Schulorganisation (mehr Lehrplanfreiheit, Budgetrecht, regionale Profilbildung, mehr Mitsprache bei der Einstellung und Entlassung von Lehrern usw.). Die didaktisch-methodischen Schlußfolgerungen müssen erst noch gezogen werden. Ich werde hierzu im folgenden einige Vorschläge machen.

Lernen für die Zukunft als Kreativitätstraining

Was die didaktische Umorientierung angeht, so wird das allgemeine Dilemma jeder Didaktik, nämlich aus einer fast unendlich großen Fülle möglicher Themen und Informationen die wenigen Inhalte zu identifizieren, die in einer vorgegebenen Unterrichtszeit im Rahmen definierter Fächer vermittelt werden können, in Zukunft noch viel größer.

Die mit den neuen Informations- und Kommunikationstechnologien ins Unendliche gewachsene Informationsflut kann vom zukünftigen Beschäftigten nur noch bewältigt werden, wenn er über Fähigkeiten der Informationssuche, Informationsselektion und Informationsbearbeitung sowie Informationsbewertung verfügt, um den ständigen Veränderungen in den Arbeitsanforderungen und der jeweiligen Arbeitssituation gewachsen zu sein. Die vielfach geforderten *„Schlüsselqualifikationen"* wie Informationsverarbeitungsfähigkeit, Kommunikationsfähigkeit, Teamfähigkeit, Entscheidungsfähigkeit, Verantwortlichkeit usw. beschreiben neue, komplexe Qualifikationsbündel, die mit dem traditionellen Methodenrepertoire beruflicher Schulen, das schon von jeher gegenüber den allgemeinbildenden Schulen im Rückstand war, nicht mehr vermittelt werden können.

Wenn es stimmt, daß gerade die Neuen Technologien ungeahnte Gestaltungspotentiale, aber auch Gefahren und Risiken enthalten, dann wird es entscheidend davon abhängen, ob die zukünftigen Angestellten in den Betrieben und Verwaltungen die sich bietenden Gestaltungsspielräume nutzen, um eine sozial- und umweltverträgliche Arbeits- und Produktionsweise zu praktizieren. Man kann Hans-Günter Rolff nur zustimmen, wenn er sagt: „Wir brauchen mit Gewißheit mehr Qualifikation für mehr Menschen, wenn wir die Neuen Technologien sozial gestalten wollen, d. h. menschenwürdigere Arbeitsplätze und eine humane Fortentwicklung der Industriegesellschaft haben wollen. Das ist vielleicht die größte Herausforderung an die Schule in den neunziger Jahren. Das Wichtige und Richtige an der Debatte um die neuen Informationstechnologien ist also, daß sie die Suche nach einer anderen Gesellschaft und einer anderen Schule neu eröffnet hat. Weil die Informationstechnologien fast alles ermöglichen und fast überall anzutreffen sind, machen sie konkrete Gestaltungsspielräume und alternative Zukünfte sichtbar." [7]

Gesucht sind also Inhalte und Methoden, die auf *„Zukunft"* orientiert sind. Denn nur die Zukunft ist gestaltungsoffen, nur in der Zukunft liegen unterschiedliche Entwicklungspfade und Optionen. Und vor allem: 'Zukunft' im Singular hieß bisher weitgehend „verlängerte Gegenwart". Verlängerte Gegenwart heißt aber nach allem, was wir über die Folgen ungezügelten Wachstums und die Probleme der *„Risikogesellschaft"* wissen, das Ende des Planeten und der Gattung Mensch. Die neuen gesellschaftspolitischen Rationalitätskriterien der *„Umweltverträglichkeit"* und *„Sozialverträglichkeit"* deuten ja darauf hin, daß die bisher allein gültigen

---

6 Böttcher, Wolfgang: Keine Angst vor Ökonomie. In: Erziehung und Wissenschaft, Nr. 3 / 1993, S. 12.

7 Rolff, Hans-Günter: Die allgemeinbildende Schule der Zukunft – das Wissen für morgen. In: Zeitschrift für Berufs- und Wirtschaftspädagogik, Bd. 88 (1992) 4, S. 287 f.

ökonomisch-technischen Rationalitätskriterien, nämlich „*Produktivität*" und „*Rentabilität*", relativiert bzw. begrenzt werden müssen. Gesucht sind also jene „*Zukünfte*", die jenseits aller hyperindustriellen Entwicklungspfade, die die natürlichen Ressourcen des Planeten überfordern und damit die Lebensgrundlagen der Menschen ruinieren, eine sichere, menschenwürdige und naturschonende Lebensweise für alle jetzt Lebenden und darüber hinaus für zukünftige Generationen ermöglichen.

Für diese neue Jahrhundertaufgabe sind Methoden gesucht, die *Kreativität* und *Zukunftsorientierung* zugleich ermöglichen. Die Szenario-Methode scheint mir in glücklicher Weise diesen neuen Herausforderungen zu genügen. Sie soll daher in ihren wesentlichen Zielen und Merkmalen kurz vorgestellt werden.

Die Szenario-Methode

Die Szenario-Methode findet erst langsam Eingang in den wirtschafts- und sozialwissenschaftlichen Unterricht der Schulen, obwohl die Methode schon seit langem bekannt ist. Die Methode taucht meistens dann auf, wenn es sich um Zukunftsfragen, um globale Weltmodelle bzw. um langfristige Entwicklungsprognosen handelt.

Die Szenario-Methode unterscheidet sich von anderen Denkweisen durch folgende *Charakteristika* [8]:

- ganzheitliches und systematisches Denken statt isolierend-abstrahierender, zusammenhangloser und reduktionistischer Sichtweisen,
- organischer statt mechanistischer und deterministischer Denkweise,
- Prozeßdenken statt Strukturdenken.

Die Szenario-Methode setzt Kreativität, Phantasie und Aktivität frei und fördert interdependentes und vernetztes Denken. Im Gegensatz zur „Zukunftswerkstatt" beschreiben Szenarien lediglich, was *passieren könnte* und verzichten darauf, etwas zu beschreiben, von dem wir uns wünschen, daß es passiert. Szenarien berücksichtigen explorativ gleichzeitig mehrere Aspekte eines sich unterschiedlich entwickelnden Problemfeldes und beschreiben kreativ zukünftig mögliche Situationen. Ihre Betrachtungsweise ist unter Einbezug quantitativer und qualitativer Informationen multidimensional, die Zahl der Vorhersagen nicht beschränkt [9]. Ausgangspunkt für jedes Szenario ist die Gegenwart. Es werden hierbei bestimmte Problemlagen (z. B. Luftverschmutzung, Treibhauseffekt, Wasserverbrauch) beschrieben und im Hinblick auf ihre wesentlichen Determinanten (Deskriptoren) erfaßt. Unter Berücksichtigung unterschiedlicher Entwicklungstrends und möglicher Störereignisse werden im Hinblick auf die Zukunft verschiedene Entwicklungspfade diskutiert, durch die die Spannweite möglicher Zukünfte erfaßt wird (vgl. Schaubild 1).

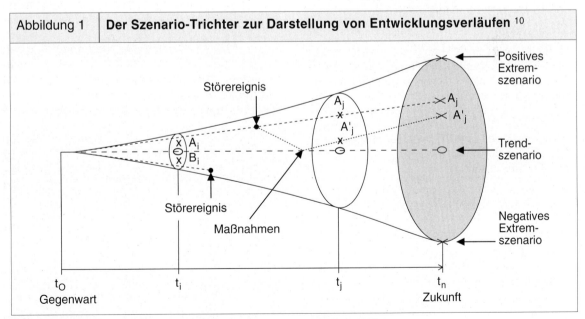

Abbildung 1 — Der Szenario-Trichter zur Darstellung von Entwicklungsverläufen [10]

---

8 König Manfred: Szenariotechnik. Unterrichtsgegenstand und Unterrichtsmethode in kaufmännischen Schulen. In: Manfred Becker und Ulrich Pleiss (Hrsg.): Wirtschaftspädagogik im Spektrum ihrer Problemstellung, Baltmannsweiler: Schneider 1988, S. 279

9 vgl. ebd. S. 267

10 vgl. ebd. S. 269

Die unterrichtliche Durchführung von Szenarien verläuft in Anlehnung an König und Peege [11] in folgenden acht Schritten:

Schritt 1: Problemanalyse

Schritt 2: Umweltanalyse

Schritt 3: Deskriptoren je Einflußbereich benennen

Schritt 4: Bündeln der Deskriptoren

Schritt 5: Zukunftsbilder formulieren

Schritt 6: Störereignisse bedenken

Schritt 7: Sich über Auswirkungen Klarheit verschaffen

Schritt 8: Maßnahmen konzipieren

Szenariotechnik ist zunächst nichts anderes als *Brainstorming* und *Kreativitätstraining*. Für eine einfachere Umsetzung im Unterricht genügt oft die Formulierung von *„Schlüsselfragen"* nach dem Muster „Was wäre wenn ...?". Zum Beispiel:

- Was wäre, wenn ab morgen der private Autoverkehr durch staatliches Verbot eingestellt würde?
- Was wäre, wenn der Meeresspiegel an den Küsten der Nordsee um einen halben Meter steigt?
- Was wäre, wenn in einer westdeutschen Großstadt durch eine Chemiekatastrophe die Wasserversorgung zusammenbricht?
- Was wäre, wenn in einem deutschen Atomkraftwerk ein „Super-Gau" eintritt?

Durch die sorgfältige Bearbeitung von Szenarien können nach König [12] folgende positiven Lerneffekte erzielt werden:

- Denken in Zusammenhängen,
- Wegführen von eindimensionalem Denken,
- Entwickeln alternativer Denkweisen,
- Zwang zu fundiertem Analysieren,
- Einbeziehen, Verarbeiten und Kombinieren von Informationen,
- Erwerb aktiven Informationsverhaltens,
- Sensibilisierung von Gegenwartserscheinungen und künftigen Entwicklungen, Transparenz komplexer Erscheinungen,
- Entwickeln von Problembewußtsein und
- Entwickeln von Sozialfähigkeit.

Die bisherigen Ausführungen machen deutlich, daß mit der Szenario-Methode mehrere bekannte Methodenelemente zu einem neuen Methodenkonzept zusammengeführt werden.

Bevor die Methode am Beispiel des Themas „Multikulturelle Gesellschaft" inhaltlich dargestellt wird, möchte ich diese Methodenelemente im Hinblick auf die bereits genannten didaktischen Prinzipien der *„Zukunftsorientierung"* und *„Kreativitätsförderung"* noch einmal zusammenfassen:

- Szenarien machen die Vielfalt möglicher und wahrscheinlicher Zukünfte sichtbar.
- Szenarien fördern vernetztes, systemisches und kybernetisches Denken.
- Szenarien vermitteln die Einsicht, daß die Zukunft prinzipiell gestaltbar und veränderbar ist. Szenarien machen deutlich, daß unsere Zukunftsbilder und -visionen von Werten und Normen abhängig sind.
- Szenarien vermitteln die Einsicht in die prinzipielle Unsicherheit aller auf die Zukunft gerichteten Entscheidungen und Handlungen.
- Szenarien fördern eine „verständigungsorientierte Kommunikation" und erhöhen damit die Rationalität von Entscheidungen und Handlungen.

II. Spezielle Angaben zur Unterstützung des Ablaufs:

Unterrichtsskizze zum Thema „Multikulturelle Gesellschaft" als Anwendungsbeispiel der Szenario-Methode

Ein Problem eignet sich immer dann zur Bearbeitung mittels der Szenario-Methode, wenn im Hinblick auf die zukünftige Entwicklung zwei prinzipiell gegenläufige Entwicklungspfade denkbar und möglich erscheinen. Die Spannweite möglicher Entwicklungsverläufe wird durch den Szenario-Trichter (vgl. Abb. 1 in „Auto 2010" S. 433) sichtbar gemacht. Doch welches sind die Eckpunkte des Trichters, und wie kann die Spannweite bestimmt werden? Hier wird ein prinzipielles Problem der Szenario-Methode deutlich: Szenarien enthalten sowohl quantitative als auch qualitative Elemente. Während jedoch die quantitativen Ele-

---

[11] Peege, Joachim: Szenariotechnik im Wirtschafts- und Gesellschaftsunterricht. In: Wirtschaft und Gesellschaft im Unterricht. Bad Homburg: 11. Jg. (1986) H. 5, S. 168-172

[12] Vgl. König, Manfred: Szenariotechnik. Unterrichtsgegenstand und Unterrichtsmethode in kaufmännischen Schulen. In: Manfred Becker und Ulrich Pleiss (Hrsg.): Wirtschaftspädagogik im Spektrum ihrer Problemstellung. Baltmannsweiler: Schneider 1988, S. 278

mente relativ eindeutig bestimmbar und meßbar sind, entziehen sich die qualitativen Elemente einer solchen Darstellung. Beim Problem „Multikulturelle Gesellschaft" überwiegen eindeutig die qualitativen Elemente, die durch eine stark emotionsgeladene öffentliche und politische Diskussion bestimmt werden. Von den einen als Vision einer zukünftigen humanen, toleranten und menschlich bereichernden Gesellschaft herbeigesehnt, erscheint sie den anderen als Schreckgespenst und nationale Katastrophe. Für beide Gesinnungsgruppen ist die Szenario-Methode jedoch ein Instrument, um zukünftige Entwicklungen zu erkennen und daraus entsprechende Folgerungen für die politische Urteilsbildung und das eigene Verhalten zu ziehen. Dennoch sind Szenarien niemals „neutral", da bereits in ihre Konstruktion, insbesondere in die Auswahl der durch sie zu bearbeitenden Probleme, Interessen, Wertungen und Erwartungen einfließen. Zu diesen Voraussetzungen zählt auch die räumliche und zeitliche Dimensionierung der Szenarien.

Im Hinblick auf die *räumliche Dimensionierung* kann das Thema „Multikulturelle Gesellschaft" auf das Problem konzentriert werden, ob und inwieweit es in Zukunft gelingt, die bei uns lebenden und vor allem in Zukunft noch zuströmenden Ausländer und ethnischen Minderheiten zu integrieren. Das ist die *nationale Perspektive,* die durch die beiden Pole „Integration" und „Desintegration" charakterisiert wird.

Wird das Problem jedoch *global* gestellt, dann ist nach dem neuesten Bericht des Club of Rome zu fragen, ob wir uns eine künftige Welt vorstellen können, in der sich reiche, mit hochmodernen Waffen gerüstete Staaten wie in einem Ghetto gegen die übrige Welt abschotten, um die aufgebrachten Horden der Hungernden, Ungebildeten und Arbeitslosen fernzuhalten, oder ob eher damit zu rechnen ist, daß der Bevölkerungsdruck in den weniger entwickelten Ländern, fehlende Chancengleichheit sowie Tyrannei und Unterdrückung Auswanderungswellen in Richtung Norden und Westen auslösen werden, die sich nicht mehr eindämmen lassen. [13]

In diesem Falle würden sich Szenarien konzentrieren auf zukünftige Migrationsbewegungen, Möglichkeiten der Bevölkerungskontrolle und zukünftige Formen der Entwicklungshilfe und der internationalen Solidarität. Solche globalen Szenarien haben allerdings den fatalen Effekt, daß die Komplexität der sich gegenseitig bedingenden Faktoren ins Unendliche steigt, da – global gesehen – alles mit allem zusammenhängt. Fritjof Capra hat einen solchen Versuch der „Vernetzung der Weltprobleme" gemacht (vgl. Abb. 2, S. 477).

Wegen der genannten Schwierigkeiten werde ich mich daher im folgenden auf die nationale Perspektive und damit auf die Polarität von Integration und Desintegration beschränken. Multikulturelle Gesellschaft ist dann identisch mit dem *positiven Pol „Integration"* und beschreibt ein Szenario, in dem verschiedene ethnische, kulturelle und religiöse Gruppen in einem gemeinsamen wirtschaftlichen und politischen Rahmen jeweils ihre Eigenständigkeit behalten und dabei in geregelten und spannungsarmen Beziehungen zueinander stehen. Obwohl alle Gruppen innerhalb eines gemeinsamen politischen und wirtschaftlichen Rahmens leben, braucht keine auf ihre eigenen kulturellen Einrichtungen zu verzichten und ihre Identität aufzugeben. Vielmehr profitieren alle von der Zunahme der Vielfalt des kulturellen Lebens. [14]

Der *negative Gegenpol* wäre dann mit *„Desintegration"* zu bezeichnen und beschreibt eine Gesellschaft, die versucht, sich als homogenes, nationalstaatliches Gemeinwesen zu definieren, das von allen Fremden und Andersdenkenden die völlige Aufgabe eigener kultureller Werte und Lebensformen erwartet (durch Naturalisierung und Assimilation), das ethnische Minderheiten diskriminiert, sozial ungleich behandelt und ihnen die politische Gleichberechtigung versagt. Die Beziehungen der Gruppen sind durch vielfältige Spannungen und Konflikte bis hin zur gegenseitigen Gewaltanwendung geprägt.

Nach dieser prinzipiellen, begrifflich-theoretischen Klärung der Ausgangslage soll anhand der acht systematischen Schritte der Szenario-Methode kurz skizziert werden, wie eine unterrichtliche Behandlung des Themas „Multikulturelle Gesellschaft" mit Hilfe der Szenario-Methode aussehen könnte.

1. Problemanalyse

Bei der Problem- und Aufgabenanalyse befindet man sich an der Spitze des Szenario-Trichters, also der gegenwärtigen Ausgangssituation des Problems. Welche Erscheinungen sind zu beobachten? Wer ist betroffen? Welche Fakten, Hypothesen und Zusammenhänge sind bekannt? Durch welche Ereignisse wird das Problem als gesellschaftlich relevant und lösungsbedürftig angesehen?

---

13 Vgl. Bericht des Club of Rome, 1991: Die globale Revolution. In: Spiegel-Spezial Nr. 2, 1991, S. 42

14 Vgl. Esser, Hartmut: Multikulturelle Gesellschaft als Alternative zu Isolation und Assimilation? In: Derselbe (Hrsg.): Die fremden Mitbürger. Düsseldorf 1983, S. 31

Eine solche Problem- und Aufgabenanalyse könnte u. a. zu folgender *Problembeschreibung* kommen:

> Es ist weltweit eine Zunahme der Migration zu beobachten. Die traditionelle Migration durch Gastarbeiter wird verstärkt durch Flüchtlinge und Asylsuchende aus der Dritten Welt und aus den ehemaligen Ostblockländern. Die Integrationsprobleme (Bereitstellung von Arbeitsplätzen, Wohnungen, Bildung, Gesundheitsfürsorge usw.) erhöhen die ökonomischen Konflikte und sozialen Spannungen. Abschottungs- und Rückzugstendenzen sowie versteckte und offene Formen der Ausländerfeindlichkeit und des Fremdenhasses nehmen zu. Politisch verstärkte Tendenz zu nationalistischen bis hin zu rassistischen und faschistischen Vorstellungen. Intensive und kontroverse Diskussion um die verfassungsrechtliche Ausgestaltung des Asylrechts. Verschärfung des Problems durch die deutsche Wiedervereinigung sowie die faktische Freizügigkeit der EU-Bürger. Überfälle und Brandanschläge auf Personen, Asylantenheime und ethnische Gruppen nehmen zu. Zunehmende Radikalisierung und Kriminalisierung der Szene (Skinheads und Bandenbildung).

2. Umwelt- und Einflußanalyse

Hier geht es um die Bestimmung und Auflistung aller auf Veränderungen einwirkenden Einflußbereiche und Einflußfaktoren. Für unser Problem könnten folgende *Einflußbereiche* identifiziert werden:

Mensch/Wirtschaft/Gesellschaft/Politik/Bildung/öffentliche Sicherheit (Kriminalität).

Nunmehr ermittelt man die *Einflußfaktoren* innerhalb der verschiedenen Einflußbereiche, bewertet diese und vernetzt sie mit Hilfe einer sog. *Vernetzungsmatrix,* um hierdurch Aussagen über die Systemdynamik zu erhalten. Die Vernetzungsmatrix ergibt eine Aktivsumme, die für den jeweiligen Faktor ausdrückt, wie stark er alle anderen Faktoren beeinflußt, sowie eine Passivsumme, die aussagt, wie stark jeder Faktor von jedem anderen beeinflußt wird. Die Einflußstärken werden mit der *Bewertungsskala*

0 = kein Einfluß
1 = schwacher Einfluß
2 = mittlerer Einfluß
3 = starker Einfluß

gemessen.

Im Hinblick auf unser Thema könnte eine solche Einflußmatrix für die Einflußbereiche „Wirtschaft", „Gesellschaft" und „Politik" etwa folgendes Aussehen haben (vgl. Abb. 3):

Abbildung 3	Einflußbereiche und Einflußfaktoren für das Problemfeld „Multikulturelle Gesellschaft"

WIRTSCHAFT		1	2	3	4	5	6	7	8	9	10	11	12
1 Lebensstandard	1	●	2	3	2	1	3	3	2	0	3	3	3
2 Arbeitsplätze/Beschäftigung	2	3	●	2	2	0	3	3	1	3	3	2	0
3 Weltmarktabhängigkeit der BRD	3			●									
4 Europäischer Binnenmarkt	4				●								
GESELLSCHAFT		1	2	3	4	5	6	7	8	9	10	11	12
5 Medienangebot u. öffentliche Meinung	5					●							
6 Internationaler Tourismus	6						●						
7 Fremdenhaß und Gewaltakte	7							●					
8 Bevölkerungsentwicklung	8								●				
POLITIK		1	2	3	4	5	6	7	8	9	10	11	12
9 Einstellung der Parteien	9									●			
10 Einbürgerungspolitik	10										●		
11 Wahlrecht/Staatsbürgerschaft	11											●	
12 Asylregelung	12												

1 = schwache Wirkung
2 = mittlere Wirkung
3 = starke Wirkung

Graphik nach Vester, Frederic: Ausfahrt Zukunft: Strategien für den Verkehr von morgen. München: Heyne 1990, S. 36

3. Deskriptoren je Einflußbereich benennen

Mit diesem Schritt wird versucht, auf der Grundlage der zuvor ermittelten Einflußfaktoren beschreibende Kenngrößen, sog. *„Deskriptoren"* zu ermitteln, die den jetzigen und zukünftigen Zustand der jeweiligen Entwicklungen beschreiben. Hierbei ist zwischen eindeutigen und alternativen Deskriptoren zu unterscheiden (vgl. Abb. 3 in „Auto 2010" S. 437).

Die Alternativdeskriptoren machen deutlich, daß der Zeithorizont eindeutig festgelegt werden muß, damit die Entwicklung der Deskriptoren entsprechend bestimmt werden kann. Es empfiehlt sich, etwa drei Zeithorizonte festzulegen, einen nahen, einen mittleren und einen fernen, z. B. die Jahre 2000, 2010, 2030.

Mögliche *Deskriptoren*:

- Entwicklung des Bevölkerungswachstums;
- Entwicklung der Konjunktur;
- Entwicklung des europäischen Einigungsprozesses;
- Einstellungen zu Nationalismus und Rassismus;
- Entwicklung der Zuwanderung aus der Dritten Welt sowie aus den ehemaligen Ostblockländern.

Für jeden Deskriptor müßte nunmehr eine Projektion für jeden Zeithorizont (z. B. das Jahr 2000) erstellt werden. Hierbei ist jeweils zu entscheiden, ob der Deskriptor eindeutig oder alternativ interpretiert werden muß. Bei den genannten Deskriptoren wird sofort deutlich, daß außer der Entwicklung des Bevölkerungswachstums, die als relativ eindeutig beschrieben werden kann, alle anderen Deskriptoren alternativ beschrieben werden müssen. Allein die z. T. höchst kontroverse Diskussion über mögliche Alternativen und entsprechende Zukunftsprojektionen ist ein Lernanreiz und Motivationsgewinn, die den besonderen Reiz dieser Methode ausmachen.

4. Bündelung der Deskriptoren und Entwicklung in sich logischer, konsistenter, stimmiger Szenario-Alternativen

Die Deskriptoren sollen nunmehr in der Weise gebündelt bzw. zugeordnet werden, daß sie auseinanderstrebende Entwicklungslinien charakterisieren. Es werden auf diese Weise die sog. „Extremszenarien", also die beiden Pole des Szenario-Trichters, modelliert.

5. Zukunftsbilder formulieren

Im Hinblick auf die genannten Deskriptoren wären etwa folgende zwei Szenarien denkbar:

Negativ-Szenario

Deutschland befindet sich in einer tiefen Rezession, die weltweit zu großen Konjunktureinbrüchen, Massenentlassungen und einem rigiden Schrumpfen wichtiger Investitionsgüter- und Konsumgütermärkte geführt hat. Der europäische Einigungsprozeß ist rückläufig. Mehrere Staaten (u. a. Frankreich, Dänemark, England) haben die Europäische Union verlassen und betreiben wieder eine nationale Wirtschaftspolitik. Tag für Tag bzw. Nacht für Nacht strömen Tausende von Flüchtlingen und Emigranten aus der Dritten Welt und den ehemaligen Ostblockstaaten in die Bundesrepublik. Bund, Länder und Gemeinden sind außerstande, eine gezielte und organisierte Flüchtlings- und Asylpolitik durchzuführen. In verschiedenen, total überlaufenen Gemeinden herrschen notstandsähnliche Verhältnisse. Bundeswehr- und Grenzschutzeinheiten versuchen, den Flüchtlingsstrom an den Grenzen abzufangen bzw. die illegal Eingewanderten in Drittländer abzuschieben. In der Bevölkerung herrscht große Empörung und zunehmende Fremden- und Ausländerfeindlichkeit. Nationalismus und Rassismus sind weitverbreitete Einstellungen, die auch die bürgerlichen Parteien beherrschen und zu einem scharfen Rechtsruck bei Wahlen geführt haben.

Positiv-Szenario

Das nach wie vor schwache deutsche Bevölkerungswachstum hat zu großen Engpässen am Arbeitsmarkt und insbesondere bei den Dienstleistungsberufen geführt. Die gute Konjunkturlage und die damit verbundene Vollbeschäftigung hat die Bereitschaft der Wirtschaft und der Öffentlichkeit stark verbessert, Zuwanderer aus der ganzen Welt in der Bundesrepublik aufzunehmen und sie ökonomisch und politisch zu integrieren. Ein Einwanderungsgesetz regelt die jährlichen Aufnahmequoten und Auswahlkriterien. Ausländer können die doppelte Staatsbürgerschaft erhalten und verfügen dadurch über das aktive und passive Wahlrecht. Der europäische Einigungsprozeß ist weit fortgeschritten. Inzwischen sind neben den zwölf Mitgliedern weitere acht Staaten, darunter sechs Staaten des ehemaligen Ostblocks, aufgenommen worden. Die Mitglieder dieser Staaten genießen die volle Freizügigkeit im vereinigten Europa. Die Einstellung der Bevölkerung und der politischen Parteien ist durch Toleranz, Offenheit und Solidarität gekennzeichnet. Rechtsradikale Parteien mit nationalistischen und rassistischen Programmen sind unter die 0,5 %-Grenze gesunken. Multikulturalität ist eine allseits geschätzte und praktizierte Lebensform, die bis in die einzelne Kommune und den Stadtteil gelebt und täglich erfahren wird.

6. Störereignisse bedenken

Ziel dieses Schrittes ist es, mögliche externe und interne Störereignisse zu sammeln und bzgl. ihrer Signifikanz zu analysieren und zu bewerten. Daran anschließend werden wirkungsvolle Präventiv- und Reaktivmaßnahmen entwickelt.

Interne Störereignisse sind solche, die sich im nationalen Rahmen der Gesellschaft ereignen können (z. B. Militärputsch, Sieg einer Mitte-Rechts-Koalition bei Bundestagswahlen, politische Unruhen durch eine oder mehrere ethnische Gruppen usw.).

Externe Störereignisse sind solche, die vom Ausland auf die Bundesrepublik einwirken (z. B. Beschlüsse des EU-Ministerrats, der Kommission oder des Europaparlaments, die die Zuzugsmöglichkeiten von Personen, die nicht der EU angehören, verschärfen; Kriegsereignisse, technische Katastrophen wie z. B. ein Super-Gau in Frankreich, Naturkatastrophen usw.).

7. Sich über Auswirkungen Klarheit verschaffen

Hier muß die Frage geklärt werden, was die einzelnen Szenarien für die betroffenen Regionen und Menschen bedeuten. Wie verhalten sich die Menschen jeweils? Wie wirken sich die Szenarien auf Wirtschaft und Politik, auf Schule, Bildung und Ausbildung, auf das Ausland usw. aus? Welches sind jeweils kurzfristige, mittelfristige und langfristige Konsequenzen (auf die Zeithorizonte bezogen).

8. Maßnahmen konzipieren

In diesem letzten Schritt geht es darum, auf der Basis der bisher erarbeiteten Aktivitäten und Präventivmaßnahmen eine *Leitstrategie* zu entwickeln, um die Voraussetzungen und Bedingungen für das gewünschte Szenario zu klären. Zu jeder Strategie, die auf ein Ziel ausgerichtet sein muß, sind entsprechende *Maßnahmen* zu entwickeln und auf ihre Realisierungsmöglichkeiten hin zu überprüfen. Es empfiehlt sich, hier in einem Dreischritt vorzugehen:

(1) *Zielangabe,* z. B. Abbau von Vorurteilen über ethnische Minderheiten;

(2) *Strategie,* z. B. Möglichkeiten der persönlichen Begegnung und des gegenseitigen Kennenlernens schaffen;

(3) *Maßnahmen,* z. B. Klassen mit gemischten Nationalitäten bilden, Stadtteilfeste mit Ausländern organisieren, Kontakte mit ausländischen Patenschulen pflegen, sich in Entwicklungshilfeprojekten engagieren, Brieffreundschaften und Patenschaften zwischen Deutschen und Ausländern ermöglichen usw.

Ergebnis

Der Durchgang durch die Szenario-Methode mit ihren acht Entwicklungsschritten, die natürlich im Unterricht verkürzt und zusammengefaßt werden können, hat gezeigt, daß mit dieser Methode ein außerordentlich vielseitiges und anregendes Instrument der gesellschaftlichen Problemanalyse und Problembearbeitung vorliegt. In Szenarien lernen Schülerinnen und Schüler, mit einer komplexen Welt fertigzuwerden, deren Zukunft mit großer Unsicherheit behaftet ist, die aber zugleich ungeahnte Entwicklungschancen und Gestaltungsmöglichkeiten bietet. Diese prinzipielle „Zukunftsoffenheit" sichtbar und erlebbar zu machen, ist eine wesentliche Voraussetzung für den Abbau irrationaler Zukunftsangst und politischer Resignation.

Die Menschen angesichts zahlreicher Risikolagen und Bedrohungsängste wieder „zukunftsfähig" zu machen, ist in unserer Zeit eine der wichtigsten Herausforderungen der Schule, auch der beruflichen Schulen.

| Abbildung 2 | Die Weltprobleme in der Vernetzung |

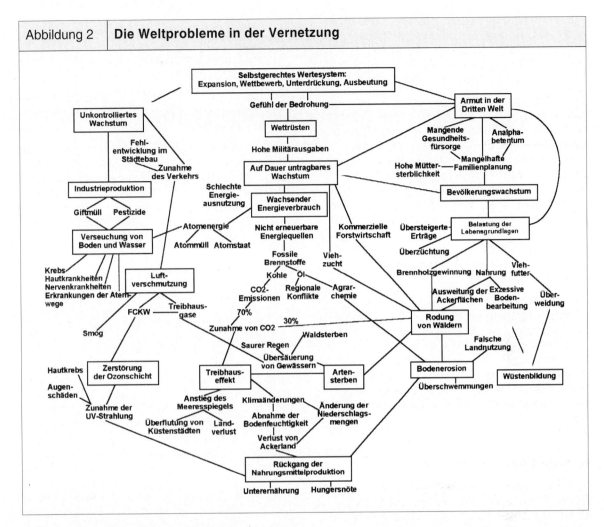

Grafik nach: Capra, F., in: Natur 1/1990, S. 36

Fachliteratur für Ihre Vorbereitung – das Nachschlagewerk für den Wirtschaftsunterricht

Krafft, Liening
Schlösser, Wilke

**Elementare
Wirtschaftslehre**

360 Seiten
17 × 24 cm, einfarbig
Bestell-Nr. 04 0011
DM 44,90

Die »Elementare Wirtschaftslehre« ist das neue Fachbuch für Sie als Verantwortliche im Lehrbereich. Es bietet Ihnen den relevanten Stoff der Wirtschaftslehre in klarer, übersichtlicher und komprimierter Form. Das heißt, alle wesentlichen Themen der Volks- und Betriebswirtschaftslehre werden in präziser Weise erläutert und auf Fakten hin konzentriert.

Die »Elementare Wirtschaftslehre« ist ein sinnvolles Nachschlagewerk für Ihre persönliche Unterrichtsvorbereitung. Hintergründe, Sachlagen und einzelne Fakten oder Daten können Sie schnell und ohne Aufwand nachlesen.

Das Basiswissen der Wirtschaftslehre für alle Lehrer und Dozenten, auch für fachfremd Unterrichtende, wurde in der »Elementaren Wirtschaftslehre« gesammelt und zusammengestellt für Ihre eigene Fachbibliothek!

Im Programm bei Kieser: Die Fachtagungsbände »Hochschultage Berufliche Bildung 94«

- **Fachtagung Wirtschaft und Verwaltung**
  Joachim Dikau, Günter Hartmann (Hrsg.)
  Innovationen in der Wirtschaftspädagogik –
  Konzeptionen und Transfermöglichkeiten.
  Bestell-Nr. 09 1001

- **Fachtagung Metall- und Maschinentechnik**
  Jörg-Peter Pahl (Hrsg.) Arbeitsorganisation
  im Wandel – Berufliches Lernen wie bisher?
  Bestell-Nr. 09 1002

- **Fachtagung Elektrotechnik**
  Klaus Jenewein, Bernd Lübben (Hrsg.)
  Neue didaktische und methodische Ansätze
  für die Ausbildung in handwerklichen und
  industriellen Elektroberufen.
  Bestell-Nr. 09 1003

- **Fachtagung Ernährung**
  Heinrich Meyer (Hrsg.) Handlungsorientierte
  Berufsbildung im Hotel- und Gaststätten
  gewerbe sowie im Ernährungshandwerk
  Bestell-Nr. 09 1004

- **Fachtagung Bau- und Holztechnik**
  Werner Bloy, Klaus Hahne, Ernst Uhe (Hrsg.)
  Didaktisch-methodische Innovationen in
  den Berufsfeldern Bau- und Holztechnik
  im internationalen Kontakt.
  Bestell-Nr. 09 1005

- **Fachtagung Körperpflege**
  Imke Barbara Peters (Hrsg.)
  Strukturen, Reformen und Perspektiven
  der Aus- und Weiterbildung.
  Bestell-Nr. 09 1006

- **Fachtagung Agrarwirtschaft**
  Manfred Bräuer (Hrsg.)
  Entwicklung der Umweltkompetenz.
  Auszubildender als Bestandteil beruflicher
  Handlungskompetenz.
  Bestell-Nr. 09 1007

- **Fachtagung Chemie, Physik und Biologie**
  Burkhard Hecht (Hrsg.)
  Bestell-Nr. 09 1008

- **Fachtagung Religion**
  Gerd Birk, Uwe Gerber (Hrsg.)
  Der Mensch als Ausgangspunkt,
  Mitte und Ziel des Wirtschaftens.
  Reformen – Zwang zur Anpassung?
  Bestell-Nr. 09 1009

- **Fachtagung Deutsch**
  Hilmar Grundmann (Hrsg.)
  Deutschunterricht und Zukunft der
  Arbeitswelt. Theoretische Ansätze
  und praktische Beispiele.
  Bestell-Nr. 09 1010

- **Fachtagung Politik/Wirtschafts- und Sozialkunde**
  Tilmann Grammes (Hrsg.)
  Handlungsorientierung – ein didaktisches Prinzip politischer Bildung an Berufsschulen auf dem Prüfstand. Eine Zwischenbilanz.
  Bestell-Nr. 09 1011

- **Fachtagung Sport**
  Fred Brauweiler (Hrsg.)
  Quo vadis Berufsschulsport? – Perspektiven in der Differenzierung und Weiterentwicklung.
  Bestell-Nr. 09 1012

- Berufsbildung in der Europäischen Union und Mittel- und Osteuropa
  Tamara Korioth (Hrsg.)
  Bestell-Nr. 09 1013

- Fremdsprachen an der Berufsschule
  Dorothea Weidinger (Hrsg.)
  Bestell-Nr. 09 1014

- Zweiphasige Lehrerbildung für berufliche Schulen
  Bernhard Bonz, Reinhard Czycholl (Hrsg.)
  Bestell-Nr. 09 1015

- Fächerübergreifender Unterricht in der Berufsschule
  Jörg Matthes (Hrsg.)
  Bestell-Nr. 09 1016

- Aus den Werkstätten der Landesinstitute
  Leo Heimerr (Hrsg.)
  Bestell-Nr. 09 1017

- Reformbedarf und Reformerfahrungen in der Beruflichen Rehabilitation
  Martin Kipp, Meinhard Stach (Hrsg.)
  Programme und Projekte, Überlegungen und Beispiele aus der Bundesrepublik Deutschland, Großbritannien und der Schweiz.
  Bestell-Nr. 09 1018

- Multimedia in der beruflichen Bildung
  Peter Schenkel (Hrsg.)
  Bestell-Nr. 09 1019

- Burnout bei Lehrern, Innere Kündigung, Schülerunfälle nach Disco-Besuchen
  Andreas Schelten, Uwe Girke (Hrsg.)
  Bestell-Nr. 09 1020

- Begabtenförderung in der beruflichen Erstaus- und Weiterbildung
  Werner Kusch (Hrsg.)
  Bestell-Nr. 09 1021

Die »Elementare Wirtschaftslehre« und alle »Fachtagungsbände« können Sie über den Buchhandel oder direkt beim Kieser-Verlag bestellen.

Fordern Sie unser aktuelles Verlagsverzeichnis kostenlos an.

Kieser-Verlag GmbH
Postfach 12 54
86345 Neusäß
Tel. 08 21/48 06-2 00
Fax 08 21/48 06-2 90